U0891449

智库研究报告

Think Tank Research Reports

2012-2013科研成果选编(上卷)

《智库研究报告》编委会

武汉出版社

（鄂）新登字 08 号

图书在版编目（CIP）数据

智库研究报告. 2012～2013 科研成果选编 ：全 2 册 /
《智库研究报告》编委会编. —武汉 ：武汉出版社，2015.11
ISBN 978-7-5430-9629-5

Ⅰ.①智… Ⅱ.①智… Ⅲ.①咨询机构－研究报告
－武汉市－2012～2013 Ⅳ.①C932.82

中国版本图书馆 CIP 数据核字(2015)第 254173 号

编　　者：《智库研究报告》编委会
责任编辑：张葆珺
封面设计：杨　敏
出　　版：武汉出版社
社　　址：武汉市江汉区新华路 490 号　　邮　编：430015
电　　话：（027）85606403　85600625
http://www.whcbs.com　　E-mail:zbs@whcbs.com
印　　刷：武汉梅苑彩印有限公司　　经　销：新华书店
开　　本：880mm×1230mm　1/16
印　　张：43.75　　　字　数：784 千字
版　　次：2015 年 11 月第 1 版　　2015 年 11 月第 1 次印刷
定　　价：136.00 元(全 2 册)

《智库研究报告》编委会

目　录

经　济

政　治

文　化

社　会

生　态

加快科技金融结合先行先试的对策研究

科技创新能力的提升与金融政策环境的完善是加快实施自主创新战略的基础和保障，促进科技和金融结合是支撑和服务经济发展方式转变和结构调整的着力点。高新技术产业发展和自主创新能力的提升，离不开金融的强力支撑。同时，从全国范围及武汉市来看，金融支撑力度不够，金融与科技结合还不够紧密，成为科技发展和自主创新的短板。2011 年 10 月，国家确立武汉市等十六个地区为科技金融结合试点地区，结合当前武汉获批新三板试点地区，以及 2009 年获批的国家自主创新示范区，可以说，武汉在推进金融和资本市场发展，构建自主创新的金融支撑体系方面，面临极佳的政策环境。

本研究将从武汉实际出发，结合金融市场体系建设和高新技术产业发展，抢抓武汉市获批试点的机遇，在科技金融创新上探索新路，在推进科技和金融结合试点上取得实质性进展。尤其是以光谷“资本特区”建设为抓手，推进科技创新与金融资本、产业资本的有机结合，深入推进科技金融产品创新，努力把武汉建设成为全国重要的科技金融创新中心。

一、科技金融结合相关研究综述及国内外经验分析

（一）相关文献研究综述

关于科技金融结合，从融资方式及融资渠道划分的角度，现有研究主要体现在风险投资、资本市场（主板市场）、银行贷款与债券融资以及科技保险等几个方面[①]。

在风险投资领域，国外学者注重理论研究，一般认为创业风险投资能较好地满足科技创新投融资的需要，但同时，部分学者认为风险投资的正面作用不显著，如 Cumming（2005 年）等。从政府作用的角度，通常认为政府征收资本利得税会弱化 VC 正面作用的发挥，而政府对科技创新主体进行适度补贴有助于科技创新成功。国内研究则主要集中于应用研究，认为应当大力发展风险投资来助推高新技术产业发展。具体措施则包括推进资产证券化，建立风险投资引导资金、创业投资基金等。

相对于风险投资，主板市场融资是科技企业直接融资方式中排位靠后的选择。实证研究表明，资本市场的作用更体现在较为成熟的科技企业身上。但证券市场对企业创新过程具有显著的积极作用，甚至资本市场对科技革命的促进作用也不容忽视。

①颜廷峰，徐旭初，科技与金融结合的路径研究综述出版单位年，《学理论》2011 年 19 期

按照经典的 SW 理论以及由此而兴起的信贷配给与中小企业融资研究领域，银行信贷并不适合科技企业融资科技，尤其是中小科技企业融资。科技与银行信贷的结合，理论研究体现在中小银行对中小高科技企业融资的便利影响方面，如(Berger&Udell，2002 年)等。国内学者普遍认为应发挥中小金融机构为科技型中小企业提供融资服务的比较优势，如林毅夫(2002 年)、周长鸣（2008 年）和汤继强（2008 年）等。实践领域则体现为依托 VC 或资本市场搭桥来实现科技与银行信贷的结合。

考虑到科技研发活动是一项探险活动，因而针对科技风险的科技保险显得尤为必要。国内学者主要从科技保险功能、科技保险类型、科技保险内涵等方面进一步展开了研究。

由于科技高风险特征，加大政策支持，成为科技金融有效结合、推进科技领域发展的重要前提。学者对政府制定的各项支持科技企业的政策研究较多，认为应根据科技型企业的需求特点，对不同类型科技企业进行分类支持，加强政府、研发机构、科技型企业和金融机构的融合发展。研究认为政府应通过建立企业孵化器，设立面向中小企业的政策性中小金融机构和商业性中小金融机构，制定法律、金融、财政等措施，政府的采购政策等措施改善科技型企业的外部环境促进其发展。部分国外学者则认为政府的资金供应、R&D 支持等政策效果不明显，尤其应加强硬环境和软环境建设，提升政府公共服务职能，建立一套健全的立法、司法系统和良好的基础设施，并给予科技型企业充分的政策施展空间（Batra 和 Mahmood，2003 年）。

根据现有研究成果，构建有效的科技体系并推动高科技产业发展，必须加强科技与金融的融合，形成共同的话语体系和解决问题的工具体系，构建相对客观的促进科技与金融结合的政策措施。

（二）科技金融结合的国内外经验

从国外高新技术产业发展情况看，美国的硅谷和 128 号公路、英国剑桥、法国索菲亚安蒂波利斯、印度班加罗尔、以色列特拉维夫等高新技术产业集聚区发展特色鲜明，地位突出。我国的北京、上海、杭州等科技园区的高新技术产业发展也极具特色和竞争力。我们将分别选取美国的硅谷和国内的杭州，分析科技金融结合的重要模式——科技银行，为武汉科技金融结合提供经验参考。

（一）美国硅谷银行模式①

美国硅谷银行成立于 1983 年，是一家主要对处于各发展阶段的科技型企业提供

①颜廷峰，徐旭初，科技与金融结合的路径研究综述出版单位年，《江苏科技信息》2011 年第 10 期

金融服务的银行，是全美新兴科技公司市场中最有地位的银行之一。“技术创新的中心在哪里，我们就在哪里”，是硅谷银行提出的一个响亮的著名口号。该银行的分行已遍布美国各地，1993 年以来，其平均资产回报率为 17.5%左右，并成为全美新兴科技公司市场中最有地位的商业银行之一。全世界超过 1.1 万家受到风险投资（VC）支持的公司和创新的科技公司成为硅谷银行的客户。目前硅谷银行已经发展成为硅谷银行金融集团，主要面向科技型企业，通过各类风险投资、债权融资、股权转让、上市等一系列融资安排，为科技型小企业搭建融资平台，拓宽融资渠道，其不仅推动了科技型企业的持续发展，更促进了经济结构和产业结构的调整升级。

硅谷银行在投融资方面的显著特色是混合式投资：将资金借入创业企业，收取高于市场一般借贷的利息，同时与创业企业达成协议，获得其部分股权或认股权。使用这种方法的目的在于提高收益，同时降低风险。通过这些投资方式的合理运用，到 2003 年 6 月 30 日为止，硅谷银行拥有 1770 份涉及 1316 家企业的认股权，投资于 239 项创业投资基金，使得 10 年平均资本投资回报率为 14.8%，特别是 1999 年和 2000 年分别为 21.9%和 33.3%，2000 年股票期权的收入更达到了 1 亿美元。

通过混合式投资，硅谷银行模糊了直接投资和间接投资的界限。“直接”投资是指硅谷银行将资金直接投入创业企业，途中不经过创业投资企业；在产生回报时，由创业企业直接交给银行。“间接”投资是指硅谷银行将资金投入创业投资公司，由创业投资公司进行投资，同时由创业投资公司回报给银行，其中创业企业不会与银行有投资方面的接触。与创业投资机构建立紧密的合作关系一直是硅谷银行最重要的策略之一。硅谷银行同时为创业投资机构所投资的企业和创业投资机构提供直接的银行服务，通常它会将网点设在创业投资机构附近。硅谷银行还是 200 多家创业投资基金的股东或合伙人，以此建立更坚实的合作基础；再有，硅谷银行建立了创业投资咨询顾问委员会。以上的各种努力使得硅谷银行与创业投资共同编织了一个关系网络，在其中可以共享信息、开展更深层的合作。

硅谷银行的经营模式可以归纳为两条成功经验：一是联手风险投资机构与科技企业，共同打造科技金融服务网络平台；二是建立专业知识团队，掌握高科技行业的商业模式和产业周期，科学规避金融风险和科技创新风险。硅谷银行构建了一种银行与风投机构的成功合作模式，实现了各类融资方式的优势互补和资源共享。

（二） 国内科技银行发展模式

为促进科技金融结合，北京、上海、苏州等地相继出台系列文件，鼓励借鉴“硅谷银行模式”经验，结合本地实际，创新科技金融合作模式。在机构设置方面，一是鼓励高新技术开发区和银行合作建设主要为科技型中小企业提供信贷等金融服务的科技分（支）行；二是鼓励组建为科技型中小企业提供小额、快速信贷服务的科技小额贷款公司;三是支持建立以支持初创期科技型中小企业为主的创业投资机构。此外，不断完善科技型中小企业贷款风险补偿机制，并支持专业化科技担保公司发展，多管齐下，积极打造中国版的硅谷银行模式，努力为科技企业从初创期到成熟期各阶段发展提供多层次、全方位的金融服务[①]。其中较为典型的有杭州科技银行。

杭州科技银行按照美国硅谷银行的模式设立，力图探索一种适应于浙江科技中小企业发展的新型金融服务模式。杭州科技银行采用“银行+担保+额外风险收益补偿机制”的运作模式，即科技银行对科技型中小企业提供基准利率贷款，由担保机构对科技型中小企业实行优惠的担保措施，政府给予风险补偿和激励，以便科技银行不断开发适应科技型中小企业的融资产品。

除了贷款业务，杭州科技银行的创新价值还体现在和风投紧密结合，间接实现贷、投结合。其运行主要有以下几个特点：

一是专家联合贷审机制。杭州科技银行建立了专家联合贷审机制，开创了风险池模式等多种形式的金融服务手段，搭建了银政、银投、银保、银园“四位一体”的合作平台，全方位、近距离地服务科技型企业，尤其是初创型科技企业。

二是单独的信贷审批制度。杭州科技银行拥有单独的信贷审批制度，单独的风险容忍政策，单独的业务协同政策以及单独的专项拨备政策等等，建立科技企业的独特风险评估体系，单独制定风险容忍度政策。传统银行的不良贷款率为 1%，而科技银行提高到 3%，并且能够与其他银行联合贷款，对经过认定的科技型企业一律享受基准利率贷款。

三是科技企业的价值发现机制。除业务发展模式外，杭州科技银行建立了“科技企业的价值发现机制”，这也是科技银行区别于其他金融机构的最重要特征。科技银行积极探索知识产权交易、投资机构投资价值认定等发现企业无形资产未来价值的方式方法，并充分发挥地方科技计划专家库的优势，组建一个由行业专家、担保公司、风投公司专家组成的“科技银行专家咨询委员会”，参与重大信贷项目和业务的信贷评审，突破银行在科技专业方面的局限。

此外，政府对科技银行的发展大力实施支持。2009 年 6 月底，杭州市财政局和

①福建银监局课题组，福州市科技金融服务体系建设研究，《发展研究》2013 年第 4 期

杭州市人民政府金融工作领导小组办公室共同出台了《关于鼓励和支持杭州科技银行建设的通知》对科技银行和向科技银行申请贷款的科技型中小企业提供担保的担保公司在政策上给予了极大的优惠。《通知》要求市、区政府都要对科技银行进行科技型中小企业金融业务给予大力的支持。科技银行对经认定的科技型中小企业按照基准利率发放贷款，政府将以基准贷款利率为基础，对科技银行按照一定比例给予适当的财政补助。同时，为了鼓励科技银行开展有利于科技型中小企业的贷款业务，减轻银行的运营成本压力，政府还将对科技银行进行业务费补助，并且补助力度很大。

除了将科技扶持资金、创投资金及每年 2 亿元的创业引导资金存入科技银行，杭州市政府还根据银行对科技型中小企业的日均贷款额给予大于普通商业银行的财政补助，补助总额为省级返还的银行机构税收增量的 20%；同时，市、区两级财政还向企业提供 40%的贷款利息补贴，并给予为企业提供担保的担保公司担保费补贴。因此，科技银行不仅可以最低利率向企业放贷，而且一旦产生风险，银行将承担净损失的 20%正常的担保费用大约是贷款的 2%，现在要给中小型科技企业担保，费用只能收取 1%，不过，政府会对担保公司提供 1%～2%的风险补偿。

在这个创新的运行模式中，政府将大部分风险包揽，从而为科技型中小企业、科技支行、担保公司提供了有力的后盾支持，在风险传递中担当了最后一棒接力者的角色[①]。

二、武汉金融支撑科技发展的现状、问题和障碍分析

1. 武汉高新技术产业及金融支持现状

（一）武汉高新技术产业发展现状基础

大力发展高新技术产业是武汉推进新型工业化，实现“十二五”时期工业倍增的有效方式。武汉高新技术产业已步入加速发展的轨道，东湖新技术开发区被国务院批准为全国第二个国家自主创新示范区，我市被授予“国家创新型试点城市”，还被认定为信息产业国家高技术产业基地，自主创新能力明显增强，“武汉•中国光谷”品牌效应和产业集聚度不断提升。武汉拥有显著的区位优势、人才资源优势及产业基础优势，拥有形成高新技术产业集群的良好基础。大量的高校、科研院所及高层次人才所形成的高新技术、新知识的生产与供给能力成为武汉高新技术产业发展的重要因素，雄厚的工业产业基础所带来的高新技术产业化形成了高新技术产业集群的规模效应与溢出效应，形成了分工与合作的新技术、新知识的供求机制。总的来看，武汉高新

①顾峰，国内外科技金融服务体系的经验借鉴，《江苏科技信息》2011 年第 10 期

技术产业集群发展面临多重有利条件和基础：

高新技术产业规模不断壮大。“十一五”时期，以集成电路、新型显示、节能环保、新能源、新一代移动通信、生物医药、光电子信息等为代表的高新技术产业快速发展，高新技术产业产值年均增长26.2%。2012年我市高新技术产业实现产值4556.0亿元，比上年增长32.1%，继2011年突破3000亿台阶后，2012年迈上4000亿台阶；实现增加值1353.4亿元，比上年增长26.0%。高新技术产业的发展速度明显快于全市经济的发展速度，高新技术增加值占全市生产总值的比重为16.9%，比上年提高1.0个百分点，进一步巩固了重要支柱产业的地位，成为我市最具活力和增长潜力的产业，有力地推动了我市产业结构升级和国民经济的持续健康发展。

产业集中度不断提升。一是领域高度集中，2012年，电子信息、先进制造和新材料三个主导领域完成高新技术产值3740.3亿元，占全市高新技术产值的82.1%。其中，电子信息1266.8亿元，占27.8%；先进制造1744.9亿元，占38.3%；新材料728.7亿元，占16.0%。 二是地域高度集中，主要集中在东湖开发区、武汉开发区和青山区三大高新技术产业基地。2012年，这三大基地完成高新技术产值3583.8亿元，占全市高新技术产值的78.7%。其中，东湖开发区1647.6亿元，占36.2%；武汉开发区1349.9亿元，占29.6%；青山区586.3亿元，占12.9%。东湖开发区塑造“武汉·中国光谷”品牌，形成了以光电子信息产业为主导的产业特色；武汉开发区突出确立汽车城形象，不断强化先进制造技术和高新技术产业的发展定位，形成了以汽车制造和消费类电子产品为主导的产业特色；青山区以武钢集团为主导，建造了全国硅钢片和汽车用钢生产基地。三是企业高度集中，主要集中在高新技术产值超过50亿元的16家企业。2012年，这16家企业共完成高新技术产值2709.1亿元，占全市的59.5%。其中，高新技术产值超过100亿元的企业有8家，分别是武钢、神龙汽车、本田汽车、富士康、邮科院、凯迪电力、武船、冠捷显示科技。

龙头企业、特色产业基地和研发平台不断增多。“十一五”期间武汉新增鸿富锦精密工业有限公司、武汉邮电科学院等过百亿元企业，过百亿元企业增加到10家。目前，华中数控、武汉邮科院等8家企业获批国家创新型企业，武钢、长飞、武船、武重等15家企业获批国家级企业技术中心。科技研究机构发展到101个，国家级高新技术产业化基地25个，国家级科技企业孵化器11家，建成了光电、下一代互联网接入系统、光纤传感技术等18个国家实验室和国家重点实验室，成立了国家植物基因工程、脉冲强磁场等20个国家级工程技术研究中心。

科技研发投入不断增加。“十一五”末，我市研究与试验发展（R&D）经费支出118.26亿元，是2005年的2.65倍；占地区生产总值（GDP）的比重2.58%，比2005年提高0.58个百分点。规模以上工业企业R&D投入强度（R&D经费支出与产品销售收入之比）1.09%，比2005年提高0.2个百分点。在市级地方财政支出中，科技、教育支出86.99亿元，是2005年的3.35倍。市级创新基金资助百星企业近2亿元。

科技融资服务体系进一步健全。面向科技型企业尤其是中小科技企业的信贷、担保、保险等金融服务体系进一步得到完善，2010年，50多家科技型中小企业通过科技投融资服务平台获得贷款近6亿元，5家企业获得1000万元的贷款担保。科技保险为14家重点大型高新技术企业和19家科技型企业提供了67亿元风险保障。技术交易市场实现各类技术合同成交额88.87亿元，是2005年的2.48倍。

一批重大科技产业专项落户武汉。重大科技产业专项既是对科研力量的认可，更是高科技产业化的重要依托。目前，“智慧城市”和“三网融合”等863重大专项落户武汉，并参与了新一代宽带无线移动通信网、大规模集成电路制造及工艺、核心光电子器件、高端专用芯片及基础软件、新光源、新能源、重大新药创制等一批国家科技重大专项。2010年，实施国家级科技计划项目1450个，实施市科技计划项目665个。

科研发明成果丰硕。“十一五”时期我市共获得国家级科技成果奖102项，专利授权10165件，其中发明专利1731件。武重集团开发的CKX53160系列立式车铣加工中心，获得“国家科技进步二等奖”。随着科技进步，2010年全社会劳动生产率提高到11.3万元/人，是2005年的2.13倍；平均每平方公里实现增加值6493万元，是2005年的2.44倍。

2.武汉高新技术产业发展存在的主要问题

一是规模仍然偏小，缺乏大型龙头企业的强力带动。我市的高新技术产业虽然发展很快，但与高新技术产业发达城市相比，在规模上还有不小的差距。我市高新技术产业规模只有深圳的百分之三十、天津的百分之五十、广州的百分之六十。实力接近的青岛、沈阳、大连和南京等城市高新技术产值均比我市早一年突破4000亿元。另一方面，我市高新技术产值亿元以下中小单位占48.7%，其中高新技术产值5000万以下单位占32.4%。目前在光电子信息、通信信息等行业中，长飞光纤、邮科院已经形成了一定规模，在行业中居领先地位，但规模仍显不够。如邮科院2010年产值已经超过百亿元，在国内具有一定的影响力，但要使所在行业成为较大的产业集群，块头仍偏小，与打造具有国际影响力的特色产业集群的目标不相适应。武重、武锅、长动等装备制造领域的曾经龙头企业，目前的产值也是十亿元级别的块头，虽然在部分产品、领域创新技术领先，但与三一重工、中联重科等千亿元级别的企业相比，影响力、集聚力太弱，难以承担构建一个较大规模的产业集群的能力。

二是处于成长期的高新技术企业仍存在融资障碍。企业在不同发展阶段对融资需求的类型和资金需求规模差异很大。武汉目前的高新技术产业正处于成长期阶段，大量存在的是处于孵化器的企业和小型企业，对资金的需求量飞速提升，处于烧钱阶段。但企业以无形资产为主，可抵押资产缺乏，难以从金融机构获得贷款支持，融资需求只能依靠与此类中小科技型企业的风险收益特征相匹配的风险投资基金来完成。目前武汉在风险投资、创业投资这块市场的发育上与沿海地区还有明显差异，一方面大部分风险投资机构都来自外地，或者资金来源于外地，风险投资与本地高科技产业的融合度不够，另一方面，创投市场规模明显偏小。以一家中等规模的风险投资公司为例，其一年的投资额仅为4～5亿元，对于大量嗷嗷待哺的企业以及需要转化的高新技术来说，无异于杯水车薪。

三是技术整体水平仍然不高。我市的研究与试验发展（R&D）经费支出在2009年才突破100亿元，而同年北京的R&D经费支出就突破600亿元，上海突破400亿元，深圳接近300亿元。同时科技成果转化率较低，我市科技成果中有90%以上集中在高等院校和科研院所，专利申请有60%以上也集中在大专院校和科研院所，科技成果的实际转化率只有35%，且80%流向外地。

四是产业集群融合不够。产业集群的形成方式和模式多种多样，既有依托上下游产业链形成的产业集群模式（如光伏太阳能行业），也有围绕核心企业形成各项零部件配套以及研发中介服务的产业集群模式（如光电子、汽车制造行业），也有围绕公共研发服务平台形成的产业集群模式（如生物医药行业）。但武汉目前高新技术产业普遍存问题是，产业内资源的整合度不够，产业集群虽有雏形，但更多的是企业空间上的聚积，产业分工不明显，专业化程度不高，产业链不完善，企业之间的产业和技术关联不高，企业整体的竞争力不强。在企业之间专业化分工及基于共同的抵御文化背景之上的相互认同和协同关系等方面相对薄弱。因此尚未形成固定模式的产业集群，尚处于“综合性”的产业集群的范畴。

3. 科技金融结合的若干关键问题

科技与金融的结合，主要涉及两个方面。一是围绕科技层面，金融如何深入科技创新的各个链条，发挥金融对科技的促进作用；二是围绕金融层面，如何发挥科技影响力，通过现代科技手段提升金融效率，降低金融风险，扩大金融规模。围绕这两个方面，目前应重点关注三个关键问题。

科技企业的价值挖掘。科技企业自身的技术、市场、盈利的不确定性，使得其价值难以被广泛认可，从而导致融资困难。很多科技企业位于新兴产业领域，而银行习惯服务的对象则主要是传统企业，使得银行对这些科技企业价值难以识别，或者因识别成本高昂，因此望而却步。中小科技企业初始发展主要依靠内源融资，与银行的交流少，银行对企业的技术、产品、市场以及管理团队等信息掌握不准。因此，如何从数量众多的科技型中小企业中挑选出技术创新能力强、市场前景好、被金融机构认可的企业，同时使得更多的科技成果能够资本化，进而转化为生产力，是促进科技和金融结合的前提。除了融资环节外，科技企业如何使其内在价值外在化、潜在价值显现化，即如何依托产学研链条促进科技成果转化，依托科技企业孵化器促进科技中小企业发展壮大，进而充分挖掘科技企业价值，也是关键问题。

科技金融的风险分担。在科技研发、科技成果转化和高科技产业发展过程中，存在着多环节、多层次的高风险特征。按发展阶段分，包括科技创新过程的风险和科技企业成长过程中的风险；按风险类型分，包括技术创新本身的高风险，高知识密集度带来的经营管理风险以及产品生命周期短带来的市场风险。不同发展阶段的高新技术企业，其系统风险截然不同。处于创始阶段的中小科技企业，不仅需要孵化器的孵化指导，更需要具备高风险、高收益特征的资本支持。而处于成长阶段的高新技术企业，风险偏小，盈利丰厚，极力避免公司控制权稀释和利润旁落，因而需要低成本、不分散股本的融资形式。此外，由于高科技产业发展具有跨度大、专业性强、市场不确定性等特点，金融机构一般较难全面、准确地掌握和了解科技企业相关技术和市场等专业信息，难以把握其资产质量、经营状况和潜在风险，更难预测其发展前景。因此，如何区分各类风险，设计高效的风险分担机制，针对不同风险匹配相应的融资渠道，是促进科技金融结合的症结所在。

金融产品的科技创新。科技创新的复杂风险因素为我们实施金融创新提供了条件。由于不同发展阶段、不同企业类型的科技企业可以描述为不同风险因素的集合，因而我们相应的可以依照各类风险因素进行金融工具的安排和组合，通过完善的金融体系来满足各类融资需求。我们推进科技与金融的结合，不仅仅要依托科技企业、科技产业来使传统金融方式嵌入，更需要依托科技手段促进金融产业的技术革新，进而运用现代金融工具和金融产品为科技创新服务。传统的金融模式和产品远远不能满足科技企业的需求，必须要在金融产品和服务模式上进行创新，这是促进科技金融结合的核心问题。

4. 围绕关键领域所存在的主要欠缺

围绕上述分析的三个关键方面，目前我们在推进科技金融融合的过程中，仍然存在以下四个方面的欠缺，亟待改进提升。

一是价值发现机制欠缺。科技企业价值的发现、挖掘，主要依托各类创投机构以及科技企业孵化器。创投机构在全国的分布非常不均衡，由于产业结构特征以及资金的趋利性和抱团效应，大多创投机构集中于东南沿海，内陆城市既缺资金，也缺少能够聚集资金的创投机构。虽然各大开发区、高新区均建立了孵化基地，聚集了一批科技孵化器，但与创投机构类似，中西部地区科技孵化器资金、人才缺乏，孵化器与金融系统关联不够紧密，相当多的孵化器孵化效率低下。

二是中介润滑机制欠缺。在科技产业与金融机构的融合互通中，科技金融中介服务体系扮演着润滑剂的重要作用。目前大多城市都已形成了较为完备的中介服务体系，但不论是在服务实体的组织、形式，还是服务的范围、质量还不能跟上产业发展的步伐，还不能支撑产业的发展。由于市场经济体制的不完善，制约了中介服务业的发展，而中介服务业的发展滞后，使高新技术产业科技创新和融资体系难以进一步优化，影响了科技金融的有效结合，无法获取高新技术产业的持续竞争优势。

三是风险分担机制欠缺。目前针对不同类型风险的分担机制，已经明晰了高风险融资由风投承担，低风险融资由信贷承担，政府对各类科技企业融资实施风险补偿，似乎分工明确。但是由于各类风险的复杂性以及企业需求的多样性，过于僵化的风险分担机制并不能充分满足市场需求。而且，由于各类融资工具资金来源成本、规模的巨大差异，使得部分融资工具难以满足市场需求。如风险投资资金来源渠道狭窄，规模远不及银行信贷资金，而现实状况是科技企业对风险投资需求更大。

四是金融创新机制欠缺。科技产业的发展是以技术创新为先导，以金融创新为基础的，金融创新能力不足已成为制约科技型产业发展的重要瓶颈。以典型的专利权质押为例，目前专利权质押存在专利权价值量评估难、专利权价值实现难、专利权质押业务管理、操作难等突出问题，而关于专利权质押方面的技术创新、金融创新还很欠缺，创新机制存在很大问题，必然对专利权质押担保进而企业融资产生不利影响。

三、科技金融结合先行先试的总体思路和基本框架

科技金融有效结合离不开政府的强力推动，应充分发挥政府的主导作用，以增强金融体系的资源集聚效应和资源配置功能为出发点，高起点地规划、建设科技金融服务体系，构建以政府投入为引导，企业投入为主体，政府资金与社会资金、股权融资与债权融资、直接融资与间接融资有机结合的多元化、多层次、多渠道科技金融体系，支持科技型企业发展，促进产业结构加快调整。

（一）总体思路

一是产业导向差异思路。对于不同技术层级的产业，实施差异化的金融支持政策，尤其是针对武汉市重点支持发展的战略性新兴产业，制定有针对性的政策。

二是企业成长差异思路。不同成长阶段的高新技术企业，对金融服务的需求、与金融产品的结合存在显著差异，应完善全阶段的金融服务产品系列。

三是政策金融与市场金融配合思路。中小科技企业等弱质主体，不具备充分的市场生存能力，必须加以政策扶持，通过孵化推动成长。同时，政府与市场的边界决定了政府应维持市场竞争的形式上的公平。因此，应合理确定政策的影响力和影响范围。

四是金融政策与其他政策配合思路。自主创新是一个系统工程，其与金融的有效结合，既需要与现有科技体系相匹配的金融支撑体系，同时也需要完善相关制度环境。

（二）基本框架

初步将武汉科技金融结合体系的基本框架概括为“制定一个规划，搭建两个平台，完善三项机制，畅通四条渠道”。

●一个规划

一个规划就是科学规划武汉科技金融结合工作。成立武汉市促进科技和金融结合工作领导小组，围绕武汉建设国家中心城市、国家创新型城市的战略定位，研究出台武汉市推进科技金融结合工作规划，明确武汉市科技金融服务体系建设的具体政策措施。

●两个平台

科技金融信息服务平台，是科技与金融信息资源对接的有效载体，主要功能是为科技型中小企业提供公益性投融资服务，包括收集企业信息、开展融资辅导、促进融资对接等。重点是整合优选科技型中小企业资源，打造统一融资服务申请通道，促进有效融资需求的形成，加强科技型企业与金融机构的动态对接。同时也为注册的金融、投资机构提业贷款、股权融资对接的信息查询服务。

科技金融信用提升平台。一方面要完善征信体系，增强企业信用信息的透明度，另一方面要探索建立专门针对科技型中小企业的信用评级制度，引导科技型中小企业参加信用等级评定，并在此基础上开展星级信用评定。企业信用越好，积累的信用等级就越高，政府相关部门对企业贷款利息补贴和担保费补助等比例越大，企业综合贷款成本也就越低。

●三项机制

1. 风险补偿机制。建立风险补偿机制，在担保融资、信用贷款、创业投资等业务领域，一方面给予企业一定的贷款贴息支持，另一方面给予银行、担保和创投等机构一定的风险补贴，发挥财政资金缓释风险的杠杆作用。

2. 协同创新机制。积极推动贷款业务与创业投资业务、贷款业务与保险业务等跨业务、跨机构、跨市场的创新组合，通过合理的收益风险分担安排，使金融机构分享科技企业未来高成长所带来的高收益。

3. 合作共建机制。由政府相关部门、金融监管机构、商业银行、投资机构、中介机构和企业共同合作，构建中小型科技企业融资的绿色通道。

●四条渠道

包括科技信贷、债券融资、股权融资、科技保险等四大渠道，其中股权融资也包含了风险投资、新三板交易、主板上市、并购重组、产权交易等具体类型。各条渠道还可通过组合实施金融创新。

四、科技金融结合先行先试的主要路径

以科技与金融结合、推进自主创新、建设创新型城市为目标，以特色金融市场体系为核心，围绕金融创新先行先试和金融生态环境优化，在上述科技金融结合基本框架下，从风险创投、科技信贷、中介体系、财政支持、金融生态环境等方面，集聚多方合力，着力推进实施。

（一）完善以风险创投为主体的科技金融投入渠道

1. 发挥股权投资（创业投资、风险投资）的纽带作用，建立科技人员、创业投资与孵化平台的联动机制。以资本为纽带，积极推动企业、科研院所、高等院校之间的合作。结合高新技术产业和技术资源优势，大力发展各类专业的孵化器，在建立信息安全产业园区、循环经济示范区等专业孵化器的基础上，提供专业化技术服务设施和条件。同时积极吸收金融、证券、咨询等中介服务机构进入园区，为创新企业融资、风险投资、企业上市、股份改造、股权退出等提供中介服务，通过中介机构对园区企业有计划、有步骤地推进股改工作，吸引一大批创业投资资金支持园区内有发展潜力的在孵企业，通过孵化器与创业投资联手，实现“优势互补、孵化接力”，支持科研孵化实现高速增长，走向资本市场。

2. 全力建设新三板市场，完善风险资本、创投基金的退出机制。风险资本存在的目的就是获取高科技公司成长后带来的巨大投资收益，其实现的途径不是年度分红，而是将手中持有的公司股份转让从而取得回报。如果没有便捷地退出渠道，风险投资基金就无法实现增值和循环流动，风险资本市场就难以快速壮大。现实中可供选择的退出渠道主要包括公开上市、股份协议转让、企业回购等。真正适合风险资本退出的渠道，除了创业板，就只有从代办股份转让市场（即三板市场）来做文章。相对于证券代办股份转让系统（三板市场）而言，新三板市场在试点园区等多项条款进行了修改变动。东湖高新区拥有申办新三板的优越基础条件，目前新三板的国家政策支持已经比较明确，东湖高新区即将于 2011 年底进入扩大试点范围。应充分利用国家扩大新三板试点的政策机遇，依托东湖高新区丰富的高科技企业资源，优选部分高成长性中小企业，完善制度规则，积极开展股权交易流通试点，推动武汉东湖高新区在新三板市场试点取得突破。

3. 设立地方创业投资引导基金和创业投资风险救助专项资金。对于投资于技术创新性的中小企业，接触过的投资者们更多的一句话就是“政府投，我就投”，说明创投机构对风险的担忧和政府引导投资的需求。建议由市政府统筹安排专项资金，设立具有政策导向的创业风险投资引导基金，逐年增加投入，专业化管理、市场化运作，通过参股设立创业风险投资机构和跟进投资创业企业等方式吸引社会资本流向创业风险投资领域，放大创投资本规模。

针对当前风险创投机构资金规模小，抗风险能力弱的现实状况，建议设立武汉市创业投资风险救助专项基金，由创投机构资源提取风险准备金和政府匹配资金的方式充实基金，存入专项资金账户，用于补偿创业风险投资机构因投资中小高新技术项目失败而清算或减值退出所发生的损失，引导促进创业风险投资机构对种子期、起步期、初创期的高新技术创业企业的支持力度。

4. 加大财税政策扶持力度。由于税收政策主要由国家层面制定实行，因此在相关政策扶持上，应利用国家自主创新示范区地位，积极向上呼吁争取。具体来看，在 2007 年 2 月财政部、国家税务总局颁布的《关于促进创业投资企业发展有关税收政策的通知》中，对高新技术企业的认定标准过高，普遍要求创投企业所投资的中小高新技术企业当年用于研发的经费要占到销售额的 5%以上，方能获取税收抵扣优惠。

而我国企业过去十年里这项指标基本在 0.5%左右，因而这项政策没有取得实际应有的效果。建议当前应积极争取将这一指标在东湖高新区降低到 2%左右，同时将相关高新技术产品的认定、税收优惠的审批等权利下放到省一级。另外，该政策的税收优惠仅限于创投企业所得税而不惠及创投企业的投资者个税，未解决创投企业投资者从事创业投资的双重税负问题。而且，目前创投企业普遍实行有限合伙制，企业本身不作为纳税主体而仅仅在合伙人环节征税，上述优惠措施对这类创投企业没有任何意义。综合考虑这些问题，建议向上争取试点解决，并参照相关北京、天津、深圳等城市的政策，出台不低于这些城市的补贴等政策优惠。

（二）加强对科技信贷的政策引导支持

1. 积极探索成立专门服务于科技型中小企业的光谷科技银行。光谷科技银行的组建目的是为中小科技企业融资服务，由于科技企业的外部性、高风险、高收益特征以及中小科技企业担保资产缺乏、内部信息不透明等问题的存在，使得光谷科技银行不能定位为普通的商业银行，而应当定位为政策性银行，行使政府支持高科技产业发展的政策性职能。从政策性银行的定位出发，光谷科技银行在业务范围上应严格限制为中小科技型企业，为不同发展阶段的中小科技企业提供融资服务，不与商业银行发生基本业务上的交叉，不与商业银行展开竞争。在企业运营目标上不以盈利为目的，不以股东资本收益最大化为目标，在微利的财务目标基础上力求提供最大的信贷以及其他相关服务。

2. 健全科技企业担保体系。鼓励在武汉东湖高新区组建有国有背景的、不以盈利为目的的、专门从事科技创新企业贷款担保业务的科技担保公司，鼓励有实力的担保公司开展科技创新企业担保业务，对科技创新企业担保业务占全部业务量的比重超过一定比例的担保公司，给予一定比例的风险补偿。组建武汉市再担保公司，把科技型中小企业作为优先支持服务对象，努力将符合条件的科技担保公司纳入再担保体系。

3. 探索“投贷联盟”业务创新模式，构建“创投+银行+企业”合作平台。除了开辟创业风险投资、新三板筹资等直接融资渠道，还要积极引导银行信贷资金向科技企业倾斜，构建银行信贷、股权投资相结合的融资新机制。技术成果具有无形化和难以评估的特点，因而高新技术成果的应用转化初期难以符合银行信贷条件而获取融资。创业投资市场资金规模有限，如一家中等规模的创投公司（融众投资管理公司）年投资额在 4～5 亿元，又难以完全满足现有大量企业、大量科技成果的创业需求。因此，可以在武汉的科技金融服务市场探索“投贷联盟”的业务创新模式，由投资机构与金融机构联手合作，由创投机构给予企业科技成果股权资金，企业以此资产为依托取得银行贷款，从而实现商业银行对高风险科技企业的信贷支持。通过股权、信贷方式一揽子解决创业企业的资金问题，提升了企业融资能力，拓展了融资渠道和空间。同时科技成果的转化应用做大了高科技市场蛋糕，进一步夯实了金融市场的经济基础。

（三）推进科技金融业务创新实践

1. 加大科技金融产品创新，发展信用融资、融资租赁、中小企业集合贷款、集合债券、集合信托、集合票据等创新型融资产品。鼓励商业银行发挥各自优势，积极开展科技金融服务产品创新，探索开发高新技术企业高收益债券等金融产品。扩大知识产权质押、股权质押、订单质押、应收账款质押、保证保险贷款等融资业务总量。在财力允许范围内，加大对新型科技金融产品补贴力度。

2. 积极拓展科技保险业务，探索保险资金参与国家高新区基础设施建设、战略性新兴产业培育和国家重大科技项目投资等支持科技发展的方式方法。支持保险公司开发和创新科技保险产品，支持开展自主创新首台（套）产品的推广应用、科技企业融资以及科技人员保障类保险，加大对科技领军人才、科技企业核心高管人员的保险服务力度。探索发展创业人员人身险、创业企业财产险、创业职业保险、产品责任险等科技保险产品，为科技企业及创业人员提供保险保障服务。建立科技保险风险准备金制度，逐步完善风险共担机制，提高保险机构发展科技保险的积极性和持续性。

（四）健全财政科技投入机制

应加快推进科技计划和科技经费管理制度改革，促进政产学研用结合，强化财政投入保障。通过设立各类奖励基金、补偿基金，综合运用无偿资助、偿还性资助、创业投资引导、风险补偿、贷款贴息以及后补助等多种方式，引导和带动社会资本参与科技创新。

1. 优化科技计划项目经费资助结构。提高偿还性资助、风险补偿、贷款贴息、后补助以及股权融资等方式的比重；引导金融资本、创业资本、社会资本参与实施国家、省、市各类科技计划，提升财政资金使用效益。

2. 建设风险补偿分担机制。探索建立武汉市科技型中小企业贷款风险补偿机制，鼓励银行业金融机构加大科技信贷投入。研究制订科技保险补贴、知识产权质押贷款补贴、科技担保风险补偿等措施，拓宽科技企业的融资渠道。对技术含量高、市场前景广、信用记录好的科技企业，给予一定贷款贴息和中介费补贴，支持企业向银行融资。

3. 研究出台税收优惠政策。全面落实企业研究开发费用税前加计扣除、高新技术企业所得税减免等科技创新政策，引导企业增加科技投入，支持企业创新发展。对新设立的科技小额贷款公司、科技专业支行、科技担保公司、创业投资机构等新型科技金融机构，研究出台税收优惠政策，并在房租减免、开办补贴、风险补助等方面给予优惠政策扶持。

（五）加强科技金融中介服务体系建设

1. 建立科技金融信息服务平台。建立集信息共享、风险投资、银行贷款、担保、融资培训、产权交易、专业中介服务等功能为一体的科技金融服务平台。加快实现科技企业、科研机构、中介机构和相关金融机构之间的信息孤岛联通，帮助科技企业加强与各金融服务机构的对接，为科技企业提供政策服务、金融创新、中介服务等一站式、多方位、便捷性服务。

2. 建立规范的科技成果评估、定价、流转及监管等方面的中介机构，探索建立科技成果转化经纪人制度，加速科技成果转化。充分发挥各类基金以及生产力促进中心、大学科技园、科技企业孵化器、产业技术创新战略联盟、技术转移机构等的技术创新服务功能和投融资平台作用，逐步建立一批集评估、咨询、法律、财务、融资、培训等多种功能为一体的科技金融服务中心。

3. 提升投资咨询机构整体层次。强化投资咨询机构和行业规范化建设，严格行业资质准入和执业资格管理，鼓励不同经济性质的机构长期并存、优势互补、平等竞争、共同发展。加大扶持力度，在财政、工商和税务等方面制定有利于投资咨询机构发展的政策、法规和措施，吸引摩根士丹利、中金公司等国内外知名投资银行来武汉设立分支机构，扶持一批市场信誉好、服务质量高和业务能力强的投资咨询骨干机构，造就一支高素质的咨询顾问队伍，从整体上提高武汉投资咨询业的水平。

4. 促进信用评级机构产品上新台阶. 强化信用评级机构质量管理，完善质量控制体系，加强评级产品质量控制。加强评级分析人员知识和从业经验的培养，依靠行业协会开展业内评级技术交流合作，加强从业人员资格考试和培训，推动评级分析人员知识体系建设。积极引进国内外知名信用评级机构进驻武汉，培育发展具有较高公信力和国际水准的信用评级机构。丰富和扩大信用评级业务产品，建立自选评级商品超市、投资者定制产品、主动评级等，构建研产销互动机制，针对市场需求开展技术研究，通过评级产品的技术开发、产品创新以及特定评级对象的标准参数制定和修正来满足评级业务需要。

（六）优化科技金融发展的金融生态环境。

1.优化地区信用环境。大力宣传金融领域诚信文化，推动社会信用体系建设，不断增强居民诚信意识。重视加强金融政策法规宣传、金融知识普及，利用多种媒介、多种渠道、多种形式，有计划、有步骤地开展金融政策法规、金融形势的宣传教育，提高市民的金融意识和防范风险的能力。加强金融法制制度完善和实施，打击金融犯罪，规范金融市场秩序。

2.建立金融协同联动体系。进一步加强与中央、省金融监管机构之间的沟通和联系，建立灵活、有效、务实的协同联动体系。该体系应在定期信息通报的基础上，集思广益，充分协商、制定支持区域经济金融发展的政策措施及总体规划，制定解决经济金融领域重大问题的解决办法，提升政府对金融业的服务质量。在协同联动体系的基础上，加强各金融（监管）部门之间的协同配合，针对每一个重要环节制定相应的工作制度、办法，完善现场与非现场协同监管，形成区域金融风险防范、预警、处置机制。积极搭建良好的政、银、企业交流合作平台，举办金融家俱乐部、金融论坛、金融学术研讨会、金融新产品展示会、金融服务日等多种形式的交流活动，共创金融品牌，促进共同发展。

3.营造良好发展软环境。进一步创新服务模式，提高服务效率，对重大项目的审批服务不断探索新途径，努力提供优质、便捷、高效、全面的服务。优化金融政策环境，积极争取中央、省和各监管部门的支持，进一步对我市在资金、项目和政策上进行倾斜。制定、完善和落实对我市引进、扶持金融企业的财政奖励办法。继续抓好中介机构和中介人的奖励，对引进到我市落户的金融机构的中介部门和中介人兑现奖励政策。

4.加大科技金融对外宣传推介力度。积极策划制作反映我市科技金融历史现状和发展政策的多媒体光碟及专门宣传册，运用多种宣传媒介，推介我市科技金融招商引资政策。保持与国家、省各监管部门的良好沟通关系，把握前端信息，力争将国家或省、市级的金融行业重要专项业务活动安排在我区开展，争取国家在金融创新、金融管理体制改革等相关政策在汉先行先试。适时到金融机构总行和总公司登门拜访，增强对外资机构运行模式及要求的了解，引导国内外金融机构来我市发展。定期召开金融业分类调度会，适时召开项目融资推介会，搭建平台探索产业资本与金融资本的有效对接，引导金融服务进社区，不断深化服务领域，促进金融服务上规模、上水平。

（执笔人：刘海虹）

武汉市工业板块（大光谷）建设研究

当前，国际国内经济正经历着深刻变革，全球新一轮科技和产业革命深入推进，国内经济结构调整和经济发展方式转变步伐加快。“大光谷”作为武汉市四大工业板块之一，是武汉战略性新兴产业的先锋板块，面对新的发展形势，需要抓住东湖新技术开发区获批国家自主创新示范区的战略机遇，依托优势资源，进一步聚焦特色产业定位，积极探索战略性新兴产业的发展模式，全面提高光谷板块的自主创新和辐射带动能力，在承担国家战略使命、主动参与全球竞争、引领区域科学发展等方面发挥重要的示范带动作用。

一、大光谷板块的支撑要素

1. 智力要素

高等院校、创新企业和研发中心聚集。智力资源最为密集的东湖高新区，规划面积达 518 平方公里，集聚了各类高等院校 42 所、56 个国家级科研院所、20 多万各类专业技术人员和 80 多万在校大学生、52 名两院院士。武汉邮科院等获批国家创新型企业，长飞等企业获批国家级企业技术中心。科技研究机构发展到 101 个，国家级高新技术产业化基地 25 个，国家级科技企业孵化器 11 家，建成了光电、下一代互联网接入系统、光纤传感技术等 18 个国家实验室和国家重点实验室，成立了国家植物基因工程、脉冲强磁场等 20 个国家级工程技术研究中心。

科研发明成果丰硕。在东湖示范区诞生了我国第一根光纤、第一个光传输系统、第一台具有自主知识产权的红光高清视盘机（NVD）；创制了 7 项国际标准，实现了我国在光通信领域国际标准零的突破；高端数控系统打破了发达国家对我国的技术封锁；高效短流程嵌入式复合纺纱技术获得国家科技进步一等奖；开放式虚拟地球集成共享平台及重大工程应用、分布式超大型地球信息系统（GIS）平台开发与应用等一批科技成果获得国家奖项。

2. 产业要素

高新技术产业规模不断壮大。以节能环保、新能源、新一代移动通信、生物医药、光电子信息等为代表的高新技术产业快速发展，高新技术产业产值年均增长 26.2%。2012 年高新技术产业实现产值 4556.0 亿元，比上年增长 32.1%；实现增加值 1353.4 亿元，比上年增长 26.0%。高新技术产业的发展速度明显快于全市经济的发展速度，高新技术增加值占全市生产总值的比重为 16.9%，比上年提高 1.0 个百分点，进一步巩固了重要支柱产业的地位。

新兴产业集群、集聚发展。坚持产业特色化和高端化发展，形成了以光电子信息为主导的高新技术产业集群。光电子信息产业取得跨越式发展，已建成中国最大的光纤光缆制造基地、中国光通信领域重要的科研开发基地。目前，光纤光缆的生产规模居全球第二，国内市场占有率为 50%，国际市场占有率为 12%；光电器件国内市场占有率为 60%，国际市场占有率为 6%。生物产业加速发展，软件及服务外包、工程设计、地球空间信息及应用服务等现代服务业异军突起。

高新技术企业形成梯度协同发展态势。烽火科技是我国光通信领域创新能力最强的企业之一，长飞是全球第二大光纤光缆生产企业，华工激光、楚天激光是我国激光领域的领军企业。随着鸿富锦等企业的入驻，消费电子产业取得突破性发展。随着武汉新芯的合作共建，集成电路产业蓄势待发。地球空间信息、新一代移动通信、物联网等产业的发展初见成效。光谷生物城正式启动，辉瑞、华大基因、药明康德等一批知名企业相继入驻，生物产业进入跨越式发展期。环保产业已经在全国范围内形成较强竞争力，初步具备参与全球市场竞争的能力。以数控系统与机床、清洁能源装备为代表的高端装备制造业也具备一定基础。在高技术服务业领域，光谷软件园、光谷金融港、光谷创意产业基地等一批专业化载体建设迅速，集聚了一批国际知名的大企业和原创型中小企业。

3. 资金要素

加大融资政策支持。出台了《关于进一步支持中小企业融资的指导意见》、《关于充分利用资本市场促进经济发展的实施意见》等政策文件，具体实施了中小企业融资的十大举措，有效缓解了企业“融资难”问题。2010 年东湖高新区共有 5 家公司实现境内外上市，上市公司总数达到 29 家，占全省上市公司的三分之一，企业资本市场融资总额累计达 233.32 亿元，占区内企业资本市场融资总量的 72.34%，带动社会资本投入超过 400 亿元，“光谷板块”在我国资本市场上影响力进一步扩大。

科技融资服务体系进一步健全。面向科技型企业尤其是中小科技企业的信贷、担保、保险等金融服务体系进一步得到完善，2010 年，50 多家科技型中小企业通过科技投融资服务平台获得贷款近 6 亿元，5 家企业获得 1000 万元的贷款担保。科技保险为 14 家重点大型高新技术企业和 19 家科技型企业提供了 67 亿元风险保障。技术交易市场实现各类技术合同成交额 88.87 亿元，是 2005 年的 2.48 倍。

4. 政策要素

在产业政策方面，先后出台了《鼓励地球空间信息产业发展的实施意见》、《促进金融后台服务产业加快发展的意见》、(《鼓励生物产业发展的实施意见（试行）》及实施细则、《促进服务外包产业发展的暂行规定》及《实施细则》）等专项产业发展政策，为相关产业的发展提供（企业房租优惠补贴、项目投资奖励、创业引导资金、税收优惠、申请知识产权奖励、出口创汇奖励、设立研发机构奖励等方面的）具体支持。

在创业政策方面，出台了《关于加快科技成果转化的暂行办法》、《促进科技人员创业的实施意见（试行）》等政策文件，促进科技成果转化。同时，加大对高校毕业生创新创业的支持，提供低门槛、零房租、免水电费等优惠政策，无偿提供政策咨询、信息服务、人员培训等专业化服务，将光谷打造成创新创业的乐土。

在人才政策方面，目前东湖高新区共有 61 人入选国家"千人计划"，6 人入选"百人计划"。为加大对人才引进力度，出台了《武汉东湖新技术开发区管委会关于实施 3551 人才计划的暂行办法》及实施细则，大力实施"3551"人才工作计划。共有 177 个人才项目入选"3551 人才工作计划"，对高端人才资助金总额达到 2.42 亿元。

在项目政策方面，一批重大科技产业专项落户武汉。重大科技产业专项既是对科研力量的认可，更是高科技产业化的重要依托。目前，"智慧城市"和"三网融合"等 863 重大专项落户武汉，并参与了新一代宽带无线移动通信网、大规模集成电路制造及工艺、核心光电子器件、高端专用芯片及基础软件、新光源、新能源、重大新药创制等一批国家科技重大专项。2010 年，实施国家级科技计划项目 1450 个，实施市科技计划项目 665 个。

二、大光谷板块的功能定位

（一）总体定位

总体定位：

依托东湖自主创新示范区主体和辐射带动作用，承担起国家赋予的新的历史使命，坚持实施自主创新战略，全面提升资源整合能力、持续创新能力、产业生成能力和经济产出能力，努力把"大光谷"建设成为武汉工业倍增计划具有重要支撑作用的工业板块，国内一流、世界知名的科技产业园区和国家重要的自主创新平台，构建推动资源节约型和环境友好型社会建设、促进自主创新驱动区域发展、创建具有典型意义和先行示范作用的"大光谷模式"。

具体思路：

大光谷板块将坚持“创新驱动，开放合作，绿色低碳，统筹协调”的原则，重点培育和发展战略性新兴产业，培养和聚集优秀创新人才特别是产业领军人才。着力研发和转化国际领先的科技成果，做大做强一批具有全球影响力的新型企业，培育一批国际知名品牌，突破科技、教育与经济协调发展的制度瓶颈，优化提升区域创新文化。努力提升区域自主创新能力和辐射带动能力，努力打造全球新技术创造中心、新产业生成中心、新制度创新中心、新文化培育中心，做强国家战略性新兴产业集聚区、科技创新资源辐射区和自主创新机制示范区。

创新驱动：充分挖掘“自主创新示范区”的创新内涵，由高新技术制造业逐步向创新研发产业转变，塑造具有创新特色的城市功能、空间布局、景观特色。

开放合作：以科学发展观为指导，加大对外开放合作力度，完善公共服务平台，融入全球创新网络体系。

统筹协调：合理安排城镇、农村居民的居住和就业，兼顾产业经济、社会生活、生态环境三方面的关系，统筹协调东湖高新区、洪山区、江夏区的一体化发展，实现和谐发展。

绿色低碳：实行紧凑和集约化的发展格局，建立以面向公众利益为基点的城市交通、市政和公共设施配套体系；树立节约型城市理念，贯彻节地、节水、节能等措施；尊重山水等自然生态环境，确保城市健康、安全。

（二）主要功能

1. 引领辐射功能

目前武汉承担的国家战略，包括了从区域协作层面的打造中部崛起的战略支点、建设长江经济带、推进 1+8 武汉城市圈建设，国家战略层面的构建国家中心城市、国家创新型城市，重点行业层面的国家综合交通枢纽、重要的工业基地、科教中心等等。从这些战略出发，武汉推进大光谷板块建设的力度、层次不会低，也不应该低：国家对武汉的期望大，那么必然会在四大工业板块的政策、项目等各领域加大投入，必然会使武汉大光谷建设上层次；武汉承载了众多的国家战略使命，也必须有更强的产业基础、引领辐射能力作为支撑。因此，从武汉的现有发展阶段、发展水平和发展要求出发，大光谷应当在提升自主创新能力、加大创新扩散、引领创新发展等方面，承担引领辐射功能。

2. 创新示范功能

东湖高新自主创新示范区是大光谷的核心和支撑，大光谷应当作为国家层面自主创新的高地，新兴产业、专业高端的核心制造，都应在这个区聚集。发挥东湖国家自主创新示范区引擎作用，推进协同创新，重点在建设共享技术平台、开放共享科技资源、建立协同创新联盟、整合区域发展空间方面取得新进展，形成1000平方公里大光谷板块，构筑“一区多园”、“园外园”发展格局。加快建设武汉未来科技城等一批特色园区和产业基地、产业集群，把东湖国家自主创新示范区最终建成国家创新中心的创新核心区。特别是当今第三次工业革命一触即发，新能源、新材料、智能制造、健康产业以及新一代信息技术(特别是网络技术)的广泛应用，正在使社会生活、经济运行和企业的经营管理模式发生革命性的变化，无论是生产制造、物流供应链，还是市场营销、商业与服务都在重构之中。传统的竞争规则、商业模式和管理模式正在被颠覆，新的模式正在孕育。这种变动与混乱的局面，给我们正在崛起的企业带来了前所未有的创新与跨越的机遇。因此，大光谷更应承担创新示范、率先发展、抢占产业制高点的重任，在第三次工业革命浪潮中发挥重要作用。

3. 板块互动功能

工业是武汉跨越发展的决定性因素，今后一段时期，新型工业化将摆在武汉经济工作的首位。经过最近两年的统筹与调整，武汉新的工业布局已逐渐清晰，新的工业“版图”正在重绘，即以三大开发区和6个远城区的产业新城为工业集聚区，形成四大工业板块，九大产业集群①。工业不再“处处点火”，而依托地域和现有产业形成四大增长极：“大光谷”板块、大车都板块、大临空板块和大临港板块。四大板块互有侧重，互为补充，互相促进。大光谷以创新为先导，高新技术产业是核心；大车都板块汽车、电子电器产业是核心，与大光谷共同支撑武汉工业发展；大临港板块依托武汉新港、长江航运水道，发展临港工业，冶金、化工、现代装备制造，板块基础雄厚；大临空作为新规划建设的工业板块，主攻电子电器，航空航天，新能源和食品加工业，基础相对较弱。总的来说，大光谷、大车都、大临港分别主导了武汉的高新技术产业、消费升级产业以及重化工、基础工业，分工有序、合理。但光谷作为创新核心区，主宰了其他版块的产业升级，引领了未来的产业发展方向，因而具有更为重要的地位。因此，大光谷板块在自身发展的基础上，应当加强与其他版块的沟通、互动，在拓展自身影响范围的同时，推动其他版块创新发展。四大工业板块的相关情况如表1所示。

①“九大（工业）产业集群”：包括汽车、装备制造、钢铁、电子信息、石化、新能源、生物医药、家电、食品加工。这9大工业产业的发展目标是：向2000～4000亿元迈进，其中汽车、装备制造冲刺4000亿元，化工、食品、家电等向2000亿元迈进。

表1：四大工业板块的空间布局、产业及发展目标

四大工业板块	依托区域	辐射扩展区域	重点产业	发展目标
大光谷板块	以东湖高新区为主体，涵盖江夏区，洪山区，规划建设1000平方公里	重点向东、向南拓展，辐射鄂州、黄冈、黄石一线	重点发展光电子信息产业，超前谋划新一代信息技术、生物和新能源等战略性新兴产业	到2019年，板块工业总产值突破1万亿元
大车都板块	以武汉经济技术开发区为龙头，依托江夏区金港新区、汉阳区、蔡甸区、汉南区	重点向西、向南拓展，辐射仙桃、潜江一线	形成年产200万辆汽车规模和零部件配套能力，同时打造家电和电子产业新支柱	到2019年，板块工业总产值突破1万亿元
大临空板块	依托天河国际机场，联合黄陂区、东西湖区	在空间上，重点向西、向北拓展，辐射孝感一线	主攻电子电器，航空航天，新能源和食品加工业	到2019年，板块工业总产值突破5000亿元
大临港板块	依托武汉新港、武汉化工区、青山区、新洲区	在空间上，重点向东、向南拓展，辐射鄂州、黄冈、咸宁一线	重点发展临港工业，冶金、化工、现代装备制造	到2019年，板块工业总产值突破5000亿元

4.区域整合功能

加强与其他园区的合作和交流。推动东湖、中关村、上海张江示范区之间合作交流，共同探索多园多基地建设、产学研合作、中小企业发展、科技金融体系建设、人才引进、国际化发展等方面的有效做法。积极开展与国内其他高新区的合作。带动周边区域共同发展。按照“统一规划、属地管理、合作共赢”的原则，鼓励和支持东湖示范区的创新要素向周边扩散，联动发展周边区域，探索功能梯度布局、产业错位发展的格局。促进武汉城市圈分工合作。与周边城市共建产业园区，加强产业分工与协作。促进城市圈内企业、科研机构研发合作，推动区域科技创新和产业优化升级。提升现代服务业发展层次，增强服务周边城市的能力。引领中部地区创新发展。探索创新驱动、绿色发展、城乡统筹新机制，探索培育发展战略性新兴产业的模式，为中部地区创新发展提供经验和示范。

三、大光谷板块的基本架构

大光谷板块应有大规划，实现总体规划、城市规划、产业规划“三规合一”，形成内外良性互动、互为补充。

（一）空间架构

大光谷板块涵盖了东湖高新区、江夏区和洪山区，其中东湖高新区是大光谷板块的核心。建设“大光谷”板块，为东湖高新区、洪山区、江夏区间的工业联动发展提供了更多机遇。目前，东湖高新区形成了光电子信息、生物、新能源、环保、消费电子、软件服务、现代装备制造等优势产业，一方面可以辐射和带动洪山、江夏发展，延伸产业链，做大产业集群。同时，洪山和江夏也可以为东湖高新未来项目引进提供广阔空间和产业配套服务。

江夏区具有广阔的产业承接空间，依托“大光谷板块”发展工业。江夏区将从五个方面推进工业跨越式发展：推动庙山、藏龙岛老工业园区提档升级；瞄准全市、全省乃至全国一流，打造大桥21平方公里新型工业示范园区；推进郑店、五里界新型工业化、新型城镇化融合发展；将金口港区和台商投资区打造成为现代装备制造和仓储物流临港工业园区；规划建设山坡民营工业园，打造江夏南部农产品加工基地。

洪山区以重大项目为抓手，按照‘大光谷’板块布局，着力发展现代服务业、文化创意产业和高新技术产业为主的先进制造业。支持电子信息、光机电一体化、生物医药等产业做大做强，进一步巩固和提升洪山区作为全市重要的高新技术产业基地的地位。

（二）产业架构

围绕国家战略需求，突出地方优势，优先发展光电子信息产业，加快发展生物、节能环保和高端装备制造等三大战略性新兴产业，培育发展现代服务业，打造企业集聚、要素完善、协作紧密、创新能力突出的创新型产业集群。

1.优先发展光电子信息产业

巩固发展光电产业。以关键技术突破促进产业升级，以完善产业链配套推动规模发展。扩大光通信、激光、光电显示及半导体照明等优势产业规模，力争掌握新一代光通信、光伏等领域核心技术，培育新的增长点。光通信产业要面向电信基础网络、光纤接入网、城域网建设，重点向产业链上游关键技术、材料、核心器件以及下游城域网、接入网设备领域延伸。激光产业要以激光器研发和生产为核心，积极切入高端激光设备及系统市场。光电显示产业要努力扩大液晶显示（TFT-LCD）产业规模，大力培育有机发光二极管（OLED）、三维空间（3D）显示等新型显示技术与产品。半导体照明产业要以发光二极管（LED）芯片技术为核心，积极构建从外延、芯片到封装、应用的完整产业链。光伏产业要在新型光伏电池技术研发、光伏建筑一体化（BIPV）等领域获得突破性进展。

壮大光电关联产业。坚持规模化、集群化、品牌化，大力发展消费电子、集成电路等光电关联产业。做大消费电子产业规模，不断提高关键零部件本地配套率，吸引企业在东湖示范区设立计算机硬件与软件研发中心、智能移动终端研发生产基地和营销总部。构建以芯片制造为基础、集成电路（IC）设计为核心，覆盖设计、制造、封装、测试以及相关设备、关键材料、知识产权服务等配套环节的集成电路产业集群。

发展光电新兴产业。坚持市场需求导向，加快产业和技术平台建设，在地球空间信息、物联网、新一代移动通信、云计算等领域，大力支持服务模式创新。物联网产业要加快关键技术攻关，在光与无线传感、物联网接入与组网、数据库构建与应用、智能决策与运营服务等方面取得突破。新一代移动通信产业要大力开展第四代移动通信（4G）关键技术研发和示范应用。云计算产业要推进云计算基础设施建设，搭建第三方服务平台，积极发展云计算服务。

2.加快发展新兴产业

创新发展生物产业。以武汉国家生物产业基地为依托，推动生物产业与光电子信息产业的融合发展，突破性发展生物药、化学药制剂、中药及植物药、医疗器械、医药研发外包、健康服务等领域，加快发展生物农业和生物能源，超前布局生物信息服务与生物制造，重点扶持在国内具有领先地位的企业，形成涵盖产品研发、技术转让、中介服务、高端制造、商业流通、人才培养与综合服务等环节的产业链。生物药要以开发具有自主知识产权品种为核心，培育和形成一批龙头企业。化学药制剂要依托龙头企业和科研机构，加强药物新品种、新剂型的开发。中药及植物药要促进现代制药技术与传统中医药的结合，重点发展中成药、中药保健食品，培育植物提取物和植物药。医疗器械要掌握新一代激光医疗设备核心技术，重点发展泌尿外科、眼科、皮肤科、心血管科的激光医疗设备。加快培育医药研发外包和健康管理服务。

跨越式发展节能环保产业。适应绿色经济发展需求，强化政府引导，探索实行总承包和投资运营等模式，大力发展节能环保高端产品、技术和服务。重点发展水污染防治与循环利用、大气污染防治、固体废弃物处理与综合利用、环境监测技术与装备、新型环境友好材料与产品、节能环保服务业等领域。水污染防治与循环利用领域要优先发展工业废水治理与循环利用装备和技术。大气污染防治领域要大力发展脱硝、脱盐、减碳等一批关键技术创新和应用示范。推进固体废弃物处理与综合利用，推动再生资源回收与加工企业集聚发展。

全面提升高端装备制造业。以光机电一体化为切入点，积极促进产业融合发展，大力发展数控机床、清洁能源装备、智能电网和装备用电子系统及关键零部件，大力发展成套设备与系统，积极拓展装备服务领域，全面打造国内一流的高端装备制造创新与产业化基地。数控机床领域要坚持以中高档数控系统、重型与超重型机床为特色。清洁能源装备领域要大力发展清洁高效发电设备，形成以核电服务业为核心的、覆盖核能及核技术应用产业链全过程的服务产业。智能电网领域要重点发展超高压变压器、智能变压器、电子式互感器、特高压电网电力光纤光缆等智能输变电设备。装备用电子系统及关键零部件领域要在汽车、特种船、船舶配套设备和海洋工程装备等方面加强电子系统的研发和产业化。

3.积极培育发展现代服务业

加快开展现代服务业综合试点，探索发展现代服务业新模式、新机制，大力发展信息服务业、科技服务业、地球空间信息及应用服务业等，建立带动武汉、辐射中部地区乃至全国的现代服务业体系。

提升发展信息服务业。抓住国际产业转移、国内三网融合和企业信息化需求升级的机遇，加快发展软件及服务外包、动漫创意、移动互联网产业。软件及服务外包领域要推进软件、系统集成、服务外包的互相促进和融合发展，加强服务外包公共服务平台建设，扶持企业开拓国际服务外包市场。动漫创意领域要大力发展动漫、网络游戏、数字艺术、数字新媒体等创意产业。力争在移动互联网技术和标准研发、移动互联网平台建设和移动多媒体内容生成等方面形成突破。

大力发展科技服务业。发挥龙头企业的带动作用，推进研发设计、检验检测、科技中介等科技服务业的市场化及产业化，建设中部地区具有较强竞争力的科技服务业核心区。研发设计业要引进培育一批市场化的第三方研发公司，做大做强工程设计，加快培育工业设计和商业设计。检验检测业要围绕主导产业发展分析、测试、检验、计量等服务，拓展延伸检验检测服务链条。科技中介服务业要发展技术评估与交易、知识产权服务、科技咨询等服务。

加快发展地球空间信息及应用服务业。充分利用武汉在卫星导航与位置服务等领域的技术积累，大力发展地球空间信息及应用服务，重点支持一批关键技术突破和产业化示范，推进标准创制和平台建设，做大做强空间数据获取与处理、地理信息系统软件、智能导航系统、地球空间信息系统集成、测绘仪器与装备等领域，构建从数据获取、数据存储、数据处理到信息提取与增值服务运营的完整产业链。

四、大光谷板块的动力机制

1. 创新驱动

加速推进高新区融入全球创新网络。实施开放性战略思维，进一步提升在全球范围内整合资源的能力，使高新区的创新体系成为全球创新网络的一部分。要在发挥东湖高新区科教优势、进一步完善高新区的创新网络的同时，通过“光博会”、“华创会”、“动漫节”，建设海外合作园区，同国际大公司开展交流与合作，吸引跨国公司在高新区建设技术中心，与韩国人德谷科技园等开展技术合作。要广泛地开展国际性的科研合作，鼓励高层次人才的交流合作和吸收引进。继续围绕“光电科学与技术创新引智计划”，在全球排名前100位的大学与科研机构引进学术大师，以“布立顿·强斯生物医学光学研究中心”为基地，聘请国际知名科学家为委员。支持企业与跨国公司的开展产业合资和研发合作，通过合资、合作，促进龙头企业进一步融入全球产业链，迅速壮大自身实力。继续吸引一大批国内外高科技企业、跨国公司、国际化人才的入驻。积极支持条件具备的企业实施国际化战略，在国外设立研发和生产组织，获取国际创新资源和市场资源。

加强高新区研发平台和产业联盟建设。东湖高新区的比较优势在于区内科研院所和高校众多，知识和智力资源密集，合理地发掘和利用这些资源有利于打造高新区的科技创新能力。要进一步提升现有的大学、科研机构以及国家实验室、国家重点实验室、工程技术中心等研究机构的研究水平，突出基础研究和应用基础研究的战略性和前瞻性，与建设国际一流的国家光电子信息产业基地接轨、与未来高技术产业的培育接轨，重点加强光电材料、光电集成、化合物半导体和半导体照明、空间地理信息系统、纳米材料、生物技术和新医药等领域的前瞻性研究，力争取得一批世界性的研究成果和创新产品。积极打造产业技术联盟，通过（NVD）产业技术联盟、软件外包产业联盟、中国光纤到户产业联盟、激光行业协会等产业联盟，推进自主创新，制定行业标准，提升东湖高新区光电子信息产业的核心竞争力。

实施空间整合创新：建立大光谷区。针对高新区发展空间不足的问题，借鉴重庆两江、天津滨海、大连金州等新区建设经验，实施空间再造、结构重组。根据《武汉市新城组群分区规划》思路，发挥高新区作为国家级自主创新示范区的功能和作用，结合洪山区、江夏区的实际，从有利于促进大光谷地区经济发展、有利于调动各方面积极性、有利于避免现有体制的弊端出发，推进大光谷地区经济一体化发展，实行统一规划、统一招商、统一建设、统一政策以及利益共享。积极争取将大光谷地区发展上升为国家战略，实行行政管理一体化。在积极推进向外空间拓展的同时，还要注重内生空间的挖潜。

2.产业引领

着力发展特色光电子信息产业集群。光电子信息产业是东湖高新区的特色产业、优势产业，具有良好的产业基础，应充分发挥产业优势，打造光电子信息产业集群。在光通信领域，围绕光纤光缆、光电器件、光传输系统等领域，按照世界领先的目标，打造产业集群。在移动通信领域，围绕4G标准的系统、设备、终端等方面形成产业集群。

加大国际高端产业资源引进力度。在加强整合现有资源的同时，积极吸纳外部资源，加强同国际大公司的合作，提升创新能力，促进高端产业发展。通过与一批国际级公司合作，促进半导体企业、消费电子产业集群发展，提升高新区的产业配套能力，壮大光通信、移动通信和激光产业集群。

围绕第三次工业革命进行产业谋划。第三次工业革命的基本特征是，数字化、智能化制造成为主导方式，以新能源、新能源汽车、节能环保为代表的低碳产业成为新的经济增长点，制造业与服务业的界限逐渐模糊。在产业领域，以物联网、云计算、智能电网等新一代信息技术为代表的智慧产业，以生物科技主导的健康产业，以新能源和节能环保为代表的低碳产业，将成为未来国际竞争的核心领域。由此确立重点培育的产业领域，主要涵盖智慧、健康和低碳产业领域，包括：3D打印，智能制造，智能电网，下一代互联网，下一代光通信，生物医药，新能源装备，生物农业，燃料电池等。

3.主体支撑

加快孵化期创新主体培育。要加紧孵化体系的完善，重点建设光谷创业街，向“800家企业同一条街，2万名创业者同一个家”的目标迈进，促进孵化企业集群发展。积极建设软件、创意等专业孵化器，形成专业孵化网络，同时在战略咨询、财务顾问、基金管理、法律咨询、融资服务、知识产权保护等方面全面地市场化服务，使高新区成为创业企业的沃土、创业者创业的理想地。

完善瞪羚企业发展政策体系。韩国和台湾的不同创新路径表明，区域自主创新水平不仅体现为少数大公司的高端创新能力，也在高成长性中小企业（瞪羚企业）的整体创新能力上得到充分体现。要进一步完善支持技术创新、上市等方面的政策，以及相关产业的专项政策，特别是加大税收政策扶持，为瞪羚企业发展提供优惠政策服务。

打造世界级高技术企业。加大高新区主导产业、新兴产业中企业重组力度，实施强强联合，支持企业走出去开展国际竞争，提升国际资源调配话语权。通过实施国际资产并购，加速自主创新能力提升，打通产品的国际市场。实施标准和专利战略，抢占世界高技术产业制高点，重点在光纤光缆、光电器件、光传输系统、激光、数控等领域，加大创新力度。

4. 产城一体

我国工业化和城镇化黄金期至少还有10年，而重点开发区域是中西部地区基础条件好、承载能力强的区域。未来10年，武汉还将面临综合经济实力增强的战略机遇，机不可失，时不再来，要将潜在的机遇抓住。“武汉发展看光谷”，光谷历来是武汉的骄傲，在过去不到10年的时间里，光谷发生了飞跃和嬗变，从荒芜到繁华，从科技新城逐渐变成一个新兴的宜居新城，甚至有外国友人把它赞为武汉的“温哥华”。随着东湖国家自主创新示范区南移，光谷的版图不断扩大，将会形成1000平方公里“大光谷”板块，“大光谷”板块的建设将会促进该区域新型工业化和新型城镇化的同步推进。

努力塑造多元化的居住社区。建设9个城乡一体化社区和3个村居型社区。城乡一体化社区包括关东、关南、佛祖岭、王家店、豹澥、花山、左岭、龙泉和檀树岭社区；村居型社区包括九峰、蔡王和牛山湖村社区。根据用地规划，光谷鲁巷地区、关山地区、大学园地区及流芳地区是城镇的优化建设区，以结构调整、功能优化为主，完善基础设施，提升城市环境，提高集约化发展水平。豹澥与左岭地区为城镇发展的优先选择地区，应根据资源环境条件，科学合理地确定开发模式、规模、强度和建设时序。严东湖与牛山湖为城镇外延扩展远景建设和为重大建设项目预留建设区域。通过居住区各项公共服务设施和公共绿化配置水平，建设交通便利、环境优美、生活舒适、配套齐全的新型社区，全面提升东湖示范区人居环境和住宅建设水平，创造宜居生活。

将原住居民和农村居民和谐的融入大光谷区域的新型城镇化建设。可行方式是采取农村城镇化型整理模式和农居点合并型整理模式。农村城镇化型整理模式即社区型整理模式，将原住民原有的农村生产生活方式和社会组织方式转变为城镇生产生活方式和社会组织方式，形成新的城镇社区，融入到城市生活，同时农民的身份也转变为城镇居民。农居点合并型整理模式在不改变原住民原有生产生活方式和社会组织方式的前提下，通过迁村并点，提高土地利用的集约度。

采取农村城镇化型产业模式和农居点合并型产业模式解决原住居民和农村居民

转移就业。农村城镇化型产业模式主要是通过调整农村的产业结构，由原来的一产为主导转变为以二、三产业为主导，实现集体经济转型后的可持续发展。农居点合并型产业模式主要将原有以一产为主导的产业结构进行优化，发展特色农业，走农业产业化、规模化之路或发展旅游业、休闲度假、农家休闲。

5. 金融创新

科技金融有效结合离不开政府的强力推动，应充分发挥政府的主导作用，以创新为手段，以增强科技金融体系的资源集聚效应和资源配置功能为出发点，高起点地规划、建设科技金融服务体系，有效促进科技金融高效融合与互动发展，构建自主创新坚实基石。

建立风险投资与孵化平台的联动机制，推进高新技术企业价值发现与提升。以高新技术产业园区为基地，以资本为纽带，积极推动企业、科研院所、高等院校之间的合作。结合高新技术产业和技术资源优势，大力发展各类专业的孵化器，建立循环经济示范区等专业孵化器，提供专业化技术服务设施和条件。积极吸引金融、证券、咨询等中介服务机构进入园区，为创新企业融资、风险投资、企业上市、股份改造、股权退出等提供中介服务，通过中介机构对园区企业有计划、有步骤地推进股改工作，吸引一大批创业投资资金支持园区内有发展潜力的在孵企业，实现“优势互补、孵化接力”，支持科研孵化实现高速增长，走向资本市场。

加强科技信贷服务顶层设计，设立专为科技企业融资服务的科技银行。针对现有商业银行难以承受科技企业融资的高风险问题，采取折中解决的办法，组建专门为科技企业服务的科技银行。科技银行处于风险投资与普通商业银行中间地带，是专业化的针对科技创新型企业的成长过程中资金匮乏、信息不对称等现实问题，提供促成产业化金融工具而创设的新型金融机构，可以弥补现有银行体系及银行功能上对高新科技创新支撑不足的缺陷。具体来看，当前可以依托武汉东湖高新区等国家级自主创新示范区，筹划设立政策性科技银行，专门针对高新技术产业、创新型企业、中小型科技企业、高新技术园区及国家重大科技项目提供金融支持和金融服务。

探索“投贷联盟”业务创新模式，打通风险投资、信贷资金与科技企业的资金链。技术成果具有无形化和难以评估的特点，因而高新技术成果的应用转化初期难以符合银行信贷条件而获取融资。然而现有风险投资资金规模十分有限，大量的银行资金又难以进入科技企业，因而打通风险创投、银行信贷与科技企业之间的融资通道非常必要。可以探索“投贷联盟”的业务创新模式，由投资机构与金融机构联手合作，由创投机构给予企业科技成果股权资金，企业以此资产为依托取得银行贷款，从而实现商业银行对高风险科技企业的信贷支持。通过股权、信贷方式一揽子解决创业企业的资金问题，提升企业融资能力，拓展融资渠道和空间。同时科技成果的转化应用做大了高科技市场蛋糕，进一步夯实了金融市场的经济基础。

全力建设新三板市场，完善风险资本退出机制。风险资本获取投资收益的途径是将手中持有的公司股份转让从而取得回报，风险投资基金要实现增殖和循环流动，就需要有便捷的退出渠道。新三板市场是较为合适地实现各类股权资本退出的途径。“新三板”重要作用之一就是负责全面接收来自主板、中小板和创业板的退市公司，为它们提供继续转让的机会。当前应充分利用国家扩大新三板试点的政策机遇，依托试点园区丰富的高科技企业资源，优选高成长性中小企业，完善制度规则，积极开展股权交易流通试点，扩大新三板试点范围。

提升政府的社会系统风险分担功能，构建系统高效的科技金融风险分担机制。实现科技金融服务体系的高效运作，离不开各参与主体之间良性的风险分担机制。科技企业主要技术创新风险，风险投资承担资本风险，政府则应从社会系统风险的角度，承担相应风险。为降低科技创新的社会系统风险，政府应从加强公共服务和资源投入的角度，深层介入科技金融体系。政府出资和银行建立贷款补偿金，对银行支持科技型中小企业的违约贷款提供补偿，进一步降低银行信贷在促进科技创新中所承担的过度风险。建立保险保费补贴机制，通过财政补贴和税收优惠等措施提高投保科技保险的积极性，构建高新技术企业创新产品研发、科技成果转化的保险保障机制。同时，政府还应营造有利于科技、金融人才集聚良好的工作、生活和文化环境，在户籍政策、税收优惠政策、住房保障方面倾斜，降低人才流失风险。

依托互联网金融优化传统金融模式，降低社会交易成本。伴随着现代科学技术的蓬勃发展和应用，传统金融模式也面临着变革。互联网金融作为传统金融行业与互联网精神相结合的新兴领域，本着“开放、平等、协作、分享”的精神向传统金融业态渗透，对人类金融模式产生根本影响。当前一方面应在传统金融组织形式中渗入互联网元素，大力发展各类互联网金融应用模式，开展第三方支付、在线理财产品的销售、信用评价审核、金融中介、金融电子商务等模式，降低资金供求双方的融资成本，另一方面则应从创新的角度颠覆传统金融服务理念，着力扶持发展 P2P、O2O 等网络金融模式，推进网络信贷平台建设。

（武汉市社会科学院金融所课题组）

关于启动实施武汉天河（府河）新区开发战略的报告

编者按：市十二次党代会确定了我市建设国家中心城市和国际化大都市的宏伟目标。那么，建设国家中心城市的突破口和主攻方向在哪里？围绕这事关武汉长远发展的重大问题，按照市政府主要领导的要求，课题组2012年7月至2013年5月，就启动实施武汉天河（府河）新区①开发战略问题进行了实地考察与系统研究。课题组认为，全面贯彻落实党的十八大精神，适时启动天河（府河）新区开发战略，对武汉推进工业化和城市化，优化城市空间结构，调整人口、社会和经济布局，提升生态文明水平，建设国家中心城市和国际化大都市，具有重大而深远的影响。

改革开放以来的头二十年，是深圳、浦东等新区②建设发展的时期；新世纪的头十年，是天津滨海、重庆两江、郑州郑东等新区大建设大发展的时期，这些新区已成为驱动所在城市率先崛起的杠杆。历史经验昭示，哪个城市抓好了新区建设，哪个城市就能迅速崛起。因此，课题组建议，紧紧抓住未来十年黄金机遇期，适时启动实施天河（府河）新区开发战略，引领武汉追赶进入全国城市第一方阵，实现在中部地区率先崛起目标，建设国家中心城市和国际化大都市。

一、战略构想

“天河（府河）新区开发战略”的总体构想是——全方位开放开发张公堤以北紧邻汉口城区的府河流域以及天河机场周边区域，用三十五年左右时间建立天河（府河）新区，到建国一百周年之际，形成新的汉口、武昌、汉阳三足鼎立格局，建成国家中心城市。

（一）天河（府河）新区范围

初步考虑新区范围为“东西湖区+黄陂南（或汉口北）+孝感临空经济区”（含18个街镇，见表1），东西湖区部分（500平方公里）、黄陂区南部分（约500平方公里）、孝感部分（100平方公里），总面积在1100平方公里左右（见图1）。这片区域生态优美，国家级开发区、临空经济区、汉口北商贸城等功能区密布，是未来武汉发展的一

① 天河新区或府河新区，以下统称为天河新区。

② 本报告所指新区包括特区，浦东、滨海等新区以及综合配套改革试验区等。

个重要板块。

表 1　天河（府河）新区区域一览

行政区	纳入面积	面积占比	街道（办事处、镇）
东西湖区	约 500 平方公里	45.45%	吴家山、走马岭、新沟、长青、慈惠、径河、金银湖、将军路、东山、柏泉、辛安渡等 11 个，以及长青花园新区
黄陂区	约 500 平方公里	45.45%	天河、横店、滠口、武湖、大潭、三里等 6 个，以及盘龙城经济开发区
孝感临空经济区	约 100 平方公里	9.10%	闵集乡，涵盖其下辖安静庙等 28 个行政村

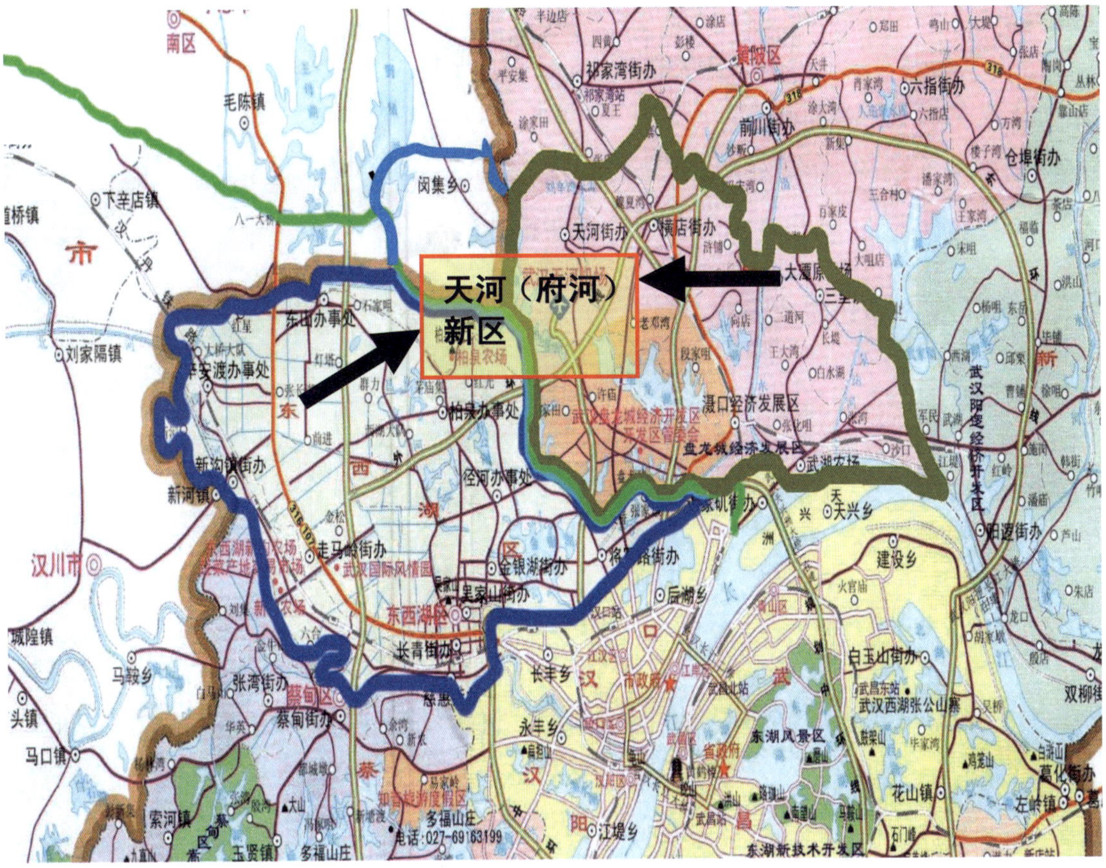

图 1　天河（府河）新区范围图

（二）功能分区

以“六区两带”为核心，全面推进武汉临空经济区、武汉临空港经济技术开发区、金银湖生态商务区、盘龙城历史文化区、汉口北商贸物流区、孝感临空经济区和府河宜居旅游带、张公堤森林生态带建设，形成特色鲜明、功能完善、繁荣发达的新区格局（图 2）。

——武汉临空经济区。重点开发临空型高科技制造业[①]与服务业，建设全市重点高端产业功能区；建立“空港综合保税区”，规划启动“空港自由贸易区”。

——武汉临空港经济技术开发区。以航空制造业、航空物流为主，重点发展烟草食品、机电环保、生物医药等优势产业和产业集群。

——金银湖生态商务区。重点发展商务、会展等高端服务业，建设生态居住、商贸旅游、信息服务“三位一体”的功能区。

——汉口北商贸物流区。重点发展国家级市场群、国际采购交易中心、国内产品集采分销中心，建立空、铁、公、水综合交通运输枢纽。

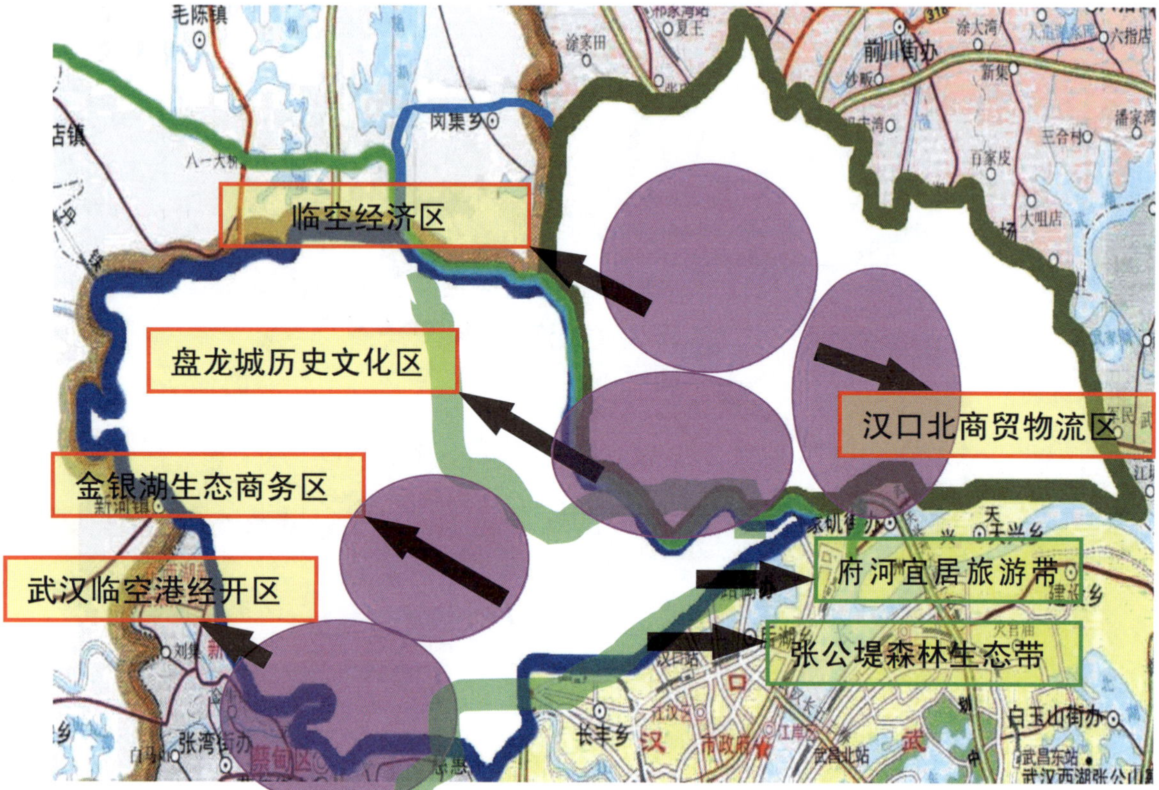

图 2　天河（府河）新区概念图

① 临空型高科技制造业：对于这一类高科技制造业，无论是原材料、零部件的采购，还是产成品的销售，都以体积小、重量轻、附加值高、市场变化快等特点而几乎全部采用航空运输，正是这种对航空运输较高的依赖性使得电子及通信设备制造业具有明显的临空指向性。这一类产业主要集中在电子及信息通讯、计算机制造、生物制药、电子机械、精密仪器和光学仪器、软件、医疗器械等。例如，斯德哥尔摩北部的 Kista 的发展，它与这个城市的主要机场阿兰达机场的距离不远，还毗邻“城市中心”布鲁玛机场。Kista 是世界领先的电子通信和 IT 产业中心，许多公司例如康柏，Hewlett-Packard、IBM、ICL、微软和 Sun Microsystem 等等的瑞典总部或者斯堪的纳维亚地区总部都在这里。

——盘龙城历史文化区。建设盘龙城国家级名胜风景区，加快形成文化产品开发、文化旅游和文化贸易产业链。

——孝感临空经济区。发展航空物流、生物医药、电子信息、新材料等高新技术产业、文化创意产业和生态农业，建设休闲宜居的新城区。

——府河生态宜居旅游带。构建天河（府河）新区的生态轴线，实施府河整治工程，建立湿地、滩涂生态保护区，建设府河宜居旅游带。

——张公堤生态森林带。重点建设环绕汉口城区的城市森林花园带，形成“一带十园”景观；实施张公堤周边深度开发工程，发展高端商务、房地产和时尚产业。

（三）产业定位

按照临空产业的发展规律，在天河（府河）新区的建设过程中，重点发展航空服务业、航空物流业、先进制造业和现代服务业这四大临空产业。

航空服务业。处于临空产业发展圈的最内核，直接依附并服务于机场，主要发展包括航空客运、货运及配套的飞机维修保养、商业商务在内的基地服务业。

航空物流业。以天河机场货运区和航空物流园为发展平台，第三方物流为承载主体，快件集散、分拨和递送业务为业务主导，集聚发展仓储、运输、加工等航空物流产业。

高端装备制造业。按照成长性好、附加值高、市场前景广阔的产业发展导向，提高产业准入门槛，重点发展具有一定航空运输指向性的汽车、飞机零部件和机电设备等高新技术制造业。

现代服务业。依托湖泊、湿地等自然资源，以提高服务水平和服务质量为核心，大力发展商业服务、金融服务、商务会展、休闲旅游业，配套发展房地产、教育、文化、卫生、体育和社会服务业。

空间布局：天河（府河）新区的空间结构是以天河机场为核心，30 公里范围为半径的区域，逐层向外辐射的空间结构，根据天河机场的辐射距离，它可以分为核心区、聚集区、辐射区。

核心区。核心区在机场半径 10 公里范围内，是直接服务于机场的内层功能区，主要发展与机场客流、机场跑道、航站楼、停机坪、货运站、现代物流、空港商务等与机场设施及空港运营相关的服务产业。

聚集区。聚集区在机场半径 10～20 公里范围内，是临空经济形成服务“源”的重点产业发展区，主要通过产业链、创新链、供应链、价值链等纽带，发展与机场直接有关的商业会展、休闲旅游、金融商贸、加工制造业。

辐射区。辐射区在机场半径20-30公里范围内，该区域主要是以核心区、聚集区为服务对象，发展相关配套产业。

（四）发展目标

以五年大见成效、十年基本建成、建国一百周年全面建成为目标，全面规划建设天河（府河）新区，使新区的经济规模、人口、建成区面积达到老区的两倍以上，使张公堤国家森林公园成为新汉口的中央公园，使府河成为新汉口的城中河，使府河流域内的大小湖泊成为新的城中湖。努力把武汉天河机场建设成为中部地区的国家门户机场，把天河（府河）新区打造成为中部地区的门户空港新城、武汉经济发展的新增长极。

——近期目标（2013年～2015年）

整合新区内的航空、铁路和公路运输资源，形成多式联运、无缝衔接、辐射全国的物流大通道和综合交通枢纽，黄陂、东西湖、孝感三地临空经济区基本实现融合，连接区域间的重要交通要道基本建成，园区内的水路电气等重大基础设施基本完工。初步构建区域一体化发展格局，张公堤国家森林公园基本建成，府河整治工程完成，湿地保护区、休闲旅游区、生态居住区等基本成型。国家级开发区、临空经济区和汉口北商贸物流区成为新区三大产业支撑；盘龙城成为国家级名胜风景区，金银湖生态商务区初步形成。

到2015年，新区GDP总量翻一番，突破1000亿元；常住人口总量达到90万人，户籍人口总量达到80万人；规模以上工业总产值2000亿元以上，规模以上工业增加值800亿元以上，地方财政收入300亿元以上。

——中期目标（至2020年）

武汉临空港经济技术开发区进入国内同期批准的国家级开发区第一阵营。天河机场成为国内门户机场，空港综合保税区建立，临空经济规模居国内前列，成为国际国内航空货运分拨中心、区域分拨分销中心。汉口北商贸物流区建成国家级市场和国际采购交易中心，成为国内市场中心。新区成为辐射全国综合交通运输枢纽。金银湖生态商务区成为企业总部、高档酒店、金融机构、文化创意产业聚集区。盘龙城——“武汉城市之根” 品牌成为武汉的新名片，成为武汉文化创意产业的源泉。府河流域和张公堤森林公园的生态、宜居功能进一步完善。以黄陂为核心，东西湖、孝感为两翼的大临空格局基本形成，人流、物流、信息流实现互通回流，临空产业迅猛发展，经济总量明显提升，天河（府河）新区成为武汉经济社会发展的新增长极。

到2020年，力争新区GDP总量3000亿元；常住人口总量达到120万人，户籍人口总量达到110万人；规模以上工业总产值4000亿元以上，规模以上工业增加值1500亿元以上，地方财政收入800亿元以上。

——远期展望（至2049年）

武汉天河机场成为仅次于北京、上海、广州的国内第四大枢纽机场、中部地区最大的国际门户机场。天河（府河）新区成为基础设施完善、临空产业发达、服务功能齐全、人居环境优美、城市形象靓丽、“绿城”特色鲜明的中部地区门户空港新城。新区在经济总量、人口规模、生活质量等方面达到或超过老汉口的水平，真正形成“新汉口”。形成新汉口（汉口+天河（府河）新区）与新武昌（武昌+大光谷）、新汉阳（汉阳+大沌口）三足鼎立新格局，建成国家中心城市和国际化大都市。

二、可行性分析

（一）经济基础较好

初步调查统计，新区面积约1100平方公里，2011年实现生产总值529.9亿元，规模以上工业总产值659.0亿元，规模以上工业增加值190.5亿元，地方财政收入106.1亿元，常住人口72.7万人，户籍人口59.3万人。新区的经济总量、人口规模相当于江汉、江岸和硚口三区组成的“老汉口”的三分之一，土地面积是“老汉口”的五倍，可开发利用土地350—400平方公里，发展空间广阔。

新区介于三环线以外10公里范围内，工业、商贸、物流、房地产等产业已经形成一定的规模和基础，是未来十至二十年内汉口片区理想的重点开发区域。

（二）生态条件优越

区域湖泊众多。府河两岸优美的生态环境是除了交通以外的最大的资源优势。野猪湖、白水湖、马家湖、杜公湖、麦家湖、金银湖、后湖与府河、张公堤森林公园共同构成了一道优美的生态屏障。

建立新区，保护府河流域生态环境、利用府河流域水土资源，使府河成为城中河、景观河和生态河，成为商务、居家、旅游、休闲的理想胜地，进一步提升汉口中心城区的价值和功能，整体提升武汉城市圈生态文明水平。

（三）区域功能丰富

武汉临空经济区、武汉临空港经济技术开发区、金银湖生态商务区、盘龙城历史文化区、汉口北商贸物流区、孝感临空经济区和府河宜居旅游带、张公堤森林生态带等“六区两带”重点功能区（带）已成雏形。新区内有东西湖保税物流中心（B型）、武汉铁路集装箱中心站、天河机场、武汉北铁路编组站以及舵落口、高桥、武湖、横店等一级公路货运站，各种功能性设施齐全。

建立新区，统一规划和建设“六区两带”，形成优势互补、良性互动格局，成为撬动武汉经济腾飞的新杠杆，为武汉城转型发展奠定扎实基础。

（四）战略导向鲜明

党的十八大报告提出了建设中国特色社会主义“五位一体”的总体布局，对经济、社会、文化、生态建设等进行了总体部署。天河（府河）新区开发战略符合国家战略导向，既顺应国内新区发展态势，也涵盖了经济、社会、文化、生态建设各方面，尤其是“六区两带”中的府河宜居旅游带和张公堤森林生态带建设，成为武汉生态文明建设和“美丽武汉”建设的重要支撑。

三、对策建议

（一）审时度势，尽快启动实施天河（府河）新区开发战略

天河（府河）新区开发战略是一项全局性、战略性和可操作性举措，必须审时度势，统一思想、痛下决心，尽快启动实施。目前，省发改委正在按照省委省政府的要求，编制武汉天河（府河）新区的总体规划，国家发改委地区司已就新区建设提出了初步意向性意见。我市应未雨绸缪，顺势而动，主动开展前期工作。

（二）统筹兼顾，科学规划新区未来发展

建议成立新区工作领导小组，统筹天河（府河）新区开发建设工作。设立新区规划编制研究组，统一规划新区未来发展，全面开展“天河（府河）新区”概念设计、规划方案研究工作，超前编制新区开发总规划和产业、社会、生态及城镇建设等重点规划。

（三）坚持大项目带动，促进区域爆炸式增长

新城新区建设成功的关键，是需要几个具有标志性的重大项目支撑和带动。为此必须策划实施几个投资总额过百亿，甚至五百亿或上千亿的重大工程或项目。从天河（府河）新区“六区两带”的空间格局来考虑，每一个功能区（带）至少要有一个类似的重大项目。初步的概念设计如下：

武汉临空经济区——“空港综合保税区工程”。工程项目投资50亿元以上，建立口岸操作区和保税功能区两大功能区，发展保税物流、出口加工、机务维修、进出口贸易、综合服务等产业。力争引进产业项目投资 1000 亿元以上，重点跟踪波音公司、庞巴迪公司、中国航空工业集团等飞机制造或组装环节落户。

武汉临空港经济技术开发区——“开放型经济示范区工程”。与台湾新竹、韩国大德等世界知名园区合作，建立新一代开发区和开放型经济示范区，重点引进世界 500 强或国内 500 强企业（全球最大的煤炭供应商神华集团总投资额达 55 亿元的热电联供项目已经落户），尤其是航空制造业和航空物流业。园区建设预计总投资在 100 亿元以上，带动产业投资 1000 亿元以上。

金银湖生态商务区——赛马旅游城项目和新区中央商务区项目。围绕“东方马城”和国际赛马节，常态化赛马旅游点，兴建休闲旅游城，将武汉杂技节目融入进来，白天看赛马，晚上看杂技，塑造武汉旅游品牌。在金银湖靠近府河的区域建立新区政务中心，聚集总部企业，形成中央商务区。预计新区中央商务区项目的总投资在 500 亿元。

盘龙城历史文化区——国家级名胜风景区和 5A 级景区工程。把盘龙城遗址公园、后湖自然景观和府河观光融合，突出历史文化和湿地生态，集中展示“城市之根”和“城市未来”。预计综合投资在 200 亿元以上。

汉口北商贸物流区——国家级市场群项目和横店综合物流中心项目。国家级市场群项目以目前汉口北国际商品交易中心重点打造的十大专业市场为基础，扩大投资规模（预计 100 亿元），增加市场交易品种，建立综合性的国家级市场群和国际采购交易中心。横店综合物流中心项目建立公铁联运、多种运输方式转换的综合性现代物流基地，集交易总部、商业配送、仓储集散等为一体，聚集第三方、第四方物流企业，计划投资总额 200 亿元。

孝感临空经济区——发展航空物流业。目前，申通物流已确定在孝感临空经济区落户，一期投资 40 亿，发展前景好，是建设前期的重要抓手。

府河宜居旅游带——府河综合整治工程。进行府河综合整治，选择若干重点区域设立府河湿地保护区，建立府河观光带，集固化岸线和防洪为一体。整治可利用土地，重点建设生态居住区和商业区。预计政府需投资 200 亿元，带动社会投资 1000 亿元以上（1959 年府澴河改道工程全长 83.8 公里，以武汉段府河全长约 100 公里计，每公里整治和配套投资预计在 2 亿元以上）。

张公堤森林生态带——张公堤走廊深度开发工程。在原有“一带十园”的规划基础上，围绕森林公园的生态资源，深度开发周边土地，以精品居住和高档休闲商务为主，最大化利用张公堤走廊的生态价值。预计政府需投资50亿元，带动社会投资500亿元以上。

（四）聚集优质资源，集中力量打造核心区域

郑州新区包含了郑东新区（金融核心区）、郑州国家经济技术开发区（含郑州出口加工区）、郑州国际航空港区（含郑州航空经济综合实验区和新郑综合保税区），几乎囊括了郑州未来发展最优质的资源；重庆“两江新区”包括了三个行政区部分区域和国家级经济技术开发区、高新技术开发区、内陆保税港区，也是重庆跨越发展的精华要素。因此，天河（府河）新区也必须聚集汉口区域的优质资源，集中力量打造以金融、商贸和物流为核心的集聚区。此外，必须积极争取政策支持，促使天河（府河）新区开发战略上升为国家战略。

（五）引导社会资金，超前实施基础设施建设

坚持“盘活资产、自我积累、自我开发、滚动发展”思路，力争社会资金占新区投入建设资金的70%以上。一方面，超前做好基础设施，把“毛地”变成“净地”，把“生地”变成“熟地”，最大限度地实现土地增值。通过市场竞争选择，保证新区建设投资需求。另一方面，通过BOT、BT等方式开展基础设施建设，推进股权出售或经营权转让，出让资金用于新的城建项目。

（六）坚持创新驱动，推进体制机制创新

开展新型城镇化试点。天河（府河）新区涉及18个街镇近80万人口，在新区开发建设过程中，推进新型城镇化试点，有利于探索产业化发展与新型社区和社会保障制度的建设。

开展土地节约集约利用试点。整合黄陂、东西湖、孝感的土地资源，统筹开发利用。在保证区域范围内基本农田总量不越红线的前提下，建立市场机制交易，确保建设用地需要和耕地占补平衡。

开展行政管理体制改革。正在建设中的北京、上海、天津、重庆，乃至同属中部的湖南、河南等地的临空经济区，都是将其直接纳入直辖市和省级发展战略来统筹建设的，因此，建议省委、省政府也把天河（府河）新区的建设作为促进中部崛起的重大项目，列入省级发展战略，成立副省级新区，统一组织、统筹管理。

（武汉市社会科学院课题组）

附件 1　天河（府河）新区 2012 年现状和近中期目标评估

天河（府河）新区	2011 年	2015 年	2020 年
面积（平方公里）	约 1100	约 1100	约 1100
GDP（亿元）	529.93	1000	3000
常住人口（万人）	72.66	90	140
户籍人口（万人）	59.32	80	110
规模以上工业总产值（亿元）	658.95	2000	4000
规模以上工业增加值（亿元）	190.54	800	1500
地方财政收入	106.10	300	800

注：2012 年数据根据东西湖、黄陂区和孝感市统计数据估算。2015 年和 2020 年数据根据设定的增长率预测。远期目标仅作定性描述。

附件 2　国内主要新区资料

名称	级别	面积（平方公里）	人口（万人）	经济总量（亿元）	重点产业
上海浦东新区	副省级市辖区	1210	504.7	4707.52（2010 年）	先进制造业、临港工业、高新技术产业、生产性服务业
天津滨海新区	副省级市辖区	2270	243	6206.87（2011 年）	电子通讯、石油开采与加工、海洋化工、现代冶金、机械制造、生物制药、食品加工
重庆两江新区	副省级市辖区	1200	230	1600 亿元	轨道交通、电力装备、新能源汽车、国防军工、电子信息

试点区域性小城镇金融服务平台正逢其时

——在滠口街设立村镇银行的可行性分析

编者按：党的十八大报告提出推进工业化、信息化、城镇化、农业现代化同步发展，为小城镇金融改革指明了方向。为摸清我市小城镇金融发展现状和问题，2013年3月，武汉市社会科学院成立“武汉市小城镇金融服务实证研究——滠口街调查”课题组，在滠口街道办事处工作专班的配合下，开展了历时6个多月的驻点调研，课题组先后召开座谈会4次，实地走访滠口街全部13个村、4个社区，3家金融机构和40个企业，向村民和企业发放调查问卷360份。通过对大量一手资料的分析，完成了《武汉市小城镇金融服务实证研究》报告，并提出了在滠口街探索建立区域性金融服务平台的设想，具体内容报告如下。

一、在滠口街设立村镇银行的必要性

（一）滠口街金融供给不足

1.金融组织单一，服务供给不足。调研显示，滠口街目前拥有中国农业银行、武汉农村商业银行和邮政储蓄银行3家金融机构，营业网点4个，建设银行滠口支行正在筹建。未设立政策性银行、股份制商业银行、外资银行的分支机构以及村镇银行、小额贷款公司、农村资金互助社等新型金融机构，也没有设立证券机构和保险机构的分支机构。滠口农行经营重心放在大中城市、重要经济项目、规模较大的项目上，对滠口的金融网点和金融业务呈现出收缩现象。滠口邮储行基本只开展存取款等传统业务，信贷业务没有投向本地。滠口农商行由于自身原因，在面对大中型企业、乡镇企业、私营企业、个体工商户、村居民个人等日益多样化和多层次的金融服务需求时，显得力不从心。

2.存贷比过低，民间融资活跃。2012年，滠口街各项贷款余额24356.7万元，存贷比仅为16.11%，远低于《湖北省关于实施金融支持县域经济发展“五个一工程”的意见》中“各县域金融机构存贷比要达到55%以上”的要求，与国家政策要求的75%的存贷比例更是相去甚远。具体从贷款机构来看，滠口农商行贷款额占滠口街总额的62.66%，成为主要信贷供给主体，其存贷比也只有22.31%。在正规金融机构较少、有限信贷供给不能完全满足市场金融需求的情况下，滠口街民间融资交易活跃，据调

研显示，滠口街民间融资利率是基准贷款利率的 2～5 倍左右。

3. 资金外流严重，本地经济发展受限。调研发现，滠口农商行虽然是滠口街信贷投放的主力军，但投放量较其存款额比重偏小，大部分存款通过拆借、上存、购买有价证券、对本地以外优质企业或个人放款等方式流出本地。滠口农行 2012 年贷款投放额仅为 9095 万元，基本上是只存不贷。滠口邮储行吸收的储蓄存款均转存中央银行，全年对本地没有信贷投放。可以说，目前滠口街的 3 家金融机构扮演着地方“抽水机”的角色，对于滠口街本地经济发展的资金需求没有发挥出应有作用，亟需建立相应的投融资平台。

4. 信贷投放失衡，中小企业和村居民贷款艰难。调研发现，滠口街贷款主要投向了法人或优质企业，村居民获得贷款困难。2012 年，滠口农商行的全部贷款投放中，对法人（企业）客户投放 13738.9 万元，对村居民投放 1522.8 万元，仅为企业投放的近十分之一。在面向滠口街 13 个村、4 个社区下发的 307 份调查问卷中，贷款难是反映最多的问题。金融机构的惜贷和限贷与中小微企业、村居民迫切的贷款需求形成强烈背离。

（二）村镇银行等新型金融机构的设立是武汉市构建现代金融服务体系的必然选择

调查显示，在滠口设立村镇银行、小额贷款公司、农村资金互助社三种新型农村金融机构的意愿分别占到 21.54%、17.69%和 19.23%，设立村镇银行的意愿最为迫切。从全国村镇银行区域数量看，中部区域前三名分别是河南、安徽、江西，占整个区域的 65%。目前，武汉市的新城区仅有一家江夏民生村镇银行在运营，除此之外再无他号。相较之下，武汉市在村镇银行和地区金融服务平台建设力度方面明显不足。

武汉市政府工作报告在 2013 年工作安排中明确提出:“出台武汉区域金融中心空间布局规划，设立新型金融机构，加快建设国家商贸物流中心。”“汉口北商贸物流枢纽区位列其中。”近期公布的《武汉金融改革创新总体方案》（征求意见稿）和《武汉区域金融中心建设总体规划（2013—2020 年）（征求意见稿）提出：到 2015 年，武汉建成全国重要的金融后台服务基地，到 2020 年建成中部金融中心。这使得正处于加速城镇化进程、具有明显区域地理优势的滠口街迎来了设立具有区域性金融服务平台功能的村镇银行的难得机遇期，也为进一步构建现代金融服务体系的探索提供了有益尝试的可能。

二、在滠口街设立村镇银行的可行性

（一）有利条件

1.国内村镇银行保持良好发展态势。来自中国银监会的统计数据显示，截至2012年底，全国共组建村镇银行876家，比2011年底增加150家。浦发、民生两家银行村镇银行总资产率先突破了百亿元。建设银行主发起设立的26家村镇银行，已开业村镇银行总资产109.26亿元，实现净利润1.30亿元，较2011年增长接近4倍。中国银行和新加坡淡马锡合资筹设的18家中银富登村镇银行，合计存款余额22.8亿元，同比增长159.1%，贷款余额19.8亿元，同比增长330.4%。综合来看，各大银行设立的村镇银行在2012年均实现盈利。

2.滠口街经济金融总量较大，实力较强。近年来，滠口街积极探索总结出资源收益、能人带动、兴办实业、资本运作、入股分红等符合滠口本地实际的发展模式，村级集体经济不断壮大。目前，全街村级集体经济收入均超过5万元标准，其中过百万元的6个、过50万元的2个。2012年，滠口街规上企业21家，实现工业总产值68.6亿元，拥有如源泰铝业、木兰纸业等具品牌效应、远近闻名的企业大户。城镇居民人均可支配收入27085元，农民人均纯收入13778元，高于武汉市城区人均水平。同时，随着滠口街城镇化步伐的加快，每年拆迁资金就有15～20亿元，民间资本量大，金融市场基础较好。

3.滠口街城镇化水平较高，城乡一体发展加速。滠口街通过开放式、全覆盖、片区发展和多规叠合的规划理念，已形成中心镇区、产业园区、生态保护区、特色民居村落为组成的城乡空间布局结构。目前，滠口街城镇化率为30.83%，考虑到南湖、枫橡等村正在进行拆迁还建工作，滠口街城镇化率在不久的将来有望达到52.48%。伴随着滠口街城镇功能的不断提升，也必然会不断产生和持续释放更多的金融需求，对现有金融服务体系的加速健全和完善提出了更高的要求。

4.滠口街区位地理优势明显，整合带动周边资源能力强。滠口街东临滠水河，与三里镇、武湖街道相望；南部濒府河，与武汉市江岸区相连；西与盘龙城经济开发区毗邻；北与横店街接壤。作为城乡结合部的关键结点，滠口街紧邻汉口北市场群和四季美农贸城，与汉口城区、盘龙城经济开发区不过20分钟车程。承接的滠口货场、新港铁路、轻轨1号线建设大道延长线等大量国家、省、市、区级重点工程和项目，使得滠口街的区域活力倍增，满足大量企业多样化、多层次、多方面的金融服务需求成为滠口街金融服务的主要目标。

5.滠口街信用基础较强，金融生态环境持续向好。课题组关于“信用的重要程度”

调查数据统计结果显示，95.99%的受访者选择了“很重要”。近年来，滠口街金融机构借助“万名信贷员进万村入万企”、“走千家、访百户”、“征信知识宣传月”、“小微企业宣传月”等活动平台向广大村居民宣讲金融知识、信贷政策、电子机具的使用方法。积极开展武汉市“A 级金融信用区”的创建工作，2012 年，滠口街荣获“2012 年度武汉市信用乡镇”称号。

（二）抑制因素

1.滠口街设立村镇银行的风险不确定性。按照中国银监会关于村镇银行地方法人的设立要求，滠口街将成为名义上的法人代表。而村镇银行吸储和借贷的金融功能对于风险的防范和控制尤为必要，这就使得作为独立法人的滠口街站在了风控的最前沿，风险压力巨大，在本地设立村镇银行的积极性受到抑制。

2.滠口街区划面积不断被蚕食，金融活力受到影响。滠口作为武汉市小城镇发展的试点镇，在探索新农村和新城区建设、推动武汉城乡统筹协调发展作出过很大贡献。但随着盘龙城经济开发区、汉口北市场从滠口街剥离以及武汉市轻轨一号线延长线、临空经济区、府环河综合整治等重点工程和项目的推进，滠口街的区划面积已越来越小，经济实力受到严重影响，金融环境和金融活力受到挤压，仅就滠口现有的经济金融环境和条件，想要吸引金融资本进入并成功设立村镇银行的过程不会顺利。

尽管目前在滠口成立以村镇银行为代表的新型机融机构还存在一定抑制因素，但与武汉市现代金融服务体系整体发展要求相比，与滠口街城镇化进程需要相比，与滠口街村居民及企业对金融服务的需求相比，设立村镇银行为代表的新型金融机构，试点区域性金融服务平台，对我市进一步建立和构建现代金融服务体系意义重大，影响深远，也尤为迫切。

三、在滠口街设立村镇银行的思路及对策建议

经过 6 年多的发展，村镇银行从无到有，目前全国已经突破 1500 家。2013 年伊始，全国每天有近两家的村镇银行获批。村镇银行发展进入又一个提速阶段。滠口街作为武汉市小城镇试点镇，积极响应党的十八大提出的新型城镇化战略部署，抢抓村镇银行的提速发展机遇期，先行先试，设立村镇银行，试点区域性金融服务平台，试验推动具有武汉特色的小城镇金融服务体系的构建正逢其时。

（一）在滠口街设立村镇银行的思路

1.行业定位。以支持滠口地方经济发展为宗旨，以社区为依托，主要面向滠口工业、现代都市农业和农村农业经济组织，大力支持中小企业、个体工商户发展。逐步建设成为滠口区域性金融服务平台。

2. 启动模式。目前，村镇银行的模式大致分为两类：一类是由银行绝对控股，并主导管理权。另一类是银行持股比例较低，民企及自然人股东的话语权较大。结合滠口目前的实际情况，我们建议采取两者结合的新模式启动，有效整合滠口周边资源抱团发展。

3. 业务定位。在发展传统银行主营业务的同时，创新发展，开拓融资渠道，实现与武汉市国有商业银行、政策性银行、保险公司及相关金融机构的业务联动与合作。

（二）在滠口街设立村镇银行的对策建议

1. 优化启动模式，确立村镇银行区域地位。鉴于滠口街民间资本充裕的实际情况以及区位特点，课题组认为应在滠口街设立一个能够有效聚合周边资源、覆盖面广、为地区经济可持续发展提供充足资金补给，具备区域性综合金融服务平台功能的村镇银行。在启动模式上建议采取目前比较普遍的两种模式相结合的方式，以银行、滠口街民企或民间自然人、汉口北市场、四季美农贸城、盘龙城相关方面为发起人。在发起行的选择上倾向考虑实力强、网点覆盖面广、内部运营管理规范的大银行，依托其成熟的先决条件引导村镇银行快速走上正轨。但在其持股比例上则按照银监会的最新举措，控制在 15%，以激发滠口街民企或民间自然人、汉口北市场、四季美农贸城、盘龙城相关方面的参与积极性。只有充分调动起滠口本地资本的参与和管理热情，才能让村镇银行真正发挥出区域性综合金融服务平台的功能，为地区经济而为，为地方村居民增收而为，有效促进地区资金的自我循环，从而推动滠口地区经济社会不断可持续发展。

2. 创造条件，完善村镇银行基础功能。从目前已有的村镇银行运营经验来看，村镇银行设立初期都会遇到存款额难增加、结算渠道不畅通、银联卡、网银制约等普遍问题。在滠口村镇银行设立初期，应考虑到这些问题，完善和健全村镇银行的基础性功能，高标准启动。一是向人民银行申请“行号”，加入人民银行大小额支付系统，增强服务力。二是在人民银行、银监会、地方政府的大力宣传下，提升村镇银行形象和认可度，快速培养储蓄存款达到一定规模。三是申请使用人民银行支农再贷款，增强服务“三农”的资金实力。四是争取银监会等相关部门的支持和授信，向中国银联申请开办银行卡业务，加入银行卡大家庭。

3. 创新思维，拓宽村镇银行融资渠道。村镇银行由于自身特点的缺陷，想要在设立初期短时间内大幅提升公众存款不太现实，需要创新方式，广开渠道。一是在支农再贷款额度、再贷款浮息政策、差别存款准备金、财政贴息政策上争取一定政策倾斜，缓解资金来源不足的同时，鼓励从事涉农业务。二是争取进入同业拆借市场，加大流动性资金的来源渠道，更好服务农业借贷业务。三是争取放宽业务范围，通过发放地方债券、票据等形式进行融资。四是探索“公司+农户”放贷模式。目前，有很多农户都与相关企业和公司签订了供应合同，在农户无法出具抵押物进行贷款的情况下，公司可作为担保方为农户借贷提供保证，既方便了农户贷款，也大大降低了村镇银行贷出的风险，实现双赢。

4. 创新产品，加强村镇银行服务水平。村镇银行作为新型农村金融机构的代表，差异化的发展模式是其立足的根本。滠口村镇银行可将信贷产品设计成面向工业企业、中小企业、工商个体户、村居民等不同类型、不同形式。甚至可以按照汉口北市场群、四季美农贸城、盘龙城开发区的不同需要设计出团购产品模式，提供专业化、个性化服务。同时，在以种植业为主的农业项目、村镇小型基础设施建设、村镇住宅建设、外出务工人员金融服务、农村医疗保险、助学贷款、各种消费类贷款如婚丧嫁娶和购买汽车、金融代理产品如农业保险和基金项目等方面有所突破。

5. 加强宣传，提升村镇银行知名度。根据本次关于农村新型金融机构的 260 份有效调查问卷显示，有 108 份选择了“不了解”这一项，占比 41.54%。面对村镇银行知晓度不够的现状，开展有效的市场宣传尤为重要。一是在村镇银行筹备期即通过当地电视台、电台、新闻媒体、网络信息进行立体宣传，通过介绍村镇银行的特点提高其知晓度和认知度。二是通过差异化快速便捷的业务服务吸引公众选择村镇银行。三是通过联合行业协会，举办银企恳谈会、产品推介会等形式加强村镇银行与本地企业的交流和沟通。用贴心的产品和高质量地服务培养和留住客户群，逐步提升村镇银行的知名度。四是借助本地民企股东的优势，介绍一批优质客户作为服务对象，通过他们的亲身感受宣传和推广村镇银行的优势，培养品牌影响力。

（课题组成员：张康、吴昱南、管妮娜）

转型与倍增

——国内四大城市工业倍增比较

目前，国内工业总产值突破2万元的城市有上海、天津、深圳和苏州四个城市。去年，我市工业总产值突破1万亿元，正向2万亿元迈进。那么，这些城市从1万亿元迈向2万亿元工业倍增过程中，工业发展有何特点?产业结构如何变化?对我市工业倍增有什么借鉴和启迪?围绕这些问题，课题组进行了初步研究。

一、倍增之谜：投资驱动与规模效应

随着工业化不断推进，工业总产值进入万亿元俱乐部行列的城市越来越多，先后有北京、上海、广州、天津、深圳、苏州、宁波、无锡、佛山、青岛、烟台、淄博等12个城市工业总产值过万亿元大关，其中，工业总产值已经突破2万亿元的城市有苏州、上海、天津和深圳，它们分别经历了3到6年时间，工业总产值年均增长在18%一28%之间(见表1)。从1万亿元到2万亿元的倍增过程中，呈现以下几个基本特征：

表1：四城市工业总产值从1万亿元到2万亿元的工业情况表

城市	1万亿元时				2万亿元时				间隔	工业总产值年均增长(%)
	工业总产值(亿元)	规模以上企业数(个)	企业平均规模(万元)	年份	工业总产值(亿元)	规模以上企业数(个)	企业平均规模(万元)	年份		
苏州	12100	6743	17944.5	2005	22103.47	9959	22194.5	2008	3	27.6
上海	11266.62	10956	10283.5	2003	23108.63	15099	15304.7	2007	4	26.3
天津	10502.91	6361	16511.4	2007	21523.32	5013*	42934.4	2011	4	26.3
深圳	10174.54	—	—	2005	21273.09	5692*	37373.7	2011	6	18.2

注：2011年以前规模以上企业是按照工业总产值500万元为标准统计的，2011年以后规模以上企业是按照2000万元新标准统计的。

表 2：四城市工业总产值从 1 万亿元到 2 万亿元的工业投资表

城市	1 万亿元时				2 万亿元时				间隔	工业投资年均增长率（%）
	社会固定资产投资（亿元）	工业投资	工业投资占比（%）	年份	社会固定资产投资（亿元）	工业投资	工业投资占比（%）	年份		
苏州	1870.0	1061.01	56.74	2005	2611.16	1277.58	48.9	2008	3	6.8
上海	2452.11	806.94	32.91	2003	4458.61	1397.57	31.35	2007	4	18.3
天津	2388.63	962.27	40.29	2007	7510.67	3104.13	41.33	2011	4	55.6
深圳	1176.13	372.49	31.67	2005	2136.39	469.95	22.0	2011	6	4.4
武汉	5031.25	1701.04	33.93	2012	—	—	—	—	—	—

一是投资驱动明显。从表 2 中不难看出，工业投资强度越大、增长越快的城市，其工业倍增的时间越短。苏州工业投资占比在 50%左右，天津工业投资年均增长达到 55.6%，实现倍增的时间分别为 3 年和 4 年，而深圳工业投资增速为 4.4%，比上海、天津和苏州都要慢，而且工业投资占比在四个城市中也是最低的，实现工业倍增，经历了 6 年。由此可见，投资仍然是实现工业倍增的主要驱动力。

二是规模效应显著。在工业倍增期间，企业规模持续增长，大企业发挥着越来越重要的作用。以上海、苏州为例，规模以上企业数量分别增加了 38%、48%，企业平均规模增长了 49%、24%。

二、倍增之实：创新引领与转型升级

工业倍增期间，上海、天津、深圳和苏州四大城市工业产值支撑 GDP 快速增长，产业结构不断优化，空间布局加速集聚，产业升级日趋明显。

（一）产业升级：一手抓做大优势产业，一手抓培育战略性新头产业

表 3：上海工业支柱产业工业倍增前后占比情况表

	1 万亿元时（2003 年）		2 万亿元时（2007 年）	
上海工业支柱产业	工业总产值（万亿）	占全市工业（%）	工业总产值（万亿）	占全市工业（%）
总　计	6559.56	58.2	14502.77	62.8
电子信息产品制造业	2204.96	19.6	5744.25	24.9
汽车制造业	1362.09	12.1	1807.52	7.8
石化及精细化工制造业	1065.36	9.5	2511.46	10.9
精品钢材制造业	796.42	7.1	1609.88	7.00
成套设备制造业	915.10	8.1	2440.87	10.6
生物医药制造业	215.64	1.9	388.96	1.7

上海、天津、深圳和苏州工业总产值分别从 1 万亿到 2 万亿工业倍增过程中，一方面，推动传统优势产业升级做大。以上海为例（表 3），倍增期间上海工业六大支柱

产业总体在工业比重中上升 4.6 个百分点，特别是电子信息产品制造和成套设备制造占比分别上升了 5.3 和 2.5 个百分点。

另一方面，在工业倍增中积极培育先进制造业和战略性新兴产业(表 4)。如上海工业支柱产业新增了船舶制造；天津新增了装备制造和航空航天产业；深圳新增了新材料、新能源和制药产业；苏州在工业转型升级发展后支柱产业已经不再包含冶金、化工和纺织、轻工业，开始重点发展壮大机电、通讯设备、计算机产业等电子信息和装备制造业。

表 4：四城市工业倍增产业情况比较

城市	1 万亿时			2 万亿时		
	经济类型比重	工业支柱产业	年份	经济类型比重	工业支柱产业	年份
上海	国有：集体：其他类型 9：5.5：85.5	电子信息、汽车、石油化工、钢材、成套设备、生物医药	2003	国有：集体：其他类型 2.3：5.5：92.2	汽车及船舶、装备制造、电子信息业、石化、钢材、生物医药	2007
天津	国有：集体：其他类型	电子信息、汽车、石油化工、冶金、生物技术与现代医药、新能源及环保	2007	国有：集体：其他类型	航空航天、石油化工、装备制造、汽车、电子信息、生物医药、新能源新材料、国防科技和轻工纺织	2011
深圳	国有：集体：其他类型	通讯设备、计算机、电子设备	2005	国有：集体：其他类型 0.8：1：98.2	通讯设备、计算机、电子设备、新材料及新能源、制药	2011
苏州	国有：集体：其他类型 1：1.8：97.2	电子信息、装备制造、纺织、轻工、冶金和化工	2005	国有：集体：其他类型	机电、通讯设备、计算机	2008

与此同时，在工业倍增过程中，各城市民营经济也得到壮大发展。从经济类型看，国退民进趋势明显，公有制经济在国民经济中的比重有所下降，一批国有企业尤其是中小型国有企业，通过兼并、重组、拍卖、破产、股份制改造等途径，转变为非公有制经济。在工业总产值达 2 万亿元时，上海、苏州及深圳经济类型中除国有及集体而外的其他经济类型比重都处于 90%以上，上海 4 年间其他经济类型比重增加了 6.7 个百分点，深圳的其他经济类型比重升至 98.2%。苏州在工业达到 2 万亿元时，私营工业产值 3050 亿元，外资工业产值 12497 亿元，两项合计占当年苏州市工业总产值 70.3%。

(二)结构调整：一手抓工业，一手抓生产性服务业

工业为 GDP 增长提供了强有力的支撑。从表 5 来看，上海、天津、深圳和苏州工业对 GDP 的贡献率持续保持在高位，四大城市的工业增加值占比都达到 40%以上，苏州工业总产值 2 万亿元时工业增加值占比重仍高达 58.6%，为四城之最，强劲的工业增长拉动着地方经济总量快速发展。

但同时也要看到，在三次产业结构中，工业占比逐步下降，服务业地位在逐步提升，说明工业加速增长期也会促进服务业发展，比如大工业项目、工业园区带动诸如科技研发、物流、咨询中介等生产服务业和餐饮、购物、文化娱乐等生活服务业的发展，有利于最终形成工业和服务业互为支撑、均衡发展的新格局。生产性服务作为以服务业和加工业的融合产物，并以服务业为中心将价值链的各个环节串联起来，是先行工业化城市后期工业化的一个重要特点，也是一条成功经验。上海在工业倍增期间，正是一手抓工业，一手抓金融、物流等生产性服.务业，前者为后者提供服务市场需求，后者又为前者发展提供高效的物流和融资等服务，从而构建产业链良性配套发展，在二、三产业的融合中寻求新的利润空间及发展增长点。

表 5：工业总产值 1 万亿到 2 万亿期间与 GDP 及三次产业结构间的关系

城市	1 万亿元时				2 万亿元时			
	GDP（亿元）	三次产业结构	工业增加值(亿元)	工业增加值占比（%）	GDP（亿元）	三次产业结构	工业增加值(亿元)	工业增加值占比（%）
上海	6250.8	1.5:50.1:48.4	2865.85	45.8	12001.2	0.8:47.3:51.9	5296.9	44.1
天津	5018.3	2.1:57.6:40.3	2668.95	53.2	11191	1.4:52.5:46.1	5380.5	48.1
深圳	4926.9	0.2:52.4:47.4	2432.16	49.4	11502.1	0.1:46.5:53.4	4995.1	43.4
苏州	4026.5	2:66.8:31.2	2520.33	62.6	6701	1.6:62.0:36.4	3924.1	58.6
武汉	8003.8	3.8:48.3:47.9	3203.66	40.0	——	——	——	——

(三)布局优化：一手抓中心城区工业转移升级，一手抓郊区工业规模扩张

表 6：上海工业倍增时期中心城区与郊区工业产值比较表

区域	1 万亿元时(2003 年)		2 万亿元时(2007 年)	
	工业总产值	占比(%)	工业总产值	占比(%)
中心城区	493.72	14.4	1652.15	8.3
新城区(郊区)	7893.49	85.6	18692.37	91.7

注：上海中心城区由黄浦、徐汇等 8 个区组成；新城区由浦东、闵行等 9 个区及崇明县组成。数据为规模以上企业情况。

工业由中心城区向新城区(郊区)转移、积聚发展。工业倍增期间，上海郊区成为

现代制造业与高新技术产业的重要基地。上海推进工业退城向郊区转移，产业进园区集聚，从工业产值占比分布变化看，上海工业倍增时，郊区规模以上企业工业总产值占全市比重为91.7%，四年间占比上升了6个百分点(表6)，新城区(郊区)成为工业发展的主战场。苏州坚持深化工业退城进区工程，苏州中心城区鼓励发展没有污染的都市工业，工业倍增期间完成市属工业退城进区任务，各市(县)围绕城市化建设，有计划地逐步将对城市环境有影响的工业企业搬迁出城(镇)，向各类开发区集聚，形成科学合理、符合建设生态城市的工业新格局。

(四)对外开放：一手抓内外贸易，一手抓招商引资

表7：四城市工业倍增期对外贸易情况表

城市	1万亿元时			2万亿元时		
	进出口额（亿美元）	GDP（亿元）	外贸依存度（%）	进出口额（亿美元）	GDP（亿元）	外贸依存度（%）
苏州	1400	4026.52	284.76	2285	6701	237
上海	1123.97	6694.23	139	2829.73	12188.85	176.5
天津	715.5	5018.28	108.5	1033.91	11190.99	59.68
深圳	1828.17	4926.9	303.89	4140	11502.01	232.52

工业倍增期间，对外开放也持续增强。工业倍增前后，上海、苏州、天津和深圳商品进出口总额分别增长为2.5倍、1.6倍、1.4倍和2.3倍，对外进出口贸易额持续加大。同时还发现苏州、天津、深圳三城市外贸依存度都有所下降，特别是天津的外贸依存度下降一半左右，表明在工业倍增过程中城市普遍走的是倚重内需的道路。在工业倍增期间，工业仍然是外商投资的重点。以上海为例，从2003年到2007年上海工业实际吸引外资144.89亿美元，占全市累计实际吸收外资总额的42.3%，平均每年工业实际吸引外资28.98亿美元，工业利用外资一直保持在高位。

三、倍增启示：转入竞进提质的新路径

目前，武汉迈入工业倍增发展的关键期，需要进一步发挥工业在我市国民经济建设中的支撑和带动作用，推进工业竞进提质。“竞进”就是要争机遇、争项目、争资金，始终保持较快的工业增长速度；“提质”就是要促进经济质量、社会质量、生态质量同步提升，提高工业增长的质量和效益。因此，必须要学习和借鉴上海、苏州、天津和深圳等先进城市工业倍增发展的经验，出台我市工业总产值从1万亿到2万亿倍增的指导意见，同步推进新型工业化之路、集约高效之路、产城融合之路、投资驱动之路、科技引领之路、优化发展环境之路。

启示一：走新型工业化之路。在工业倍增期，应坚持把发展工业放在经济工作

的重要地位，大力推进工业转型升级，以大工业支撑经济大发展。

上海：着力提升先进制造业竞争力。依托大产业、大基地、大项目，运用新技术、新工艺、新装备提高先进制造业的技术能级，大力实施品牌战略，形成更多拥有自主知识产权的核心技术和知名品牌。

天津：坚持“立足天津、依托京冀、服务环渤海、辐射‘三北’、面向东北亚、建设成为高水平的现代制造和研发转化基地。

深圳：实施“整合链接提升”的产业发展策略，抓住产业调整升级这一发展的中心环节，调整高新技术产业和先进制造业结构，推动加工贸易和“三来一补”企业的优化升级，提高制造业的自主创新能力和核心竞争力，加快形成电子通讯、数字化装备、家庭消费品三大制造业集群产业。

苏州：以新型工业化为方向，立足现有优势产业和特色产业，加快产业结构优化升级，保持工业规模优势，形成以高新技术产业为主导、以先进制造业和基础产业为支撑的现代工业经济结构，建设现代制造业基地。

启示二：走集约高效之路。坚持优化布局，工业退城进郊，繁荣在市区，实力在郊区。

上海：提出把郊区建设成为现代制造业与高新技术产业的重要基地，与长江三角洲共同构造面向国际的现代工业走廊。在产业布局方面，以“盘活存量，用好增量，优化布局，增强辐射”为原则，加快建设微电子、国际汽车城、化学工业区、精品钢材等产业基地，加强市级以上工业开发区产业导向，形成生态产业群。结合黄浦江两岸综合开发、老工业基地改造和工业向工业园区集中，加快重点行业、重点区域的结构调整和产业升级。

天津：围绕优势支柱产业，依托重点产业功能区，着力打造临港装备、南港石化、航空航天、生物医药、电子信息等十大产业集聚区，构建形成京津走廊高新技术产业发展带和临海产业发展带，整合、改造、提升现有工业园区，培育主导产业，发展特色产业，加快建设一批具有较高专业化水平的特色产业集群，培育区县经济增长点，形成“两带集聚、多极带动、周边辐射”的工业总体空间布局。

深圳：按照“产业第一”和“优势优先、新兴培育”的原则，落实“南软北硬，南高北重，东西两翼港口旅游”的总体布局。加快建设和完善“一带四区六园九基地”的产业功能布局。建设一条产业发展带，规划和建设横贯东西市域的高新技术和先进制造业产业发展带。建设四个产业主体功能区。贯彻落实“南软北硬，南高北重，东西两翼港口旅游”的总体布局，全市建设四个产业主体功能区，加快形成“南软”、“西高”、“东重”的市域产业布局。建设六个商贸物流园。结合城市更新改造和旧产业园区功能置换，依托港口、机场、铁路、地铁、高速公路等交通基础设施条件，按区域物流功能区分，加快建设六大商贸物流园。

苏州：完善“四沿”生产力布局，构建“两轴三带”产业发展新格局。沪宁东西发展轴和苏嘉杭南北发展轴是苏州未来经济集聚成长、快速提升的主轴线和中枢系统；沿江、沿湖和沿沪浙三条产业带是发展基础产业、现代服务业和农业，接轨上海、对接浙江的主要区域。

启示三：走产城融合之路。以科学发展观统领经济社会发展全局，坚持经济与社会、环境和谐发展，加快推进城镇化与工业化同步发展。

上海：多措并举探索“产城融合”。2006年开始探索产城融合，提出积极推进“三个集中”（即工业向园区集中、农民居住向城镇集中、农业向规模经营集中），加快郊区城镇建设，重点建设松江、嘉定、临港等新城，通过产业发展带动新城建设，通过新城建设推动产业聚集。在此基础上，上海市政府还于20”年出台《关于本市加快新城发展的若干意见》进一步明确了产城融合发展，提出以高起点规划为引领，高标准建设、高水平管理，努力将新城建设成为主体功能明确、服务功能健全、产城融合、用地节约、生态宜居的现代化城市。围绕新城发展，提出将全市基础设施建设重心转向郊区；加快中心城区优质社会资源向新城辐射；全市重大产业项目布局向新城倾斜，实现产城融合。

苏州：把“产城融合”作为工业园区建设的定位，将产业新城、生活新城和科教新城同步建设、同步推进。在苏州工业园区找不到一家具有明显特征的工厂，看到的是林立的高档社区、地标建筑、湿地公园和娱乐休闲场所，产城融合让苏州工业园区对企业和人才的吸引力大增。人才的集聚又促进了产业结构的优化，推动着创意设计、数字动漫、印刷复制、文化旅游等文化产业体系形成。

启示四：走投资驱动之路。推进大项目建设，以大项目拉动工业提档升级，保持经济又好又快发展。

以天津为例，天津走加大投资力度优化工业结构的发展模式，在工业倍增期间，每年工业投资占社会固定资产投资比重都在40%以上。在加大工业投资的促进下，大乙烯、大飞机、大火箭等一批标志性大项目的投产，创造了天津工业的新历史。一个大项目带动一个大产业，进而优化产业结构是天津市发展方式转变中的一个“利器”。

空客A320总装线落户加速了航空航天产业聚集，维斯塔斯、歌美飒项目带动了新能源产业发展，中沙石化、蓝星有机硅项目助推形成世界级石化产业基地。不仅如此，大项目带来的还有大量中小企业的快速成长。天津滨海新区在短短几年里，聚集了众多拥有自主知识产权，自主创新能力强的中小企业，形成了产业跟产业、资源与资源之间的有效对接，滨海新区内的曙光天津产业基地创造了我国首台计算超千万亿次的超级计算机，成为亚洲最大的高性能计算机生产基地。

启示五：走科技引领之路。着力提升自主创新能力，加快构建以企业为主体、产学研结合的技术创新体系。

上海：加快构建城市创新体系。坚持原始创新、集成创新和引进消化吸收再创新并举，突出重点，区别对待，有限目标，取得突破。实施上海中长期科技发展规划，围绕“健康、生态、高端制造、数字化”等战略需求，实现创新中药、基因工程疫苗、太阳能、平板显示、电子标签等领域关键技术的突破。加快建立以企业为主体的技术创新体系，完善人才服务体系，健全人才流动机制和激励机制，建立科学的人才评价制度。

天津：发挥大院大所创新优势。通过引进中船重工718所、中国运载火箭技术研究院、机械科学研究总院、中国钢研科技集团、国际生物医药联合研究院、中科院天津工业生物技术研究所、国家超级计算机天津中心、中国汽车工业工程研究所等50家国家级大院大所，在较短的时间内聚集了一批国际和国内的一流创新资源，为抢占产业技术制高点奠定了基础。

深圳：加强科技服务和创新平台体系建设。建设以高新技术改造传统产业为重点的公共技术平台、以工业设计为基础的自主创新公共服务平台、以提供检测条件为主要服务内容的公共检测平台、以数字化资源为主要内容的科技信息平台和以环境监测保护、能源节约利用、城市公共安全、电子政务、城市信息化等为主要内容的公益平台。

启示六：走优化发展环境之路。坚持改善软硬件条件，进一步深化行政管理体制改革，建设服务型政府。

上海：大力发展生产性服务业。加强空港和海港建设，发达的交通和物流业推动上海制造业融入全球供应链，降低制造业的流通成本，集聚的金融和中介服务机构，为上海及周边地区发展制造业提供充足的资金与管理支持，增强了产业投资上海的吸引力。同时，进一步加快政府职能转化，做好经济运行监测和市场预警，以及工业发展和投资导向等信息发布。

天津：着力帮助企业解决问题。在全市开展“调结构、增活力、上水平”活动，4千多名机关干部深入近万家企业，解决了5600多个实际问题。行政审批服务效能进一步提高，在全国率先实现区县行政审批统一规范。

深圳：推进改革实现新突破。深化行政管理体制改革，清理规范非行政许可类审批事项，实现审批的法定化和标准化，探索网上审批。

苏州：进一步下放省、市对县(市)经济社会管理审批权限，增强县域经济发展活力。实施大企业战略，对有条件企业鼓励通过国际、国内资本市场上市融资，通过跨区域的收购、兼并、控股、联合等多种方式推动企业向集团化、专业化和品牌化方向发展。

（执笔人：汪涛、吴怀志）

武汉汉正街商务区战略价值和开发模式研究

编者按：本文基于点（即汉正街商务区）、线（即汉江全流域经济走廊）和面（即长江中游城市群）有机结合的研究取向，揭示汉正街商务区在武汉建设国家中心城市过程中具备的独一无二的战略价值，首创“经济总部”和“汉正街服务平台”概念，即将汉正街商务区建设成长江中游城市群和汉江全流域经济走廊的经济总部，并逐步建成国家级现代服务业开发区，进而提出“经济总部+总部经济+服务平台”的汉正街商务区开发模式。

一、战略难题

无论是武汉建设国家中心城市的过程所需，还是建成国家中心城市的功能设置，汉正街商务区的开发目标都定位于中部地区国家中心城市的现代服务业核心功能区。关键词是“国家中心城市功能”，即在一定区域内和全国社会经济活动中具备引领、辐射、集散等综合功能或多种主导功能，发挥区域经济枢纽作用。国家中心城市功能的形成从根本上取决于市场选择的结果。

由此可见，一方面，汉正街商务区现实投资价值不可避免地会面临许多不确定或不可控因素，直接影响实施层面的可操作性。另一方面，汉正街商务区发展的外部环境存在许多战略性有利因素，且内部具备投资价值的稀缺性和高潜能特征，但内外部有利因素实现契合并形成合力的时机，能否适时出现在汉正街商务区发展的节点时间窗口，存在许多不确定性。在此状况下，汉正街商务区虽可以有所为有所不为，有所快有所慢，但其中的度如何把握，如何防止汉正街商务区投资价值出现被低估或被忽视的现象，着实是个战略性难题！

二、战略思维

以建设国家中心城市为内生发展战略目标的武汉，必然也必须在构建长江中游城市群外生发展战略的格局中争取核心城市的地位。同时，也必须发挥武汉(尤其是汉正街)在汉江全流域中独特的“承东启西、接南连北”经济枢纽优势，积极推动汉江全流域经济走廊一体化发展。

纵观中部地区经济一体化的发展进程，笔者深感各城市在建立城市之间的市场关联时缺乏足够彼此信任，其根源在于各城市之间缺失利益联动机制或利益共享机制，既有中部地区市场发育程度不够，市场机制存在缺失的原因，也有政府市场宏观调控政策力度不够，市场环境存在缺失的问题。有鉴于此，武汉应首先释放中心城市应该具备的勇气和智慧，在战略思维上坚持“利在中部，功在全国”的理念，集聚各城市之间互联共赢的战略共识。

就汉正街商务区发展的战略思维层面而言，我们须主动谋划，有效作为，在长江中游城市群和汉江全流域经济走廊的一体化发展空间中谋求全局性战略制高点，聚集可持续发展的经济要素价值资源，在武汉建设国家中心城市的过程中，赢得先机，取得信任，融入市场，统筹全局。当下，尤其注重价值规划方面工作，为区域经济的未来发展预留战略性功能的规划空间，为武汉发挥示范、引领、辐射、带动作用提供功能空间载体；在武汉与武汉城市圈、长株潭城市群、环鄱阳湖生态城市群和江淮城市群之间，以及在武汉与西安市、汉中市、十堰市、襄阳市和荆门市之间的市场关联机制方面，都需要分层次、分区域、分行业、分项目予以战略性和可操作性兼顾的市场统筹；在利益机制方面追求实效，营造彼此关注对方核心利益的信任环境，构建根植于区域一体化发展战略的利益补偿机制。

三、功能定位

汉正街商务区战略价值的高度，取决于武汉建设国家中心城市的功能定位。在武汉既定的“五大计划”和建设“三个中心”战略举措基础上，本文围绕“将汉正街商务区塑造成长江中游城市群和汉江全流域经济走廊的经济总部”的战略定位，建议武汉建设国家中心城市的功能定位于：“一个总部、两个核心、三个中心、四个支点、五个计划”，其位圈层示意图如下：

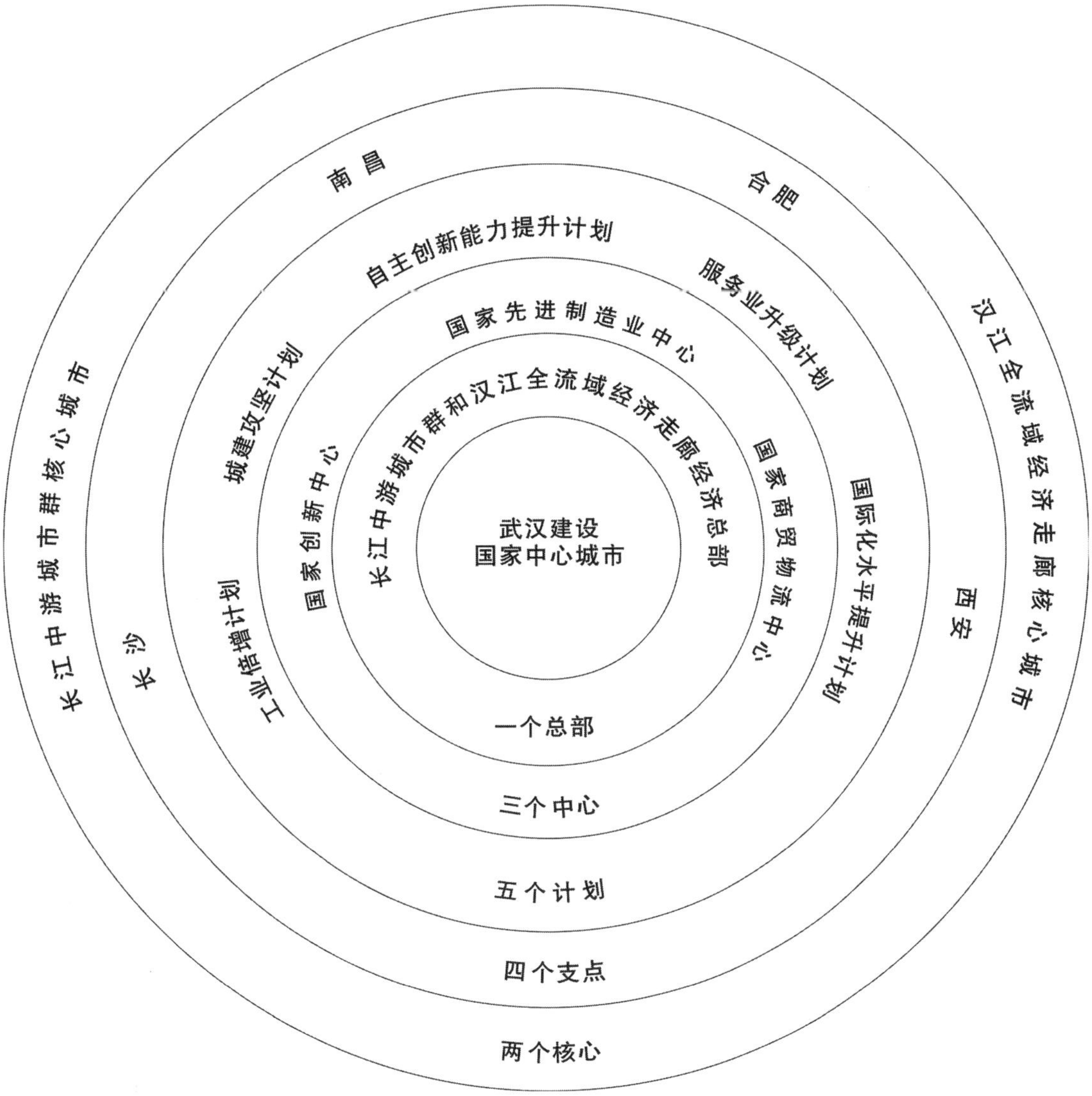

笔者认为，依靠国家政策推动武汉建设国家中心城市的空间相对有限，武汉需要依托长江中游城市群和汉江全流域经济走廊聚集市场高端元素，通过市场机制，运用市场手段，发挥市场经济核心主体的作用，实现市场的自我调节，持续有效地激活建设国家中心城市的内生动力。在武汉建设一个符合国家中心城市功能要求的现代服务业核心功能区即经济总部，对于正处于建设国家中心城市全面启动阶段的武汉而言，无疑是一个统筹全局的创新之举。

“经济总部”是笔者原创概念，意即以区域之间、城市之间的投资价值资源互补整合为基础，以实现区域投资价值最大化为出发点，以区域经济合作共赢一体化发展战略为前提，将区域经济运行中的诸如产业规划、空间布局、政策制定等顶层设计，以及诸如投资价值资源信息、金融服务平台、技术研发、市场网络、专业人才等高端服务的管理职能聚集一起，形成区域经济发展的核心资源聚散中心——“经济总部”。

汉正街是武汉市唯一的现状商业成熟度高，且尚未开发的成片城市核心滨水区域。鉴于世界现代化城市的现代服务业核心功能区无不是利用滨水资源优势发展而成，汉正街以独一无二的区位经济环境优势，成为武汉构筑区域经济总部的必然选择。

四、战略价值

汉正街商务区作为长江中游城市群和汉江全流域经济走廊的经济总部，能通过整合长江中游城市群和汉江全流域经济走廊架构内的价值资源，补充、优化和支撑汉正街商务区投资价值，充分发掘汉正街商务区的历史商业底蕴和目前拥有的战略性价值资源，进而拓展汉正街商务区战略价值的高度、深度和宽度，增强其投资价值资源现实确定性和可操作性的程度。其核心战略价值是，在区域各城市的范围内，不断聚集价值资源、挖掘投资价值、提升投资价值、传递投资价值、共享投资价值、实现投资价值，形成模式创新、信息集散、价值发掘、价值优化、价值实现等有机衔接，从而为汉正街商务区“总部经济”商业模式提供更为优良的投资环境和有效价值资源，在“投资价值决定一切”的市场理念下，为区域各城市积极探索新产业业态、新社区形态、新发展模式，成为武汉建设国家中心城市的现代服务业核心驱动载体。

汉正街商务区，在某种意义上就是投资长江中游城市群和汉江全流域经济走廊的制高点，对助推武汉建设国家中心城市具有不可替代的战略价值。如此可得出一个演绎逻辑：在中国新一轮经济发展周期中，市场需求的最大潜能源于新型城镇化，新型城镇化的热土在长江中游城市群和汉江全流域经济走廊，长江中游城市群和汉江全流域经济走廊的核心在武汉，武汉区域枢纽功能的核心在经济总部，经济总部在汉正街商务区。

五、服务平台

将汉正街商务区战略价值的高度转换成现实投资价值的厚度，是一个持续动态变化的过程，其间存在因信息资源缺失或不对称，导致区域投资价值可能出现被忽视或被低估的现象。为此，作为长江中游城市群和汉江全流域经济走廊经济总部的汉正街商务区，需要建立一个权威服务平台，集聚产业资本信息、金融资本信息、适用技术信息、互动合作信息、商业贸易信息、典型经验信息等等，长期跟踪区域投资价值的动态变化。

汉正街商务区服务平台以组织系统、信息系统、调研系统、咨询系统和传媒系统为五大支撑系统，以区域投资价值的需求、整合、优化和实现为核心功能，为“经济总部”发现和提升投资价值，为“企业总部”寻找和实现投资价值。汉正街商务区服务平台结构图示意如下：

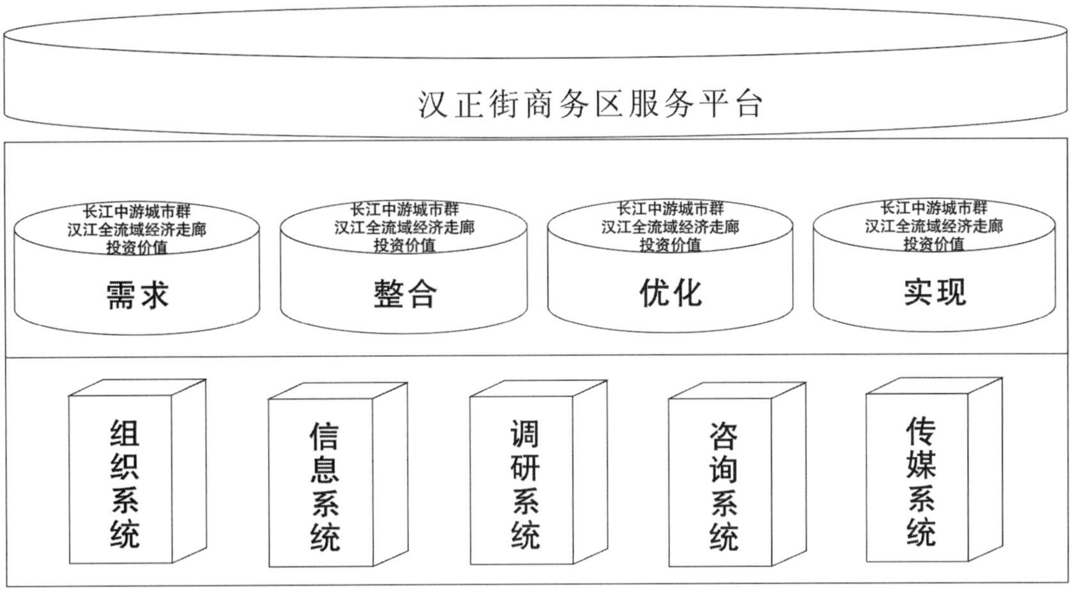

（一）组织系统

组织系统的主要功能在于使市场资源的配置能更好地符合政府的规划，使得政府部门投资管理有抓手，企事业单位团队运作服务平台有路径和依托。

（二）信息系统

信息系统的主要功能是聚集价值资源，为投融资主体提供信息交流等服务，并获得及时的信息反馈以更新信息系统。在进一步完善工作流程的基础上，各合作方共同协商制定利益协调机制及补偿机制，建立完善的信息更新、信息发布、信息交流通报机制。

（三）调研系统

调研系统的主要功能是挖掘投资价值和提升投资价值。按照信息获取渠道的不同，采取不同的调研方式。政府渠道的信息调研工作，在政府的支持和指导下开展；非政府渠道的信息调研工作，按照企业行为的方式开展。重点对长江中游城市群和汉江全流域经济走廊范围内跨市域运作项目信息展开调研。

由科研机构和调研企业共同组建调研工作团队，以市场化的方式，联合湖北、湖南、江西、安徽和陕西五省社科院，武汉、长沙、南昌、合肥和西安五市市社科院及五省相关高等院校和科研机构，开展非政府渠道的调研工作。以信息调研工作小组会议的形式就调研的具体内容、调研的范围、调研的具体要求、调研应采取的相应策略等达成共识，并及时解决合作双方在信息调研工作中出现的问题。

（四）咨询系统

咨询系统的主要功能是实现投资价值，为投资商、政府部门提供涵盖规划咨询、信息咨询、政策咨询、工程咨询、投资咨询、融资咨询等方面的咨询服务，力求促成政府与投资商、企业与企业间的投资合作。

（五）传媒系统

传媒系统的主要功能是传递投资价值和共享投资价值。就网络传媒而言，一是依托现有网络平台建立“投资汉正街”网站或频道栏目；二是单独域名“投资长江中游城市群”网站；三是单独域名“投资汉江全流域经济走廊”网站。就纸质传媒而言，出版发行《长江中游城市群投资价值年度报告》、《汉江全流域经济走廊投资价值年度报告》、《投资汉正街》杂志等书刊，并在中国内地重点城市及港澳台地区进行推广发行。就展会传媒而言，建议以武汉市政府为主办方，在香港和内地重点城市举办周期性的集投资价值推荐与交流、招商引资、成果展示于一体的冠名为“投资汉正街”的综合性展会。

平台技术路径：其一，平台运作主体展开相关服务的逻辑起点是明确和确认投资者的需求；其二，按照投资者的需求，通过发挥平台信息系统和调研系统的作用，分析如何实现项目投资价值在圈域内的最大化；其三，通过发挥平台咨询系统和传媒系统的作用，整合并优化投资价值资源，进而提升和实现项目投资价值；其四，满足投资者需求并回到逻辑起点。

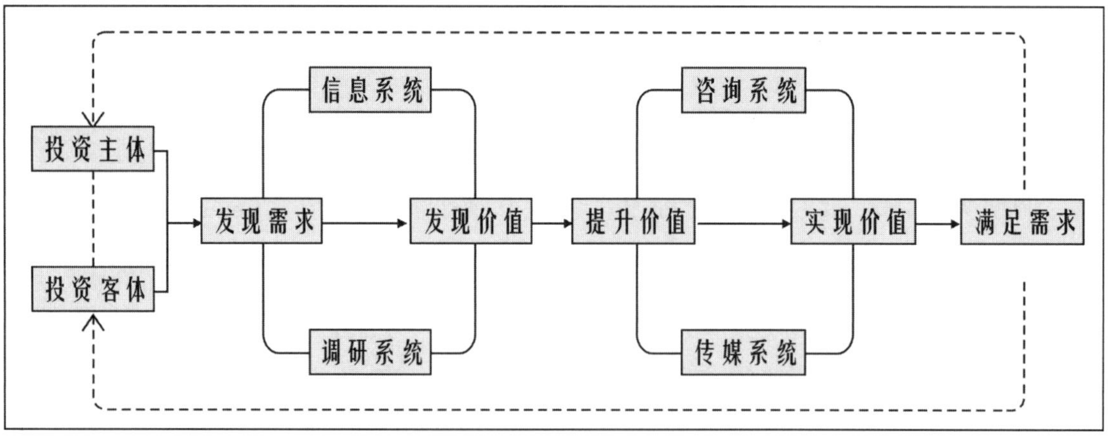

平台投资价值分析方法拟采用三维价值网整合分析模型。该模型可提供五类视角实现价值网整合分析，包括实现区域一体化、政府投资管理职能、招商引资策略、政府投资决策和企业投资决策。

六、开发模式

依循"将汉正街商务区打造成长江中游城市群和汉江全流域经济走廊的'经济总部'，塑造其独一无二的投资价值，进而构建汉正街商务区服务平台，驱使'总部经济'商业模式与'经济总部'价值资源有机耦合，使汉正街商务区成为国家级现代服务业开发区，最终推动武汉建设成为国家中心城市"的思维路径，笔者将汉正街商务区开发模式设计为："经济总部+总部经济+服务平台"。 其功能机制解析如下：

通过"经济总部+服务平台"所输出的区域战略价值资源和区域整合价值资源，以及功能完善的平台配套服务，为汉正街商务区的总部经济商业模式营造一个良好的实施环境，促使汉正街商务区在内部形成高效"内生循环动力系统"，并同时与武汉建设国家中心城市、长江中游城市群一体化和汉江全流域经济走廊一体化进程发生市场交换关系，形成独特"外生循环支撑系统"。

通过"经济总部+总部经济"所输出的强劲有效发展需求，促使汉正街商务区在低风险状态下将商务楼宇、星级宾馆、商业设施以及相关的生产生活服务配套设施合理有效地集中，形成功能集聚、形态美观、内外连通、生态协调、资源节约，充分体现以人为本的、具有较强现代服务产业集聚能力的城市综合体。

通过"总部经济+服务平台"所输出的高附加值商务行为，促使汉正街商务区通过市场机制，运用市场手段，有效缓解投资价值资源短缺的瓶颈制约，提高投资价值资源利用效率，增强可持续发展动力。

通过"经济总部+总部经济+服务平台"开发模式，促使汉正街商务区整合聚集"江河淮汉"所蕴藏的悠久历史文化资源，展示汉正街五百年商业文化的根源，开启从汉正街商务区至位于陕西省宁强县汉江源头风景区的文化收集工作和汉江全程由尾至首的溯源旅游专线，强化汉正街商务区的独特文化功能和旅游功能。

通过"经济总部+总部经济+服务平台"开发模式，促使汉正街商务区逐步有序地实现定位较变：汉正街商务区——长江中游城市群和汉江全流域经济走廊的"经济总部"——国家级现代服务业开发区——国家中心城市武汉的中央商务区。

（执笔人：姚　克）

推进我市科技与金融结合的对策研究

近年来，我市通过不断优化科技和金融结合的环境，搭建科技金融服务平台，加强企业信用建设，创新服务模式和产品，引导金融机构和其他社会资本加大对科技创新的投入，在创业投资、科技支行、科技担保、科技保险以及企业上市融资等方面，进行了富有成效的探索和实践。但总体来看，我市科技与金融结合的步伐相对缓慢。为此，课题组从科技与金融结合的关键出发，联系我市科技金融结合的现状，对近期推进科技和金融结合取得实质性进展要开展的重点工作提出建议。

一、科技与金融结合的现状与问题

（一）科技与金融结合的思路有待进一步系统化

我市对科技和金融试点工作进行了积极探索，包括正在形成的政策体系、不断丰富完善的科技和金融结合内涵、非常活跃的创新实践等，但科技与金融结合的方式、手段等深度不够，思路有待进一步系统化、明晰化。

针对武汉金融服务基础相对薄弱的实际，政府更多的是强调要补上金融服务短板，强调金融要素资源的聚集，但在科技金融结合的起步阶段，如何将多层次资本市场、风险投资体系、科技信贷体系、科技保险与担保体系从整体上协调布局，还需要进一步明确思路。监管部门对政策性金融、国有大型银行和股份制银行以及地方法人银行机构各自应如何发挥自身的优势，加大科技金融服务需要相应的引导措施。对待金融机构与科技创业企业除了要具备服务意识和招商引资观念，还需要进一步做出科技金融发展规划，对科技金融发展的具体方向、不同发展阶段任务与发展措施等做出规定。从试点工作实践来看，对创业投资引导基金与创业板上市工作比较重视，但对科技信贷示范服务模式的建立还缺乏足够的认识。从财政投入角度看，以项目制和无偿拨款支持企业创新发展的政府引导模式仍占较大比重，发挥财政资金引导金融资本服务科技，有效支撑科技成果转化和产业化不够。从金融工具应用看，不仅仅要鼓励金融创新，更应注重各类金融工具的集成应用，带动各类创新要素向科技企业聚集。

（二）科技与金融结合的金融组织发育有待进一步完善

我市目前资本市场相对货币市场发展滞后，直接融资与间接投资比例不平衡，债券融资相对上市融资比重过低，多层次资本市场还不健全，创新性的非银行金融机构竞争力不足等等，这些结构性矛盾有待破解。

我市现有银行、证券、保险机构总量较少，管理层级较低，尤其是金融机构总部少，服务于中小企业的专营机构较少。目前尽管已经有从事科技型中小企业金融服务的专业分（支）行或特色分（支）行，但还没有一家具备独立法人资格的科技银行，科技小额贷款公司、创业投资机构、融资租赁公司、担保公司、银行专营机构等创新金融组织数量、总体规模和担保总量较少，发展也不充分，这不利于形成资源集成、优势互补的机制。多层次资本市场发展不足，债券市场、基金市场以及地方产权交易市场发展缓慢，直接融资比重较低；票据市场、期货市场、现货市场体系不完善，跨市场的投融资和交易工具不够丰富，市场之间的联动发展机制尚未建立，不能有效满足投融资主体的需求。风险投资、创业投资等股权投资机构发育与沿海地区也有明显差异，市场规模明显偏小，管理的资产总量较小，大部分风险投资机构都来自外地，或者资金来源于外地，风险投资基金的管理和运作能力有待提高，创投机构主要集中在拟上市企业私募股权投资方面，被投资企业多处在成长后期、成熟初期，没有形成天使投资、风险投资、私募股权投资的分层格局，覆盖高新技术企业全生命周期的市场选择和风险分担机制不够完善，未能完全有效弥补种子期创建期、成长早期企业的资本缺口。

(三)科技与金融结合的服务体系还需进一步提升

我市在服务平台建设方面做了多方面的尝试和努力，但目前科技与金融结合工作的支撑条件、服务平台，特别是科技和金融结合的中介组织，或能够沟通科技企业和金融机构的服务还不够健全和稳定。

我市目前尚未形成一个机制健全、运作便捷的融资服务平台，其最大问题在于规模较小、各自为政，科技企业与金融机构沟通服务信息沟通机制仍然不够健全和稳定，缺乏总体性、缺乏信息渠道依然是影响我市科技金融发展的主要因素。已经存在的融资服务平台中，金融工具不断衍生，但是却没有很好的金融体制。表面上的繁荣具有阶段性特征，但缺乏持续性，投资保险、成果抵押等金融措施也层出不穷，但都不能从根本上解决中小型企业融资的需要。中介服务体系不论是在服务实体的组织、形式，还是服务的范围、质量还不能跟上产业发展的步伐，还不能支撑产业的发展。服务于科技成果发现、定价、评估、转移的专业机构在我市发展并不充分。以无形资产质押为例，大部分银行机构都重视科技金融产品的创新，在进一步完善原有中小企业信贷产品的同时，推出了非上市公司股权以及专利权、著作权、播放权等无形资产质押信贷产品，但这些金融产品的适用性和认同度并不高，其原因就在于专利权等无形资产具有不同于传统财产的价值特点，没有形成普遍接受的价值评估方法，企业和金融机构双方对评估价值难以达成一致，而目前关于无形资产质押方面的技术创新、金融创新还很欠缺，因而必然产生对专利权质押担保进而企业融资产生不利影响。

（四）金融创新滞后于科技创新

目前武汉科技金融支持的广度和深度、数量和质量都还欠缺，金融服务链条的断裂和低效，限制了更多适合科技金融的金融衍生品的出现，金融创新能力不足已成为制约科技型产业发展的重要瓶颈。

尽管近年来我市金融机构在为高科技企业融资上也采取了很多措施，进行了诸多金融创新，但与相关城市比较，仍然显得不够，信贷产品和模式创新缺乏突破性，金融服务科技的金融产品仍然以跟随为主，很多举措更多的是在“学习”、“借鉴”，很少有能在全国算得上是“首创”、“率先”的，目前全市金融业经营大部分仍是传统业务，有武汉特色科技金融服务产品不多。新金融工具的创新明显滞后，在运用债券信托、资产证券化、基金、衍生产品等创新型金融工具方面的能力还有待提高，大部分金融机构不愿涉足对科技型中小企业的知识产权质押、担保等业务，也没有大型的专门为科技型中小企业服务的风投、担保公司，现有的风投、担保公司的经营理念相对其他先进城市同行而言较为落后。上海和武汉两市都具有一定的科技优势，结合这一优势发展科技型中小企业是两市发展经济的重点。相比之下，上海市政府对科技型中小企业推出更多的“创新型”举措，成立了国内首家专注服务科技型中小企业的中外合资银行的浦发硅谷银行，率先提高科技型中小企业的不良容忍率；推出了“科技小巨人信用贷”，该贷款无抵押无担保；由各级政府分担科技型中小企业贷款所发生的超过一定比例的不良贷款净损失风险；率先推出“科技型中小企业履约保证保险贷款”试点；积极推动上海张江高新技术产业开发区内具备条件的非上市企业进入代办股份转让系统进行股份转让等等。

（五）科技与金融结合的人才体制机制还需完善

从我市人才队伍来看，真正具有国际视野且具备专业化的资本运作能力的人才十分匮乏，既懂金融又懂技术的复合型人才以及既有技术背景又有管理经验的人才，也较为缺乏。

我市科技金融结合人才政策和机制与沿海发达地区相比，还存在着政策透明度不高、吸引力不大、配套性不强、体制机制不活等差距，没有充分显示出政策和机制应有的优势和效果。已出台的政策中，关于引进人才的多，关于培养人才的少；关于技术人才的多，关于经营管理人才的少；关于提高对人才工作认识的多，操作强的、可量化的、可评价执行效果的政策少。大部分银行机构科技金融团队只是原有信贷客户经理的调整，并没有引进相应的风险投资、科技等跨专业背景的人才，对科技创业企业的产品、市场、技术和管理团队信息缺乏全面深入掌握，对科技型小微企业客户风险的识别能力有限。同时，银行机构缺乏考核机制创新，虽然个别银行机构对科技金融客户经理业绩考核指标降低了要求，但科技金融客户经理承担的风险与其获得的报酬并不匹配，推广应用创新产品的积极性、主动性不高。

二、科技与金融结合的几个关键问题

（一）科技型中小企业的价值发现

科技型中小企业基本上是靠创业者的自有资金或者亲戚熟人的借款发展，与银行的交流机会少，银行对这些企业的了解少，对企业的技术、产品、市场以及管理团队等信息掌握不准。很多科技型中小企业是新型业态的企业，而银行服务的对象大部分是传统的制造业类企业，银行对这些新型业态的科技型中小企业不熟悉。同时，银行在贷款的过程中，更看重的是企业的“现状”，所以在企业属于种子期或者是创业期，也通常是科技成果资本化的初期，银行贷款是很少介入这一阶段的。上述因素导致银行对科技型中小企业的认知和认可程度低。因此，如何从数量众多的科技型中小企业中挑选出技术创新能力强、市场前景好、被金融机构认可的企业，同时使得更多的科技成果能够资本化，进而转化为生产力，是促进科技和金融结合的前提。

（二）科技与金融结合的产品创新

科技型中小企业的成长是一个漫长且充满风险的过程，科技金融支持对象科技型中小企业具有多样性、复杂性和高风险性，银行传统的信贷模式和产品远远不适合技科技型中小企业，必须要在金融产品和服务模式上进行创新，这是促进科技金融结合的核心问题。这就要求金融在不同阶段提供不同的支持和服务，参与科技和金融结合的科技部门、金融机构、中介机构等机构依据本地现状，研究开发适合科技型中小企业的轻资产、规模小、发展波动性大特点的金融产品，并简化服务方式，主动探索支持科技型中小企业融资的多种服务模式。

（三）科技创新的风险降低与分担

从科技创新到产业化过程具有高风险性的特征。在科技研发、科技成果转化和高科技产业发展过程中，有技术创新本身的高风险，有高知识密集度带来的经营管理风险，还有产品生命周期短带来的市场风险。由于高科技产业发展具有跨度大、专业性强、市场接受度不确定性和经营模式多样化等特点，金融机构一般更难全面、准确地掌握和了解科技企业相关技术和市场等专业信息，更难把握其资产质量、经营状况和潜在风险，更难预测其发展前景。因此，设计一个降低风险和风险分担机制，在银行的低风险投资偏好与中小科技企业高风险融资需求之间架设一座互利的桥梁，这是促进科技金融结合的关键点。

（四）银行贷款的风险补偿

由于科技金融支持的科技型中小企业具有的轻资产、风险大的特点，在市场经济机制下，对于以安全性放在首位目标的商业银行来说，显然不乐意承担这么高的贷款风险，因此，需要政府部门提供财政资金作为风险补偿金来鼓励银行提供贷款支持，解决银行贷款支持科技型中小企业的违约损失问题，来提高银行发放贷款的积极性，这是促进科技金融结合工作开展的保障。但也要防止银行风险全部转嫁给政府相关部门或者参与科技金融结合的中介机构等。因此需要采取多种方式来构建政府、银行和企业共同参与的银行贷款风险分担机制，建立促进银行参与科技金融结合的长效激励机制。

三、推动科技与金融有效结合的建议

联系武汉市科技金融结合的现状，结合科技与金融结合的关键，抓住武汉市获批试点城市的机遇，要在推进科技和金融结合试点上取得实质性进展，建议近期着力于以下重点工作：

（一）注重顶层设计，形成科技创新与金融相互融合、互动发展的制度环境

作为国家科技创新战略，科技和金融结合一方面需要推进“顶层设计”，统筹规划，系统设计，另一方面也要针对科技支撑引领经济发展中不断出现的新形势、新任务，进行探索创新，先行先试。尽管我市已经成立了科技金融结合工作小组，但还需要围绕武汉建设国家中心城市、国家创新型城市的战略定位，深入研究出台武汉市推进科技金融结合工作的顶层设计。科技金融结合的顶层设计，核心是从战略高度统筹科技体制和金融体制改革与发展的全局，着力破除制约高科技企业发展的体制机制性障碍和深层次矛盾，并以此促进经济的可持续发展。注重顶层设计，要把科技金融结合的原则和目标系统化、具体化，增强改革的针对性和系统性，制定科技金融结合工作规划，明确武汉市科技金融服务体系建设的具体政策措施，并制定科技与金融结合的若干政策规定、科技经济评估机构管理规定及实施细则、科技风险基金管理办法等系列配套政策法规。具体来看，对科技金融结合工作的推进应特别关注以下三个方面：

首先是进一步优化科技金融机制，处理好政府引导和市场主导的关系，可持续地推进科技金融工作；其次是要推进科技金融创新，协同推进创业投资、科技信贷、科技保险和多层次资本市场等科技金融各领域工作；三是要进一步优化科技金融生态环境，为推动科技金融创新，为科技金融市场机制的发挥提供良好的环境。顶层设计不仅要求有明确的方向和目标，还要注重实施效果。这就要求进一步调动各方面积极性，尤其是要尊重基层机构和企业的首创精神。在试点过程中还要组织开展政策解读，专业培训，督促检查工作进展，针对出现的新情况、新问题及时研究采取有效措施，不断完善和充实科技金融结合内涵。

（二）建立“企业信息库”和“科技专家库”，降低科技金融技术风险，实现融资供求的有效对接

筛选出能够被金融机构认可的企业是科技金融结合的前提。建议由科技部门建立和完善“企业信息库”和“科技专家库”。企业库和专家库的建设和运行实行统筹规划、分层管理、开放共享、动态调整。“企业库”中除了企业的基本信息，还应该包括企业人员的知识结构、科技研发加计抵扣、和高校的产学研合作等情况。科技专家则参与到科技型企业贷款项目评审工作中，筛选出技术先进、市场前景广阔和管理运行规范的科技型中小企业，将优秀的科技型中小企业和科技项目推荐给金融机构和风险投资公司，为银行信贷提供专业咨询意见。建立包括科技型中小企业、科技专家和金融机构进行信息交流的网络工作平台，把有限的物理平台和无限的信息平台相结合，使得企业的投融资需求与金融资源之间实现供求信息的高效对接。

（三）加快发展风险投资，分散化解科技金融风险，促进科技成果资本化

银行传统的信贷模式和产品远远不适合科技型中小企业，而风险投资可以解决高科技中小企业在初创期资金瓶颈问题。风险投资作为一种新型的投资机制，通过灵活特殊的投资方式，在资本和高新技术之间起到桥梁作用。风投公司不但为高科技中小企业提供资金支持，还协助其开拓市场，并通过选人和理财来加强对企业的管理和监控，有助于企业的成功。

一方面，要大力发展和引进市场化的风险投资公司。政府制定相应的优惠政策，充分发挥财政担保、研发补助等直接支持的作用，也要积极落实中央的税收减免、简化审批程序等政策，鼓励资本投入到风险大、收益高的高技术领域。在地方财政资金中，设置一部分具有风险资本功能的专项资金，通过参股或独资形式推动建立股份制的风险投资公司。同时，适当分散公共风险投资的风险，通过政府资金与民间资金合作的方式，发挥公共资本四两拨千斤的作用。

另一方面，要完善风险资本退出机制。风险资本获取投资收益的途径是将手中持有的公司股份转让从而取得回报，风险投资基金要实现增值和循环流动，就需要有便捷的退出渠道。成熟资本市场是风险投资最重要的退出通道，政府要以建立多层次资本市场为主，辅之以促进高技术企业并购、改善公司破产清算条件等其他退出方式的支持措施。目前，可重点推进新三板市场建设，进一步建设技术产权交易机构，深化和完善产权交易，通过推动股权交易使风险投资有效退出。

（四）推进武汉光谷科技银行建设，创新科技金融组织模式，促进银行信贷资金与科技活动之间的紧密结合

建议学习借鉴浦发硅谷银行、杭州科技银行的创建模式，同时联系武汉本地实际，依托东湖高新区，筹划设立具有独立法人资格的光谷科技银行。光谷科技银行可定位为政策性银行，行使政府支持高科技产业发展的政策性职能，业务目标锁定为拥有自主知识产权或商业模式创新的科技型中小企业，专注为武汉及周边地区的高科技企业融资。在专业方面，光谷科技银行引入专家联合评审制度、组织业务培训、加强与创投机构合作；为降低企业融资成本，通过市科技局、财政局、金融办等出台贴息政策，由科技银行对科技型企业发放基准利率贷款给予一定额度的贴息；以“股权投资+无实物抵押贷款”为主，资金来源包括民间资本、银行资金，以及政府引导资金与风险补偿资金等。

（五）探索银投联动模式，强化科技金融风险控制，实现风险收益的平衡

支持科技型中小企业发展，迫切需要商业银行建立对中小企业的股权投资机制。国际上解决中小企业融资难的一套有效做法就是允许商业银行以股权投资基金方式间接参与对中小企业的股权投资，将信贷与股权投资联动。在我国，随着股权投资基金行业的迅速发展，商业银行以股权投资基金参与股权投资的政策环境和市场环境已经具备。加强银行和创投、风投的合作，探索银投联动模式，可以实现企业、银行和投资基金三方共赢。

抓住处在初创期、成长初期和发展期等成长阶段的中小企业股权融资的需要，配合风险投资机构对高成长性中小企业的债权融资方式，设计股权与债权相结合融资方式。对风险较大的初创期科技型企业的投资，银行通过投资创投公司，实现间接的股权投资，实现高风险高收益；对风险较小的成长期科技型企业，在风险控制上强化与投资机构的合作，对获得科技部门推荐和投资机构投资的企业和项目进行较低利率的金融贷款支持。通过创投机构给予企业科技成果股权资金，企业以此资产为依托取得银行贷款，从而实现商业银行对高风险科技企业的信贷支持。

（六）创新财政资金使用方式，实现政府和金融机构共担风险，发挥政府资金的杠杆作用

创新财政资金使用方式，目前可重点从三个方面来进行探索创新。一是充分发挥创业投资引导基金的作用。扩大科技型企业创业投资引导基金规模，综合运用阶段参股、风险补助和投资保障等方式，引导创业投资机构向初创期科技型企业投资，促进科技型企业创新发展。二是创新科技投入与市场机制对接的股权投资模式。将部分科技经费入股到金融机构或是科技企业中，或是通过设立创业投资子基金，为转化科技成果的企业提供股权投资，把政府拨款的行政投入行为变为金融机构和科技企业资金运营行为，使股权投资围绕重大科技成果，用政府投资股权的方式来帮助企业，但政府并不行使股东权利。三是通过风险补偿金的形式，发挥财政资金的杠杆作用。政府出资和银行建立贷款补偿金，对银行支持科技型中小企业的违约贷款提供补偿，分担市场资金承受不起的超额风险，撬动市场资金的投入。但需要明确的是，风险补偿金并不是简单地为市场资金买单，建议风险补偿金以“基本金+浮动金”的形式发放，浮动金可以调动市场资金的积极性，激励其实现更理想的目标。

（七）强化中介机构的建设和提升，降低科技金融风险，提高科技金融服务的质量和水平

由于高技术中小企业的领导者绝大部分是某一技术领域的专家，但缺少商业运作的经营，极大地影响了高技术中小企业的融资效率。因此，必须积极促进包括风险投资咨询公司、企业财务顾问公司、投资银行（证券公司）、投融资管理顾问公司、会计师事务所、证券评估机构、资产评估机构、技术评估机构和律师事务所等中介组织的发展，推动中介组织通过提供专业的中介服务，帮助企业完成融资方案，解决商业模式创新、风险评估、技术评估等关键问题，使中介组织成为企业风险资本融资过程中的有利支撑，从而提高高技术中小企业的融资成功率。充分发挥各类基金以及生产力促进中心、大学科技园、科技企业孵化器、产业技术创新战略联盟、技术转移机构等技术创新服务功能和投融资平台作用，逐步建立一批集评估、咨询、法律、财务、融资、培训等多种功能为一体的科技金融服务中心。

（八）运用政府引导与市场需求拉动两种机制，培育科技金融创新的复合型人才，健全完善科技金融创新人才体制

金融改革和转型对人才提出更高要求，树立人才是第一资源的观念，大力发展金融教育事业，加快培养高水平金融专业人才。改革金融人力资源管理制度，完善人才培养、任用、评价、激励机制，努力创造有利于发现和培养人才、有利于人才成长和发展的好环境。研究出台针对科技金融人才，尤其是领军人才的户籍、住房、子女教育、出入境等方面的专门政策。在解决金融人才后顾之忧的同时，进一步强化科学的薪酬分配理念，凸显金融市场人才差异化的待遇和政策。尤其需要积极尝试管理人员的长期激励制度，使得管理人员的经营业绩、风险管控、战略使命在其薪酬体系中得到充分体现。大力发展本土人员的国际化培养，利用本土人员的底蕴，赋予国际化的经营视角、管理经营和专业知识，促进本土人才的发展。引导设立高层次人才创新创业基金，以直接投资、股权激励、奖励等方式，吸纳社会资金投入，支持高层次人才科研成果的转化和产业化。

（武汉市社会科学院金融所课题组）

新媒体产业园建设的实践与思考

——以武汉江汉区新媒体产业园为例

近年来，全球许多国家和地区把新媒体产业作为重要战略产业，纷纷通过人才、资金、市场等多个方面提供各种优惠措施来支持其发展，力图继续占领新媒体产业的高端环节。武汉新媒体产业也积极应对，蓄势待发，但目前产业发展较为分散，企业间的非良性竞争，造成了整体对外竞争力的薄弱。2012 年 5 月，武汉市东湖高新区获批为国家级文化和科技融合示范基地，江汉科技园又被认定为首批文化与科技融合试点园区，并且更名为武汉新媒体产业园，成为武汉市第一批文化与科技融合的试点园区之一。本课题以该园区存在的三大优势和三大问题为突破口，分析园区未来发展的几个关键点，并提出了下一步的设想。

一、园区发展优势和存在的问题

（一）实现三大优势，园区集聚效应日益体现

1. 赢得了一系列牌子，树立了特色品牌

2009 年 9 月，武汉市获批全国下一代广播电视网络（NGB）首批试点城市，2010 年 6 月获批国家“三网融合”首批试点城市，成为中部地区唯一的国家级 NGB 和“三网融合”双重试点城市。2012 年 5 月，武汉东湖高新区经科技部、中宣部等部门认定为首批国家级文化和科技融合示范基地。武汉在落实科技与文化融合的实践中，将江汉区现代都市工业园定位为武汉新媒体产业园。国家和省、市有一系列的政策和措施支持，为园区新媒体产业发展提供了千载难逢的战略机遇。园区产业以行业应用软件、信息服务和创意设计为主体，涵盖信息传输、应用软件、信息技术(IT)服务、信息服务等传统通讯信息产业，以移动互联网、云计算、物联网和电子商务等为代表的新兴领域也正在形成新的产业增长点。广告传媒、影视制作、动漫、工程设计、时尚设计、装饰设计、平面设计等创意设计产业快速发展，已经初步形成相对完整的新媒体数字出版、数字设计、数字传媒、文化技术装备、创意设计等文化科技创新链条，形成了品牌效应，在科技与文化融合中园区的优势地位有所加强。

2. 入驻一批企业，产业集聚效应开始显现

近几年来，园区科技与文化融合产业取得一定发展。2011 年，园区企业实现技

工贸经营总收入 130 亿元，完成全口径税收 8.5 亿元，文化创意和科技型企业实现产值 45 亿元，占园区经济总量的 35%。截至 2012 年 12 月，园区从事新媒体产业的企业有 102 家，重点企业 10 家。一批重点企业的市场地位明显增强。长江水利委员会集聚着长江空间信息技术工程有限公司（武汉）、长为高新技术有限责任公司、长江水利委员会网络与信息中心等企业，在空间信息技术、市政交通设计、楼宇智能化系统、弱电系统、研究咨询等方面形成优势。以中国联通武汉分公司为引领，江岸区信息传输业稳步发展。以中信建筑设计研究总院有限公司和长江勘测设计院为代表的工程勘测企业，增强了江岸区在交通、建筑、城市规划、污水治理等方面大型空间信息工程设计能力。武汉力龙数码信息科技有限公司在“智慧城市”、电子政务咨询与软件服务高科技建设的技术研发与应用示范优势比较突出。

3、实施一批项目，全面推动园区发展

近年来，园区实施一批项目，并且充分发挥重点工程项目的示范效应和产业拉动作用，吸引科技文化类企业入驻，鼓励其利用高新技术改造传统文化产业，推动文化产业从产业链低端向高端转移。目前着眼于“四大”项目，推动园区发展。（1）武汉火凤凰云计算基地项目。项目占地面积约 1953 ㎡，建筑面积 12175 ㎡，项目总投资约 5000 万元。（2）兰新智能交通信息服务平台。该项目是湖北兰新网络技术有限公司负责建设，计划总投资 7000 万元。（3）创意产业园中园——圈外创意社区。总计项目投资 3.5 亿元。该项目已完成产权交易，正在武汉市土地交易中心办理土地交易手续。（4）京山轻机汉口国际企业中心项目。该项目是由上市公司湖北京山轻工机械股份有限公司投资建设。项目建成后将大量引进高科技类企业入驻，建成江北高品质办公和配套服务的示范性产业楼群。

（二）存在三大问题，园区有待转型提升

1.产业融合渗透力弱，发展空间有待提升。园区企业在“科技帮文化创新业态，文化助科技创造需求”中缺乏较强的新媒体产业新业态的感知能力，缺乏较强的技术研发实力，研发经费投入不充分，高附加值及拥有核心自主知识产权的产品少，核心竞争力和发展后劲不足。尤其是由于自主创新能力不足，企业能迅速产业化的科技成果不多，企业承接和转化科技成果的能力不强，产业内部结构升级较慢，制约了新媒体产业的发展。

2.产业链存在缺失，产业整体处于价值链中低端。缺乏高端软件、平台软件、基础软件、搜索引擎、大型系统集成等技术含量高、附加值高的产业。产业链协同效应尚未充分发挥，产业网络分散，产业发展没有重量依托，企业规模小，缺乏带动性强的龙头企业，产业整体上处于价值链的中低端，亟需具有带动性强的龙头企业和大的支撑项目。

3.关键要素配置尚需优化，产业发展支撑体系有待完善。产业转型发展所需的关键技术、高端复合型人才供应不足，缺乏非盈利性的公共服务平台整合社会资源。土地资源有限，园区面积较小，控制性规划面积156公顷，经市政府批准用地面积70公顷。土地已基本被征用完，可用的地仅剩沙包桥地块（约37,500㎡）与一些零碎地块、闲置楼层，可用土地资源少、空间有限已成为开发区发展的一个重要、关键性的制约。引进企业和初创企业的扶植政策尚需优化，招商管理机制亟待创新，园区管委会和园区孵化器招商以外，楼宇业主也都在自行招商，导致园区引进的企业参差不齐。以市场为导向、政产学研用结合的支撑体系有待完善，产业可持续发展能力亟需提升。

总体来看，我市新媒体产业园发展目前尚处于起步阶段，宏观管理能力在思维与实践操作层面都还比较单薄，政府对园区的介入较大，并且掌握了较多的资源。通过调研我们发现，园区普遍都在寻找自己的赢利模式，具有政府背景的管委会协同企业共建区域经济与文化共同体的基础模式，是当前及未来一段时间内园区发展的主要基础结构。

二、园区未来发展的几个关键点

区委、区政府、园区管委会大力落实文化与科技融合，从软科学研究入手，树立“让文化插上科技翅膀，给科技注入文化灵魂”的理念和目标，发展以新媒体产业为特色的文化创意产业，成效是明显的；建设武汉新媒体产业园的思想是解放的，方式是创新的；根据江汉区“十二五”发展规划，江汉经济开发区将向生产性服务业转型升级，园区确立信息通信和文化创意为主导的产业定位是推进产业转型的正确选择。但是，由于国家整体市场环境不成熟，产业政策调控措施不到位，行业垄断形成的传媒资源稀缺与大量文化创意产品市场化的需求之间存在较大差距，企业在商业化运作和融资渠道上受到严重制约，新媒体产业发展难以短时间内实现较高经济效益。未来，园区发展需突破以下四个关键点。

1.园区赢利模式的创建以及投融资模式的创新。对于产业集聚的理解，目前我国文化创意产业园区的赢利主要还是依靠传统产业、房地产开发、场地租赁等。真正以文化消费，尤其依托创意与科技应用作为利润实质的赢利模式还在探索中。大多数文化企业仍存在弱、小、散等特点，投融资难度很大。园区作为产业集聚平台，其“孵化器”的功能对中小企业的发展至关重要。武汉新媒体文化产业园确立信息通信和文化创意为主导的产业定位是推进产业转型的正确选择，这样能更充分地发挥我们的比较优势，更鲜明地形成我们的产业特色。

2. 园区应对危机能力的完善。新媒体产业园区缺乏自我“造血”能力，过分依赖国家政策。一旦遇到危机，在园区内企业纷纷撤出的情况下，园区也就面临险境。客观上，危机能对园区优胜劣汰，但唯有拥有完善管理制度和危机预案的园区才能在风暴中屹立不倒，甚至可以借机吸引其他园区的优质企业。目前，产业转型升级是促进新媒体产业园区科学发展的迫切任务，作为武汉中心地区的开发区退出制造业是必然趋势，作为面积较小的开发区集中发展主导产业是必然要求，否则就没有竞争力。

3. 园区发展的国际化视野。即如何借鉴国外的成功案例来壮大自身的实力。如北京的 798 园区在发展中就借鉴了同一类型的纽约苏荷区的经验，中国人民大学文化科技园学习了澳大利亚昆士兰科技大学创意产业园的建设方法。在园区发展建设中，需要积极开展国际合作，促进文化创意产业园的进一步升级。

4. 政府政策制定的落实与持续性以及政策对产业的有效引导。面对接踵而来的众多政策，如何落实和维护其持续性才是需要面对的关键。大部分政策对于文化产业的发展虽切中要害，但在新媒体产业园中并未得到很好的执行。

三、对下一步园区发展的设想

下一步，园区应抓住积极推进文化与科技融合的重要途径和重大机遇，从政府、产业、公众三个层面协同发力，实行环境兴区、人才兴区和品牌兴区战略，强化制度、市场、技术和观念创新，做强做大武汉新媒体产业园，实现辐射带动区域产业转型发展。

（一）政府层面

1. 优化区域发展环境，促进产业发展壮大。一方面，优化产业发展硬环境。以园区为重点，加快土地整合开发，加快启动载体项目京山轻机汉口国际企业中心项目和圈外创意社区项目等项目的建设，引进完善专业设施，形成园区独有的、有利于新媒体产业发展的硬件优势。以建设相互渗透、相互合作的完善产业网络为目标，强化硬件环境和产业共享平台建设，拓展文化科技产业发展空间，不断优化和提升产业发展载体。另一方面，优化产业发展软环境。构建服务外包接包、分包开发网络，建设公共服务平台，提供高速网络接口、信息安全保障、供电辅助系统，降低企业研发成本和风险。贯彻好国家、市、区促进产业发展的相关政策，落实好区招商引资工作制度与职责；通过产业聚集和人才引进，加大基础设施投入，与国内通信行业三大巨头合作，园区 WIFI 全区域覆盖，新技术全区域应用，实现工作和生活全智能化；新媒体人才公寓、IT 大饭堂、源代码多功能厅、篮球场、音乐休闲吧、小型超市、图书馆等配套，形成多层次、网络化的创新创业服务体系。

2. 大力开展招商引资，提升地区经济实力。用好用足现代服务业试验区、武汉自主创新示范区、武汉文化与科技融合试验基地等优惠政策，加大招商引资力度。重点推介园区“火凤凰云计算基地”、“兰新智能交通信息服务平台”、“创意产业园中园—圈外创意社区”和“京山轻机汉口国际企业中心项目”等四大招商项目，配合园区产业链的完善，吸引规模企业和成熟企业入驻，发挥市场自由配置功能，引导产业关联企业入驻。

3. 搭建公共支撑平台，强化企业创新能力。积极营造有利于现代新媒体产业集聚和发展的投资环境，依托园区、中介机构和龙头企业，在重点领域建设一批公共技术服务平台。支持创意设计、传媒出版、网络文化、动漫游戏等重点优势行业构建行业交易平台，增加新媒体产业整体对上游的议价能力，促进园区信息共享，构建园区产业竞合体系，增强行业整体对外竞争能力。打造创意策划、广告传媒、传媒出版、生产制作、影视动漫、技术研发、衍生产品生产经营、会展交易、合作交流、教育培训等服务平台；支持和鼓励企业、高等院校和科研院所在现代新媒体产业领域的合作。

（二）产业层面

1. 推进市场运作，打造完整产业链。以新媒体产业为代表的新型业态的发展，更多地依靠市场和消费自身的推动，从根本上改变了过去传统工业发展模式。在不断关注市场中，创造消费惯例、涵养消费人群、引导消费时尚潮流。园区要大胆创新，充分发挥市场优化配置资源的基础性作用。结合区情和定位，进一步突出体验、展示、运营的发展重点，打通研发与市场的中间环节，通过产业链的整合促进产业的整体发展。

2. 加强行业自律，实现产业健康发展。行业自律是确保一个产业健康、有序发展的基础。以园区企业为核心，引导企业有意识地建立各类行业协会，制定行业自律公约，在注重自身经济效益的同时，更多关注社会效益。生产积极的、健康的、民族的、大众的产品；杜绝消极的、低俗的、不健康的产品生产和传播。培育良好的市场规范，搭建企业公共竞争、发展的平台，形成良好有序的市场结构，让企业在市场这个大舞台上充分发挥创意能力。同时，政府部门加大对企业和市场行为的监管，营造良好的市场氛围。

（三）公众层面

1. 要正确看待以数字内容为主的新媒体产业。一方面要认识到发展该产业对于发展经济的巨大作用，以数字娱乐为重点的新媒体产业作为近年来迅速发展起来的朝阳产业，在文化市场领域异军突起，创造了很大的经济价值。另一方面要认识到发展该产业是大势所趋，美国、日本、韩国等发达国家在数字娱乐方面已形成了很强的优势，在此领域占领了我国大部分市场，其中不乏色情、暴力等不健康的因素。与其一味封杀，不如立足本土，用中华民族优秀的传统文化来净化心灵。

2. 要营造鼓励创新的社会氛围，加大原创力度。每一个新的构思、新的发明、新的技术，在最初的时候需要一个宽松、开放的环境。要在全社会形成一种尊重创意、创新、创造和鼓励冒险、容忍失败的社会氛围，调动和激发创意人才的创造热情。

3. 要树立正确的消费观念。一方面，事实表明，科学的文化消费观念有利于合理消费结构的形成，并向着较高层次的文化消费阶段迈进。然而，在居民的许多文化消费行为中，由于存在着某些偏好，使文化消费心理逐渐趋于单一，忽视了消费的全面性与科学性，从而导致片面消费的形成，最终影响自身的放松愉悦与全面发展。另一方面，数字媒体这些科技进步的产物很容易借助网络等高科技手段传播、复制，导致原创者无法获得预期收益。现代社会，创新、创意的产生更多地取决于后期的经济社会效益，即创造地付出与回报是否成正比。所以公众要树立一种拒绝盗版、反对假冒的正确消费观念，确保从付出到回报的良性循环。

（武汉市社会科学院课题组）

“十二五”时期，我国以时尚产业为代表的新兴产业进入快速发展与升级期。打造世界时尚中心，激活城市的文化底蕴，促进经济转型和产业向高端化、创意化发展，已经成为许多发达城市的共同选择。在时尚之都建设方面，“时尚香港”建设经验可供武汉借鉴。

打造“时尚武汉”正当时

——时尚香港带给武汉的启示

我国香港特别行政区作为著名国际大都市，以时尚动感之都的独特魅力傲然于世。香港能成为世界时尚中心除奉行零关税、自由出入境、自由贸易与积极不干预政策等以外，香港在城市建设和商业贸易等方面实现文化、商业、商务多元功能的融合发展，强力塑造与国际化大都市发展趋势相顺应的国际化商业街都，把时尚产业融入到城市生活的方方面面，使多元化的生活文化成为中外游客向往的精神体验。

第一，商业街区时尚化、艺术化、个性化。位于九龙半岛尖沙咀的K11购物中心，以富含艺术气息而独具特色，在其他众多繁华的大型购物商场、OUTLETS或商圈中显得优雅而闲适。显眼的“K11”字样衬托着欧陆庭院式天幕广场，伴随自然曼妙的音乐和薰衣草清香，恍然让人感觉置身于博物馆或音乐厅；G层大厅占据了整整一面墙的《蒙娜丽莎的甜笑》巨幅作品以“蒙娜丽莎的微笑”为启发，用六千多块吐司砌成，因作品中的蒙娜丽莎手持冰淇淋而得名，美食与艺术的幽默结合淋漓酣畅；除了创意非凡的大型艺术品，每个楼层供人们休憩的座椅均为艺术家精心设计的艺术品；商铺之间也设计了艺术橱窗，不定期更新橱窗里的展品，专业的艺术展览巧妙的镶嵌在时尚街区中，艺术无处不在。香港其他个性化商业街区还有：以大量国际一线品牌聚集而热门的国际金融中心（IFC）及金钟太古广场，独家售卖巴黎高级时装Maria Luisa品牌的利园，集中售卖化妆品与出口成衣的加连威老道街区，以售卖运动鞋为主的花园街，以年轻人为主要客源的通宵商城apm等等。它们或以独有品牌闻名，或以独特的经营方式牢牢锁定某一类受众，或以个性化氛围令潮人趋之若鹜，各具特色，异彩纷呈，无愧于“购物天堂”称号。

第二，品牌展会、节庆活动助推时尚风向标形成。众多国际知名品牌选择香港作为其在亚洲的品牌推广高地，使香港成为全球时尚潮流风向标。目前，香港举办的大型国际展览会中，有22项得到国际展览联盟（UFI）的认可，其中香港玩具展、香港时装展、香港钟表展等都是位列亚洲第一的国际性展览盛会。香港还举办包括香港艺术节、香港国际电影节、国际综艺合家欢、花卉展览等文化节庆活动。其中，最能够代表香港文化精神及最具有国际影响力的品牌节庆活动应属香港国际电影节(HKIFF)。电影节既是电影交流平台之一，是极具时尚触觉的重量级文化名片，同时也是时尚产品、时尚服务的展示发布平台。电影节期间，围绕电影节展开的时装珠宝、创意设计、品牌推广、金融及网络服务、衍生品售卖、影音传媒等时尚活动相得益彰，进一步放大了时尚品牌的集聚效应。

第三，保留特色生态原貌，引领绿色生活时尚。繁华的中环及金钟的高耸建筑，与苍翠的香港公园及古意盎然的博物馆交错；香港最大的图书馆——港岛中央图书馆和最大的户外公园——维多利亚公园则儒雅地静卧于购物美食胜地铜锣湾。在新界、西贡及离岛地区，恬静的海滩、清新的空气、迤逦的翠峰美不胜收，南丫岛更是具有异国风情的休闲胜地。传统生态原貌得到尊重和延续，纯净的绿色生活成为时尚潮流。假日里去有机农场体验有机耕种、学习有机农业常识、亲自采摘作物等都成为香港市民“大隐隐于市”的时尚生活方式。

第四，构造以人为本、多元功能融合的国际时尚服务环境。香港是重要的国际交通枢纽，其服务功能精致、典雅，便民利民，具有较高国际认同度。以航空到港为例，经机场到达香港境内，境外客人有机场快线、城市巴士、地铁、出租车等多种方式选择，可安全便捷地到达香港任何目的地。在这一过程中，语音及字幕报站均为国际语境，通常有英语、法语、日语、中文等多种语言。区内四通八达的公共交通线路、各交通工具之间的无缝换乘，加上人性化的各类无障碍设施以及沿途路牌标识明确清晰、科学合理，稍有方位感的游客想迷路应该是件困难的事。华灯初上时，旺角这样世界人口密度之最的地区，竟然少见交通拥堵，而多见畅通、有序的各色人群及车流。

武汉是我国内陆传统商业重镇和交通枢纽，文化底蕴丰厚，生态特色鲜明，具有建设时尚之都和购物天堂的良好基础。努力建设与国际大都市相适应的时尚之都，是建设国家中心城市、“中国梦”武汉实践的重要内容。从香港时尚之都建设的特色和经验中，我们至少有以下几点启示。

1.做好武汉时尚产业规划。明确武汉时尚产业发展的方向和重点领域对于推动武汉时尚产业发展具有重要指导意义。武汉打造时尚之都首先应做好时尚产业规划，以完善时尚产业链为出发点，理清武汉时尚产业具体现状，明确武汉时尚产业发展的方向和重点领域。发展以服装服饰、电子数码、美容护理、珠宝钟表、时尚延伸服务等为重点的时尚产业集群。充分调动区、企业和协会的积极性，组织包括江汉区、江岸区、洪山区等在内的有良好时尚产业发展基础的相关区以及相关龙头企业，还有轻工、珠宝、服装、钟表等在内的行业协会，加紧编制武汉时尚产业发展规划及三年行动计划。要以特色集聚区的规划和建设为主要抓手，形成园区、街区、楼宇联动发展的格局，打造特色时尚产业带，鼓励时尚企业落户时尚产业集聚区，加大重点时尚企业的扶持力度。

2. 打造商业时尚新地标，引导商圈创新发展。要顺应国际化大都市发展趋势和个性化时尚消费的特点，通过对现有商务、商业体系中融入文化创意、时尚等新功能元素，打造一批商业时尚新地标，促进现代商圈向国际化商业街都的升级。通过橱窗的精心展示和快速更新来提高品牌延展性，通过音乐、影视传播等来提高特色街区的文化展示性。培育“情景式”消费新模式，通过构建购物、娱乐、文化等多元化体验项目，辅以建筑形体、声光电媒体和商品配置的人性化设计，使消费者产生愉悦心情，从而有效激发消费动力。培育“风格鲜明”的主题式消费新模式，扭转传统“大而全”的店铺配置风格，从商品品类、环境格调上富于创新，形成服装配饰、消费类电子、创意动漫、时尚家居等若干主题商区，以及涵盖日韩、欧美等环境氛围的风情街区，实现不出商圈而博览异国情调。培育“专业贴心”的个性化消费新模式，需积极引进体验中心、定制中心、品牌之家等新兴业态，为高端客户提供专业化、全程化的商品搭配咨询服务和个性化定制服务，满足日益旺盛的高端化、专业化服务需求，实现从“错位经营”到“错业经营”，引导时尚消费业态进一步向细分化、差异化、特色化发展。

3. 依托国际性文化会展品牌活动，促进时尚文化活动的繁荣。会展节庆活动是时尚产业重要的表现载体之一，是时尚之都重要名片。要进一步办好武汉——巴黎时装周，形成时尚品牌效应，推进时尚衍生服务产业发展。要大力引进和举办一批重大国际性或全国性的文化、体育赛事及展会活动，不断树立时尚品牌。要举办一批常规性时尚活动，提高公民时尚参与度，如增添楼宇、商场、街道、场馆等公共空间的文化元素，发挥公园、绿地、湖泊等公共空间文化内涵和功能，营造整体文化氛围，形成城市节会、庆典、狂欢等文化活动的集聚地及开放型舞台。多维度发展时尚产业，在现有科学馆、博物馆、文化艺术中心、创意园区、历史建筑、风景名胜等，举办时尚产品发布推介、民俗节庆、实景艺术演出、“换客”集会、传统手工艺制品展示等各个品类的时尚产业相关活动，推动时尚产业各业态、领域互为渗透、高度融通发展。

4.进一步挖掘体现武汉文化生态特色的自然资源。“时尚武汉”需要“美丽武汉”。在物质生活已比较丰富的后工业社会中，人们对城市的音乐、艺术等人文环境，气候、湿度以及绿化等各种城市生活的便利条件的需求会越来越高。进一步挖掘体现武汉文化生态特色的自然资源，尤其是保护好、利用好东湖、黄鹤楼等代表武汉传统特色的一批绿色资源；打造如楚河汉街中央文化区等，融生态、文化、商务、购物休闲与餐饮为一体的大型生态时尚地标；发展如汉阳造文化创意产业园等融文化创意、艺术沙龙、时尚摄影为一体的个性化绿色时尚园区。开发创新绿色时尚的休闲生活方式，在水泥森林中营造徜徉于现代与传统之间的和谐时尚氛围，构建绿色健康的生存环境，倡导绿色时尚的生活方式。

5.提高城市建设及精细化管理标准，国际化设置各类服务硬件设施。城市交通、设施以及金融服务、网络配置等产业配套服务均会影响到时尚产业链的各项环节。时尚产业需要良好的配套服务，需要链条式的发展，而这与中心城市的产业聚合和服务功能拓展紧密相联。中心城市的产业聚合和服务功能的提升又直接导致国际认同度提升，从而再反作用于时尚产业健康发展。因此，提高城市建设及精细化管理标准，焕新城市风貌，国际化设置各类服务硬件设施，方能吸引更多知名的国际时尚集团、品牌、人才来汉，为武汉时尚产业发展增加强劲动力。

（执笔人：夏毓婷）

完善武汉战略性新兴产业政策的几点建议

近年来，市政府及相关部门根据市第十二次党代会精神以及中央科教兴国战略和发展战略性新兴产业决定的精神，先后制定了一系列旨在促进科技创新与产业加速发展的政策，这些政策同时也构成了武汉发展战略性新兴产业的政策基础。通过对既有产业政策的梳理，就战略性新兴产业发展而言，笔者认为尚存在着政策宽泛、着力点不够准，资金投入较分散、协同共振性不强，政策执行效率不够高、政策实现机制不够活等问题（当然，这些问题不仅武汉，在全国也具有普遍性，只是表现程度不同而已）。产业转型的关键在于政策转型。建立和完善有效针对战略性新兴产业发展的政策体系，核心是遵循新兴产业的发展规律，遵循市场经济公平竞争秩序，推动产业激励政策的科学化与规范化。这在当前国家酝酿新一轮体制改革之际，具有更加重要的现实意义。本文就如何完善战略性新兴产业政策提几点建设性意见，仅供参考。

一、完善武汉战略性新兴产业政策的几点建议

产业政策过宽、过滥、过散，一方面，会抑制微观活力，加剧企业对政府的过度依赖，甚至产生一些企业完全依靠政策过日子的惰性，不能从根本上焕发起企业的独立生存能力和竞争力，妨碍市场竞争机制发挥作用，必然也无法创造公平、公正的市场竞争环境；另一方面，不利于政府职能转变，导致行政效率低下，企业疲于奔命，客观上鼓励政策性寻租行为，甚至诱致权力腐败，并最终影响了企业的发展。在反思基础上对现行产业政策进行全面梳理，对于推动产业转型升级，促进战略性新兴产业健康发展具有重要意义。

1. 立足“创新链激励”，提高财政激励政策的针对性

战略性新兴产业（企业）一般发端于某一特定的高新科技成果项目，是通过该科技成果项目的发明、创新和产业化、商业化，实现自身的发育、发生和发展过程的特殊产业（企业）。就其创新与发展过程而言，一般划分为种子期、导入期、成长期、成熟期四个阶段。所谓“创新链激励”，就是依据战略性新兴产业（产品）创新与发展的不同阶段的规律与特征，实施不同的财政支持组合策略，实现财政支持政策在产业创新不同阶段的科学配置。

在种子期（创意、构思到完成发明阶段），主要任务是技术目标的实现，主要风险来自技术风险。由于技术的外溢性及公共性，企业及社会资本投入热情不高，主要

依靠政府投入。政府的职责是培育技术源，发展公共研发平台。其支出主要靠一般预算支出，即财政预算的科技发展经费支出。

在导入期（工程化试验、试制或试生产、试营销阶段），主要任务是完善技术，化解技术风险，引导市场需求。主要风险是生产风险，即样机、样品转移到工厂化生产在工艺技术上的可行度。这一时期，资金需求量已经超出创业者个人能力，必须寻求政府、风险资本家或其他社会资本的支持。政府的职责是尽可能消减创业风险，激发创业热情。科技发展经费已不足以支撑创业企业发展，需引入战略性新兴产业发展专项资金（含科技型中小企业创新基金、科技创业引导基金、中小企业发展基金等），主要用于创业服务平台（孵化器）建设、提供创业资金补助、引导社会资本投资创业企业等。同时辅以减免税政策（两免三减半、三免三减半等）、市场培育政策（首台首购、价格补贴等）。

在成长期，主要任务是扩大生产规模，推动企业规模化和产业化，以满足日益增长的市场需求。这一阶段，技术风险和生产风险基本得到克服，开始让位于市场风险。这一时期的资本称为扩张资本。一般认为，资本需求大约为导入期的十倍左右。因此，必须寻求更加广阔的融资渠道。资本主要来自于银行及社会风险机构，政府的职责是通过政策引导，鼓励银行及社会其他金融机构（风投公司、担保公司等）向企业提供贷款与投资，方式主要包括贷款贴息、贷款担保，对风投机构实施奖励等，同时辅以必要的税收政策（税收直补、先征后返、即征即退等）及市场培育政策（价格补贴）。

在成熟期，主要任务是加强市场开拓和技术转移，以在更大的广度和空间上，占有市场，提高赢利能力。投资主要是常规投资，如维持企业正常运营的管理费用，原材料费用，市场营销费用、扩大再生产投资，等等。由于风险较小，企业资信能力较强，已可以从常规渠道获得融资。企业走向稳定发展阶段，政府各项激励政策适时退出。主要通过税收加计扣除等措施鼓励企业提取科技发展准备金，用于二次自主创新。

2. 净化优惠政策，提高间接性政策投入比率

所谓净化优惠政策，就是对现有过宽过泛的优惠政策进行清理或瘦身，减少政策弹性和主观随意性，增强政策的客观公正、公平和透明性，并大幅度提高间接性政策投入比率，维护市场公平秩序。

按照“有所为有所不为”的原则，合理界定政府投入、企业投入与社会投入的边界，促进全社会资本资源的高效、合理利用。政府财政投入应主要集中在市场手段触及不到、需要政府这只“看得见的手”进行支持、调节或激励的领域，主要包括：①

战略性高技术成果的开发；②公共研发平台（产学研战略联盟、特色研发中心等）建设，创新、创业服务平台（公共实验室、孵化器、园区基础设施等）建设；③战略性引导资金，主要用于创业与成果转化初期的战略性资本投入；④杠杆资金，通过信贷补贴、风投补贴、风险担保等形式引导社会资本、信贷资本投资战略性新兴产业，推动战略性新兴产业的产业化、规模化。

间接性政策投入，主要是政府运用财政、税收、信贷等政策杠杆，激励企业、金融机构及其他社会组织投资战略性新兴产业的行为。除了上述杠杆资金外，主要方式还包括：运用税收加计扣除等手段鼓励企业研发；建立企业研发准备金制度（即对企业销售收入强制性提取一定比率的科研专项资金）；对企业技术转移减免营业税、增值税和所得税；对企业新产品减免所得税和增值税等；对企业新产品开发和科技成果产业化提供无息或贴息贷款、创业风险贷款等。与政府直接性资金投入相比，间接性政策投入具有“公平、公开、公正、效率”的优点，只要有创新就享有相应的政策，不创新就不能享有政策优惠，对企业的技术创新具有较强的激励作用。

3. 整合“事权”，提高优惠政策的行政执行效率

战略性新兴产业作为一项“新兴的事业”，政府各部门乃至社会团体都寄予高度关注和热情，是好事，这可以营造一种全民促发展的社会氛围。但是，如果“事权”分散，权责不清, 各自“跑马圈地”，就必然导致有限的财政资源管理分散、支持着力点不明，难以形成发展合力。对相关部门职能进行整合，有助于提高优惠政策的行政执行效率。

（1）整合相关职能部门高新技术成果研发与产业化的职能。发展战略性新兴产业本质上就是推动重大战略意义的高技术成果的研发及产业化。而目前法定承担这一职能的就涉及到科技局、发改委（高技术产业处）、经信委（技术进步处）等三个职能部门。这三个部门从职能界定上看没有本质区别，但或多或少都要从财政一般预算支出中分一笔钱发展相应“事业”，导致财政资金投入严重分散。建议在行政体制改革时对这三个部门职能进行整合归并，以提高财政政策效率。

（2）归并科技、人事等部门有关人才资助职能。建议对特殊人才的创新、创业专项资助纳入科技职能部门统一管理（可以设立特殊人才科技专项计划），人事等职能部门着重人才服务与社会保障。

（3）建议对相关部门管理的战略性新兴产业发展专项资金、中小企业发展专项资金、中小企业发展基金、科技型中小企业技术创新基金、科技创业投资引导基金、科技性中小企业信贷风险专项资金、科技性中小企业担保资金、科技成果转化专项引导基金等进行归并整合，设立统一的战略性新兴产业发展投资基金，原因是这些资金在支持对象和支持性质上没有本质的不同。设立统一的战略性新兴产业发展投资基金后，依据战略性新兴产业发展的不同阶段进行持续跟踪投入和资本经营，不仅有利于战略性新兴产业的成长壮大，也有利于提高资金运营效率。

4. 严格政府投资管理，完善战略性新兴产业资本运营机制

对于财政必要的各种直接资金性投入（如各类基金、专项资金等）建议按照“政策化资金、法人化管理、市场化运作”的基本原则，纳入资本范畴进行管理，通过建立和完善国有资本经营系统，按资本方式进行运作。具体地说，就是通过明晰投入的产权关系、建立资产的产权约束和产权激励机制（包括资本经营责任机制、利益保障机制和监督考核机制等），以实现推动区域产业创新、促进资源的合理流动和配置、维护财政投入的保值增值、推动财政投入发挥最大的使用效果、效率的总体目标。而对于间接性政策资金投入，也应通过建立“公开、公平、公正”的专家民主评议和决策机制，硬化管理标准，简化申领程序，减少项目运作的行政色彩和主观随意性。

5. 加强动态监测评估，完善政策退出机制

要处理好产业政策的稳定性与产业发展的动态性关系：政策一旦形成，应具有较长时期的稳定性，但享受政策的产业（企业）、产品可以根据产业的成长特性、成熟程度及市场饱和状况进行动态调整。为此，应建立战略性新兴产业的动态评估与甄选机制，完善政策退出机制。具体地说，一是要根据市场变迁和战略性高技术及其成果产业化的变动态势对纳入战略性新兴产业的产品做动态调整，以适应经济发展过程中出现的新趋势、新要求，及时布局新兴领域；二是对进入发展步入稳定发展期或成熟期的战略性新兴产业企业及其产品进行及时清理，退出政策支持，以将有限政策资源投入到更新的产业领域。

（执笔人：石　峰）

合理房价水平判断

判定什么样的房价水平是“一个比较合理的房价水平”，在实践层面并不是件轻而易举的事情，牵涉到相当难处理的若干“技术性细节”。对这些“技术性细节”的分析与讨论，有助于我们对“合理房价水平”概念的深入理解和正确把握，进而可以为政府及相关决策部门分析房地产业的发展形势、制定相关政策措施奠定一个好的认识基础。

基于住房价格与其他经济指标的关联性，国内外设计了许多衡量合理房价水平的指标，最常用的指标包括房价收入比、住房可支付性指数、租售比等。其中，房价收入比是理论界使用最广泛、也最为全社会广泛接受的一个指标。下文将以房价收入比作为最主要研究对象，兼而讨论住房可支付性指数、租售比等指标。

一、“房价收入比”指标的合理区间问题

十多年前，国内曾流行“房价收入比”指标的合理区间为3至6倍的说法，这一说法得到政府、学界乃至社会大众的普遍认同。即认为一个家庭用3到6年的家庭收入能够买到一套合适的住房是比较合理的。然而，新世纪以来房价水平不断大幅攀升，房价收入比明显超越了3～6倍范围，而购买住房的势头反而越来越强劲。现实与预先想法的巨大反差促使人们思考：是什么地方出了问题呢？有研究者考证得出结论：3至6倍的说法并没有坚实的依据。因为这个说法是20世纪90年代初世界银行专家在进行中国住房制度改革研究时，提出的一个世界银行认为“比较理想”的比例，是一种参考性的意见，哪知道这个意见对中国产生了这么大的影响。

那么，合理的房价收入比究竟应该是多少呢？根据联合国公布的有关资料，不同国家房价收入比的离散程度相当巨大。1998年对96个国家的统计结果表明，这些国家的房价收入比区间为0.8～30，平均值为8.4、中位数为6.4。

房价收入比在同一个国家内的不同城市之间也存在着较大的差异。2006年国际住房支付能力调查报告显示，美国洛杉矶、圣地亚哥、檀香山、旧金山的房价收入比分别为11.2、10.8、10.6和9.3。而同期休斯顿、亚特兰大、圣路易斯和布法罗的房价收入比分别为2.9、2.8、2.6、2.2。

此外，一个国家的合理房价收入比是随着时间和社会经济条件的变化而不断变化的。澳大利亚学者最近的研究成果表明，如果十年前合理的房价收入比是6的话，由于低利率、低通胀的影响，则当前的合理房价收入比应该是 9。

美国 1975 年到 2005 年之间，房价收入比逐步从 3 上升到约 4.7。其中 1979 年到 2001 年之间，房价收入比一直在 3.5 到 4.0 之间波动。2001 年之后随着美联储执行过度宽松的货币政策，房价的上升速度明显快于收入上升速度和租金上升速度。使得房价收入比最高达到 5 左右。随后发生次贷危机，房地产泡沫破裂。令人震惊的事实是：美国次贷危机爆发前全国房价收入比的最高值也没有超过 5 倍!!

由上述事实申发，相当多的人认为，房价收入比并不存在一个绝对化的合理区间。问题接踵而至：如果连一个基本的合理区间都无法确定，那么计算“房价收入比”又有什么意义呢？

我们认为，上述种种困惑之所以产生，其根源在于住房具有双重属性：既是消费品也是资本品。不同属性对应着不同的房价合理性判断标准。作为消费品的住房，房价合理性标准是与平均家庭收入挂钩的。而作为资本品的住房，其房价合理性标准则主要与房价的增值潜力有关，与平均家庭收入关联不大。一般房价合理性判断均是将房价合理性简单地与消费能力挂钩。潜在前提是将住房作为单纯的消费品看待。这显然是片面的。矛盾和困惑由此滋生。

住房成为资本品会加大房地产价格波动的风险。因为住房作为资本品的定价过程中隐含着对很多不确定因素的预期或评估。但另一方面，不能将住房成为资本品，按资本品定价简单地与房地产泡沫挂钩。这里的关键性区别在于：住房成为资本品与出现房地产泡沫都涉及到对住房按预期定价的问题，然而两者的预期定价基础有本质的不同。前者对住房的定价，属于经济人的理性预期。而后者对住房的定价，主要是基于在一定社会环境条件下纯粹的心理预期作用使然。

一般而言，泡沫基本上时时刻刻存在于经济发展过程中，但往往都没有发展到比较严重的泡沫经济程度。处在比较合理范围的泡沫在一定程度上对经济发展有利。所以房地产稍有泡沫并不可怕，关键是不能过“度”。

二、“房价收入比”的参数选取与计算问题

“房价收入比”的分子是住房价格。住房价格计算既涉及平均房价参数的选择，也涉及住房面积标准的确定。对于如何计算平均房价，世界各国的办法五花八门。一些国家不管住房类别，统统以每平方米面积的价格作基准。我国在很多情况下也倾向于采取这种办法。但即使是这种办法，有些问题依然不好解决。如：旧房的问题，各种含有福利性质的住房，包括经济适用房、“两限房”、公务员住房、合作建房的问题等，是在这个统计口径之内或是之外呢？等等。

关于住房面积标准的确定。1998 年国务院下发了《关于进一步深化城镇住房制度改革，加快住房建设的通知》（国发[1998]23 号），在此通知中提出"房价收入比"的定义是：本地区一套建筑面积为 60 平方米的经济适用房的平均价格与双职工家庭年平均工资之比。也许是人们认为这个标准缺乏理论依据，依然各行其是。有人提出，用来计算“房价收入比”的住宅面积应当等于该年度的人均居住面积乘以每户平均人口数。用这个办法固然可以在形式上统一面积标准，但为什么要这样统一标准，而不能用其他的方式统一标准，消费者心里始终还是有问号。

“房价收入比”的分母是收入。显然，收入计算应使用家庭全部收入而不是职工平均工资。因为随着市场化的进展，居民收入来源多元化了，工资只不过是居民收入的一部分。但现状条件下，我国实际缺乏对居民全部收入的有效统计。

在城市住房的购买者中，外来人口占有相当比例。越是经济发达的大城市，这个比例或许就越高。北上广深等一线城市，甚至还有不少大陆之外的投资者。外来的购房者越多，房价收入比被高估的程度就越严重。

还有一个必须考虑的因素就是当前日益增大的贫富差距。国际上常用基尼系数来度量贫富差距。通常把基尼系数 0.4 作为贫富差距是否合理的“警戒线”。一般发达国家的基尼系数在 0.24～0.36 之间。美国的基尼系数偏高，已经达到了 0.4。而中国的基尼系数长期持续在 0.4 以上，2012 年中国全国居民收入的基尼系数为 0.474。在如此之大的收入差距之下 ，是否需要从计算口径中剔除部分最富有或最穷困家庭的确让人颇费踌躇。如果剔除，从数值上看可能会引起“失真”；如果不剔除，得出的数据的使用价值又必然会大打折扣。左右都让人为难。

我们认为，“房价收入比”指标主要参数选取困惑产生的原因在源头上，也即参数概念本身，即带有使人困惑的“基因”。

选取住房价格参数，自然是选取“平均住房价格”。之所以如此，隐含着将住房当做同质性商品看待这一基本前提。而这一前提在绝大多数情况下都是不成立的。

都市经济学研究表明，房价取决于多种因素，特别是和住房所在地点有关。城市住房从表面看不外乎是钢筋水泥的混合物，然而由于有着不可移动和位置特异、以及空间独占的基本特性，决定了房地产从本质上的异质性。人们很难比较不同地点的房价。平均房价实际上没有多大意义。与此相类似，也并不存在一个普遍存在，得到大多数人认可的“平均住房面积”。

同样，选取收入参数，自然是选取“平均家庭收入”。之所以会有“平均家庭收入”的概念，隐含着全体国民收入差距不大这一基本前提。否则计算出来的数值就只有数学意义而缺乏现实价值。然而这一前提在目前情况下恰恰不能有效成立。当前我国住房问题上的巨大结构性差异实际上就是当前我国收入差距现状的一个重要表现形式。

三、“住房可支付性指数”和“租售比”指标也有与“房价收入比”类似的麻烦

住房可支付性指数是国外非常成熟的房地产市场分析指标,用来评价居民住房支付能力.其基本含义是:根据对住房消费比例(住房消费支出占收入比例)的上限要求,考察住房市场中处于中位数收入水平的家庭,对处于中位数房价住房的承受能力如何。

虽然表面上有所差别，然而究其实质，住房可支付性指数指标与房价收入比指标并无太大的区别。后者在统计计算中遇到的种种问题，前者基本上也都会遇到。后者解决不了的房价合理性判断问题，前者同样也做不到。

此外，还有一种观点是通过房价租金比或租售比来判断房价的合理性水平。所谓租售比是指一套住房的月租金与该套住房市场价格之间的比值。国际上用来衡量一个区域房产运行状况良好的租售比一般界定为1∶160～1∶200。也即用160到200个月的租金能够收回对该套住房的投资时，则该区域的房价处于合理水平。如果租售比低于这个范围,则意味着需要更长的时间才能收回购房成本,房产投资价值相对变小。如果高于这个范围，则表明这一区域房产投资潜力相对较大。

如果房地产市场的投资投机需求过于旺盛,房屋价格的涨幅就有可能远远超过房屋租金涨幅，从而压低租售比。因为租价一般而言较为客观，体现的是真实的供求关系。所以，租售比可以很好地解决供求关系中投资投机需求所产生的干扰问题，成为判断市场中投资投机需求比重大小的一个良好显示。

租售比的实际应用，包括采用国际上通行的标准，隐含着经济发展缓慢稳定和货币中性稳定两个隐性假设。租售比实际可以看做是在这两个前提之下的住房投资的长期回报率。然而这两个条件在我国都不能成立：我国经济发展速度一直很快，而货币环境一直相当宽松，此种背景下对住房投资长期回报率的考虑显然与成熟的发达国家有很大的区别，必然更注重住房价值的上升潜力，而相对忽略租金的高下。这种状况在很大程度上限制了租售比指标在我国的实际参考价值。更重要的是，租售比指标体现的是房地产市场中投资投机活动在总体供求中所占的比例，然而，房价的合理性与投资投机活动在总体供求中所占的比例两者间是否有线性关系呢？后者的数量较大是否一定意味着前者的不正常、不合理呢？国际国内实际上都缺乏足够的判断依据。成熟市场经济国家多一点的也只不过是一些经验样本。能否移植、借用还需要打一个大大的问号。租售比同样不能作为我国房价合理性的基本判据。

四、围绕“合理房价水平判断”的再思考

1.对“合理房价水平”的再认识

——分析“合理房价水平”首先必须厘清其分析视角。从消费品角度或从资本品角度均可以进行“合理房价水平”的分析判断，且有各自独立的分析逻辑。但这两种情况下的“合理房价水平”无疑具有非常大的差距和尖锐的矛盾冲突，最忌讳的是将两者联系起来，或者相互替代使用。

——注意“合理房价水平”概念的有效范围。一般情况下谈论“合理房价水平”均隐含着将住房作为单纯消费品的假设前提。而在现实中，在住房商品化的大背景下，这一假设是不可能完全成立的，由此决定了我们对“合理房价水平”概念必须谨慎使用。非极端情况不要据此随便下结论。但另一方面，消费品属性毕竟是住房最基本的属性，这种属性的重要性应排在住房的资本品属性之前，因而我们也不能舍弃“合理房价水平”这一概念的重要工具作用，在很多情况下，这一指标具有很好地参考价值。

——“合理房价水平”很大程度上是一个微观概念。以快速城市化和流动性宽松为背景，当前住房的资本品特性十分突出。这一基本特征加上由区位特征导致的异质性以及客观存在的收入鸿沟，决定了进行房价合理性判断最好是从微观角度展开，就每个具体城市或城市的具体区域展开讨论。从宏观角度进行“房价合理性”总体判断在一定程度上是难以成立的，绝大多数情况下也不可能得出非常正确的结论。

——要更加重视隐藏在“合理房价水平判断”后面的住房价格形成机制或路径。“合理房价水平判断”绝不是进行住房问题或房地产业发展分析的终点，而只应是参考指标或者说分析的起点。利用房价指标考量住房问题，分析重点应放在塑造房价的基本经济因素上，如土地制度情况、宏观金融条件、住房政策与住房保障政策情况等。如果形成房价的“过程”合理，则房价应该大体上也是“合理”的。否则就应该朝负向的方面考虑。

2.对“房地产宏观调控”的再定位

对近十年房地产调控失效的原因已有不少分析。从经济逻辑角度看，房地产宏观调控基本定位有问题也可能是调控失效的重要原因之一。即调控直接针对房地产价

格，以房价具体的涨幅限制作为调控的基本目标，而不是把调控重点放在住房价格形成机制上。依据我们对“合理房价水平”的再认识，这样一种目标指向显然是容易有偏差的。

对资本（品）市场的调控不宜以具体价格（涨跌幅）作为调控目标，其实早有前车之鉴。上世纪政府对股票市场价格干预屡屡失效即为“前车”之一。

一般而言，住房成为资本品后，较之于过去作为单纯消费品，其价格会有更大的波动和风险。也或多或少会有泡沫产生。这实际上都属于正常现象，不需要政府干预。市场会自行“出清”。问题的复杂性在于，极端情况下会产生严重的房地产泡沫，进而诱发经济危机，如果出现这种情况就需要政府干预。根本的麻烦在于，什么样的情况属于严重的房地产泡沫，很难事先预判，否则全世界也不会接二连三地有房地产危机出现。寄希望于政府预先做出正确判断，就更是天方夜谭，强政府所难了。政府需要做的正确的事情或者说正确的指导思想应是：避免对房地产泡沫的程度做实质性判断但要做好对房地产泡沫风险的防范。尤其是在涉及房地产业发展的宏观环境建设、制度建设方面不要有缺陷。更通俗地说就是，不对天气发展变化做预测，但看到乌云密布，出门就记得带把伞。这也正是我们对“房地产宏观调控”进行再定位的要点所在。

制度建设是篇大文章，此处不赘述。从最粗的线条上讲，实行适度紧缩的货币政策，深化土地使用制度改革，控制银行业风险等是应是制度建设的基本内容。

（执笔人：辜小勇）

基于供应链的武汉现代物流业发展研究

摘要：现代社会中，企业的竞争已经演变为供应链之间的竞争，作为一种新的组织形式，供应链更强调系统集成式的管理。供应链与物流的结合使物流服务内容、服务模式发生了根本性的改变，在我国，引入供应链物流观念后的物流可视为现代物流业。武汉市的物流业虽然一定程度上参与了供应链管理，但一体化服务程度低下，需要从政府引导、成立战略联盟、鼓励企业重组、明确物流园区管理机制、促进物流金融发展、完善信息服务平台建设、建立人才培养机制几个方面加以改善。

关键词：供应链　供应链物流管理　　现代物流业　　物流园区

一、现代企业竞争的新模式：供应链

当前经济领域中正在经历一场供应链革命。20 世纪 90 年代以来，计算机的普及、互联网的发展和大量廉价信息的快速传递给全球商业带来了极大的影响。信息的发展、商业之间彼此互通使一种新型的合作关系应运而生，这就是供应链。对于供应链，不同的学者在不同的时期有不同的定义。美国 Evens 认为供应链是通过前馈信息流和后馈的物流及信息流，将供应商、制造商、分销商、零售商直至最终用户连成一个整体的模式。国内学者比较注重核心企业的作用，认为供应链是围绕核心企业，通过对信息流、物流、资金流的控制，从采购原材料开始，制成中间产品和最终产品，并传递到分销商、零售商和最终用户而连成一个整体的功能网链模式。但得到学界普遍认可的是 Janyashanker 对供应链的定义：供应链是自治或半自治的商业实体，共同合作，负责管理一个或多个产品的采购、生产和分配活动。供应链使一些相互合作的企业构成了一个整体，企业建立跨部门的管理流程，并使这个流程突破企业原有的组织界限，将上下游的贸易伙伴和客户相互连接起来。而单个企业，则倾向于全力经营自己最“专”、最有效益的领域，将一些非核心的业务实行外包。供应链企业之间的利益整合、组织协调的推动力就是各种业务的外包。供应链管理思想极大地促进了企业管理模式和运作模式的变革，它所带来的变革正方兴未艾。以下举出两个案例来说明供应链的组织形式。

成功运用供应链管理的一个典型案例就是苹果公司。一般往往将苹果公司的成功归结为公司革命性的产品创新能力，但卓越的供应链管理能力也是其成功的重要原因。全球最具权威的IT研究与顾问咨询公司高德纳“2012年全球最佳供应链管理25强排行榜”中，苹果力压群雄，再次排名第一。最开始的时候，苹果公司也是自己生产芯片、主板再进行组装产品的“大而全”模式，后来，苹果发现一些主板商的产品已经好于苹果的主板，于是苹果将众多业务卖掉，将全部精力放在产品链中的设计和品牌两个关键环节，从世界各地网罗零部件厂商进行组装生产，打造了一条全球性的供应链。苹果的生产基地在亚洲，辅之以少数零部件的空运和海运，同时在爱尔兰组装高端定制产品。在其大众产品中，富士康负责组装生产，LG及夏普负责生产IPS屏幕，三星电子负责CPU内存等配件。而负责组装的富士康又有很多零部件的谈判权和定价权，能进一步联系下游的供应商。苹果崇尚供应链的极简主义，就是其产品线简化，产品型号单一，但其需求量巨大。这样一方面会使其供应商获得规模优势，尽管单个产品的利润不高，但利润可以源源不断，另一方面产品线短就能增加预测的准确度，可以将精力放在生产和铺货上。在苹果的供应链中，供应商往往以打入苹果的供应链为荣，每当苹果推出新产品时，股市上经常产生“苹果概念”，推动部分上市元器件厂商股价大涨。

香港第一大贸易集团利丰集团则是另一种供应链模式。《财富》杂志将其评选的全球最佳创意、最具有竞争力的公司之一。哈佛商业院案例中心有它四个案例，经济学家吴敬琏说过：“利丰集团是香港甚至世界范围内的一个著名创新者，它使自己从一个传统的中介贸易商逐渐演变为全球商贸供应链的管理者”。利丰集团所有的部门就是一个个独立的公司，他们像一个老板一样经营自己的事业的同时也可以得到利丰集团的支持。当利丰从一个欧洲零售商那里接到一张生产1万件成衣的订单后，它首先会综合评估已经掌握的有关配额、原材料和劳动力成本等所有信息，然后在韩国买纱线，订购日本YKK品牌在中国国内生产的拉链，集中到泰国的5家工厂生产和出口。在收到订单的5个星期后（一般贸易公司需要2～3倍时间和价格），1万件衣服就出现在欧洲客户的货架上。利丰并不拥有供应链中的任何部分的产权，但它在充分掌握有关信息的基础上，从一个更高的层次来管理和协调所有流通环节和步骤，这才是利丰集团在视为“夕阳产业”的传统贸易中屹立不倒的根本原因。

在供应链管理思想下，传统的营销、生产制造、采购和物流惯例正在被不断变革。传统企业管理思想认为，单个职能部门的绩效最好，企业的整体效率就最高，这种基本观念被引入企业的组织结构、绩效管理等方面。以前企业注重的是各独立职能部门的运作情况，跨职能的只局限于关系所有部门运作的管理成本，如一般管理费用、人工费用、杂费等。随着发展，管理者们越来越清醒地认识到，即使单个职能部门的绩效最优，也不一定能实现企业整体总成本的最小化，或提高企业的运作效率。于是部门与供应链中企业的协调和总成本的最小就成为供应链管理的核心。企业由对职能部门的重视转变为重视如何实现整体流程的成功。管理逐渐演变为一种集成的管理思想和方法，研究如何有效地将供应商、制造商、分销商、零售商以及用户连接成一个完整过程,如何实现供应链的一体化。

在当前的市场竞争环境下，单个的产品、单个的企业组织模式都很容易被模仿，但像苹果公司、利丰集团以及沃尔玛基于顾客需求的供应链管理模式一旦成功根植下来，这种基于多个企业组合与管理的模式就很难被其他企业复制，往往会形成独有的竞争优势。现代社会中，实行了供应链管理的企业不一定会成功，但不采纳供应链管理就意味单个企业的原材料供应、生产、销售以及流通各个环节都要和更专业的企业竞争，失败的可能性就更大。因而，现代企业的竞争，逐渐演变为企业供应链之间的竞争。

二、现代物流：供应链物流管理

供应链使物流的概念和内涵不断丰富。

在物流概念的起始阶段,有两大流派。它们均源于美国，一派是 PD(physical distribution)，由美国市场营销学者阿奇.萧 1915 年从市场分销的角度提出，另一派是美国少校琼西.贝克 1905 年从军事后勤的角度提出的 Logistics（后勤学）的物流概念。这两个概念的实质是不一样的。前者是从市场营销的角度来定义物流，它实际上就是指企业的产品怎么样分送到客户手中的活动,而后者主要是指物资的供应保障、运输储存等，强调管理和计划的作用，和供应链管理的思想比较接近。随着供应链的不断发展，Logistics 后来逐渐发展为重视系统管理的供应链物流管理。供应链与 Logistics 结合的主要原因是，供应链产生了大量的外包业务，而最后所有的这些外包业务又要形成最终产品，送到消费者手中。所以，多种原材料、中间品、制成品，在供应链中畅通无阻地流动，就成为供应链管理的关键。物流在介入供应链后，发现单纯对运输和仓储进行管理还不够高效，事前计划和事后控制都有所不足，于是就逐渐将订单管理、库存管理、运输管理、仓储管理、物料处理和包装过程都纳入其服务流程，将这些过程变为一个有机整体，提高其管理效能，这就是通常讲的供应链物流服务一体化。供应链的管理者也发现，这样会使整个供应链的运转更流畅，于是供应链与 Logistics 变得密不可分。

日本二战后从美国引进了PD的概念，翻译为“物的流通”，简称“物流”。20世纪70年代，日本大力推动物流业的发展，开始了“物流革命”。而此时，美国越战中对交通运输行业的管制尚未消除，运输企业处境艰难。这一时期物流学科国际化的主要推动力量是日本。当我国20世纪70年代末走出国门时，对物流最初的认识和了解就来源于日本。

20世纪90年代以前，国际上PD和Logistics两种理念在物流业中还能交织并存，主要原因是供应链物流尽管思想先进，但这种多个层面、多个部门交叉的管理实行起来有一定难度。20世纪90年代后，基于营销的PD因为现代社会的产品需求更多样化、更个性化而使基于营销的物流活动分解变得更复杂，更难以把握，而Logistics得益于计算机网络技术的推广，企业或部门间信息交流更容易，对各流程的有效管理成为现实。此时在国际上，以物质流动为本义的physical distribution不再代表物流的全部意义,它只是企业所从事工作的一项具体内容。物流一词国际通用的词语成为Logistics。美国1985年将Nations council of physical distribution management(全美物流管理协会)改为The council of Logistics management 。在日本,Logistics直接用音译的片假名来表示现代物流业,原有的物流一词仅指物质流动。日本1992年两个最有影响力的物流协会合并成立了日本后勤系统协会。供应链也使物流的概念不断丰富。日本后勤系统协会1997年对“后勤”的定义改为:“一种对原材料、半成品和成品有效率流动进行规划，实施和管理的思路，它同时协调供应、生产和销售各部门的个别利益，最终达到满足顾客的需求”。1994年欧洲物流协会对物流的定义是“在一个系统内对人员或商品的运输、安排及与此相关的支持活动的计划、执行与控制，以达到特定的目的。”2001年，美国物流协会将物流（Logistics）的定义修改为:“物流是供应链流程的一部分，它是对商品、服务及相关信息从原产地到消费地之间有效率和有效益的正向和反向流动及储存进行的计划、实施与控制过程，其目的是满足顾客的需求”。

我国的物流行业是在较为僵化的计划经济模式和企业的市场化组织程度低下的情况下起步，并经历了若干不完整的思想转变，对物流的认识难免有不足之处。这可以集中反映在对物流这个概念的定义上。2001年，国家科委、国家技术监督局、中国物资流通协会正式提出了我国物流的定义:“物品从供应地向接受地的实体流动中，根据实际需要，将运输、储存、装卸、搬运、包装、流通加工、配送、信息处理等功能有机结合起来实现用户要求的过程。” 在我国对物流的定义中，管理有关的内容全都没有提及，表述的都是一些操作类的活动，对物流的供应链环境更是没有任何表达，反观各国在定义中直接提出供应链理念以及强调诸如控制、计划等系统管理的内容，一定程度上反映了我国对物流活动认识水平的低下。

20 世纪 90 年代，物流在经济发展中的瓶颈问题日益引起人们的重视，同时国外第三方物流、配送中心等新的供应链物流理念和物流形式对国内形成巨大的冲击。我国理论界开始审视物流的内涵，有了现代物流和传统物流的提法。关于现代物流和传统物流的区分，众多学者提出了不同的意见，也有一些学者设置了第三方物流、配送中心等现代物流的若干指标。尽管有众多争议，但学界公认的是供应链框架下的供应链物流管理是现代物流。实际上，第三方物流、配送中心、物流园区只是供应链发展到一定阶段对物流服务要求的反映形式。近年来，随着供应链物流的发展，各种新的理念不断出现，如第四方物流、逆向物流、零库存、精益物流、虚拟物流等，它们其实是供应链物流管理发展到一定程度的产物。

综合来看，在供应链管理思想下，现代物流业体现出以下特征和趋势：

1. 物流体现为供应链的核心竞争力。供应链管理从根本上讲，是一种集合式、系统式的管理。企业间通过合作，提高运作效率。物流将供应链的各个环节连接起来，实现供应链的同步化，使整条供应链上的活动成为连续的过程，它对于供应链的高效连接至关重要。以前，衡量物流绩效的关键就是物流企业的经济效益，为了创造效益，企业努力将物流服务做得又快又好。现在，物流企业是在供应链中创造价值，物流服务首先要保证供应链各个环节运作的顺畅。现代社会中，以前那种大量生产、大量销售形成的大量运输将越来越少，而个性化、准时制和高附加值的需求将越来越多，由此带来的现代物流服务要求有人用“5R”来表示：将合适的产品（Right Product），以合适的价格（Right Price），以合适的数量（Right Quantity）在合适的时间（Right Time）送到合适的地点(Right Place)，在当前产品的功能、产品成本日趋接近的情况下，物流服务就更多地体现为一种核心竞争力。

2. 供应链使物流的服务领域不断扩展、业务边界日益模糊。在供应链管理思想下，物流服务逐渐从单一的运输、仓储功能向多功能物流外包转变。国外有了综合服务提供商（ISP）的概念，综合服务提供商为客户提供一系列的物流服务，它囊括了从下达订单一直到交付最终产品的所有物流环节。大量专业化服务的出现大大地扩展了传统物流业务的服务范围。这些客户化的服务通常被称为增值服务（VAS）。比如，耐克成功地将基本物流业务和相关的增值服务外包给了美国流通业巨头联合包裹服务公司（UPS）。UPS 为耐克运动鞋提供仓储服务，同时 UPS 还以小时为单位处理订单。与耐克客户的沟通以及财务管理方面的业务全部由 UPS 的电话呼叫中心进行处理。当前物流业务的服务内容还在不断扩展中，物流服务边界正在不断向外延伸。

3. 物流的利润源更趋向于管理领域。在发达国家，继传统的运输、仓储业务的利润被限定在一个有限的空间内，其后的物流业发展衍生出的诸如包装设计、产品组装、产品回收分解、乃至于通关报关等服务的利润也日益狭小，于是一些企业将重心放在研究如何对供应链进行设计与安排上，力求将重复和冗长工作减少到最低程度，将供应链中节约下来的成本变为物流企业的利润源，也正是在这一趋势下，本身没有资产但为客户提供详细的信息服务、对供应链运作进行整体设计使其更优的第四方物流，以及消灭库存在内一切浪费的精益物流等理念在国外开始兴起，其动因正是强大的管理能创造更大的利润空间。

当前，供应链在我国的发展逐渐深入，也涌现出了诸如联想、宝钢等一批优秀供应链管理企业。但供应链是基于市场化而产生的，我国的市场化程度不高也影响到我国整体的供应链管理水平。反映在物流上，就是国外倾向于选择一家第三方物流企业，为其提供供应链的一体化服务，我国尽管众多企业也认识到物流外包的好处，但受限于物流服务水平，常常将原料供应、中间品运输、库存、成品配送等环节交给多个物流公司。这样尽管一定程度也实现了供应链的运转，但往往运转不流畅，不够高效。

三、基于供应链的武汉现代物流业发展现状

《武汉市现代物流业发展“十二五”规划》提出，要把握国际、国内物流业发展动向，抓住机遇，培养具有供应链集聚价值，集商贸、物流于一体的创新型高端物流集群，抢占物流高地。反映了我市对供应链物流管理重要性的充分认识。

当前，武汉市基于供应链的现代物流业有了很大的发展，各个行业都有一批供应链管理方面的标杆企业。在商贸物流领域，随着我市商贸物流社会需求的不断扩大，商贸物流服务主体迅速成长，先进物流服务方式推广速度加快，涌现了一大批现代企业，如武汉中百物流配送有限公司、九州通医药集团股份有限公司、武汉商贸国有控股集团公司等。这些大型商贸企业与物流企业通过积极推广共同配送、供应商管理库存等服务模式，以及广泛应用信息科技技术，不仅大大提高了商贸企业和物流、配送企业的服务能力和供应链管理水平，而且满足了现代零售企业小批量、多频次、快周转的物流服务需求。

武汉制造业门类齐全，为之服务的各类物流企业也得到了极大地发展。汽车行业代表性企业有武汉风神物流有限公司、中日合资武汉东本储运有限公司、日本住友集团与北京大通公司合资的第三方物流（万友通物流有限公司）、东风鸿泰与法国捷富凯国际物流（中国）有限公司合资的东风捷富凯等。东风本田将所有的物流业务都外包给东本储运，而东本储运本身不拥有任何车辆，它主要对物流过程进行计划和控制，其具体物流活动通过再次外包给专业承运商来完成；而神龙汽车则将物流业务根据物流发生地外包给四家第三方物流公司，包括东风捷富凯、达鼎物流、车城物流和风神物流，这些物流公司有些自身拥有车辆和仓库，有些则通过二次外包来完成具体物流活动。武钢集团在武汉钢铁领域举足轻重，武钢物流服务采用自营物流与外包物流相结合方式，分别由武钢国贸公司、武钢交运公司和武钢物流管理公司负责采购供应物流、生产配送物流和钢材销售物流服务。其中采购供应物流、钢材销售物流的具体运作主要是外包给第三方物流公司，如铁矿石物流、煤炭物流就外包给中外运长航、创新江海等航运公司，武钢物流管理公司本身不拥有任何车辆，在武汉本地的仓库采取自建方式，但外地仓库则采取租赁形式。其具体的物流业务均通过二次外包给其他承运商实现，武汉钢铁（集团）公司物流管理公司的综合能力较强，它与承运商共同研发针对产品运输、仓储的器具，近年来每年都能获得国家专利，其核心竞争力在不断增强。在电子信息领域，长飞原材料和元器件供应物流主要实行送货制，由供应商负责，产成品销售物流由长飞选择的第三方物流公司完成。鸿富锦设立有供应链管理部，物流运作交由马士基物流和 APL 完成，具体销售物流是经阳逻港“江海直达”到上海洋山港出口，最终形成由企业自身中央物流体系控制、“两头在外”的外部物流由国际性高水平物流服务商负责的模式。现阶段武汉家电制造领域供应链物流的代表一是以美的公司和安得为代表的合资合作模式，安得物流从美的集团的一个独立事业部逐步演变为一个独立的第三方物流公司，不仅为美的提供服务，也作为专业物流公司向外发展业务；二是以伊莱克斯为代表的家电企业，它们将物流完全外包给第三方物流企业。在石化物流方面，武岳公司采取“招标”式物流模式，选定的出口物流服务商共有 5 家：重庆太平洋国际货运代理有限公司、湖南中泰国际物流有限公司、浩通国际代理有限公司、武汉中远国际货运有限公司、湖南厚德物流有限公司。同时，通过各公司在交货质量、响应性、纪律性、交货、财务状况、管理、技术能力、设施方面的变化进行动态调整。石化产业大型综合化第三方专业物流服务正在形成。2011 年 4 月，新加坡上市公司来汉投资的恒阳石化码头及液体灌区在武汉化工新城开工奠基。整个项目将在 2013 年年底前全部投产，预计建成后年吞吐量达 350 万吨。在食品物流业领域，专门为食品行业提供服务的第三方物流公司不多，代表性的企业有专门为麦当劳提供全程物流服务的夏晖物流。总体上看，武汉大多数食品生产企业基本以自营物流模式为主。与此同时，也有一部分食品生产企业开始认识到物流管理对于降低生产成本的重要意义，如康师傅、太太乐、娃哈哈等企业，尝试将成品配送外包给第三方物流公司，借助第三方物流的规模效益，降低自身的物流运作成本。同时，对第三方物流各操作环节进行有效监控以保证其服务水平，取得了不错的效果。

近年来，随着供应链管理思想在企业中的日益推广以及市场竞争的不断加剧，物流外包在武汉市制造业物流中占据越来越重要的地位。企业在外包其物流业务时，不仅考虑自身的物流需求，也参考现有物流市场上专业物流企业的服务能力和服务水平。截至 2012 年 7 月，湖北省 A 级物流企业总共 127 家，武汉市 A 级物流企业有 81 家。其中 5A 级物流企业 4 家，4A 级物流企业 24 家，3A 级物流企业 30 家，2A 级物流企业 19 家，A 级物流企业 4 家，其中，A 级企业总数、5A 级和 4A 级认证企业分别比 2010 年增加了 42 家、1 家、11 家。说明武汉市在湖北省区域物流产业中的地位进一步提升。但是，武汉大多数物流企业仅能提供运输、仓储等基础性物流服务，只有部分能力较强的物流企业能为其客户提供一体化物流服务，如武汉东本储运公司为东风本田汽车提供采购供应物流、生产配送物流、整车发运物流以及备件服务物流等全程物流服务。武汉中远物流有限公司依托其母公司遍及全球的航运网络和物流网络，为客户提供集装箱货运代理、船舶代理、门到门配送等综合物流服务。

2011 年武汉物流企业 10 强基本情况

排序	单位	营业收入（万元）
1	武汉商贸国有控股集团有限公司	402,673.00
2	武汉钢铁（集团）公司物流管理公司	113,534.00
3	中储发展股份有限公司汉口分公司	81,690.00
4	武汉港务集团有限公司	68,884.54
5	武汉中力物流有限公司	32,727.65
6	武汉武铁物流公司	30,428.00
7	武汉中百物流配送有限公司	26,309.00
8	武汉诚通物流有限公司	20,502.00
9	武汉捷利物流有限公司	20,416.00
10	武汉市车城物流有限公司	16,110.39

总体而言，武汉市基于供应链的物流业发展呈现以下特点：

（1）企业供应链管理意识逐步增强，集中反映在武汉企业物流外包比例不断提高上，目前越来越多的制造企业认可物流外包的优势，纷纷寻求第三方物流企业的专业服务。

（2）供应链物流的服务层次不高。在目前外包的物流服务中，大多数生产企业与第三方物流企业之间仍然是一种基于需求互补的交易关系，而且物流外包仍集中于运输、仓储等传统业务，合作层次不高。一些制造企业期望第三方物流企业提供一体化的物流服务，包括干线运输、市内配送、物流管理与咨询、物流系统改造、仓储保管等，也期望物流服务商能降低其成本水平。但在实际中，第三方物流企业难以完全满足生产性企业的期望。因此，大部分企业还只是将部分孤立的功能性活动外包，没有同第三方物流服务商建立更高层次的合作。

（3）生产性企业与物流企业的合作关系并不密切。部分制造企业对第三方物流企业不满意，尤其不满意第三方物流企业缺乏有效的信息管理系统，信息反馈有限，缺乏标准化的运作流程，无法提供一体化物流解决方案等。而一些能力较强的第三方物流企业往往收费较高，制造企业一方面不能完全确信物流企业有能力提供整体解决方案，另一方面也不愿意支付高价格。目前制造企业和物流企业的合作关系不太稳定，大多数还处于外包的初级阶段。据市经信委和武汉物流协会的调查结果，武汉市制造企业使用第三方物流服务时，只选择一家物流企业的比重仅为5%，选择两家以上物流企业的占95%，其中选择4～10家物流企业的占53%。选择较多的物流公司意味着供应链系统的不稳定性增加，整体设计的难度加大，也不利于供应链整体竞争力的提升。

四、提升武汉供应链物流管理水平的对策建议

1.发挥政府职能，加强行业引导

物流是一个跨行业、跨地域的综合性行业，物流市场往往存在垄断、信息不对称、不完全竞争、供求失衡等市场失灵问题，物流业也是一个存在污染、占用土地等“负外部效应”的行业。所以，发挥政府的积极引导作用，对物流行业进行规划和调控很有必要。政府对物流行业的影响可集中在组织协调、规划引导、基础设施完善、经营环境优化，培育物流市场等诸多方面。近年来，武汉市不断加大物流行业的建设力度，大手笔大力度推动现代物流业的发展。目前，物流基础设施的建设力度不断加大，成立了武汉市物流局使组织协调有了保证，制定了《武汉市物流业调整和振兴实施方案》、《关于推进现代物流业快速健康发展 建设全国重要物流中心的意见》（武政规[2012]3号）、《武汉市现代物流业发展“十二五”规划》、《武汉物流业空间发展规划》

等一系列纲领性文件。对于众多的物流发展措施，本文基于企业供应链物流优化的角度，对政策的扶持方向提出建议。

目前武汉市出台了一系列政策来促进物流企业发展。对物流企业的扶持支持政策包括鼓励制造企业将物流资产从主业中分离，以及制造企业与大型物流企业共同投资成立第三方物流企业，给予税收支持和财政困难补贴。对物流企业用电、用水、用气、生活垃圾费以及车辆城市路桥通行费等方面成本负担较大的地方，实行一定优惠政策。为引进物流龙头企业总部在汉落户、培育本土物流企业做大做强"，初步形成了"1+3"针对性扶持政策。"1"即《关于引进物流龙头企业总部在汉落户的扶持政策》。"3"即扶持九州通集团打造"千百亿"医药物流产业、武汉商贸控股集团打造"双百亿"综合物流产业、武汉良中行公司打造"百亿千家"冻品流通产业。同时，设立了现代物流业发展扶持资金和航空发展引导专项资金，确定了"江海直达"航线补贴政策。

世界范围内，一些西方发达国家的企业，物流外包业务量都在三分之二以上。就武汉的政策看，促进第三方物流、扶持物流企业做大等政策很有针对性。但我们也应注意，现代物流企业的竞争力往往体现在两方面：一是物流企业的一体化服务管理能力，就是物流企业根据客户产品生产、销售的全过程，为客户物流系统进行整体规划、设计，为客户提供涉及多个物流环节(如产品包装、仓储、运输和配送等)的全方位物流服务，对于物流企业而言，如能为多个企业提供一体化服务，就意味着最能体现物流竞争力的管理能力强。另一种竞争力则是专业型的物流服务。这类企业要么为某一行业企业提供全方位的物流服务，要么为各行业的客户提供某一环节的物流服务，新加坡就是这方面做得最好的典型。比如，在武汉化工新城开工奠基的石化码头及液体罐区工程所属的就是新加坡的恒阳公司，该公司专门针对石化领域的物流服务，是石化仓储行业的最具竞争力企业之一。物流业除了自身的产业特征外，还属于现代生产性服务业。一体化服务与专业化服务更符合现代制造业对物流业务的要求，也符合供应链的发展趋势。就目前武汉的扶持政策来看，除了应从物流业态角度考虑政策扶持，还可以站在促进全市工业发展、服务"工业倍增"目标的高度，从物流业属于现代生产性服务业的角度考虑对物流业的扶持。单纯比"大"，物流企业无论如何是比不过制造企业的，但其如能帮助制造业企业进一步做"大"，也是物流服务价值的体现。在政策中，除了应注重扶持企业做"大"外，也还要考虑帮助提高物流企业以上这两种服务能力，目前，武汉确定 221 家重点物流企业的根据是其营业收入（主营业务收入超过 1000 万元），这 221 家重点企业中，有代收代付业务的企业 38 家；有货代船代业务的企业 32 家；有通关清关业务的企业 18 家；有信息管理与供应链服务业务的企业 36 家。专业服务型物流企业数量少，业务范围狭窄，服务内容单一，不仅与武汉市经济地理环境、物流枢纽地位和物流发展状况严重不相适应，而且没有起到促进物流业与其他产业融合发展的纽带作用。建议扶持政策中可充分参考全市相关经济主管部门、制造行业的意见，先确定当前武汉经济发展中急需完善物流服务的领域，再从这些领域中选出一批服务能力强的企业给予扶持，尽管有些企业主营收入一时还达不到 1000 万元，也可以考虑将其列为重点企业目录，给予资金或政策上的扶持。

政府有必要在信息平台中建立预警机制，为整个物流行业提供引导。比如，2012 年，煤炭、矿建材料等大宗物资领域，由于产能过剩和市场需求的减少，从事该领域物流服务的企业业务量明显降低，一些企业经营出现困难。2012 年底，国务院出台 10 项政策措施，政策中降低农产品生产流通用水用电价格，尤其是农产品冷链物流的冷库用电与工业同价；规范和降低农产品市场收费；严格执行鲜活农产品运输绿色通道等政策，使得各地竞相发展冷链物流，该领域的竞争日趋激烈。政府有必要对相关企业予以提醒。

2. 完善市场功能，推动企业组建战略联盟

武汉的物流业服务的是武汉的“四大工业板块”和“6+4”新型工业化组群。我国的产业集群按其形成动力可分为广东、浙江等地基于市场的“自下而上”的模式与各地政府主导的“自上而下”的两种模式，现实中这两种模式都得到了很好的发展。武汉地区的大部分产业集群如汽车、钢铁、光电子的发展都得益于政府的推动。这样的好处是规划合理，短期内容易形成较强的竞争力，但弱点则是行业内企业之间的联系组织程度低、知识的共享程度差。反映在物流服务上，就是一方面产业集群内企业自行组织物流活动，物流协调能力差，企业间车辆往来，仓库、存储都是各自为战，不能形成资源的集并，另一方面则是企业间的物流需求不能得到有效汇集，无法为第三方物流企业提供充足的业务需求。这可能也是武汉地区乃至中西部物流效率低下的一个重要原因。

为弥补市场机制的不足，推动企业联盟的成立是一个有效的办法。一群“个头不大”，但服务能力强的企业联盟同样也能提高行业的服务能力和服务水平。这种情况在我国并不少见。供应链中企业的联盟有多种形式，比如制造商与经销商之间的联盟，物流企业之间的联盟，制造商与物流企业的联盟，制造商之间的联盟等。比如，北美金属行业之间形成了一种高度集成化的合作联盟，包括制造商、分销商和最终用户，实际上也构成了一条供应链。金属商可以通过分销商直接和最终用户对话，在他们之间形成一种新的解决问题和满足用户需求的途径。用户对特殊金属材料或特殊工艺的需求是制造商和分销商之间合作关系的驱动力之一。分销商为最终用户提供诸如库存管理、成本分析、采购、长期计划协助等服务。整个供应链上的企业都为了给最终用户带来最大化的价值而紧密连接在一起。

在战略联盟的初期，以物流行业管理机构以及物流协会为基础，推动一些制造业企业、商贸企业、物流企业之间进行沟通协商，发掘彼此的效益增长点。目前武汉家电供应链上各个成员纷纷建立物流中心，造成人力、物力、资金上的浪费。作为制造商的海尔在沌口自建有近 2 万平方米的仓库，而作为经销商的国美、苏宁、工贸家电等也拥有庞大的物流中心，一些大的电商如京东商城为了及时满足消费者需求，也纷纷建立物流中心。家电产品从生产企业转移到各经销处，而后又转移至零售商或客户，多次运输多次仓储，造成物流不畅通。如能通过调整、整合，解决这一问题，将极大地提高彼此的效益。初期的沟通协商的主要目的是为双方提高效益、减少冗余成本提供信息交流的机会，为下一步建立战略联盟打下基础。在企业间的沟通协商中，要注意引入高等院校、科研机构以及智力咨询机构的参与。在武汉物流的行业规划以及相关的专项调研中，华中科技大学、武汉大学、武汉理工大学的不少专家学者发挥了很大的作用，他们对武汉物流业的情况比较了解，能提出中肯的建议。引入这些机构和专家的力量，不仅能增加沟通的效果，还能为以后发展与现代物流业相关的咨询业乃至发展第四方物流打下基础。

国外的一些联盟，比如德国的物流中小企业联盟，一般成立具有法人地位的经济实体作为联盟运作管理的实体机构，统筹、协调成员企业之间的业务，对外使用统一品牌，按照统一标准完成服务。就武汉的实际情况看，这种模式我们一时还难以达到，建立相对松散动态的联盟可能更合适一些。组建联盟的关键是确定一个权威公正的领导层以及推动各方信息的充分共享。

3. 多方结合，推动武汉物流业的战略重组

2011 年，武汉在工商税务登记注册的物流企业总数为 2670 家，从经营范围看。从事日用品物流业务的企业有 847 家，占 31.7%；农产品物流 379 家，占 14.2%；建筑材料物流 330 家，占 12.3%；汽车物流 269 家，占 10%；钢铁物流 235 家，占 8.8%；电子产品物流 155 家，占 5.8%；医药物流 84 家，3.1%；其他 371 家，占 13.9%。从资产状况看。企业资产在5000万以上的83家，占3.1%；1000～5000万的195家，占7.3%；100～1000万的759家，占28.4%；100万以下的1633家，占61.1%。在营业收入方面的重点企业可见下表。目前武汉商贸国有控股集团有限公司已处于国内50名之列，九州通医药物流、武汉港务集团有限公司、武汉钢铁集团物流服务有限公司3家企业已具备了进入全国物流企业50强的实力。

武汉市过亿物流企业主营业务收入情况表

序号	主营业务收入（单位：亿元）	数量（家）	主要企业
1	20以上	4	九州通医药集团股份有限公司（60亿）、武汉商贸国有控股集团有限公司（42.56亿）、长航凤凰股份有限公司（25.51亿）、国药控股湖北有限公司（24.2亿）
2	10～20	3	武汉港务集团有限公司、武汉钢铁集团物流服务有限公司、友和道通航空有限公司
3	5～10	9	武汉东本储运有限公司、华中航运集团有限公司、湖北省金属材料总公司（仓储和运输业务）、中储发展股份有限公司汉口分公司、湖北省邮政速递物流有限公司、中海集装箱运输武汉有限公司、武汉捷利物流有限公司、武汉振宏物流集团有限公司
4	3～5	12	长江交通科技股份有限公司、武汉中原发展汽车物流有限公司、武汉国裕物流产业集团有限公司、武汉安得物流有限公司、武汉钢铁集团交通运输有限责任公司、武汉中力物流有限公司、武汉市江天金属材料有限公司、武汉圣泽捷通物流有限公司、武汉副食品商业储备有限公司、武汉乐道物流有限公司、武汉达基物流股份有限公司、武汉市中南物流配送有限公司
5	合计	58	

总体上看，尽管武汉初步形成了一批物流龙头企业，但武汉物流企业还是偏小、偏弱、偏散，品牌物流企业缺乏，A级物流企业数量偏少，需要进行战略重组。对此，武汉物流主管行业重点推进“壮大带小”的战略，通过产业融合和资源整合引导，期望培育3家营业收入超过100亿元物流企业，10家超过25亿元物流企业，进而带动一批小企业发展的政策是很有针对性的。

武汉市还应鼓励制造业将物流部门从企业中独立出去，成立独立的物流企业。企业自营物流往往固定投资较大，收益回报率较低，而且物流设施、设备和人员闲置和重复建设问题较为严重，资源利用率不高。推动制造业企业将物流业务剥离有利于行业生产效率的提高。目前在我市制造业中还有相当一部分企业实行自营物流，有很大的重组空间，尤其在装备制造业领域，全部实行自营物流，而且物流服务十分低端，专用物流设备工具缺乏，包装技术、包装设备和包装材料落后，不仅缺乏从售后环节向生产和采购环节延伸，缺乏网络化、信息化、电子商务等现代管理手段，也缺乏整体采购方案。这可能与装备制造业质量和规格要求跨度大，供应商分布较为分散有关，也与为装备制造业提供生产性物流服务的企业数量不足有关。因此建议重点推动装备制造行业剥离物流部门，组建为之服务的物流企业。剥离的形式可以多样，既可以单个企业独立出物流企业，也可以行业内多个企业将共同剥离出的物流部门，组建一个新的物流企业，也可以制造业企业与大型物流企业共同合作组建物流企业。如一时剥离的条件还不具备，可先期开展武汉各装备制造企业间的协同合作，提高物流设施的利用效率，共享信息。

4. 利用园区优势，明确物流园区管理体制

物流园区是为了实现物流设施和物流运作共同化或者出于城市物流设施空间布局合理化的目的，而在城市周边各区域集中建设的物流设施群和众多物流业者在空间上的物理集结地。它其实是企业纵向的供应链与横向的产业集群发展到一定程度出现的对物流服务要求的一个交集区。美国、德国等学者认为物流园区是供应链的中心环节和重要结点。物流园区的建设与管理的好坏对提升区域的产业竞争力和物流服务水平至关重要。

武汉物流“十二五”规划布局，将重点形成“一港、六园、八中心”的物流节点体系。“六园”，即汉口北、空港、阳逻、东西湖、郑店、花山港综合物流园。目前武汉物流园区存在重建设、轻管理的倾向。武汉的“六园”除东西湖综合物流园内有保税区设有管理委员会外，其余的物流园区各项管理职能都由当地开发区或政府兼管，管理体制没有明确。物流园区最大的优势是各种物流企业、各种服务机构、设施在园区内集聚体现出的优势。没有有效的管理体制对园区进行协调，任由区内企业各自为战，就不能有效提升武汉地区产业集群的核心竞争力，园区物流需求的汇集也得不到有效利用。明确武汉物流园区的管理体制，对武汉的制造业与现代物流业发展关系重大。

一般而言，物流园区的管理体制大体上分为政府主导的管理委员会制、设有董事会、总经理的股份公司制、参与园区建设的物流企业组成的业主委员会制、由物流行业协会负责园区经营管理的协会制和投资商完成土地开发、基础物流设施建设后，投资商收取租金的“房东制”。目前学术界的主流观点认为应将物流园区企业化，将园区建成为产权清晰、权责明确独立的经济实体。武汉地区如能引入一家物流巨头对物流园区进行开发建设,当然可以可采用园区企业化的模式，但当前迫在眉睫的还是要推动各园区内建立一个能让园区物流企业积极参与的管理委员会,政府或给予监督指导，或派出代表参与，让其进一步推动物流园区功能的发挥，加强制造业企业之间，制造业企业与物流企业之间、物流企业之间的沟通协调，协调物流需求、协调物流服务，更好地促使企业供应链的完善。在确立了园区管理体制后，园区管理机构应推动区内具体的运作服务和信息服务的完善，强调园区服务的一站化。武汉物流基础设施较为完备，设有各类物流功能区如港口物流、空港物流、出口保税区物流，外地物流园区功能单一、通关不便等问题在武汉不应存在。因此武汉物流园区应尽量利用这种优势,注意引导各物流园区之间的对接以及物流园区与开发区的对接，充分体现武汉物流园的整体性优势。

5.融合互补，促进物流金融业发展

我国在“十一五规划”中，将交通运输业、现代物流业、金融服务业、信息服务业和商务服务业归为生产性服务业。当前生产性服务业与制造业的融合在加深，如物流与制作业结合产生的供应链物流，信息服务广泛融入制造业各个环节等。同时，生产性服务业之间彼此的融合也在加深，产生了物流金融等诸多新业态，并且这种趋势还在发展中。

物流与金融的融合业态有物流金融与金融物流两种提法，有学者认为，两个概念有诸多不同之处，本文不作这方面的探讨。物流金融从广义上讲就是面向物流业的运营过程，通过应用和开发各种金融产品，有效地组织和调剂物流领域中货币资金的运动。这些资金运动包括发生在物流过程中的各种存款、贷款、投资、信托、租赁、抵押、贴现、保险、有价证券发行与交易，以及金融机构所办理的各类涉及物流业的中间业务等。一般认为，物流金融可以达到供应链及银行多方共赢。首先，供应链上的许多企业，尤其是中小企业贷款难的一个重要原因是存货、原材料等不好作价成为贷款抵押品，在物流金融模式下，通过物流企业的协助，金融机构可以根据这类中小企业上下游关系产生的订单、应收账款和存货等来提供融资，缓解企业融资难的问题。其次，金融机构通过这种方式能开拓一批新的业务领域和经营范围，稳定客户，增强银行的竞争能力，同时物流企业的评估、监控以及供应链上基于交易的担保，可以使金融机构有效控制风险。最后，第三方物流企业不仅可以通过向金融机构提供监管和信息咨询服务而赚取利润,还可以提高企业一体化服务水平，增加高附加值的服务功能，通过参与业务争取更多运输、仓储的新客户,为客户提供全方位的服务。

从1999年中储开展第一笔存货质押融资业务以来，得益于后发优势，我国物流金融发展迅速,许多方面甚至达到国际先进水平,目前国内一些大型物流企业中储运、中外运、中远物流和一些新兴供应链管理服务公司怡亚通、越海物流等根据供应链客户需要提供了不同的金融服务产品，有效提升了其竞争力。但物流金融在我国的发展很不均衡，沿海地区发展快，中西部进展缓慢。从武汉实际看，在221家重点物流企业中，开展物流金融服务的企业有48家，主要有武汉商贸国有控股集团有限公司、锦海捷亚国际货运有限公司武汉分公司、中储发展股份有限公司汉口分公司等，除少数企业外，大部分公司物流金融业务小，与沿海发达地区相比有不小的差距，所以，推动武汉物流金融发展势在必行。可以在各物流园区内引进银行等金融机构，由园区管理者推动企业与金融机构的合作。政府则负责诚信体系的建设，建立物流企业、金融机构和中小企业联网的信息网络,金融监管机构按照业务模式制定标准的操作流程,促进物流金融业务的快速有序发展。

6.提高服务功能，加强信息平台建设

上文所讲的建立物流企业、金融机构和中小企业联网的信息网络其实就是物流、金融、信息产业的融合。供应链的迅猛发展得益于信息技术的发展，供应链与信息产业结合是多方面的。就武汉物流业与信息产业融合的情况看，有两个重要方面需要重点关注，一个就是供应链内的信息平台的构建，另一个就是基于全市物流业的公共信息平台建设。供应链管理水平高的企业，无一不重视信息的作用。根据2011年的调查，在工商登记注册的2670家物流企业中，使用信息系统或者信息管理软件的物流企业不足10%，拥有自己网站（主要是委托代管的企业网页形式）的企业不足20%，70%的企业仍采用最原始的流水记账方式进行业务管理。这方面做得比较成功的是安泰达。2002年，小天鹅、科龙和中远物流共同出资组建了专业化的第三方物流企业安泰达，在对小天鹅和科龙的资源及信息进行认真调研的基础上，安泰达精心打造了一个供应链内部的信息平台，利用该平台，安泰达可以选择供应商、选用运输工具、确定运输路线、确定每次运货批量、跟踪在途货物、确定最佳库存量、确定库存时间、做好自动补货、订单管理等，有效地加强了管理，控制了物流成本。对于供应链内部信息平台建设，可推出一批示范企业，利用行业协会进行交流推广。同时，企业人员的整体素质也是影响信息平台推广的重要原因，可以联系国内大的信息供应商，为物流企业先期主办一些讲座，让其了解信息管理的优势，让其人员了解 ERP 等信息系统。

对于搭建公共信息平台，武汉市政府一直对此给予高度重视，大力推动智慧物流创新功能，不断加大信息平台建设力度，依靠信息平台进行运营的武汉物流交易所即将成立。公共信息平台的建设投入巨大，需要对接物流业服务有联系的跨行业、跨部门信息，要有效对接包括物流企业在内的各类企业内部的信息平台。而一旦信息不全，服务性就会大打折扣。因此武汉先期可重点建设若干相对成熟或武汉市重点规划发展的领域，比如先期做好商贸物流、汽车行业物流、装备制造业等行业的信息服务，使相关信息服务尽量完备齐全。这些领域成熟后再向其他领域推进。目前，武汉的公共信息平台建设由政府主导，也存在与市场联系不够紧密的问题，而且后期维护开发也是一大笔开支，在信息平台建设到一定规模后可考虑让企业参与进来，让其参与平台的服务和维护，发挥市场机制的作用。

企业供应链也离不开诸如会计师事务所、法律事务所、资产评估、咨询公司等中介机构，为促进供应链的发展，完善武汉发展的软环境，也需要推动此类机构的发展。

7. 构建人才培养体系，发掘物流管理人才

物流人才的短缺是当前我国物流业普遍存在的一个问题。中国物流与联合采购联合会首席顾问丁俊发说过："物流人才的短缺已成为中国物流业发展的瓶颈"。武汉这种状况同样存在。2011 年，有关部门对我市 2670 家物流企业展开了现场调查，发现武汉物流企业员工中大专以上学历的人数普遍较少，其中，大专学历在 10 人以上的企业有 145 家，占企业总数的 5.4%；1～10 名的企业 1048 家，占 39.2%；1477 家（占 55.4%）企业没有大专以上学历的员工，人员素质问题直接影响到武汉现代物流业的发展。对此，我们可以立足关键岗位引进一批，立足实践培养一批，立足职业院校贮备一批。

首先，我们要立足岗位引进一批。尤其是针对在国际大型企业有供应链管理经验的人才。如果某个企业成为供应链中的一个节点，但其还沿用传统的业务管理方式，就可能影响到整个供应链的运行。毋庸置疑，一些发达国家企业的供应链管理水平整体上高于我国，如能在关键节点企业引入一个精通供应链管理的人才，无疑将大大提高整条供应链的竞争力，带动一批企业的发展。武汉市为引进各个领域高层次人才出台诸如对本人及其团队的资金资助、待遇补贴、医疗待遇、其子女待遇等诸多很多优惠政策，对此，可以对拥有国际权威认证机构颁发的物流专业管理资格证书的职业经理人给予相关待遇，鉴于各地对物流高级人才的争夺日趋激烈，武汉市可考虑采取更有针对性的优惠政策。

其次，立足实践培训一批。实际工作中开展的培训是提高员工工作效率最直接最有效的办法。这方面可参考神龙公司的例子。该公司一直实行物流外包，为了提高物流企业的服务质量，公司生产部负责物流管理的工业工程分部从多个维度培训物流企业的员工，如对汽车物流专用器具提供技术支撑，并为物流企业提供精益管理培训，规范物流企业的运作流程，协同提高物流运作与管理水平。物流协会等有关部门可推广这种经验，可以借鉴税务行业开展纳税人课堂等经验，有计划地组织一些物流业的培训活动，在实际工作中不断提高物流从业人员的服务水平。

最后，立足各类院校培养一批。我国物流教育起步较晚，2001 年教育部才批准北京物资学院在专业目录之外重新开设物流管理专业。但此后，多所大学陆续开设物流专业，目前武汉地区多所院校设有物流专业的课程。我国的高校教育一定程度存在重理论轻实践的倾向，而物流业又是一个涉及众多学科，众多领域的行业，需要很实际的管理技巧。因而可以鼓励企业与高校的合作，开展诸如定向培养、在高校开设物流实验室、在企业中建立物流研究基地、聘请物流管理人才定期讲课等活动，这样一方面能增加学生的实际工作技能，也能增进彼此的了解，为武汉物流业留住将来的人才打下基础。同时，我们也一定不能忽视各类职业院校的作用。物流行业内部，如农产品的冷链物流、石化行业的危险品物流、钢铁行业的大宗物流和更强调技术性的汽车物流，要求员工具有相应的专业技能，而一般高校的教育不可能做得这么“专”。职业院校在这方面具有天生的优势。因此可以促使商贸物流、汽车物流、电子商务物流、钢铁物流等与各个职业院校的对接合作，培养面向具体工作实际的人才。

参考文献：

唐纳德 J.鲍尔索克斯等著，马士华等译，《供应链物流管理》(原书第三版)，[M]//北京，机械工业出版社，2013 年。

徐震宇等编，《物流管理实战全案》，[M]//厦门，鹭江出版社，2011 年。

王之泰，《新编现代物流学》，[M]//北京，首都经济贸易大学出版社，2012 年。

武汉市政府，《武汉市现代物流业发展“十二五”规划》。

何明珂，《物流概念研究》，[M]//首届中国物流学会年会。

程恋军，仲维清，《基于供应链管理的产业集群模式分析》，[J]//《经济与管理》，2009 年第 9 期。

王之泰，《伴生流通并且超越流通的物流》，[J]//《中国流通经济》，2012 年第 12 期。

梁晓杰等，《政府推动物流业发展的国外经验借鉴》，[J]//《中国流通经济》，2012 年第 1 期。

（执笔人：刘江涛）

资源禀赋、开发现状与路径选择

—— 武汉临空经济区资源整合调研报告

武汉临空经济区（天河新区）的区域范围是以天河机场为中心，半径 20 公里以内区域，现拟定规划总面积约 1100 平方公里。涵盖黄陂区部分（454 平方公里，包括天河、横店、滠口、武湖、汉口北商贸物流区以及盘龙城经济开发区）、整个东西湖区（493.09 平方公里，包括吴家山、走马岭、新沟、长青、慈惠、径河、金银湖、将军路、东山、柏泉、辛安渡 11 个街道和办事处）和孝感市部分（150 平方公里，包括闵集乡全部、三叉镇和祝站镇部分区域）。

据前期规划和目前开发发展情况，预计到 2015 年武汉临空经济区（天河新区）GDP 总量翻一番，突破 1000 亿元；常住人口总量达到 90 万人，户籍人口总量达到 80 万人；规模以上工业总产值 2000 亿元以上，规模以上工业增加值 800 亿元以上，地方财政收入 300 亿元以上。到 2020 年，力争新区 GDP 总量 3000 亿元；常住人口总量达到 120 万人，户籍人口总量达到 110 万人；规模以上工业总产值 4000 亿元以上，规模以上工业增加值 1500 亿元以上，地方财政收入 800 亿元以上。

与国内相关城市临空经济区区域范围比，武汉临空经济区显得更为宏大。2009 年，成都开始建设双流临空经济区，以双流机场为核心，半径 10 公里以内，规划建设总面积 300 平方公里的成都国际航空枢纽综合功能区和临空经济综合功能区，全面推进临空经济和空港城市建设。2013 年，郑州航空港经济综合实验区规划面积为 415 平方公里，是全国首个上升为国家战略的航空港经济发展先行区。

武汉临空经济区区域范围示意图（20公里控制区）

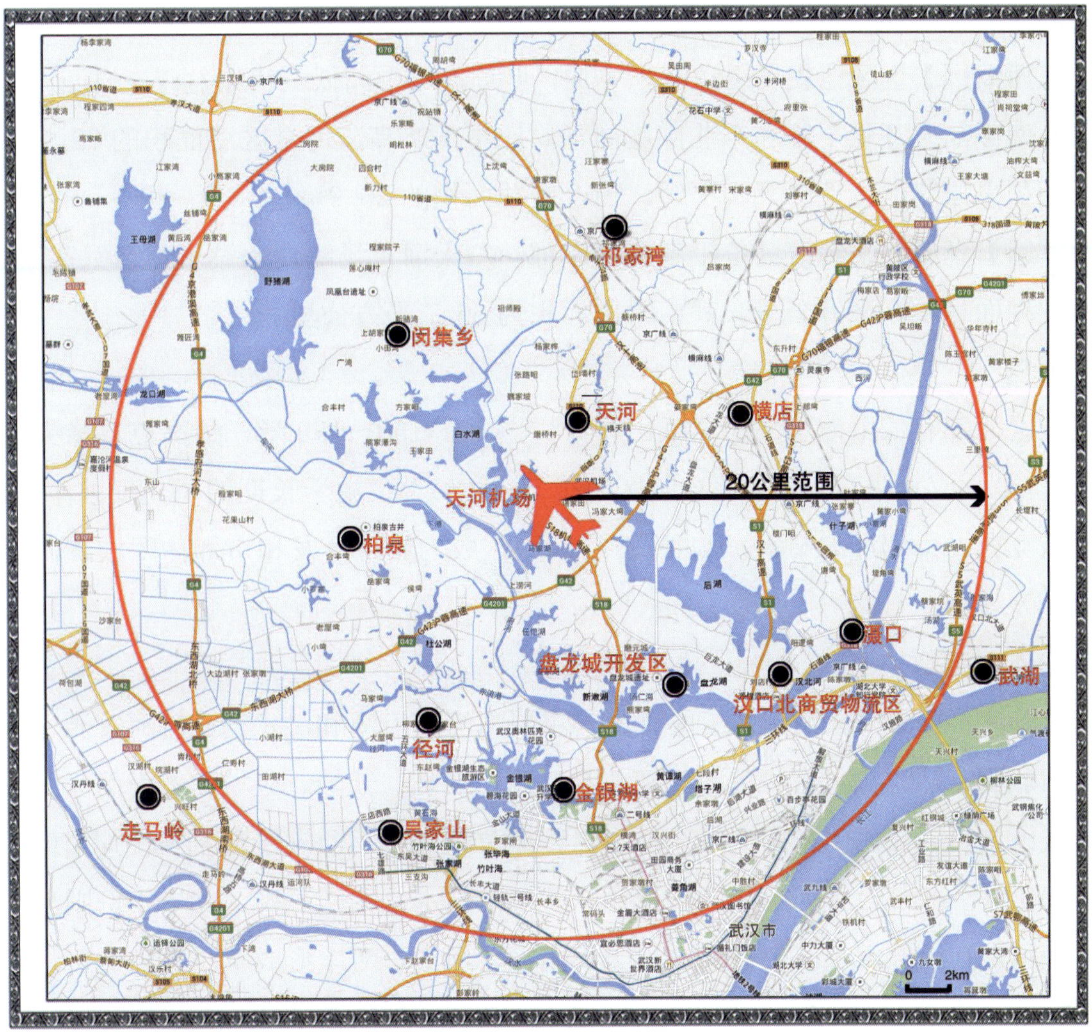

一、资源禀赋现状及问题分析

（一）自然资源环境

武汉临空经济区（天河新区）地形地貌以平原为主，镶嵌着较为丰富的水体和湿地。平原约占区域总面积的90%，水体、湿地占区域总面积的10%左右。如此大面积平坦而开阔的平原地貌，非常利于交通枢纽的布局与衔接，促进临空经济的布局与发展。

1. 平原

【黄陂区】平原占到全区域面积的50%。该区北依大别山南麓，南临长江，整个地势北高南低，自北向南逐渐倾斜，形成西北低山区，东北丘陵区、中部岗状平原区和南部滨湖平原区4级阶梯。中部岗状平原区海拔30～50米，南部滨湖平原区海拔

20～30 米，最低处为 16.5 米。地貌特征构成全境“三分半山，一分半水，五分田”的格局。

【东西湖区】全区地貌属岗边湖积平原，四周高、中间低，状如盆碟，自西向东倾斜。西南部高亢冲积平原和东北部垅岗平原比中部略高，占全区总面积的 72.1%。中部的湖积平原略低，地势开阔平缓，占全区总面积的 26.9%。

【孝感】孝感临空经济区位于孝感市东部，与天河机场隔白水湖（原名童家湖）相望，规划面积 100 平方公里，其中平原面积为 66.7 平方公里。

2. 山地

黄陂区北部有低山地形。西北低山区海拔主要在 150～180 米，最高点双峰尖有 873.7 米，是武汉市最高点；东北丘陵区海拔 50～150 米。由于长期的风化侵蚀作用，山体嵯峨竞秀，山间深沟窄谷，沟谷成“V”形，成为旅游开发和市郊休闲旅游的热点区域。

3. 水体、湿地

武汉临空经济区（天河新区）区域内的主要河流有府河和滠水河。府河发源于随州大洪山北麓，从源头灵官垭起，经随州自广水、安陆、云梦、应城、孝南而流入武汉市黄陂区内，自西北向东南流经东西湖区，把黄陂区和东西湖区分割在两岸，最后流到谌家矶注入长江。府河全靠上游降雨来水，洪枯水位相差悬殊，大旱年份则河水断流，特别是在流经武汉临空经济区（天河新区）境内，两岸形成宽泛的滩涂。滠水发源于大别山南麓鄂、豫交界的三角山南坡，有东西两支。东西两支在邹家店汇合，经大悟县河口镇进武汉市黄陂区，于谌家矶附近的钱耿岭注入长江。滠水在黄陂区境内流程达 90.71 公里。滠水主河道为沙砾河床，其特点是：大雨来河水暴涨，雨停水位迅速回落，间有断流现象。

武汉临空经济区（天河新区）内的湖泊主要有孝感的野猪湖（水体面积 25 平方公里）、孝感和黄陂交界的白水湖（原名童家湖， 14.4 平方公里）、黄陂区内的马家湖（1.7 平方公里）、后湖（12.9 平方公里）、什仔湖（2.5 平方公里）、黄陂与新洲交界的武湖（21.2 平方公里）和东西湖区内的金银湖（8 平方公里）。

武汉临空经济区（天河新区）内的湿地有东西湖区的金银湖湿地公园和杜公湖湿地公园。金银湖湿地公园是国家级城市湿地公园，占地面积 1155 亩，其中半岛型陆地 255 亩，湖面 900 亩，湿地面积占公园 91%。这是一座以水生植物为主的自然生态郊野型湿地公园，免费向市民开放。杜公湖湿地公园位于东西湖区柏泉农场，是规划中的柏泉旅游区的一部分，含下么教湖和杜公湖两个湖面，湿地面积约 3.6 平方公里，公园南北向最长约 2.8 公里。

（二）生态环境

武汉临空经济区（天河新区）由黄陂临空经济区、东西湖临空港经济技术开发区和孝感市临空经济区围绕武汉天河机场经济核心区而规划、聚集、组团建设。这些区域均是武汉市的新城区，大部分土地尚保持原生态的自然特征，尚待开发。且区域地势平坦，可利用土地存量大，环境十分优良，宜于规模开发建设。区域内河湖交错其间，水体丰美、风光秀丽。

在秀丽的自然生态基础上，武汉临空经济区（天河新区）的规划建设也向着生态新城的目标迈进。一是建有国家级的湿地公园。金银湖湿地公园是一座以水生植物为主的自然生态郊野型湿地公园，免费向市民开放。目前有植物品种 188 种，鸟类 10 余种，形成种群。同时，它还是武汉市园林科研所水生植物引种和栽植的试验基地。鲜花绿草、湖光荷影，美不胜收。水面上，常年有沙鸥、白鹭等飞禽翔集。二是建有 20 平方公里的生态绿楔。按照《武汉市城市总体规划（2006 年—2020 年）》，东西湖区的径河和柏泉街道要建设 20 平方公里的城市生态绿楔。目前，已建设了 10 平方公里，还有 10 平方公里在建。三是有宜居宜旅的城市街道。金银湖街的东方马城涵盖体育赛马、旅游、商业和地产四大产业，包括国际赛马场、马会俱乐部、马术学校、神马乐园、五星级国际会议中心大酒店、高档住宅小区、智能化写字楼、东方商业广场和汽车博览中心等十多个项目。金银湖街的高尔夫球场占地 2500 亩，总投资 1 亿美元，是集会所、酒店、别墅群为一体的大型高尔夫度假村。会所拥有 18 洞 72 杆国际竞赛型标准高尔夫球场。四是背靠美丽的“武汉之肺”。 黄陂全区森林覆盖率约占武汉的一半，故有“武汉之肺”的美誉。满目葱笼的木兰山和木兰草原，清波荡漾的木兰湖和木兰天池，紫烟缭绕的木兰云雾山，美轮美奂的清凉寨、锦里沟、农耕年华等 7 大 AAAA 级景区云集，这种以自然生态为主体，以人工生态为补充的大生态环境为武汉临空经济区（天河新区）增强了肺活量和凝聚力。

（三）交通条件

1. 交通现状

【东西湖区】已经或将在开发区相互汇通的主要交通设施有：沪汉蓉快速铁路、沪汉蓉高速公路、京港澳高速公路、杭兰高速公路、福银高速公路、107 国道、316 国道、城际铁路、汉江水运航线、市三环线和绕城公路、天河机场高速公路、机场第二通道、硚孝高速公路、市轻轨 1 号线和地铁 2、3、6、7、8 号线、工业园区“七横十二纵”骨干路网等。

近年来，共投入 48 亿元用于园区和路网建设。第一期 10 平方公里的临空高科技产业园正在进行“七通一平”建设，食品产业园、保税物流园、台商工业园、海峡科技园四个功能产业园通过“七横十二纵”的骨干路网连成一片，13 平方公里的新型工业化示范园区启动区基本建成。在泾河开辟了 10 平方公里临空经济高科技产业园，同时完成连接该区南北的新泾公路，启动连接天河机场与该区慈天公路的跨府河大桥建设。

【黄陂区】黄陂区交通区位优势十分突出，与武汉中心城区毗邻，拥有武汉天河国际机场、京广和京九铁路、亚洲最大的铁路编组站——武汉北编组站、318 国道（岱黄高速、机场高速、武汉三环等 7 条高速公路密集连结，并能通过外环与京珠、沪蓉高速直达全国各地）、长江黄金水道等重要交通枢纽，形成“铁、水、公、空”四位一体的交通网络，其中汉口北地区位于武汉天河机场、武汉北铁路编组站、阳逻深水港等三大物流通道合围的“交通‘金三角’中心”。随着天河机场三期工程、轨道交通进黄陂、武汉市四环线建设、汉孝（武汉孝感）城际铁路、武汉阳逻深水港黄陂港区建设、武汉新港江北铁路建设、机场快速通道建设、解放大道延长线建设、区内新十（黄陂—滠口）公路扩建、黄武（黄陂—武湖）公路建设、岱黄高速刘店互通改造等一系列交通工程的推进，交通网络不断完善，将更加提高黄陂区域的可达性，促进各种生产力要素的空间流动和转移，逐渐形成交通经济带，一定程度上改变区域的土地利用方式和产业布局。黄陂有条件成为武汉市重大项目布局、国内外产业转移的重要区域。

【孝感】区内京港澳高速公路、杭兰高速公路、福银高速公路、硚孝高速公路、107 国道、316 国道、城际铁路、汉江水运航线。孝汉大道孝感城区至白水湖段建成，城际铁路孝感境内主线工程已完工，临空核心区“两横一纵”道路工程基本建成。

2. 交通制约因素

一是临空综合交通体系不完善。北京、上海、广州的机场分别拥有国航、东航、南航作为基地公司，而天河机场缺乏基地型航空公司入驻。同时，也尚未形成像成都“铁陆空水”四网合一的大联营、大通关格局。相关资源的零星分散，中转集疏能力不足是武汉发展临空经济最大的制约因素之一。

二是交通基础设施对接不同步。路通则人达，人达则域活。从发展规划看，东西湖以慈天公路和府河大桥对接天河机场，孝感则通过孝汉大道和白水湖大桥连接天河机场 T2 航站楼，通过陈天大道连接武汉天阳大道，形成水陆空一体的快速物流通道，尽快打通这三条公路是实现三地区域融合、化整为零的关键所在。目前，东西湖的慈天公路已经进入了柏泉路段施工阶段，府河大桥的设计方案也已上报待批；孝感方面，孝汉大道孝感段已经建成，白水湖大桥（孝感段）招投标工作也已经完成，即将开工建设，陈天大道全线线形规划及临空段详细规划已获孝感市政府审批，后续工作正在紧张有序的筹备当中。尽管黄陂在加速三地融合，实现资源共享方面做了大量工作，并积极配合，主动把慈天公路、孝汉大道、陈天大道对接工程纳入城市发展规划，但在建设进度上可以更加积极主动。

（四）机场发展现状与问题分析

机场是临空经济的核心区，机场业务规模直接决定着临空经济的发展规模。武汉天河机场是中国民航总局指定的华中地区唯一的综合枢纽机场和最大的飞机检修基地、国家一级民用机场，也是中部地区唯一能够起降空客 A380 大型飞机的机场。鉴于 2012 年 3 月 7 日国务院正式批复《郑州航空港经济综合实验区发展规划（2013 年—2025 年）》，使之上升到国家战略层面，以及新郑机场近年发展数据直逼并赶超天河机场，我们特别关注了两者发展的基础、现状与发展快慢的原因。

1. 天河机场的发展基础优良

武汉天河机场一期工程于 1990 年底破土动工，1995 年作为国家一级民用机场正式开航启用。机场现有 T1、T2 两座航站楼，建筑面积达 18 万平方米，停机位 78 个，飞行等级为 4F 级，可满足 B747—400 型等大型飞机全载起降（可备降空客 A380 大型客机）。国内三大国有航空公司——国航、南航、东航均在武汉机场设有基地，共有 26 家航空公司进场运营。目前，国内通航点 65 个，国际通航点 27 个，驻场飞机 70 架。机场三期改扩建总投资总投资 146.16 亿元，该项工程按 2020 年旅客吞吐量 3800 万人次、货邮量 44 万吨的目标设计，飞行区等级指标为 4F。与此相较，郑州新郑机场 1997 年建成通航，航站楼建筑面积为 12.8 万平方米，机坪面积为 25.6 万平方米，机位 43 个，年旅客保障能力 1200 万人次，货邮保障能力 35 万吨。有 17 家航空公司进场运营，有南航、深航和鲲鹏航空公司 3 个基地公司。目前郑州机场已通航国内外 67 个城市地区，开通航线 90 条，其中国内 84 条，国际和地区 6 条。

从数据看，天河机场比新郑机场发展的基础要好很多。天河机场建得早，规划和建设的规模大，进驻的航空公司多且有三大国有航空公司的基地公司，航线多，特别是开通的国际航线多。天河机场在诸多方面都比新郑机场起点高、底子厚、目标远。

2. 总量和速度均被赶超，形势逼人

2012 年以前，武汉机场在中部地区一直处于龙头地位，郑州机场各项生产数据曾大幅落后于武汉。但是近年来，郑州机场各项生产数据高速增长，货运量首超武汉机场、客运量差距也在不断缩小。

中部航空业的龙头只可能有一个，郑州、长沙都在以高速的发展与武汉争中部航空业的核心地位。武汉机场业务发展迫在眉睫。

3. 天河机场发展滞后的主要原因

一是管理体制沟通不畅，机场与地方经济协调性欠缺。天河机场由首都机场集团公司全资控股，湖北机场集团是首都机场集团公司的全资子公司，因此，天河机场的管理权并不隶属于湖北省，更不属于武汉市。当下发展临空经济，机场发展与地方经济发展的协调就存在管理体制沟通的问题。如果管理体制沟通不畅，机场发展与地方经济的协调性必然会欠缺。

二是政策扶持不够，领导重视不够。天河机场按部就班地发展，对航空经济发展的机遇重视不够，在寻求发展政策上晚于新郑机场。2009 年，河南省与民航局签署会谈纪要，确定优先发展民航业策略；2012 年与民航局签署合作协议，各项具体扶持措施相对完备，落实到位，进入政策开花结果期。湖北省 2012 年与民航局签署会谈纪要，出台民航发展指导意见，具体扶持措施尚在不断制定出台中，处于政策培育期。由于河南省发展临空经济决心大、政策实、见效快，国家民航局李家祥局长多次在大会、小会甚至凤凰卫视、中央党校等重要场合极力赞扬河南，并给予大力支持，为郑州临空经济发展创造了良好的外部环境。

三是“两市三区”合作，缺乏有力推动的协调机构和机制。武汉临空经济区（天河新区）的构建涉及了“两市三区”的合作，这必需有一个能统领“两市三区”的协调机构，并建立一套有效推进合作的协调机制。例如，湖北机场集团曾提出天河机场没有综合保税区，而郑州就把综合保税区建在航空港内，实现综合保税区与机场口岸一次性对接验关，为进一步发展航空物流创造了条件。而实际上，落在东西湖区的国家第四个保税物流中心离机场核心区并不是很远，是可以实现区港对接的，关键是沟通和协调问题。

四是“两市三区”合作，缺乏统一的规划。天河机场的发展和武汉临空经济区（天河新区）的发展，还没有统一的总体规划和各项专项规划。

二、产业基础

武汉临空经济区是未来武汉城市圈发展的一个重要板块，也是中部地区经济发展新的增长极。两市三区政府和相关部门高度重视，对发展临空经济寄予厚望。目前，以天河机场为核心，在周边20公里半径范围内，集聚了吴家山经济技术开发区、黄陂盘龙城经济开发区、孝感高新技术产业开发区等多个国家（省）级开发区，这些开发区都是高新技术产业的研发、孵化、生产的重要基地，并且已经初具规模。

（一）区域产业布局与规划

1. 东西湖区

开发区内拥有科技产业园、国家级B型保税物流中心、食品加工区、台商密集区、新沟循环经济工业园、汉口生态新城以及正在倾力打造的临空经济区。中部地区唯一的全球商品采购中心等一批临空型服务业重大项目落户开发区。纽宾凯、武汉客厅等一批临空型服务企业已入驻，中国国电航运、神华电力等6家央企相继落户，全球最大的煤炭供应商神华集团总投资额达55亿元的热电联供项目已经落户，一批食品、机电、物流龙头企业正不断发展壮大。根据规划，东西湖区域临空经济区规划总面积100平方公里，其中60平方公里为农田水利范围，40平方公里为核心区。核心区中柏泉和径河地区涉及20平方公里的全市生态绿楔，目前已发开10平方公里，可供开发10平方公里。未来立足三大板块，分步建设高新技术、空港物流和总部经济，形成临空经济核心区，同时着力发展以战略新兴产业为先导、先进制造业和现代服务业为支撑的现代产业体系，加快建设武汉“大临空板块”核心增长极和新型工业化示范区。

2. 黄陂区

目前已经引进临空指向性企业34家，包括航空运输类企业5家（国航湖北分公司、东航武汉公司、南航湖北分公司、湖北机场集团、友和道通航空公司）、航空服务类企业8家（蓝天航油、东航传媒武汉公司、机场商贸公司、机场餐饮公司、机场地服公司、机场贵宾公司、机场宾馆、天河南方技术开发公司）、航空现代物流企业4家（友和道通航空物流园有限公司、海航蓝海临空产业园、普洛斯（武汉）仓储物流有限公司、邦送（武汉）仓储管理有限公司）、高新技术和现代制造类企业18家（天威新能源、新华光硅、中航工业武汉产业园（飞机零部件制造）、周大福珠宝文化产业园、凌云飞机维修中心（与法国萨贝拉公司合作）等重大项目），以上项目全部建成后，总投资将突破300亿元。大力引进包括新能源生产基地、人民日报印务中心、江苏润恒物流集团，以及重点跟进中材集团、LED等战略性、新兴产业项目。规划建设范围涵盖了武汉天河机场周边10公里左右半径的区域，总面积162平方公里。除机场及铁路编组站等国家重点工程及交通建设用地25.2平方公里外，用于产业发展的建设用地规模达到49.5平方公里。机场周边的土地空间尚未规划建设，可拓展区域接近400平方公里。目标定位于打造辐射中部的大型国际航空运输枢纽、优势产业基地、华中地区面向国际的现代服务平台和武汉现代城市拓展的核心功能板块。在"十二五"期间形成"千亿临空产业园"，建设"中国中部国际航都"、发展现代临空产业发展示范区"。

3.孝感市

临空经济区除农业外，其他产业处于空白。但招商引资工作紧密推进，目前，申通物流项目已落户，一期投资达40亿。华中时尚产业园、中国储运湖北孝感空港物流园、神州网信华中物流产业基地、中国移动湖北分公司仓储配送中心及大学城等一批项目已列入储备。孝感临空经济区域国土面积100平方公里，其中规划建设面积40平方公里。目标定位于致力打造30万人口规模的生态新城、科技新城、文化新城、时尚新城，建成功能现代、产业高端、总部聚集、生态宜居的"华中临空经济高地、滨湖生态文化新城"。

（二）产业发展局限

武汉临空经济区与国内较为成熟地区的临空经济区相比较基本还处于起步阶段，这一实际情况决定了发展的差距。

1.产业布局和定位不明确

按照临空产业的发展规律，在临空新区的建设过程中，重点发展航空服务业、航空物流业、先进制造业和现代服务业这四大临空产业。北京顺义临空经济区的核心区——天竺空港经济开发区已经形成电子信息、光机电一体化、生物制药等临空型主导产业。上海虹桥临空经济园区集高新技术、现代服务、都市型工业于一体，连接整个泛长三角地区和长江流域地区。今年3月，《郑州航空港经济综合实验区发展规划》获批，相比之下，武汉还没有进行整体规划。武汉临空经济区是临空型产业和传统产业并存，比照国家级开发区对于高端要素集聚、产业集群发展、与航空关联度高的要求还相距较远。

2. 武汉临空经济发展还处于产业培育期

临空经济区内现有产业关联性不强，价值链不完整，比如，有航空物流企业却没有高科技企业，有食品产业但无相关农业配套。同时，在航空物流业、现代服务业、商务会展、休闲娱乐、高科技产业及支柱产业配套上，引进不够，与发展“国际航空港”有一定差距。整个临空经济发展还处于产业培育期，和其具有的潜力相比，只发挥了 5%～10%，这与北京、成都、重庆、广州、上海等地临空经济区发展存在较大的差距。

3. 主导产业不强，产业结构雷同

“两市三区”在规划产业布局时，重点考虑区域内产业发展的需要，缺乏考虑与周边区域的产业整合与总体的优化布局。目前，临空经济区内现有产业和拟规划发展产业已经有布局不合理、结构不优等问题出现。各区域产业各自为政，相互隔离，就只好在各自的小范围内搞“小而全”式填平补齐，因而导致低水平重复建设一再发生。黄陂、东西湖、孝感分别对四大临空产业有针对性地做了规划，类似的发展规划已经产生雷同的产业布局，目前存在的结构雷同、低水平重复建设的矛盾。产业结构的雷同，不仅会扰乱消费市场，制约经济发展，而且还会导致市场无序竞争，造成社会资源的严重浪费。重复建设又分散了财力、物力和人力，不利于产业成长和技术进步，不利于发挥规模效益，延缓了产业结构升级步伐。这种状况亟需通过产业的合理对接加以改变。

4. 区域分割制约了临空经济区的发展

由于行政区划不同，缺乏有效的空间规划和产业规划引领，在产业发展和项目引进上，不可避免地存在着同构和竞争问题，影响了该区域的良性发展。

（三）需要重点培育和发展的产业

1. 主导产业

重点发展航空服务业、航空物流业、适航制造业及航空高端制造业、现代服务业和临空型现代农业等五大临空产业。

航空服务业。包括航空货运、客运及配套的飞机维修保养在内的基地服务业。

航空物流业。以第三方物流为承载主体，快件集散、分拨和递送业务为主导，发展仓储、运输、加工等航空物流产业。

适航制造业及航空高端制造业。发展飞机零部件、具有一定航空运输指向性的汽车零部件和机电设备等先进制造业。

现代服务业。现代临空经济，不仅仅是航空运输，而是巨大的人流、物流带来的相关产业集群。按照距机场5公里左右为商业服务环的相关理论，依托临空区湖泊、湿地等自然资源，发展金融服务、商务会展、休闲旅游、教育培训等高端服务业。

临空型现代农业。重点培育航空食品制造，建立集绿色种植、生产研发、物流配送等为一体的航空食品运作体系。积极发展具有东西湖特色的生鲜水果等适合航空运输的高附加值农产品，积极发展都市性休闲农业，建设生态环境优美的现代都市生态农业园区。

2. 高新技术产业

重点发展新能源、生物技术及新医药、环保新技术及设备、新材料、新一代信息技术等高新技术产业。

新能源产业。大力引进生物质发电项目，促进生物质能及能源清洁高效利用技术升级，积极推进太阳能多晶硅电池板、太阳能发电系统生产项目，太阳能光伏发电等新能源项目，积极推动纯电动汽车和混合动力大客车研制及产业化，加快在公交、环卫等领域的示范应用。吸引和支持高储能动力电池、大功率永磁电机及其控制系统、电动真空助力制动等关键系统及零部件企业发展，加快形成新能源汽车产业链。

新材料产业。重点支持源发塑料、富士铝材、晶毅玻璃等企业提升装备水平和产品技术含量，实施增资扩产，提升在新型建材领域的市场竞争力。

节能环保产业。支持区内现有生物柴油企业进行技术改造，扩大生产规模，提高武汉市及其周边城市的废弃植物油下脚料无害化处理比例，支持精功科技提升自主创新能力，提高其垃圾压缩转运站成套设备的市场占有率。

电子信息产业。强化与武汉东湖新技术开发区、武汉经济技术开发区的产业互动合作，鼓励集成电路、软件及服务外包、新型元器件和消费类电子企业入驻发展。实行政策共享、税收分成和产业延伸。

生物医药产业。重点引进生物疫苗、检测诊断试剂、癌症和心脑血管疾病治疗药物、现代中药、生物农药等企业，重点发展新型疫苗、生物药、小分子药、多肽类药等产品，推进生物医药研发外包，打造武汉市重要的生物医药产业基地。

3. 总部经济

这是临空经济的重点产业，体现了现代总部经济必须依托全球性交通网络和现代信息手段的特点。发挥开发区区位交通、生态环境、体制创新等优势，吸引各大航空公司和分公司总部及其他企业总部进驻，推进总部经济集聚发展。

4.产业布局

在产业布局上，应积极引导黄陂、东西湖、孝感各展所长，努力培育特色，制造“差异”，造就“唯一”，实行差异化发展战略，在产业聚集和产业演进中实现错位发展、特色发展甚至是梯度发展，发挥优势，扬长避短，做到优势更优、特色更特。比如黄陂可以围绕天河机场的核心区位优势发展总部经济和航空服务业、东西湖可以利用东西湖物流保税区及吴家山经济技术开发区的政策优势和产业平台发展航空物流业和高新技术研发制造业、孝感可以依托白水湖等自然资源发展休闲旅游和商住物流业。

核心区：在机场半径 8 公里范围内，是直接服务于机场的内层功能区，主要发展与机场设施及空港运营相关的服务产业。

聚集区：在机场半径 8—12 公里范围内，发展与空港相关联的商务会展、休闲旅游、金融商贸、高端制造等产业。

辐射区：在机场半径 12—20 公里范围内，主要发展相关配套产业。

三、几点建议

武汉临空经济区涉及“两市三区”，省里还没有出台一个纲领性文件对其进行规划引导，也没有建立一套协调机构进行协调沟通，总体上还处于各自为政、资源分散的状况，一是管理部门没有整合，运行机构欠缺，“两市三区”各自为政；二是规划没有整合，不可避免重复建设、恶性竞争等逆经济行为产生；三是基础设施没有整合；四是各种资源的没有整合，特别是管理体制和运行机构亟待协调。武汉建设国家中心城市和国际大都市，必须在国际化上寻求突破，确保在中部地区领先地位。一是尽快整合武汉临空经济规划。目前，围绕武汉机场临空经济发展，武汉市黄陂区、东西湖区和孝感市均在策划各自临空区，但在资源、信息等方面各自单干，缺乏统一规划与协调行动。除孝感市临空经济区规划经市人大批准外，武汉市两个区的规划还没升至市级层面。如果三个临空经济区不能有效整合，势必难成大器。二是坚持差异化竞争战略。2012 年，武汉机场为服务地方经济社会发展，确立“枢纽+门户”的“1+1”发展战略，制定了开发国际地区航线、发展航空物流、完善中转服务三个方面差异化竞争策略。策略确立以来，机场发展取得一定成绩，截至 2013 年 2 月底，完成旅客吞吐量 244 万人次，增长 8.4%，吞吐量和增速均居中部第一；国际地区方面，完成旅客吞吐量 13 万人次，增长 92.2%，大于周边机场，中部国际地区航空龙头地位正在确立。今年 2 月，武汉机场召开物流发展研讨会，与部分基地航空公司达成初步合作意向，但没落实为增长，货邮吞吐总量和增速仍落后于郑州，差距不断拉大。三是尽快出台扶持政策。开发国际航线、加快发展物流货运，都离不开政府政策扶持。武汉在政策扶持方面已落后郑州，航空物流方面尤为明显。如何加快政企合作，促进武汉航空物流业发展，实现后发先至，已成省、市政府和部门与湖北民航共同面对的新挑战。

（一）武汉临空经济区管理体制亟待确立

武汉临空经济区涉及两个市、三个区。分域共建无疑能增快区域繁荣速度，但是如果没有统一的协调管理中枢，在建设发展过程中，不可避免地会出现布局混乱、同质竞争、资源浪费等问题和矛盾，不利于实现互利共赢，因此管理模式必须放在解决问题的首要位置。只有管理模式明确了，各区域形成合力，才利于更好地推进武汉临空经济区建设。

（二）强化临空经济发展顶层设计规划是重中之重

规划是行动的指挥棒，是发展的路线图。目前，我省尚没有就武汉临空经济区制定统一的发展规划，也没有制定相应的专项规划。虽然三地都将有各自的发展规划，但由于没有上升到整体的战略高度，缺乏统一的规划和布局。如不尽快统一，自由发展，必将产生临空区域内开发无序、布局盲目、产业雷同等现象。

（三）打破临空经济发展机制障碍是关键环节

目前，两市三区按照自身的发展需要，各自为政，谋求发展，实现本地利益的最大化，这样一来就无形之中产生以行政区划为界限，主观分割统一市场的“行政壁垒”，而且随着时间的推移，这个壁垒的界限只会越码越高，并最终导致区域整体性的人为割裂，产生交流沟通不畅、基础设施对接不顺、产业发展结构不优等问题。突破武汉临空经济发展的体制机制障碍，其实质是要研究制定具有创新功能的动力机制，实现“两市三区”在共建武汉“大临空”经济板块中实现互利共赢和均衡发展。比如：以政府为主导的制度变迁，多渠道投融资机制的建立和完善，航运系统与机场所在地政府之间的协调机制，科学的考评机制，避免相对同质化的招商引资制度，提升临空经济发展吸引力的激励机制等等，都是目前亟待破解的难题。

（四）打破地区障碍，形成全域贯通交通格局

当前，武汉临空经济区最重要、最紧迫的事情就是要打破地区间的交通障碍，打通以慈天公路、孝汉大道、陈天大道、城际铁路为城市快速路和主干道为基础的道路骨架，并逐步引入跨市（区）公交、轻轨、地铁，形成南北通达、东西交汇、内外联系的立体交通格局，使黄陂、东西湖、孝感三地相联相通、化整为零、串联合作，加快资源整合程度，提升开放开发速度。

（五）创新体制机制，增强经济发展活力

理念观念是根本，体制机制是关键，一个好的体制机制可以充分激发创新活力，为经济的持续增长提供源源不断的动力。在构建武汉临空经济区进程中，面临的问题很多，要成功破解这些发展难题，就必须改变传统思维，创新体制机制。

一是建立互利共赢机制。加快武汉临空经济区建设进程的核心和关键在于建立健全资源共享、利益均等的互利共赢机制，充分调动各方参与的主动性和积极性。建立统一的财税分享机制。在临空区域范围内，统一税收优惠政策，对市场主体跨区域流动提供的税收，按“属地征收、利益共享”原则，实行税收分成制。建立统一的市场准入机制。牢固树立绿色低碳的发展理念，坚守临空产业的发展底线，统一招商引资标准和市场准入门槛，对不符合两型产业发展定位的项目，坚决不予接受。建立资源整合开发利用机制。加大黄陂、东西湖、孝感临空区域的土地、湖泊、交通等资源的整合力度，统筹开发利用。比如，介于土地资源的稀缺性，可以考虑将武汉临空经济区的建设用地指标作为一个有机整体统筹谋划，在保证区域范围内基本农田总量不越红线的前提下，建立市场机制交易，确保建设用地需要和耕地占补平衡。

二是建立多渠道投融资机制。武汉临空经济区是一个庞大的工程，需要大量资金作为支撑，拓宽投融资渠道，扩大资金来源尤为重要。加大银行融资支持。按照“政府主导、市场运作、融资推进、滚动发展”的原则，引导国家开发银行等金融机构参与武汉临空经济区项目规划、论证，及时予以融资支持。成立建设发展基金。通过中央争取、省级下拨、地方自筹的方式设立武汉临空经济区建设发展基金，用于临空经济区域范围内重点项目的投资建设和贷款贴息。拓宽投融资平台。由省政府注入一定资本金，整合黄陂、东西湖、孝感三地现有的担保机构，成立融资担保公司，为临空区域中小企业提供担保支撑，解决融资难题。创新投融资方式。依托省联投、各市（区）城投的资金和政策优势，通过发行债券、申请外国政府和国际金融组织贷款等方法吸引民间及国外资本，充实建设资金库。

三是建立政策激励机制。好的激励政策，能够调动各方面的积极性，起到“四两拨千斤”的作用。建议省委、省政府建立促进武汉临空经济区建设的激励机制，包括财政、税收等方面的支持政策，土地、资金等方面的倾斜政策，以鼓励黄陂、东西湖、孝感开展区域联合，促进产业转移和资源合理流动。对大企业、大项目给予政策倾斜。

对临空区域内的新建项目，凡符合产业规划要求、利用外资或内资总投资达到一定规模的，省财政给予一定补贴。减免涉企行政规费。对临空区域内企业，免收省、市涉企行政性收费，涉及国家管理的涉企行政性收费，由园区或园区所在市（区）财政承担，提升企业投资积极性。建立项目激励机制。认真梳理临空经济区内的所有重大项目，实行分区管理、跟踪月报，对超前完成目标的市（区）给予土地、财税及融资等政策倾斜嘉奖，最大限度地提高黄陂、东西湖、孝感的资源整合度和协作积极性。

四是建立科学考评机制。一套科学的考评机制既是激发干部工作积极性的有效标准，更是指引一个地方科学发展的“指挥棒”。建议省委、省政府根据临空经济的发展特点，从经济、社会、生态和人的发展等多方面制定一套切合实际、行之有效的科学考评机制，为武汉临空经济区的科学发展、和谐发展树立正确的导向。在经济发展上，建议抓紧制定一套符合“两型”发展要求的绿色GDP考核机制，淡化唯“GDP”论，注重绿色环保，强调生态和谐，努力将武汉临空经济区建设成为人与自然和谐共处的绿色生态新城。在管理部门上，建议制定一套目标责任单位考核体系，细化地方政府工作职责的同时，明确省直相关部门扶持任务，对在武汉临空经济区建设进程中成绩突出的先进市（区）给予财税政策奖励，对帮扶力度大且成效显著的省直部门的先进单位给予通报表彰。在队伍建设上，建议建立一套公平合理的选人用人制度，严格按照五湖四海、任人唯贤的用人标准，采取聘用、入股、分红等方式方法激励吸引高端人才，引领湖北临空经济的发展，同时，对不顾大局、不守纪律的个人，研究制定采取必要的行政处罚措施。

（执笔人：李春洋）

第三次工业革命对武汉的影响

进入后金融危机时代，主要发达国家和地区为了抢占未来全球竞争的制高点，不断提高科技投入和产业孕育，一定程度上加剧了第三次工业革命的发展进程。第三次工业革命背景下，全球制造业发展模式正向创新驱动转变，产业资源面临大整合，产业组织特征、生产模式、消费模式面临大变革，在此背景下，武汉市亟需认清形势，结合自身基础和优势，把握机遇，迎接挑战，培植新兴战略产业增长点，加快新型工业化和创新型城市建设步伐。

一、第三次工业革命基本特征、实质与发展趋势

第一次工业革命是 18 世纪晚期制造业的“机械化”所催生的“工厂制”，彻底荡涤了家庭作坊式的生产组织方式；第二次工业革命是 20 世纪早期制造业的“自动化”所创造的“福特制”，流水生产线使得“大规模生产”成为制造业的主导生产组织方式，产品的同质化程度和产量实现“双高”。而人类正在迎接的第三次工业革命是制造业的“数字化”，以此为基础的“大规模定制”可能成为未来的主流生产方式。依托现代 CAD/CAM 技术、激光技术、计算机数控技术、精密伺服驱动技术以及纳米材料、复合材料等新材料，以 3D 打印技术为代表的新型生产技术和装备，将制造业带入数字化时代。作为最有生命力的先进制造技术，3D 打印技术具有设计制造一体化、高度柔性、低研制周期、低生产成本等特征。新材料、新技术的广泛应用所带来的破坏性创新，将引发生产、消费等各领域的深刻变革。

新材料、新技术的一系列破坏性创新，不仅改变了产品的形式，增加了产品的个性化与多样性，降低了生产成本，更是改变了传统的生产组织方式。以 3D 打印技术为核心，由于生产设备功能的高度集中和生产设备的小型化，使得传统的零件组装、产业分工、巨型生产装备制造等生产方式被彻底变革，能源互联网将充分解决家庭式工厂的生产能源要素问题，小型家庭、个性化的生产方式将替代传统生产制造方式，产品设计与生产制造一体化程度显著提高。在这种生产方式下，呈现出组织方式的网络化、扁平化趋势。通过网络平台，生产制造方与技术提供方进行连接，形成网络化的产业链、供应链和创新链。材料供应方、生产方、技术方、客户共同参与产品的设计制造，改变了目前制造方单向进行市场调查、产品设计、生产制造的生产模式。由于信息技术的应用和生产模式的变化，整个社会生产体系中企业门槛降低，生产组织

形式简单化，企业内部结构层次减少，市场化的价格机制将在更大程度上替代企业内部的组织机制，人才、技术、财务管理、市场调查、材料采购等原有的企业内部组织功能将通过市场网络平台予以解决（财务结算平台，人才市场平台等等），市场的作用边界将大大拓宽，企业的边界将缩小，因而整个市场产业组织的扁平化特征更加明显，产业组织更具柔性和创造性。

第三次工业革命将呈现以下基本特征：

（一）数字化、智能化制造成为主导方式，智能软件、新材料、新型机器人及互联网信息服务在制造业中的应用，使得制造业走向数字化发展的道路

第三次工业革命将产生一大批家庭式工厂，这类工厂仅有 3D 打印机、激光切割机、铣床和喷漆台等设备。借助丰富的产品设计程序和模板，搭配网络平台的扩散效应以及用户之间的互动机制，企业生产效率和技术转化效率大大提高。而且，与现有普遍的专用生产设备制造方式不同，为适应大规模定制生产，第三次工业革命将普遍催生可重构系统，这类制造系统以重排、重复利用和更新系统组态或子系统的方式，实现快速调试以及制造，具有很强的包容性、灵活性以及突出的生产能力，将会大大提高生产效率、降低生产成本。

不仅仅在生产效率提升方面，第三次工业革命的影响更充分体现在物流传输层面。从前两次革命形成的火车、电报电话以及汽车、飞机等交通工具形成的物流方式，将会转变到以互联网为载体的信息化交通物流方式。由于生产的大众化、精细化、差异化，物流内容将会从大宗向分散转变，物流距离将会大大缩短，物流的动力方式也进一步增加小型电力工具的比重。因而，不仅仅是生产领域的能源互联网将会形成能源传输领域的深刻变革，这种影响变化更会深入到业已存在的信息互联网络，数字化、信息化将成为主流沟通方式，信息交流将在更大程度上替代实物交流。以互联网为支撑的“智能化、定制、差异化”的方式将取代传统的“大规模、同质、标准化”的方式，进而大大降低物流运输成本。

（二）以新能源、新能源汽车、节能环保为代表的低碳产业发展潜力巨大，并逐渐成为全球增长的新热点

为了化解人类面临的能源资源困境，绿色制造和新能源的有效利用成为了第三次工业革命的重要特征和发展方向。能源作为制约当前全球可持续发展的关键资源要素，是第三次工业革命要解决的核心问题，也是引领第三次工业革命的基础。按照杰里米·里夫金描述的能源宏伟蓝图，未来建筑应转变成能就地收集可再生能源的迷你

能量采集器；每一大洲的建筑转化为微型发电厂，就地搜集可再生能源；将氢和其他可储存能源储存在建筑里，利用社会全部的基础设施来储藏间歇性可再生能源；利用互联网技术将全球的电网转化为能源共享网络。因而，新能源及相关领域不仅是第三次工业革命的核心内容，是引导第三次工业革命爆发的关键技术因素所在，同时基于当前全球发展中所面临的严峻的能源和环保问题，未来将形成巨大的市场需求，推动新能源、新能源汽车、节能环保为代表的低碳产业大发展。

（三）制造业与服务业界限逐渐模糊，生产性服务业呈现加速增长，将对制造业的变革产生深刻影响

自从第二次工业革命以来，基于现代服务业的专业化及对先进制造业的重要支撑作用，制造业与服务业的分离态势明显，服务业成为现代产业发展中更重要的部分。如前所述，基于科技在第三次工业革命中的影响力，第三次工业革命的推进将进一步催生现代科技发展，这将在一定程度上改变既有的制造业与服务业业态分离状况，重新回归制造业与服务业高度融合的态势。由于制造业的生产制造层面主要由高效率、高智能的新型装备完成（如综合各类制造设备为一身的3D打印机等），其中的技术开发与软件升级成为关键要素。而这种关键技术要素既要依托具有相关技术的研发服务企业提供，同时这类研发服务企业自身进入制造领域的门槛大大降低，其自身基于产业价值链的因素将会进一步与制造业融合，因而与制造业相关的生产性服务业与制造业将普遍融合为统一业态。这种业态的融合不仅体现在企业形态上，更是由于技术贡献上升的因素，人力资源将集中于高技术人才领域，就业人群将朝向侧重于服务领域转变。

事实上，自金融危机以来，主要发达国家已加速第三次工业革命下国家战略的实施。例如美国两次启动国家创新战略、欧盟实施2020创新型欧盟战略、日本提出新成长战略以及英国大力推荐低碳经济战略等。总之，各国均不约而同地把未来10年乃至更长时期的经济发展动力聚焦在智慧产业、健康产业、低碳产业等三大产业的基础创新上。因此，第三次工业革命背景下产业发展趋势主要表现为：以物联网、云计算、智能电网等新一代信息技术为代表的智慧产业发展迅猛；以生物科技主导的健康产业具有广阔的市场空间；以新能源和节能环保为代表的低碳产业成为未来国际竞争的核心领域。

二、第三次工业革命对武汉发展的影响

目前武汉承载了包括打造中部崛起战略支点、建设国家自主创新示范区等在内的

一系列国家战略，当前正努力打造三个中心（国家商贸物流中心，国家创新中心，国家先进制造业中心），全力推进国家中心城市建设。围绕承载的一系列国家战略和城市发展目标，在当前的第三次工业革命背景下，武汉面临着一系列发展机遇。

（一）推动产业提档升级，构建国家先进制造业中心

以现代CAD/CAM 技术、激光技术、计算机数控技术、精密伺服驱动技术以及纳米材料、复合材料等为代表的新技术、新材料领域的变革，将引发全球产业领域的深刻调整。这种调整主要体现为基于技术、产业领域变革而形成的全球整体层面的产业结构升级，其发展方向与武汉当前大力推进的国家先进制造业中心、新型工业化建设战略不谋而合，形成武汉发展的外在强大推动力。这种升级态势将通过产业关联和竞争加速武汉产业升级，伴随着武汉工业倍增计划，全面推进武汉新型工业化进程。

（二）完善创新体系，确立国家创新中心地位

武汉在科技教育方面拥有显著优势，正全力打造国家创新中心。东湖新技术开发区被国务院批准为全国第二个国家自主创新示范区，“武汉•中国光谷”品牌效应和产业集聚度不断提升，大量的高校、科研院所及高层次人才所形成的高新技术、新知识的生产与供给能力成为高技术产业发展的重要因素，雄厚的产业基础所带来的高新技术产业化形成了高新技术产业集群的规模效应与溢出效应，这些都为推进高新技术产业发展、建设国家自主创新示范区和构建国家创新型城市打下坚实基础。在创新推动的第三次工业革命形势下，武汉将充分利用自身在人才、科技、教育等创新体系优势，加速相关领域技术整合和转化利用，促进科技成果的产业化，提升武汉在国家创新网络中的地位，进一步确立武汉的国家创新中心地位。

（三）形成需求拉动，促进内生型经济发展

无论是3D打印智能制造，还是新能源、新材料，其自身必须有特定的实现装备和承载载体。从智能制造领域，3D打印机的装备制造以及更上游的母机生产，必然对能源、材料领域形成需求，并通过产业链对制造业领域以及能源生产领域产生影响。新能源、能源互联网的发展，必然对现有建筑、能源网络（智能电网）提出改造要求，对现有建筑的改造以及未来符合要求的建筑的建造，将形成对新材料及传统材料的一波强烈需求。产业深度调整所引致的巨大需求，体现在研发服务、传统材料、新材料、装备制造、金融服务等各个领域，将会在很大程度上加大内需型经济拉动力度，推进武汉相关产业发展。

（四）催生新的产业群体，构筑经济新增长点

引领第三次工业革命的是制造技术和生产方式的重大变革。在这一变革中，新材料、高端数控机床、工业机器人将成为制造业中最活跃的行业。同时，与前两次工业革命不同，第三次工业革命不仅会引起工业领域的重大变革，还会影响到服务业领域，催生新的服务业部门，二、三产业融合也将产生众多新的业态。未来工厂的生产环节将需要极少的一线工人参与，大部分就业集中在研发、设计、采购、营销等制造业相关服务业。由此将会在制造业、服务业领域催生出一批代表新技术、新的生产和消费方式的产业群体，在促进传统产业升级的基础上，构筑经济新的增长点。

（五）优化能源结构，提升能源安全水平

武汉基本属于“无能”城市，无煤、缺电、乏气，且自身又缺乏必要的、足够的保障体系，造成武汉市能源供应抗风险能力差，在面对能源供应突发事件时，总是处于较为被动的地位，能源供应安全面临挑战。每当出现市场波动、自然灾害、突发事故、运力紧张等情况时，易导致气荒、煤荒、电荒等问题。第三次工业革命将催生小型分布式能源以及能源互联网：依托建筑，以太阳能等可再生能源、以天然气为一次能源的分布式能源、地源热泵等主体，以区域分散式小型网络、天然气网以及大型智能电网等能源互联网为能源传输平台，并辅于间歇性能源储备装置，形成对传统能源消费方式、生产方式的冲击。按照这一发展态势，将大大提升武汉能源供给的智能化、效率和能源安全水平，武汉较为雄厚的能源装备制造产业也将在新能源的蓬勃发展态势中获得发展良机。

同时，我们也不能忽视第三次工业革命冲击在给武汉发展带来正面影响的同时，现有体系面对冲击形成的负面“反抗”作用。

一是发达国家再工业化战略对武汉发展形成了制约。发达国家为抢占第三次工业革命先机，加快推进相关领域产业化，尤其是推进智能制造、低碳产业等制造业领域的再工业化，高精尖产业回流发达国家，这将带来全球产业结构的区域性调整，这种战略调整将对武汉产业发展形成巨大冲击，影响武汉的新型工业化进程。

二是产业组织方式变化引发的传统生产方式和消费方式变革将对国家商贸物流中心造成一定的不确定性。生产方式的社会化、扁平化，生产组织的分散化、小型化特征明显，必然导致生产资料配给的分散化。传统的以大型工厂为基础的规模配给方式将发生改变，能源、原材料等各类生产要素的集中供给程度降低，大规模生产向大规模定制转变，集中生产向分散生产转变，标准型消费向个性化消费转变。这就意味着，基于大运量、大集散特征的物流中心将不可避免地受到冲击，尽管这种冲击短期内还不会出现，但是随着第三次工业革命带来的生产消费方式的深层次变革，冲击产生的影响不可忽视。

三是产业升级面临技术、人才瓶颈。构建新的产业体系不能忽略仍然尚未成熟并能够大规模推广的技术瓶颈以及由此而来的人才储备。任何一次工业革命都是对劳动力的解放，但与此同时却又提高了对劳动力素质的要求。在第三次工业革命中，大部分生产工作将由机器人承担完成。因此可以预见，从事制造行业的劳动力人数将大幅减少，而具有很高的知识水平和技能的高层次人才需求旺盛，这将对现有人才储备水平提出更高要求。

四是社会经济结构大变迁过程中的就业、社会保障压力。二三产业融合、高技术和研发服务业占主体，使得知识型人才成为核心竞争资源。伴随产业结构的调整，就业结构必将发生大变化，新的就业渠道增加和原有岗位的减少加剧需求结构性失衡，这必将导致现有的人力资源供给结构失衡，普通人才的就业压力加大，社会失业人口和需要救济人口猛增，就业、社会稳定和社会保障压力显著加大。能否有效化解或缓解这种压力成为能否实现产业转型和接轨的关键。

五是传统产业体系变革过程中受到的能源约束。传统产业体系的变革以及新产业体系的形成，涉及到基础设施、生产装备的更新换代，所产生的能源需求是否能够满足以及需要多长时间的满足，成为一个不能回避的问题。

三、第三次工业革命背景下武汉发展的思路与对策

第三次工业革命，依托的是科技，推动的是产业，改变的是生产生活方式。对于我们来说，不能像前两次工业革命那样，仅仅做旁观者或追随者，而应参与第三次工业革命的进程，做主宰者。在这个过程中，我们既面临着技术、资金、人才等方面的瓶颈，与发达国家在战略理念、实施基础上存在较大差距，同时基于目前第三次工业革命正处于起步阶段，因而我们也易发挥“产业基础上的后发优势”，利用制度优势抢占发展先机。可以说，优势劣势并存，机遇挑战瞬间互换，关键在于把握。

（一）积极制定武汉制造业应对策略

在第三次工业革命的浪潮中，制造业应当努力实现由低附加值向高附加值、由低技术密集向高技术密集、由粗放发展向精益制造、由大规模生产向大规模定制的全面战略转型，显著提升在全球制造业分工中的位势。为了实现这一转变，要坚持内外并重、技贸并举，既要吸收外部创新资源和创新成果，又要坚持自主创新，充分利用自身的创新资源；既要重视技术创新的引领作用，又要重视市场需求的拉动作用。

1. 传统领域变革：传统制造业领域应顺应第三次工业革命趋势特征，加大创新力度，提升信息化、智能化水平，培育先进制造技术创新和产业化主体，掌握产业话语权。应进一步深入实施工业强市战略和“工业倍增计划”，以千亿产业和百亿企业为重点，加快技术改造步伐，促进新兴产业与传统产业的结合，做大做强支柱产业，发展优势产业，加快建设全国重要的先进制造业中心。重点强化新材料、新能源在传统制造业领域的研发、应用，加快推进生产领域的数字化、智能化改造，实现传统制造领域与产业革命基本趋势特征的对接、融合。

2. 新兴领域培育：坚持自主创新，加大对数字化制造以及新材料领域的基础研究投入，帮助高等院校、科研院所跟踪和赶超数字化制造技术的前沿。坚持以企业为创新的主体，支持企业进行原始创新、集成创新、引进消化吸收再创新，着力帮助企业提升科技研发和技术创新能力，尽快在数字制造关键核心技术上取得突破，自主掌握数字化制造产业的核心专利。设立数字化制造专项发展基金、鼓励社会风险投资的投入，支持和培育创业型中小企业的发展，消除科技成果转化与产业化之间的障碍，促进创新成果的转化。积极引进国际数字制造领域的高端专业人才来中国创业，培育一批具有国际视野和国际水平的高技术企业。

3. 政策体系构建：构建基于先进制造技术的现代制造业体系，创造良好发展环境。针对第三次工业革命的新特点，有针对性地制定促进产业发展的财政、税收、信贷、进出口等方面的政策。围绕数字化制造产业链，加强公共研发平台、信息网络设施、园区基础设施、配套物流中心等方面的建设。以打造数字化制造产业链为中心，建设数字化制造专业化园区，吸引国内外数字化制造企业落户和科技成果的落地转化，促进产业集聚和配套产业发展，形成从研发、设备制造到设计、应用、营销、会展的完整的数字化制造产业链，形成研发基地、制造基地、总部基地和应用示范基地。

4. 战略性新兴产业谋划：以重大技术突破和重大发展需求为基础，以智慧产业、健康产业、低碳产业三大领域为重点，加快建设世界一流的综合性国家高技术产业基地。

——智慧产业领域

3D 打印产业。根据有关行业估算，传统产业即使只有 10%的产品用 3D 打印的方式制造，在国内也将形成一个万亿规模的产业。可以依托华中科技大学研发团队 3D 打印核心技术突破升级，支持以滨湖机电为龙头的 3D 打印企业做大做强，鼓励龙头企业上市融资，促进企业长远健康发展，多方支持 3D 打印设备制造产业化、市场应用产业化，打造国家级 3D 打印产业示范基地。

智能制造产业。智能制造是我国未来 10 年高速增长的产业之一。武汉依托研发和装备制造基础优势，有望在该领域走在全国前列，产业规模突破千亿元。依托国家级研发平台和华中数控、华工科技、中冶南方等重点企业，形成包括智能装备制造、智能产品应用等在内的完整产业链和产业集群，形成国家级智能制造产业示范基地。重点研发机器人、精密仪器、高端机床等。

智能电网。重点发展新能源接入与控制、智能变电站等智能电网领域关键核心技术，同时加快风电机组中发电机、主控制器及系统等关键部件自主化。策划建设智能电网配套产业园，通过智能电网示范项目的实施，打造完整的智能电网装备产业链。

下一代互联网产业。在高速光纤接入系统、宽带无线接入系统、物联网管理等下一代互联网关键技术研发及应用领域加快产业化，并在相关领域设备、终端及应用服务市场进一步拓展。

下一代光通信产业。武汉已经形成较为完整的光通信产业链及产业集群，应依托武汉光电国家实验室和相关科研机构、龙头企业，大力推进大容量分组交换技术、光层交换技术以及超大容量传送技术的突破，实现高端光器件的国产化，占据下一轮全球光通信产业竞争优势，打造我国最大的下一代光通信研发生产集聚区。

新一代信息产业。重点提升集成电路设计水平和市场化能力；加快新一代移动通信技术的研发和产业化；加快物联网技术产业化，突破传感器、控制芯片等核心技术，实施环境监测、智能安防等一批应用示范工程，促进形成物联网产业链。

数字服务产业，包括数据的收集、处理、传播、存储、流通、服务以及相关软、硬件研发制造业，主要由数据内容业、数据服务业和数据软硬件研发制造等产业领域构成。未来关键是继续争取国家有关部门的大力扶持，在符合条件的领域和园区，率先自主开展信息服务业、云计算等试点示范；支持新模式、新业态、新服务的发展和应用。

——健康产业领域

生物医药产业。结合国家“重大新药创制”、“重大传染病防治”两个重大专项的实施，进一步加大投入，促进生物制药产业的快速发展。重点加快突破抗体药物、高端疫苗、新型疫苗和诊断试剂、高端化学药物、现代中药等方面的研究和突破。组建生物制药技术联盟，形成大的企业集团和跨国公司，并带动大批中小企业发展，形成一个完整的现代生物制药产业链条。着重加强产业融合技术交叉领域的技术突破，加强应用技术创新和检测技术创新，加强产业形态和应用模式的跨界组合，注重构建技术转化平台。

生物农业产业。武汉国家农业科技产业园聚集了生物肥料、生物农药、生物兽药、生物饲料等一批生物农业企业。应以此为依托，加速分子医药农业产业的快速发展，尽快形成具有武汉特色的生物产业链和产业群，培植经济发展新的增长点。

——低碳产业领域

新能源装备产业。重点关注新能源接入装备与技术的研发、集成和产业化发展，尤其是风电和光伏领域，加强光伏逆变器、直驱型风电变流器、风光互补发电站、励磁调节器、中压变频器、大容量储能系统等系列产品的研发和集成，加快产业链形成和发展壮大。

燃料电池产业。依托武汉汽车制造业的雄厚基础和燃料电池的研发优势，积极推动燃料电池汽车的产业化。加强对武汉理工新能源有限公司、银泰科技电源股份有限公司等相关企业的支持。大力推广燃料电池在通信基站、家用分布式供电系统等领域的应用，并积极推动氢供给基础设施建设。

页岩气产业。武汉市作为能源开发和装备制造业重要基地，应依托相关企业在勘探装备制造方面积极参与全国范围的页岩气投标和合作开发，力争在页岩气重大工程装备及其配套方面取得重大突破。

（二）主要应对措施

1. 加强武汉市重点工业企业的生产、组织及技术模式创新

根据第三次工业革命发展态势，上海市发改委就上海的产业转型提出了上海企业的生产、组织及技术模式创新。上海是武汉产业发展的战略伙伴和标杆，相关思路值得我们借鉴。

一是生产模式创新。鼓励企业将原有内部产业链条上的部分非核心环节进行剥离和细分，鼓励开发精品或特定个性化产品，推动行业发展的专业化、个性化。推动综合集成、柔性生产、精密制造等先进技术融入设计、制造和营销的全过程。

二是组织模式创新。建立涉及产品设计、制造、销售等各个环节的网络平台和互动机制，推动计算机辅助设计等技术及仿真实验、协同研发等新型工业研发模式在相关产业领域的深化应用。推动电子商务、供应链管理、产品生命周期管理等应用于企业管理。

三是技术模式创新。构建以企业为主体、市场为导向、产学研结合的技术创新体

系。引导和鼓励企业加大研发投入，支持企业利用全球科技资源，建立海外研发基地或收购海外科技和研发机构。四是积极培育“微观跨国公司”。重点培育一批基础较好、潜力较大、行业带动性较强的中小微企业，推动其发展国际业务，推动其在全球范围内的专业化生产、精准化管理、自主化创新、集约化经营和品牌化运作。

2. 创建以武汉为中枢的商业网络模式

商业模式的创新是企业做大做强的法宝，是企业可持续发展的生命力。企业成功的60%归功于商业模式的创新。武汉要抢抓第三次工业革命机遇，实现工业倍增、可持续发展，必须把握当前先进的产业发展和城市发展模式，实现跨越式发展。网络经济模式则是当前企业、城市乃至国家发展的典型模式。

网络经济是指依托营销、信息、物流等网络（非互联网的概念），形成企业之间、经济体之间的紧密联系纽带，是随着经济全球化发展而凸显的一种重要经济现象。随着企业之间相互关联的加深，企业在市场中的竞争力不仅来自于其产品（服务）、技术、管理等，同时还来自于它所构成的网络，由此形成的网络经济控制力。拥有强大供销网络的企业，对其覆盖的经济区域具有很大的话语权和影响力，他们依靠的并不一定是高端技术，而是主要依靠网络经济控制力赚取超额利润，进而占领价值链高端，成为经济的主导力量。家乐福、沃尔玛利用其商贸销售网络，将供货商利润压到最低点，展示其强大网络经济控制力。新加坡港口利用其物流网络，能够将澳大利亚国内的海运货物吸引到新加坡中转。大摩、高盛、UBS等金融大鳄，依靠其全球金融网络，控制着利润最丰腴的投行咨询业务。基于这个方面的考虑，西方国家对于各行业的网络控制特别重视，着力发展本国的网络型企业，掌控宝贵的网络资源，占领价值链高端。

网络经济的重要性，相比微观主体企业，在一个城市、一个国家的发展战略中体现的更为充分。一个地区、一个城市，拥有的网络资源越丰富，网络覆盖涉及面越大，网络控制力越强，就越有竞争力。在构建以城市为核心的经济网络时，企业作为网络控制力的实施者，发挥着关键作用。武汉要实现“十二五”时期工业倍增，成为引领中国发展的中心城市，就要转变发展思维，应当从点、线的发展思维方式，提升到以网络思维促进经济发展的高度。通过发展网络经济，集聚行业最优秀的企业、人才等各类资源，实现主导产业的高端化，高新技术和新兴产业的规模化，并依托网络拓展延伸产业链，从而全面实现传统思维下“点”、“线”的发展目标。

为此，要大力构建以武汉为枢纽的网络，包括信息网络、物流配送网络、管理控制网络、零售批发网络、科研服务网络，在武汉形成网络控制中心。通过发展网络经济，利用网络来抢占产业链、价值链高端。而这种网络控制中心的实施主体是企业，且武汉必须能够对具有网络控制力的企业拥有强大的控制权，或者企业对武汉具有很强的归属性，以求在资源配置、市场定价等方面强化武汉的话语权，体现党委政府的政策导向。这就意味着，为抢占网络经济的制高点，武汉应在现代制造、高新技术、金融、工业设计、商贸物流等方面重点打造武汉本土的网络化企业，以中国500强在汉企业以及武汉100强企业为主要依靠，形成各个行业网络的中枢，扩大网络覆盖面，增强网络控制力。

3.积极参与全球技术开发、规范制定与战略分工

以东湖高新区为基地，以开放战略融入全球化，参与第三次工业革命的技术开发、规范制定与战略分工，不断拓展新的开放领域和发展空间。

加强高新区研发平台和产业联盟建设。东湖高新区的比较优势在于区内科研院所和高校众多，知识和智力资源密集，合理地发掘和利用这些资源有利于打造高新区的科技创新能力。要进一步提升现有的大学、科研机构以及国家实验室、国家重点实验室、工程技术中心等研究机构的研究水平，突出基础研究和应用基础研究的战略性和前瞻性，与建设国际一流的国家光电子信息产业基地接轨、与未来高技术产业的培育接轨，重点加强光电材料、光电集成、化合物半导体和半导体照明、空间地理信息系统、纳米材料、生物技术和新医药等领域的前瞻性研究，力争取得一批世界性的研究成果和创新产品。积极打造产业技术联盟，通过（NVD）产业技术联盟、软件外包产业联盟、中国光纤到户产业联盟、激光行业协会等产业联盟，推进自主创新，制定行业标准，提升东湖高新区光电子信息产业的核心竞争力。

加速推进高新区融入全球创新网络。实施开放式战略思维，进一步提升在全球范围内整合资源的能力，使高新区的创新体系成为全球创新网络的一部分。要在发挥东湖高新区科教优势、进一步完善高新区的创新网络的同时，通过“光博会”、“华创会”、“动漫节”，建设海外合作园区，同国际大公司开展交流与合作，吸引跨国公司在高新区建设技术中心。要广泛地开展国际性的科研合作，鼓励高层次人才的交流合作和吸收引进。继续围绕“光电科学与技术创新引智计划”，在全球排名前100位的大学与科研机构引进学术大师，以“布立顿·强斯生物医学光学研究中心”为基地，聘请国际知名科学家为委员。支持企业与跨国公司的开展产业合资和研发合作，通过合资、合作，促进龙头企业进一步融入全球产业链，迅速壮大自身实力。继续吸引一大批国

内外高科技企业、跨国公司、国际化人才的入驻。积极支持条件具备的企业实施国际化战略，在国外设立研发和生产组织，获取国际创新资源和市场资源。

4.实施信息化推进智慧城市建设

启动数字化制造市场，通过应用示范引领产业发展。数字化制造技术的重大突破和市场的形成是推动第三次工业革命发展的两轮。一方面具有制造业数字化发展所需的市场容量，另一方面仍处于城市化高速发展阶段，城市基础设施和公共产品市场需求的发展具有重大的示范效应，因此应该在数字化制造产业起到先行先试的示范作用。作为第三次工业革命基础的先进技术仍然处于发展过程之中，3D 打印等技术还比较稚嫩，机器人等新型设备的成本也没有降低到可以广泛应用的程度，因此数字化制造设备的应用仍然面临着很大的阻力。要通过数字化制造技术在工业领域和终端消费市场的应用，提高企业用户和个人用户对数字化技术的认识，通过示范带动数字化技术获得更广泛的应用。

构建信息技术服务平台。一是在线服务。加强网络、信息、通讯等技术的创新应用和发展，通过三维虚拟技术实现立体互动，积极推广实时网络交流和电子交易。二是个性化定制服务。建立功能多元化、使用简单化、服务互动化的个性化服务产品定制平台，实现在电子商务环境下与客户进行实时数字化、互动式交流和信息管理，通过大型数据库、数据挖掘和数据仓库技术对海量客户数据和商业数据进行管理和智能化分析。三是互动服务。实现虚拟与现实的实时沟通交流，积极拓展数字电视、移动电视、手机媒体、互动式广告等多领域的互动服务。四是集成服务。通过信息、网络、通讯技术集成服务资源，实现线上、线下资源全面整合、综合配置、菜单式定制、一站式解决。五是平台服务。重点发展国际贸易和海外营销促进平台、国际财经信息国际信息港平台等，及各类产业专业型服务平台、展示交易型服务平台、生活服务型服务平台。

推进数字武汉建设。提升城市基础测绘保障和服务能力，进一步充实和更新基础地理信息数据库，完善数字武汉地理空间框架。深化“三网融合”、下一代广播电视网试点工作，推进通信网、互联网、数字电视网等信息网络全覆盖，提升服务功能，促进融合应用，实现资源共享、互联互通。

实施光城计划。加快宽带网络建设，利用武汉光纤光缆产业优势，积极推进光纤到楼，大力发展光纤到户，扩大远城区宽带网络覆盖范围，建设智能楼宇、智慧家庭。进一步增加无线网络覆盖点，实现机场、车站、学校、大型商场等公共空间无线网全覆盖。

推进物联网建设。引进和运用物联网、云计算等信息技术，实施智能交通、智能电网、智能安防设施、智能环境监测、数字化医疗等物联网示范工程。实现车联网全覆盖。拓展“武汉通”应用功能，基本覆盖居民衣食住行的小额消费，促进与身份信息管理互联。

5. 推动科技金融高效融合与互动发展

科技金融有效结合离不开政府的强力推动，应充分发挥政府的主导作用，以创新为手段，以增强科技金融体系的资源集聚效应和资源配置功能为出发点，高起点地规划、建设科技金融服务体系，有效促进科技金融高效融合与互动发展，构建自主创新坚实基石。

一是建立风险投资与孵化平台的联动机制，推进高新技术企业价值发现与提升。以高新技术产业园区为基地，以资本为纽带，积极推动企业、科研院所、高等院校之间的合作。结合高新技术产业和技术资源优势，大力发展各类专业的孵化器，建立循环经济示范区等专业孵化器，提供专业化技术服务设施和条件。积极吸引金融、证券、咨询等中介服务机构进入园区，为创新企业融资、风险投资、企业上市、股份改造、股权退出等提供中介服务，通过中介机构对园区企业有计划、有步骤的推进股改工作，吸引一大批创业投资资金支持园区内有发展潜力的在孵企业，实现“优势互补、孵化接力”，支持科研孵化实现高速增长，走向资本市场。

二是加强科技信贷服务顶层设计，设立专为科技企业融资服务的科技银行。针对现有商业银行难以承受科技企业融资的高风险问题，采取折中解决的办法，组建专门为科技企业服务的科技银行。科技银行处于风险投资与普通商业银行中间地带，是专业化的针对科技创新型企业的成长过程中资金匮乏、信息不对称等现实问题，提供促成产业化金融工具而创设的新型金融机构，可以弥补现有银行体系及银行功能上对高新科技创新支撑不足的缺陷。具体来看，当前可以依托武汉东湖高新区等国家级自主创新示范区，筹划设立政策性科技银行，专门针对高新技术产业、创新型企业、中小型科技企业、高新技术园区及国家重大科技项目提供金融支持和金融服务。

三是探索“投贷联盟”业务创新模式，打通风险投资、信贷资金与科技企业的资金链。技术成果具有无形化和难以评估的特点，因而高新技术成果的应用转化初期难以符合银行信贷条件而获取融资。然而现有风险投资资金规模十分有限，大量的银行资金又难以进入科技企业，因而打通风险创投、银行信贷与科技企业之间的融资通道非常必要。可以探索“投贷联盟”的业务创新模式，由投资机构与金融机构联手合作，由创投机构给予企业科技成果股权资金，企业以此资产为依托取得银行贷款，从而实现商业银行对高风险科技企业的信贷支持。通过股权、信贷方式一揽子解决创业企业的资金问题，提升企业融资能力，拓展融资渠道和空间。同时科技成果的转化应用做大了高科技市场蛋糕，进一步夯实了金融市场的经济基础。

四是全力建设新三板市场，完善风险资本退出机制。风险资本获取投资收益的途径是将手中持有的公司股份转让从而取得回报，风险投资基金要实现增殖和循环流动，就需要有便捷的退出渠道。新三板市场是较为合适的实现各类股权资本退出的途径。“新三板”重要作用之一就是负责全面接收来自主板、中小板和创业板的退市公司，为它们提供继续转让的机会。当前应充分利用国家扩大新三板试点的政策机遇，依托试点园区丰富的高科技企业资源，优选高成长性中小企业，完善制度规则，积极开展股权交易流通试点，扩大新三板试点范围。

五是提升政府的社会系统风险分担功能，构建系统高效的科技金融风险分担机制。实现科技金融服务体系的高效运作，离不开各参与主体之间良性的风险分担机制。科技企业主要技术创新风险，风险投资承担资本风险，政府则应从社会系统风险的角度，承担相应风险。为降低科技创新的社会系统风险，政府应从加强公共服务和资源投入的角度，深层介入科技金融体系。政府出资和银行建立贷款补偿金，对银行支持科技型中小企业的违约贷款提供补偿，进一步降低银行信贷在促进科技创新中所承担的过度风险。建立保险保费补贴机制，通过财政补贴和税收优惠等措施提高投保科技保险的积极性，构建高新技术企业创新产品研发、科技成果转化的保险保障机制。同时，政府还应营造有利于科技、金融人才集聚良好的工作、生活和文化环境，在户籍政策、税收优惠政策、住房保障方面倾斜，降低人才流失风险。

六是依托互联网金融优化传统金融模式，降低社会交易成本。伴随着现代科学技术的蓬勃发展和应用，传统金融模式也面临着变革。互联网金融作为传统金融行业与互联网精神相结合的新兴领域，本着“开放、平等、协作、分享”的精神往传统金融业态渗透，对人类金融模式产生根本影响。当前一方面应在传统金融组织形式中渗入互联网元素，大力发展各类互联网金融应用模式，开展第三方支付、在线理财产品的销售、信用评价审核、金融中介、金融电子商务等模式，降低资金供求双方的融资成本，另一方面则应从创新的角度颠覆传统金融服务理念，着力扶持发展 P2P、O2O 等网络金融模式，推进网络信贷平台建设。

（课题负责人：张建华

课题组成员：陈进 盛长文 邹凤明）

主要参考文献：

张建华，第三次工业革命背景下湖北省战略性新兴产业的培育重点选择，湖北省科学技术协会（科技思想库决策参考），2013 年第 4 期。

中国社会科学院工业经济研究所课题组，第三次工业革命与中国制造业的应对战略，[J]//学习与探索，2012 年第 9 期。

黄健，姜山，3D 打印技术将掀起“第三次工业革命”？[J]// 新材料产业，2013.1。

肖林，转型发展：上海抢占新产业革命制高点，[J]//国际金融报，2012.11.13。

武汉市国民经济和社会发展第十二个五年规划纲要。

武汉“大学之城”建设战略规划纲要

（2012-2020）

武汉是全球大学生数量最多的城市。长期以来，中央、省委省政府对武汉地区高等教育事业发展高度关注，对武汉建设全国重要教育服务中心寄予厚望。党的十八大提出要坚持教育优先发展，进入人才强国和人力资源强国行列。武汉市第十二次党代会和《武汉建设国家中心城市行动规划纲要》，围绕“建设国家中心城市、复兴大武汉”的宏伟目标，提出建设“文化五城”的战略决策。“大学之城”作为“文化五城”的重要组成部分，在武汉现代化建设中的地位和作用日益凸显。根据中央、省委的要求和市委的战略部署，特制订本规划纲要。

一、战略背景

“大学之城”是指大学与所在城市高度融为一体，大学成为城市发展的强大驱动力。今后五到十年，是武汉加快转变经济发展方式，实现跨越式发展的关键时期，建设“大学之城”对于贯彻落实科教兴市和人才强市战略，全面推进城校融合发展，增强城市竞争力和综合实力，提升城市人文精神，促进国家中心城市建设、复兴大武汉具有十分重要而深远的意义。

（一）城市与大学相互融合是世界发展的重要趋势

大学依城市而兴，城市因大学而盛。随着现代大学功能不断拓展，大学在城市发展中的作用日益凸显，推动着大学与城市互动融合不断深入。早在 11 世纪，大学就在欧洲诞生。到 12、13 世纪，现代大学发源地英国的牛津大学、剑桥大学，因教学需要而散居在城市的各个区域，带动了大学周边的科技、文化、经济和社会的发展。进入 19 世纪以后，现代大学功能从单一教学向科研拓展，以德国海德堡大学为代表，发挥科研对整个城市发展的引领支撑作用，推动海德堡成为现代科学的策源地之一。到了 19 世纪中后期，美国大学逐渐将社会服务作为重要功能，提出把大学的生长机制与本地的经济社会发展紧密结合起来，谋求共同发展与共同利益，以哈佛大学、麻省理工学院为代表，推动波士顿成为全球的智力、技术与思想中心。

近几十年来，随着人类社会进入到知识经济时代，越来越多的城市，如美国的斯坦福、日本的筑波、印度的班加罗尔逐步认识到，大学作为知识资源的富集地和科技创新的发动机，是城市发展的智力源泉和重要驱动力。当前，推动城市与大学深度融合和协同创新，将越来越成为城市跨越发展的主旋律。

（二）建设“大学之城”是国家中心城市建设的战略议题

从上世纪 90 年代后期以来，北京、上海、重庆、广州和武汉等城市，抢抓国家高等教育大众化的机遇，加强与大学合作，推动高校与产业融合，建设了一批大学城和大学科技园区。这些大学城和大学科技园区，依托大学丰富的科教资源，培育壮大一批科技型企业，成为引领城市发展的重要增长极。

当前，中国正处于科学发展、转型发展的攻坚时期，武汉提出建设国家中心城市对自身的建设和大学的发展都提出了新的更高要求。一方面，国家中心城市要在产业带动、创新引领、要素聚集和综合服务等方面承担更大责任，发挥更大作用，迫切需要大学为其提供强大的人才、智力、人文精神的支撑。另一方面，大学要推动内涵式发展，在人才培养、科学研究、服务社会和文化传承创新等方面实现大的跨越，也迫切需要所在城市为其提供一个宜居、宜学、宜研、宜业的良好外部环境。建设“大学之城”，推动城市和大学深度融合，把两者的发展需要和综合优势有机结合起来，构建一种交往更加密切、合作更加全面、利益更加交融的城校一体化战略合作伙伴关系，促进双方共同发展，势在必行。

（三）我市“大学之城”建设战略基础

历届省委省政府和市委市政府都高度重视武汉地区大学的发展，特别是近十几年来，十分注重推进武汉市与大学的融合互动，主动把高校发展纳入城市发展规划，积极推进合作建设部、省属高校，加快发展一批大学城、大学聚集区，支持大学兴办科技园区和推进科技成果产业化。东湖高新区获批国家自主创新示范区之后，城校融合进入一个崭新的阶段，武汉市分别与武汉大学、华中科技大学、武汉理工大学等高校建立了长期全面战略合作伙伴关系，与武汉大学、华中科技大学、武汉理工大学、中国地质大学（武汉）、华中师范大学等共建武汉生物技术研究院、武汉新能源研究院、武汉新港发展研究院、地质资源环境工业技术研究院、武汉文化科技创新研究院等自主创新平台，武汉市出台了“黄金十条”政策，相关高校也制定了配套措施，共同推动大学科技成果转化。武汉市与驻汉高校在建立图书馆联盟、举办大学艺术节等方面的合作取得积极成果，探索出很多城校融合的有效形式。武汉高等教育国际合作有序推进，2012 年武汉理工大学与法国马赛大学签署合作办学框架协议，第一所中法合作大学——武汉马赛大学有望落户江城。武汉“大学之城”建设正蓄势发力。

武汉建设“大学之城”具有得天独厚的优势。武汉高校云集，是全国重要的教育服务中心之一。2012 年，武汉地区共有各类高校 89 所，大学门类齐全，在校大学生 120 万人（其中研究生 10.61 万人），位居全球城市之首①。大学科研实力雄厚，拥有各类实验室、研究基地、工程（技术）研究中心、设计中心 452 个；两院院士 58 人；大学发明专利申请量 2630 件，授权量 1489 件，大学背景技术合同成交额 41.29 亿元。大学服务城市发展的潜力巨大。大学各类公共设施资源丰富，图书馆、博物馆、体育场馆等公共设施达到 161 个，正在逐步全面向市民开放，有利地促进了武汉经济、政治、文化、社会、生态文明建设。

二、“大学之城”建设的总体思路和目标

（一）面临的形势

今后 5 到 10 年是我市“大学之城”夯实建设基础、提升建设水平的关键时期，既面临难得的机遇，也存在严峻挑战，总体上是机遇与挑战并存，机遇大于挑战，“大学之城”建设将迎来一个难得的重要机遇期。

从有利条件看，国家深入实施科教兴国战略和人才强国战略，加快建设创新型国家，提高教育现代化水平，为“大学之城”建设提供了有利的外部环境；国家促进中部崛起、东湖国家自主创新示范区、国家两型社会建设综合配套改革试验等国家多重战略叠加武汉，国家支持武汉建设创新型试点城市、支持武汉大学、华中科技大学等在汉大学加快发展等多重机遇齐聚武汉，为“大学之城”建设提供了强大的动力；长期以来，武汉与在汉大学在人才培养、科技成果转化等方面建立密切合作关系，为“大学之城”建设提供了良好基础。

同时要看到，“大学之城”建设还面临不少不利条件。从外部来看，沿海同类城市加快推进经济发展方式转型，从武汉吸纳引进大学人才资源、科研资源的态势日趋明显，对“大学之城”建设将带来越来越大的冲击；从内部来看，“大学之城”的现有水平与发达国家同类城市相比还有较大差距，与武汉建设国家中心城市、与大学加快发展还不相适应，城市与大学之间融合互动还不够紧密，大学驱动城市发展的支撑作用尚不显著，制约城校一体化发展的体制机制障碍亟待破除，“大学之城”建设任务还十分艰巨。

（二）总体思路

①89 所各类高校中，普通高校 80 所，军事院校 7 所，成人高校 2 所，其中普通高校 2012 年在校大学生（含硕博研究生）共计 119.8222 万人，成人高校在校学生 5127 人，如果加上军事院校，武汉在校大学生数量初步估算达到 130 万人。

认真贯彻落实党的十八大精神，以中国特色社会主义旗帜为指引，大力实施大学驱动优化发展战略，坚持“市校共建、协同发展、特色引领、改革创新、开放包容”的原则，充分发挥城市和大学各自优势，以城校一体化发展为途径，以构建城校融合互动体制机制为保障，着力提升城市服务大学、大学服务城市的能力，推动城市和大学共同发展，为建设国家中心城市、复兴大武汉提供坚强支撑。

坚持市校共建。“大学之城”建设是一项长期而艰巨的任务。必须充分发挥地方政府在规划布局、重大项目、政策扶持等方面引导作用，充分发挥大学在人才智力、科研创新、社会服务、人文传承创新等方面支撑作用，实现资源共享、优势互补。

坚持协同发展。既立足当前，又着眼长远，共同推进城市和大学在人才培养、科技创新及产业化、公共服务、社会管理、文化传承创新等方面协调发展，实现经济效益、社会效益和生态效益的有机统一。

坚持特色引领。积极探索具有武汉特色的“大学之城”建设模式和道路，推动大学走特色化、差异化发展之路，充分彰显武汉高校的人文风采、大江大湖大武汉的独特魅力。

坚持改革创新。遵循城市发展规律、大学发展规律和市场经济规律，注重顶层设计，注重发挥市场机制在推动城校融合发展中的作用，注重通过改革的途径和办法破除城校融合发展中的体制机制障碍，解决建设中的矛盾和问题。

坚持开放包容。强化开放意识，城市全面向大学开放，大学全面参与城市建设发展；大学全面向城市开放，城市要积极参与大学校园管理服务。树立全球视野，在全球范围内广泛吸纳、利用各种资源、各种力量，推动“大学之城”建设。

（三）战略目标

到 2020 年，城市和大学一体化发展机制建成，全方位融合格局基本形成，武汉高校规模和竞争力进一步提高，大学周边交通和环境面貌明显改善，大学涌现出一批创新创业领军人才、推动一批重要科研成果在汉转化，进入全球最佳大学城市排行榜，武汉成为全国重要的高等教育中心、全国科教改革试点中心、高技术创造中心、新兴产业生成中心、创新文化培育中心。

到 2030 年，城市和大学实现深度融合，大学成为驱动武汉跨越发展的重要力量，城校一体化发展格局形成，武汉率先建成国家创新型城市，成为全国“大学之城”建设的示范区和先行区，进入全球最佳大学城市排行榜前 40 名，成为世界知名的“大学之城”和具有国际影响的高等教育中心。

“大学之城”发展目标主要指标

<table>
<tr><th>一级指标</th><th colspan="2">二级指标</th><th>单位</th><th>2012 年</th><th>2020 年</th><th>备注</th></tr>
<tr><td rowspan="4">规模度指标</td><td colspan="2">每 10 万人在校大学生数</td><td>人</td><td>13418</td><td>14000</td><td>高等教育规模</td></tr>
<tr><td colspan="2">在校大学生数</td><td>万人</td><td>120</td><td>145</td><td>高等教育规模</td></tr>
<tr><td colspan="2">在校大学生中研究生占比</td><td>%</td><td>10.07</td><td>12</td><td>高层次人才培养</td></tr>
<tr><td colspan="2">大专及以上学历占常住人口比重</td><td>%</td><td>25.1①</td><td>40</td><td>人口素质</td></tr>
<tr><td rowspan="4">融合度指标</td><td colspan="2">大学毕业生本地就业率</td><td>%</td><td>31.24</td><td>35</td><td>对大学生吸引力</td></tr>
<tr><td rowspan="3">大学公共设施社会开放率</td><td>图书馆</td><td>%</td><td>41.0</td><td>50</td><td rowspan="3">城校社会事业一体化程度</td></tr>
<tr><td>博物馆</td><td>%</td><td>71.4</td><td>80</td></tr>
<tr><td>体育场馆</td><td>%</td><td>0</td><td>50</td></tr>
<tr><td rowspan="3">贡献度指标</td><td colspan="2">大学发明专利申请量</td><td>件</td><td>2630</td><td>7500</td><td>大学科技创新能力和水平</td></tr>
<tr><td colspan="2">大学发明专利授权量</td><td>件</td><td>1489</td><td>3200</td><td>大学科技创新能力和水平</td></tr>
<tr><td colspan="2">大学背景技术合同成交额</td><td>亿元</td><td>41.29</td><td>145.93</td><td>大学创新成果市场化水平</td></tr>
<tr><td rowspan="2">开放度指标</td><td colspan="2">留学生占总在校生比例</td><td>%</td><td>0.52</td><td>5</td><td>高等教育国际影响力</td></tr>
<tr><td colspan="2">引进外国高等教育机构数量</td><td>个</td><td>0</td><td>2</td><td>对国际教育资源吸引力</td></tr>
</table>

远景目标，武汉大学、华中科技大学等成为世界一流大学，武汉建设成为世界一流的“大学之城”，成为全球的“育人之都、大师之都、研发之都、创业之都、崇教尚学之都”。

三、战略路径

（一）推进城校人才队伍建设与使用一体化

全面推进“人才强市”战略和“人才强校”战略互动，共同打造“人才特区”，造就一批世界大师、高层次人才和优秀创新团队，最大限度地促进人才在城市的流动和优化配置，构筑国际性人才高地。

1. 合力培养高层次人才。充分发挥大学的学科优势，加快建设一批高层次人才合作培养基地，通过订单培养等多种方式，为武汉造就一批高层次创新型人才、复合型人才和产业领军人才。鼓励开发区（工业园区）、企业与大学加强合作，积极创新人

①2010 年数据。

才培养和成长模式，通过合作组建光谷商学院、开展合作教育、共同实施重大项目等方式，培养和聚集一批高层次创新团队及企业家。

2. 大力开发急需紧缺专门人才。围绕先进制造业、战略性新兴产业、现代服务业等重点产业发展，围绕自主创新示范区、两型社会等重点领域建设，开展人才需求预测，定期向大学发布急需紧缺专门人才开发目录。支持大学结合武汉产业发展需要，调整学科专业设置，利用国家和地方人才计划（工程），积极引进商务、金融等相关领域的海内外高端人才，加大对紧缺专门人才和技术技能型人才、应用型人才的培养力度。

3. 积极推动人才资源互通共享。支持部属、省属大学的专家学者进入“黄鹤英才计划”、“3551 人才计划”、“创新岗位特聘专家计划”，鼓励武汉市直部门负责人和专家学者，到部属、省属大学兼职教学或者科研工作。积极倡导和推进武汉市和部属、省属大学选派优秀技术及管理人才开展双向挂职交流，对工作实绩突出的，经双向选择可选留到有关单位任职。支持校企联合申报“千人计划”等国家各类高层次人才项目，完善校企间人才兼职或双聘的人才资源共享制度。加快建立武汉市和各高校高端人才资源共享机制，积极支持和引导大学各类人才参与武汉市的招商引资、招才引智等工作。

（二）推进城校政产学研用一体化

全面推进政府、企业、大学、科研院所协同创新，加快构建政产学研用一体化网络体系，最大限度地集聚科教优势，制定实施自主创新能力提升计划，打造世界一流的区域自主创新体系，提升创新引领功能。

1. 共同打造产业技术研究院等自主创新平台。充分利用大学的国家级科研平台，合作共建一批世界一流水平的创新平台。持续加大对国家光电实验室、生物技术研究院、新能源研究院、导航与位置服务工业技术研究院等已建大学创新平台的政策支持力度。充分发挥东湖国家自主创新示范区的作用，支持企业、工业园区、科研院所与大学共同新建一批产业技术研究院、院士专家工作站、工程技术研究中心、企业研发中心、产学研基地等研发平台，共同培育一批具有国际领先水平的技术中心，鼓励大学参与企业博士后科研工作站建设。加强科技创新评价标准、激励机制、转化机制等方面的合作，支持各类创新平台申报国家有关部委重大科技专项和湖北省科技创新项目，共同争取国家重大科技项目落户武汉。

2. 合作发展产业技术创新战略联盟。鼓励大学科研机构，与企业、其他科研机构共建产业技术创新战略联盟。推动大学科研与武汉经济发展紧密结合，支持大学科研机构，参与现有产业技术创新战略联盟发展。积极探索有效的联盟运行机制，推动联盟开展信息共享、联合开拓创新产品、联合采购、构建专利池、技术标准制定等活动，打造一批国家和国际技术标准。

3. 加快推进大学科技园区建设。支持现有大学科技园区，大胆探索政产学研用一体化发展的新途径，发展成为世界一流的高科技园区。加强大学与产业园区的对接，积极推动大学在工业园区兴办大学科技园，鼓励各类大学合办大学科技园区。加快推动各类高端要素向大学科技园区聚集，增强大学科技园区公共服务能力。

（三）推进城校基础设施建设与综合管理一体化

全面推进城市建设管理和大学的高效对接，将大学基础设施建设统一纳入到城市总体规划，推动城市综合管理向大学实质延伸，支持大学参与城市建设和管理，构建一流的城校建设管理一体化新格局。

1. 改善校园及周边基础设施条件。结合大学长远发展需要，以大学为中心，高标准、高质量地修订大学校园规划和校园周边规划，形成建筑特色鲜明、人文气息浓郁的风貌街区。大力支持大学基础设施建设，促进大学和城市基础设施有效衔接。加强校园周边基础设施配套建设，推动公共自行车站点等城市公共基础设施进大学，着力提升校园周边交通通畅能力。加强城市和大学信息化合作，推进智慧城市和智慧大学有效对接。加大大学周边城中村搬迁改造力度，为大学长远发展预留充足的空间。

2. 强化校园及周边综合管理合作。积极推进“城市综合管理进校园”，建立健全城市管理部门和大学对口部门日常联系制度，加大对大学校园及周边环境综合整治力度，实现校园及周边面貌整洁靓丽有序。加大对校园周边门店清理，着力改善一些大学周边过度商业化的状况，促进校园人文氛围培育。

（四）推进城校社会事业一体化

全面推进城市和大学社会事业的开放互动，构建城市和大学一体化的公共服务体系，最大限度地发挥城市和大学公共资源效益，更好服务市民、服务大学师生。

1. 推动高校公共设施向社会开放。建立武汉地区公共图书馆与大学图书馆讲座和展览联盟，推进大学图书馆资源逐步向社会开放。将大学博物馆建设纳入全市博物馆之城总体规划，鼓励大学结合学科资源优势投资建设特色博物馆。充分利用大学体育场馆资源，鼓励大学向社会免费或优惠开放体育场地，提高武汉人均体育场地面积和体育人口比例。推动市直文艺院团与大学合作交流，定期在高校所属剧场、广场开展文艺演出活动。鼓励拥有大型仪器设备等优势资源的实验室向武汉市相关企事业单位和社会开放，实现资源共享。对于大学免费向市民开放公共场馆，武汉市安排专项资金给予支持。

2. 深化城市和大学教育合作。积极探索武汉市与部属大学在合作招生工作上的新机制，建立健全省级示范高中与在汉大学的共建机制。扩大武汉市骨干教师在部属、省属大学接受系统专业教育规模，促进本地教师队伍建设。支持大学开展相关课程向市民开放试点，充分发挥大学在企事业单位职工继续教育、建设学习型城市等方面的积极作用。充分利用大学人文、科技、历史等教育资源丰富的优势，组织中小学生走进大学校园参观学习，丰富全市中小学社会实践活动渠道。将大学附属中小学、幼儿园的建设纳入全市教育重大项目库，支持大学附属中小学推进标准化学校建设，鼓励附属幼儿园新改扩建。将更多武汉市中小学列为大学学生的教育实习基地。

3. 加大医疗、科普、会展等领域的合作力度。充分发挥大学附属医院的特色与优势，推动大学与本地医院加强合作，共同推进武汉“国家中部医疗服务中心”建设。逐步将大学附属医院全面纳入到市医保系统，让更多市民享受到优质医疗服务。积极支持大学附属医院到东湖高新区等医疗资源匮乏的区域设立医院，加快发展。支持武汉地区医院与大学在大学生体检、教师医疗保健等方面加强合作，积极疏解在汉高校时段性医疗服务需求。加强科学普及合作。结合科学技术前沿领域的最新发展和武汉实际需求，引导和组织大学专家学者开展面向全市公众的科学普及活动，促进全民素质提升。武汉举办的各种大型会展和论坛活动，主动邀请大学参加，有条件的在大学校园举办分会场。

（五）推进城校人文精神建设一体化

全面推进城市和大学的人文沟通交流，充分发挥大学在城市人文精神中的引领作用，共同塑造独具魅力的武汉人文形象。

1. 积极推动城市和大学人文精神的融合。按照“一座大学一道景”的思路，大力营造标志性的大学景观，充分展现大学的多元文化生态和独特风貌。在长江大道沿线打造高校文化景观长廊，支持大学在校园周边建设体现大学文化的特色街（区），积极倡导大学周边主次干道和交通站点采用大学名称命名。支持大学加强校园人文建筑的保护力度，深入挖掘人文价值。积极发挥武汉地区各种媒体的作用，加大对大学文化和人文精神的宣传力度。

2. 充分发挥大学在培育和宣传城市人文精神中的作用。鼓励大学开设专门课程，宣传汉派文化和“敢为人先、追求卓越”的武汉精神。加强对大学生群体的城市人文文化和精神的宣传力度，把大学打造成为践行武汉精神的先行区和示范区。推动大学与周边社区、社会的文化互动，通过对市民开放讲座、论坛和学术报告，鼓励高校社团服务进社区等形式，让广大市民感受大学人文氛围，提升人文素养。

3. 加强城校在研究和挖掘城市人文精神中的合作。发挥大学人文研究的优势，推动大学和城市人文社科研究机构加强在汉派文化、创新文化、创业文化、城市旅游和武汉精神等领域的合作，共同挖掘武汉历史文化资源，打造一批充分展现武汉人文魅力的标志性成果和文化品牌。支持高校学术刊物开辟“武汉文化”、“武汉学”等研究专栏，推进汉派文化的传播。发挥大学校园景色优美、人文氛围浓厚的独特优势，支持以武汉大学赏樱游为代表的高校休闲游、修学游。积极支持大学参与武汉文化产业发展，支持大学兴办文化创意园区。高度重视大学人文社会科学成果转化，支持大学在武汉经济社会发展中充分发挥“思想库”和“智囊团”作用。

四、战略重点

（一）名校名院建设工程

支持大学面向现代化、面向世界、面向未来，走以质量提升为核心的内涵式发展道路，不断优化结构、强化特色，使武汉成为名师汇聚、名校云集、优势学科荟萃的全国教育服务中心。

1. 造就一批名师。支持大学加强教师队伍建设，打造一支师德高尚、业务精湛、结构合理、充满活力的教师队伍和一批名师。打破常规，鼓励一批青年优秀人才脱颖而出，迅速成长为名师。充分发挥名师的引领带动作用，吸引更多的高端人才和创新团队来汉发展，促进武汉的科技创新。加大对名师在科研项目申报、科技项目评奖、科技成果转化等方面的支持力度，鼓励技术型名师到企业兼职或者担任技术顾问。

2. 建设一批特色优势学科。积极发挥武汉项目引导的作用，加大地方财政扶持力度，支持武汉高校现有重点学科做大做强。结合武汉建设国家中心城市的需要，支持大学在传统产业转型升级、智慧城市、两型社会、文化创意等领域打造一批全国首屈一指的新特色学科。加强大学之间特色优势学科的整合和延伸，提升学科综合集成优势。

3. 打造具有武汉特色、世界水准的现代大学教育体系。支持部属、省属大学深化综合改革，进一步扩大市属大学自主权，增强大学发展活力。支持武汉大学、华中科技大学建设国际一流高水平名校；支持中国地质大学、华中师范大学、武汉理工大学、华中农业大学、中南财经政法大学、中南民族大学等建设世界知名、国内一流的重点大学；支持湖北大学、江汉大学、武汉商学院、武汉职业技术学院等一批服务城市发展、富有特色的地方普通高等院校和高等职业教育学院加快发展，加大国家示范性高职院校建设力度，全面提升办学质量和水平。

（二）大学集聚区建设工程

结合“三镇三城”发展，建设武昌、汉口、汉阳三大大学集聚区，将大学集聚区作为城市总体规划的重点，统筹大学聚集区空间布局和规划建设，形成特色鲜明、功能完善、资源共享的高等教育集聚板块，努力促进武汉从大学集聚区向中央智力区（CID）转变。

武昌大学集聚区立足成为产业与大学结合的实践区和城校融合的示范区，重点建设五大大学板块（组团）。环东湖大学集聚区，建设成为世界一流的大学集聚区和大学科技成果转化区。南湖大学聚集区，建设成为世界知名、国内一流的大学资源共享的先行区和示范区。汤逊湖大学集聚区，建设成为全国一流的高职教育密集区。黄家湖大学集聚区，建设成为布局合理、功能齐全的现代新型大学城。泛沙湖大学集聚区，打造成为城市与大学教育人文气息高度融合的示范带。

汉口大学集聚区，立足建设成为世界知名、国内一流的军事院校密集区和军地共建的典型示范区。

汉阳大学集聚区，立足建设成为大学国际化示范区，成为武汉引进国际优质高等教育资源的主要承接区域和与国际接轨的未来大学城。

实施大学集聚区连通工程，新辟连通高校的专线公交线路，积极推进高校绿道连通网络建设，进一步加强大学集聚区交通联系，放大大学集聚区的聚合效应。

（三）大学创新成果转化工程

充分激活大学创新资源优势，释放创新能量，加快推进体制机制创新，加速高校科技成果转化，推动武汉高新技术产业和战略性新兴产业发展，促进国家先进制造业中心建设。

1.着力推动一批重大科技成果转化。加强科技成果转化的顶层制度设计，鼓励大学建立科技成果转化基金，加强对大学科技转化成果的评定，完善激励机制。积极争取国家支持，允许在汉高校开展科技成果处置权、收益权改革试点和股权激励试点。优先将大学重大科技成果纳入武汉重大科技专项，引导重大科研成果与行业龙头企业和骨干企业对接，引入市场化的科技成果评价机制，发挥知识产权中介机构在高校科技成果研发与企业应用对接中的积极作用，建设一批世界一流的科技孵化器和科技加速器，提升大学科技成果转化的成功率。发挥大学联系广泛的优势，推动武汉全国技术交易中心建设，积极引进国际国内先进水平的原创性重大科技成果在武汉转化。

2. 支持武汉高校参与高新技术产业和战略性新兴产业发展。深化区校对接发展，支持大学参与东湖国家自主创新示范区建设，积极推动大学与武汉经济技术开发区、吴家山经济技术开发区、武汉化工新区、东湖生态旅游风景区、新城区工业示范园区等重点功能区合作，积极引导、大力支持大学兴办科技型企业，共同推进新一代电子信息、新能源汽车、高端装备制造、生物、节能环保、新能源、新材料等战略性新兴产业加快发展，共同促进钢铁、石化等传统支柱产业改造升级。优化大学参与武汉高新技术产业发展的软环境，建立健全大学知识产权服务体系，促进大学创新人才、创新科技成果向优势产业和创新型企业集聚。

（四）大学创业工程

积极推动大学参与全民创业之城建设，以高校创业增加企业、扩大就业、形成产业，以高校创业引领全民创业。

1. 鼓励大学教师和科研人员创业。鼓励大学教师和科研人员兴办企业，将研究成果就地转化。支持大学出台政策，鼓励教师和科研人员留岗创业。进一步优化大学教师和科研人员创业环境，简化审批程序，降低创业成本，提供优质的创业服务。

2. 鼓励大学生创业。启动和实施大学生创业“青桐计划”， 围绕大学生创业所需的场地、资金、服务、保障机制等方面，出台一系列鼓励大学生创业的政策措施。积极探索多种方式，支持大学实行弹性学制，允许在校大学生休学到孵化器创业。充分发挥高校大学生创业中心的作用，培养大学生创新精神、实践能力，鼓励在校学生创业。积极支持企业与高校就大学生创新创业建立长期合作关系，共同创建集聚“培训、实践、创业”功能的大学生创新创业基地和产业园，进一步降低创业门槛，建立创业绿色通道，激发大学生创业热情，让更多本地大学生留下来创业，吸引更多外地大学生来汉创业。健全大学生创业服务支撑平台，建立专业性创业辅导体系，提高大学生创业成功率。建立和充实市级大学生创业基金，探索建立对大学生创新、创业的正向激励机制。

（五）宜居宜学宜业之城建设工程

协同推进生态宜居武汉、文明武汉、幸福武汉建设，全面提升城市形象，优化大学校园环境，建设“美丽武汉”和“美丽大学”，为大学与城市共同发展营造良好的环境。

1. 共同建设具有滨江滨湖特色的宜居之城。支持大学参与“两型社会”建设，共同探索武汉新型工业化和新型城市化道路，共同推动绿色发展、循环发展、低碳发展，统筹大学与城市的绿化规划和布局，促进城市、大学与自然和谐发展，建设全国生态环境最优城市。推动大学切实采取支持政策鼓励大学加大对人才住房保障投入，支持大学“人才安居工程”和“人才公寓”建设，支持大学加快发展公共租赁住房和建设一批名人居（楼）、精英社区、人才公寓，为大学师生提供高品质的住房。

2. 共同建设宜学之城。加大对大学生群体的关爱关心，积极对大学生免费开放本地公共资源，不断提高大学生对武汉的融入度。着力建设综合生活成本最低的特大中心城市，努力抑制大学生求学生活成本的上涨。加强大学生生活配套设施建设，为大学生购物、游览、交友提供便利，不断提高大学生生活质量。加快建设读书之城、博物馆之城、艺术之城、设计创意之城，不断提升包括大学生在内的全体市民的生活品质。

3. 共同建设宜业之城。加快发展经济，大力开发就业岗位，积极吸引本地和外地大学生就业，建设全国充分就业城市。健全大学生就业服务体系，鼓励和推动企业向在汉高校提供实习岗位，积极打造大学生实训实习共享平台，强化对大学生职前和职中的职业技能培训，提升大学生就业能力。启动和实施“大学生留汉工程”，吸纳优秀人才，将新就业大学生纳入“家在武汉”工程服务范围，着力解决在住房、婚姻、户籍、医疗等方面的实际困难，使他们能够安心留在武汉发展。积极维护大学生就业合法权益，为每一位愿意来汉就业的大学生实现梦想创造条件。

五、战略措施

（一）建立城校融合互动机制

1. 建立城校融合工作推进机制。成立由武汉市与在汉各大学共同参与的“大学之城”建设委员会，作为“大学之城”建设的领导机构。委员会下设工作专班，由市直相关部门和各大学相关单位组成，抽调专人实行常态化工作，负责督促工作进度、协调相关行动和进行定期沟通。

2. 建立城校合作与工作沟通机制。建立市校高层领导互访机制，探索建立城校圆桌联席会议等沟通机制，加强市校之间、市直部门与高校部门之间的信息沟通、工作对接和措施落实。建立专家咨询机制，定期听取对“大学之城”建设意见。凡是市里出台重大发展规划和政策时，相关职能部门应积极主动与大学进行沟通、咨询和征求意见，最大限度地听取和采纳合理化建议。

3. 建立城校等多主体协同创新机制。加快构建城市与大学等多主体创新集群，推进知识创新与城市创新、区域创新的无缝对接。大胆突破政府、企业、高校和科研院所等创新主体间的壁垒，充分释放人才、资本、信息、技术等创新要素活力，推进多主体协同攻关城市当前发展急需大型科技攻关项目和重大、复杂人文社会问题，形成集科学研究、科技创新、科技成果转化于一体的高起点、宽领域、深度合作的科技创新平台和协同创新机制，服务城市经济社会发展。

4. 探索以活动促融合的各种形式。定期举办“大学之城”建设高端论坛、全球最佳大学城市峰会，邀请在汉各类高校、国际国内知名高校及全球最佳大学城市市长，就大学与城市发展的相关议题进行研讨，积极打造与传播武汉“大学之城”的品牌形象和影响力。

（二）建立高校资源共享机制

1. 组建武汉地区乃至同类城市大学联盟。探索在汉国家部委属高校、省属重点高校与市属高校的分层合作机制，促进校校合作。不断完善大学协同发展模式，继续巩固部属七校联盟、南湖十校联盟，支持组建职业教育联盟和高教联动合作平台，积极引导和支持高校间在教学、人才、科研、信息等方面开展合作共建，实现优质资源共享。建立有效的激励机制，对大学联盟中承担较多合作成本的高校进行补贴，调动各大学特别是部属高校资源共享的积极性和主动性，实现大学合作共赢的可持续。支持江汉大学在十五个副省级城市综合大学联盟中发挥更加积极作用。

2. 建立高校间交流联谊机制。鼓励大学建设大学生活动中心和交流中心，搭建公共交流平台，加强校属社团组织之间的联谊，强化校际教学、科研、文体活动的交流。支持武汉大学和华中科技大学龙舟对抗赛持续举办，打造延续百年的世界性大学赛事品牌。

（三）建立全社会参与机制

1. 构建政府引导、大学参与、社会协同的“大学之城”建设机制。探索建立“大学之城”建设社会投融资平台，积极吸引社会资金参与“大学之城”建设。加快建设国家“资本特区”，打造全国科技金融中心，推动大学科技与金融紧密结合。

2. 搭建宣传“大学之城”建设的平台。建立武汉“大学之城”门户网站，建立在汉大学和市直相关部门的网址链接，使门户网站成为宣传武汉“大学之城”建设、沟通信息、加强城校互动、传播武汉城市和大学形象的重要窗口，成为在汉高校优质教育资源与武汉现代远程教育共享互通的城市网络学习平台。广泛发动各种媒体的作用，加大对武汉“大学之城”建设的宣传力度。

（四）建立政策有效激励机制

1. 建立“大学之城”建设激励政策体系。坚持把支持“大学之城”建设和大学发展作为武汉发展政策的重心，统筹谋划一揽子的政策体系。重点加大对大学教学改革、科技创新、专利申请、成果转化、兴办实体、校企上市、人才引进、资源共享等方面的政策支持力度。积极整合武汉市支持大学发展的各类财政资金，建立扶持资金正常增长机制，设立大学之城建设专项基金，持续加大对大学的支持力度。

2. 强化激励政策落实机制。市直相关部门要牢固树立服务大学的理念，围绕一揽子政策体系，制定具体的落实方案。积极引导各大学围绕一揽子政策，出台配套措施。强化政策落实的责任体系，降低相关激励政策的落地成本与协调成本，建立政策落实工作责任追究机制。

（五）建立国际合作机制

1. 积极引进国际优质高等教育资源落地武汉。探索引进国外知名大学来汉建立中国校区、研究院，引导国外大学在汉阳地区集聚发展，形成富有特色的国际教育集聚区。积极推进武汉与芝加哥、光谷与硅谷“双城双谷”合作。支持世界著名大学与在汉高校合作办学，鼓励国内知名高校来汉办学和合作，把武汉建设成为全球优势高等教育资源的富集区。

2. 推动大学走出去，提高大学知名度和影响力。鼓励有条件的大学积极参与国际教育服务竞争，吸引众多的外国留学生。推动大学加强国际学术交流，促进大学与国外知名高校在人才培养、科研开发等方面开展深入合作。鼓励武汉大学、华中科技大学等大学到国外兴办分校和研究机构，与当地大学联合办学，充分利用国外的优势科教资源，提升大学综合实力。

六、实施保障

实现战略规划纲要的发展目标，必须进一步改革创新，完善实施机制，必须充分发挥市场配置资源的基础性作用，合理配置公共资源，必须充分调动各方的积极性和主动性，集全市之力、集各方之智，共同推进战略规划纲要的落实。

（一）组织落实

由“大学之城”建设委员会对战略规划纲要进行统一领导协调，加强对战略规划纲要的编制、实施和管理，研究解决战略规划纲要实施中出现的重大问题。

加强与有关规划衔接。以本规划纲要为统领，加快编制相关的大学密集区等专项规划。同时，强化本规划纲要与《武汉建设国家中心城市行动规划纲要》、《武汉市国民经济和社会发展第十二个五年规划纲要》、以及各大学“十二五”发展规划纲要在战略意图、主要任务、规划指标上的衔接，确保这些规划在总体要求上指向一致、空间配置上相互协调、时序安排上科学有序。

“大学之城”建设委员会指导各相关部门，科学制定五年行动计划方案和年度计划，分解目标任务，明确责任分工，加强政策项目配套，落实工作职责，加大绩效考核力度。

加强宣传，着力推进战略规划纲要的信息公开，建立“大学之城”统计指标体系和定期发布机制，增强公众对战略规划纲要的认识和了解，健全与企业、市民的信息沟通和交流机制，有效组织引导全社会力量参与规划的实施。

（二）纲要评估

建立战略规划纲要的评估制度，强化动态管理，努力提高规划实施的效果。

建立中期评估制度，战略规划纲要由“大学之城”建设委员会组织，专项规划由武汉市相关主管部门组织国内外知名专家进行评估，重点评估目标的完成情况、战略重点的实施情况和重大项目的进展情况。

建立年度评估制度，积极探索评估方式，引入社会机构参与评估，增强战略规划纲要评估的准确性和广泛性。

根据形势变化和战略规划纲要实施进度，进行必要的修订，报请“大学之城”建设委员会审议批准后实施。

（三）纲要监督

“大学之城”建设委员会对战略规划纲要实施情况和各部门承担任务的完成情况进行监测，特别要加强对重要发展目标和难点目标进行评价，并定期向社会公布战略规划纲要执行情况，接受群众监督。发挥新闻媒体、群众社团的桥梁和监督作用，促进发展规划纲要的有效实施。

附录：

一、“大学之城”发展目标主要指标相关说明

二、武汉市与在汉高校共建的自主创新平台一览表

（执笔人：李立华　汪　涛　陶维兵）

附录一：

“大学之城”发展目标主要指标相关说明

根据武汉“大学之城”发展的战略思路、目标和重点，参考国内外大学城建设的经验，我们初步研究拟定了武汉“大学之城”发展目标的主要指标，包括4个一级指标和11个二级指标。在市直相关部门的积极配合下，我们对指标的基期值和目标值进行了统计和测算，从而形成了“大学之城”发展目标主要指标体系，现简要说明如下。

（一）规模度指标

1. 每10万人在校大学生数

根据各城市发布的教育规划纲要目标，到2020年，北京市每10万人口在校大学生数达到6700名，北京市2020年人口预计2500万人，以此估计北京市2020年在校大学生为167万；上海每10万人口在校大学生数5200人，上海市2020年人口预计2250万人，以此估计上海市2020年在校大学生为117万；南京每10万人口在校大学生数8000人，南京市2020年人口预计960万人，以此估计南京市2020年在校大学生为76万人，广州每10万人口在校大学生数8100，广州市2020年人口预计2000万人，以此估计广州市2020年在校大学生为162万；

具体的总量要根据武汉市总人口数量来核算，目前对于武汉市2020年预计人口数量还没有准确数字。根据2011年武汉市人口普查，武汉市人口为9785392，而2012年武汉市在校大学生人数为120.3349万人，每10万人中大学生数达到13418人（含普通高校和成人教育在校生数，不含研究生数），2020年的数量应该在14000左右。

2. 在校大学生数

目前武汉市在校大学生规模为120.3349万。根据《国家中长期教育改革与发展纲要（2010年—2020年）》，我国高等教育规模到2015年在学总规模从2979万增长至3350万，增长371万，增幅12%；到2020年在学总规模增长至3532万，增长553万，增幅19%。根据这种增长幅度，结合武汉高校发展现状，我们认为武汉高校在校学生规模至2015年达到135万；到2020年，以国家的增幅计算，驻汉高校在校生规模将是143.2万。作为建设“大学之城”的一项重要指标，武汉市的该项指标应该略高于全国，因此我们认为应达到145万，也就是到2020年，高校在校生规模大约增加 25 万，增幅为 20.5%，我们认为这个比较合理。以此规模，雄踞高等教育在校生数总规模全国第一。

3. 在校大学生中研究生占比

到 2020 年，预计全国大学与在校生数为 3300 万，研究生预计达到 200 万，占在校生总规模的 6%。武汉市 2012 年研究生 106079 人，占总数的 10.07%，基于此，我们认为到 2020 年，武汉在校大学生中研究生占比 12%较为合理。

4. 大专及以上学历占常住人口比重

2010 年，全市常住人口中，具有大学（指大专以上）文化程度的 2465061 人，占总人口的 25.1%。根据其他城市预设的 2020 年基本目标（其中北京 48%，上海 37%，广州 34%），武汉作为“大学之城”， 大专及以上学历占常住人口比重 40%的目标较为合理。

（二）融合度指标

5. 大学毕业生本地就业率

根据湖北省高校毕业生就业指导服务中心提供的数据，2010 年至 2012 年，武汉地区高校毕业生分别是 24.46 万、27.52 万、27.66 万，派往武汉地区的分别是 9.35 万、9.78 万、8.64 万，派往武汉的比例分别是 38.23%、35.54%、31.24%。按照市人社局的预计，2020 年派往武汉的比例在 35%左右。

6. 大学公共设施（图书馆、博物馆、体育场馆）社会开放率

据市文化局、市体育局数据，2012 年大学图书馆公共设施达到 78 个，向社会开放 32 个（进入武汉地区图书馆联盟），社会开放率为 41.0%，预计 2020 年达到 50%（因有关大专院校图书馆条件有限，不能进入联盟）；大学博物馆 7 个，开放 5 个，社会开放率为 71.4%，预计 2020 年达到 80%；大学体育场馆 76 个，开放率为零（以正式文件部署对社会开放为准，实际有部分大专院校的室内羽毛球场、篮球场或体育场等已根据市场需要和院校场馆实际情况对社会实行收费开放，此种情况未统计在内），预计 2020 年达到 50%。

（三）贡献度指标

7. 大学发明专利申请量

在国家教育部科技发展中心发布的高校专利统计数据中，均采用发明专利申请量作为衡量和比较国内高校知识产权工作情况的主要指标之一。在国家及武汉市“十二五”规划纲要中，均将“每万人口发明专利拥有量”纳入了“十二五”时期经济社会发展的主要核心指标。2012 年，武汉地区高校发明专利申请量为 2630 件，占全市总量的 32.5%。按照武汉市“十二五”规划提出的目标要求和建设“大学之城”的需要，必须进一步提高武汉地区高校发明专利申请量。为此，我们经过测算，设定按照 14%的年增长率，预计到 2020 年武汉地区大学发明专利申请量目标值为 7500 件。

8. 大学发明专利授权量

高校发明专利授权量与申请量一样，也是衡量和比较国内高校知识产权工作情况的主要指标之一，并影响着“每万人口发明专利拥有量”这一“十二五”规划的核心指标。2012 年，武汉地区高校发明专利授权量为 1489 件，占全市总量的 45.7%。按照 10%的年增长率，预计到 2020 年武汉地区大学发明专利授权量目标值为 3200 件。

9. 大学背景技术合同成交额

对“大学背景技术合同成交额占比”2012 年，武汉地区技术合同成交额为 169.69 亿元，其中高等院校技术合同成交额为 41.29 亿元，占比为 24.33%。随着企业技术交易主体地位的建立，院校的技术合同成交额所占比例将呈现下降趋势，但成交的绝对金额将逐年增加。经市科技局科学测算，预计到 2020 年，武汉地区高等院校技术合同成交额可达 145.93 亿元，占比为 20%。

（四）开放度指标

10. 留学生占总在校生比例

目前，我市留学生占总在校生比例仅为 0.52%。上海提出 2020 年留学生人数占比达到 10%。由于上海属于世界级城市，是内地唯一进入“全球最佳大学城市排行榜”前 50 名的两座城市之一，对外开放程度较高，在世界上的影响相对较大，学生较容易到上海入学，因此，其目标 10%相对于武汉来说，比较高。根据武汉内陆城市的地理特点以及我市的大学分布层次，5%的目标应该可以达到，根据 2020 年 145 万的计划，5%就是 7.25 万，比较合理。

11. 引进外国高等教育机构数量

当前引进国外高等教育机构的模式，主要是联合办学的形式，从合作办学来看，985 高校合作办学更为实际，也更具有吸引力。另外，从目前合作办学的基本步骤来看，一所联合办学机构要获批和建设，最少要 3—5 年时间，而目前距 2020 年只有 7 年。因此综合考虑，2020 年能引进 2 所国外高校就非常不容易，引进 2 所外国高等教育机构的目标比较合理。

附录二：

武汉市与在汉高校共建的自主创新平台一览表

研究院（中心）名称	共建大学	成立时间	备注
武汉生物技术研究院	武汉大学	2010	
武汉导航与位置服务工业技术研究院	武汉大学	2012	
武汉新能源研究院	华中科技大学	2009	
武汉生物技术研究院生物医药研究中心	华中科技大学	2010	签约时间
武汉生态城市研究院	华中科技大学	2010	签约时间
武汉智能装备工业技术研究院	华中科技大学	2012	
武汉光电工业技术研究院	华中科技大学	2012	
武汉新港发展研究院	武汉理工大学	2012	
武汉新能源汽车工业技术研究院	武汉理工大学	2013	
新材料技术研究院	武汉理工大学	2010	签约时间
武汉交通科技研究院	武汉理工大学	2010	签约时间
地质资源环境工业技术研究院	中国地质大学（武汉）	2013	
武汉文化科技创新研究院	华中师范大学	2013	
武汉化工新材料工业技术研究院	武汉工程大学	2013	

长江中游城市群建设中武汉的定位与使命

摘要：长江中游城市群建设再一次进入国家战略。作为中部地区特大中心城市、中部崛起战略支点的重要支撑、长江中游城市群跨省域核心增长极，武汉必须也可能承担并发挥创新引领、改革示范、产业竞合、要素聚散、交通枢纽等五大功能，通过融入长江中游城市群竞合发展，不断推进武汉国家中心城市建设的进程。

关键词：长江中游城市群 武汉 定位 使命

经过改革开放30多年的发展，目前，我国已形成城市群主导区域发展、引领经济腾飞的新阶段。充分发挥比较优势，抓住长江中游城市群建设机遇，在竞争性地区增长格局中努力实现竞合与共赢，在相当程度上决定着未来五年甚至更长一个时期武汉国家中心城市建设的进程，决定着武汉在长江中游乃至全国区域发展格局中的地位。为此，课题组就武汉在长江中游城市群建设中的历史使命与地位作用，进行了初步研究。

一、重大使命：承担并发挥“五大功能”

2012年12月28日，中共中央政治局常委、国务院副总理李克强在江西省九江市主持召开长江沿线部分省份及城市负责人参加的区域发展与改革座谈会，将长江中游城市群建设再次提上国家战略议程。武汉作为长江中游城市群中特大中心城市，应该而且可能承担起应有的历史使命。

武汉具有较强的经济实力。2012年，武汉GDP突破8000亿元，在全国城市排名中列第9位（见表1）。武汉具有较强辐射和服务功能。目前，武汉已步入工业化的中后期阶段， 2012年三次产业结构为：3.7：48.3：48，总体工业化率为96.3%（见表2）。同时，武汉承担着构筑中部崛起的支点、国家自主创新示范区和“两型”社会建设综合配套改革试验区等国家战略使命，应该在进一步加快发展的同时，积极融入长江中游城市群建设大潮之中，发挥应有作用。

一是创新引领：发挥丰富的人才资源、密集的创新要素优势，提升创新创业能力；二是改革示范：深入推进“两型”社会建设和改革开放，提升制度创新能力；三是产业竞合：切实转变经济发展方式，提高优势产业的聚集规模和竞争能力，在竞争中发展、在合作中“共赢”；四是要素聚散：建设跨省域要素配置平台，促进生产要素高效快速流动和共享；五是交通枢纽：加强各种运输方式的有效衔接，共同构筑长江中游城市群综合运输跨界大通道、航空港群、内河航运港口群和客货集散枢纽。

表 1：2012 年主要城市 GDP 排名

排 名	城 市	GDP（亿元）	增长率（%）
1	上海	20101.33	7.5
2	北京	17801.00	7.7
3	广州	13501.21	10.5
4	深圳	12950.08	10.0
5	天津	12885.18	13.8
6	苏州	12011.65	10.1
7	重庆	11459.00	13.6
8	武汉	8003.82	11.9
9	成都	7882.56	13.0
10	杭州	7803.98	9.0
11	无锡	7568.15	10.1
12	青岛	7302.11	10.6
13	南京	7201.57	11.7
14	大连	7000	—
15	佛山	6709.02	8.2
16	沈阳	6700	12
17	宁波	6524.70	7.8
18	长沙	6399.91	13.0
20	郑州	5700	12.0
23	济南	4812.68	9.5
26	哈尔滨	4587.10	8.1
28	长春	4506.60	12
29	西安	4369.37	11.8
31	合肥	4164.3	13.5
46	南昌	3000.52	12.5

表 2：2012 年长江中游城市群四省会城市主要经济指标比较

	武汉	长沙	南昌	合肥
面积（平方公里）	8494.41	11819.5	7402.36	11400
常住人口（万）	1002	706.56	504.26	745.7
GDP（亿元）	8003.82	6399.91	3000.52	4164.3
第一产业（亿元）	301.21	272.31	/	229.05
第二产业（亿元）	3869.56	3592.52	/	2303.91
第三产业（亿元）	3833.05	2535.08	/	1631.38
人均 GDP（元）	7987.8	9057.8	5950.3	5584.5
规模以上工业总产值（亿元）	9018.88	7000.44	/	6600.14
规模以上工业增加值（亿元）	2711.47	2309.62	967.26	1653.54
社会固定资产投资（亿元）	5031.25	4011.96	2623.03	4001.1
社会消费品零售总额（亿元）	3432.43	2454.71	1116.54	1293.62
进出口总额（亿美元）	203.54	86.83	82.9	176.42
#出口总额（亿美元）	107.48	51.74	64.7	136.28
实际（直接）利用外资（亿美元）	44.44	29.77	26.08	16.01
全口径财政收入（亿元）	2093.68	796.58	500.16	694.36
地方财政收入（亿元）	1397.74	/	240.0	389.5
公共财政预算收入（亿元）	828.58	490.65	240	389.5
城市居民人均可支配收入（元）	27061	30288	23540	25434
农民人均纯收入（元）	11190.44	15763	9587	9081
居民消费价格指数（%）	102.8	102.0	102.9	102.2

注：数据来源：武汉市、长沙市、合肥市统计手册、南昌市政府工作报告，“/”表示数据缺。

二、创新引领：打造创新要素集聚中心

武汉拥有 69 所普通高校（“985”高校 2 所、“211”高校 7 所）、106 所各类科研机构、59 名两院院士、20 个国家级实验室、20 家国家级工程（技术）研究中心，高校毕业生人数全国第一，科教综合实力全国第三（见表 3）。众多的高校和科研院所，也为武汉市培育了大量人才。仅测绘领域，从武汉走出或在武汉工作的院士就达 11 位，占据全国该领域院士数量的半数以上。光纤光缆生产规模居全球第一，太阳能光伏、风能、生物质能、核能等多个领域具有一定基础和明显优势。2009 年，东湖高新区成为第二家国家级自主创新示范区。围绕把东湖高新区建设成为世界一流科技园区试点，加快推进国家服务外包基地城市示范区、国家生物产业基地、科技兴贸创新基地、海外高层次人才创新创业基地、国家地球空间信息产业化基地、国家新型工业化产业基地、国家现代服务业综合试点区域建设。

表 3：长江中游城市群省会城市科技创新实力

项目 / 城市	省级以上科技成果（项）	申请专利量（件）	专利授权量（件）	高新技术企业（家）	高新技术产业工业增加值（亿元）	高等院校（所）
武汉	330	21879	11588	597	1074.11	85
长沙	257	13122	6692	694	1020	50
合肥	306	11478	10712	532	802	60
南昌	121	3938	2008	112	209.89	60

武汉的科研创新能力不断增强，与长江中游城市群其他城市合作空间巨大。一是可以利用湘鄂赣皖四省科技、人才和产业优势，集中建设一批具有国内领先水平的开放式、流动性和虚拟化技术创新平台和载体。采取产学研联合攻关方式，突破一批重大关键核心技术和产品。二是加快科教、人才资源共建共享。积极推进高等院校、科研院所等机构在教学、科研、学科建设和师资队伍建设等方面的交流与合作，研究和探索四省高校异地共建模式，加大人才异地培养力度。鼓励高校、科研机构之间开展形式多样的学术交流活动，共建科技创新平台，促进教育科研成果转化。

三、改革示范：深化“两型 ”社会建设综合配套改革和其他方面改革

武汉和长沙一起获批全国“两型”社会综合配套改革试验区，武汉市在工业和农业循环经济发展、城市湖泊生态治理、科技领域体制机制创新、产业结构优化升级、统筹城乡发展等方面开展了先行先试，取得的经验可以在长江中游城市群各城市加以推广。长江中游城市群城市之间加强合作，有利于加速“两型”社会建设的经验交流，形成“两型”社会建设的合力，探索出一条经济社会发展与生态环境友好的新型发展道路。

武汉作为“两型”社会示范区，探索出了城市湖泊治理的有益经验，可以与各市开展共享与合作。四省以长江、洞庭湖、鄱阳湖为重点，共同加强河流湖泊的治理，重点是加强大江大河防洪保安、水资源综合利用、水污染综合治理和湿地保护。对跨区域的重大水利项目和水环境治理及水生态建设项目统筹规划布局，共同申报立项，共同组织实施，将大大提高水利项目布局的科学性和调节淡水资源配置效率。

改革是今后几十年武汉发展最大的红利。武汉在“两型”社会、统筹城乡、走新型工业化道路、推动资源型经济转型等领域已经探索了切实可行的路子，创造了可供长江中游城市群乃至全国借鉴的经验。下一步要进一步深化对武汉市情和经济社会发展阶段的认识，推进重点领域改革，如在城镇化路径上，重点解决农民进城移居移业问题；在破解资源环境约束上，深化资源性产品价格形成机制改革，推进阶梯式价格政策改革试点，完善资源开采生态补偿机制，将外部性成本计入资源能源价格，不断地引领长江中游城市群提升区域竞争力，打造名副其实的中国第四增长极。。

四、产业竞合：打造国家先进制造业中心

1.实现集群发展

依托经济开发区和工业园区，在长江中游城市群打造分工明确、协作紧密、配套完善的产业转移承接平台，推进长江中游城市群的产业转移与承接沿海和国际产业转移有机结合，相互促进形成合力。

一是汽车产业。汽车是武汉的千亿产业之一，在长江中游四省会城市中都具有绝对优势。长沙的汽车及零部件产业也在加速发展，2013 年有望成为过千亿的产业。长沙有广汽菲亚特、北汽福田、广汽三菱等大批工程机械整机及汽车整车制造企业。武汉汽车产业可以和长沙、南昌、合肥的汽车产业联合形成汽车产业联盟，从而形成一个完整的汽车产业体系。武汉、长沙主要发展整车产业，南昌、池州、芜湖等重点发展汽车配套产业。

表 4：长江中游城市群省会城市主要产业（2011 年）

	规模以上工业增加值（亿元）	汽车及零部件产值（亿元）	钢铁产业产值（亿元）	装备制造（亿元）	电子信息产业产值（亿元）
武汉	2458.75	1334.18	1029	1081	1011
长沙	2014.16	300	—	1649.7	590
合肥	1489.65	143.48	—	266.58	700
南昌	761.23	71.96	—	950.74	—

资料来源：武汉市、长沙市、南昌市、合肥市 2012 年统计年鉴。

二是石化产业。武汉石化、长岭炼化、巴陵石化、九江石化、昌九化工，可开展分工合作，错位竞争，各得其所。

三是装备制造业。武汉、长沙装备制造业基础较好，武汉在光通信装备、激光、船舶及配套、环保工程及装备、冶金装备方面具有全国领先地位，长沙在中高端工程机械装备制造、精密数控装备制造、航空航天装备制造、输变电装备制造方面具有优势地位，南昌在航空，合肥在工程机械方面在全国有一定优势，四个城市可以尝试强强联合，共同参与市场竞争。

表 5：长江中游城市群省会城市优势装备制造业和重点企业

	重点行业	重点企业
武汉	光通信装备、激光、汽车及零部件、船舶及配套、环保工程及装备、冶金装备	长飞光纤光缆、邮科院（烽火）、凯迪电力、武锅、长动、武船、青船、武汉船用机械、重工铸锻、中冶连铸、大西洋连铸、华工、楚天、光谷激光、凯迪蓝天、凯迪水务、都市环保、武重、华中数控
长沙	中高端工程机械装备制造、精密数控装备制造、航空航天装备制造、输变电装备制造	中联重科、三一重工、山河智能、中铁轨道、长沙机床厂、中大创远数控装备、宇环同心数控机床、金岭机床
南昌	汽车和航空、光伏光电产业	江铃股份、洪都航空、江联、江西中机、联创光电、泰豪
合肥	工程机械制造、电工电器、锻压机械、仪器仪表、化工机械、环保机械	安徽叉车集团公司、日立建机（中国）公司、天威合变有限公司、合肥 ABB 有限公司

资料来源：武汉市、长沙市、南昌市、合肥市 2012 年政府工作报告和相关网站。

2. 加强企业合作

“十一五”期间，湖北企业在湘投资项目 1470 个，到位资金 404 亿元，涉及基础设施、房地产、节能环保、建材、新能源等众多领域。目前，湖南在湖北投资的企业超过二千家，其中包括中联重科、三一重工、远大空调等知名企业。此外，湖南对口支援三峡库区湖北兴山县，先后无偿援助资金 6800 万元，企业投资 5.2 亿元。同样，鄂赣合作也渐入佳境，据统计，在湖北创业的赣商已达 25 万人，投资总额近 700 亿元，其中，仅在武汉市就有 10 万人，注册企业近 3000 家，涉及家具建材、医疗器械等多个行业。

3. 异质同构、分工协作

产业相似系数是判断两个地区的产业结构相似度的重要指标。根据四城市 2012 年统计年鉴相关数据，对规模以上工业企业涉及的 39 个部门进行分析。结论显示，武汉市与长沙市工业结构相似系数是 0.31，武汉市与合肥市工业结构相似系数是 0.63，武汉与南昌工业结构相似系数是 0.78（南昌由于部分行业数据缺失，结构有一定误差），除了武汉与南昌、合肥与南昌相似系数较高，其他各市之间相似系数都较低，主要由于武汉在战略性新兴产业领域发展较快。可见，四市工业结构具有一定的趋同性，差异性也比较明显，特别是武汉与长沙的产业结构差异性较大，为两市开展合作提供了良好的条件。

表 6：湘鄂赣皖四省省会城市产业结构相似系数

地区	武汉/长沙	武汉/合肥	武汉/南昌	长沙/合肥	长沙/南昌	合肥/南昌
相似系数	0.31	0.63	0.78	0.47	0.42	0.72

资料来源：《武汉统计年鉴 2012》、《长沙统计年鉴 2012》和《合肥统计年鉴 2012》及部分地方统计局公布的相关数据计算。

产业结构趋同正是长江中游城市群地区形成一个经济区域的基础。而趋同中的差异是区域间产业分工与协作的基础，是区域间以产业链为纽带形成经济一体化的关键。因此，四城市要推行“异质同构”，推动相关城市间形成合理的产业分工协作和层次有序的产业链条，以此来推进长江中游城市群产业一体化的进程。

五、要素聚散：构建中部大市场

建设中部人才市场。武汉作为全国主要的大专院校聚集地，高校毕业生每年达到几十万人，向长江中游城市群各市输送了大量的人才。武汉市可以在此基础上，进一步构建城市群的劳动力市场和人才市场的一体化机制，使劳动力和人才在城市群建设中发挥最大效用。如加强集群城市间的劳动力资源基地、就业培训基地和劳务市场的联系与合作；积极开展城市间劳务合作活动，牵头组织武汉与其他城市发展劳务派遣组织，扩大劳务派遣规模，逐步形成区域内劳务派遣的良性机制。

拓展金融服务空间。武汉金融组织体系不断完善，已形成银行、证券、保险、期货、信托、租赁、基金等各业并举，中外机构并存、功能较为完备、运行较为稳健的多元化金融服务体系。近年来，经营业绩不断提高，金融业效益的大幅增长，金融市场融资功能进一步扩大，银行业主导作用突出，保险业快速发展，证券业势头强劲。除了越来越多的金融机构来到武汉开展业务外，东湖高新区光谷金融港的建设更是引人注目。通过武汉的银行向周边省份设立分支机构，开展金融业务，有助于武汉建立区域金融中心。

构建产权交易大市场。1988 年，武汉较早开始了产权公开交易。目前已设立有武汉光谷联合产权交易所、武汉农村产权交易所、武汉城市矿产交易所、武汉知识产权交易所等产权要素市场，正在组建武汉股权托管交易中心、武汉农畜产品交易所和武汉金融资产交易所。下一步，还将继续推动碳金融交易、林业资源交易、农村土地流转、药品交易等要素市场建设，不断拓展交易区域，吸引长江中游城市群一起建设中部的大市场。

六、交通枢纽：提升交通的通达性

完善综合功能。抓住武汉成为全国首个综合交通枢纽研究试点城市的有利契机，进一步健全“铁、水、公、空、管”一体化综合交通体系，推进各类交通方式的高效无缝衔接。以密集增开国际航班为突破口，形成世界各地通过国际航班往返武汉、武汉通过高铁往返中西部其他地区的国际大通道，进一步巩固武汉在中部地区交通运输、人流、物流、信息流的国际门户性枢纽地位，加快建成面向世界的综合交通枢纽。

强化铁路枢纽。武汉是全国四大铁路枢纽之一。未来要实现武汉与全国主要大城市之间高速铁路直接相连，形成武汉至省内城市 0.5～2 小时，至长三角、珠三角、环渤海、成渝等全国重要经济区域 3～4 小时快速客运交通圈，成为全国高铁客运专线网的主要枢纽城市、中国乃至全世界通达性最好、辐射面最广的路网支点和运输枢纽之一。

建设门户机场。武汉是全国四大航空枢纽之一。天河机场有航线 146 条，通达国内外 70 多个大中城市，天河机场三期工程和机场交通中心工程建成后，将大幅度提高机场的吞吐能力，未来还将开通美国、中东和非洲、澳洲航线，形成通达全球的航线网络；同时，开通与北京、上海、广州等城市间的航空快线，全面提升航空聚散能力，成为辐射全国、面向国际的大型枢纽和航空物流中心。

打造航运中心。武汉是长江中游航运中心和重要的物资转运港口。2008 年，武汉、黄冈、鄂州、咸宁四市的港口整合成为武汉新港，吸引力越来越大，目前已为长沙、重庆、泸州等港口提供中转服务。下一步，全力推进武汉长江中游航运中心建设，加快武汉新港建设，把武汉建成中部地区“水上门户”，着力打造国际航运中心。

七、机制创新：构建长江中游城市群竞合机制

1. 建立国家层面的协调机构

建立长江中游城市群工作专班，负责组织协调三省建立和完善协调合作机制，建立联席会议制度，定期研究协商重大问题。设立长江中游城市群开发投资公司。由中央政府和沿江省市政府共同投资组建的法人实体，由中央政府控股。建立合作协调的资金保障机制。设立长江中游城市群城市合作银行。城市合作银行是区域性、政策性银行，由中央政府和金融机构共同投资组建，由中央政府控股，不以盈利为目标。

2.建立地方政府合作机制

签订城市合作框架协议。确定长江中游城市群城市合作的指导思想、总体思路、合作目标、合作路径和具体推进的保障措施。组建跨区域的工作协调机构。成立以各市主要领导为组长的长江中游城市群城市合作领导小组及办公室，统筹各市各部门衔接和整体规划。建立城市主要领导定期会晤制度。商讨城市合作中的重大事项，实现面对面决策。定期研究和协商重大问题，加强各市之间的沟通，实现有效协调与联动。建立各市部门联席会议制度。各市对口部门定期或不定期轮流举行合作交流，共同研究制订专项合作规划和实施方案，并具体负责督促落实。

3.建立工作对接机制

建立规划对接机制。长江中游城市群各市在编制相关规划时，要积极与国家层面的长江中游城市群规划进行对接，各市之间的规划也要根据合作原则、合作方向和相关框架协议进行相互对接，实现规划层面对合作协议的落实。建立基础设施的对接机制。加快公路水路交通发展，改善区域交通运输条件，缩小区域内交通时空距离，加快区域交通一体化进程。加快能源建设项目的合作开发，鼓励省际间煤炭、天然气等能源的产销合作。建立金融合作机制。逐步消除影响资金自由流动的体制障碍，推动金融机构跨境经营和互相参股，支持金融机构开展城际金融合作，建立异地客户服务中心，发放异地贷款，建立交易清算结算金融平台，鼓励金融创新，不断拓展合作领域。建立人才交流机制。充分发挥各市在政策创新、职业教育、技能鉴定、信息交流等方面的优势，推进区域内人力资源开发与管理的全面合作。建立生态环境保护合作机制。在生态保护，促进循环经济发展，水环境保护，大气污染防治，环境监测，环境宣教，环境保护科技与产业等方面开展合作。

（执笔人：李春洋、汪涛、吴怀志）

武汉与长江中游城市群建设战略研究

摘要：长江中游城市群建设正在从概念提出到四省主动合作，并逐步上升为国家战略阶段。长江中游城市群建设尚处在加快建设阶段，区域合作空间广阔，合作产生的红利巨大。武汉作为长江中游城市群中心城市，既要主动发挥引领作用，又要借助区域合作推动国家中心城市和国家化大都市建设。未来长江中游城市群需要在区域发展战略、交通、科技创新、产业、市场、生态文明、公共服务等领域加强合作，并构建有效的协调运行机制、市场运行机制和利益分享机制。

关键词：武汉　长江中游城市群　战略

随着我国区域发展重点从沿海转向内陆、更加重视内需驱动和加快新型城镇化进程，我国区域开放开发的战略布局已由“沿海先行”进入到“沿海、沿江”并重的时期，长江中游地区再一次成为国家战略的关注重点。长江中游城市群建设的提出，高度契合了国家战略，得到了中央和全社会的肯定和支持。建设长江中游城市群是武汉发展对又一次重大机遇，武汉作为长江中游城市群重要的核心城市和增长极，既要在长江中游城市群建设中发挥主导、主力作用，又要借力长江中游城市群战略推进自身的产业发展、经济增长和竞争力提高，加快建设国家中心城市。

一、现状态势：长江中游城市群建设正处在概念造势过渡到政策促进和措施推动阶段，国家高度重视，四省主动合作，前景很好。同时，长江中游城市群大部分地区尚处在工业化、城镇化中期阶段，区域合作刚刚起步。

1. 长江中游城市群建设契合国家扩大内需和推进城镇化战略，启动一年来，各项工作顺利推进，取得了初步成效，在国家区域发展总体战略和国土开发格局中的地位显著提升。

国务院和国家相关部门高度重视长江中游城市群建设。2010 年 3 月 7 日，李克强同志表示长江中游城市群符合国家战略。7 月 13 日至 14 日李克强在湖北考察，表示要将长江中游城市群纳入到全国城镇化规划中。8 月 27 日，国务院颁布《关于大力实施促进中部地区崛起战略的若干意见》明确指出：“鼓励和支持武汉城市圈、长株潭城市群和环鄱阳湖城市群开展战略合作，促进长江中游城市群一体化发展。”可以看出，长江中游城市群建设已进入国家战略决策。国家发改委原主任张平在十二届全国人大一次会议上透露，国家发改委正在研究，希望长江中游地区在中部崛起中能够更好地发挥示范和带动作用。

长江中游城市群正在加快推进。长江中游城市群建设在2012年正式启动。2月10日，江西、湖北、湖南三省人民政府在武汉召开会商会，签订了共建长江中游城市群的合作框架协议，约定在区域发展战略、规划和政策衔接互动、综合交通枢纽、产业分工协作等九个领域开展深入合作。随后，三省政府各相关部门积极跟进开展密切合作，基础设施对接建设加快推进，市县交往和民间交流更趋活跃。同年12月28日，在江西九江召开的“区域发展与改革座谈会”上，时任国务院副总理李克强就长江中游城市群构建作了一个风趣的比喻：围棋不仅讲究占“金角银边”，也注重在中间谋势布局，要做足“中”字这篇大文章。安徽由此加入了长江中游城市集群。2013年2月23日，长江中游城市群省会城市首届会商会在汉举行，四市市长共同签署《长江中游城市群暨长沙、合肥、南昌、武汉战略合作协议（武汉共识）》，四市的11个部门之间分别签署合作协议，共同推进工业分工合作、区域开放市场体系建设、交通基础设施建设和生态文明建设等。

2. 长江中游城市群尚处在合作的初级阶段，区域协调机构不够完善，利益分配关系有待确立，区域内各城市主体产业结构相似，竞争驱动大于合作动力。

一是缺乏统一权威的区域协调机构，各市对建设长江中游城市群积极性方面存在一定的差异，现有的合作较为分散，部门行业之间缺乏实质性项目推进。

二是利益分配关系有待确立，需要构建新型的、合理的地区利益分配制度，以化解地方利益的“过度离散性”，约束和规范地方利益之争。

三是主导产业结构相似，存在争夺项目、资金现象，企业竞争大于行业合作。

四是要素合理流动的环境有待完善，产业联动不够，人才、资金、科技成果等要素市场化配置的体制机制建设还需加强，城市群内基础设施有效配置与衔接也不够，公共服务对接不紧密，资源共享程度不够高等。

二、发展趋势：长江中游城市群在国家和地方对共同推动下，竞合联系不断推向深入，特别是武汉加快推进国家中心城市建设，将有力支撑长江中游城市群发展成为中国经济第四增长极。

游长江中游城市群有望开展更为紧密的合作。国内城市和区域合作一般都会经历政府推动、基础设施和公共服务拉动、市场和企业联动等相互交叉的几个阶段。目前，长江中游城市群建设尚处在政府推动阶段，省市政府之间首先签订合作框架协议，相关职能部门推出具体、细化和可操作的推进项目方案，这些带动性项目一旦建成并发挥作用，企业和市场就会积极跟进。全面融合时代才会真正到来。长江中城市群三省和四省会城市分别签订了合作框架协议，部门之间也签订了更为具体的合作和对接协议。国家发改委正在谋划长江中游城市群发展规划，并将长江中游城市群作为全国城镇化规划的重点内容。展望未来，长江中游城市群建设的顶层设计日趋完善，四省市之间加强合作的整体意识日趋增强，长江中游城市群竞合建设将不断推向深入。

目前，长江中游城市群总面积达 30.44 万平方公里，人口总量达 11528.5 万人，分别占全国的 3.2%和 8.6%，均高于长三角、珠三角、京津冀和成渝四大区域，在经济总量上已直逼珠三角和京津冀，在全国国土开发中处于核心地位，未来有望成为继珠江三角洲城市群、长三角城市群、京津冀都市圈三大增长极之后的中国经济增长第四极。

三、武汉地位：武汉在长江中游城市群无论是总体经济实力还是辐射能力、创新能力均位居首位，同时，在一些重要指标方面还存在不足，如人均 GDP、出口总额指标缺乏优势，工业投资优势不明显。

武汉的经济规模和综合实力不断增强，产业不断优化，市场不断扩大，在人口、GDP、二、三产业增加值、地方财政一般预算收入以及社会消费品零售总额等方面，在四省会城市中占比均超过了 33%以上。

表 1：2012 年长江中游城市群四省会城市主要指标占比

	生产总值（亿元）		第二产业增加值		第三产业增加值		地方财政一般预算收入		社会消费品零售总额	
	总量（亿元）	占比（%）	总量（亿元）	占比（%）	总量（亿元）	占比（%）	总量（亿元）	占比（%）	总量（亿元）	占比（%）
武汉	8003.82	37.11	3869.56	33.64	3833.05	42	828.58	42.5	3432.43	41.3
长沙	6399.91	29.67	3592.52	31.23	2535.08	27.8	490.65	25.2	2454.71	29.5
合肥	4164.3	19.31	2303.91	20.03	1631.38	17.9	389.5	20.0	1293.62	15.6
南昌	3000.52	13.91	1737.32	15.1	1116.2	12.3	240	12.3	1116.54	13.6
合计	21568.55	100	11503.31	100	9115.71	100	1948.73	100	8297.3	100

从 GDP 看，2012 年武汉达到 8003.82 亿元，是南昌、合肥的 2 倍，是长沙的 1.25 倍。从建成区面积看，武汉建成区面积为 408 平方公里，远远超过其他三市。但是，人均 GDP、城镇居民可支配收入、农村居民纯收入方面武汉落后于长沙，出口总额上低于合肥市。从产业结构趋同性来看，武汉市与合肥市工业结构相似系数是 0.63，

武汉与南昌工业结构相似系数是 0.78，武汉与三市工业结构具有一定的趋同性。

表 2：长江中游城市群四省省会城市产业结构相似系数

地区	武汉/长沙	武汉/合肥	武汉/南昌	长沙/合肥	长沙/南昌	合肥/南昌
相似系数	0.31	0.63	0.78	0.47	0.42	0.72

资料来源：《武汉统计年鉴 2012》、《长沙统计年鉴 2012》和《合肥统计年鉴 2012》及部分地方统计局公布的相关数据。

表 3：长江中游城市群四省省会城市主要经济数据（2012 年）

	建成区（平方公里）	规模以上工业增加值（亿元）	固定资产投资（亿元）	工业投资（亿元）	出口总额（亿美元）	外商直接投资（亿美元）	金融机构存款余额（亿元）
武汉	408	2711.47	5031.25	1701.04	107.48	44.44	13131.59
长沙	306.4	2309.62	4011.96	1162.75	51.74	29.77	8800.70
南昌	222	967.26	2623.03	1118.33	64.66	19.03	5768.99
合肥	263	1653.54	3803.04	1551.40	136.28	16.01	7075.20

注：数据源于 2012 年各市统计公报。

武汉省级以上科技成果、申请专利量、专利授权量、R&D 经费支出和在校研究生数超过长沙、合肥和南昌，但是科技创新转化能力有待进一步提升，如高新技术企业数低于长沙，高新技术产业工业增加值与长沙相比优势也不明显。大中型企业专利申请数低于长沙。

表 4：长江中游城市群省会城市科技创新实力

	省级以上科技成果（项）	申请专利量（件）	专利授权量（件）	高新技术企业（家）	高新技术产业工业增加值（亿元）	高等院校（所）	在校研究生数（万人）	R&D 经费支出（亿元）	大中型企业专利申请数（件）
武汉	330	21879	11588	597	1074.11	85	10.28	103.8336	4409
长沙	257	13122	6692	694	1020	50	3.97	96.7784	5707
合肥	306	11478	10712	532	802	60	2.68	48.7356	4280
南昌	121	3938	2008	112	209.89	60			

注：数据源于城市 2012 年统计年鉴

四、功能发挥：发挥丰富的人才资源、密集的创新要素优势，实现创新引领功能；

深入推进改革开放，发挥改革示范功能；提高优势产业的聚集规模和竞争能力，发挥产业竞合功能；建设跨省域要素配置平台，促进生产要素高效快速流动和共享，实现要素聚散功能；构筑长江中游城市群综合运输跨界大通道、航空港群、内河航运港口群和客货集散枢纽，实现交通枢纽功能

1. 创新引领：打造创新要素集聚中心，提升创新转化能力。一是可以利用汉长昌合四市科技、人才和产业优势，集中建设一批具有国内领先水平的开放式、流动性和虚拟化技术创新平台和载体。二是加快科教、人才资源共建共享，推进高等院校、科研院所等机构在教学、科研、学科建设和师资队伍建设等方面的交流与合作。

2. 改革示范：深化经济、文化、社会和生态领域改革。武汉作为“两型”社会综合配套改革试验区，形成了工、农业循环经济、生态农业和城市湖泊治理的有益经验，可以与各市开展共享与合作。武汉作为改革的先行区，在金融服务、现代服务业试点、新区建设等方面要取得国家支持，主动走在前面。

3. 产业竞合：打造国家先进制造业中心。依托经济开发区和工业园区，在长江中游城市群打造分工明确、协作紧密、配套完善的产业转移承接平台，推进长江中游城市群的产业联动与承接沿海和国际产业转移有机结合，相互促进形成合力。

4. 要素聚散：构建中部大市场。要素聚散能力是衡量中心城市服务能力的重要指标。一是建设中部人才市场，加强集群城市间的劳动力资源基地、就业培训基地和劳务市场的联系与合作。二是拓展金融服务空间，支持群内各市相互设立分支机构，支持武汉开设商品期货交易中心，推进武汉建立区域金融中心。三是构建产权交易市场，推动碳金融交易、林业资源交易、农村土地流转、药品交易等要素市场建设，不断拓展交易区域，服务长江中游城市群。

5. 交通枢纽：提升交通的通达性。推进基础设施一体化，对接各省交通规划，构建公路、铁路、水运、航空等立体交通网络。以密集增开国际航班为突破口，形成世界各地通过国际航班往返武汉、武汉通过高铁往返中西部其他地区的国际大通道，进一步巩固武汉在中部地区交通运输、人流、物流、信息流的国际门户性枢纽地位，加快建成面向世界的综合交通枢纽。

五、合作路径：长江中游城市群需要在区域发展战略、交通、科技创新、产业、市场、生态文明、公共服务等领域加强合作。

一是共同谋划区域发展战略，争取国家制定推进长江中游城市群发展指导意见及相关规划，建设国家新型城镇化综合配套改革试验区，在规划、土地利用规划、建设

投入机制等方面加强创新，促进四省会城市新型城镇化建设在全国的率先示范。

二是共同推进交通基础设施建设，在四省会城市建设环状快速铁路网，构建四市互达 2 小时经济圈。推进湘江、赣江、汉江、巢湖领域等航道整治，形成以武汉为枢纽港，长沙、合肥、南昌为内河航运中心的长江中游航运网络。

三是推动四省会城市共同组建跨地域的技术转移中心和产业技术创新战略联盟，促进在高新区、高技术产业、科技资源等方面的交流和合作，加强联合攻关，共同打造长江中游城市群创新高地。

四是共同推进产业分工合作，联合在工程机械、汽车零部件、家电等产业领域组建一批产业联盟，鼓励企业间跨区域投资和联合发展，在资源、项目、要素、市场等方面开展多种形式的合作，形成一批大企业大集团。

五是构建区域性统一大市场，建设统一的投资市场、人才市场，打破地区分割的市场壁垒，加强贸易、经济、教育、医疗卫生、社会保险、公共安全等社会资源共享及合作。

六、合作策略：深入推进四市战略合作，加快构建协调运行机制、市场运行机制、利益分享机制。

一是争取由国家牵头推动成立长江中游城市群区域合作机构。统一制定长江中游城市群地区重点基础设施建设、生态环境建设、新型城镇化建设、重大项目布局等规划并协调实施。

二是充分发挥市场对资源配置的基础性作用，提高整个区域资源配置的效率，以市场一体化为核心来推动区域经济一体化发展，鼓励企业积极参与区域合作分工，培育一批有竞争力的企业发展壮大，使企业成为区域合作发展的主体，进一步发挥长江中游城市群各城市经济互补性。

三是建立共赢的利益分享与补偿机制。协调兼顾城市群内各城市的利益，竞合共生、和谐发展。

四是开展多层次城市合作。根据长江中游城市群不同发展阶段和需要来建立合适的合作机制。合作的内容方面可以有产业合作、基础设施合作、制度合作、管理合作和规划合作等；合作模式可以有政府主导型、企业主导型和民间组织主导型等。

（执笔人：李立华）

聚焦武汉外贸经济爆炸式增长的引爆点

——湖北进出口企业孵化示范基地建设研究

作为外贸领域创新发展先行先试的重要一步，湖北进出口企业孵化示范基地已经挂牌开始运作。这既是我们外贸工作的一项重要成就，也是一个新的工作起点。如何扎实推进基地建设，打造东西湖区、临空港经济开发区经济增长新引擎，构建全市、全省外贸经济爆炸式增长的引爆点，仅仅依托现有基础条件和政策措施远远不够，必须从战略高度进行谋划，集聚各方智慧，放大政策能量，举全市之力予以支持，才能实现既定目标。

为此，市社科院课题组就基地建设问题进行了系统研究，从基本功能、产业辐射、服务对象等角度明确了孵化示范基地的功能定位，提出了孵化基地外延化、孵化主体多元化、孵化载体层次化的基本发展思路，认为应当从加强领导、搭建平台、完善体系、创新机制等四个方面完善发展举措，并就孵化示范基地发展最为关键的政策支持问题进行深入研究，结合国内外外贸孵化器发展经验、既有科技孵化器政策体系，提出了外贸孵化示范基地发展亟需重点支持的相关政策。

一、孵化示范基地基本情况

为进一步贯彻落实省委省政府提出的“开放先导”战略，根本性扭转外贸增长逆势，按照《湖北省政府办公厅关于实施外贸“三项工程”促进外贸稳定增长的通知》（鄂政办发[2013]12 号）文件精神，依托武汉海关、东西湖保税物流中心、武汉铁路集装箱中心站等口岸设施，在国家级经济技术开发区——武汉临空港经济技术开发区，建立了湖北进出口企业孵化示范基地。该基地的设立，将充分利用口岸优势，探索培育外贸企业的新模式，提升东西湖区外向度，实现临空港经济开发区与其他两大国家级开发区错位发展、各具特色，铸造武汉经济第三极，不断提升武汉对外开放水平，全力推进武汉国家中心城市建设。

孵化示范基地具有优越的发展基础条件，其所在的东西湖区紧邻武汉中央商务区，毗邻武汉航空港，保税物流中心、公路口岸、武汉铁路集装箱中心站等口岸设施均坐落于此，107 国道、京珠高速穿城而过，交通四通八达，区位资源优势明显；DHL、UPS、FEDEX、TNT 等国际物流企业聚集，产业基础优越；孵化器数十万方物理空间已建成，且有近20年的国家级孵化器管理经验；各级政府对建设示范基地高度重视，主要领导亲自参与建设方案的制定。

目前，孵化示范基地空间初步划分为“两区一平台”：

——国际商品展示区。该区位于基地大楼中间，规划建筑面积15000平方米，分为3个楼层，规划美国、欧洲、东南亚等不同地区的展区，展示红酒、奶粉、食用油、日用品等快销品，并设有咨询台(导购中心)、业务协理，采取“专品展示+会员制”模式，建立分销、配送网络，打造全省知名的国际名优商品采购中心。

——外贸企业孵化区。该区位于大楼四周，规划建筑面积20000平方米，设置50-200平方米孵化单元200个，其中首期80间精装修孵化单元，采取租售结合方式，配备共用会议室、办公桌椅、网线，让外贸企业拎包入驻。

——“一站式”进出口贸易服务平台。该平台位于大楼旁边，规划建筑面积2000平方米，设置容纳50～100人同时办公的写字间，还有不同规格的会议室、会客间、培训室，配备咖啡厅、餐厅、茶座等，将举办全省外贸企业专门培训，并作为全省的外贸公共服务平台。

该基地的建设和深入发展，将构筑湖北省最大的进出口孵化基地，形成覆盖培训、融资、法律、物流、通关代理、人才招聘、境内外参展等多功能服务平台。孵化示范基地运行后，近期（2013年）将组织10场国际商品展销活动，开展专题培训1000人次，组织企业开拓国际市场，预计可实现进出口额2.3亿美元。

二、孵化示范基地功能定位与发展思路

（一）功能定位

基本功能：孵化示范基地作为进出口企业服务中心，主要提供前期市场调研、货物相关信息、企业资信调查、业务洽谈以及通关报关相关咨询信息服务；提供通关、商检、保税物流等服务；提供航运金融、航运保险、供应链金融、经营性贷款等金融服务；提供船代、货代、咨询、物流信息、法律等中介服务。在实现以上服务功能的基础上，突出体现“示范”意义，为湖北省乃至全国其他孵化基地建设提供经验借鉴。

产业辐射：从孵化示范基地的建立初衷来看，主要是为全省外贸扭转逆势发挥作用。因此，其服务的产业门类应当从大的范围上涵盖湖北省的重点出口产业门类，以及拟开发为出口行业的产业门类。

虽然外贸孵化基地冠名“湖北”二字，但仍应重点考虑其为武汉进出口服务，围绕一批战略性新兴产业、绿色产业、特色农产品产业等尚未形成较大出口规模的产业

提供孵化服务，优化武汉外贸结构。临空港经济开发区作为国家级开发区，外贸孵化基地布局于此，应抓住得天独厚的区位优势，为高附加值、高技术的临空产业以及大运量的临港产业提供服务，对从事临空高新技术产品制造、高附加值产品加工、外贸物流或服务出口型企业进行孵化。同时，充分结合东西湖区现有的机电、食品等主导产业，积极提供相关外贸孵化服务。

从孵化示范基地临近的武汉海关、铁路集装箱中心站、航空港等口岸设施考虑，其服务的范围还应扩大到长江中上游的重庆、泸州，中部临近的河南、陕西部分地区，利用武汉新港开展江海直达、铁水集装箱联运等便捷高效方式，发挥武汉综合交通枢纽功能。因此，在产业服务类型上还应考虑到更大范围的相关需求。

服务对象：促进外贸发展，既要促进外贸相关产业的发展，优化地区产业结构、提升产业竞争力，也要促进外贸代理服务行业的发展，提升外贸实绩。因此，外贸孵化基地以提升外贸实体企业的进出口功能为目标，以提升外贸孵化能力为工作重点，在企业类型引进上，实现生产企业与外贸企业孵化相结合，重点引进两种企业。

一是外贸企业或外贸孵化企业。即专门进行外贸服务或提供进出口代理、通关等相关孵化服务的企业，可以分为四类：第一类是本身有进出口权的孵化服务机构，这些公司经营范围广，既可自营，又可代理和孵化。第二类是单独注册登记的机构，但实际上是进出口公司的一个部门，既开展进出口业务，又从事孵化服务。其出口要通过总公司，经营受一定限制。第三类是进出口公司承担孵化服务。第四类是专门为孵化服务而单独注册成立的公司或中心，具有中介服务职能。这些孵化器的运作方式各有特点，有的专事服务，有的兼营代理。

外贸孵化企业按照“开口企业实绩工程”的要求，重点针对中小微企业进行孵化，为其实现开口提供孵化服务。重点引进外贸龙头企业进驻，一方面提升孵化示范基地进出口规模，另一方面通过外贸龙头企业的外贸经验引导中小微企业开拓国际市场，而且龙头企业的进驻将带动外贸产业链，推动外贸企业集群、集聚发展，形成辐射效应。

二是重点生产企业在孵化基地设立窗口或分部。引进一批重点生产企业在孵化示范基地设立窗口或分部，通过近距离“点对点”服务提升生产企业出口实绩。引进这类企业的目的在于为具有巨大出口潜能的企业提供进出口服务，大规模提升进出口业绩。这类企业主要应包括：湖北省及武汉市重点规划发展产业领域的龙头企业；围绕“三项工程”中的开口企业实绩工程，拟通过孵化实现开口的实体企业；武汉“1+8”

城市圈及中部地区重点出口企业；全国出口500强企业。在招商策划中可以谋划吸引在汉世界500强、中国500强企业在孵化示范基地设立窗口。

（二）发展思路

根据当前孵化器发展态势和有关政策导向，孵化示范基地的发展应注重载体建设与主体培育相结合，围绕基础服务努力提供增值服务，在高度集聚外贸企业的同时提升区域产业结构和产业能级，全力构建完善的外贸孵化体系，形成孵化基地外延化、孵化主体多元化、孵化载体层次化的发展格局，为打开全省外贸新局面提供先行引导、关键支撑和示范借鉴。

1. 孵化基地外延化

孵化基地外延化体现为主基地与辅基地相结合、体内孵化与体外孵化相结合两个方面。

主基地与辅基地相结合。孵化示范基地建设不仅要依靠基地楼宇及周边地区，同时也要依靠不在基地内的海关、商检、物流保税等政府部门以及与进出口相关的科研、服务机构。因此，孵化示范基地的涵义应向外拓展，扩大为主基地与辅基地。主基地即现有基地范围，主要包括“两区一平台”。辅基地则体现为扩大了的孵化基地涵义，包括海关、商检、保税物流等相关单位。而且，孵化示范基地应协助中小微外贸企业利用公共实验室和大学设施，或由这些机构的专家向企业提供技术支持，减少初创期中小微企业技术开发成本和国际市场开拓风险。

体内孵化与体外孵化相结合。参照宁波等相关城市的做法，实施集中与分散相结合的办法推进孵化示范基地建设，即体外孵化与体内孵化相结合。体内孵化即对进入孵化示范基地的企业进行重点孵化，实行“引进来培育”；体外孵化则对孵化示范基地外的外贸企业提供服务和支持，实行“派出去合作”。然而不管是体内孵化还是体外孵化，从区域外贸总额及税收的角度，以及孵化示范基地整体规划、做强做优的角度，应重点争取外贸企业注册地落在孵化示范基地内，即形式上的集中与分散相结合，而实质上的注册落地原则。

2. 孵化主体多元化

目前我国部分地区如宁波外贸孵化器是以外贸公司为依托，外贸公司具有较强的市场意识和灵活性，但伴随其商业性而来的趋利性，难以充分体现公共服务职能。孵化示范基地的发展可考虑孵化主体的多元化，即以外贸主管部门、外贸孵化公司、行业协会等共同作为孵化主体，承担孵化职责。

外贸主管部门。外贸管理部门作为政府服务机构，客观上应承担一定的外贸孵化器职能。省、市、区各级外贸管理部门应将自身定位为孵化器，为外贸企业提供一揽子服务，并由政府对其进行监管与考核。同时，设立专门的信息反馈机制，由被孵化企业随时向政府反映孵化器企业的服务品质。

外贸孵化公司。这种方式是目前通行也较为成熟的孵化模式，由大型外贸企业或者专业外贸公司承担具体孵化职能。外贸孵化公司自身可以经营外贸业务，也可以仅承担孵化器职能而不经营外贸业务，主要为外贸企业进出口提供服务。

外贸行业协会。我国外贸行业协会一直未能充分发挥进出口促进的积极作用。行业协会在行业、行情、产品、预测等方面的专业优势不仅能为企业提供进出口服务，还可以在外贸企业的市场范围、产品品种、商品价格、贸易纠纷的防范与解决等方面进行有效的协调。

3.孵化载体层次化

目前，国内包括外贸孵化器在内的各类孵化器的规模呈大幅上升的趋势，但依然不能满足需求，重要的原因之一是企业的孵化周期延长，同时孵化成功率未有效提高。随着企业的成长，适合于初创期企业的孵化条件已难于满足成长期企业的需求，因此需要根据企业成长的不同阶段，建设与之相适应的不同类型孵化载体，从创业苗圃到孵化器、加速器，再到产业园等，建立完善的孵化链条，完善多层次孵化载体。

——项目和企业初级孵化：培育能独立参与外贸市场竞争的小企业；

——小企业的加速孵化：培育具有一定竞争力的、比较规范的现代企业；

——企业的海外孵化：培育以跨国经营为目标的企业。

当前，在孵化示范基地，特别需要通过建立和完善初级孵化和加速孵化这两个层面的孵化器工作，提高被孵化企业参与竞争的适应和生存能力。

三、孵化示范基地发展举措

成立外贸孵化基地只是第一步。根据现代经济发展的普遍规律——“马太效应”，外贸孵化基地在突破初创期的发展瓶颈后，通过发挥资源积累优势，将进入一个加速发展壮大的成长期。但在此之前，必须借助政府的强力推进和培育扶持，才能实现孵化基地的自我良性循环发展。

（一）加强领导，健全孵化基地组织管理

明确基地建设责任主体。武汉市商务局、东西湖区、临空港经济开发区是孵化示范基地规划和发展的责任主体。东西湖区及临空港经济开发区商务行政部门具体负责

孵化示范基地的建设和发展管理工作。相关部门、各级财政要安排资金，支持孵化示范基地建设和发展。建立孵化示范基地绩效评估制度，实行动态管理，每年对孵化示范基地建设和发展情况进行考核，实施奖惩制度。

采用现代化孵化基地管理模式。培养和引进一批具有先进孵化理念、专业知识和管理水平的优秀孵化服务团队。建立创业导师辅导机制，拓展专业孵化、种子资金、天使投资等增值性服务，探索和推动持股孵化及市场化运行机制，实现孵化服务倍增效益。加强孵化器品牌建设，完善孵化器服务质量管理体系，整合创业孵化资源，打造创业服务产业链，构筑孵化载体、技术平台、人才培育、融资担保一体化的孵化服务体系。

（二）搭建平台，提升孵化基地公共服务

从日本等国孵化器建设经验来看，基础设施等硬件建设往往领先于软件建设，软件建设成为制约孵化器发展的问题所在。为此，在完善硬件设施的同时，应突出公共服务等软件配套，重点搭建两大平台。

一是信息交流网络平台。以政府外贸主管部门为主导，以网络为媒介，依托高校、科技中介机构及行业协会，建立孵化示范基地信息交流网络平台，提供进出口相关信息。在进口方面，提供前期市场调研、货物相关信息、企业资信调查、业务洽谈等服务。在出口方面，提供市场信息、业务洽谈以及通关报关相关咨询信息服务。

二是电子政务平台。电子政务平台以通关、商检、保税物流为核心，通过推进“大通关”，加快电子口岸建设，进一步提高通关效率。大力推动贸易单证标准化和电子化进程，促进各部门间贸易单证信息的互联互通和监管信息共享，在统一模式下实现进出口货物“一次录入，分别申报”。改进海关、质检、外汇等方面的监管和服务，口岸及海关特殊监管区域所在地的海关和出入境检验检疫机构实行工作日 24 小时预约通关和报检，并给予高资信企业通关便利。把孵化示范基地内外贸企业列入税费电子支付系统推广重点，加强与相关金融机构的联系协调，提高税费电子支付方式在银行和企业的覆盖面，降低企业通关成本。

（三）完善体系，强化外贸孵化人才支撑

完善外贸人才资源体系。充分发挥武汉人才资源丰富、科技实力雄厚的优势，建立外贸人力资源储备库。构筑公共人力资源服务体系，加大孵化示范基地人才引进力度，完善各层次人才引进渠道。对孵化示范基地外贸企业接受应届毕业生、海外留学生和专业技能人才实行优先保证。建设孵化从业人员培训基地，开展对孵化示范基地管理人员、孵化服务人员和创业者三个层次的培训，加强对从业人员的培训、考核和资质认定，对孵化示范基地管理人员进行免费培训。

构筑外贸高层次人才绿色通道。外贸企业高层管理人员要求柔性流动到武汉工作的，享受相关市民待遇；其引进的高层次人才，可按相关规定申请本市引进人才专项用房；引进的有突出贡献人才可按相关规定申购本市有突出贡献人才住房。外贸企业负责人及家属、企业中层管理人员需办理户籍入汉的，由公安部门依照有关规定优先办理；需办理工作调动手续的，由市劳动保障部门及时办理相关手续，确保其劳动关系、社会保险关系和户籍的同步转移；孵化示范基地的企业负责人未成年子女入学，由教育行政部门给予照顾安排。

（四）创新机制，拓展孵化基地融资渠道

创新孵化示范基地运营机制。积极引进国内外知名外贸企业、外贸金融物流服务企业参与孵化示范基地建设，在保持孵化示范基地公共服务性质的基本前提上，提升孵化示范基地市场竞争和可持续发展能力。鼓励孵化主体特别是外贸孵化公司实行组织创新和机制创新，支持国资、外资、民资共同设立孵化公司，增强市场活力和海外业务拓展能力。采用持股孵化等激励机制，充分调动从业人员的积极性。

提升孵化基地的投融资功能。鼓励孵化企业通过知识产权转让和股权融资等形式筹集资金。鼓励孵化基地与创业投资机构合作，建立孵化体系内的天使投资网络，实现孵化体系内资金和项目的共享。加大与银行、担保等金融机构的合作力度，积极创新面向科技创业企业的金融产品，缓解在孵企业融资难问题。加强银行与股权投资机构的合作，在孵化示范基地探索“投贷联盟”的业务创新模式，由创投机构给予企业科技成果股权资金，企业以此资产为依托取得银行贷款，实现商业银行对高风险企业的信贷支持。

四、孵化示范基地发展政策支持

关于科技企业孵化器发展，从中央到地方已经出台了较为完善的发展规划和政策措施，而外贸孵化器尚未全面进入中央政策视野，这可能与外贸扶持政策会引起国际纠纷有关。地方层面，各地就外贸发展以及外贸孵化基地建设提出了一些政策措施。比照科技孵化器政策，参照各地有关外贸促进措施，孵化示范基地发展应从以下几个方面加大政策扶持。

（一）积极争取国家、省政策扶持

1. 促使外贸孵化器认定规范化。

外贸孵化器目前还只是一个概念性名称，尚未得到官方认定，应首先从国家层面开展外贸孵化器的认定工作，比照《科技企业孵化器认定和管理办法》，推动商务部出台《外贸企业孵化器认定和管理办法》，对外贸孵化器的基本性质、功能、认定标准等进行规范。通过规范认定，进一步争取国家对外贸企业孵化器的扶持政策。

2. 出台国家层面外贸企业孵化器发展规划。

科技部印发了《国家科技企业孵化器"十二五"发展规划》，对科技企业孵化器的发展进行了科学谋划。基于外贸的重要性和战略考虑，应从规划的角度、战略的高度，积极呼吁商务部出台《国家外贸企业孵化器发展规划》，从发展定位、发展目标、政策措施等方面宏观指导和把握外贸孵化器的未来发展。

3. 加大国家、省税收政策支持。

争取国家政策支持，比照国家关于科技孵化器的税收政策，对外贸企业孵化器加大税收政策支持。一是对符合条件的孵化器自用以及无偿或通过出租等方式提供给孵化企业使用的房产、土地，免征房产税和城镇土地使用税。二是对其向孵化企业出租场地、房屋以及提供孵化服务的收入，免征营业税。三是对符合非营利组织条件的孵化器的收入，按照税法及其有关规定享受企业所得税优惠政策。

争取国家政策支持，比照国家级高新技术产业开发区和高新技术企业税收优惠政策，对外贸孵化器及入驻的外贸企业实施同等强度的税收优惠。

争取省级财税政策支持，对外贸孵化基地、外贸孵化企业上缴税收的省级留成部分，在孵化示范基地成立之日起3-5年内，采取先征后返的方式，按一定比例返还用于孵化示范基地建设。

4. 加大国家、省中小企业出口促进政策扶持。

国家为支持中小企业开拓国际市场，设立中小企业国际市场开拓资金，该资金采用因素法等方式进行分配，对符合规定且支出大于1万元的项目予以支持，支持金额原则上不超过项目支持内容所需金额的50%。对中、西部地区和东北老工业基地的中小企业，以及符合优先支持活动范围的支持比例可提高到70%。湖北省配合中央政策，综合中央财政和省级财政安排的用于支持中小企业开拓国际市场的专项资金，成立了湖北省中小企业国际市场开拓资金。应积极争取将孵化示范基地纳入中央、省此专项资金优先支持范围，按照70%的支持比例，加大扶持力度。同时，还应突出孵化示范基地的省级示范性特征，在湖北省中小企业国际市场开拓资金中划拨专项予以支持。

（二）积极争取市级政策支持

1. 将孵化示范基地发展纳入市级孵化器建设与发展专项资金及市科技三项费支持范围。

至2016年，市财政每年在市长支持经济建设发展统筹整合资金中安排3500万元用于孵化器的建设。从2013年开始，市科技局的科学技术研究与开发资金每年不低于10%用于支持孵化器建设。目前市科技三项费中每年支持孵化器的资金约1000多万元，加上此次3500万元的财政支持，市财政每年将给予约5000万元的资金支持。应积极争取将孵化示范基地纳入市级孵化器建设与发展专项资金及市科技三项费支持范围。

2. 将孵化示范基地发展纳入市级产业发展专项资金支持范围。

目前，在产业发展专项资金支持上，武汉市对离岸服务外包业务实施免征营业税，并制定了详细的补贴标准和补贴措施（见《离岸服务外包业务收入免征营业税管理办法》（武地税发[2011]129号），《关于进一步支持服务外包产业发展有关事项的通知》（武商务[2011]436号））；分别设立了各1000万元的电子信息产业发展专项资金和软件专项资金，2008年市财政还追加产业资金500万元；针对高新技术产业制定了5分钱/美元的出口补贴标准，针对汽车出口基地制定了相应的补贴措施。应在用足用好这些政策的同时，争取武汉市成立外贸发展专项资金，专门用于支持外贸业务发展。资金来源可以从现有各产业专项资金中切块，也可以单独申请市级财政专项支持。

3. 加大对孵化示范基地建设的补助力度。

一是参照科技孵化器政策，对新组建的外贸孵化器，其孵化面积当年按照15元/平方米的标准给予补助，所需资金由市级专项资金安排60%。二是以年度投入费用的50%对孵化器公共服务平台给予补贴，最高不超过100万元，所需资金由市级专项资金安排60%。三是对升级为国家级的孵化器，由市级专项资金给予一次性100万元的补助。

4. 对企业支付担保费实施补贴。

鼓励担保机构优先为在孵企业提供融资担保服务。融资担保额度在300万元以内（含）的，对在孵企业实际支付的担保费给予全额补贴；融资担保额度在300万元以上的，给予50%的担保费补贴，每个企业最高补贴总额不超过10万元。

5. 对风险投资实施补贴。

按照风投资金对在孵企业年度实际投资额5%的比例给予风险补偿，对每家风投公司的风险补偿不超过100万元，所需资金由市级专项资金安排60%。

6. 争取市级财税政策扶持。

加大对孵化示范基地外贸企业的财税支持，对上缴税收的市级留成部分，按一定比例返还孵化示范基地或外贸孵化企业。根据实际情况，对外贸企业孵化器公用服务设施，按有关制度规定报税务机关批准后实行加速折旧，以促外贸企业孵化器更新和改造。

7. 制定孵化示范基地发展战略规划及三年行动方案。

由武汉市商务局会同东西湖区、临空港经济开发区，制定湖北进出口企业孵化示范基地发展战略规划及三年行动方案，从战略层次确定孵化示范基地的发展定位、发展目标和战略构想，从具体工作层面制定招商引资、项目落地灯工作重点，从宏观和微观层面科学谋划孵化示范基地发展。

（三）加大区级政策扶持

1. 设立孵化示范基地发展专项资金。

由东西湖区、武汉临空港经济开发区主导，争取市级专项资金支持，成立湖北进出口企业孵化示范基地发展专项资金，重点支持企业参加境外展览会活动、企业进行的境外市场考察活动、企业利用电子商务进行市场推广活动、企业投保短期出口信用险、企业应对国际贸易壁垒、企业实施科技兴贸战略活动、企业出口品牌建设以及进口大宗资源性产品。如果以下各项目得到国家、省中小企业国际市场开拓资金及市级有关专项资金支持的，则不从本专项资金中进行重复补贴。具体申报项目认定及支持标准初拟如下：

（1）境外展览会项目。对企业参加境外展览的展位费，按照30%的比例给予补助，最高不超过3万元。凡在境外参加或举办境外展览会，只申请境外展览会项目，不得申请其他项目或另立项目重复进行申请，如市场考察等。

（2）境外市场考察项目。对企业进行境外市场考察人员的交通费和生活补贴费用按照30%的比例予以补助，每个企业最多支持2人费用。

（3）利用电子商务手段开拓国际市场项目。按照企业使用第三方贸易平台所支付费用的50%予以补助，最高不超过2万元。第三方贸易平台须为湖北省商务厅或武汉市商务局认定并公布的专业电子商务机构。

（4）投保短期出口信用险项目。对企业按照投保短期出口信用险保费按其实际投保费用的50%给予支持，最高不超过30万元。

（5）应对国际贸易壁垒项目。对企业主动应对反倾销、反补贴等贸易壁垒所发生的应诉和调查费用，按其总额的50%给予支持，最高不超过10万元。

（6）科技兴贸战略项目：

出口创新技术服务体系公共技术、信息服务平台项目以及产学研相结合开展的共性技术联合研发项目，按国家所批项目拨付资金额的30%以内予以配套支持；

获得国家优化进出口结构资金项目，按国家所批项目拨付资金额的20%以内予以配套支持；

通过专家初审的高新技术出口产品研发项目，视项目资金投入及项目产品出口规模情况，给予10～40万元的资助；

对通过专家评审的高新技术出口产品技改项目，按项目实施期间贷款利息总额的80%以内给予补贴（上限不超过100万元）；

对上一年度高新技术产品出口增量1000万美元以上且连续两年保持增长的企业分别给予15万元的奖励；对上一年度高新技术产品出口增量500万美元以上且连续两年保持增长的企业分别给予5万元的奖励；

对流通型外贸企业当年创办符合条件，且经市商务局按照有关程序认定的流通型外贸企业设立出口产品的研发、设计、检测机构给予奖励5万元；

企业积极开展进口业务项目。对新设立当年进口额5000万美元以上企业，一次性奖励5万元。企业进口数据以海关进口统计数据为准。

2.加大区级财税支持。

配合前述对孵化器建设的市级补助，承担其中的区级补助部分。一是对新组建的外贸孵化器，其孵化面积当年按照15元/平方米的标准给予补助，所需资金区级承担40％。二是以年度投入费用的50%对孵化器公共服务平台给予补贴，最高不超过100万元，所需资金区级承担40％。三是按照风投资金对在孵企业年度实际投资额5%的比例给予风险补偿，对每家风投公司的风险补偿不超过100万元，所需资金由区级承担40%。

比照省、市财税支持，对孵化示范基地、外贸孵化企业税收区级留成部分，全部用于孵化示范基地建设。

3.积极推广出口信用保险。

进一步加大与中国出口信用保险公司武汉营管部沟通协调力度，以孵化示范基地为试点，在加大出口信用保险补贴的基础上，推动出口信用保险的推广普及。

重点支持收汇风险较大的三类业务：一是支持企业向非洲、拉美、东欧、中东、南非等新兴市场拓展业务，实施市场多元化战略应对市场风险。二是积极承保出口企业的长账期赊销业务，提高企业的接单信心和抢单能力。三是针对非信用证结算增加、出口收汇风险升高的形势，支持企业以非信用证结算方式出口业务。

根据出口企业实际情况，加大对重点出口行业和出口企业的支持力度。充分利用短期出口信用保险综合险产品以及该产品下贸易融资功能，支持机电高新技术产品龙头企业出口；利用买方违约保险和特定合同险的风险保障功能，着力解决船舶出口企业交船难的问题；利用中小企业保单费率低、操作简单、融资便利的特性，缓解中小企业经营困难，积极推动中小出口企业利用信用保险开拓国际市场。

（执笔人：李立华　汪　涛　陈　进）

大力发展新金融，促进武汉经济转型升级

——关于发展武汉新金融的建议

新金融是区别于传统的银行、证券和保险等金融业态的新兴金融形式，是金融领域正在生长、发育的新业态、新机构以及传统金融业务创新等的统称。新金融的发展是市场化的结果，一方面，相关金融机构在市场作用和各种创新政策的激励下，不断试水新领域；另一方面，越来越多的企业开始进入股权投资、风险投资、创投管理、金融租赁、融资担保、第三方支付等领域，相关配套产业也逐步跟进并初步形成产业链集聚，比如资信、信用评级、企业咨询，以及各种类型的第三方外包机构，从总体上形成了围绕实体产业发展的金融服务业产业集群。

金融是优化社会资源配置的重要工具，金融市场的调节资本、优化资源配置功能对于经济发展具有重要意义。新金融的市场属性使其更加关注实体产业的发展方向和科技成果的转化应用，并通过市场化方式为企业提供更有效的融资途径，所以能更有效地促进产业结构优化升级。

目前，我国新金融发展迎来了最好的发展时期，一是随着我国经济的持续增长，产业结构调整和发展方式转变进程日益加快，对差异化的金融服务产生了巨大的需求；二是资产保值的需求日益扩大；三是利率和汇率市场化改革正在加速、深化，金融产品定价和市场风险管理成为企业和家庭的普遍需求；四是资本市场已经发育到一定水平，为金融创新奠定了基础。新金融对实体经济的作用机理使其更能有效促进经济的转型升级。

武汉市金融业发展具有较好的基础条件和多方面的政策、环境优势，近年来金融业改革创新也取得了显著成效。但武汉市金融业总体发展水平不高，传统的存贷款业务创新不足，中间业务发展滞后，竞争过于同质化。新兴金融业的发展不足制约了武汉金融业发展水平的提档升级，2012 年武汉市金融产业增加值 530.11 亿元，占全市 GDP 的比重为 6.62%，在全国金融 GDP 前十名的城市中排名靠后。2012 年 12 月，央行发布了我国金融改革中自下而上的 10 个金融改革典型，武汉不在其中。同月，泉州成为继温州、珠三角之后的第三个国家级金融综合改革试验区，武汉未被列入。

武汉市未来的产业发展导向大都属于知识密集型，迫切需要风险投资、股权投资、

产业基金、金融租赁、财务顾问、资产管理等创新型的金融服务，需要武汉市大力发展新金融，同时，这也为武汉新金融的发展提供了广阔的空间。

构造完整金融产业发展体系，有效发挥金融服务实体经济的综合功能

新金融的基础是传统金融业态，只有扎实推进传统金融的改革创新，才能推动新金融发展。

推进银行业发展

一是吸引更多银行机构入驻武汉，进一步完善银行业组织体系，尤其是吸引外资银行集聚。鼓励外资银行推进本土化经营，加速发展，提升辐射和示范效应，以提高武汉市金融服务的国际化水平。

二是加快银行分支机构转型发展。支持大型银行优化发展规划和网点布局，组建小企业专业支行、楼宇银行、地铁银行等新型机构，更好地满足多元化、多层次的金融需求。尤其是鼓励地方法人银行机构加快改革发展步伐。

三是推动银行业进一步创新。全面实施农村“金融服务进村入社区、阳光信贷、富民惠农金融创新”三大工程，有效缓解城乡金融发展失衡问题。进一步拓展和深化“百家机构、千名行长进万企送金融”活动，打造全新的小微企业金融服务信贷文化。进一步加强科技金融创新，发挥“武汉科技金融创新俱乐部”等科技金融创新平台，为科技型企业提供个性化、一揽子金融服务。积极发展表外业务，优化银行业业务结构，创新盈利模式，提高市场竞争力。

加快发展证券期货业

积极引导各类中介机构创新发展。强化证券公司基础功能，支持开展资产管理、柜台交易等业务，重点支持长江证券规范开展柜台交易市场试点工作。加快发展各类专业的证券经营机构，积极支持长江证券在武汉设立基金公司，支持天风证券在取得诺得基金控股权后将其注册地迁回武汉，填补武汉基金公司空白，促进武汉区域经济金融中心建设。继续大力推动证券分公司建设，通过分公司平台实现区域管理中心和业务中心职能，为企业和投资者提供包括投资、融资、资产管理等在内的全面综合金融服务。支持期货公司通过增资扩股壮大实力，积极申请新业务资格。

大力发展保险业

一是围绕武汉区域金融中心建设，进一步完善全市保险市场体系，引入各类保险机构在武汉设立分支机构，依法吸引保险资金投资武汉经济建设。

二是围绕武汉经济社会转型发展中风险管理的重点环节，积极发展养老保险、信用保险、责任保险等险种，促进“三农”保险扩大覆盖面；以城乡居民大病保险为契机，全面推进健康保险发展。

三是围绕构建“和谐武汉”，积极参与社会管理创新，支持“平安建设”，做好应急处理工作。

积极发展信托、租赁和担保等行业

一是针对武汉市两家信托公司创新能力不足、资产管理类业务发展不够、核心竞争力有待增强的突出问题，积极推动建立与商业银行差异化的业务模式，加快加大发展财富管理和资产管理业务，促进业务转型升级。

二是吸引各类金融机构、大型产业集团组建的综合性或专业化的融资租赁公司落户武汉，将融资租赁平台作为打造区域金融中心的重点工作之一。鼓励融资租赁公司加大对武汉市医疗、城市供水、污水处理、轨道交通、环保节能等涉及国计民生领域的投入，同时借助融资租赁，提升工业装备水平。

三是规范发展典当行业。根据国家的相关法规，配套完善武汉地方法规，依法规范整顿典当市场，尽快出台相关管理条例，使典当行为中小企业提供便捷融资具备法律保障。积极落实对典当行的信贷支持，将其纳入中小企业投融资扶持基金，从财税等方面给予扶持，使典当行息费水平更加适应客户融资成本需求。进一步推动典当行业尽早加入人民银行征信系统，建立相应的企业和个人典当信用记录联网数据库，解决典当行的客户信用信息不对称的问题，以更好地控制经营风险。

四是加强中小企业信用担保体系建设。充分利用市融资性担保业务监管联席会议工作平台，进一步加强对融资性担保机构的监督管理，促进担保机构规范经营，健康发展。尽快建立基于网络业务统计的信息预警系统。引导民营资本进入担保行业，多元出资，合理布局，提升全市担保机构整体实力。强化银企保合作，逐步建立合理的风险分担机制。开展多种形式的融资对接活动，畅通各方供需信息渠道。综合运用税收优惠和风险补偿等多种方式支持担保机构做大做强。

大力支持新型金融业态与产业资本融合，大力发展科技金融发展新金融，必须坚持与产业整合的思路，通过多样化产品的融合互通，提升新金融的产业黏合作用，大力发展科技金融，大力发展与产业融合的金融，为实体经济发展提供支持。

2012 年 4 月，武汉市被批准为国家首批促进科技和金融结合试点城市，按照试点方案制定的目标和任务，围绕东湖国家自主创新示范区和国家创新型城市建设目标，武汉市应加快体制机制创新，加强企业信用建设，引导金融机构和其他社会资本加大对科技事业的投入，加快形成多元化、多层次、多渠道的科技投融资体系。

1. 发挥市级创业投资引导基金的引领作用，加快全市创业投资业发展

扩大政府创业投资引导基金规模，综合运用阶段参股、跟进投资、天使投资、风险补偿、绩效奖励等方式，吸引境内外股权投资、风险投资、创业投资机构在武汉集聚和发展，引导各类资金优先投入高新技术企业、初创期科技型企业、政府重点扶持的战略性新兴产业，加速科技成果转化、促进新兴技术的产业化和市场化。

2. 加快推进科技信贷专营机构、专门产品、服务模式创新和发展

建立并完善由市、区财政资金参与的科技信贷风险分担机制，扩大政府风险补偿资金规模，引导银行加大对科技型企业的信贷支持力度。推动更多商业银行成立科技支行，建立适应科技型企业特点的信贷管理制度和差异化的考核机制。支持借贷机构和担保机构开展针对科技型企业的股权质押、知识产权质押、应收账款质押和信用贷款服务。

3. 扩大科技保险覆盖范围

支持保险机构为科技型企业提供多层次的保险保障服务，开发适合科技型企业的融资类、首台（套）保险，发挥科技保险在科技企业研发、生产过程中的风险分散、风险控制作用，鼓励科技型企业投保科技保险。

4. 推动科技型企业通过多层次资本市场融资

培育和推动各类科技型企业改制上市，全力支持武汉东湖新技术开发区开展“新三板”试点，促进非上市科技型企业进行股份制改造，加大培育上市后备科技型企业力度，对省市确定的上市后备企业，在高新技术企业认定、工程技术中心建设、科技项目立项等方面加强协调并给予重点支持。推动科技型企业利用债券市场进行融资，推动发展科技型企业集合债、集合租赁、集合票据等融资方式。

5. 大力发展科技金融中介服务

借鉴中关村科技园区信用体系建设的经验和模式，支持东湖高新区开展科技中小企业信用体系建设，通过加强科技企业信用星级评级，逐步建立全市科技信用体系。搭建科技金融服务平台，加快建设全市科技投融资信息服务平台，建立重点科技企业库、科技项目库以及定期发布信息和通报制度。建立高新技术产业化项目与资本市场的对接平台，服务科技与金融结合，完善科技金融信用体系与评价制度，完善高新技术企业、金融中介机构诚信系统，创建科技金融诚信联盟。

6. 继续加强科技投融资平台建设

继续支持平台做大做强，注入优良资产，扩大公司规模。支持平台拓展创新业务，推动开展风险准备金贷款、股权投资、中小企业集合票据等业务。推动平台加强自身建设。

7. 加快科技型企业信用评级

组织科技型中小企业参与企业信用评级，并通过评级获得银行贷款支持。推动以武汉科技投资有限公司、市民办科技机构管理办公室等单位为主，发起成立科技企业信用促进会，承担全市科技信用评价工作。

大力推进多层次资本市场建设，加快资本特区建设，规范发展资本要素市场。

积极推进新三板试点

一是将东湖开发区新三板试点工作作为建设国家中心城市的支点项目和促进创新创业、催生高科技、新兴产业的重要平台夯实做好。二是按照立足东湖开发区、面向全市、辐射中部的思路，加快以东湖开发区为主体、各区级开发园区参与共建的一区多园体制建设，不断扩大试点覆盖范围，将新三板政策惠及全市符合条件的中小企业。三是加强对主办券商、中介机构的督导，确保试点推进中各项工作顺利对接。同时积极有效开展新三板相关政策和制度的宣传、培训，发动更多企业争上新三板，为新三板储备丰富的后备资源，打造新三板“武汉板块”。

以东湖新技术开发区为依托，全力打造资本特区

在东湖国家自主创新示范区大力推进股权资本化、智力资本化和资产证券化改革，力争用 3 至 5 年的时间，增强东湖国家自主创新示范区的影响力、吸引力和辐射力，进而将武汉打造成融资渠道畅通、融资手段多样、资源配置高效的资本资金汇集区；进一步推动产权交易市场建设，形成“创新+创投”的良性机制，促进全市高新技术成果转化及产业发展，设立由政府投入、国资企业主导并吸收社会资本的市级国资系统创投引导基金，推进股权投资母基金的发展及上市，以多种金融手段为企业服务。

进一步加强各类金融要素市场建设

一是积极推进武汉金融资产交易所立足武汉、面向全省和中部开展业务，积极开拓金融创新产品交易，发挥好集聚金融信息资源、规范资产交易、推动金融资产流转、优化金融资源配置、发现金融资产价格、繁荣区域金融市场的功能。

二是充分依托武汉科教优势，把武汉知识产权交易所建设成区域性知识产权交易平台，促进知识产权与资本、产业的对接，推动武汉区域金融中心建设。

三是扩大武汉农村综合产权交易所交易规模，将业务范围扩大到武汉城市圈乃至全省，服务农村经济发展。

四是在武汉城市矿产交易所现有产品的基础上，适应武汉城市建设需要，积极探索推出城市渣土、城市建筑废弃物等交易产品，提高交易量，扩大交易影响力。

五是借鉴重庆打造长江上游航运中心的做法及经验，以武汉航运交易所为抓手，将武汉打造成上连重庆、下接上海的长江中游航运中心，推进船舶交易业务，加快船舶交易中心建设，探索开展航运人才交流和培训业务，并积极出台促进现代航运服务业发展的政策措施。

同时，积极稳妥推进药品交易、物流交易和林业资源交易等要素市场建设，立足武汉，辐射中部，着力构建具有区域特色的要素市场体系。

聚集金融要素，形成资金洼地

一是做大金融总量。鼓励各类金融机构采取内部挖掘、上争资源、创新产品等措施，落实社会融资总额、银行存贷款及表外业务、债市、股市等指标。

二是做多金融机构。重点引进、新设外资银行、异地城市商业银行、保险公司及金融后台机构。争取德意志银行、新加坡大华银行、韩国友利银行、南洋商业银行落户；推动恒丰银行、浙商银行和渤海银行设立分支机构；支持湖北银行、汉口银行、武汉农村商业银行、长江财险等，加快分支机构设立步伐；研究设立亚洲再保险公司、长江寿险公司，加强与国际大投行合作。

三是做强地方法人。支持汉口银行、武汉农村商业银行、长江证券、天风证券、合众人寿、长江财险、长江期货、交银信托、方正东亚信托等地方法人做大做强。四是加大政策引导，支持金融中介服务机构的集聚发展。

从财税支持为主，向人才、研究、产业链全方位支持转变

一是打造完整的新型金融业态服务链。如对私募基金在咨询、评审、创设、募集到项目对接方面提供全过程服务，完善有限合伙人数据库，重点做好项目对接服务，全过程支持私募股权发展。

二是强化信息基础设施建设，借助武汉市信息化提升计划，提升电子交易的承载力。

三是构建新金融的研究体系，成立市级金融研究院（上海已挂牌新金融研究院，北京、天津等地正在筹建），专门研究金融前沿问题，为金融和产业发展提供智力支撑。

四是加快构建人才培养体系，培育一批金融和产业运作结合的复合型人才、金融和高新技术产业结合的复合型人才、金融和文化产业结合的复合型人才。通过优惠政策和体制创新、环境创新，吸引和聚集国内外优秀金融人才落户武汉。发挥武汉科教优势，构筑金融人才培养体系，积极培养银行、证券、保险，尤其是国际金融方面的复合型人才。鼓励金融机构采取多种方式强化对员工的教育培训。

五是发展私募股权新产品，积极发展私募股权基金的基金（FOF），拓宽私募股权基金融资渠道，创立私募基金二级市场，推动基金交易转让。

（执笔人：管妮娜）

东湖高新区瞪羚企业及小微企业成长环境的调查研究

党的十八届三中全会指出，经济体制改革是全面深化改革的重点，核心问题是处理好政府和市场的关系，使市场在资源配置中起决定性作用和更好发挥政府作用。小微企业包括瞪羚企业是市场活动的主要参加者，是最主要的市场主体之一。优化企业成长环境，促进瞪羚企业及小微企业健康成长，是推动市场在资源配置中起决定性作用和更好发挥政府作用的重要举措。为了进一步了解东湖高新区瞪羚企业及小微企业成长环境存在的主要问题，了解瞪羚企业及小微企业对优化完善成长环境的诉求，课题组围绕东湖高新区 2013 年认定的 161 家瞪羚企业和位于华工孵化器、留学生创业园、光谷创意园、东湖创业中心、华工科技园、农业园、新药孵化公共服务平台、医疗器械园等产业园区的 160 家小微企业开展了成长环境专项调研。调研采取问卷调查、企业访谈、园区座谈等多种形式展开。本报告主要阐述东湖高新区瞪羚企业及小微企业成长环境的现状尤其是存在的问题，并提出相应的对策建议。

一、东湖高新区瞪羚企业及小微企业成长环境现状分析

东湖高新区内过千万元的企业仅 1000 多户，绝大部分是小微企业。年收入在千万元以上的近千企业是东湖高新区瞪羚企业的主体。东湖高新区自 2011 年开始开展瞪羚企业培育工作。三年来，瞪羚企业数量从 2011 年的 30 家，增长到 2012 年的 102 家，再到 2013 年的 160 家。

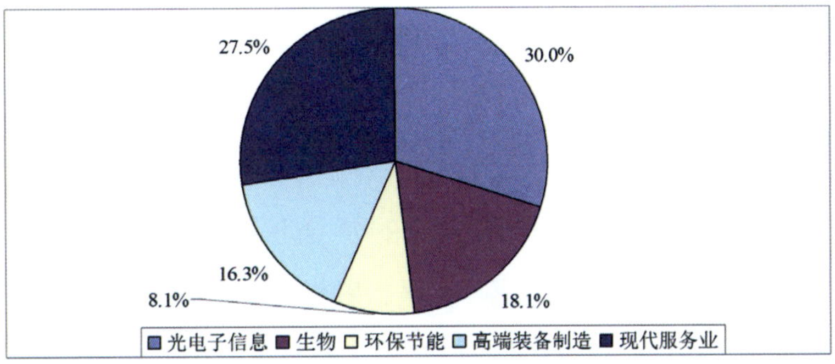

2013 年光谷瞪羚企业按产业分类的企业数量比重

尽管东湖高新区在营造瞪羚企业及小微企业优质发展环境方面开展了富有成效的工作，但是与企业诉求的差距还比较明显。从调查问卷情况看，小微企业成长环境的主要问题依次包括难以留住高水平的人才（41.6%）、企业生产成本高（41.6%）、难以获得足够的资金（37%）、产品的利润率低（35%）、难以找到合格的原材料供应商

(35%)、员工的素质不能满足企业的需要(33%)、企业缺乏战略和长期发展规划(31%)、企业间相互拖欠账款问题严重(29.6%)等。瞪羚企业成长环境与小微企业有很多相似之处，但由于瞪羚企业所处的企业成长阶段不同，其与小微企业在某些方面的诉求略有不同。

(一)政策及落实

湖北省及武汉市政府作为直接管理东湖高新区的上级地方政府，近年来陆续出台了一系列政策，扶持小微企业和瞪羚企业发展。这些政策和指导意见主要集中在改善企业融资环境、减轻企业税费负担、促进企业转型升级等方面。从相关政策实施情况看，大部分企业都认为东湖高新区管委会作为直接为企业服务的最贴近企业的政府部门，其政策措施对企业成长影响最大。

从企业走访和问卷反馈来看，真正得以落实、方便企业利用的优惠政策还比较有限，政府支持力度滞后于企业需求，政府优惠政策需要强化"落地"，政府补贴资助需要增强透明度和公平性，政府部门履职效率需要继续提高，遴选成为"瞪羚企业"带来的影响还不明显。企业普遍的呼声是：与其不同部门出台类似政策，不如部门之间先相互协调衔接好，出台较实惠、精简、可操作的、能够真正落实的系统性政策。东湖高新区小微企业最需要的支持政策依次为财政资金扶持(65.91%)、税收优惠和税费减免(61.36%)、融资支持与服务(47.16%)、规范和加强公共服务(32.96%)、行业协会的信息交流(35.80%)、企业人力资源管理指导与培训(38.07%)、法律援助服务(30.68%)、放宽市场准入(31.82%)、土地建设支持(30.11%)等。

(二)企业融资

东湖高新区在解决中小企业融资难问题上做了大量富有成效的工作，金融机构股权及知识产权质押、信用贷款等金融创新贷款规模不断扩大，小微企业融资渠道不断创新。从调研结果看，东湖高新区瞪羚企业的资金状况明显优于小微企业，但总体上瞪羚企业和小微企业都存在融资难、融资慢、融资贵的问题。具体表现为：1.融资渠道单一，小微企业严重依赖自我融资渠道，小微企业外源融资主要依靠银行贷款(52.5%)，外源融资来源于风险投资、政府创新基金和民间借贷的比例分别为15%、7.5%和5%，而股市、债券市场在小微企业外源融资中的作用微不足道。2.风险投资机构增加较快，但数量、规模、理念都还不够。东湖高新区的小微企业从风险投资获得的融资帮助十分有限，原因包括风投企业的总资金规模较小，难以获得青睐(37.5%)，本土风投帮助企业上市渠道有限(35%)，一部分企业接触风投企业较少

（30%）。超过 30%的企业希望政府在支持小微企业获得风险投资方面加大优惠政策。3. 推动高科技企业发展的机制尚未成熟，金融对产能扩张的支持力度大，而对产能整合的支持力度不足，对战略性新兴产业的扶持不够。4. 融资过程中的抵押品要求过高和融资成本较高是企业在融资中遇到的主要困难和障碍。

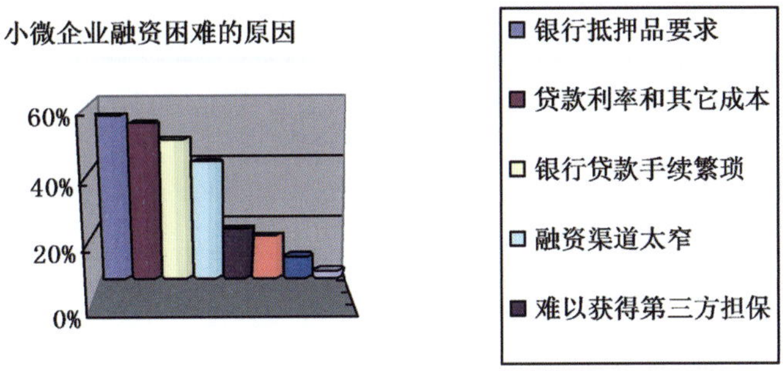

东湖高新区小微企业融资难的主要原因

（三）产业配套

东湖高新区产业集群发展迅速，形成了以光电子信息、生物医药、新能源和节能、现代装备制造和现代服务业为主的“131”产业集群，产业配套理念逐步增强，产业配套能力有所提高。但依然存在缺乏新兴龙头企业、产业链配套不足、不同产业之间关联度较少、产业集群的内在机制尚未形成等主要问题。东湖高新区的重点仍然是要扩大规模，经过二十多年的发展，虽然培育了一大批新兴企业，但新兴的龙头企业不多。小微企业在某些产业环节上为大企业提供专业化供应配套的不多，尚未形成产业网络。区内核心企业所需的零配件特别是关键性的部件大多都从区外、省外乃至国外进口，造成采购成本较高。大多数的区内高技术企业与高新区内及周边的地方产业的后向联系少，区内企业的业务活动两头在外，即供应商和市场在开发区外部，与本地联系较少。目前东湖高新区离“产业集群化”、“园区集约化”的要求还有差距。

（四）社会服务及配套

东湖高新区已初步形成了门类齐全、覆盖广泛的社会化中介服务组织体系，涵盖自律性行业组织，法律、财务服务机构，信息、咨询服务机构，市场交易中介组织，市场监督机构等多个类别。但中介服务多元化程度仍然不能满足企业需求。从调研情况看，瞪羚企业及小微企业急需的中介服务依次是人才培训（17.3%）、技术咨询（15.7%）、创业指导（14.9%）和市场服务（10.1%）。比较之下，东湖高新区业已有中介服务与企业多元化需求还不完全匹配，中介服务质量也不能完全适应企业不断变化的要求。

政府提供的公共服务是东湖高新区小微企业非常关注的问题。东湖高新区现有园区公共服务中，最不能让小微企业满意的是经常性组织针对企业的招标采购欠缺、对企业信息化建设的补助欠缺、经常性组织企业管理人员学习国家优惠政策欠缺等；最不能让瞪羚企业满意的是经常性组织企业管理讲座或相关培训缺乏，经常性组织企业参加展销会、展览会缺乏，经常性举办法律知识普及和讲座缺乏等。急需的公共技术服务平台包括科技数据和文献资源共享平台、公共信息服务平台和科学仪器设施共享平台。

（五）促进市场开拓

东湖高新区在省市政府支持下，已全面开展政府采购试点，大力推广应用自主创新产品，并重视区内企业开展对外贸易，加大政策扶持力度，重视维护光谷品牌的整体形象，积极创建“知名品牌示范区”。但在市场开拓方面依然存在如下问题：1. 企业难以支撑品牌推广和商标保护的高昂费用。东湖高新区瞪羚企业中的90%以上企业拥有在同行业中比较知名的品牌，但在品牌推广和商标保护中碰到的最大困难是费用太高（50%）和政府支持不够（44.8%）。而小微企业面临的最大困难是费用太高（62.5%）和人才缺乏（47.5%），其次是垄断影响（30%）和政府支持不够(27.5%)。2. 对自主创新产品的政府采购政策措施需要进一步细化，加强对小微企业的倾斜支持力度。针对小微企业的调查问卷反映，57.5%的企业认为对于自主创新产品，政府示范项目少，推广不利；52.5%的企业认为政府采购产品要求高、种类少，附加条件多；51.7%的企业认为大中型企业在政府采购方面获得的机会较多。而东湖高新区小微企业自主创新产品本地政府采购偏弱的主要原因在于政府采购自主创新产品的实施细则不明确（57.5%），其次是产品达不到政府采购条件和要求（30%），还有部分企业对相关政策并不了解（17%）。3. 政府以及行业协会、产业联盟等组织在助推企业市场开拓方面的作为有限，缺乏长期战略和合作共识。4. 公平竞争的市场环境有待进一步完善。

（六）创新创业文化

东湖高新区积极塑造光谷企业家精神，营造“敢于冒险、勇于创新、宽容失败、追求卓越”的文化氛围，培育以冒险、创新、敬业、诚信为特点的光谷文化，区内创业创新氛围日益浓厚，吸引了越来越多的海内外人才落户。但是武汉地域文化对东湖创新创业文化具有一定的消极影响，高新区创新创业的文化氛围有待提升。一是产业集群在空间上比较分散，造成企业发展、创新、竞争、交流等氛围不浓。二是一些行业协会、产业联盟没有起到很好的组织作用，未能经常性地举行行业内的交流活动。

三是适用于非正式交流的咖啡馆、创意空间、茶餐厅等基础设施还不够丰富，尚未形成比较有名气的创新创业交流场所。海归人员的文化冲突时有发生，人才在东湖高新区的归属感有待加强。东湖高新区引进的海外人才面临着一定的中西方文化的差异与冲突。有些“千人计划”或“3551 人才计划”引进的企业人才由于一些文化冲突或理念差异，无奈离去。

二、东湖高新区优化瞪羚企业及小微企业成长环境的对策建议

（一）优化瞪羚企业及小微企业的政策环境

政府应进一步转变观念。地方政府通过制定相关的法律法规创造有利于企业成长的政策环境，通过建设基础设施和提供公共服务为企业的发展创造有利的外部条件，并依据司法或行政的方式对市场及其主体进行监督管制。

注重扶持政策的系统性与协同性。要细化武汉市“黄金十条”政策，注重各部门各政策之间的协调协同。要根据“每年遴选 100 家具有一定规模、快速成长的‘光谷瞪羚企业’给予重点支持”的要求，继续做好瞪羚企业补贴资助工作。

充分发挥行业协会的更大作用。东湖高新区瞪羚企业及小微企业迫切希望行业协会能够在如下方面发挥更大作用：维护企业利益（86.3%），为会员企业服务（80%），承担部分政府职能、创新工作方式、维护行业秩序（56.2%），行业自律（52%）。

落实公平透明的政府采购规则。东湖高新区要把落实公平、公开、公正的政府采购规则作为深化政府采购制度改革的首要任务。

政府分担企业社保支出的更多责任。在分担企业社保支出方面有所创新，在简化社保金等提取手续、社保账户跨地区携带、促进社保积累显性化等方面开展试点。

改革政府支持企业技术创新的方式。加大普惠性资金及政策的支持力度，促使政府的支持有利于建立良性的企业创新机制。

（二）改善瞪羚企业及小微企业的投融资环境

加强对“瞪羚企业”的资金对接。建立健全覆盖技术创新全链条的投融资体系，围绕瞪羚企业建立天使投资、风险投资和 IPO 服务体系。

推进武汉光谷科技银行建设。学习借鉴浦发硅谷银行、杭州科技银行的模式，依托东湖高新区，筹划设立具有独立法人资格的光谷科技银行。

探索银投联动模式。支持科技型小微企业发展，迫切需要商业银行建立对小微企业的股权投资机制。国际上解决中小企业融资难的有效做法就是允许商业银行以股权投资基金方式间接参与对中小企业的股权投资，将信贷与股权投资联动。

深化科技金融改革创新试点。积极推进东湖高新区非上市股份公司进入证券公司代办股份转让系统的试点。建立上市协调机制，推动符合条件的科技企业上市融资、发行债券，对上市企业利用资本市场融资给予奖励。建立创业投资引导、融资租赁、贷款担保风险补偿机制。继续鼓励更多的商业银行在东湖高新区成立科技支行，加大对高成长性科技型企业的信贷支持，进一步扩大信用贷款和知识产权质押贷款试点。增加科技保险险种，扩大保险覆盖面，发展科技再保险。设立光谷“自主创新产业发展基金”或股权投资基金，适用国家关于股权投资基金先行先试政策。

（三）强化瞪羚企业及小微企业的产业配套环境

积极培育和壮大产业链龙头企业和龙头产品。通过增资扩股、联合重组、技术改造、招商引资等手段，做强龙头企业，延伸产业价值链，走“龙头（核心）企业—产业链—产业群—产业基地”发展模式。着力于产品质量的稳定提高，积极推动龙头企业建立适合产业特点服务的产品检测中心，提升集群产业及产业链品质。围绕重点产业，策划引进产业链高端带动力强的龙头企业和完善产业链的配套企业。分园区、分产业出台招商引资目录，明确重点跟踪企业。

鼓励小微企业与骨干企业建立专业化协作配套关系。引导和促进企业转变发展方式，打破“小而全”，提倡分工协作，重点支持相对集中的产业集群或具有产业优势的企业，指导和促进中小企业向“专、精、特、新”方向发展，培植一批为龙头企业（名优产品、大型项目）配套的长期、稳定的战略合作伙伴。

加快专业园区建设，推动企业之间形成基于产业链互补、技术人产资源的协同利用和创新发展的共赢关系。建设和完善产业基地、园区和重大功能性设施。通过开展公共服务体系建设、区域品牌建设、产业园区建设等“三项建设”，建设产业集聚、土地集约、管理集成、清洁生产、节约资源的专业化产业园区，积极推动具有区域优势与特色产业快速发展。形成产学研有机结合的局面，完成从企业集聚到产业集群的转变，推动产业集群由低成本型向创新型转变。

推动产业技术创新战略联盟的发展。支持联盟成员开展信息共享、联合开拓创新产品、联合采购、制定技术标准、参与国家重大科技项目等活动。鼓励企业之间形成战略联盟、技术合作、外包等组织模式来降低生产成本，形成规模经济。

（四）完善瞪羚企业及小微企业的社会服务环境

推动小微企业公共技术平台建设。大力推动产业技术创新战略联盟、“高等学校2011 计划”协同创新中心等协同创新平台的发展，鼓励并支持联盟和中心广泛开展信息共享、联合开拓创新产品、联合采购、制定技术标准、参与国家重大科技项目等协同技术创新活动，满足瞪羚企业及小微企业技术创新的多元化需求。

加强多种形式专业孵化（加速）器建设。继续支持各类孵化（加速）器在孵化空间、服务内容和管理队伍方面向专业化发展，通过建设专业化的实验室、检测平台、信息中心、技术交易中心等配套服务平台。大力发展创业辅导员、创业律师、创业会计师等小微企业成长支撑要素，不断扩大专业孵化优势。

继续加强东湖高新区大学科技园建设。更加有效地利用高校智力资源，创新高校科技成果转移机制，发挥大学科技园的企业衍生功能，支持瞪羚企业及小微企业与大学之间在人才培养、就业实践、实验室资源利用、联合技术开发等方面建立更深度的合作，鼓励设立技术转移中介机构，推动建立技术经济人才队伍，完善技术转移通道。

促进专业化中介服务机构提升。创新社会管理理念，加大社会组织培育发展力度，着力提高社会化中介服务质量，增加社会化中介服务内容，降低社会化中介服务收费，探索“政府—中介—企业”协作机制，让中介来更有效地分配政府资源，将来自政府的支持更合理地调配到整个产业链中去。

（五）增强对瞪羚企业及小微企业的市场开拓扶持

适当调整组织机构，提高服务企业的效率，制定针对瞪羚企业和小微企业的系统支持方案与服务平台。建立类似“中小企业局”的专设机构，增强为中小企业服务的能力。适时将与市场组织、市场发展有关的政府职能向行业协会、产业联盟转移，增强产业组织与协调能力。制定针对瞪羚企业和小微企业的系统支持方案与服务平台，整合申报、支持、交流、合作等服务内容。对瞪羚企业实施一企一策，对企业发展战略、资本运作、商业模式和市场开拓等研究与实践进行重点帮扶。

鼓励企业提升产品质量标准和品牌形象，大力开拓海外市场，促进产品和服务出口。塑造“光谷”品牌整体形象，增强“光谷”品牌营销，提升企业品牌或产品品牌的价值。鼓励和引导有实力的企业向海外拓展，从事跨国经营和国际贸易。为园区内高新技术企业在境外建立分支机构、开展跨国并购、开拓国际市场提供支持和服务；组织园区内企业积极参加境内外举办的各种展销会、博览会等活动。优先支持几个自主消费品牌抢占国内外市场份额，打造国内强势品牌和具有国际影响力的品牌，提升自主品牌产品的出口比例。

开展应用示范工程，加强与企业战略合作，大力培育高技术产品的消费市场。改革对产业化的支持方式，将扶持资金由支持供给方转向需求方，通过培育市场，让市场拉动企业创新。加大政府采购力度，拓宽政府采购范围，运用价格规制，营造有利于物联网、3G、新能源汽车、生物医药等高技术产品创新的市场环境和秩序，引导和培育高技术产品的消费市场。在省内政府采购中，协助推介高新区内的重点优秀企业产品。对瞪羚企业进入电力、石油、管道、铁路等垄断行业，突破市场壁垒，进行重点帮扶。尝试建立具有医疗保健、临床试验等功能的新型的“生物医院”，对患者就医进行补贴，争取成为高新区内众多医疗设备、生物医药等产品完成临床试验、体现产品疗效的“展示区”或“样板间”。

加大对并购、重组的支持力度，设立产业并购基金。解决当前民营资本通过并购进入垄断行业可能面临的市场准入放开不够、“玻璃门”、“弹簧门”等突出问题。

减少政府干预，加强市场监管，创造公平的市场环境。积极贯彻执行《反垄断法》，依法维护中小企业的市场竞争地位、构建公平公正的行业规则与公平竞争的市场环境，最大限度地发掘中小科技企业的潜能。实现民营资本进入金融、基础设施和能源等领域的实质性突破。加强市场监管，强化国家标准的约束力，防止行业标准门槛过低导致先进企业被落后企业打倒。改革现有常规产业政策，通过信息发布、支持科技型中小企业、资助竞争前共性技术的研发、适时制定技术标准等方式对产业发展进行引导。

（六）营造浓厚的企业创新创业文化环境

树立东湖高新区独特的创新文化及创新精神。营造开放兼容、开拓进取、持之以恒、崇尚成功、宽容失败、诚信互助的创新文化。同时，针对东湖高新区创新文化建设的关键环节，培育东湖高新区的创新主体具有“博采众长、永续创新、精诚合作、精益求精”的创新精神。

弘扬崇尚“创新、诚信、成功”的企业家精神，培育以团队创新精神为核心的企业文化。牢固树立“产业第一，企业家老大”思想，积极培养和提升企业家的个人素质和价值追求，争取涌现出一大批崇尚“创新、诚信、成功”等企业家精神的模范带头人。树立东湖高新区成功企业家典范，鼓励企业积极吸取经验，效仿成长路径。培育和健全企业文化，让企业成员具有诚信的经营哲学、强烈的团队意识和集体荣誉感，让企业具有规范高效的管理制度、做大做强的企业使命、回馈社会的企业道德，树立企业精神，优化企业形象。

加强对“瞪羚”企业的智力对接，增强高新区创新创业的文化氛围。定期组织创新创业人员的合作交流活动，开展综合性的科技文化节和创业大赛。着眼新兴产业发展，在全球创新版图上，研究和梳理产业发展亟需的高端创新创业人才分布，建立区域产业关键人才信息库，完善现有人才服务体系及政策体系。重点引进海内外领军人才，培养本土人才，共同形成技术创新核心团队，对于本土优秀人才也要享有股权激励、晋升通道、工资提升等政策。重点储备熟悉资本运作、企业并购、技术和管理的复合型人才，为高新区内企业实施国际化战略奠定人才基础。建立完善的社会信用体系，建立推荐信制度和推荐人信用档案，提高人才信用在企业之间的透明度，支持人才在企业之间的合理流动或“跳槽”。

（执笔人：吴永保）

武汉市街道办事处
管理体制改革的实践探索与路径选择

街道办事处（以下简称“街道办”）在我国城市基层治理体系中有着特殊的地位，其连接着政府和社区，在城市基层管理和服务方面具有重要功用。但从现实生活看，作为生活于城市、隶属于街道办辖区的市民个体，往往对“街道办”职能职责、运作机理、服务能力等不了解或不满意。近年来，人们对街道管理体制、职能转型、自身存废等争议较大，特别是安徽省铜陵市尝试撤销街道办 以来，在全国引起较大反响，甚至国家民政部有关负责人也表示，撤销街道办是一个趋势。 此后，贵州省贵阳市、我省黄石市等也先后采取同样举措——撤销街道办，探索新的城市治理层级和治理模式。那么，我市街道办何去何从？就这个问题，课题组作了初步调研，情况如下。

一、我国街道办管理体制与职能转型的探索

（一）“两级政府、三级管理”模式

上海市是“两级政府，三级管理”模式的发源地。该模式的重点和核心是强化政府在街道层面（第三级）的行政权力和行政职能，从而实现城市基层社会有效管理。其主要举措：一是逐步扩大街道办的管理权限，相应配套下放人、财、物的支配权；二是在区（县）职能部门的派出机构与街道办机构对应设置的基础上，逐步明确区（县）政府与街道办之间、“条”与“块”之间职责与事权的划分，努力做到统一规划、分级管理、条块结合、以块为主；三是重组街道办所设机构，推进“政企、政事、政社”职能分开，更好地发挥各类组织在社区建设和管理方面的作用；四是探索建立街道办综合执法管理队伍，在环境卫生、园林绿化、市容市貌、社会治安、房产物业、外来人口等方面，充分发挥联合执法和综合管理的效能，强化街道办的行政管理职能。

“两级政府，三级管理”改革实施后，街道办管理权限得到明显加强，这有利于其整合和调动社区内各种资源，增加政府在社区管理一线投入，在短时间内迅速提高了城市管理效率，解决了诸多社会问题，推动了社区发展；一定程度上增进了“条块协调”，在街道办内建立了全面对应于区（县）政府派出机构的部门设置，实行对派出机构的双重领导。形成了“以块为主、条块结合”的新格局，对实现政府职能转变、城市管理重心下移和提高城市管理效率都有明显作用；一定程度上实现了政事、政企、政社的分离，建立起新的社区管理框架，有利于推动社区建设、加快社区发展。

正因为该模式具有这些优点，因此全国很多地方都先后实施了这种模式。上世纪90年代末期，武汉也学习上海采用了“两级政府、三级管理”的模式。

但“两级政府、三级管理”体制实际上面临着法律上、社会管理上、社区自治上等三大困惑 。1）所谓法律上的困惑，是指这种模式突破了现行法律的规定。 虽然2009年国家废除了1954年颁布的《街道办事处组织条例》，但新修订的《中华人民共和国地方各级人大和地方人民政府组织法》仍明文规定：街道办是派出机关，而非一级政府。尽管“两级政府、三级管理”的提法只承认市、区“两级政府”，把街道办视为一级“管理”机构，而非一级“政府”，但从逻辑上讲，能够行使国家一级管理权能的主体，能对辖区内地区性、社会性、群众性、公益性工作全面负责的，只能是一级政府。其次，在相关法律对街道办的职能规定仍不明晰、仍太抽象，极易导致街道办“以行政代替法律”或越权管理等现象。2）从社会管理上看，街道办与市、区政府职能部门之间存在的“条块关系”矛盾没有得到根本缓解，“条条统治”依然是支配城市行政机器运转的主导思维方式，“条条”能指挥“块块”，而“块块”却监督不了“条条”，双重管理实际上发挥不了作用。市、区政府的职能部门经常把任务推给街道办，但“下任务不下权”、“下事情不下钱”，街道办承担了大量工作，却吃力不讨好。街道办仍处于“责大权小能弱”的窘迫境地。3）从社区自治上看， 该体制强化了街道办的行政管理职能，强化行政权力在社会管理中的作用，必然挤占社会公共空间，导致社区居委会行政化，社区自治日益脱离其本质规定。在该体制下，街道办的财政拨款是社区服务的主要资源，街道办成为社区管理实质上的唯一主体，处于街道办的行政领导下的“居委会”很大程度上缺乏自主权，街道办与社区居民之间无法形成良好互动，社区居民对社区发展的参与热情不高。此外，整体上看，“两级政府、三级管理”体制改革存在改革目标和价值取向单一、改革指导思想及所依据的理论仍属行政全能主义、体制结构设置本身与“减少行政层次，降低行政成本，发展社区自治”等理念不符等缺陷 。因此，“两级政府、三级管理”必须加以完善和改革。

（二）街道社区化改革模式

各地在反思“两级政府、三级管理”模式缺陷的同时，积极回应党和国家“加强社会管理创新”的要求，纷纷开展城市基层治理体制创新实践，先后产生北京鲁谷社区模式、青岛浮山后模式、武汉百步亭模式、安徽铜陵模式等10种影响较大的典型模式（见附录一）。

这10种模式，除江汉模式、武昌模式外，一致的趋向是撤销（或不设）街道办，而代之以“社区”冠名。其本质是促进街道社会化、社区化，并最终为社区管理所替代，为社区体制所取代。这符合行政管理扁平化、精简机构人员、转变政府职能、强化社区自治等行政管理体制改革的价值取向。撤销街道办似乎真成为大势所趋。

撤销街道没有法律障碍，也是各地探索最广、认同度最高的选择，但问题是撤消后：1）对区政府及其职能部门的执行力和公共服务能力提出严峻挑战，目前从意识、能力等方面都还有不小距离。2）对社区自治组织和民间社会机构的自治能力和自治水平提出挑战，目前社区自治水平不高、民间社会组织发育不成熟、力量不够壮大，居民公共意识、素养相对缺失是不小的障碍。3）取消街道办事处后的制度保障、公共服务由谁来承担？已有媒体报道，铜陵撤销街道改革后，“没有街道办的麻烦也不少”，我改他不改，“下改上不改，与外面对接麻烦”。 所以北京明确表示“不会撤销街道办事处”。 广州也表示“暂无计划撤销街道办”。

二、武汉市街道办运行面临的现实困境

截至 2012 年第三季度，武汉市共有街道办事处 147 个。大致可分为三类：上世纪 50 年代以来成立的老街道；城市化推进过程中“镇改街”形成的街道；城市发展中街道拆并重组而成的新街道。作为区政府的派出机构，我市街道办运行中主要存在如下问题。

1. 职能超载。《城市街道办事处组织条例》规定，街道办事处有 3 项职能，即办理市辖区的人民政府有关居民工作的交办事项，指导居民委员会工作，反映居民的意见和要求。但随着“单位制”的瓦解、市场经济的发展和社会流动的加剧，各地街道办事处的职能有了很大拓展。1997 年《武汉市街道办事处条例》对街道职责界定为 10 个方面 。每一方面又细化出很多具体职能。可以说，除了没有人大政协外，街道办已经成为一级“准政府”。

2. 机构膨胀。职能超载必然带来机构膨胀。从机构设置看，各街道普遍设有党政办公室，组织宣传科（文明办），城市管理科，社会事务管理科（综治办），计划生育管理科，经济发展科（统计科），人民武装部，群团组织等 10 多个科室。即使对街道办事处进行“大部制”改革后的武昌区，每街道办也仍设有 7 科室。机构膨胀必然带来人员配备的膨胀。我市不少街道仅处以上干部就达 7～10 人；城区街道的编制多在 30 人左右，新城区“改镇为街”的编制更多，大街道编制为 60 人左右。此外各街道几乎都还外聘数量不等的各类“协管员”。无论是机构、人员都大大超过了《城市街道办事处组织条例》的规定。

3. 权能不配。街道办事处职能范围和组织规模发生重大变化后，与职能履行相关的权力、资源等并未相应增加，街道办“责大权小能弱”的现象比较突出。特别是在分税制和市场经济条件下，没有一定的经济实力，街道办要更好地发挥作用、履行职能非常困难。由于对街道办法定职能定位的认识偏颇和传统行政的惯性作用，区政府及其职能部门往往把街道办当成了自己的 “脚”，“下职能不下权，下任务不下钱”。特别是“条块关系”的存在造成“条专不到底，块统难落实” ，“看得见的管不了、管得了的看不见”。责权利不匹配，严重影响街道办事处工作的积极性和政府职能工作的落实。

4. 职能错位。街道办事处职能越位与缺位同时并存。工作中街道办事处最看重的仍是发展经济，因其背负着区政府下达的经济考核指标。这一方面削弱其对社区管理和社区服务工作的兴趣和力度。提供社区服务往往要“花钱”，而抓经济工作却是“挣钱”。抓经济发展既能完成上级下达任务、创造政绩，还可以通过创收弥补办事处经费之不足，甚至带来税收分成或奖励。另一方面，街道办事处对社区居委会行政干预过多。街道办事处与社区居委会是指导、服务的关系。但在现实工作中，街道办事处常常深度干预社区居委会的工作，习惯于行政命令的方式指挥社区，使街道办事处与社区居委会的关系变成了事实上的领导与被领导的关系，影响了社区居委会的自治权利和自治地位，使社区带上了深深的行政化的色彩。

5. 名实不符。一是街道办事处更像一级政府而不是“政府派出机构”。街道办除了没有享有一级政府的权力外，几乎承担了一级政府的所有职责，这直接造成街道办事处自身定位的尴尬、名实不符。二是“镇改街”名不符实。随着城镇化的推进，“乡镇改街道”日益增多，但“镇改街道”仅完成了名称的变更，街道仍承担原乡镇所有的职能。三是居委会行政化，难以自治。根据《中华人民共和国居民委员会组织法》规定，居委会实际上承担着双重角色：办理社区自治之事，办理政府及其派出机构交办之事。与之相应，社区居委会拥有两种不同的职权，即代理职权和自定职权。基于认知因素、习惯因素和利益因素的共同影响，政府对社区干预过多，导致社区居委会出现明显的行政化倾向。

此外，因为种种原因，各区街道办事处辖区面积、人口总量、经济实力等差别很大，规模差距过大导致街道办事处管理成本较高，同时使得部分街道办事处管辖地域犬牙交错，难免在街道间出现各自为政、行政低效的情况；街道干部队伍的流动性较差，街道人员编制较复杂，混岗现象严重，同时干部年龄普遍偏大、文化层次参差不齐等，也会直接影响到街道工作效率和质量。

三、我市街道办管理体制改革的路径选择

我市街道办事处体制架构和职能转型究竟该向何处去？我以为应从理论和实践的大趋势上去把握和推进。从理论上看，地方治理的主体是多元的，除政府外，市场、社会中介组织、公民个人都是地方治理的主体。从政府改革创新视角分析，行政职能市场化（主要是将政府部分行政职能“合同出租”）、行政权力分散化（主要表现为财权相对集中、事权相对分散；压平层级、授权一线）、公共服务社会化、政府理念企业化、政府治理电子化 ，是基本趋势。从实践上看，推进“服务型政府建设”已是普遍共识。故要实现由政府本位、官本位和计划本位体制向社会本位、民本位和市场本位体制转变；由“无所不为的政府”向“有限政府”转变；由传统的行政方法为主向现代的以法律、经济方法为主，行政方法为辅转变；由传统的审批管制型管理模式向公共服务型管理模式转变。服务范围不再是无所不包，服务手段不再是单一管制，服务主体不再是唯一的政府，服务重心不再是权力本位，服务文化不再是管制文化。

借鉴国内外城市基层治理体制改革经验（国外经验见附录二），结合我国实际，着眼未来，推进我市街道办事处管理体制改革，我们建议：

第一，更加明晰街道体制变革和职能转型的目标价值取向。党的十七大要求，要健全政府责任体系，完善公共服务体系；规范垂直管理部门和地方政府的关系；要探索大部制、精简办事机构、减少行政层级、降低行政成本。 党的十八大再次强调：“要深化行政体制改革”，“建设职能科学、结构优化、廉洁高效、人民满意的服务型政府。深化行政审批制度改革，继续简政放权，推动政府职能向创造良好发展环境、提供优质公共服务、维护社会公平正义转变。稳步推进大部门制改革，健全部门职责体系。创新行政管理方式，提高政府公信力和执行力。严格控制机构编制，减少领导职数，降低行政成本。” 这为地方探索基层行政管理体制改革指明了方向。总体上看，我市行政制度改革的基本思路和目标应是：以更新行政观念为先导（特别是应实现三大转变，即变万能行政观念为有限行政观念、变直接行政观念为间接行政观念、变命令行政观念为服务行政观念），以转变行政职能为基础，以重构行政组织为重点，以调适行政关系为核心，以优化行政人员为关键，以加强行政法治为保障，以提高行政效率为目标。

基于多元治理主体背景，街道体制改革目标价值应是多元的，应该包括民主政治、社会建设、文化建设、生态文明等目标。民主政治目标包括转变政府职能，减少行政

层次，降低行政成本，提高行政效率，建设服务型政府，扩大城市基层公共空间，完善社区自治、发展基层民主，培育和发展社会组织，实现社区与社会的有效治理等；社会建设目标包括提高社会管理科学化水平、推动实现高质量就业、提高居民社会保障水平、公民社会和社会组织得到充分发育、促进法律范围内的社区充分自治等；文化建设目标是弘扬社会主义核心价值观，崇尚公共意识，倡导公共责任，增强社区的认同感与归属感等；生态文明目标包括促进资源节约、加大环境保护力度、推动两型社会建设、构筑美丽家园，实现永续发展等。街道体制改革必须有机整合上述改革的多重目标，将街道体制改革放到整个城市社会管理体制改革中，放到国家行政体制改革与社会（社区）体制改革中通盘考虑，科学筹划。笔者认为，我市街道体制改革总体目标是：着眼于转变职能、减少层级，理顺关系、强化服务，整合资源、制度创新，在城市构建起“政府主导、多方参与、法治保障”的现代社会治理结构，实现小（好）政府、大社会、多中介、强自治的城市基层社会治理模式。

第二，街道办事处管理体制改革和职能转变的具体途径。各区社区建设发展不平衡，面临的困难和需要解决的问题也各不相同，故不能搞一刀切，必须从实际出发，区别情况，分类进行街道办事处管理体制改革。在当下既有的法治环境下，从我市实际出发加强城市基层治理体制创新，我们建议分三种情况稳步有序推进。

第一种情况：立足于完善现有的街道管理体制，即不讨论现有街道的存废进退，而着眼于转变职能、明晰职责，下沉重心、强化服务，理顺关系、整合机构，调整幅度、指导自治。按照有所为、有所不为的原则，以明确街道职能为基础，推进街道机构改革为重点，抓住社区自治这个关键，分类探索、积极试点、稳妥推进我市街道办事处管理体制改革，为全面走向街道社区化创造条件。

一是科学界定街道办事处职能。转变职能，明确职责，这是城市街道管理体制改革的首要任务。由于社会组织发育不足，市民公民意识提升不够，社区自治能力还不够强，因此，当前我们还应该充分发挥街道办事处的作用，但应推进职能转变、创新管理方式，弱化其经济管理职能，更加注重履行社会管理和提供公共服务职能，把更多的精力放在加强城市管理、发展社会事业和解决居民生活问题上，实现由全能型管理向有限型管理、管制型管理向服务型管理的转变。

二是理顺街道办事处“上下左右”关系。1）理顺区街关系。在保持街道办事处作为区政府派出机构性质不变的前提下，依据有关法律、法规和市、区政府的授权，行使相应的政府管理职能。区政府应将重心下移、权力下放，让街道办事处真正对辖区内的社区管理、社区服务、社区治安、社区卫生、社区环境、社区文化等工作负全面责任。2）理顺条块关系。街道办事处是区政府的派出机关，而不是各职能部门的派出机关，区政府职能部门不得给街道办下派属于自己职能范围内的工作任务。街道办事处协调政府职能部门、社会单位及社区居民之间的利益关系，做好为政府职能部门、社会单位和社区居民服务的工作，搭建区政府及职能部门为社区服务的平台。改变街道有责无权或责大权小、履行有关职能较困难的现状。3）理顺街居关系。街道办事处与社区居委会是指导与被指导的关系，不是领导与被领导的行政隶属关系。街道办事处应以人为本、服务优先、服务靠前，引导社区依法自治，对政府职能部门的工作进行监督，不能过度干预社区居委会工作，更不能当“二传手”，将社区行政化。

三是深化街道办事处内部机构改革。贯彻十八大“稳步推进大部门制改革，健全部门职责体系”要求，总结、完善、推广武昌区街道办事处大部制改革经验。上海、广州街道办事处内设机构一般在8个左右。我市除武昌区外（武昌推行的街道内部大部制改革后设7个科室），其他各区基本都在10个以上。“机构重叠、职责交叉、政出多门的现象，有人没事做，有事没人做的情况得到比较好的解决。但问题是，推动该项工作的主要领导已调任他处，是否会人走政息有待观察”。 实施大部制是改革大势所趋。既要坚持，更要扩大试点。不能停留于由领导个人推动的境地，应由党委政府（包括组织部、发改委、编办、民政等部门）统筹协调，制定总体推行方案。同时要全面清理街道下属事业单位和事业编制，加强街道与区属职能部门的信息沟通，统筹使用街道外聘人员与“条条”口的各种专干，减轻财政供养负担。

四是合理调整街道办事处管辖范围。各区街道办事处管辖范围参差不齐，差异较大，从而导致资源浪费，管理成本偏高的现状，导致街道间互相攀比、互不服气。根据管辖面积和人口，兼顾历史传统，科学确立街道办事处管辖幅度是必要的。从工作实际看，将街道规模确定为管辖人口6～10万人，面积为5～10平方公里，是比较合适的。故可按照规模适度、有利管理、撤小并大、就近组合的原则，对街道办事处进行合并调整。

五是加强对社区自治的指导和支持。增强社区自治功能，是城市街道管理体制改革的关键所在。街道办事处应严格依法切实尊重社区自治组织的法律地位和自治权力，主动实现从领导者和控制者向知道者和协助者的角色转变。街道办事处要努力扮演好社区建设的规划者和政策引导者、社区居委会自治的助推者、社区居民参与的促进者、社区建设资金的保障者等角色。 进一步为社区“摘牌减负”，从严控制向社区交办任务。对市、区政府各有关部门政府职能部门确需社区协助完成的工作实行“准入制”，经市、区社区建设领导机构批准后统筹安排，要严格按照“权随责走，费随事转”的原则，做到工作人员、工作经费、服务承诺到社区。完善社区组织机构，健全社区党组织体系，培育社区自治组织，发展社区服务组织，培养社区工作者队伍，提高市民的公民意识和素养。

第二种情况：立足于撤销街道办事处、减少行政层级的大趋势，应积极选择试点区进行“撤街建大社区”试点。诚如国家民政部基层政权司副司长王金华所言，街道办这一行政层级存在的必要性，随着社会的发展越发值得重新评估。正是因为街道办存在诸多弊端，所以各地探索中80%都选择取消街道办事处、建设大社区。借鉴安徽铜陵（人口74万）、湖北黄石（四城区人口60万）、贵州贵阳（城镇人口300万）等地经验，选择人口规模与此相近的区进行撤销街道办试点。我们建议：选择汉南区（人口11.5万）、汉阳区（58.4万）、东西湖区（45.2万） 进行撤销街道办试点。对于管理负荷过大的街道办事处，可以选择辖区内较成熟的社区分离出来，实行社区自治，直接接受区政府指导。对于少数具备条件的街道办事处，可以取消街道办事处的设置，直接改建为大社区。对于区划规模过小的街道办事处，可以先按照地缘关系进行调整合并，在此基础上向大社区过渡。

第三种情况：不是立足于“先建后撤”街道办，而是根本就不设置街道办。即在推进城市化、城镇化的进程中，对新建的大型住宅小区、部分已城市化的城郊乡镇，推广武汉百步亭花园社区建设经验，不建立街道（近郊乡镇不采取“镇改街”的方式，直接“撤镇建大社区”），实行大社区管理体制。这样避免走“先建街道、未来再创造条件撤销街道”弯路，以免徒添极大的行政改革成本。

总之，推进城市基层治理体制改革、走向社会管理创新是必然选择。“加强和创新社会管理，根本目的是维护社会秩序、促进社会和谐、保障人民安居乐业，为党和国家事业发展营造良好社会环境。”“社会管理，说到底是对人的管理和服务”，必须“切实贯彻党的全心全意为人民服务的根本宗旨，不断实现好、维护好、发展好最广大人民根本利益。” 显然，无论上述哪一种推进方式，基层政府职能从管治走向服务、从无限走向有限、从行政化走向法治化都是必然选择。

当然，改革就是利益博弈。只要推进改革，就势必会影响到一些职能部门、单位和个人的切身利益，会遇到各种阻力，难度非常大。所以，无论采取哪种模式推进改革，一定要认真开展理论研究和实践论证，要听取多方专家的意见（特别是不同意见），力求将改革的“顶层设计”方案做得更科学更周全；一定要认真听取利益相关方的意见建议和利益诉求，改革方案的制订也应该采取治理理念，让多元主体积极参与；方案一旦敲定通过，就一定要坚定信心、上下协调、稳步推进，切忌“翻烧饼”。

附录一：街道社区化改革趋势下各地实践模式比较

1. 北京鲁谷社区模式（2003 年在石景山区街道区划调整、在鲁谷需要增设一个街道办情况下进行的体制创新）

基本创新点：“理顺一个关系，坚持两个依法，构建三个体系，实现两个归位，”创建“小政府、大社区，小机构、大服务”的城市基层管理模式。1）“理顺一个关系”，即通过体制改革，在社区进一步理顺政府、社会和市场的关系，实现“政事”和“政社”分开。 2）“坚持两个依法”，就是政府依法行政，社区依法自治。 3）“构建三个体系”，就是建立坚强有力的社区党的核心（社区党工委）作为区委的派出机构，对辖区内地区性、社会性、群众性工作负全责；建立精干、勤奋、务实、高效的社区行政管理机构（社区行政事务管理中心）作为区（县）政府的派出机构，对辖区城市管理、社区建设及社会事务实施管理、协调、指导、监督和服务；建立充满生机与活力的社区自治工作体系（社区代表会议及其委员会）作为代表鲁谷社区广大居民和社会单位利益的群众性自治组织，承接政府剥离出来的部分社会事务，监督政府依法行政。 4）实现“两个归位”，一是政府行政管理职能归位，把目前街道本不应该承担的各项带有行政审批和执法的职能，经梳理后归位于政府，建立“责、权、利”相统一的新型“条块”关系；二是将部分社会管理职能归位，把原来由政府直接管理的有关社会事务归还社会，逐步交由社区自治组织和社团组织承担，实现党和政府及群众自治组织对社区的有序和高效管理。

2. 青岛浮山后模式（2001 年，建设大型安居工程浮山后社区，不设街道，建立全新社区管理体制）

核心举措：构建“一个核心、三套工作体系”。“一个核心”，即“社区党工委”，作为中共市北区委的派出机构，是所辖区域内多种组织的领导核心。“三套工作体系”，1）社区自治工作体系：“社区委员会”，为社区自治组织“社区代表大会”的常设理事机构，由“社区代表大会”选举产生，下设办公室和社区服务、文化教育、计划生育、人民调解、卫生环境 5 个委员会。2）行政事务工作体系：“社区事务受理中心”，由区（县）政府职能部门的派出人员组成，承接社区中的行政执法、行政管理职能，负责城市管理、综合治理、计划生育、民政、财税、司法、社会保障、文教卫生等行政事务。3）社区服务工作体系："社区服务中心"，负责社区服务的组织、管理和协调，开展便民利民服务活动。这 4 套工作体系职责明确，互相支持，密切配合，各司其职，充分发挥各自的效能。

3. 青岛江苏路模式（2004 年市南区江苏路街道办改变功能和地位，成立 "江苏路社区公共服务委员会"，被誉为国内首个社区公共服务委员会）

核心举措：成立街道层面的社区公共服务委员会，由政府派出人员、社区自治组织负责人和社区单位（企业）代表三部分人员构成，主要担负公共管理、组织协调和监督检查 3 项职能。1）服务管理就是接受区（县）政府的委托，对辖区的公共设施、公共服务和公共福利项目行使管理职能，同时为各部门、单位和社区居民做好服务工作；2）组织协调就是协调政府部门、社会及社区各方面的利益关系，组织地区性的社会管理和公共服务领域的活动等；3）监督检查就是对行政部门为社区居民服务的质量进行考评。下设"党群工作部"和"社区公共服务中心"。"党群工作部"主要负责社区内党员的管理、学习；"社区公共服务中心"则在安全与司法、市容与环境、人口与健康、家政与公益、就业与保障等 8 个方面为社区居民提供"一站式"公共服务。

4. 南京淮海路模式（2002 年，对街道办进行的体制改革试点，被学者概括为"政府依法行政、社区依法自治"）

总体思路和目标是："理顺一个关系，坚持两个依法，实现两个归位，强化社区自治功能，实现社会的有效管理"。"理顺一个关系"就是要理顺政府、社会、市场与社区的关系；"两个依法"就是政府依法行政，社区依法自治；"两个归位"：政府行政管理职能"归位"，即把涉及行政执法、行政管理工作归位给政府职能部门；政府社会化职能"归位"，即把原来由政府管理的社会化职能归位给社区，把一些社会公益性服务工作交给专业化的社区工作者承担。其改革分三个步骤进行：第一步，建立社区行政事务受理中心。该中心是区（县）政府有关职能部门在辖区政务服务的平台，内设劳动保障、民政事务、计生服务、城建、市容、司法行政等与群众关系密切的政务"窗口"，其工作人员由区（县）政府有关职能部门派出，按职能分工受理和处理行政事务。第二步，对街道职能进行全面梳理和移交。属于行政管理和行政执法职能全部归口移交给相关部门；属于社会性、群众性的工作，按照"费随事转，权随责走"

的原则，进行“责、权、利”的移交，由社区全面承接。第三步，撤销街道办。原街道办涉及行政职能的各个科室全部摘牌。

5. 安徽铜陵模式（2010年始，撤街并社区，被誉为基层政府管理创新、体制机制创新、社会管理创新的一次成功尝试）

核心举措：整合社区，撤销街道办，成立社区党工委和社区服务中心。建立“一个核心（社区党工委）三个体系（社区居委会、社区服务中心、社会组织）”组织架构，以转变政府职能，实现社区党工委、居委会和社区服务中心责权利有机统一，建立健全党的领导、居民自治、中心服务、社会协同、公众参与的社区管理服务新格局。1）街道办撤销后，原有的经济发展、城管执法等主体职能收归区职能部门，而社会管理、服务事务等职能全部下放到社区。2）在人员安排上，采用“综合配套、统筹推进”和“老人老办法、新人新政策”原则，一是精简，二是下沉。原街道在编人员和聘用人员原则上调整到社区党工委或社区服务中心工作；原社区居委会成员和社区服务工作站聘用人员经过考核，择优聘用为社区居委会筹备组或社区服务中心工作人员；其余人员可聘为社区网格员，同时建立生活待遇增长机制。建立了区级范围内以条为主、居委会协助的管理体制。

6. 贵阳模式（2011年开始）

核心举措：撤销街道党工委和街道办，成立社区党委和社区服务中心，成立片区经济发展局承接原街道办经济职能。1）撤销街道办，实行区直管社区，将原来由街道办承担的事务性管理职能划转社区服务中心，采取直接管理或派员进驻社区服务中心的方式开展工作；剥离社区的行政职能由社区服务中心承担，社区直接面对群众提供公共管理服务。2）社区服务中心设置为副科级全额拨款事业单位，下设党群工作部（党政办公室）、社会事务服务部（便民利民服务大厅）、（城市管理）公共设施服务部。中心党组织书记和主任分设，通过公推直选的方式产生。领导班子职数配备、机构设置、人员编制不搞一刀切。3）新社区设“一厅五站”，即办事服务大厅、“365”民情服务站、急难特事服务站、爱心互助站、党员先锋站、文化活动站，打造的“AB角”工作制及“社区365服务”新平台，变坐等群众为主动上门服务。4）居委会协助社区服务中心履行相应职责，政府通过“政府购买服务”的方式，实现“费随事转”、“养事不养人”。

7. 湖北黄石模式（2009年开始，按照“横向大部制、纵向扁平化、全局整合资源”的思路推进）

核心举措：撤销街道办，推行城区直管社区，实现城区扁平化、网格化管理格局。1）构建“一委一居两室三中心”管理体系，在社区党委和社区居委会领导下，设立“两代表一委员”工作室、群团武装工作室和社区公共服务中心、社会组织发展中心、社区群众工作中心。2）归并4城区、精简优化区直行政机构，组建区社区工作管委会、群众工作中心、直属人武部，分别与区民政局、区委政法委、区“两办”合署办公；组建区住房保障与房屋征收管理局、区城市管理综合执法局，负责旧城改造、城市管理等重点工作；将区总工会、团区委、区妇联进行整合，合署办公，组建区群团工作部。3）撤销街办，将原有129个社区居委会整合为72个大社区，由区直部门直接管理；将党务、群团及公共管理服务职能下放社区，经济管理、城管执法、司法行政、人民武装等职能收归区直相关部门。按300户左右居民的地理范围划分网格，实行网格化管理。4）人员分流安置坚持以人为本，采取“五个一批”妥善调整，即向社区选派一批、向区直部门调整充实一批、改非退养一批、依法清理、辞退一批。

8. 武汉百步亭花园社区模式（百步亭花园社区是武汉市内最大的安居示范工程）

核心创新：不设街道办，而改设“百步亭花园社区管理委员会”，这是一个半行政半自治的组织。所谓半行政是指武汉市江岸区（县）政府授权“管委会”直接履行基层政府的部份职能，领导、组织和协调社区组织及各项活动。所谓半自治是指管委会由百步亭花园社区各自治组织负责人、各管理机构负责人和业主代表组成。管委会与街道办有着本质不同：管委会根据江岸区（县）政府授权履行的行政管理职能仅是街道办的政府职能之一部分；管委会不是江岸区（县）政府的派出机构，不具有街道办的法律地位；管委会的组成人员不同于街道办。

9. 武汉江汉区模式（2000年初开始，在江汉区进行的街道体制改革创新）

核心举措：主要是通过文件协议重新规范街道办、市及区（县）政府职能部门与居委会之间的关系。1）按照有利于自治、管理和资源优化原则，将全区227个居委会调整为112各新社区。2）落实《城市居民委员会组织法》赋予居委会的自治权，收缩街道办对社区的行政控制，对居委会落实人事权、资金支配权和资产管理权，建立居委会对街道办的评议考核制度。3）调整区（县）政府职能部门与社区的关系，真正做到合作协助，而不是行政部门对社区指派工作任务，区（县）政府的职能部门如果要到社区开展工作，应做到“工作人员配置到社区、工作任务落实到社区、服务承诺到社区、考评监督到社区、工作经费划拨到社区”。探索建立一种行政调控机制与社区自治机制结合、行政功能与自治功能互补、行政资源与社会资源整合、政府力量与社会力量互动的社区治理模式。

10. 武昌街道大部制模式（2011 年 5 月，武昌区以街道社会管理体制机制创新为切入点，着力解决原先街道管理体制存在的“五个弊端”：分工过细、忙闲不均、职责交叉、政出多门、执行不力）　核心举措：重构责任体系，实行街道管理“大部制”改革。区委区（县）政府出台《关于街道管理机制创新和建立责任体系工作的指导意见》1）精简调整街道机关内设机构。将街道原有 10 个行政科室、4 个事业科室“合并同类项”为 6 个部室：党政办公室、党群工作部、经济发展部、社区服务中心、综治信访中心、城市管理综合执法队（含城管执法中队）。2）整合社区工作运行格局。在社区“两委会”领导下，设立党员群众服务中心（配置 2～3 人，设中心主任 1 人，由社区专职书记或副书记担任）、社区服务站（配置 5～7 人，设站长 1 人，由社区主任兼任）、综治工作站（配置 2-3 人，设站长 1 人，由社区副主任担任），更好为辖区居民服务。3）优化人员配置。街道工委书记、主任负责全面工作。6 个部室正职由街道领导班子副职担任，其副职从现有科长中竞争上岗产生，其他工作人员归口合并。同时，按照原有干部编制、职数不变，干部职级、身份不变的原则解决部分干部“进退留转”问题。4）以岗位责任制为突破口，通过部室定责、团队履责、关联考责、激励兑责、立章明责等方式，突出实绩导向、部室主体和量化考核，在机构设置上体现扁平，在岗位职责上体现合力，在办事流程上体现高效。

注：本表为笔者根据各地官方网站、新闻媒体报道综合整理而来。

附录二：国外地方行政层级设置状况

世界各国由于国土面积以及政治、经济和社会背景不同，其地方行政层级设置也各有差别。但总结国外地方行政层级设置的总体状况及其发展趋势，对于正确认识我国地方行政层级设置问题，更好地把握我国地方行政层级改革方向，无疑具有一定的参考和借鉴意义。概而言之，国外地方行政层级设置的基本情况是：

1. 地方行政层级设置普遍实行两级制或三级制。当代世界近 200 个独立国家中，除梵蒂冈、新加坡、塞舌尔等极少数袖珍国家不设地方政府、少数国家只设一级地方政府外，大多数国家的地方行政层级实行两级制或三级制。当今世界上只有七八个国家实行四级制，它们基本上都属于发展中国家。就主要地理大国的地方行政层级设置看，世界上国土面积前十位的国家，除中国和印度实行四级制外，其他国家都实行两级制或三级制。其中，俄罗斯为三级制，加拿大、美国、巴西、澳大利亚为两级制，阿根廷、哈萨克斯坦、苏丹为三级制。就主要发达国家的地方行政层级设置看：美国在全国政府之下设有州级政府和地方政府两个层次；日本的地方行政区划包括都道府县和市町村两个层级；法国的地方行政层级实行大区、省和市镇三级制，是欧盟成员国中地方行政层级设置最多的国家。从国外地方治理的实践看，地方行政层级设置以两级制或三级制为宜，地理和人口大国同样可只设置二至三个行政层级，并保障地方治理处于有效运作状态。

2. 地方政府管理幅度具有逐步扩大趋势。行政管理层次和财政管理幅度是互为影响的变量关系，一般地说，行政管理层次减少，行政管理幅度就会相应增大，反之则相反。在过去，由于信息沟通不畅，管理工具、管理手段和管理能力不够发达，地方治理不得不增加行政管理层次。当今时代由于信息化和网络化的快速发展，不仅企业管理的组织结构在朝着扁平化方向发展，政府管理的层级结构也在朝着扁平化方向发展。随着地方政府管理层次的减少，地方政府的管理幅度就会相应增加。如，美国设有 51 个一级行政区（50 个州和 1 个特区），二级行政区仅县和市就多达 22000 个，平均每个州政府下辖有 440 多个县和市。法国本土设有 22 个大区、96 个省和 36000 多个市镇，其中省是最重要的地方政府，每个省平均下辖有 370 多个市镇。日本的 47 个都道府县下辖有 3273 个市町村，平均管理幅度为 69 个。俄罗斯的 89 个联邦主体共设立 1834 个二级行政区，平均管理幅度为 21 个。德国 16 个联邦主体下辖有 660 个二级行政区，其中管理幅度为 40 个。比较而言，中国地方政府管辖幅度则要小得多，目前中国内地共设 31 个一级行政区、333 个二级行政区和 2861 个三级行政区，自上而下的平均管理幅度分别仅为 10.4 个和 8.59 个，远远低于发达国家的地方政府管理幅度。

3. 大都市区实行多中心合作的治理体制。20 世纪 70 年代以来，发达国家的大都市区迅速发展起来。许多大都市地区并未建立有统一的政府机构，而是存在着多个政治实体，中心城市和郊区市镇在行政上互不依属，都是平等的政治实体，分别独立行使自治权。例如，美国的旧金山大都市区有 102 个市镇，还有 485 个特别区。在多中心并立的情况下，企业和居民的自由迁徙和“用脚投票”机制，促使多个政治实体不得不争相提高公共管理水平。相对于单中心的市政管理体制而言，这种多中心体制由于地方政府贴近社区和居民，更加具有回应性，因而能够更有效地满足居民的多样化需求。但多中心治理同时也存在着“碎片化”问题，容易导致大都市区的跨区域公共产品和公共服务供给困难。为了协调和处理跨区域的政府间管理问题，近年来，大都市地区多个政治实体之间的横向合作获得了长足发展。这种横向合作有的是由中心城市直接兼并或代管郊区市镇，有的是多个政治实体基于彼此信任和互惠互利，成立合作机构或签订合作协议，以负责协调更大范围内的公共服务供给。

（武汉市社会科学院课题组）

（执笔人：田祚雄）

武汉全面深化改革方案

为贯彻落实《中共中央关于全面深化改革若干重大问题的决定》的精神，加快推进武汉国家中心城市和国际化大都市建设，作出如下决定。

一、全面深化改革的指导思想和基本目标

1. 高举中国特色社会主义伟大旗帜，以马克思列宁主义、毛泽东思想、邓小平理论、“三个代表”重要思想、科学发展观为指导，按照党的十八大、十八届三中全会精神和《中共中央关于全面深化改革若干重大问题的决定》的要求，坚持社会主义市场经济改革方向，以促进社会公平正义、增进人民福祉为出发点和落脚点，进一步解放思想、解放和发展社会生产力、解放和增强社会活力，以顶层设计为引领，聚焦重点领域和关键环节，统筹谋划，协同推进，坚决破除各方面体制机制弊端，为建设国家中心城市和国际化大都市，为重振大武汉雄风，实现大武汉新的伟大复兴提供强大动力。

全面深化改革的总目标是完善和发展中国特色社会主义制度，推进武汉城市治理体系和治理能力现代化。坚持更加注重改革的系统性、整体性、协同性、包容性，加快发展社会主义市场经济、民主政治、先进文化、和谐社会、生态文明，让一切劳动、知识、技术、管理、资本、制度的活力竞相迸发，让一切创造社会财富的源泉充分涌流，让改革发展成果更多更公平惠及全体市民。

紧紧围绕使市场在资源配置中起决定性作用，深化经济体制改革，加快完善现代市场体系、开放型经济体系，加快转变经济发展方式，加快建设创新型城市，以东湖国家自主创新示范区为重点，以提高全国乃至全球资源配置能力为方向，推动经济更有效率、更加公平、更可持续发展，率先形成比较完善的社会主义市场经济体制。

紧紧围绕完善武汉城市治理体系和提高政府治理能力，深化政治体制改革，加快推进社会主义民主政治制度化、规范化、程序化，建设法治武汉，发展更加广泛、更加充分、更加健全的人民民主，形成系统完备、科学规范、运行有效的政治体制和机制。

紧紧围绕建设社会主义核心价值体系和国家文化强市，深化文化体制改革，大力推进“文化五城”建设机制，加快完善文化管理体制和文化生产经营机制，率先建成健全现代公共文化服务体系、现代文化市场体系，推动武汉文化大发展、大繁荣。

紧紧围绕更好保障和改善民生、促进社会公平正义，深入推进武汉社会事业发展体制和社会治理体制改革，大力提升社会治理能力，坚决破除社会体制存在的各种弊端，加快形成公平均衡的社会事业发展体制和科学有效的社会治理体制，推进基本公共服务均等化，实现发展成果更多更公平惠及全市人民，确保社会既充满活力又和谐有序。

紧紧围绕建设美丽武汉，深化生态文明体制改革，加快推进“两型”社会建设综合配套改革，加快建立系统完整的生态文明制度体系，在全国率先建立有利于资源节约型和环境友好型社会建设的体制机制，努力使武汉成为全国生态文明建设先行区和示范区，推动形成人与自然和谐发展现代化建设新格局。

到2020年，在开放体制、投融资体制、科技体制、城市治理体系和生态文明制度等重要领域和关键环节改革上取得决定性成果，基本破除制约发展的体制机制障碍，率先形成系统完备、科学规范、运行有效的制度体系，使各方面制度更加成熟更加定型，圆满完成本决定提出的改革任务。

二、坚持和完善基本经济制度，释放各类所有制活力

坚持和完善社会主义基本经济制度，毫不动摇地巩固和发展公有制经济，激发非公有制经济活力和创造力。

2. 大力发展混合所有制经济。推行多元化股份制，推进国资开放性整合。以产权多元化和资产证券化的市场化改革方向，推动国有企业改制重组和整体上市或核心业务资产上市发展。将股份制改造深化到区一级国企，解决改制遗留问题。全面开放股权，收缩国有股权比重，优化我市国有出资企业产权结构，盘活国有资产。通过国有产权转让、资产重组、债务重组、增资扩股等方式，引进各类投资者，实现企业投资主体多元化、经营机制市场化，发挥国有资本的乘数效应，实现“大资源、大配置、大发展”。鼓励有条件的国有经济和其他所有制经济发展成为混合所有制经济；鼓励国有资本投资项目非国有资本参股。

进一步向民营资本开放国有企业改革重组和国有资本投资项目，引入民资以参股、控股和独资的方式投资建设路桥隧轨等基础设施。以推进垄断行业改革为重点扩大社会资本投资。支持民间资本进入垄断行业，竞争性环节对民间资本全面放开，自然垄断环节吸纳民间资本广泛参与。

完善国有资产管理体制。国有资产布局的调整优化。加快国有资本投向关系国家安全、国民经济命脉的重要行业和关键领域，重点提供公共服务、发展重要前瞻性战略性产业、保护生态环境、支持科技进步、保障国家安全。加快国有资产在竞争性行业中的退出。

建立国有资产分类监管制度。推动国有企业分类监管，明确国资国企的功能定位，并按不同功能进行分类监管。具体分为三类：竞争类、功能类和公共服务类。竞争类国资国企以经济效益为导向，在市场竞争中实现自身效益最大化；功能类国资国企以完成各类重大专项及贯彻重大战略方针为主，经济效益在考核中的重要性降低；公共服务类国资国企以服务百姓，确保城市平稳有序运行为目标，追求企业社会效益，以运营效率、服务质量、运营安全等为考核指标。竞争类企业的开放重组、管理体系、现代化企业制度、企业激励机制等议题交给市场，国资管理部门将重点监管功能类和公共服务类企业，在市场和行政之间划出一条必要界限。国有资本继续控股经营的自然垄断行业，实行以政企分开、政资分开、特许经营、政府监管为主要内容的改革，根据不同行业特点实行网运分开、放开竞争性业务，推进公共资源配置市场化。

建立清晰的资产监管和授权国有资本经营体系，把管资产和经营资本有机分离，培育产融结合财团。在国家国有资产监管体系下，通过明确国有资本的授权管理体系，支持有条件的国有企业改组为国有资本投资公司，促进产业资本和金融资本的融合，培育产融结合财团。各个投资公司就可以作为出资人构建混合所有制企业，推进国有资本合理流动，重塑有效的行业结构和企业运营架构，避免重复建设、恶性竞争，切实提高资源配置效率，促进国家安全、国民经济命脉等混合所有制企业的发展壮大。国有企业根据行业和性质进行分类指导，投资公司可以根据企业经营管理的情况和战略需要通过混合所有制企业进行增资或减资，真正实现国有资本进退自如。

建立全市不动产统一登记制度。担负对外提供“合法查询、证明”等有关的社会服务职能，明确为登记机构、薄册、依据和信息平台“四统一”。

完善国有资本经营预算制度。提高国有资本收益上缴公共财政比例，更多用于保障和改善民生。

3. 推动国有企业完善现代企业制度。建立健全职业经理人制度。采取公开招聘、竞争上岗、有进有出等方式，形成具备国际水准的职业经理人制度。合理增加市场化选聘比例，通过公开招聘、竞争上岗等市场化方式，打破单一行政配置方式，建立起企业经营层的合理流动机制，引进并吸收社会高素质优秀人才。按照委托代理关系，从出资人代表到产权代表总经理依法依规，层层授权，代理人对所授的权利尽自己的义务，并承担相应的责任，同时给予与责任和贡献相匹配的利益。分类建立长效激励约束机制，加强考核监督，实施经营者投资责任追究制度，确保国有资产保值增值。

完善出资人制度。可以根据不同类别基金经营目标的要求，采取相应的出资方式，如社保类基金主要采取分散投资方式，其他类别基金可采取参股、控股、独资等方式。

4. 调整国有企业的收益分配制度。建立划转部分国有资本充实社会保障基金长效机制。按照基础10%的比例逐年提高国有资本收益上缴公共财政比例。完善、落实国有企业薪酬管理制度。深化企业内部管理人员能上能下、员工能进能出、收入能增能减的制度改革。合理增加市场化选聘比例，合理确定并严格规范国有企业管理人员薪酬水平、职务待遇、职务消费、业务消费。以全成本核算为基础，规范过高薪酬和过高职工收入。

探索混合所有制企业员工持股制度. 在混合所有制经济中，探索员工持股和管理层持股机制，增强企业的凝聚力，使企业逐步成为资本所有者与劳动者的联合体。

5. 支持非公有制经济健康发展。建立促进民营经济公平竞争的制度体系。坚持权力、机会、规则平等，完善招投标市场中的市场契约和市场规则。引入竞标、拍卖等机制，促进特许经营权竞争。制定向民间资本开放“管理外包”的政策，让民营企业可以组建高质量的管理团队，分包国有企业的管理权。积极支持民间资本进入基础设施、市政公用事业、金融服务、社会事业、保障性住房建设、文化、旅游、现代物流等领域，拓宽民营企业的投资渠道。鼓励和引导民营企业通过多种形式参与国有企业改制重组。

建立促进民营经济发展制度体系。完善民营企业家培训计划，鼓励有条件的私营企业建立现代企业制度。实施中小企业成长计划工程，加快建设一批民营和中小企业创业示范基地、实施“中小企业改制上市培育工程”。建立民营企业市场拓展及对外交流与合作定期援助制度。完善民营经济信息、法律、技术、信贷等服务平台，形成市区两级民营企业服务机构联动机制。

建立统一的非公有制企业征信系统。由市政府和协会联合推进，加快社会信用体系建设，建立统一的非公有制企业征信系统。鼓励有条件的私营企业建立现代企业制度，利用产权市场和资本市场，改善股权结构和改制上市。

三、加快完善现代市场体系，提高资源配置效率和公平性

发挥市场在资源配置中的决定性作用，着力清除市场壁垒，促进商品和要素自由流动、平等交换，形成统一开放、竞争有序的现代市场体系。

6. 建立完善公平开放透明的市场规则。完善科学便捷统一的市场准入制度，研究制定市场禁入的负面清单，保障各类市场主体依法平等进入清单以外的领域。推进工商注册资本登记制度改革，实行注册资本认缴登记制，落实先照后证登记制。完善网上登记服务系统，逐步实现网上登记、全程电子化。推进国内贸易流通体制改革，实施贸易流通领域的管理架构整合，构建统一健全的贸易流通大数据平台。

推进市场监管体系改革。加快反垄断性的制定工作，依法加大对垄断和不正当竞争的执法力度。积极推进监管方式改革，对企业实施分类分级管理，实现对市场主体的动态监管。建立健全社会征信体系，建立健全统一的市场主体信用信息平台和信用信息记录、归集、查询、应用制度，建立和完善失信惩戒社会制约机制和市场排异机制。深入有效地开展全行业企业信用评价工作，完善评价体系。

7. 率先建立城乡统一的建设用地市场。在符合规划和用途管制前提下，建立集体土地所有权与使用权分离制度，保留集体建设用地所有权，逐步将农村集体经营性建设用地使用权纳入一级市场。积极推进农村集体建设用地确权登记、有偿使用、出让、租赁、入股，建立市场化的农村集体经营性建设用地流通机制。

实行城乡建设用地增减挂钩政策，新增建设用地土地有偿使用费主要用于基本农田建设和保护、耕地开发和土地整理。大力推进征地拆迁制度改革。缩小征地范围，规范征地程序，完善对被征地农民合理、规范、多元保障机制，提高农民在土地增值收益中的分配比例。建立国有土地资产经营制度，以市场化的土地流转制度逐步替代传统的征地拆迁制度。

扩大国有土地有偿使用范围，逐步减少直至取消非公益性用地的划拨供应，逐步缩小协议出让土地范围，全面推行市场机制配置土地资源。完善土地增值收益分配机制，将土地税收计征重点从流转环节转向保有环节。建立兼顾国家、集体、个人的土地增值收益分配机制，合理提高个人收益，公平分配集体收益，妥善运用国家收益。推进土地租赁、转让、抵押二级市场改革。

8. 完善金融市场体系。构建培育壮大金融市场主体的体制。鼓励具备条件的民间资本依法发起设立中小银行、村镇银行、小额贷款公司等地方新型金融机构。鼓励各类专业保险机构以及资产管理公司、融资租赁公司、汽车金融公司、企业财务公司等机构发展。推进保险业综合改革试验，大力发展科技保险、航运保险等各类责任保险业务。

发展普惠金融，完善发展普惠金融的体制。鼓励金融创新，推动金融服务惠及小微企业主、工薪阶层、农户。加大扶持中小企业的力度，完善中小企业融资担保体系。

创新农村金融体制，引导更多信贷资金和民间金融进入农村金融市场。丰富金融市场层次和产品，推进期货和金融衍生品市场发展，规范发展私募基金市场。加快建设区域性产权市场交易中心。扩大债券融资规模，提高直接融资比重。

促进科技与金融结合创新。支持设立科技金融专营机构，探索科技贷款担保、科技保险、产权教育、股权交易等新模式。改善科技型中小企业融资条件，完善天使投资、风险投资机制。建立完善业绩激励机制，允许政府参股设立的产业投资基金对社会股东和管理团队实行让利。鼓励商业模式创新，加强对商业模式创新知识产权的保护。

加快武汉区域金融中心建设。推动武汉城市圈金融一体化。推进长江中游城市群实质性金融合作，建立健全区域内金融信息共享、金融监管合作和金融债权司法保护、区域内反洗钱合作机制。稳步推进金融监管体制、监管手段创新，完善监管协调机制，及时有效正确评估各种金融风险。建立和完善金融机构市场化而非行政化退出机制。

9.深化科技体制改革。以企业和市场为核心健全技术创新市场导向机制。发挥大型企业创新骨干作用，支持有条件的创新型企业承担国家重大科技攻关任务，参与重点工程建设，鼓励企业加大先进技术收购引进、消化吸收和再创新。在研发实力较强的企业建设国家重点实验室和工程技术中心等技术研发机构，引导有条件的企业参与基础前沿研究，提高企业原始创新能力。加强对中小微企业的创新支持，营造公平竞争的市场环境，大力支持民营企业和中小微企业的创新活动。以企业需求为导向，构建一批公共技术创新服务平台，为企业特别是中小微企业提供技术创新服务。

加快建立由市场决定技术创新立项、实施和评价的机制。吸纳企业参与科技计划指南的编制和科研项目立项，并作为主体推动项目实施。创新财政科技投入方式，统筹运用事前投入、目标奖励、时候补助等方式方法，与企业资金捆绑使用。采用政府购买服务的方式支持共性技术、关键技术的开发和推广应用。完善政府对基础性、前沿性科学研究和共性技术研究的稳定投入机制。改革科技成果评估机制，注重科技创新实际贡献，应用研究由用户和专家等第三方评价，加强对科技经费适应的绩效评估和动态调整。积极落实鼓励企业创新的优惠政策，进一步加大东湖国家自主创新示范区改革政策的试点力度，深化股权激励分期纳税、职工教育经费税前扣除等改革试点。

健全技术转移机制。加强成果转化机制和平台建设，深化国有事业单位科技成果处置权和收益权改革，推进应用型研究单位市场化、企业化改革，促进科技成果的资本化、产业化。完善实施知识产权战略的体制环境，构建知识产权创造、应用、保护体系。健全技术创新激励机制，引导和支持重点领域形成重大专利和标准。建设科技成果管理服务平台，创新技术交易平台建设。健全科技创新人才流动和考评机制，鼓励科研院所、高校和企业创新人才开展双向交流。

加强科技基础制度建设。加快建立统一的科技管理信息系统，建立公开透明高效的创新资源共享平台。加快建立科技报告制度，尽快出台科技报告的标准规范，财政支持的科研项目按标准提交科技报告。加紧实施创新调查制度，组织开展创新型国家建设监测调查，客观评价和度量重点区域和企业的创新发展进程。提高重大科研基础设施开放水平，推进大型科学仪器设备、科技文献、科学数据等科技基础条件平台建设。

10. 深化财税体制改革。改进预算管理制度。完善政府预算体系，加强全口径预决算管理，完整编制公共财政预算、政府性基金预算、国有资本经营预算和社会保险基金预算。细化预算管理制度改革，完善支出标准体系和支出方式，健全均衡预算支出机制。建立跨年度预算平衡机制，建立权责发生制的政府综合财务报告制度。建立规范合理的政府债务管理机制和风险预警机制。建立预算绩效管理工作机制，加快推进全过程预算绩效管理改革。建立覆盖财政收入、支出、管理、改革等全过程的监督管理机制。建立全面规范的预算信息公开制度。

完善市区分级管理体制，建立区级分类管理体制。完善二级政府三级管理体制，理顺市区政府的财权、事权，科学配置区级政府的财力，增强区级政府职能和提供公共服务的能力。规范完善地方财政转移支付制度，明确市对区财政转移支付的目标，明确市区两级政府预算中公共服务支出比例。完善一般性转移支付增长机制，均衡城区间财力差距，实现城区间基本公共服务能力均等化。清理、整合、规范专项转移支付项目，逐步取消竞争性领域专项和地方资金配套。建立转移支付资金使用与管理的绩效评价机制。

完善税收制度。积极开展地方税改革试点，全面推进增值税改革，调整消费税征收范围，加快房产税改革，推动环境保护费改税，加快完善个人所得税主管配套措施。加强对税收优惠政策的规范管理，合理确定税收优惠政策的范围，明确税收优惠的政策重点和支持方式，加快推动税收优惠政策手段转向以间接优惠为主，加强税收优惠政策的法律法规规定。

四、健全城乡发展一体化体制机制，率先实现城乡一体化

破除城乡二元结构，改革阻碍城乡发展一体化的体制机制。建立“以工促农、以城带乡”长效机制，尽快形成工农互惠、城乡一体的新型工农城乡关系，让广大农民共享武汉大发展的成果。

11.加快构建新型农业经营体系。坚持家庭经营在农业中的基础性地位，创新农业经营模式，推进家庭经营、集体经营、合作经营、企业经营等，推进农村资源资本化。坚持农村土地集体所有权，发展壮大集体经济，允许集体土地抵押、担保、入股、招商。稳定农村土地承包关系并保持长久不变，更加灵活地推动承包经营权流转。实行农村土地所有权、承包权、经营权分离，赋予农民对承包地占有、使用、收益、流转及承包经营权抵押、担保权能，允许农民以承包经营权入股发展农业产业化经营。鼓励承包经营权在公开市场上向专业大户、家庭农场、农民合作社、农业企业流转。

鼓励农村发展合作经济，允许财政项目资金直接投向符合条件的合作社，允许财政补助形成的资产转交合作社持有和管护，建立严格的项目资金监管制度。积极扶持发展农村合作组织资金互助，逐步限制其他金融组织在农村汲取资金。

12.赋予农民更多财产权利。大力推进农村集体股份制改革，建立公开透明的集体资产监管制度和分配制度。集体土地使用权可以作价算入注册资本，农民成为股东，赋予农民对集体资产股份占有、收益、有偿退出及抵押、担保、继承权。

进一步完善农村综合产权交易平台，推动农民产权和物权商品化改革。严格按照政府统一规划，保障农户宅基地用益物权，慎重稳妥推进农民宅基地使用权和住房产权流转、抵押、担保。实行严格的宅基地有偿使用制度，在保障农民住有所居的前提下，探索建立农户宅基地有偿退出机制。

13.推进城乡要素平等交换和公共资源均衡配置。进一步完善城乡居民同工同酬制度，健全农业支持保护体系，改革农业补贴制度。积极稳妥地发展村镇银行等新型农村金融机构，保障金融机构农村存款主要用于农业农村。完善农业保险制度，加大政府支持力度。以财政资金为引导，出台各项优惠措施带动社会资本投向农村农业。

对农村居民区进行合理规划，严格按照规划实行集中居住制度，建设与城镇同水平的基础设施。建立城乡教育资源交流机制，完善城乡公共文化设施网络建设，建立文化下乡经常性制度。少数地广人稀交通不便的农村地区，逐步减少基础设施建设，推行整体移民制度。

14.完善城镇化健康发展体制机制。从严合理供给城市建设用地，出台土地利用率强制标准。建立高标准的农村环卫制度，重视农村生态环境保护。中心城区实行最严格的建设规模控制，提高新城区和功能区人口密度。

推进城市建设和治理创新，建立城市基础设施长效维护和财政资金保障机制，扩大网格化管理范围。建立透明规范的城市建设投融资机制，创新社会资本参与城市基础设施建设的投融资机制。建立跨区域多方面合作机制，深入落实合作框架协议，优化商品和要素跨区域自由流动的制度环境。

加快户籍制度改革，降低城镇准入门槛，全面放宽家人投靠的入户条件，简化手续。建立新型农村社会养老保险制度，加强农村社会养老保险与城镇基本养老保险制度的衔接。提高农村最低生活保障水平，逐步实现城乡低保标准统一。完善健全农村社会救助体系建设，推动社会救助从生存型向发展型转变。逐步整合城镇居民医保制度和新农合制度，完善城乡居民大病医疗保险制度，逐步实现城乡医保一体化。

五、构建开放型经济新体制，以开放促进改革

要进一步扩大对外开放，促进国内外要素有序自由流动、资源高效配置、市场深度融合，加快培育武汉参与国际经济合作竞争新优势。

15. 建立“大通关”制度体系。建立“大通关”制度体系。统筹谋划武汉中部“内陆自贸区”建设，全面推广陆路快速通关作业改革。深化口岸通关模式改革，以货物提前申报、口岸海关快速放行、主管地海关办理验放为突破口，实现转关监管一次申报、一次查验、一次放行。加强口岸基础设施和电子口岸建设，完善电子口岸平台功能。

构建区域经济一体化发展的体制机制。统筹武汉东湖综合保税区、阳逻港区、沌口开发区、临空经济区开放开发，增开国际客货运航线，发展多式联运，形成横贯东中西、联结南北方对外经济走廊。统筹推进中部地区国际大通道建设，加快建设面向东南亚、中亚、欧洲等地区的国际物流大通道，推动武汉同沿海沿边通关协作，实现口岸管理相关部门信息互换、监管互认、执法互助。

加强进出口服务平台建设。推动内外贸融合，支持新型国际贸易业态发展。建设服务全国的贸易促进和服务平台，打造集多种媒体、多领域、多语种于一体的财经信息综合服务平台。构建多方联动机制。与检验检疫部门紧密配合，建立畅通的联络沟通渠道；与国税部门进行"出口退税子系统联网运行"试点；与银行推广"网上支付"项目。实现全社会的整体规划和总体推动密切配合，协调联动，努力构建大通关体系。

16. 深化对外投资管理体制改革，放宽对外投资的各种限制。创新促进“引进来、走出去”的体制机制。放宽投资准入，推动统一内外资法律法规。探索对外商投资实行准入前国民待遇加负面清单的管理模式。推进金融、教育、文化、医疗等服务业领域有序开放，放开育幼养老、建筑设计、会计审计、商贸物流、电子商务等服务业领域外资准入限制。落实“谁投资、谁决策、谁受益、谁承担风险”的原则，确立企业及个人对外投资的主体地位。

允许企业和个人发挥自身优势到境外开展投资合作，允许自担风险到各国各地区自由承揽工程和劳务合作项目，允许创新方式走出去开展绿地投资、并购投资、证券投资、联合投资等。加强投资促进工作，提高利用外资综合优势和总体效益，实现引资、引技、引智有机结合。鼓励企业参与国际展会、创制国际标准和境外并购，促进国际国内的要素有序自由流动，提高资源的配置效率和市场的深度融合。加强境外投资、监管、保障体系建设，完善国际贸易投资风险防范和预测预警机制，建立境外投资风险储备金制度。推动有条件的大中型企业设立境外贸易网点，重点支持武钢、邮科院、凯迪等一批具备较强国际竞争力的企业以并购、租赁、设立研发中心等方式走向国际市场。

17. 探索建立企业和个人对外投资备案制。按照市场导向和企业自主决策的原则，进一步强化企业的境外投资主体地位，减少行政审批的范围和环节，对一般性境外投资项目的核准制逐步改变为备案制。

18. 探索建立内外投资准入的“负面清单”制度。深化投资体制改革。出台多个领域民间投资实施细则，切实放宽市场准入，按照“非禁止即开放”的原则，探索投资准入的“负面清单”制度，清单之外的行业及项目全都开放。完善投资回报机制，打破“弹簧门”、“玻璃门”等体制障碍，推出一批公共领域市场化建设试点项目。外国投资者在我国设立企业时，应当先行提交申请书、可行性报告、章程、法定代表人董事名单、投资者的法律证明和资信证明等一系列资料，取得商务部或各地区外经贸政府部门的批准，然后才能向注册地工商部门登记设立企业。而国内企业和个人设立企业，可以直接向工商部门登记设立企业。

六、推进政治体制改革，展现社会主义民主政治旺盛的生命力

扩大公民有序政治参与，充分发挥社会主义制度的优越性，把权力关进制度的笼子，建设廉洁武汉。

19. 建设法治政府、服务型政府。优化政府机构、职能配置、工作流程，完善决策权、执行权、监督权既相互制约又相互协调的行政运行机制。抓住权力配置、运行和监督三个关键环节，实施各级政府及其工作部门权力清单制度，依法公开权力运行流程，推动权力配置科学化、权力运行规范化和权力监督全面化。建立审批标准化管理制度，优化行政审批流程，建立各项民生事务的开放式办公、一站式服务、并联式审批制度，健全完善武汉市民之家的管理运行机制，提高政务透明度和工作效率。全面推行电子政务，实现电子政务和电子行政监察网络广覆盖。全面推进依法行政，进一步完善行政决策程序，规范行政执法行为，强化执法监督和过错责任追究。

20. 进一步简政放权。规范各级党政主要领导干部职责权限，科学配置党政部门及内设机构权力和职能，明确职责定位和工作任务。围绕武汉建设国家中心城市，加快发展战略、规划、政策、标准等制定和实施。加大简政强区事权改革力度，继续做好行政审批事项清理工作，实行中心城区和远城区差别化管理，下放审批权限和服务管理资源，市场机制能有效调节的经济活动，一律取消审批，对保留的行政审批事项要规范管理、提高效率;直接面向基层、量大面广、由地方管理更方便有效的经济社会事项，原则上下放区实施。正确处理政府与市场、社会的关系，全面梳理各级政府管理和介入的事务，通过合同、委托、招标等方式，对事务性管理服务引入公正、公平、公开的竞争机制，不断扩大政府购买公共服务范围。

21. 统筹党政群机构改革。统筹党政群机构改革，理顺部门职责关系，加大推进政企分开、政资分开、政事分开、政府与市场中介组织分开的力度，遵循上下基本对应的原则，统筹做好与中央、湖北省机构改革的衔接，建立与中央、省级组织框架相协调的行政体系。整合政府职能，突出公共服务、市场监管、社会管理、环境保护等重点领域，稳步推进大部制改革。严格绩效管理，完善绩效考核指标体系，加强责任追究，确保权责一致。精简和规范议事协调机构和临时机构，积极稳妥实施大部门制，建立健全部门间协调配合机制和信息共享机制。严格控制机构编制和财政供养人员总量，严格按规定职数配备领导干部，实现机构编制管理科学化、规范化、法制化。

22. 推进事业单位分类改革。明确分类标准，推动公办事业单位与主管部门理顺关系和去行政化，创造条件，逐步取消学校、科研院所、医院等单位的行政级别。完善事业单位改革配套政策，建立健全政府购买公共服务的制度，推动一批经营类事业单位转企改制，同时支持公益类事业单位发展。建立事业单位法人治理结构，形成社会力量参与事业单位的管办和监督机制；建立各类事业单位统一登记管理制度，从根本上厘清事业单位的组织架构及运行模式。

23. 加强人大、政协工作的制度化建设。坚持根本政治制度，充分发挥人大功能。完善地方性法律法规，健全立法起草、论证、协调、审议机制，提高立法质量，防止地方保护和部门利益法制化。健全“一府两院”由人大产生、对人大负责、受人大监督制度。健全人大讨论、决定重大事项制度，各级政府重大决策出台前向本级人大报告。加强人大预算决算审查监督、国有资产监督职能。落实税收法定原则。在人大建立健全代表联络机构、网络平台，加强人大常委会同人大代表、代表同人民群众的联系，通过座谈、听证、评估、公布法律草案等扩大公民有序参与立法途径，通过询问、质询、特定问题调查、备案审查等积极回应社会关切。

构建协商民主体系，拓宽协商渠道。在政协健全委员联络机构，完善委员联络制度。深入开展立法协商、行政协商、民主协商、参政协商、社会协商，建立健全决策咨询制度；市委根据年度工作重点提出规划，采取协商会、谈心会、座谈会等进行协商，完善民主党派直接向市委提出建议制度，组织专题协商、对口协商、界别协商、提案办理协商，重点推进政治协商、民主监督、参政议政制度化、规范化、程序化。

24. 扩大基层民主。畅通民主渠道，健全基层选举、议事、公开、述职、问责等机制，形成基层党组织领导的充满活力的基层群众自治格局。支持居委会直选、村委会“海选”，进一步推动基层工会、共青团、妇联和行业协会扩大直选的范围。分类指导，完善农村地区村民自治保障机制和城市社区居民代表会议、社区议事协商制度。推进厂务公开，完善以职工代表大会为基本形式的企事业单位民主管理制度和相关监管制度。加强社会组织民主机制建设，保障社会公众参与管理和监督的民主权利。

25. 推进决策科学化、民主化。在党政机关、人大及政协机关、企事业单位、社会组织普遍建立法律顾问制度，强化科学立法、民主立法，完善规范性文件、重大决策合法性审查机制，建立问责和纠错制度。建立健全党委支持人大、政府、政协、司法机关和人民团体围绕科学民主决策依法开展工作的机制，提高党委科学民主决策的能力和水平。健全重大党政决策事项听取人大、政协意见制度，推行重大决策草案社会公布制度，完善听证会、网上征询等公众参与决策机制。超前把握改革倒逼的态势，敏锐抓住发展问题的导向，探索电视问政、网络问政等有效途径，严防决策失误。

26. 构建司法公正的保障机制。按照中央统一部署和依法治国基本方略要求，积极推进司法管理体制改革。建立和完善司法人员管理及分类制度、办案责任制等配套制度，推进审判公开、检务公开，支持司法机关依法独立公正行使司法权。严格规范减刑、假释、保外就医程序，强化监督制度。广泛实行人民陪审员、人民监督员制度，完善人权司法保障制度，健全错案防止、纠正、责任追究机制。废止劳动教养制度，健全社区矫正制度、国家司法救助制度，完善法律援助制度、律师执业相关制度。

推动行政执法体制改革，整合执法主体，相对集中执法权，推进综合执法，减少行政执法层级，完善行政执法程序，着力解决权责交叉、多头执法问题，建立权责统一、权威高效的行政执法体制，完善行政执法与刑事司法衔接机制，加强对行政执法的监督，全面落实行政执法责任制和执法经费由财政保障制度。深入开展法制宣传教育，推进法治国家、法治政府、法治社会一体化建设。

27.建设廉洁武汉。按照中央统一部署，改革党的纪律检查体制，健全反腐败领导体制和工作机制，落实党风廉政建设责任制，党委负主体责任，纪委负监督责任，制定实施切实可行的责任追究制度，建设廉洁武汉。以实施领导干部有关事项公开制度为突破口，研究制定干部财产申报制度，完善选人用人专项检查和责任追究制度，改革政绩考核机制，规范并严格执行领导干部工作生活保障制度，完善并严格执行领导干部亲属经商、担任公职和社会组织职务、出国定居等相关制度规定。

健全领导干部带头改进作风、深入基层调查研究机制，完善直接联系和服务群众制度。完善党务、政务和各领域办事公开制度，重点推动公共资金分配、公共权力运行、公共资源配置、公共政策制定、公共服务供给事项的公开化、透明化，规范信息发布制度，做到决策公开、管理公开、服务公开、结果公开。

28.加强和改善党对全面深化改革的领导。市委成立武汉市全面深化改革领导小组，负责改革总体设计、统筹协调、整体推进、督促落实，通过建立定期研究、咨询和协调机制，及时研究解决改革发展中的新情况、新问题。坚持党的群众路线，建立社会参与机制，健全党委支持人大、政府、政协、司法机关和人民团体围绕科学民主决策依法开展工作的机制，提高党委科学民主决策的能力和水平。加强重大改革试点工作，加强宣传和舆论引导，为全面深化改革营造良好社会环境。

强化改革与发展的组织和人才支撑。加强各级领导班子建设，完善干部教育培训和实践锻炼制度，不断提高领导班子和领导干部推动改革能力。以深化干部人事制度改革为重点。改革和完善干部培养选拔、跨条块跨领域交流和考核评价的可操作性制度；坚持问题导向，深化治庸问责，实现领导干部问责制“无缝”衔接；深化公务员分类改革，推行公务员职务与职级并行、职级与待遇挂钩制度，加快建立专业技术类、行政执法类公务员和聘任人员管理制度；完善基层公务员录用制度，在艰苦岗位适当降低进入门槛。与此同时，统筹建设各类人才队伍，建立健全各级各类人才的培育、流动、选拔、激励、服务等方面的工作机制和配套政策。特别要在高技能人才无障碍入户等全方位服务方面，创新政策支持体系，广泛吸引境内外优秀人才参与武汉的国家中心城市建设。

七、加强社会体制改革，增进武汉人民福祉

加快社会事业改革，大力推进政府、社会组织、人民群众“三位一体”的现代治理模式，解决好人民群众的切身利益问题。

29.深化教育公平、均衡、有效发展制度综合改革

全面贯彻党的教育方针，坚持立德树人，加强社会主义核心价值体系教育，完善中华优秀传统文化教育，弘扬“敢为人先、追求卓越”的武汉精神，探索改进体育、美育教学，提高学生身体素质和人文素养，促进素质教育，形成学生社会责任、创新精神、实践能力不断提升的有效形式和长效机制。

深化办学体制改革。初步形成政府主导、社会参与、办学主体多元、办学形式多样、充满生机活力的办学体制。开展推进基础教育改革实验、职业教育办学模式、现代大学制度等改革试点。制定支持民办教育发展的政策措施，鼓励社会力量兴办教育。探索市属职业院校深化产教融合、校企合作的新途径，完善高校法人治理结构，扩大高校办学自主权。

创新促进教育公平机制。健全家庭经济困难学生资助体系，统筹城乡义务教育资源均衡配置，推进优质高中布局调整、资源整合和开发，继续推进名校办分校、学区化管理、学校联盟、委托管理、对口合作等办学形式创新，继续推进公办学校标准化建设，探索实行校长教师交流轮岗和城乡教师交流与合作机制，构建利用信息化手段扩大优质教育资源覆盖面的有效机制，逐步缩小区域、城乡、校际办学水平差距。不设重点学校重点班，破解择校难题，标本兼治减轻学生课业负担。

推进考试招生制度改革。确保义务教育免试就近入学，免借读费接收在汉农民工子女进入公办小学、初中学习。推行初高中学业水平考试和综合素质评价。加快推进市属职业院校分类招考或注册入学。

创新各类教育资源互通共享的新机制。推进普通高中与职业教育的衔接和融通，推进中等和高等职业教育衔接贯通，促进学历教育与职业培训有机结合。探索建立高中和大学的有效合作机制，鼓励大学向高中开放课程、实验室等教学资源。促进各级各类教育衔接沟通，建立不同类型学习成果的互认衔接制度，探索普通高校、高职院校、成人高校之间学分转换，完善开放式终身教育体系。

创新驻汉高校服务武汉经济社会发展协作机制。以“大学之城”建设为抓手，加强高等教育空间布局调整优化，形成特色鲜明的功能集聚区和中央智力区。创新高校人才培养机制，紧密结合产业需求设置和调整学科专业，发展现代职业教育和高等教

育，引导高等院校围绕城市经济社会发展中的重大问题开展科研攻关。深化产教融合、校企合作，鼓励高等院校和科研院所向社会开放实验室、科研设备和公共文化体育设施，促进城校合作制度化。

30.深化促进就业创业机制改革

建立经济发展和扩大就业的联动机制，建立重大政策、重大项目就业影响评估机制，健全政府促进就业责任制度。创新就业援助模式，大力开发公益性岗位，对就业困难人员实行优先扶持和重点帮助。加强失业预警和劳动关系动态监控，完善就业失业统计制度和预警机制。促进就业公平，消除城乡、行业、身份、性别等一切影响平等就业的制度障碍和就业歧视。创新促进创业特别是大学生创业的制度支持和政策激励，形成政府激励创业、社会支持创业、劳动者勇于创业新机制。完善城乡均等的公共就业创业服务体系，加快职业培训体系和培训能力建设，构建劳动者终身职业培训体系，全面提升劳动者技能。

完善劳动关系三方协商机制和劳动争议调解工作机制，推行集体协商和集体合同制度，畅通职工表达合理诉求渠道，构建和谐劳动关系。依法推动企业普遍建立工会组织，探索基层工会“公推直选”制度和建立专业工会干部队伍。

31.深化收入分配制度改革

实施居民收入倍增计划，健全劳动、资本、知识、技术、管理等要素市场决定的报酬机制。发挥政府、工会和企业作用，全面推进企业工资集体协商，积极稳妥扩大工资集体协商覆盖范围。深入推进收入分配制度改革，建立健全工资正常增长和支付保障机制，探索建立居民收入增长和经济发展同步、劳动报酬增长和劳动生产率提高同步、最低工资标准与职工年平均工资增长同步的长效机制。完善欠薪保障制度，建立健全劳动密集型企业工资支付保证金制度和监控预警制度。改革机关事业单位工资和津贴补贴制度，全面完成绩效工资改革。

规范收入分配秩序，完善以税收、社会保障、转移支付为主要手段的再分配调节机制，强化税收调节力度。建立个人收入和财产信息系统，保护合法收入，调节过高收入，清理规范隐性收入，取缔非法收入。深化市属国有企业工资总额管理改革，加大对市属国有企业负责人薪酬管理和调控力度，切实扭转行业收入差距过大的趋势。

建立公共资源出让收益纳入财政综合预算和合理共享机制。逐步建立健全市属国有企业收益和城市国有土地、其他城市公共资源出让收益的一定比例，用于支持城乡公共文化设施、农村农田水利基础设施建设、社会保障等的制度，形成发展改革成果共建共享的长效机制。

32.深化社会保障制度改革

建立更加公平可持续的社会保障制度。积极稳妥推进行政事业单位退休金制度与城镇职工养老保险制度并轨，形成统一的城镇职工社会保险制度。整合城乡居民基本养老保险制度，整合城镇居民基本医疗保险制度和新型农村合作医疗制度，形成城乡统一的居民社会保险制度。逐步完善居民与职工养老、医疗保险衔接政策。积极发展商业健康保险、医疗互助和慈善医疗救助为补充的多层次医疗保障体系。加强社会保障信息网络建设，实现社会保障卡覆盖所有保障人群，拓展社会保障卡服务功能，实现一卡多用和便捷支付。完善企业退休人员基本养老金、城乡最低生活保障等社会保障待遇标准正常增长机制。建立城乡低收入家庭收入与财产跨部门核对机制和社会救助制度，完善低保对象退出机制。

健全符合市情、以公共租赁住房为重点、以其他保障形式为补充的住房保障和供应体系，完善保障性住房配租、配售监管和上市交易的政策体系。进一步规范住房公积金制度，改进住房公积金提取、使用、监管机制。

积极应对人口老龄化，健全以居家为基础、社区为依托、机构为支撑的社会养老服务体系，发展老年服务产业，积极推行面向困难群众的政府购买社会养老服务办法，探索建立老年护理保障制度。健全农村留守儿童、妇女、老年人关爱服务体系，健全残疾人权益保障、困境儿童分类保障制度。

33.深化医药卫生体制改革

统筹推进医疗保障、医疗服务、公共卫生综合改革。强化医疗卫生事业公益性，优化医疗资源布局，促进优质医疗资源纵向流动，探索城乡医疗机构对口支援的长效机制，推进医疗资源整合，逐步缩小城乡居民基本公共卫生服务差距，率先建立覆盖城乡居民的基本医疗卫生制度。深化基层医疗卫生服务综合改革，转变基层医疗卫生服务机构运行机制和服务模式，引入竞争机制，采用政府购买服务，对人员实行分类管理等办法，提高诊疗效率和服务水平。加快健全重特大疾病医疗保险和救助制度。

创新公立医院管理体制，推进政事分开、管办分开，建立协调统一高效的公立医院管理制度和补偿机制、运行机制。推进医疗服务价格调整和医药分开制度改革，建立公立医院全成本核算制度，完善公立医院激励性补偿机制。探索建立公立医院法人治理结构，形成多方参与的监管机制。促进医疗机构联网运营和集团化管理。

鼓励和引导社会资本举办医疗卫生机构，优先支持社会资本举办非营利性医疗机构和投向新城区、农村等医疗资源稀缺区域。鼓励社会资本参与公立医疗卫生机构重组改制，形成投资主体多元化、投资方式多样化的办医格局。允许和推动医师多点执业。建立政府向民营医院购买公共卫生服务的新机制，促进各类医疗机构平等竞争发展。

启动实施一方是独生子女的夫妇可生育两个孩子的政策。加强人口动态监测和趋势分析，适时申请开展调整完善生育政策试点。建立健全“失独”等计划生育特殊困难家庭的扶助政策和关爱关怀措施。

34.推进社会治理体制改革

创新社会治理方式。加强党委领导和政府主导作用，鼓励和支持社会参与，实现系统治理、政社互动、和谐有序，加快构建源头治理、动态协调和应急管理相互联系、相互支持的社会治理机制。以网格化管理、社会化服务为方向，推进数字化、网格化等新型管理方式覆盖中心城区和新城区，应用领域扩展到生产、消防、食品卫生、房屋管理、社会管理等领域，促进跨区域、跨部门信息共享与协作。推进城市运行监测平台和网格化管理平台相结合，完善城市综合运行监测管理，加强社会综合治理。

创新社会组织管理制度。进一步降低社会组织成立门槛，简化社会组织登记手续，探索建立行业协会商会类、科技类、公益慈善类社会组织直接登记制度，逐步扩大社会组织直接登记范围，推行城乡社区服务类社会组织备案制度。完善鼓励社会组织参与社会建设的政策，健全公共财政对社会组织的资助和奖励机制，制定和逐步扩大政府购买社会服务目录，加大政府购买公共服务的力度，建立“政府转移、社会承接”的常态化工作机制。建立市民依托社会组织有序参与社会公共服务的新机制。建立科学有效的社会组织评估体系和动态管理制度，推动社会组织完善内部治理结构，充分发挥作用，迸发组织活力。

创新有效预防和化解社会矛盾体制。以维护社会稳定、保障民众权益、社会平稳运行为目标，构建政府主导、社会参与、宏观与微观管理相结合的社会运行调控机制。全面推行重大公共决策的社会公示制度、公众听证制度和专家咨询论证制度，健全重大项目建设和重大政策制定的社会稳定风险评估机制，健全社会管理绩效考核机制。改革信访工作制度，建立网上受理信访制度和涉法涉诉信访依法终结制度，健全首访责任制，探索信访代理制度，促进行政复议与信访的有机衔接，完善人民调解、行政调解、司法调解联动工作体系，建立健全矛盾纠纷防范和化解综合机制。

健全公共安全风险监管、防控与化解体制。强化食品药品质量监督，逐步推广农产品质量安全产地准出、市场准入和信息可追溯制度和质量标识制度，切实保障食品药品安全。深化安全生产管理体制改革，建立隐患排查治理体系和安全预防控制体系，健全责任追究制度，遏制重特大安全事故。进一步健全应急管理体系，健全对事故灾难、公共卫生事件、食品药品安全、社会安全事件的预防预警和应急处置体系。加强社会治安综合治理，创新立体化社会治安防控体系，依法严密防范和惩治各类违法犯罪活动。加强对网络虚拟社会的监测和管理，建立统一权威的互联网管理机构，加快完善互联网管理领导体制，优化网络舆情生态环境，维护网络安全和城市形象。

八、推动文化体制机制创新，激发文化创造活力

坚持以人民为中心的工作导向，文化事业与文化产业并重，提供宽松的环境，尊重规律，把文化虚功做实，把武汉建成有世界影响力的文化中心。

35.完善文化管理体制。深化文化行政体制改革。按照政企分开、政事分开、政资分开的原则，推动政府部门由办文化向管文化转变，由管微观向管宏观转变，进一步理顺党政部门与其所属的文化企事业单位、文化中介组织的关系，做到简政放权和加强监管相协调。完善国有文化资产监管体制改革，以落实重大事项的决策权、资产配置的控制权、宣传文化内容的终审权、主要领导干部的任免权为主要内容，实行管人管事管资产管导向相统一。健全党委和政府监管国有文化资产的管理机构，探索建立主管主办制度与出资人制度有机衔接的体制机制。

健全坚持正确舆论导向的体制机制。推进网络文化建设，依法健全网络内容管理，形成正面引导和依法管理相结合的网络舆论工作格局。积极谋划新媒体发展战略，加快推动以报网融合为代表的传统媒体与新兴媒体融合发展，打造多渠道、广覆盖、高效率的文化传播平台。完善新闻发言人制度，推进新闻发言人队伍建设。严格新闻工作者职业资格制度，完善网络新闻工作者的资格评定和聘用机制。

36.建立健全现代文化市场体系。发挥市场在文化资源配置中的主导作用。完善文化市场准入和退出机制，降低文化市场准入门槛，保障各类市场主体享受同等待遇，促进文化产品、服务、要素在更大范围内合理流动，充分激发和释放文化市场活力，营造有利于各类市场主体发展壮大的市场环境。

深化国有经营性文化单位改革。继续推进已转制的国有经营性文化单位加快公司制、股份制改造，实现投资主体多元化，形成符合现代企业制度要求、体现现代文化企业特点的资产组织形式和经营管理模式。进一步减少行政影响，实现以资本为纽带，跨地区、跨行业、跨所有制、跨媒体兼并重组，提高文化产业规模化、集约化、专业化水平。积极探索在文化领域发展混合所有制经济。

鼓励非公有制文化企业发展。支持和引导有条件的非公有制文化企业以多种形式投资文化产业，参与国有经营性文化单位转企改制和兼并重组，参与文化产业项目实施和文化产业园区建设，参与文化与科技融合、文化与金融融合等新兴文化业态发展。支持各种形式小微文化企业发展。

打造国家文化资源配置中心。积极培育多层次的文化产品和要素市场，尤其加快培育文化产权、版权、信息等要素市场。搭建文化产业投融资平台，推动金融资本、社会资本、科技资源、文化资源相结合。完善文化产品评价体系和激励机制，建立公开、公平、公正的评奖机制。大力发展文化行业协会和中介组织。完善和落实文化经济政策，加大财政、税收、金融、用地等方面对文化产业的扶持力度。

37. 构建现代公共文化服务体系。建立公共文化服务体系建设协调机制。整合各种文化资源，提高文化服务效能。科学规划服务设施网络布局，推进文化资源向农村倾斜，完善城镇对农村的文化援助机制，推动基本公共文化服务标准化、均等化。建立群众评价和反馈机制，推行“点单式”服务，推动文化惠民项目与群众文化需求有效对接。加大政府购买文化服务力度，扩大社会场馆的免费服务，建立健全公共文化设施长期免费开放的保障机制。整合基层宣传文化、党员教育、科学普及、体育健身等设施，建设社区综合性公共文化服务中心，形成文化服务均等享受、文化发展同步推进的城乡一体公共文化发展格局。

深化文化事业单位分类改革。明确不同文化事业单位的功能定位，加快推进文化单位事企分开。图书馆、文化馆、博物馆等公益性单位，推动组建理事会。继续深化内部劳动人事、收入分配、社会保障三项制度改革，建立法人治理结构，完善绩效考核和决策监督机制，突出公益属性，强化服务功能。

推动公共文化服务社会化发展。引入竞争机制，运用更多市场手段，鼓励社会资本、社会力量通过兴办实体、资助项目、赞助活动、提供设施等形式参与公共文化服务体系建设。充分发挥社会组织和民间力量的作用，鼓励文化非盈利组织发展，促进形成公共文化服务多元共治的局面。

38. 提高文化对内对外开放水平。既要加强武汉文化的国际传播能力和对外话语体系建设，也要加强武汉文化国内传播能力和对内话语体系建设，进一步理顺内宣外宣体制。既要“引进来”，积极吸收借鉴国内外一切优秀文化成果和有利于发展文化事业和文化产业的经营管理理念和机制，大力引进有利于我市文化发展的人才、技术、经营管理经验；也要“走出去”，继续鼓励支持各类学术团体、社会组织、艺术机构参加对外文化交流，培育外向型文化企业，支持一批竞争力强的文化企业到境外开拓市场，构建宽领域的对外文化交流机制。

39.完善“文化五城”建设机制。完善以公共图书服务网络为主体的图书服务网络体系，构建新华书店、民营书店、网络书店共同营造的图书市场体系，推动读书之城建设；支持社会力量投资兴办形式多样、特色鲜明的博物馆，建立各类博物馆展品信息共享的机制，推动博物馆之城建设；积极推进大型艺术节、音乐节、电影节落户武汉，建立让市民亲近艺术大师和艺术盛事、让城市公共空间成为艺术展示平台的机制，推动艺术之城建设；建立创意设计引领潮流、融入市民生活机制，推动设计创意之城建设；积极推动城校融合机制，探索大学与社会资源深度共享途径，推动大学之城建设。

九、加快生态文明体制改革，实现永续发展

以最严格的制度来保护生态环境，遵循生态文明发展理念，充分发挥武汉依山、傍水、抱湖的山水资源优势，建成生态宜居山水园林城市。

40.健全自然资源资产产权制度和用于管理制度。对全市水流、森林、山岭、草原、荒地、滩涂等自然生态空间进行统一确权登记，建立归属清晰、权责明确、监管有效的自然资源资产产权制度。划定绿地范围控制线。展开《武汉市都市发展区生态绿地系统专项规划2011-2020年》的编制工作。继续抓好重点领域节能减排，健全落后产能退出机制。扩大武汉循环经济产业基金。健全国家自然资源资产管理体制。

41.划定生态保护红线。建立国土空间开发保护制度，严格按照主体功能定位推动发展。在市内重点生态功能区、生态环境敏感区、脆弱区等区域划定生态红线，严格执行国家生态红线管制要求和环境经济政策。推进梁子湖、东湖、汉江下游、府河、倒水河、马影河、木兰山、大别山、磨山、九峰山、沉湖、涨渡湖湿地等重点生态功能区的保护和建设，构建生态安全屏障，提高生态产品供给能力，持续增加城市的生态总量。建立资源环境承载能力监测预警机制。建立体现生态文明要求的目标体系、考核办法、奖惩机制。强化节能减排行政问责制，完善节能减排统计、监测、考核和监察体系，将工业节能、建筑节能工作纳入绩效管理。探索编制自然资源负债表，实行领导干部离任时自然资源审计制度。

42.实行资源有偿使用制度和生态补偿制度。深化资源性产品价格和税费改革。建立反映市场供求和资源稀缺程度、体现生态价值和代际补偿的资源有偿使用制度和生态补偿制度。开展汉江中下游和梁子湖生态补偿试点。开展全国再生资源回收体系建设试点。推动流域上下游地区、不同主体功能区之间、重要生态功能保护区内外建立横向生态补偿机制，实现生态补偿的规范化、标准化、动态化。调整严重污染和地下水严重超采区耕地用途，有序实现耕地、河湖休养生息。建立有效调节工业用地和居住用地合理比价机制，提高工业用地价格。积极探索建立多样化的生态补偿方式，在东湖生态旅游风景区、江夏梁子湖风景区、黄陂北部生态林区等区域开展生态补偿试点工作。城市矿产交易的体制机制。制定企业生产废弃物资源化生产和应用的财税激励政策。推广清洁发展机制（CDM）、合同能源管理（EMC）等节能新机制。全面落实固定资产投资项目节能评估和审查制度。完善排污权交易制度。全面推行排污许可证制度，逐步扩大排污权交易规模。建立“企业主体、政府引导、多方参与”的多元化投入机制。

43.改革生态环境保护管理体制。完善污染源源头控制管理制度。加强环境污染的源头控制和管理，推进污染源集中控制管理制度。健全国有林区经营管理体制，完善集体林权制度改革。推进危险化学品等重点行业环境安全专项整治，建立全市涉危企业环境信息和排污数据库，加快推进环境污染责任险制度的实施。构建突发环境事件预警系统。建立落后产能退出机制，对高耗能行业制定强制性能耗限额标准。制定出台《武汉市城市垃圾分类收集运输处理实施方案》，编制《武汉市生活垃圾分类指导手册》。制定出台武汉市生态文明建设目标指标体系和考核办法，增加生态文明建设指标在各级党委政府目标绩效考核中的权重，把资源消耗、环境损害、生态效益纳入经济社会发展评价体系。将生态文明建设任务完成情况考核结果作为财政转移支付、生态补偿等资金安排的重要依据。建立生态环境损坏责任终身追究制度和环境污染事故追究制度，对造成生态环境损害的重大决策失误，实行问题追溯和责任追究。探索编制自然资源负债表，实行领导干部离任时自然资源审计制度。

全市广大干部群众要与党中央保持高度一致，紧密团结在市委市政府周围，解放思想、抢抓机遇，矢志不渝、齐心协力、全力以赴，推动改革进一步深化，率先走在全国前列，为实现大武汉的全面复兴而努力奋斗。

（武汉市社会科学院课题组）

2014 年武汉全面推进改革重点选项

一、经济体制改革重点

（一）国有资产管理和国有企业改革

1. 构建参与式国资改革平台。在政府部门的统一管理下，通过互联网，建立开放式的国企改革建言献策的平台，让群众成为改革的主体，开门搞改革，使各方利益进行充分的市场博弈，提高改革的透明度、公平性和可操作性。

2. 探索国有资产分类管理制度。着手通过大数据和云计算技术建立全市的资产纪录大数据库，将全市国有资产分成竞争类、功能类和公共服务类三大类，竞争类国资国企以经济效益为导向，在市场竞争中实现自身效益最大化；功能类国资国企以完成各类重大专项及贯彻重大战略方针为主，经济效益在考核中的重要性降低；公共服务类国资国企以服务百姓，确保城市平稳有序运行为目标，追求企业社会效益，以运营效率、服务质量、运营安全等为考核指标。

3. 探索建立不动产统一登记管理制度。担负对外提供“合法查询、证明”等有关的社会服务职能，明确为登记机构、薄册、依据和信息平台“四统一”。

4. 调整优化国有资产布局。探索黄金股制度。加快国有资本投向关系国家安全、国民经济命脉的重要行业和关键领域，重点提供公共服务、发展重要前瞻性战略性产业、保护生态环境、支持科技进步、保障国家安全。加快国有资产在竞争性行业中的退出。

5. 推进股份制改造。将股份制改造推进到区一级国有企业，解决历史遗留问题。全面开放股权，收缩国有股权比重，优化我市国有出资企业产权结构，盘活国有资产。

6. 着手改革国有资本授权经营体制，支持有条件的国有企业改组为国有资本投资公司，促进产业资本和金融资本的融合，培育产融结合财团。通过划拨现有国有企业股权，建立一批国有资本投资运营基金，分别制定各类基金的出资方式、经营目标和考核机制。

7. 加强和完善董事会制度。构建“利益制衡不越位、协调运转不掣肘”的董事会决策机制，依法规范行使出资人权利，确保国有资产保值增值。

8. 建立职业经理人市场化选聘制度。建立职业经理人市场化选聘的体制机制，将国企高管薪酬与其选聘方式挂钩，即政府任命的由政府确定价格，市场选拔的由市场定价。

（二）支持非公有制经济健康发展

9. 建立统一的非公有制企业征信系统，推进相关部门信息互换、监管互认、执法互助。建立民营企业市场拓展及对外交流与合作定期援助制度。完善民营经济信息、法律、技术、信贷等服务平台。鼓励有条件的私营企业建立现代企业制度。

（三）建立公平开放透明的市场规则

10. 推进商事登记制度改革。改革以《营业执照》制度为中心的商事登记制度，建立商事主体资格与经营资格相分离的登记制度，逐步实现自然人经营豁免登记；改革现行注册资本实缴制度，逐渐实现注册资本认缴制；改革现行企业退出市场机制，建立商事主体除名制度；改革传统的登记方式，逐步推行网上登记。

11. 推进贸易流通领域的管理架构整合，构建统一健全的贸易流通大数据平台。完善有效的组织推进机制，出台联席会议工作细则，完善固定工作机制，形成组织合力。

12. 探索建立大部门市场监管体制。建立市场监管联席会制度，实现部门监管职能整合。

13. 建立企业信用通行制度。制定相关政策措施，明确企业在参与政府或行业主管部门的各项评定、高新企业认定、企业上市、资质申请、重大项目招投标以及银行大额贷款等事项时，应当出具企业信用信息档案记录。

（四）完善金融市场体系

14. 全面推进农村金融综合改革，建立现代农村金融制度。推进农村银行业金融机构准入政策试点，鼓励发展新型农村金融组织和地区性中小银行，加快组建农村小额贷款公司和村镇银行。健全农村贷款担保体系，扩大农村有效担保物范围。加快发展政策性农业保险，鼓励发展农村互助保险和商业保险等，开展农村信贷与农业保险相结合的银保互动机制试点。

15. 深化科技金融改革创新试点。积极推进东湖高新区非上市股份公司进入证券公司代办股份转让系统的试点。以东湖高新区为基础建设资本特区，打造金融租赁密集区。学习借鉴浦发硅谷银行、杭州科技银行的模式，依托东湖高新区，筹划设立具有独立法人资格的光谷科技银行。推进企业信用制度建设，建立小微企业信用信息的采集、评定、发布系统，对小微企业分批进行信用评级，强化区域小微企业信用担保体系，促进债务资金融通。深化科技金融创新，进一步支持金融超市、企业信用促进会等科技金融服务平台建设，支持金融机构在高新区开展股权质押、知识产权质押、信用融资、融资租赁、小微企业集合贷款等创新型融资业务，缓解企业融资难题。

（五）深化科技体制改革

16. 健全技术转化机制。建立“科技型中小企业库”和“科技成果转化项目库”。通过科学地评估工作，对众多的科技型中小企业及项目进行评估筛选。制定科学的评估指标体系，组织科技专家组进行评估工作，筛选出技术先进市场前景广阔和管理运行规范的科技型中小企业，以及行业、部门、地方科技计划（专项、项目）产生的科技成果，将优秀的科技型中小企业和科技项目推荐给金融机构和风险投资公司。深化科研院所产权制度改革，加快推进应用型技术研发机构的市场化、企业化。鼓励民营企业参与科研院所股份制改造。支持院所工程技术研究中心等与社会资金相结合，成为市场化机制运作的研发平台。支持有一定科研实力、经营业绩一般的科研院所提升研发条件和能力，成为大型企业的研发平台。

17. 完善科技基础制度建设，以企业需求为导向，加强创新资源共享平台建设。聚焦产业共性技术以及产业链缺失环节、关键技术的技术需求，建设创新平台，支持有条件的机构、企业和园区建设国家重点实验室、工程中心、工程实验室、企业技术中心等创新平台。完善科研基础设施开放共享机制，建设集科技文献、仪器设备、信息数据等为一体的科技资源共享平台。

（六）深化财税体制改革

18. 建立转移支付与低碳绿色发展相结合的激励机制。将转移支付与辖区节能减排、低碳经济、生态环境等指标挂钩。

19. 明确税收优惠政策重点和支持方式。及时规范行政事业性收费项目，并严格收费项目审批管理权限。加大清理规范税收优惠政策的力度，适度缩减税收优惠对象及规模，明确税收优惠的政策重点和支持方式，加快推动税收优惠政策手段转向以间接优惠为主，加强税收优惠政策的法律法规规定。

（七）健全城乡发展一体化体制机制

20. 逐步建立农村集体经营性建设用地入市制度，积极推进农村集体建设用地确权登记、有偿使用、出让、租赁、入股。武汉农村综合产权交易市场进一步改革，增加交易品种，建立覆盖全市的服务体系，健全农村产权交易制度。建立农村产权权证登记、撤销、换发、增补的常态机制，实现农村产权动态管理。建立国有土地资产经营制度。由国有土地资产公司从土地市场受让集体建设用地，农民房屋按市价补偿，以市场化的土地流转制度逐步替代传统的征地拆迁制度。强化土地二级市场立法，加强对土地二级市场交易的财务金融监管。

21. 创新农业经营模式，大力发展土地股份合作社、社区股份合作社、农业合作社股份公司，推进农村资源资本化。农村综合产权交易所进一步改革，允许集体土地抵押、担保、入股、招商，积极推进农民土地承包经营权抵押、担保。大力推进农村非正规金融制度改革，农民资金互助合作社由农业部门审批、监管和服务。加强对村集体股份制公司的监管，实行严格的财务制度，经营状况向股东、向社会公开。实行严格的宅基地有偿使用制度。慎重稳妥推进农民宅基地使用权和住房产权流转、抵押、担保。探索农业生产设施所有权、宅基地使用权、房屋所有权和农业知识产权的抵押融资业务。

22. 继续推行农村居民集中居住制度，建设与城镇同水平的基础设施。加强城乡教师交流，实施农村中小学教师、校长定期培训制度。提高城镇土地利用率，对低效利用的“三旧”土地进行“二次开发”。继续推进村庄环境卫生治理，大力建设下水管网和污水垃圾处理系统。严格控制农村焚烧秸秆和垃圾。

23. 推动网格化管理拓展到新城区小城镇，加强区域合作。科学设计债务期限结构和偿债机制。武汉率先破除行政壁垒，引领整个城市圈一体化发展，逐步融入长江中游城市群。

24. 加快户籍制度改革，完善城乡社会保障体系。在全国率先试点农民工家庭整体转移机制。完善健全农村社会救助体系建设，推动社会救助从生存型向发展型转变。完善城乡居民大病医疗保险制度，深化总额预付等医保付费制度改革。

（八）构建开放型经济新体制

27. 通过谋划武汉中部“内陆自贸区”，建立“大通关”制度体系。放宽投资准入，推动统一内外资法律法规，探索建立内外投资准入的“负面清单”制度。建立“临空经济区”统一开放开发的体制机制。探索建立企业和个人对外投资备案制。

二、政治体制改革重点

28. 加强对全面深化改革的领导。市委成立武汉市全面深化改革领导小组，负责改革总体设计、统筹协调、整体推进、督促落实，通过建立定期研究、咨询和协调机制，及时研究解决改革发展中的新情况、新问题，确保深化改革的推进工作稳步有序。

29. 创新政府管理和服务工作。在原有基础上继续做好行政审批事项清理工作，市级政府减少审批事项，再向区下放一批审批权限和服务管理资源；建立审批标准化管理制度，优化行政审批流程，推行审批环节规范化、制度化，增加网上办理审批的事项，减少审批时间和审批费用，部分实行零收费；优化行政电子监察，扩大电子政务网络的覆盖范围。

30. 开展向社会购买服务的试点工作。实行公开、透明、竞争性的机制，政府部门向社会组织购买一批适合采取市场化方式提供、社会组织能够承担的公共服务和社会管理事项。购买内容在以下领域选择：教育、卫生、文化等领域的部分基本公共服务事项；社区事务、养老助残、社会救助等社会事务服务事项；行业资格认定和准入审核、处理行业投诉等行业管理与协调事项；科研、行业规划、行业调查等技术服务事项；法律服务、课题研究等辅助性和技术性事务。

31. 开展事业单位法人治理结构试点工作。拓展和完善社会公众参与事业单位管理、运作和监督的渠道，选择一批符合条件的事业单位，设立以本单位以外人员为多数的理事会(或董事会、管委会)，由政府有关部门、举办单位、事业单位、服务对象和其他有关方面的代表组成，作为其决策和监督机构。事业单位党组织负责人、行政负责人以及其他负责人可以确定为当然理事。规模特别大的事业单位，根据需要可以单独设立监事会。

32. 开展权力清单制度试点工作。选择部分市级政府职能部门和城区，明晰试点部门、城区及其每个职位的权责，给权力划定边界。对审核确认的权力,编制权力清单，对每一项权力，依据运行程序制作流程图，连同所有相关合法性制度一起上网公布。对除涉及国家机密和法律规定必须保密的之外，将权力清理之后，都必须公开。

33. 积极稳妥地推行新提任领导干部有关事项公开制度试点工作。以实施领导干部有关事项公开制度为突破口，健全完善打造廉洁武汉的惩治和预防腐败体系。选择部分市级政府职能部门和城区，对新提任的一定级别的领导干部，实行个人薪酬、房产、用车、配偶及子女出国等情况向社会公开，接受社会监督。

三、社会体制改革重点

34. 创新社会组织管理制度。降低社会组织成立门槛，重点培育和优先发展行业协会商会类、科技类、公益慈善类、城乡社区服务类社会组织，成立时依法直接申请登记。创建社会组织孵化器，加大对公益服务类等社会组织的政策激励力度。建立政社分开、权责明确、依法自治的现代社会组织体制，完善社会组织法人治理结构，限期实现行业协会商会与党政群机关真正脱钩。制定政府购买社会服务目录，并根据情况适当扩大，建立“政府转移、社会承接”的常态化工作机制。建立健全社会组织活动状态、功能发挥、绩效完成等情况的第三方评估机制，探索建立社会组织的淘汰机制，提高社会组织的质量和服务效能。选择家庭及儿童、老年、青少年、残疾人服务、社区发展、社区矫正、劳动关系协调、就业培训等社会服务项目进行政府购买服务试点，采取委托管理、项目补贴、购买服务等方式，推动具体事务性工作转由符合资格条件的社会组织承接。

35. 改革信访工作制度。探索建立网上受理信访制度和涉法涉诉信访依法终结制度，健全首访责任制，促进行政复议与信访的有机衔接，最大限度地预防和化解矛盾纠纷。

36. 整合城乡居民基本养老保险制度、基本医疗保险制度。逐步实行城乡居民养老、新型农村合作医疗保险市级统筹，实现一制多档、可选择、可转移；统一缴费标准、待遇水平和基金管理，提高中心城区和新城区社保基金综合使用效率。

37. 启动实施一方是独生子女的夫妇可生育两个孩子的政策。根据中央和省里精神，制定相关政策及其实施细则，加强政策执行过程中相关动态跟踪和趋势分析，确保人口与计划生育政策法规得以全面正确地执行。

四、文化体制改革重点

38. 健全互联网管理体制。整合互联网管理力量，建立市互联网管理领导小组及其办公室，协调管理活动，确保网络和信息安全，加强网络舆情的引导、监测、预警、研判、处置，提升城市形象。领导小组成员包括市委办公厅、市政府办公厅、公安、外宣、通信管理等部门，组长可由相关市领导担任，办公室可设在市外宣办（网管办），由外宣办主任兼任办公室主任。

39. 确立武汉市国有文化资产“监管——运营——经营”三层架构。在监管层面，健全武汉市国有文化资产监督管理机构，进一步明确职能，完善规章制度，切实履行国有文化资产出资人代表职责。在资本运营层面，按照国有文艺院团、非时政类报刊单位、广电网络等的划分，分类组建若干国有资本运营公司。在经营层面，推进已改制的文化产业集团加快股份制改造，积极开展与武汉城市圈内文化企业，以资本为纽带，实现跨行业、跨所有制、跨媒体兼并重组；探索开展国有文化企业股权激励，对按规定转制的重要国有传媒企业，开展探索实行特殊管理股制度的试点。

40. 构建文化投融资体系。组建武汉市文化发展投资公司，鼓励有实力的企业、团体、个人依法组建各类文化产业投资公司和文化产业投资基金，鼓励风险投资基金、私募股权基金等进入新兴文化业态，鼓励成立文化产业小额贷款公司，探索成立武汉市文化产业融资担保公司，打造多元化的文化投融资平台。

41. 推进武汉文化产权交易所建设。积极发展文化资产和艺术品交易，建立健全文化无形资产评估，大力发展文化中介机构。

42. 出台加快文化产业发展的鼓励性政策。尽早出台《〈武汉市关于加快文化产业发展的若干政策〉实施细则》。鼓励发展文化新兴业态，扶持成长性好的中小微文化企业。加大政府购买文化产品和服务力度。

五、生态文明体制改革重点

43. 健全自然资源资产管理体制和用途管制制度。对全市水流、森林、山岭、草原、荒地、滩涂等自然生态空间进行统一确权登记，建立归属清晰、权责明确、监管有效的自然资源资产产权制度。建立定位清晰、功能互补、统一衔接的空间规划体系，明确生产、生活、生态空间的边界。建立覆盖全部国土空间的用途管制制度，对各类自然生态空间实行统一的用途管制，对“山水林田湖”进行统一的系统性修复。健全土地节约集约使用制度，探索集体建设用地合理流转的新机制，健全农村土地承包经营权流转市场，逐步推进农村土地承包经营权流转市场一体化。健全能源节约使用制度，实施最严格水资源管理制度。实施主体功能区战略，全面划定市域生态红线。建立国土空间开发保护制度，严格按照主体功能定位推动发展。在市内重点生态功能区、生态环境敏感区、脆弱区等区域划定生态红线，严格执行国家生态红线管制要求和环境经济政策。推进梁子湖、东湖、汉江下游、府河、倒水河、马影河、木兰山、大别山、磨山、九峰山、沉湖、涨渡湖湿地等重点生态功能区的保护和建设，构建生态安全屏障。对划定的生态红线区域、限制开发区和生态脆弱的地区取消生产总值考核。健全大气、水、土壤和生物资源的环境监测网络。建立资源环境承载能力监测预警机制，对水土资源、环境容量超载区实行限制性措施。

44. 加快资源环境及产品价格改革。科学合理地评估资源和生态环境价值，建立健全资源环境价格体系。完善“谁使用谁付费、谁破坏谁付费、谁受益谁补偿、谁受损补偿谁、谁保护谁受益”机制。健全绿色电力调度制度。建立健全覆盖资源环境各类要素的产权交易市场，全面推行主要污染物排放权初始有偿分配、竞价交易和市场流通机制，发展排污权交易市场，深化排污权交易试点工作。排污权有偿使用资金专项用于环境的污染防治。积极探索和培育碳排放权、水权和节能量交易市场。推动流域上下游地区、不同主体功能区之间、重要生态功能保护区内外建立横向生态补偿机制，实现生态补偿的规范化、标准化、动态化。调整严重污染和地下水严重超采区耕地用途，有序实现耕地、河湖休养生息。充分发挥市场机制的作用，鼓励和引导社会和民间资本、外来资本和金融信贷参与生态文明建设。开展排污权抵押融资、减排项目贷款融资业务试点工作。全面开放环境基础设施建设经营市场，推进环境污染第三方治理，培育专业化、社会化运营服务市场。

45. 改革生态环境保护管理体制。建立统一监管所有污染物排放和生态环境破坏的环境保护管理制度。建立和完善生态系统保护修复和污染防治区域联动机制，建立跨区域、流域的大气、水等污染防治联动与协调机制。完善环境执法与刑事司法衔接机制。严格污染物排放许可和总量控制制度。完善环境信息发布和重大项目公示、听证制度，健全公众参与机制。建立环境公益诉讼制度，完善环境污染损害和生态破坏赔偿制度。健全国有林权经营管理体制，完善集体林权制度改革。

46. 建立生态文明技术创新机制。完善资源节约和环境保护新技术、新工艺、新产品的应用推广机制，全面推进清洁生产，加强资源分类管理及废弃物的综合利用，发展水泥窑协调处理生活垃圾，支持循环、绿色、低碳产业发展，扶持节能环保产业发展成重要支柱产业。建立农产品优质优价导向机制，推进优势农产品生态化。深化生态化技术评价和奖励制度改革，将资源生态效益纳入技术创新目标体系。完善绿色建筑、绿色旅游、绿色消费政策，推广节能环保产品。

47. 完善生态文明建设考评机制。制定出台武汉市生态文明建设目标指标体系和考核办法，增加生态文明建设指标在各级党委政府目标绩效考核中的权重，把资源消耗、环境损害、生态效益纳入经济社会发展评价体系。将生态文明建设任务完成情况考核结果作为财政转移支付、生态补偿等资金安排的重要依据。建立生态环境损坏责任终身追究制度和环境污染事故追究制度，对造成生态环境损害的重大决策失误，实行问题追溯和责任追究。探索编制自然资源负债表，实行领导干部离任时自然资源审计制度。

（武汉市社会科学院课题组）

武汉与长沙文化产业比较研究

长沙是中部地区文化产业发展最快的城市。文化产业已经成为长沙最具活力、最具潜力的支柱产业之一，其经济规模和贡献率在全国省会城市中仅次于杭州、广州，居第三位。武汉文化产业发展起步较早、增长较快，在中部省会城市中具有显著优势，但仍屈居长沙之后，与武汉成为长江中游城市群核心城市（或首位城市）的要求不对称。对比研究两市在文化产业发展过程中的共性和差异，学习长沙做法和经验，对于推动武汉文化产业大发展具有重要的借鉴意义，可为武汉文化产业决策提供有益支撑。

本课题研究运用多年积累，查阅文献资料，以对两市部分文化产业园区现场调查为基础，从武汉长沙两市文化产业业已披露的基本数据和内在结构对比入手，辨明实力差距，兼以主观评价，研究分析差距产生的主要原因，尤其是从国家政策层面论及影响长沙文化发展趋势的相关因素，结合武汉经济社会发展的阶段性特征提出对策建议，为推动武汉文化产业大发展进行有益探索。

数据见证发展，数据支撑决策。中国文化产业历经 10 年发展，其统计工作几经迭变，运用之中多有泛化，国家特别是各省市统计制度尚处于完善过程。文化产业统计重要的基础性数据大多依靠每 5 年一次的经济普查工作；而在常规年度，较多依靠相关部门、行政机构的有关资料和各级统计部门的一些相关数据推算。同时存在“文化产业”和“文化创意产业”的交叉统计，口径大小不一[①]。以上情形，势必影响各省市公布数据的可靠性、彼此数据的可比性。但尽管如此，统计数据仍然能够在一定程度上反映文化产业的基本状况和成长趋势，从而对本项课题研究形成基本支持。

一、武汉与长沙文化产业发展的基本状况比较

（一）主要指标比较

2011 年起，我国文化产业统计开始进入新老统计口径的交替期。本课题研究涉及的长沙，2012 年文化产业公布数据仍为老口径；武汉文化产业 2011 年采取新老两种口径、2012 采取新口径统计公布。为体现数据的可比性，我们取样 2009 年—2011 年，首先仍以老口径对两市文化产业进行比较研究。

1. 总量规模比较：武汉小于长沙。2009 年—2011 年，武汉文化产业增加值分别为 259.92、303.36、378.18 亿元，占 GDP 比重为 5.5%、5.7%、5.6%；同期长沙文化

产业增加值分别为 371.8、453.84、488.92 亿元，占 GDP 比重为 9.9%、10%、8.7%。武汉长沙两市文化产业规模的共同特征体现为总量逐年增加，占地区生产总值的比重略有下降，基本为“倒 U 型”；差异之处为武汉明显落后于长沙。（见表 1、表 2）

2．增长速度比较：武汉低于长沙。2009 年—2011 年，武汉文化产业增速分别为 21.53%、19%、19.8%；同期长沙文化产业增速分别为 21.0%、21.2%、24.4%。武汉长沙两市文化产业增速总体超过全国 15%（以 2006 年—2010 年为例）的平均增速，基本保持在 20%左右；差异之处为武汉文化产业增速低于长沙，并且呈“下行式”趋缓，而长沙则一路保持上升趋势，两市之间的文化产业增速进一步拉开了差距。

3．就业人数比较：武汉少于长沙。2009 年—2011 年，武汉文化产业从业人数分别为 23.94、25、25.23 万人，占全部就业人数的比重稳定在 5%左右；同期长沙文化产业从业人数分别为 47、52.22、54.28 万人，占全部就业人数的比重保持在 10%以上。与此相关，2010 年，长沙从事文化产业及相关活动的单位共 56213 家，其中法人单位 5640 家，个体户 50573 户。而到 2011 年，武汉从事文化产业及相关活动的单位只有 11574 家，其中法人单位 2414 家，个体户 8754 户。武汉长沙两市文化产业就业人口的共同特征是就业人数逐年增加；差异之处为武汉各年度就业人口仅为长沙的一半，从事文化经营的法人单位和个体户武汉亦远远落后于长沙。

比较分析：武汉和长沙文化产业同为各自城市和助推区域经济发展的重要增长极，但武汉文化产业各主要指标均落后于长沙。资料显示，自从 2004 年建立文化产业统计制度以来，武汉文化产业增加值和 GDP 比重、增长速度以及就业规模均低于长沙。2011 年，长沙文化产业经营单位达到 61670 家，文化产业成为长沙继工程机械、汽车产业之后的第三个千亿元产业。2012 年，长沙文化产业增加值达到 556.5 亿元[②]。同年，武汉文化产业为 234 亿元，其现阶段规模及相关实力明显低于长沙，规模档次平台不够。

表 1：2009 年—2011 年长沙市文化产业发展一览表

年份	文化产业增加值（亿元）	增加值排名	占 GDP 比重	比重排名	同比增长
2011 年	488.92	7	8.7%	5	24.40%
2010 年	453.84	6	10%	3	21.20%
2009 年	371.8	7	9.9%	3	21.00%

资料来源：据长沙公开数据分析，并根据最新权威公布进行更新；同比增长按官方说法

排名范围：为我国直辖市、副省级城市、中部六省省会城市

表 2：2009 年—2011 年武汉市文化产业发展一览表

年份	文化产业增加值（亿元）	增加值排名	占 GDP 比重	比重排名	同比增长
2011 年	378.18	9	5.6%	13	19.80%
2010 年	303.36	8	5.5%	10	19.00%
2009 年	259.92	8	5.7%	8	21.53%

资料来源：《2013 年武汉文化发展蓝皮书》，武汉出版社 2013 年 1 月

排名范围：为我国直辖市、副省级城市、中部六省省会城市

（二）产业结构比较

长沙文化产业中新兴文化创意产业比重提升，逐步形成传统文化创意产业与新兴文化创意产业竞相发展的格局。2010 年全市以新闻出版、广播影视、文化艺术为主体的传统意义上的文化创意产业“核心层”创造的增加值 90.79 亿元，占全市文化创意产业增加值的比重为 20.0%；以网络、旅游、休闲娱乐、经纪代理、广告会展等新兴文化服务业为主体的文化创意产业“外围层”创造的增加值 188.93 亿元，占 41.6%；以文化用品、设备及相关文化产品生产和销售为主体的文化创意产业“相关层”创造的增加值 174.12 亿元，占 38.4%。文化创意产业的核心层、外围层和相关层增加值比重结构由 2006 年的 35.6：39.1：25.3 调整为 20.0：41.6：38.4[③]。

分析比较：以“出版湘军”、“影视湘军”“演艺湘军”为代表的核心文化创意产业是长沙文化创意产业发展的特色和优势，在全国具有较大的影响力和竞争力，对长沙新兴和相关文化创意产业的发展起着重要带动作用。相比之下，武汉的差距显而易见。以影视为例，原有的道观河、九真山两个影视基地早已衰落，新建的新洲双柳影视基地尚未形成摄制能力，近年武汉题材影视剧虽有增加，但武汉多为取景地，本土投资较少。武汉相对注重产业门类的齐全、空间结构的合理。从整体上看，武汉文化产业中传统产业偏多创意含量偏少、文化核心品牌与产业增加值偏弱、龙头文化企业实力和规模有限、承载力和集中度较差，呈现粗放式发展态势。

（三）投资结构比较

长沙非公有制经济占比不断提高，文化及相关产业在不断适应市场经济发展的同时，逐步形成多种所有制经济共同发展的新格局。2010 年全市从事文化及相关产业

单位中，公有制经济单位（包括国有和集体）441 个，占单位总数的 0.8%，实现总收入 116.0 亿元，比上年增长 4.0%，占总收入的 12.2%；非公有制经济单位（包括三资企业、股份有限公司、私营独资、私营有限责任公司、其他有限责任公司等法人单位和个体户）55772 个，占单位总数的 99.2%，实现总收入 832.73 亿元，比上年增长 28.0%，占总收入的 87.8%，比上年提高 2.5 个百分点④。

武汉非公有制经济热情高涨，对促进武汉文化产业发展发挥了重要推动作用。根据 2008 年经济普查数据，武汉市文化产业法人单位 9417 个，其中私营公司和私营有限责任公司 5467 个，占 58.1%。全市文化产业实现营业收入 585.8 亿元，其中民营文化企业营业收入占四成以上，成为武汉市文化产业发展的重要增长极。

分析比较：长沙非公有制文化创意产业经济的快速发展，为推动长沙文化创意产业大发展大繁荣做出了积极贡献。武汉投入与市场发展相对不足，规模档次平台不够，非公有制文化单位占比不大，其文化个体户数量不及长沙的五分之一。非公有制文化经济单位的营业总收入占比两市基本相当，但在数量上存在较大差距。而进一步分析还可见：武汉文化产业园区房地产化趋势明显，文化产业品牌偏少，文化出口重点企业数量多年低于长沙，增长缓慢，差距拉大。

（四）发展目标比较

长沙方面，2012 年 1 月公布《长沙市文化创意产业发展规划（2012 年—2015 年）》提出，2012 年—2015 年，文化创意产业产值与增加值年均增长 18%左右，2015 年文化创意产业总产值超过 2000 亿元，增加值超过 1000 亿元，占全市地区生产总值的比重 10%以上。

武汉方面，2012 年 8 月公布《武汉市文化产业振兴计划（2012 年—2016 年）》提出，到 2016 年，武汉文化及其相关产业总收入突破 3000 亿元，增加值突破 1000 亿元，文化产业增加值占地区生产总值的 10%以上。

比较分析：静态来看，两市目前所定发展目标，如以 2011 年为基数，到 2015 年，长沙增加值大体为翻一番（基数：488.92 亿元，目标值 1000 亿元）；武汉为翻一番多（基数：378.18 亿元，目标值 1000 亿元），属“超倍增”，志在以更快速度追赶长沙等文化产业发展先进城市。但是，两市目标的性质似乎有所区别，长沙为“文化创意产业”，武汉为“文化产业”。总体看，两市发展目标基本符合各自城市建设文化大市文化强市的理念。但在“文化创意产业＞文化产业”的前提下，长沙基数高，实现目标的难度相对较小；武汉基数小，实现目标的难度相对增大。应予注意的是，长沙在正式公布《长沙市文化创意产业发展规划（2012 年—2015 年）》时，对此前“力争在““十二五”’末实现文化产业总产值 2300 亿元，增加值 1100 亿元”的内容，在概念和目标值上都作出了修订。

进一步分析，两市在文化产业的核心目标值，即文化产业增加值占 GDP 比重上基本一致，则更说明武汉目标的实现难度要大于长沙。而以“1000 亿元”增加值为目标，武汉文化产业增加值晚于长沙一年实现，进而，产值与增加值之比，武汉为“3∶1”，长沙为“2∶1”，则长沙效率和附加值要高于武汉。

二、长沙文化产业发展要素与趋势分析

（一）长沙文化产业发展要素分析

1．文化品牌优势突出

文化产业品牌屡现佳绩。长沙市是中国第一个民族卡通品牌的诞生地，长沙动漫已成为国产卡通品牌产业化推广和应用的领头雁，全市原创动漫连续多年居全国第一，宏梦、三辰卡通被国家文化部授予全国动漫产业示范基地；手机动漫异军突起，开发和运营商拓维集团 2010 年成功上市，被誉为“动漫第一股”；继《蓝猫淘气 3000 问》在全球 40 余个国家播出后，《山猫吉咪字母历险记》2009 年又在美国电视台播出；目前长沙动漫已形成集研发、制作、播出、发行、教育培训、衍生产品开发于一体的产业体系⑤。湖南卫视借鉴国外经验创设“超级女声”节目，创造了省级电视台收视率收入率的神话。长沙敢于提出打造休闲娱乐城口号，打响“休闲娱乐在长沙”的歌厅、酒吧、休闲等品牌。

2006 年—2013 年，《中国文化品牌报告》共发布 282 个文化品牌，其中“湘字号”文化品牌高达 38 个，约占 14%。这些品牌绝大多数集中在省会长沙市，如 2012 年评选的中南传媒、红网、快乐购、青苹果数据中心，2013 年评选的华声在线和天舟文化等⑥。而历届该项评选中，武汉地区仅《知音》（2006 年、2011 年）、长江日报报业集团（2009 年）、《楚天都市报》（2011 年）等不多品牌入选。

2．文化企业表现出色

自 2008 年以来，光明日报社和经济日报社连续五届发布“文化企业 30 强”名单，长沙地区累计已有 5 家文化企业入选，涵盖广播影视、新闻出版和文化新业态 3 个类别，湖南电广传媒、湖南（中南）出版传媒届届榜上有名。

据调查分析，连续评选五届以来，武汉地区仅湖北长江出版传媒集团有限公司 1 家出版企业入选。（见表 3）

表 3：湖北湖南两省中国“文化企业 30 强”名单

届次	湖南	湖北
第一届（2009）	湖南电广传媒股份有限公司 湖南出版投资控股集团有限公司	
第二届（2010）	湖南出版投资控股集团有限公司 湖南电广传媒股份有限公司	湖北长江出版传媒集团有限公司
第三届（2011）	湖南电广传媒股份有限公司 中南出版传媒集团股份有限公司 拓维信息系统股份有限公司	
第四届（2012）	湖南电广传媒股份有限公司 中南出版传媒集团股份有限公司	
第五届（2013）	湖南电广传媒股份有限公司 湖南出版投资控股集团有限公司	

资料来源：据中国文化产业网综合

3．文化园区数量居前

从 2004 年至今，文化部先后命名了五批 266 家国家文化产业示范基地、四批 8 家国家级文化产业示范园区和二批 8 家国家级文化产业试验园区。其中，国家级文化产业示范园区、国家级文化产业试验园区，湖南占有 2 席，均为长沙天心文化产业园区，湖北未能进入；国家文化产业示范基地，湖南共 11 家，其中长沙 7 家，湖北原有 8 家，撤销 2 家，实际 6 家，武汉占有 5 家。（见表 4、表 5）

表 4：国家级文化产业园区（基地）相关统计

名 称	全国（家）	武汉（家）	长沙（家）	备注
国家文化产业示范基地	266	5	7	示范基地共五批，共为 273 家，其中已撤销 7 家（湖北有 2 家撤销）
国家级文化产业示范园区	8		1	
国家级文化产业试验园区	8		1	
合 计	282	5	9	

资料来源：据中国文化产业网综合

表 5：湖北、湖南两省文化部命名国家级文化产业园区名单

名称		湖南	湖北
国家级文化产业示范园区		长沙天心文化产业园区	
国家级文化产业试验园区		长沙天心文化产业园区	
国家文化产业示范基地	第一批	湖南红太阳娱乐有限公司 岳阳汇泽文化发展有限公司	湖北省民间艺术团 （已撤销）
	第二批	三辰卡通集团	江通动画股份有限公司
	第三批	湖南宏梦卡通传播有限公司 张家界魅力湘西旅游开发有限责任公司	湖北三峡非博园发展有限公司 （已撤销）
	第四批	湖南大剧院 拓维信息系统股份有限公司	海豚传媒股份有限公司 武汉艾立卡电子有限公司
	第五批	湖南明和光电设备有限公司 湖南金霞湘绣有限公司	湖北宜昌金宝乐器制造有限公司 武汉亿童文教发展有限公司 湖北盛泰文化传媒有限公司

资料来源：据中国文化产业网综合

4．文化出口优势明显

每两年申报一次的国家文化出口重点企业和重点项目，由商务部、中宣部、财政部、文化部、新闻出版广电总局组织认定，经过认定的企业可获得多方面的政策支持。资料显示，自 2008 年评定国家文化出口重点企业以来，湖南省获评的 29 家国家文化出口重点企业多数在长沙，例如长沙县的宏梦卡通、龙腾工艺、金霞湘绣、明和光电等 4 家动漫游戏、工艺美术、广播影视等行业的企业被认定为“2011 年—2012 年度国家文化出口重点企业”。

迄今为止，湖北重点文化出口企业共 10 家，多在武汉之外。武汉仅有武汉艾立卡电子有限公司、江通动画股份有限公司入选国家《文化出口重点企业目录》，其中，武汉艾立卡电子有限公司专业生产销售电声乐器及周边产品，取得 28 项国家专利，被中国乐器协会评为“中国乐器行业强势公司”，99.8%产品出口，年出口创汇逾 2000 万美元。同时，武汉入选企业不仅少于长沙，而且整体业绩欠佳。例如，长沙湘绣生产企业增加到 100 多家，星沙湘绣城 2011 年总产值达 12.15 亿元，仅出口日本的刺绣服装达 12 万件，2012 年出口额达 1100 多万美元。同为国家“非遗”的汉绣，时至今日年产值仅 500 万元；2013 年成立首家汉绣公司，实现产值过亿的目标得待 5 年之后。（见表 6）

表 6：湖北湖南两省国家文化出口重点企业比较

省份	2007 年—2008 年度（家）	2009 年—2010 年度（家）	2011 年—2012 年度（家）
湖北	2	3	5
湖南	5	7	17

资料来源：据中国文化产业网综合

5．区级文化作用凸现

长沙重视发挥各区发展文化产业的作用，出现增加值高达七八十亿元的开福区、芙蓉区、天心区，拥有以湘绣城出口额 1100 多万美元的长沙县。如天心区先后获批国家级文化产业示范园区、国家广告产业园区，并成功引进中南国家数字出版基地，在全国率先实现三大国家级文化产业发展平台的聚集。2011 年，天心区文化产业生产总值达 102.8 亿元，文化产业增加值达 62.2 亿元（调整口径后为 54.2 亿元）。2012 年，天心区完成文化产业总产值 175 亿元，同比增长 49.6%；文化产业增加值 75 亿元，同比增长 38%。

相比之下，武汉区级文化产业稍逊一筹。以新口径比较，2011 年，武汉文化产业分区统计最高的武昌区，文化产业增加值（35.80 亿元）远低于长沙市文化产业排名第三的天心区；同年，武汉全市文化产业增加值 10 亿元以上的区，依次为江汉区（32.17 亿元）、洪山区（21.69 亿元）、江岸区（18.70 亿元）、东湖高新区（17.37 亿元）、硚口区（16.67 亿元）、东西湖区（16.54 亿元），其余在 1～6 亿元之间，化工区为零。江汉区仅相当于天心区的一半，其余各区差距显而易见。（见表 7、表 8）

表 7：长沙五区 2009～2010 年文化产业增加值占各区 GDP 比重

五区	2009 年		2010 年	
	总量（万元）	占 GDP 比重（%）	总量（万元）	占 GDP 比重（%）
芙蓉区	666631	13.36	846063	14.46
天心区	382261	11.18	480248	11.99
岳麓区	202988	5.80	250453	5.95
开福区	704675	21.06	854186	21.71
雨花区	236169	3.26	288534	3.49

资料来源：《芙蓉区文化产业发展现状和发展思路》（长沙市芙蓉区统计局）

说　　明：长沙望城 2011 年撤县改区，未计表内

表 8：武汉市 2011 年文化及相关产业增加值分区情况

行政区域	总计（亿元）	行政区域	总计（亿元）
江岸区	18.70	汉南区	1.03
江汉区	32.17	蔡甸区	1.36
硚口区	16.67	江夏区	4.10
汉阳区	3.52	黄陂区	4.77
武昌区	35.80	新洲区	1.34
青山区	3.47	沌口开发区	5.20
洪山区	21.69	东湖高新区	17.37
东西湖区	16.54	东湖风景区	1.15
全市合计	184.86		

资料来源：《2013 年武汉文化发展蓝皮书》，武汉出版社 2013 年 1 月

（二）两市文化产业发展趋势分析

1. 文化消费空间分析

长沙人口少，居民收入高，文化消费潜力相对较大，并有抵近发展、联系日紧的长株潭城市群为纵深区域，其消费空间将更为广阔；武汉人口多，居民收入低，文化消费潜力相对较小，并且武汉城市圈的紧密度不如长沙，文化认同还需进一步拓展。尤其重要的是，文化消费具有跨区域的特点，因而文化消费空间的地域性突破，即全国性影响成为长沙文化产业的一大特色。

长沙作为湖南省省会城市，辖芙蓉区、天心区、岳麓区、开福区、雨花区、望城 6 个行政区，长沙、宁乡 2 县，浏阳 1 市。 2012 年末常住总人口 714.66 万人，全年实现地区生产总值 6399.91 亿元，比上年增长 13.0%。总面积为 11818 平方公里，其中市区面积 1938.5 平方公里，建成区面积 320 平方公里。2012 年，长沙城镇居民人均可支配收入突破 3 万元，达 30288 元，农民人均纯收入 15763 元。

武汉是我国中部中心城市，现辖 13 个行政区，武汉经济技术开发区、东湖新技术开发区、武汉临空经济技术开发区 3 个国家级开发区，以及东湖生态旅游风景区、武汉化学工业区，总面积 8494 平方公里。2012 年，常住人口 1012 万人，全年实现地区生产总值 8000 亿元；城市居民人均可支配收入 27061 元，农民人均纯收入 11190.44 元，人均收入水平仍偏低，低于长沙。

上述可见，长沙人口虽然少于武汉，但城镇居民人均可支配收入为武汉的 120%，农民人均纯收入为武汉的 141%。就人口而言，武汉消费人群大于长沙，受城乡居民收入的影响，一般情况下，长沙文化消费空间大于武汉。

上述亦可见，武汉城市圈和长沙城市群同为2007年国家发改委同时批准的两型社会配套改革实验区，但就长株潭城市群和武汉城市圈的比较来看，前者三城相向抵近，其核心区域趋向一体，心理认同度、产业连接度和城市紧密度明显高于武汉，文化消费影响半径亦大于武汉城市圈。

2. 产业成长空间分析

长沙文化产业起步早、起点高，具有先发优势，在各地文化产业发展和选择多元情况下，其成长空间受到相对挤压；武汉文化产业起点早，发展速度相对较慢，上升空间较大，有望以后发优势实现迎头赶超。

长沙文化产业受益于先发优势并多具有重要影响，但外部挤压也较为突出。一是随着全国各地支持力度的加大，深圳、杭州、西安等城市文化产业异军突起、势头迅猛，对长沙文化产业发展形成一定“挤压”。二是随着娱乐消费选择多元化趋势的强化，其他文化场所，如KTV、电影院、酒吧、网吧，甚至家庭电视机都在抢夺消费者，即使曾经风光无限的长沙歌厅业也有波动。2011年长沙歌厅已由鼎盛时的30多家，减至琴岛、红太阳演艺(田汉大剧院)、欧阳胖胖3家。三是随着网络包括手机信息的冲击，中国的电视业很可能已经过了高峰期，正走向缓慢衰落，而“限娱令”和“限广令”[⑦]无疑会加速这一衰落过程。可以肯定，这对长沙广播电视行业亦将形成一定影响。四是原创缺乏带来的难以为继。当年湖南卫视的《超级女生》曾引爆全民追星狂潮。然而，随之而来的各省级卫视不断重复，导致观众审美疲劳，于是开始无情淘汰。即使湖南卫视这一选秀类节目的鼻祖，也难以靠《快乐男生》延续曾经的辉煌。

武汉文化产业发展空间较大。经过10年发展，武汉已经建成大批文化基础设施，建成21家文化产业园区，拥有云翻译、云教育、电影院线等产业优势，有望在一个相对较低的起点上，以后发优势赶超长沙文化产业。

3. 政策选择空间分析

文化产业受政策影响较大。2011年下半年“限娱令”和“限广令”措施，无疑引人关注，其对电视行业的品牌栏目是否造成损失，目前还无法评判。可以肯定的是，受中央“八项规定”、“六项禁令”，广电总局对选秀节目实施总量控制、分散播出的调控措施，中宣部等5部门严格把控文艺晚会和节庆演出等相关政策的影响，原有意义上的“文化产业”空间相对趋窄[⑧]。例如，2009年武汉文化产业增加值较上年提高46.05亿元，占GDP比重为历史最高（5.7%），明显受益于“六城会”和“八艺节”的拉动。再例如，广电总局《关于进一步加强电视上星综合频道节目管理的意见》提出，从2012年1月1日起，34个电视上星综合频道要提高新闻类节目播出量，同时对部分类型节目播出实施调控，以防止过度娱乐化和低俗倾向。这些，将对两市文化产业发展形成一定影响，而影响程度长沙或比武汉要大。其中，歌会、选秀等节目受到相对限制，曾经一家独大的湖南卫视收视波动强烈。长沙先期形成的文化产业的先发优势遭遇到挑战。

三、基本启示与主要建议

（一）基本启示

1. 发展文化产业，重点在于民营经济投资文化产业机制的有效形成

长沙文化产业规模大、品牌多的背后，关键在于民营经济投资文化产业机制已经形成。目前长沙的卡通动漫、歌厅、民间工艺、图书交易主要为民营投资。从2007年开始，市级设立2000万元的文化产业发展引导资金，各区县设立200～1000万元引导资金。后又决定加大财政支持力度，明确市级文化产业引导资金由每年2000万元增加到不少于1亿元，并随财政收入的增加逐年递增；要求各区县（市）文化产业引导资金每年不低于3000万元，另设立文化事业发展专项资金[9]。为进一步扶持动漫产业，2011年3月成立长沙市动漫产业发展协调领导小组，下发《关于下达2011年长沙市动漫游戏产业扶持资金指导性计划的通知》，明确扶持资金来源，加大扶持力度。以配套政策吸纳民间资本和风险投资，给民营企业家开辟绿色通道，扶持和壮大民营文化企业，成为长沙文化产业的重点。

2. 创新文化产业，关键在于敢为人先精神在文化产业领域的充分发挥

长沙文化产业聚集了全国或中部地区文化产业的诸多第一。其中包括：拥有中国第一家动画专业卫星频道，并且金鹰卡通卫视与湖南卫视共同组成湖南电视产业的双子星座；以宏梦、三辰、山猫、哆咪七彩等为龙头的动漫企业，原创动漫产量占全国总产量三分之一，并推出了中国第一部手机动画电影《美丽人生》；由中央电视台发起的2012全国电视观众抽样调查报告显示：观众最喜爱的节目及所属频道，省级卫视中湖南卫视排名第一，观众最喜爱的综艺节目前十名中，湖南卫视《快乐大本营》《天天向上》两档栏目分居第一和第四；电广传媒、中南传媒、拓维信息、天舟文化上市，在全国文化传媒26家上市公司中长沙占有六分之一，4家上市公司的总资产、营业收入分别占到文化传媒上市公司的1.6%、24.3%，在资本市场形成了一个独特的湖南文化传媒板块，特别是中南传媒成为全国第一家全产业链整体上市的出版传媒龙头股；长沙天心文化产业园区升级为“国家级文化产业示范园区”，成为中部省份首

个国家级文化产业示范园区。

3. 实现文化产业，基础在于居民文化消费水平的逐年提高

发展文化产业的基本动因是经济发展水平，影响文化消费的主要因素是城乡居民收入。前已说明，长沙居民收入高于武汉。2012 年长沙城镇居民人均可支配收入、农民人均纯收入均位居中部省会城市首位，分别高于武汉 3227 元和 4573 元。长沙居民相对富裕，农民富裕程度高于武汉，农村文化消费潜力扩大，为长沙文化产业的发展和文化产品的价值实现，提供了有力的支撑。

从上述比较来看，武汉以较大的城市容量、较大的投入、较强的科教实力，依靠九省通衢的区位优势，在经济总量、财政收入、第三产业等总量方面具有较大优势，能为武汉文化产业发展提供强有力的硬支撑。长沙在工业经济的强力拉动下，在文化产业的支撑下，城乡居民富裕度较高，在发展速度方面具有优势，发展后劲十分强劲，与武汉的差距已在逐渐缩小，从而为文化产业发展提供很好的基础条件。从优势比较看武汉文化产业与长沙的差距，进一步表现为民营经济投入不足，创新意识不够，消费水平不高。文化产业“反超”长沙的着力点，应基于上述三点而展开。

（二）主要建议

总的建议是：创新思维观念，以转变经济增长方式为前提，以抓工业的力度来抓文化产业，以“两手抓”为重点，一手抓文化产业形成，增加文化产品供给能力；一手抓文化产业消费，促进文化产品价值实现，以此为基础，改变文化产业发展考核，形成市区联办文化产业的新机制。

1. 转变增长方式，以抓工业的力度保障文化产业“超倍增”

长沙关于“真正以抓工业的力度来抓文化产业”的提法值得武汉重视和借鉴。武汉正处在工业化的过程中，武汉经济增长，主要依赖于制造业的增长。而转变增长方式是武汉经济发展的重要选择；武汉文化产业赶上和超过长沙的唯一途径是“超倍增”。建议在制造业梯次转移基本实现的情况下，衔接“工业倍增计划”和“服务业升级计划”，对武汉文化产业发展倾注更多支持，增强忧患意识，凝聚发展共识，提高文化产业在武汉发展中的地位，真正以抓工业的力度来抓文化产业，把文化产业发展真正作为“经济中心工作”抓好抓实。同时，大力促进先进制造业与现代文化产业融合，推进文化产业和信息产业的结合，在文化产业的制造业获得突破，提升武汉文化产业制造业的核心竞争力。

2. 加强园区建设，以抓城建的措施增加文化产品供给能力

目前，长沙共有国家级文化产业园区和基地 11 家，省级示范基地和重点园区 11 家，其他由政府或企业主导规模不等的园区 10 余家。市委市政府积极发挥文化产业园区的集聚效应和孵化功能，力争到 2015 年成为文化创意产业增长极，到 2020 年建成具有国际影响的标志性园区和文化创意中心。武汉文化发展经过前些年大规模的公共文化基础设施建设后，在文化产业基础设施建设方面取得了新的成果，但目前还基本停留在设施建设上。据了解，在已经建成的 21 个文化产业园区中，有的入住企业不足，有的仅靠房租维持园区运转，有的成为时尚精品和餐饮场所，淡化甚至失去了文化产业本味。实地调查可见，2011 年建成的“楚天 181”，2012 年开园的“江城壹号”、“大武汉，1911”等不同程度存在入驻企业不足问题。增加文化产品供给，首先是要发挥好这些已经建成园区的作用。同时应以强力措施加快武汉经济技术开发区“千亿文化产业园”及其相关大项目的建设和形成。

3．提高居民收入，以抓民生的高度促进文化产品价值实现

文化产业首先是经济实力和居民收入发展到一定阶段的产物。发展文化产业，是满足群众精神生活需求的急切需要。长沙文化产业发展，除核心品牌形成强大的对外辐射能力外，还以较高的居民收入支撑了文化产品的价值实现。我市目前居民收入低于长沙，但常住人口规模远大于长沙，城乡之间以及不同社会群体之间收入水平和文化消费的差距正在逐步缩小，文化消费市场发展的空间很大。提高城乡居民收入将为提高文化消费水平提供重要保障。武汉应以提高居民收入扩大文化娱乐服务消费作为未来文化消费发展，进而带动文化产业整体发展的主要方向。

4．强化抱团思想，以抓城市群的热情增强汉长两市文化合作

武汉与长沙地理毗邻，同处两湖平原，共属“楚文化圈”，且市情相近，是长江中游城市群中两个重要城市和增长极，分别引领两型社会建设实验区。武汉要用“大跨度”思想和觉悟思考区域经济发展的前途和命运，打破行政障碍，从近距离、小范围合作入手，逐步推进，最终实现两市协同发展。比如，科技教育的交流合作、旅游产业的两市互补、文化装备业的配套服务、影视剧的共同制作、面向全国的文化贸易等。从总体上看，武汉和长沙的文化产业都经历着较快的发展。加快武汉文化产业发展，必须在整合区域文化资源、扩大区域投资渠道、完善区域市场体系、加大人才引进和培养力度、协调好开发与保护的关系等方面，开展充分合作。通过合作，实现利益共享、共同发展和文化“走出去”目标，为长江中游城市的经济文化交流合作进行率先示范。

5.实行市区合力，以抓绩效的办法创新文化产业成长机制

长沙既抓产业门类又抓区级文化作用，各区文化产业发展迅速，各具特色，具有重要的参考和借鉴意义。《武汉文化产业振兴计划（2012年—2016年）》，按照创意设计业、传统出版业、文化旅游业、网络文化业、动漫游戏业、艺术品业、演艺娱乐业、现代会展业的文化产业门类，分别制定发展战略。建议学习长沙经验，结合优化产业布局，根据各区域产业发展基础与资源优势，突出重点、适度交叉、协调推进、错位发展，形成各具特色、各展其长的功能区域，实现文化创意产业合理布局、集约发展。建议以业态发展和功能分区为基础，变“以市场为主”为“市区合力”，增强区级政府发展文化产业的责任意识，特别是加快文化产业相关行政区重点区域和优势项目建设，更好调动区级政府规划和发展文化产业的积极性，将文化产业发展目标纳入绩效考核指标体系，对各区文化产业发展进行严格考核。其中，各区文化产业增加值项为“双重考核”，既包括占本区地区生产总值比重的考核，又包括占全市文化产业增加值比重的考核。同时，我们还应看到，长沙市统计局文化产业统计在统计口径和多样统计方法上在全国城市中方法先进，优势明显。学习长沙做法，还可增加文化产业总产出（总产值、总收入）、文化产业税收贡献方面的考核，形成合理评价文化产业发展水平的科学体系。对各区考核，亦应增加以上指标，促使文化产业真正成为我市国民经济发展的支柱产业和重要增长极。

参考文献：

中共中央，《关于深化文化体制改革推动社会主义文化大发展大繁荣若干重大问题的决定》2011年10月25日，中国共产党第十七届中央委员会第六次全体会议能过。

国务院发布，《文化产业振兴规划》2009.9.26。

中办国办，《国家“十二五”时期文化改革发展规划纲要》2012.2.16。

国家统计局，《文化及相关产业分类（2012）》。

《长沙市文化创意产业发展规划（2012年—2015年）》。

《武汉市文化产业振兴计划（2012年—2016）》。

长沙市统计局，《“十一五”期间长沙文化产业在中部省会城市中优势明显》。

长沙市统计局，《长沙市文化产业发展调查报告（2009年）》。

长沙市统计局，《长沙与武汉经济发展的比较分析》。
长沙市统计局，《长沙文化产业与中部省会城市比较研究》。
刘晓东，谢玉华，《“两型社会”背景下长沙文化产业发展调查报告》。
长沙市天心区统计局，《天心区“十二五”文化产业发展研究报告》。
长沙市芙蓉区芙统计局，《芙蓉区文化产业发展现状和发展思路》
《2013 年武汉文化发展蓝皮书》，武汉出版社，2013,1。
《人民日报》《光明日报》《经济日报》及湖北武汉、湖南长沙两省市媒体报道。

注释：

①参见《国家统计局：进一步改进和完善文化产业统计工作》，新华网 2012,7,31。譬如，2012 年长沙文化产业数据披露，同为权威人士说法或权威报道，一为 600 亿元（长沙市委宣传部副部长朱锦辉：《努力打造文化产业“升级版”》《长沙晚报》2013 年 7 月 19 日），一为 587 亿元（《科技文化双剑合璧助产业再跨千亿》，《长沙晚报》2013 年 1 月 22 日），一为 556.5 亿元（《打造长沙文化产业升级版》，《长沙晚报》2013 年 7 月 20 日），最高值与中间值差距为 13 亿元，与最低值差距为 43.5 亿元。故而，本课题研究使用的数据，一般采用统计局数据，如无统计局数据，则用最新数据或其他权威数据。是以，长沙文化产业增加值和占 GDP 比重使用时，对《2013 年武汉文化发展蓝皮书》数据进行了应有的调整。

②《长沙：努力打造文化产业“升级版”》，长沙晚报，2013,7,19。

③④长沙市文化创意产业实现大发展大繁荣，国家统计局官方网站。

⑤长沙 软实力 硬道理，光明日报，2011,10,17。

⑥①中南大学中国文化产业品牌研究中心成果丰硕，湖南日报，2012,11,5；②2013 年度中国文化品牌发展报告首发 30 个品牌入选，中国新闻网，2013,05,18。报道称：中南大学中国文化产业品牌研究中心自 2006 年成立以来，每年都出版并与光明日报社、红网联合发布《中国文化品牌报告》。该中心每年 5 月在深圳文博会主会场所作的中国文化品牌年度发布活动，是湖南参展深圳文博会的重要主题活动之一，并被评为“湖南省十大文化事件”。

⑦ 文化品牌随风起舞 2011 中国文化品牌成长报告，光明日报，2012,5,18。报道称：2011 年 10 月下旬，广电总局正式下发《关于进一步加强电视上星综合频道节目管理的意见》，这个“限娱令”提出，从 2012 年 1 月 1 日起，全国 34 个电视上星

综合频道的节目要实施调控，防止过度娱乐化和低俗倾向。要对过多过滥、节目形态雷同的婚恋交友类、综艺娱乐类、情感故事类、才艺竞秀类、访谈脱口秀、游戏竞技类、真人秀等类型节目实行播出总量控制。2011 年 11 月 28 日，广电总局下发了与“限娱令”配套的《关于贯彻执行〈广播电视广告播出管理办法的补充规定〉的通知》，确保从 2012 年 1 月 1 日起，在上星频道播放电视剧时，每集(以 45 分钟计)中间不得以任何形式插播广告。

⑧光明日报，2013,9,4 报道：①为响应中央勤俭办节的号召，宜昌市政府将原计划 2013 年 9 月、10 月、11 月举行的第九届中国国际民间艺术节、第四届中国长江三峡国际旅游节、第三届中国宜昌长江钢琴音乐节三节合并于 9 月举办。主办方压缩了开幕式的文艺展演，取消焰火、水幕、喷泉、高空演唱等表演，时间由两个半小时压缩为 1 个半小时。②由中宣部等 5 部门联合下发的《关于制止豪华铺张、提倡节俭办晚会的通知》下发后，山西省、黑龙江省高度重视，迅速调整相关文艺晚会及节庆演出，严格控制文艺演出的数量、规模，制止豪华铺张、提倡节俭办晚会。诸如此类，不一而论。

⑨长沙市统计局，长沙文化产业发展现状、问题及对策分析，湖南统计信息网，丁伟。

鸣谢：

本课题研究为我退休之前的抱病之作。此项研究得到社科院领导和同仁的帮助。肖红芳代拟课题申请报告，参与研究；马运杰、卢伟陪同参与实地调研，沈卫华为课题调研工作出车长沙，往返千余公里。各位关心，其情可感，其义可嘉。在此一并真诚致谢！

（执笔人：方耀强）

武汉城市建筑设计的人文忧思与补救建议

改革开放30年来，中国城市建筑的设计和材料正在越来越国际化和标准化，建筑的民族特色、地域特色日渐消失，武汉作为中国特大城市之一亦不可能独善其身。从人文角度审视当代武汉城市建筑设计，存在一些值得担忧的倾向。

第一，盲目崇洋，缺少民族特色。近10多年来的武汉建筑，原创性设计不多，有不少公共建筑显然直接模仿或克隆西方某些建筑外形。至于近年由开发商新建的众多住宅小区，无论档次高低、区域如何，都把异域风情当作高档时尚的标志，以欧陆风情为噱头，为卖点，有的在小区公共空间仿建罗马广场，有的干脆将小区命名为白金汉宫等一类西洋名称。导致这种现象的原因，当然主要是为了迎合当前人们的崇洋心理，与此相联系，有不少建筑设计机构来自境外，他们的专业背景和审美观念也进一步推导着武汉建筑的西洋化倾向。

第二，张扬自我，不与周边环境协调。建筑是城市的构成要素，作为城市的局部必须融入城市之中，因此建筑与城市空间的融合与共享，是建筑与城市空间文化特色的具体体现。协调周边环境及左邻右舍的关系应该是城市建筑设计原则之一。可在建筑商品化、设计市场化的社会背景下，建筑设计机构和建筑师个人，往往只把建筑设计当作赚钱的项目，以流行时尚迎合业主的喜好，无暇或无心体察设计建筑所在生态环境和历史文脉，结果使建筑与环境极不协调，造成不少建筑败笔。在公共建筑尤其在一些商务性建筑方面，由于每座建筑都争当地标，追求霸权式的自我表达，不顾项目所在区域的历史文脉，有相当多的惹眼建筑反而成为丑陋典型。如龟山之巅的三国赤壁大战画馆、龟山脚下的晴川饭店，中南医院门前的弘毅酒店，原水利电力大学的行政楼等，张狂独尊，严重破坏城市景观，引起专家和市民的批评。

第三，建筑高度疯长，影响景观空中视廊。近二十多年来，武汉市的高层、超高层建筑的建设速度迅猛，规模和高度不断攀升，建筑密度也越来越大。1983年修建的高88.6米的晴川饭店为当时武汉的第一高楼；1996年，高176米的泰合广场建成；4年后，高212.5米的国贸大厦取代了泰合广场；不久，高248米的武汉世贸广场又取代了国贸大厦；2007年建成的武汉民生银行大厦高283米。此后，建筑高度继续被刷新。2011年动工兴建的武汉绿地中心大楼，位于武昌滨江商务区核心区，楼高达606米，号称全球第三高楼。到目前为止，武汉城市建筑在高度上的竞争不但没有停下来的迹象，反倒有愈演愈烈之势。犹如长江后浪推前浪，一浪更比一浪高。据估计，武汉市现有超高层建筑起码有1000多座以上。这些超高层绝大多数集中在武汉三镇最繁华的汉口地区，占据着城市中重要的地理位置，不仅给城市带来一系列问题，如防火安全、热岛效应、交通堵塞和环境污染，使人产生压迫感、孤独感等，同时也改变了武汉城市整体景观，导致武汉原有开阔的空中视廊遭到破坏。汉阳锦绣长江地产项目已开武汉滨江建摩天大楼的先例，现在，汉口沿江商务区和武昌沿江商务区的规划建设，高层、超高层建筑将林立于三镇滨江地段。这样一来，不仅会削弱黄鹤楼作为武汉城市标志的地位，改变汉口原租界区临江景观，还会使宣传多年的保护两江四岸核心景观带来的规划沦为空谈。

第四，适应自然环境不够，表现区域文化尚待深入。武汉地域气候特征是夏热冬冷，注重建筑的通风防晒、保温隔热功能，显得十分重要。但武汉当代建筑设计在适应武汉地区夏热冬冷气候方面，仍然未能出现比较完善的技术方案，在一般住宅中，对自然通风技术、地下热源与冷源与太阳能技术运用研究仍然存在不足。据报道，百步亭小区利用地下能源所建恒温住宅楼盘，刚一推出就受到购房者的追捧，说明利用当地能源设计环保节能住宅，不仅符合当前两型社会建设理念，也有广阔的市场前景。武汉滨江滨湖，水资源丰富，城市建设应做足水文章。但正如有的建筑学者所说，武汉建筑在表现水意象方面，目前主要表现在对水形态如水波、水珠、水的蓝色意象等的模仿或运用，而对水生物意象的表现尚很少见。武汉地处江汉文化区核心地带，包括楚文化在内的历史文化积淀丰厚。但武汉建筑设计在汲取地域文化上，目前只涉及于对具体文化现象的物象模仿，对文化的较深层面如哲学思想、人文精神、美学精神的抽象表达，还有待长期努力。

城市建筑设计丧失民族、地域特色，有其深刻的社会、经济、文化根源；工业化社会的生产生活方式和文化价值取向及其巨大的诱惑力、影响力，打破了地域文化个性赖以生存的地域空间界限和文化界限，信息技术的发展进一步助长了这种趋势，地域文化在“现代化”的冲击中失去根基，逐渐湮没或边缘化；建筑使用的是同样的技艺和材料（钢筋、水泥、玻璃等，而不是具有地方性的土、木、砖瓦）；建筑师接受的是相同或相似的教育（不同于传统工匠个体言传身教），社会上下弥漫着的崇洋思潮（投资商和政府决策者意见起主导作用，建筑师不具有张扬个性的权利），在这种背景下，城市建筑文化个性的丧失也就完全可以理解了。

武汉城市建筑特色的构建，长远看，应当秉持顺应自然、尊重历史、与时俱进、整体和谐的理念，注重传统主题的深层挖掘、地域特色的自觉追求、生态理念的实践探索、技术手段的得体运用和本体取向的理性创新。就目前说，应当加紧开展以下工作。

第一，逐步培育汉派建筑风格。汉派建筑作为地域建筑，应将地域性、文化性、时代性融为一体，因为地域性本身就包括地区文化和地域时代特征；文化性是地区传统文化和当代文化的综合表现；时代性正是地域传统文脉与现代科技和文化的综合和发展。具体说，汉派建筑应大致具备以下特点：1.继承民族传统；2.学习西洋优长；3.彰显地域特色；4.顺应时代变化。在这里有几点值得注意。第一，继承不等于复古，学习不等于模仿。武汉城市建筑既不能是外国建筑的展示场地，也不应是所谓的楚建筑的复制品。地域建筑特色，来源于对本国、本地建筑资源（包括自然资源和人文资源）的最佳利用。武汉建筑彰显地域特色，在理论上，既包括顺应当地的自然地理气候，传承城市历史文脉，也包括融汇当地传统建筑和精神文化的精华；在具体实践上，应注意与江汉文化或荆楚文化、城市建筑的融合协调。建筑既有体现科学技术进步的物质属性，又有体现文化艺术传统的精神属性，科学技术的属性使建筑随科技的进步而更新，文化艺术的属性使建筑在应用新技术的同时留有传统的痕迹。所以，建筑设计的与时俱进并不意味着不断更新，喜新厌旧。理想化的汉派建筑，在纵向轴上，应当是立足当代，传承历史，放眼未来；在横向轴上，应当是世界建筑、民族建筑、地域建筑精华的融合。

第二，在包容多元的基础上追求整体和谐。汉派建筑只可能是武汉多元建筑中的一种，要发扬武汉文化兼容并蓄、海纳百川的品格，追求武汉建筑的多元统一，整体和谐。从理论层面讲，现代社会生活的多元性，决定了现代建筑要满足人们的使用功能就必须具有多元性，居住建筑，商业建筑，工业建筑，公共建筑、纪念性建筑等等都有不同的形式和功能要求；社会文化的多元性也加深了现代建筑文化的多元性，特别是纪念性、公共性建筑物，必须适应当时当地的社会文化，否则容易遭受到社会舆论的谴责和批评。因此我们应改变或防止在本土与外来、传统与现代、国际性与地域性等方面表现出二元对立的思维，用辩证的观点公正地评价各种文化的优缺点，努力协调和解决国际性与地域性、现代性与民族性的关系问题；强调它们共性与个性、普遍性与特殊性的统一关系，倡导各种建筑文化的优势互补、互融共生。从社会现实看，在全球经济、文化一体化的时代背景下，城市建筑风格的国际化将大大加强，放眼全球，没有哪一个国际化都市能被某一种建筑风格所独占。武汉建筑风格本来就是南北融合、中西并存，未来武汉城市的发展目标，又是一座国际化多功能的特大城市，随着现代交通的发达，经济文化交流的频繁，将会有更多来自不同区域、不同国家的企业、移民来武汉创业或生活。在建筑商品化、设计市场化的今天，业主们不同的用途、不同的利益驱动和不同的审美观，将会对建筑师提出不同的设计要求。从建筑师来看，面对当代各种西洋建筑流派大举进入中国的现实，不同学术背景、不同审美爱好的建筑师，也会选择不同的设计风格。这一切势必导致武汉建筑风格的国际化、多样化。

第三，合理规划超高层建筑。在当今城市现代化高歌猛进、建筑设计西风压倒东风的时代，大中型城市很难不出现高层或超高层建筑，问题在于我们如何规划设计这些建筑的区位、功能及风格。在武汉主城区内的长江、汉江沿岸以及东湖、月湖、南湖等具有特殊生态价值和文化价值的滨湖地带，一般不应规划高层建筑。具体做法就是对距离水岸一定范围内的城市建筑高度实行分级控制，从而实现水体景观—滨水景观—城市景观之间自然而连续的过渡。鉴于武汉历史上曾经是三个相互独立、性质和功能各不相同的城市，至今依然延续着历史形成的功能分区和产业布局，自然景观和人文景观也不一样，因此，当代三镇建筑风格应当是合而不同，防止雷同。武昌建筑应庄重疏朗，烘托其政治、教科文化中心的氛围，控制超高层建筑；汉口建筑以现代格调展示其时尚繁华，可在原租界区以外适当多建高层、超高层建筑；汉阳老城区建筑最好以传统风貌演绎其旅游品质，禁止建高层、超高层建筑。

同时，应该清醒认识到，武汉城市建筑特色与整个武汉城市特色一样，其形成是自然、人文多种因素共同作用的结果，有一个日积月累的漫长历史过程，不可能靠法规或命令在短期内培育出来，只有在容纳风格多元化的同时.坚持建筑的地域性、文化性和时代性，倡导现代建筑地域化、地域建筑现代化的主流方向，才可能逐渐形成具有文化特色的武汉城市建筑与城市空间。

（执笔人：张笃勤）

加快推进武汉新港向“第四代港口”转型升级

——杜伊斯堡港口建设对武汉的启示

编者按：中共中央总书记、国家主席习近平 7 月 21—23 日来湖北调研。21 日上午，习总书记一下飞机，就冒着大雨首站考察了武汉新港阳逻集装箱港区，对武汉港口建设给予了极高的重视。他强调，要大力发展现代物流业，长江流域要加强合作，充分发挥内河航运作用，发展江海联运，把全流域打造成黄金水道。武汉港口建设已提升至国家战略层面，如何加快发展，在长江水运开发中有更大作为和担当，或许从德国杜伊斯堡港口发展的历史经验中可以得到一些启示。

在世界著名河港城市中，位于莱茵河下游德国境内的杜伊斯堡与位于中国长江中游的武汉，不论是城市所在地理区位、港口性质及规模、城市在区域流域经济中地位和作用方面，还是两市在经济、人文历史等方面都颇为相似，有一定的可比性。因此，同为内陆河港城市，杜伊斯堡港口发展的历史经验对武汉的港口建设无疑具有启示作用。

杜伊斯堡港口转型升级的历史过程

德国杜伊斯堡莱茵—鲁尔港是欧洲和世界最大的内陆港口，距离世界最大海港荷兰鹿特丹港 230 公里，距离比利时安特卫普港不到 200 公里。在其周边 150 公里半径范围内，是欧洲人口最为密集、经济最为发达的地区，除地跨莱茵—鲁尔工业区外，还连接下游的比利时沙城工业区、法国洛林工业区，拥有巨大的物流需求和市场潜力。以吞吐煤炭、铁矿石、石油、建筑材料等为主。载重 8,000 吨的船队可上溯莱茵河至此。是欧洲最大的国际性的内河航运转运站和欧洲内陆重要的物流与贸易中心。杜伊斯堡港始建于 1716 年，至今已走过近 300 年的历史。其发展轨迹大致经历了四个演变阶段。

（1）形成阶段（1716 年—1926 年）1716 年开始建造港口，主要用于煤炭等散杂货的转运。1870 年，德意志帝国皇帝威廉一世和“铁血宰相”俾斯麦，因发动普法战争的需要，决定拓宽莱茵河，莱茵河美因茨至杜伊斯堡港河段成为了一条笔直的“水上高速公路”。同时，又修建一系列运河，将莱茵河、罗纳河、多瑙河相连接，形成四通八达的水运网络，并与比利时、瑞士、法国、荷兰成立了莱茵河航运中央委员会，并签订“五国公约”，撤销对莱茵河航运的政治限制，以保障自由航行。这些举措，不仅大大提升了莱茵河的航运价值，并且促使鲁尔—莱茵河沿岸地区迅速走向工业化，欧洲的工业引擎—鲁尔工业区开始形成。杜伊斯堡作为德国重要内河港口城市以及欧洲多国货物航运中转港的雏形逐步得以显现。

（2）战后恢复和扩大阶段（20世纪40－70年代末）二战后，杜伊斯堡港口及其设施受到严重破坏，港口开始恢复性修建。60年代，随着城市经济结构的转变，能源及产业结构的调整，为城市工业生产运送原料及产品成为港口运输的主要货种。装卸原油、煤炭、矿石等各种专业化码头及可供大型船舶停泊的深水码头的兴建，并形成了部分专为临港工业服务的园区及工业港。港区工业在国民经济中的比重明显加大，港口为工业服务的功能十分突出,显现出以服务业和原料加工业为主的第二代港口典型特征，完成了从第一代走向第二代港口的转型升级。

（3）结构调整和政策创新阶段（20世纪80年代－20世纪末）80年代，集装箱货柜成为重要的运输货类,港口成为现代物流链的重要组成和各种运输方式的联运中心。为了使港口适应集装箱运输、现代海运以及区域经济发展的需要，杜伊斯堡港通过政策创新、运用市场机制，开拓集装箱运输以及物流服务功能。一是围绕集装箱码头的大型化、专业化以及物流中心与园区建设和运行要求，新建了一批集装箱专业码头，并对已有的散货码头进行了改造，进一步调整、完善了码头设施结构。二是建设铁路编组站，实施水、铁和公多式联运，建构港口集疏散综合运输体系，保障了港口通往德国内外几十个地区集装箱货、散货以及其他货类的运输。三是打造杜伊斯堡自由港。为扩展和延伸港口服务，组建了物流中心，并将港区扩张到了莱茵河西岸，成为杜伊斯堡港发展的重要里程碑，为杜伊斯堡港发展现代物流业打下了坚实的基础。四是通过加强与其他主要港口的网络联系，吸引新的定期航班和货源，先后与美国、比利时的港口签订了合作协议。这一时期，杜伊斯堡港已由主要从事散货运输转向高端杂货运输，集装箱运输以及现代物流服务的功能开始快速发展，港口建设完成了从第二代向第三代港口发展的转型升级，成为服务欧洲中心地区的货物运输和分配中心，成为地区及国际性枢纽港。

（4）融入现代物流和国际供应链发展阶段（21世纪以来）进入21世纪，在经济全球化以及现代物流不断发展的形势下，杜伊斯堡港积极同国内外开展物流服务的合作，利用信息技术，积极有效地融入到现代物流、国际供应链的环节中，港口从第三代开始向第四代港口，即现代国际物流中心的港口更高层次发展。为此，杜伊斯堡港更加重视与外部的多方位合作，除了积极开展与本国港口之间的合作以外，还积极与其他国家港口，如荷兰的鹿特丹港、比利时的安特卫普港、拉托维亚的海港以及中国的厦门港的合作。这些合作，使杜伊斯堡港成为持有海港股份的内陆港口，对形成内陆与沿海运输之间有机联系的运行机制，并最终成为国际性的货运中心产生了积极作用。在推动港口物流功能和服务发展方面，港口主要采取两种方式：一是吸引物流企业特别是国际性的物流公司进入港口。港口与物流公司开展合作，促进了物流公司投资建设和经营物流中心。二是以市场运作模式在港口公司的旗下组建专业公司。如杜伊斯堡铁路股份有限公司、CM 欧洲物流股份有限公司、专业包装公司等 50 多家公司在杜伊斯堡成立。围绕港口物流中心建设，杜伊斯堡港还通过建立物流论坛、物流网站和利用欧洲规模最大的物流展会－墨尼黑运输物流展览会，保持与客户、同行全方位的联系，不断拓展物流业务。这一时期，港口集装箱运输量保持了高达 37%的年增长率，发展速度惊人。2005 年，杜伊斯堡港的普通货物运输首次超过散货运输，集装箱吞吐量超过了 70 万标箱，创造了历史纪录。

现在的杜伊斯堡港分两大港区：一是位于鲁尔河部分的内港即老港区，另一是位于莱茵河部分的外港，是目前的主要港区。外港，每周有百余条货轮开航，水路航线连接北海的各个港口；有超过 300 趟固定的联运列车驶出港口，铁路运输通达欧洲东南部。每年有 1 亿吨左右的货物通过水路、铁路和公路进出，吸引了二百多个公司从事交通和物流业务，港口以及相关产业雇佣了大约 36000 名职工，每年创造的价值超过 20 多亿欧元。内港则成为杜伊斯堡港口城市的重要景观和文化载体。内港区临近市政中心和中世纪古城墙，作为城市 IBA 计划的一部分被改造为城市滨水区。建起了具有城市传统特色的博物馆、当代艺术博物馆和各式餐厅、酒吧和水边公园，成为鲁尔区工业遗产旅游和水上休闲娱乐项目的一部分，长成为对国内外游客富有吸引力的后现代地区。

杜伊斯堡港口建设对武汉的启示

启示之一：高起点建设武汉现代化港口基础及配套设施，提升港口功能，在长江水运开发中有主动作为和更大担当。目前，我国长江干线航运货物吞吐量达 18 亿吨，运量已居世界第一，但尚有 60%的运力仍待开发，且主要集中于长江中上游地区。“中游畅则长江畅，中部活则长江活”。在长江水运开发的国家战略中，武汉被赋予建设“长江中游航运中心”，实现长江水道“中游畅”的重要职责。这也意味着在长江水运开发中武汉应该有更大的担当。因此，武汉要借助于国家支持武汉新港建设的有利时机和条件主动作为，高起点、高标准地建设好武汉新港项目，包括航道、船舶、运输组织、港口集疏散体系、现代航运综合服务体系及国际交流合作等。在现代化港口建设方面，武汉应向杜伊斯堡那样“扬长避短”，更加注重扩大使用天然内河航道，充分利用和发挥内河航运便利、高效、低廉、环保的比较优势，把对港口、航道等水运交通基础设施的建设放在优先位置。并且按照“现代物流中心”——世界港口新的发展目标，进行港口结构功能的转型升级，把第四代港口，即具有国际中转、国际配送、国际采购、国际加工、国际转口服务等综合物流功能，扮演区域或国际性的商贸中心、金融中心、信息中心角色的港口建设及早提上议事日程。依托港口来布局、规划港口物流，按照功能需要开展专业化分工与合作，增强港口提供多种物流服务的能力，使武汉港成为沟通内陆与沿海，特别是上海港之间的内陆物流、商贸中心。

启示之二，建立以武汉港为中转枢纽，上海港为内陆腹地国际门户的港口战略联盟， 依托两大航运中心，坐实“上海—武汉”这条中国经济地理横轴，推动长江经济带和全国经济发展。在世界范围内，以大江大河等内陆河流为纽带，由河流外端港口（入海港口）城市与河流内端港口（内陆港口）城市所构成的城市空间结构，是一种普遍存在的自然地理现象。如果两座港口城市又分别是各自所在区域的经济中心的话，那么，这种高效率的城市空间结构，往往构成一个国家或地区的经济地理中心。如“纽约—芝加哥”，是美国最重要的产业发展轴线；“鹿特丹—杜伊斯堡”。中国的经济地理横轴在哪里？那就是由长江黄金水道所连接的“上海—武汉”一线。这条自然地理和经济地理轴线，自西向东横贯中国 11 个省市自治区。它不是存在于近年经济学家的理论推断以及未来假设之中，而是作为一种现实早已存在于历史之中。从其所联系的空间范围和中国经济在新世纪的发展趋势来看，“上海—武汉”不仅比居于美国东北一隅的“纽约—芝加哥”具有更明显的区域效应，并且有可能超过“鹿特丹—杜伊斯堡”，成为世界上最大的经济地理横轴。

如何坐实“上海—武汉”这条中国经济地理横轴，发挥它对长江全流域乃至中国经济全局发展的强大杠杆功能？作为内陆河港，杜伊斯堡港的具体实践与成功经验给予武汉的启示是：加快武汉内陆中转枢纽港口建设，借助上海国际枢纽港，组成长江流域双枢纽的“国际门户港”。作为长江中游航运中心和中西部重要门户的武汉，也应像杜伊斯堡那样以港口为中转枢纽，通过“河海联盟”、“港航联盟”“港铁联盟”、“港公联盟”等多方多种合作，与长江沿线各港口建立起双方相互投资持股、合作经营的紧密型利益共同体，形成系统化的全球物流供应链的战略联盟。促成长江中上游第一出海港的武汉港与国际物流中转枢纽港的上海港，组成“喂给港+中转港”的组合港，使武汉港作为上海港国际物流货物的组织来源地，成为上海港向长江内陆腹地延伸的中介，确保上海港建成世界一流国际物流中转大港。通过“上海—武汉”长江中下游两大枢纽港的强强联合、相互分工和双向互动，形成贯通中国东、中、西部的经济横轴，引领、带动长江经济带等内陆后发地区商贸、金融、制造、物流、服务等产业的全面发展，进而成为推动中国经济发展和区域协调发展的重要杠杆和核心引擎。同时，发挥武汉综合交通枢纽优势，加快推进以港口为中心多式联运的集疏运交通体系建设。尤其是连接港口的铁路、公里运输网络，推动武汉港口集装箱多式联运的发展，提升长江航道水运效率，把武汉打造成为中国中部的重要分配中心，现代化的物流枢纽。

启示之三，以制度和技术创新，推动武汉港口建设与管理升级。在港口、航道建设管理的体制、机制等制度层面，政府部门应扮演正确角色，正确发挥行政管理职能和作用。要积极探索港口管理体制，提供良好的公共产品，营造良好的外部条件。一是在长江水运开发方面，要建立全流域的统一立法和共同建设、共享资源的合作协调机制。二是在发展港口物流和多式联运集疏运体系方面，可借鉴德国所采取的“联邦政府统筹规划、州政府扶持建设、企业自主经营”的发展模式。三是在港口物流园区建设方面，要统筹物流园区的规划和建设，并采取切实措施，积极引导有条件的企业进入物流中心，协助中心管理部门做好招商工作。四是在推进自由贸易港区发展方面，要加快设立武汉阳逻保税区，鼓励跨区、跨国经营，提高通关效率，为形成长江中游航运中心和中部国际物流分配转运中心创造良好的金融和口岸环境。同时在港口建设管理的技术层面，要大力推进港口管理信息化、智能化、规范化，实现港口运输有序和物流高效率。

启示之四，积极、合理、有效地利用和保护港口资源，塑造城市港口文化。一是要高度重视城市原有港口滨水岸线非港口功能价值的再开发。通过对武汉老港区进行更新改造，将原有不适应运输发展要求的老码头进行土地、岸线建筑等港口资源的合理整合，开发成高档商住、旅游、休闲区，以重新发掘土地和发展“体验经济”等非港口功能，为城市创造新的经济和文化价值。二是要大力塑造港口文化。一方面，可以利用武汉老港区，尤其是汉口老码头、沿江租界及历史建筑，开设具有异域风情的咖啡店、酒吧、餐吧等，展示武汉融会中西、海纳百川的餐饮文化；设立反映武汉城市发展轨迹和城市港口文化的博物馆或专题展馆，如“汉口码头”、“汉口租界”、“茶叶博物馆”等，以展示和传承武汉这座因港而兴、因商而盛的城市历史和文化。另一方面，通过频繁策划、举办以城市名称命名的各种与港口运输物流、临港产业等相关的论坛、展览活动，既拓展港口业务，促进港口物流发展，同时又主动向世界展示和推广港口城市形象，打造提升武汉城市“软实力”。

（执笔人：但瑞华）

汉派文化的内涵、特色与发展路径

摘要：武汉市建设国家中心城市对于区域文化构建提出了更高要求，加快塑造和深化发展“汉派文化”已成为形势所需。目前学界对于汉派文化内涵的理解依然存在诸多分歧，将汉派文化的概念放置到特定的时空背景下，进行多维交叉的动态观照和深度解析，不失为一种新的理论构想。当前发展汉派文化需要对武汉目前的文化现状作出文化整合、文化综合和文化取舍，从分散形态的原生态武汉都市文化，综合成一体化的“汉派文化”。汉派文化的文化综合将是一个较长的阶段性任务，亦是武汉区域文化全面综合创新与升级的过程。具体来说，当前阶段需要综合多种合理措施，从以下五个方面着力提升汉派文化的竞争力和影响力：1. 尊重“文化整合”和“文化综合”规律，稳步推进汉派文化建设；2. 延续武汉历史文脉，增加汉派文化设施载体；3. 打造文化基地和文化飞地，构建梯级文化序列；4. 营造多元文化生态，促进汉派文化和谐发展；5. 加强文化宣传传播，拓展汉派文化的影响力。

关键词：汉派文化　内涵　特色　发展路径

当前，文化软实力越来越成为一个城市乃至一个国家综合竞争力的核心要素，因而要推进武汉城市圈“两型社会”的建设，文化战略的实施与设计就成为一个不可回避的现实课题。武汉市委市政府已明确提出塑造“汉派文化”的目标任务，为武汉推进区域文化现代化、提升文化竞争力带来了机遇、指明了方向。然而，我们也应当清醒地看到汉派文化建设正面临着理论研究较为薄弱、历史上缺乏有效的整合、特色与理念尚不明确等诸多挑战，这些因素显然不利于汉派文化的塑造和发展。有鉴于此，本课题主要探讨汉派文化的内涵、特色与发展路径。

一、汉派文化内涵的多维辨析

何谓汉派文化？迄今为止，学界还没有达成共识。但是很显然既不能有失偏颇地从极为深厚的武汉地区文化中撷取某些文化断片，以一鳞半爪的历史文化资源来概括区域文化的整体内涵；同时也不能在文化的表现形态与内在本质之间划等号，将汉派文化的丰富内涵简约为单纯的水文化、神鸟文化、市民文化、码头文化、通衢文化等文化现象。若要科学、全面地把握汉派文化的概念内涵，应当作多维的辨析。

任何文化都是有根的，荆楚文化对于汉派文化造成了深远的影响，使汉派文化显现出“汉风楚韵”的独特魅力，但是汉派文化与荆楚文化又存在不可忽视的差异。第一，两者的覆盖空间与性质类别并不完全一致。荆楚文化显然比汉派文化的区域要广，前者包含了武汉市在内的整个湖北省的地域。如果说荆楚文化主要是一种悠久的历史文化，那么汉派文化则是一种城市文化。第二，两者的意义指向不同。荆楚文化可以称之为一种古典的民俗文化，那么汉派文化则主要是一种现代文化。总之既要看到荆楚文化与汉派文化之间的内在关联，又要意识到它们之间的不同之处。我们并不反对在武汉现代城市文化建设中充分挖掘和利用楚文化的传统精华，但我们更加重视在新的区域空间中整合历史文化资源，以文化现代化为入口，为汉派文化的策划和展开设定一个符合人文科学规律的路径和模型。

武汉素有“九省通衢”的美称，这一自然区位对于汉派文化的形成和发展产生了巨大的影响。有研究者指出正是基于“九省通衢”的特殊地理位置，造就了武汉“多层次的人口构成，善吸纳的文化功能以及武汉人好新、趋奇的特性”，使得“武汉城市文化功能与时俱兴”；然而“追新、求奇、趋变”的市民文化心理也使武汉城市文化染上“粗俗、肤浅浮泛、缺乏厚重感”的毛病。我们认为，从“通衢”文化的视点确实能够看出武汉城市文化的很多个性特征，但“通衢”文化与我们探讨的汉派文化尚有距离。

近几年以来，我们欣喜地看到，学术界对于汉派文化的理解越来越趋向于精细和深入。姚伟钧等人已经意识到汉派文化是与楚文化、近现代红色文化等多种文化资源并列的一种文化形态，共同构成了武汉城市圈的宝贵文化财富。吴永平断言汉派文化是一种“内地都市文化”，其影响范围是以武汉为核心、辐射周边100公里内的江汉平原地区、大约覆盖“一加八”武汉城市圈的地域空间。湖北省社会科学院课题组对于汉派文化的概念内涵与精神特质进行了细致的分析和厘定，该课题组不同意将汉派文化视为流域文化或地域文化的观点，明确指出“汉派文化在当代应属于城市特色文化，而且与京派文化、海派文化一样，属于大都市特色文化派系”；认为码头文化和市井文化都不是汉派文化的精神特质，只能说“汉派文化是一种特异的平民文化”，“武汉文化”的某些成分不属于“汉派文化”；他们将汉派文化的内容主体概况为“黄鹤楼文化、首义文化、戏剧艺术（特别是汉剧和楚剧）、杂技艺术、影视艺术、民间艺术、汉味文学、武汉方言、汉派服装文化、汉系饮食文化、江城市民文化”等多种文化质素。可见，当今学界对于汉派文化内涵的把握日益科学化、周密化。

基于以上论述，我们进一步提出解读汉派文化内涵的一种新构想——将汉派文化的概念放置到特定的时空背景下，进行多维交叉的动态观照和深度解析。我们从“江城文化（或“通衢文化”)、“楚文化”以及“汉派文化”之间厘清文化发展的历史脉络，结合武汉城市圈区域和武汉本身的文化生态结构，思考汉派文化的演变历程及发展态势，那么，我们便可以获得一种更加宏阔深刻的理论视野，在实践层面上为武汉的国家中心城市和文化强市建设提供精神动力和人文支撑。

二、汉派文化特色的彰显方式

在武汉市委市政府的大力倡导下，经过全体市民的共同奋斗和辛勤耕耘，汉派文化建设取得了明显的进展，却也存在特色不够鲜明的发展现状。因此，采取各种合理措施以彰显汉派文化的主要特色，也便成为当下武汉城市文化建设工作的重点之一。

其二，打造独特的城市文化精神。城市精神是城市特色的鲜明体现，汉派文化品牌的塑造及其文化特色的显现有赖于武汉城市精神的塑造。只有重视武汉城市文化精神的提炼与打造，才能将汉派文化塑造成为具有较大影响力的文化品牌。关于武汉城市文化精神，不同的研究者从不同的视角做出了不同的阐释，但无论如何，我们均须坚定不移地整合武汉城市文化的多种文化资源，以“敢为人先、追求卓越”的武汉城市精神作为汉派文化特色建设的重要内容，不断提升汉派文化的文化品味。同时，我们又应当树立文化忧患意识，充分认识到打造武汉城市文化精神所面临的艰巨任务，积极构建学习型城市，提高市民的文化素养，摈弃或抑制低俗的吃喝文化、麻将文化、官僚主义文化以及一些落后的地方粗俗文化样态，营造一种规范、理性、多元、和谐的文化氛围，以积极健康的城市文化精神支撑汉派文化品牌的塑造，使汉派文化焕发无尽的魅力。

其三，优化组合汉派文化元素。汉派文化包涵诸多文化因子，只有根据时代的需要对其进行组合才能使其发挥文化创新的时代效应。从形式上看，汉派文化与京派文化颇具相似性；从内容看，汉派文化与海派文化的融合更具价值。上海的海派文化建设之所以快速推进、卓有成效，乃是因为通过创新性地组合多元化和系统化的文化元素。某些研究者对此作出反思：“武汉的城市名片有很多，……但是哪个才是武汉的城市品牌，代表武汉最根本、最独特的城市特质和城市精神，把武汉的特色资源和整体风貌集中地体现出来，把武汉的独特气质、文化内涵和外在形象，凝聚、升华成城市的主题文化。”针对这些问题，我们认为汉派文化建设应当精心谋划、巧妙布局，将黄鹤楼文化、水文化、码头文化、通衢文化、首义文化、科教文化、汉剧艺术、汉味文学、汉话方言、汉味饮食、汉派服装等多种文化元素进行优化组合，放大汉派文化的品牌效应，并在此基础上顺应时代发展需求，创新求变，拓展空间，不断赋予汉派文化新的内涵，使汉派文化在新的时代语境中日益强化其文化特色。

三、汉派文化发展的当代路径

基于上文对汉派文化内涵及特色的分析，我们认为当下汉派文化的发展需要综合采取多种合理措施，从不同路径提升汉派文化的竞争力和影响力，举其要端论述如下：

1. 尊重“文化整合”和“文化综合”规律，稳步推进汉派文化建设

当前发展汉派文化需要对武汉目前的文化现状作出文化整合、文化综合和文化取舍，从当前分散形态的原生态武汉都市文化，综合成一体化的“汉派文化”。“文化整合”，主要针对城市文化、城区文化构建；对于区域文化，则需要凸显“文化综合”的理念。这里的“文化整合”以尊重文化发展的内部规律为前提；文化综合是“几种文化形态综合聚生出一种新的文化形态”，“是经过选择、涵化、融合而达到新的适应，因而是文化创新的过程”。汉派文化的文化综合将是一个较长的阶段性任务，亦是武汉区域文化全面综合创新与升级的过程。不能以强行变革、一蹴而就的方式推行文化的骤然转型，在此过程中必须处理好文化接触、文化融合、文化变迁的关系，避免或减少文化冲突。应当坚持谦和、共赢与多样性的文化创新原则，为区域文化的交流与对话搭建更好的平台，使各类文化主体在精神心理的层面上实现调适与亲和，积极稳妥地推进汉派文化的统筹发展及重构。

2. 延续武汉历史文脉，增加汉派文化设施载体

汉派文化的当代发展离不开历史文化的传承，武汉作为历史文化名城的形象内涵不应被淡化。在建设汉派文化的过程中，应当努力克服喜新厌旧、偏好时尚的价值取向，使汉派文化真正体现“汉风楚韵”、“兼容并包”的文化特色。必须加紧抢救汉派文化遗产，大力扶持汉派文化艺术，增加汉派文化设施载体。具体而言，就是在公共建筑、城市雕塑、社区街巷、曲艺小品、方言戏剧、饮食名点、民俗技艺等方面呈现汉派文化的传统特色，建立多种多样的博物馆、纪念馆和文化展示中心以呈现汉派文化的历史风采，展示汉派文化的精髓意蕴。

3. 打造文化基地和文化飞地，构建梯级文化序列

文化整合使各种形态的文化获得“一种逻辑的、情绪的或美感的协调”，也能使“不同成分的风俗及制度”实现“功能上互相依赖或加强”。面对当前“汉派特色不明显，主体性不突出”的现实，当前的汉派文化建设在整合文化资源时，应当注重构建有层级的梯级文化序列。汉派文化应当紧紧围绕“敢为人先”的核心理念，依据武汉区域城市空间的结构特征总体布局，注重汉派文化的“东扩”（向江东、江南区域

延伸），打造汉派特色文化基地和“文化飞地”。这里的文化飞地，并非飞离武汉区域，而是强调文化创新，在某一“子区域”（特区）文化的重新起盘和独立建构。可以设想，在汉口文化、江东（武昌、江南）文化、水文化、码头文化、科教文化、红色文化、楚文化等多种文化形态中构建梯级文化序列。

4. 营造多元文化生态，促进汉派文化和谐发展

文化综合创新的前提是多元文化、多元要素的对立统一，没有多元并存的文化生态，文化的综合创新是不可想象的。楚文化具有“崇尚自然、平等、多元、自由”的特征，汉派文化直接源自楚文化，更应当体现多元、平等的文化理念。从武汉城市文化建设的实际现状来看，武汉的“三镇”文化差异较大，汉派文化建设应当直面这种差异性和多样性，在进行文化整合时以包容的立场和动态的思维看待主文化和亚文化的辩证关系。另外，在武汉城市圈的文化整合中需要建立“平等对话机制”，将普通话推广和武汉方言系统改进相互结合，通过各种渠道营造多元的文化生态，促进汉派文化和谐发展。

5. 加强文化宣传传播，拓展汉派文化的影响力

汉派文化的历史积淀相当深厚，但由于历史的、地缘政治的等复杂因素，武汉地区没有实施系统的、有计划的、有效的文化综合，迄今为止，汉派文化的影响范围并不太广。区域文化只有在对外传播的过程中才能转化为该区域的象征资本，必须加强汉派文化的对外传播，这样方可拓展汉派文化的影响力，提升其知名度和美誉度。汉派文化传播需要制定科学的规划与策略，综合采用事件传播、名人传播、品牌传播、企业传播、会展传播、旅游传播、节日传播、文艺传播等多种传播方式，广泛使用报刊、广播、电视、网络、影视、数据库等多类传播媒介，从形式和内涵方面加强汉派文化宣传的频度和力度。

（执笔人：程　平）

武汉主城区历史变迁——空间形态与城市建筑

武汉作为国家级历史文化名城，显著特点之一就是历史悠久。汉阳、武昌城堡先后出现于汉末、三国时期，距今已将近一千八百年之久。汉口市镇历史最短，形成于明朝晚期，至今阅历五百年岁月沧桑。在漫长的历史进程中，武汉城市空间发生多次重大改变，城市建筑更经历千年轮回。晚清汉口开埠后，武汉逐渐向现代城市转型，城市性质、城市功能发生悄然变化，城市空间与城市建筑也呈现出崭新的面貌。

一、古代武汉城市空间演变与建筑特色

（一）古代武汉城市空间演变

商代早期，商王朝的势力已经到达长江中游地区，武汉地区因扼束汉水入长江口，是殷商王朝经汉水南下，获取大冶铜绿山产铜的咽喉要道，当然志在必得。汉口北郊盘龙城是商王朝控制江汉水道的军事据点，同时也是其统治南方的行都。战国时期，武汉地区已成为楚国的腹心地带。此间武汉地区的社会经济、文化有一定的发展，不仅是楚国造船基地，同时还是楚国水师及大型商船往返必经的港口。

东汉末年，天下大乱，群雄并起。武汉地区成为魏、吴、蜀三国争逐之地。在今武汉主城区域内，建城时间最早的当推始建于东汉末年的军事要塞却月城，该城位于龟山之北，汉江左岸，大致方位在今汉口一带，因形似却月而得名。①

在却月城之后，鲁山城与夏口城相继出现在大江南北两岸。东吴江夏太守陆涣治所鲁山城，遗址在今龟山之上。东吴黄武二年（公元 223 年）孙权又筑夏口城，城址在黄鹄山（今武昌区蛇山）东北，与隔江相望的鲁山城成犄角之势。这些早期古城尽管是郡县治所，具有行政功能，但因为长期处于战争年代，主要是用来驻军防守，所以选址以据险扼要为原则，要么高踞龟山之巅，虎视熊抱汉江，要么依傍黄鹄山头，

①郦道元《水经注·江水》条：江水又东迳鲁山南，古翼际山也。《地说》曰：汉与江合于衡北翼际山旁者也……山左即沔水口矣，沔左有却月城，亦曰偃月垒。”见陈桥驿《水经注校正》，中华书局 2007 年版，第 805 页；王象之《舆地纪胜》卷 79 荆湖北路汉阳军却月城条：“却月城，《元和郡县志》云在县北三里；又《水经注》：沔左有却月城。又《荆州记》曰，沔口北岸临水处有却月城。”①民初《夏口县志》卷一《舆地志》却月城条记载与上书略同。又鲁山城或称鲁城，古今一致认为因在鲁山而得名，《太平寰宇记》称“却月城与鲁城相对，” 可知却月城故址在龟山及汉水之北，即今汉口汉正街一带。

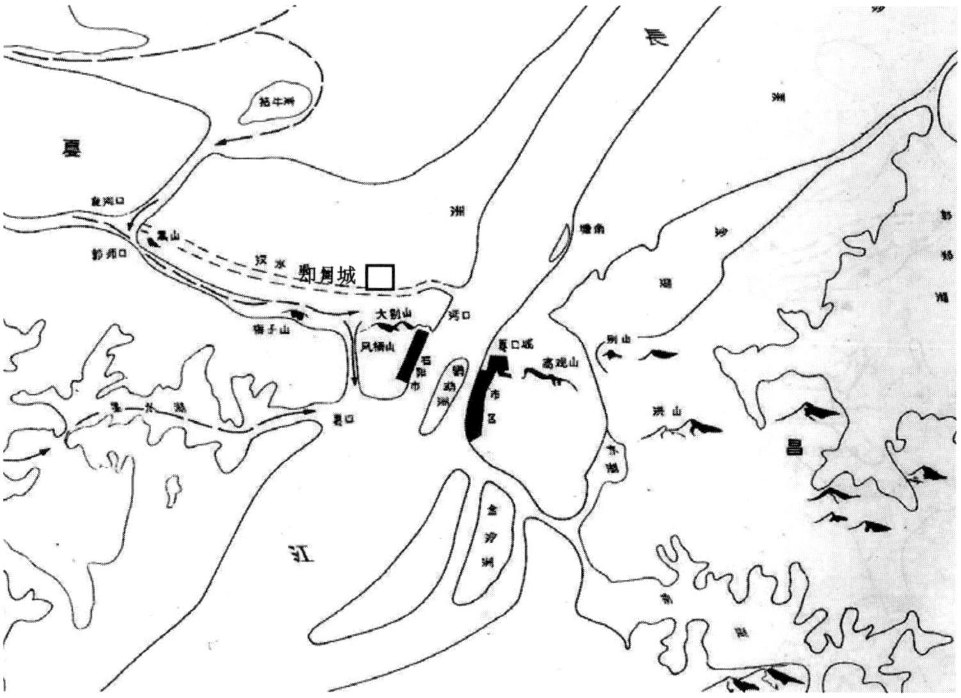

却月城、夏口城方位示意图

鹞瞰鹰瞵大江。[①]与此相应，此间武汉城堡夯土为垣，容量较小，如夏口城周长不过二三里。却月城、夏口城的先后修筑，标志着古代武汉城堡从外缘作向心式迁移，成为武汉双城并立的前奏。

魏晋南北朝以后，随着封建社会经济的发展，武汉原来以军事功能为主的城堡也逐渐演变为具有政治、商业、文化功能的地方政权驻地。南朝刘宋孝武帝孝建元年（公元 454 年），割荆州、江州、湘州、豫州等地新置郢州，治所设在由东吴夏口城扩建的郢州城内，管辖江夏郡、安陆郡等三十四县，辖区大体在今湖北东部与湖南北部。[②]刘宋郢州城的扩建带动了所在区域经济文化的发展，其所建今蛇山西部的头陀寺，成为郢州城标志性景观："白花浪溅头陀寺，红叶林笼鹦鹉洲，"南朝至唐宋文人骚客

①近年治武汉史的学者，常引用东汉文学家蔡邕《汉津赋》中的 "南援三州，北集京都，上控陇阪，下接江湖，导财运货，贸迁有无" 来说明当时今汉阳商贩的发达。但根据目前所见文献及地理有关情况判断，东汉时汉阳当不会有《汉津赋》所描绘的地理优势和商品流通，甚至连上下汉水的商船是否停泊在今汉阳一带，尚有待进一步考察。如果仅依后来隋代曾在今汉阳附近设置汉津县的事实，来反推东汉蔡邕《汉津赋》便是指汉阳，按照同一逻辑，《新唐书·地理志》亦载唐代襄阳郡有汉津府，根据东汉的政治、经济地理，襄阳一带似乎更贴近前引《汉津赋》几句话所描绘情况。然而通观《汉津赋》，可知它是用来描绘歌颂汉水的，并不以某个渡口为限。因此，在一些文献汇录中，《汉津赋》并不仅仅系在汉阳府或汉阳县名下，如在清顺治《古今图书集成·方舆汇编·职方典》安陆府部艺文中亦有收录。其实前人早已发觉《汉津赋》与汉阳无关，民国《夏口县志》在凡例中称："汉阳县志旧载蔡邕《汉津赋》及杜甫《江汉思归客》等作，不惟与夏口无涉，与汉阳亦无涉，兹一并删除。"此点惜未被地方史志界所留意。

②隋代以前，今湖北境内有两个郢州，一个治所在今武汉市武昌区。另一郢州治所在今钟祥市，西魏始置。武昌的郢州在隋代改称鄂州，钟祥的郢州元代升为安陆府。唐代诗人白居易作《登郢州白雪楼》，诗曰："白雪楼中一望乡，青山簇簇水茫茫。朝来渡口逢京使，说道烟尘近洛阳。"此诗便作于今钟祥市。部分文史作者不明究里，常将二者混淆。

抵达郢州（隋朝始称鄂州），必来这里游览吟咏。由于南朝的宋、齐、梁、陈都以建康为都城，武汉地处长江上游，成为拱卫京师的战略重镇。

郢州城从隋朝开始，中经唐朝五代到南宋，是鄂州的治所，一般被称为鄂州城（因唐代曾是武昌军节度使驻节地，此后又称武昌城。[①]唐代鄂州城不仅是长江中游仅次于荆州、襄阳的军事重镇、区域行政中心，而且因地当江汉之汇，是商货、漕粮转运的枢纽港口城市，水运业和商业十分发达："万舸此中来，连帆下扬州"，城市居民约数万人。鄂州城区范围若用今天地名标注，北临小沙湖、东至小东门、南抵阅马场、西达蛇山西端，奠定了宋、元各代武昌城的基本格局。唐敬宗宝历年间（公元825-826年），宰相牛僧孺出任鄂州刺史兼鄂岳观察使与武昌军节度使，将鄂州版筑土城墙改为陶砖包砌城墙，不但省去了每年修护城墙的繁重劳役及费用，城市景观也为之大变。牛僧孺离任后，有诗为他歌功颂德："六年仁政讴歌去，柳绕春堤处处闻。"唐代黄鹤楼伟岸挺拔，红栏白墙，矗立在黄鹄矶头，是当时文人骚客、官宦士女游憩聚会、登高临远的风景名胜之地。

与鄂州城隔江相望的汉阳县，得名于隋朝大业二年（公元606年）改汉津县为汉阳县。[②]当今的汉阳区城址起源于唐朝武德四年（公元621年）将汉阳县治由今天蔡甸区城头山迁至龟山南麓，唐代一度还是沔州治所，因此又称为沔州城。"一江分两郡"，在相距不到三公里内，设立鄂州、沔州两个州级政权，为中国历史所仅见。

唐代武汉城市空间，受航运、人口和商业发展的推动，在城墙之外形成大片居民区和商品交易市场。鄂州城外的鹦鹉洲发展成为方圆十几里的码头商业区。在汉阳城东北部，有舟船如梭的汉阳渡与延绵数里的商市酒楼。在唐代诗人罗隐《忆夏口》诗中，有"汉阳渡口兰为舟，汉阳城下多酒楼"为证。唐代不仅江南的武昌发展成为人口约数万的城市，江北建立不久的汉阳城也成为"居杂商徒偏富庶，地多词客自风流"的商业旅游名城。

---

①张笃勤《且引古诗说武昌》，见《文化视域的汉江与武汉》，华中科技大学出版社 2014 年版。

②汉阳的得名参考张修桂《汉阳命名辨析》，武汉师范学院（自然科学版）1981 年第 1 期。另外，嘉庆重修《大清一统志》，在叙述汉阳府建置沿革时，于"隋置汉阳县，属沔阳郡"下有段按语，抄录以备考证:《谷梁僖公二十八年传》云，水北为阳。范宁注，日之所照曰阳。是水北山南之训，为自古不易之定名，故《左传》'汉阳诸姬'句，杜预注，即引《谷梁传》之文作解，而以为姬姓之国在汉北者，其义甚为明确。今汉阳郡治，按图实在汉水之南，于阳字名实乖舛，而图内在汉水南者，又有汉阴山，仍以汉阴为名，又彼此自相矛盾。详求其故，盖由隋代改名之初，但知袭用《左传》旧文，以为美称，而未经考核方位，以致舛误。《寰宇记》知其未安，乃以汉水之南、嶂山之阳，曲为之说，尤属附会。至古今郡县之以山水阴阳得名者甚多，今据地形，通加审核，大抵以山名者，均无舛误。即以水名者，亦多属相符。惟昆阳在昆明池南，溧阳在溧水南，海阳在大海西南，汝阴在汝水之北，汉阳在汉水之南，濯阳在濯水之南，祁阳在祁水之南，俱与本义相违，盖皆因沿袭古名，失于核实之故。后来昆阳等名，已经改易，惟溧阳、海阳、祁阳尚沿旧称。今因汉阳而并及之，俾言地理者，得以考正其失焉。"

南宋时期，秦岭、淮河成为宋、金双方对峙界线，鄂州城战略地位骤然提高，不仅是襄阳后盾，西可遥护川陕，东可增援两淮，同时又是长江中上游与以临安为中心的长江下游进行政治、经济联系的咽喉之地。抗金名将岳飞曾在武汉屯兵 7 年，把这里作为捍卫京师上游、北上恢复中原的战略基地。

南宋鄂州城规模，大体沿袭唐代，西至蛇山西端，东至曹公城（小东门北侧小龟山附近），北临沙湖，南至紫阳湖，城郭约 15 里。城内官府衙门多依蛇山而建。鄂州城市人口，居民加上驻军，约有十多万人。城市突破城墙的限制向外扩展，在城外鹦鹉洲前形成长达数里的居民商业区南市（今武昌鲇鱼套一带），被誉为“江渚鳞差十万家，淮楚荆湖一都会。”此间，鄂州城突破城墙的限制向外扩展，在城外鹦鹉洲前形成长达数里的居住区与商贸区南市（今武昌鲇鱼套一带），其街市繁华程度，当时人称连都城杭州和六朝故都建康都超不过它！①

值得指出的是，南宋时的武昌东湖，业已成为风景胜地。据南宋王象之《舆地纪胜》卷六十六《荆湖北路·鄂州·景物》，称东湖“在城东四里，湖上有东园，为近城登览之胜。”南宋诗人袁说友《游武昌东湖》，更将武昌东湖与临安西湖相提并论：

只说西湖在帝都，武昌新又说东湖。
一围烟浪六十里，几队寒鸥千百雏。
野木迢迢遮去雁，渔舟点点映飞乌。
如何不作钱塘景，要与江城作画图。

这与一般人所知东湖开发始于民国年间周苍柏创建海光农圃，时间提前了 800 多年！

宋代汉阳城是汉阳县和汉阳军的治所，在军事防守上与一江之隔的鄂州城唇齿相依，互为应援。从城市空间结构看，宋代汉阳城墙自北宋宣和三年（1121 年）坍塌，直到南宋咸淳十年（1274 年）方才重建，中间 153 年，残垣断壁，所谓汉阳城只不过是由官衙、仓廪、书院、民居所形成的街区而已。南宋汉阳治所的人口规模，据汉阳军知军黄干报告，宋宁宗嘉定元年（1208 年），汉阳城内外有户三千家，另有水上船民四百户。以每户平均五口人计算，总共约有一万七千人。加上官吏、驻军、生员

---

①鄂州城外南市，亦称南草市，详见陆游《入蜀记》卷四与范成大《吴船录》卷下，另见于《夷坚志》诸书中。按草市之名，始于东晋，常见于唐宋。它是相对于城内官府管制下的坊场，由民间自发形成的交易场所，地点多在城郭外或水陆交通畅达的村镇渡口，是农村及城乡之间商品交换的初级市场。民国湖北著名地方史志学者王葆心，对史藉中关于鄂州南草市的记载不明究里，在其所著《再续汉口丛谈》卷一中质疑道:”其名草市者，或如今北部市中之分花市、菜市、肉市等名，而南市其统称欤?”博览宏通如王氏者，尚不免有此孤陋之识，不禁令人重生学无止境之叹。

各色人等，城居人口应有 2 万多人，主要分布于汉阳城内，南纪门、朝宗门外以及汉江入江口一带。①

元代武昌成为武昌路与湖广行省驻地，前者下辖区江夏、咸宁、嘉鱼、蒲圻、崇阳、通城、武昌七县，后者辖区囊括今湖北东南、重庆东南、湖南、广西、贵州、海南等广袤地域，是中南地区的行政中心。城市规模基本因袭唐宋旧规，城区分布于蛇山中段两侧狭长地带。由于元代统治者是兴起于漠北逐水草而居的蒙古贵族，不重视城市及城垣的修筑，以致于元代武昌城的地域范围和空间布局，历史记载语焉不详。与前代不同的是，元代武昌城周边的一批市镇，如纸坊、金口、白浒、灵泉等繁盛起来，其中位于今江夏区灵泉山风景区内的灵泉市，聚集商户达数千家。

汉阳军在元至正十四年（1354 年）升为汉阳府，下辖汉阳、汉川两县，此间汉阳府城墙再次倒塌。

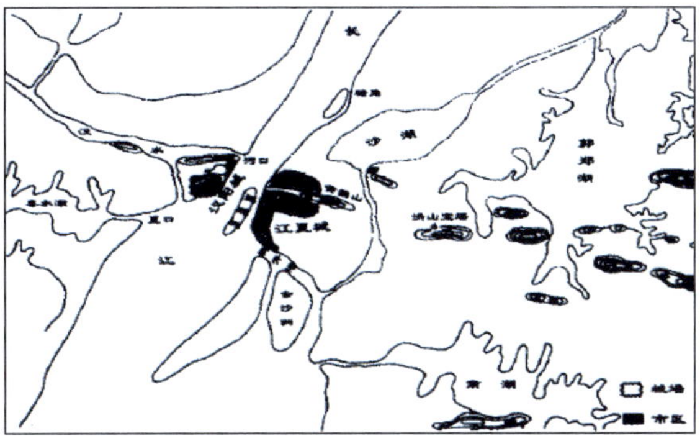

唐宋元时期的武昌城与汉阳城

明代武昌城是江夏县、武昌府、湖广省三级政权的治所，省级行政辖区较元代大为缩减，大体只管今天湖北、湖南两省。明洪武四年（1371 年），江夏侯周德兴扩建城垣，将宋元鄂州城进一步向外扩展。城区范围东起双峰山、长春观，西至黄鹄矶头，南抵鲇鱼套，北到塘角下新河岸，城墙周长达二十余华里，墙高二至三丈余不等。开辟九个城门，城墙外开掘有宽深的护城河。

明代武昌城在空间结构上与历代武昌城最大的不同，就是城中有城，它不是中国古代城池常见的罗城与子城，而是楚王府。明朝建立后，明太祖朱元璋将自己 24 个

---

①有不少介绍宋代汉阳城市的书文，引用胡寅（1098—1156 年）《斐然集·登南纪楼》诗句："平时十万户，鸳瓦百贾区。夜半车击毂，差鳞衔舳舻"，渲染当时汉阳的繁华，原因是历史上汉阳曾有南纪门，其上有南纪楼。殊不知，汉阳在两宋之际 150 多年间，城垣坍塌，所谓南纪门、南纪楼无从谈起。汉阳城市人口，直到胡寅去世十多年后的嘉定元年(1208 年)，据南宋汉阳知军黄干给上司的呈文估算，才只有两万人左右。更重要的是从胡寅全诗内容，尤其是该诗前四句："西望巫峡峰，东望洞庭湖。南望大江横，北望楚宫墟"看，完全不像汉阳，倒像荆州或宜昌，因为荆州市和宜昌市历史都曾有过南纪门和南纪楼。在历史和现实中，同名异地或一名多用十分常见，这就如同历史上武昌蛇山有南楼，武昌县南门也有南楼，武昌有东湖、东山，国内其他地方也有东湖、东山一样。研究历史不宜望文生义，以致张冠李戴。

儿子除太子外一律封为一字并肩王，即亲王，其第六子朱桢封为楚王。根据明初礼制规定，楚王府城高二丈九尺，筑有四个城门，内有宫殿房屋800多间。此外还有御菜园、长春寺等，整个楚王府呈长方形，东西宽2里，南北长4里，处于武昌城中央。在楚王府的东、西、北三面，分布着湖广三司、武昌府、江夏县衙署，以及府学、县学、文庙等。明末，张献忠率领的农民起义军攻破武昌城，楚王府被焚毁。

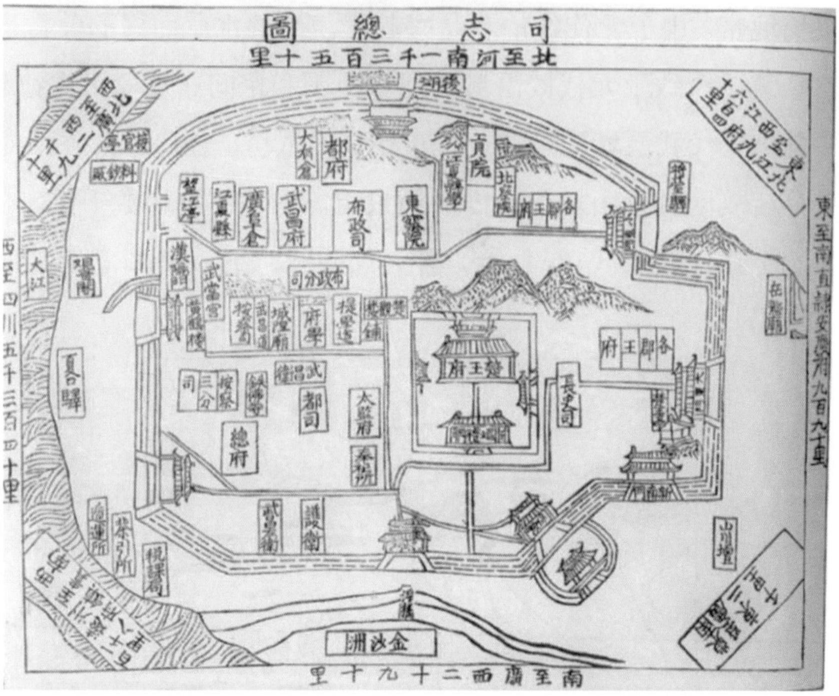

明代武昌城与楚王府（转自《武历史汉地图集》）

从现存明代武昌城布局示意图可以看到，在城南竹簰门（后改文昌门）外标有金沙洲。明代金沙洲是长江商船停泊港和湖广漕粮交兑口岸，明代中叶达到鼎盛，有长街八道，居民数万家，号称四民辐辏、百货云集的“东南都会”。当时武昌城内居住人口，以楚王宗室、属吏、地方官吏、学生，以及为上述人服务的人员及工商业者为主。

总体而言，汉代至明朝中期以前，武汉处于双城并立的空间布局形态。武昌、汉阳独立发展。

明代成化年间(公元1465-1487年)，汉水因连年大雨而多次溃口，原在今汉口地区蜿蜒曲折流淌的汉水从排沙口直冲而下，经龟山北侧进入长江，汉水截弯取直，故道涸出成陆，为汉口成镇提供了契机。[①]公元 1506 年，汉口港被定为湖广漕粮交兑

①探明汉水入江口的变迁，对研究武汉城市起源及发育阶段关系极大，近30年来于此众说纷纭，莫衷一是。有人将明代成化年间汉江的这次截弯取直认为是汉江由汉阳城南移到龟山以北，显然与一些古典文献记载相左。大量史料证明，自汉唐以来，汉水就一直稳定在龟山北麓入江。详见张笃勤《汉唐以来汉水入江口考辨》，张笃勤

口岸，成为湖广漕粮储存、转运中心。明代万历年间，汉口已有人口五万，成为南北货物集散的水运港口。明末修建袁公堤(今长堤街)，城区得以扩大。清代汉口更为九州百货备集之所，码头、货栈、旅店、作坊以及茶楼、餐馆、戏院比比皆是，汉正街更是全国著名的商业街。明朝崇祯八年（公元 1633 年），汉阳通判袁焻主持修筑汉口长堤（今汉口长堤街)，堤外取土形成玉带河，汉口市镇面积得以扩张。到明末清初，汉口发展到街长十里，人口约 10 余万，成为全国四大名镇之一。武汉城市格局从双城并峙进入到三镇鼎立时代。

明末江汉览胜图

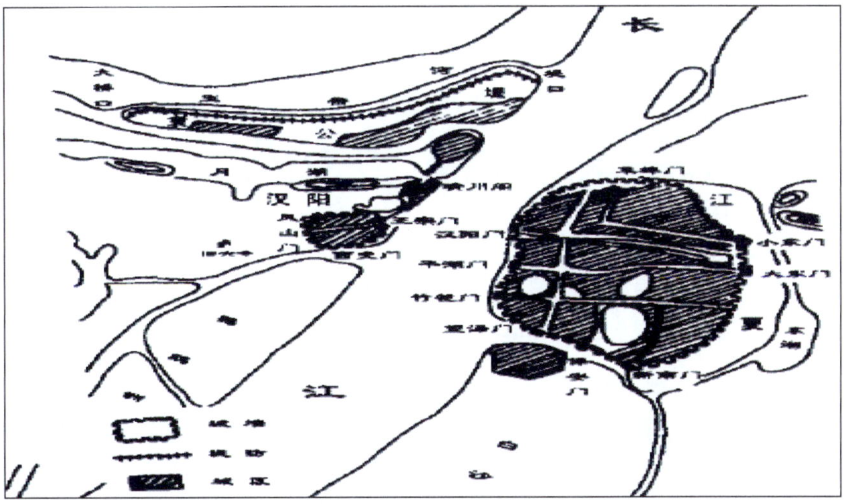

著《武汉历史文化散论》，武汉出版社 2015 年 12 月。

明末武汉三镇图（据方志图改绘）

武昌城在清康熙三年（1664 年）湖广省分为湖南、湖北两省以后成为湖北省会，武昌府和江夏县衙门以及湖广总督衙门仍设在城内。清末张之洞为修建粤汉铁路武昌车站，在宾阳门与中和门之间增开通湘门，武昌城门由九个增至十个。

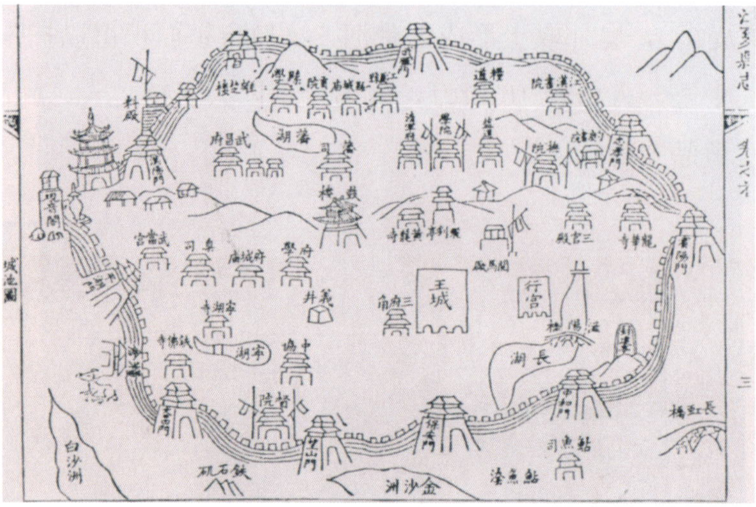

1794 年武昌城（转自《武汉历史地图集》）

江北的汉阳城，明清两代一直是汉阳府和汉阳县的驻地，城墙内的空间形态呈椭圆形，开有南、东、西 3 个城门，北面因距龟山仅二三百步，未开城门。在汉阳城南门外，相继形成刘公洲和新鹦鹉洲，其中后者发展成为明清至近代长江中游著名的竹木市场。

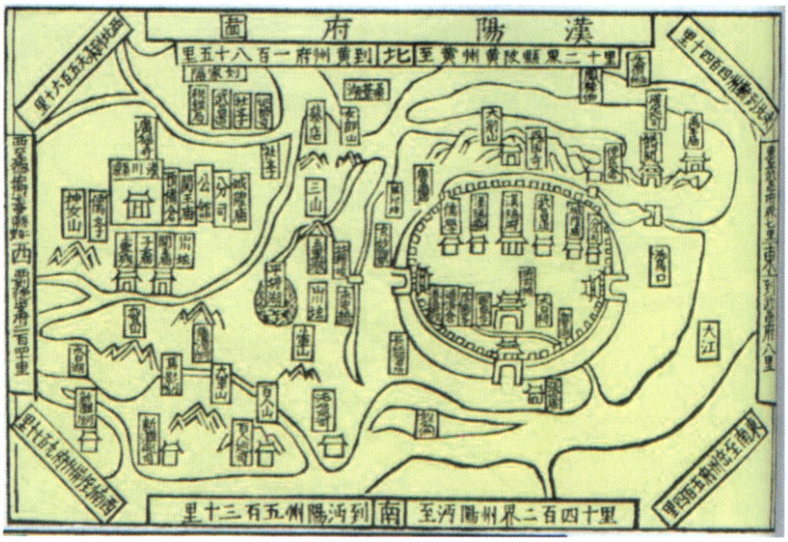

明朝嘉靖汉阳府（转自《武汉历史地图集》）

从上图中可以看到，城内北有汉阳府、武昌道、汉阳县、城隍庙、分司、儒学，南有府前铺、中明亭、太白祠、医学、阴阳学、通济仓。城东北郊有便民仓、禹王庙，大别山有兴国寺，汉口巡检司则设在大别山北麓汉江南岸。

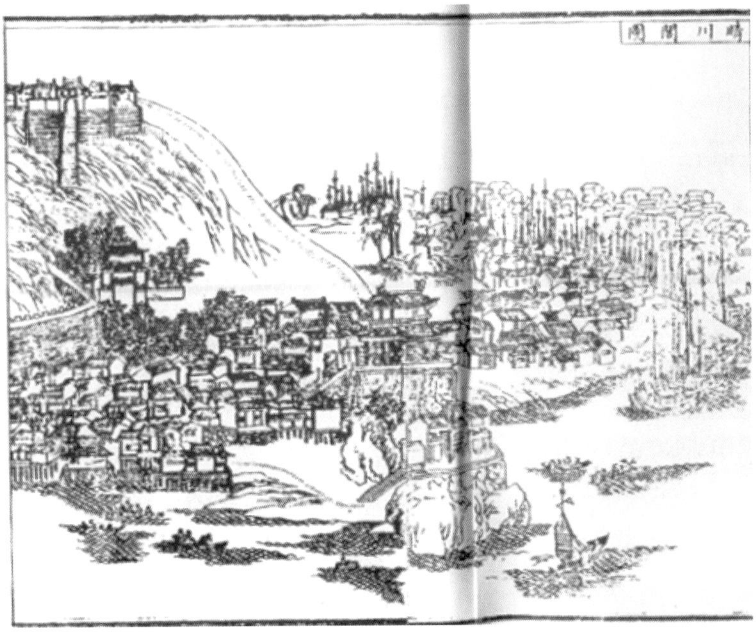

明清汉阳城东北居民商业区（转自《武汉历史地图集》）

在清代武汉三镇中，变化最大的是汉口，它先后成为两湖地区淮盐分销总岸与漕粮交兑地，发展成“楚中第一繁盛处”，由此取代明朝中叶盛极一时的湖北汉川刘家塥，与河南朱仙镇、江西景德镇、广东佛山镇并称天下“四大名镇”。城市人口在乾隆三十七年（1772 年）为 99，381 人，嘉庆年间增长到 129，183 人。城市繁华景象被描绘为“十里帆樯依市立，万家灯火彻宵明”，其影响和辐射范围遍及大半个中国。

（二）古代武汉城市空间特征

受天圆地方和亲水崇山观念的影响，中国古代城市大多依山临水，空间形态呈方形，方位以南北向居多。少数城市主要是南方城市受山川地形的限制，形成不规则形状。武汉城市空间布局除突出傍江临水的优势外，还将山体规划在城市内外显要位置。如武昌将黄鹄山（今蛇山）置于城中央，汉阳将大别山（今龟山）规划在城外北偏东方向。

同时，由于中国古代城市都是大小不同级别的统治者的驻地，政治行政功能突出，为了凸现统治机构的威仪，城市规划一般采用“方城直街”的布局方式，包括朝廷和各级地方衙门都处在城市的中轴线上，坐北朝南的城市，官衙一般位于中轴线的中段或北端。武昌、汉阳两城因是地方官府衙门所在，是封建王朝在地方的代表和象征，所以城市规划建筑按照封建规制，城内道路多呈直角相交的方格网状，并有通向城门的主街，城市内部空间布局整体感较强，主要政治、文化类建筑具有明显的轴线配置关系。中心区域为衙署、钟鼓楼或学宫等官方建筑的布局场所；中心区以外的其他地方，沿街主要布置牌楼亭阁、寺观庙宇、商肆店铺、大族府第等，平民住宅多位于街道背面的闾巷之中。自六朝特别是唐宋以后，由于远程航运发达、城市人口聚集和商品经济发展，在武昌、汉阳城垣以外临江地段，形成以码头、造船、商货转销为依托的大规模街市、手工工场和居民区。例如六朝至明朝中期的武昌鹦鹉洲，南宋时期的鄂州南市，从唐宋一直延续到明清的汉阳城东北汉江右岸的繁华商市，明代武昌金沙洲木材市场，清代汉阳鹦鹉洲竹木市场等，这些地段的商市街区系自发形成的，其空间结构较为散乱。

武汉因滨江滨湖，常受洪涝灾害之苦。自宋代以来开始修筑城市堤防，明清进入全面修筑阶段，形成三镇自成体系的堤防体系。江河堤防对武汉城市空间形态的演变多有影响。

由于武昌、汉阳、汉口形成和发展的历程不同，在城市空间形态方面，三镇各有特点。

武昌城整体呈不规则方形，城内道路呈方格网状。因蛇山横亘中部，南北交通较为阻隔、东西向道路密度较大，较为顺畅。山北部城市肌理较为繁密，以衙署、书院等官制机构为主；山南则城市肌理较为疏阔，以府邸、民宅、市街、阡陌、池塘为主。

汉阳城主要依据中国封建时期传统城市空间结构的基本模式，采用“方城直街、城外延厢，以形寓意、礼乐和谐”的布局方式，整体呈椭圆形，城内道路呈方格网状，

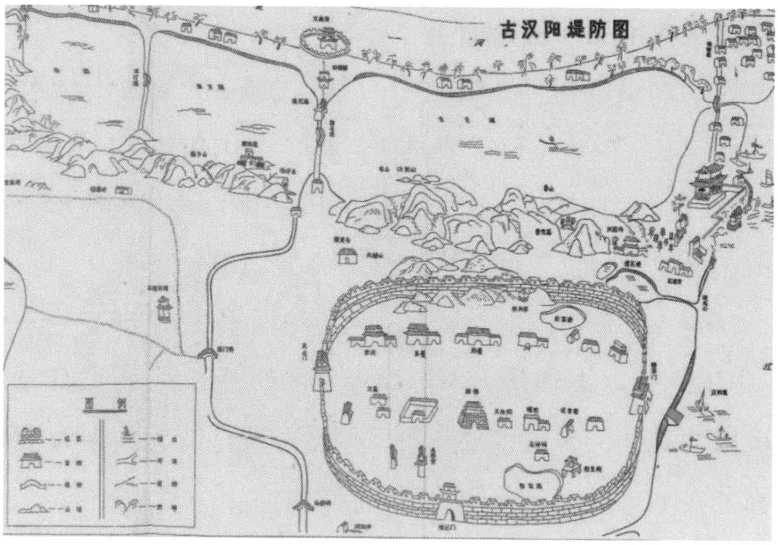

古汉阳堤防（据古方志图改绘）

内部空间布局整体感较强。城区中心区域为衙署、钟鼓楼或学宫等官方建筑的布局场

所；中心区以外的其他地方，沿街主要布置牌楼亭阁、寺观庙宇、商肆店铺、大族府第等，平民住宅多位于街道背面的间巷之中。

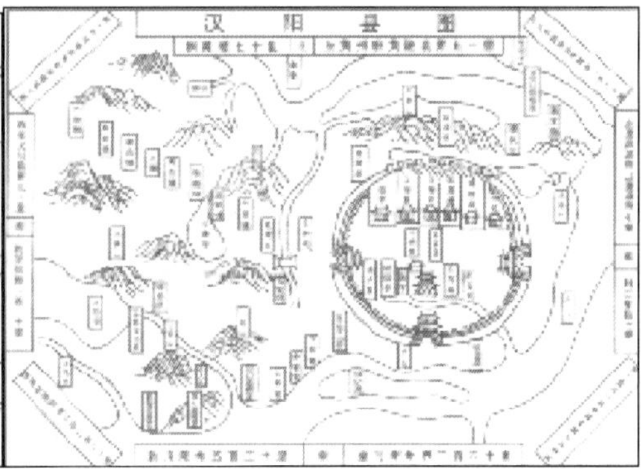

1521 年江夏县图 1521 年汉阳县图（地图来自《武汉历史地图集》）

与武昌、汉阳中国封建城市典型的空间布局形态相比较，晚起的汉口镇，完全是在水运码头和商业兴盛带动下形成的，九分商贾一分民，近代以前未经城市规划，城市空间结构具有明显的自发倾向：

1、城区起源于汉江码头，沿汉水向外呈扇状发展。

2、垂直于汉江的通道称作“路”，主要发挥交通运输功能，平行于汉江、与“路”垂直的通道则称为“街”，主要发挥商业生活功能。

3、由于缺少城市规划，城市扩张比较迅速，加上土地价值昂贵，城市建筑密度很高，公共空间系统发育不够完善，缺乏绿化开敞空间和政治文化空间，未能形成城市公共空间体系。

（三）古代武汉城市建筑的特色及成因

1、古代武汉城市建筑特色

武汉直到南朝刘宋时期才形成一定的城市规模，城市景观开始有了零星记载。唐宋时代武汉城市的标志性建筑，一是始建于南朝刘宋孝武帝年间的头陀寺，二是唐代新修的黄鹤楼，三是北宋时期兴建的南楼。可惜这些砖木建筑经不住漫长岁月的剥蚀，早已灰飞烟灭。

武汉遗存的地面历史建筑，最早的是现存于洪山公园内的南宋兴福寺塔，亦称无影塔。

南宋兴福寺塔

武汉元代现存建筑，主要有：圣像宝塔、洪山宝塔、陈友谅墓等。

圣像宝塔

洪山宝塔

总体看，武汉现存宋元时期的历史建筑，从功用上看，除陈友谅墓外，都与宗教有关，曾经是佛寺道观的组成部分，从建材上说，都是砖石结构，所以才得以保存至今。

郦道元《水经注·江水》条：江水又东迳鲁山南，古翼际山也。《地说》曰：汉与江合于衡北翼际山旁者也……山左即沔水口矣，沔左有却月城，亦曰偃月垒。”见陈桥驿《水经注校正》，中华书局2007年版，第805页；王象之《舆地纪胜》卷79荆湖北路汉阳军却月城条：“却月城，《元和郡县志》云在县北三里；又《水经注》：沔左有却月城。又《荆州记》曰，沔口北岸临水处有却月城。”①民初《夏口县志》

卷一《舆地志》却月城条记载与上书略同。又鲁山城或称鲁城，古今一致认为因在鲁山而得名，《太平寰宇记》称“却月城与鲁城相对，” 可知却月城故址在龟山及汉水之北,即今汉口汉正街一带。

汉阳归元寺

洪山宝通寺大门

明清武汉三镇园林，除了明代楚王在府邸营造花园和在武昌远郊所建猎场外，多半是由官吏豪绅与富商巨贾营造的私家园林，至今留下记载的有60多座。与皇家园林和寺院园林相比，武汉与全国一样，私家园林一般规模较小，形制布局因地制宜，小中见大。

武昌莲溪寺

清代以来，由各省在汉商帮组成的同业公所、同乡会馆开始兴盛。清末统计，汉口先后共有会馆、公所200处，其中有不少风格独具、气势恢宏的建筑。会馆公所建筑一般为砖木结构，房高二至三层，房屋的布局、式样和装饰显示出浓郁的故乡文化特色。叶调元《汉口竹枝词》："一镇商人各省通，各帮会馆竞豪雄。石梁透白阳明院，瓷瓦描青万寿宫。"词作者特意注释说："阳明书院即绍兴会馆，梁柱均用白石，方大数抱，莹腻如玉，诚巨制也。江西万寿宫，瓦用淡描瓷器，雅洁无尘，一新耳目。汉口会馆如林，之二者，如登泰山绝顶，一览众山小矣。"其实，位于汉正街的山陕会馆，其规模宏大，建筑巍峨，占地5500平米，分东、中、西三个院落，以山西民居中常见的狭长巷道相联系，布局、建筑、装饰与徽州帮的紫阳书院、绍兴帮的阳明书院及江西帮的万寿宫等下江会馆迥然不同，在清代及民国前期，一直是汉口的标志性建筑之一。

在住宅方面，武汉与长江流域一样，一般整体布局为三合院，即由门墙、天井、厅堂以及天井两侧厢房组成。但院落的大小，房间的多少及用材装饰，又因住户的社会地位、经济境况及人口的不同而有别。武昌城由于是区域政治文化中心，官衙学府林立，居民也多官宦士绅之家，所以住宅布局规整，建材和装饰比较讲究前。由候补官员修建的公馆，一般为三开间，中间为厅堂，两侧是厢房，后庭院为天井、厨房，后面是厕所。较讲究的公馆有两进院或三进院，即两组或三组井字形建筑组合。公馆的建筑材料及装饰，多为木架构支撑，砖砌墙体，屋顶覆瓦，内墙用木板隔断，称之为鼓皮。门窗和厅堂用木质浮雕或透花雕加以彩绘，图案多为花鸟龙凤等吉祥物，或是历史典故，如二十四孝等。

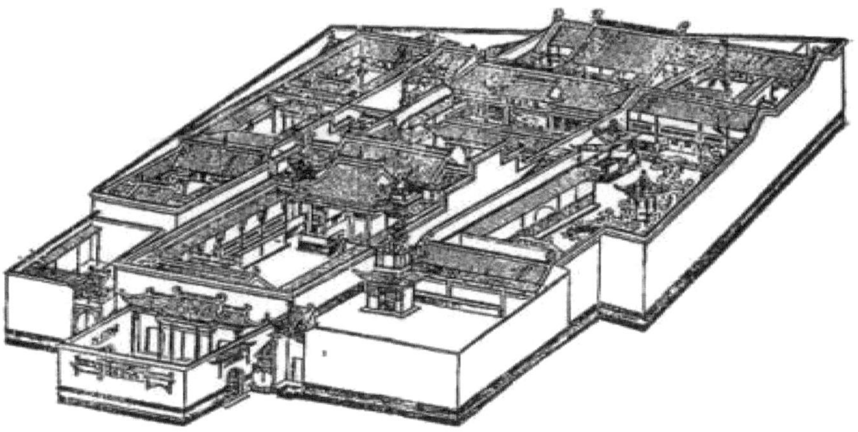

汉口山陕会馆布局图

汉口山陕会馆建筑

汉口作为著名商业市镇，因人口稠密，土地金贵，住宅区巷道狭窄："四通八达巷如膛，路窄墙高脚响腾。"其内部布局结构也十分局促："华屋陋室密如林，寸土相传值寸金。堂屋高昂天井小，十家阳宅九家阴。"汉口汉正街、花楼街、黄陂街一带临街房屋，多为砖木结构，分上下两层，上层为木板阁楼，下层为店铺，以多扇活动木板作门。其外形粉墙黛瓦，麻石筑门，梁上雕龙饰凤，极富民族特色。明清时期，因武昌白沙洲、汉阳鹦鹉洲是汇集长江中上游诸省竹木的大市场，所以三镇房屋既有众多木构架结构的瓦屋，也有不少竹子搭建的吊脚楼和茅棚，在当时的诗词中，有“泽国舟为市，人家竹起楼”、“瓦屋竹楼千万户”之句，反映的就是这种景象。吊脚楼集中在汉江入江口一带，茅棚则在街市的边缘，是外来难民和当地贫困户的住所。

2、明清武汉城市建筑特色成因

中国封建社会实行中央集权制，政令高度统一，对不同行政级别城市的规划建设都有一定的规定。发展到明清时期，官方建筑和宗教建筑，包括楚王府、楚郡王府、各级官衙、贡院、佛寺、道观等，受朝廷礼制、宗教惯例和建筑技术的规范影响，已经标准化、定型化、制度化，因此殊少特色，而私家园林住宅以及各省在汉商帮修建的会馆公所等，在数量和质量上都有提高，样式及风格更是因时因地因人而异，从不同角度体现了当地自然与文化特色。因清政府规定，总督以下官员和民众修建房屋，不得高于总督衙门，所以清代武昌房屋一般只有一层。直到 1912 年，在武昌下新河东侧、现和平大道 445 号附近，有一喻姓商户建起一栋三层楼，耸立于一片茅棚草舍当中，成为标志性建筑，于是三层楼演化成所在地地名，沿用至今。

明清武汉私家园林建筑和住宅建筑，总体风格显示出南北融合、以江南为主的特点，体现了武汉南北兼容并蓄的文化性格。

造成这一现象的原因，一是武汉与所在的湖北一样，在区位、气候上处在南北过渡地带，是北方人眼中的南方，南方人眼中的北方，但由于中国地理气候的南北分界线在秦岭—淮河一线，武汉实际上属于南中国版图，民居园林建筑要适应南方气候；二是武汉自古称九省通衢，是商业移民港口城市，富商大贾和著名商帮以下江人最多，他们所带来的地域思想观念和审美情趣，必然会反映到其居所、商铺的建筑风格之上，对武汉建筑具有重要影响；三是武汉地处江汉交汇，华中腹心，长期笼罩氤氲在此的地域文化，无论以南蛮自居的楚文化，还是以后形成的荆楚文化、湖湘文化、江右文化、吴越文化、巴蜀文化及岭南文化，基本上属于南方地域文化，更何况明清以来园林建筑模仿江南园林，已经成为全国时尚。

二、近代武汉城市空间与城市建筑的演变及特色

依据 1858 年中英《天津条约》，1861 年汉口被辟为对外开放商埠，外国的政治、经济、文化直接渗透进来。

1861至1898年，先后有英、俄、法、德、日、美、葡、荷、比、意、丹、瑞典、挪、墨、芬15个国家在汉设立领事馆。其中，英、俄、法、德、日五国在汉口建立租界，总面积1933.5亩，后经扩展，面积达到近3000亩，在全国城市租界中位居第三位。外国租界的设立，既是对中国独立、主权和领土完整的侵犯，又成为西方文明在中国的展示橱窗。清末武昌徐家棚自开商埠的规划，民国时期汉口模范区的建设，都是直接效法汉口租界。汉口开埠标志着武汉城市发展进入近代时期，随着城市现代化转型，城市空间与城市建筑都产生了与古代不同的重大变化。

（一）近代武汉城市空间演变及特色

1、汉口城市空间形态的变化

汉口开埠后，外国人来到汉口修码头，开洋行，办银行，建工厂，辟租界，受轮船码头和外国租界沿江布局的影响，汉口中心街区由汉正街和硚口沿汉江扇面展开，逐渐向今江汉路及江汉路以下沿长江带状延伸。

为适应汉口开埠后中外交涉事务的纷繁及城市扩张管理的需要，清政府先是1861年在汉口设立汉黄德道台衙门，管辖汉阳、黄州与德安三府，江汉关建立后兼任江汉关监督。1899年1月，湖广总督张之洞又奏准将汉口从汉阳县划出，单独设立夏口厅，辖区东起滠口，西至涢口，横120里，纵30里。1905年，张之洞主持修筑后湖长堤（后称张公堤），涸出堤内湖淌沼泽土地十几万亩。1906年4月，京汉铁路建成通车。张公堤与京汉铁路的修筑，使1864年兴筑的汉口城堡失去了防洪御水的功能，成为汉口城市扩展的障碍，于是在1907拆除修建后城马路，成为今天汉口中山大道的一部分，由此牵引汉口市区向西北方向延伸。到辛亥革命前，汉口市区西北至铁路，西南至硚口，东至江边，城区规模远超汉阳，与省城武昌不相上下。汉口城市空间向五国租界与京汉铁路之间扩展。

随着1861年汉口英国租界的建立，德国、法国、俄国、日本相继在汉口开辟其租界地。后来汉口租界屡有扩展，形成了今沿江大道江汉路以北，麻阳街太古下码头以南，中山大道东南，滨长江西北一带，沿江岸线长3.6公里，面积约1.87平方公里的外国租界区。按地理位置，由南向北依次为英、俄、法、德、日五国租界。随着五国租界的逐渐建成，在汉口江汉路以东的滨江荒芜旷野地区，形成了一个带状的现代市区。由于租界区的主要职能是通过长江和上海与各自的宗主国进行商贸活动，所

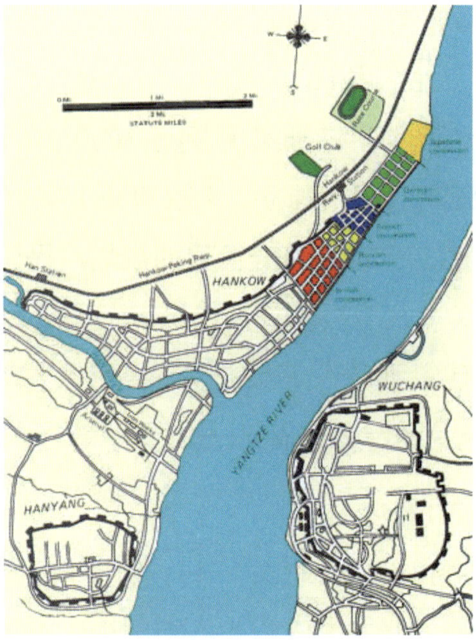

清末民初汉口租界

以每个租界都有自己专用的码头。与此相应，租界区内的主要道路都是通向江边码头的，并通过沿江大道和其它的几条与其平行的道路联系。租界区内街巷空间布局较规整。沿街建筑是5层～6层的办公建筑，以砖混结构为主。

开埠后，各租界虽然是各自独立发展，其风格不尽相同，但其道路、用地划分仍能体现出一定协调性，最终形成一个整体。开埠后经过100年的演变和发展，城市用地随着城市功能的不断整合而趋于结构定型，租界区形成了几个典型的城市功能空间：由江汉关向今鄱阳街，沿沿江大道辐射，包括大部分原英租界的中心商务空间；由沿江大道至黄浦路，连同江滩、码头形成的工业储运空间；在原粤汉码头及相邻的几个街区形成休闲、娱乐空间；临中山大道的几个街区主要为居住生活空间。

汉口旧租界以青岛路片和一元路片为代表，特点是沿江设置，位置集中，背靠京汉铁路，水陆交通非常方便。沿江边开辟码头，设仓库与货场，便于水上运输与集散。辟沿江主干道并布置大型公共建筑，以改善江面景观。租界区西部外围（今中山大道）辟为商业街，内部生活与办公区布置使馆、银行、洋行、教堂、医院、学校、饭店等公共建筑与公馆、别墅、公寓住宅等。各国租界内的建筑布局和规划，大都吸收了宗主国近代都市建设的成功经验，因而较为集中地展示了近代西方城市文明的成果。如宽敞的马路，风景优美的沿江林荫道，雅致的楼群，完备的下水管道系统，方便的自来水、电灯、电话等公共设施及严格有序的道路交通管理等。到十九世纪九十年代，汉口街区发展到今卢沟桥路一带。1906 年京汉铁路通车后，汉口市区建立了江岸、大智门、循礼门和玉带门 4 个车站，在车站附近形成建设区。加上修筑张公堤，拆除汉口城墙，修筑后城马路，汉口街市向西北扩展。到辛亥革命前，汉口市区西北至铁路，西南至硚口，东至江边，城区规模远超汉阳，与省城武昌相伯仲。民国以后，汉口先后独立设市，其间多次制订城市规划，特别在 20 世纪 30 年代前后，几任汉口市长及市政府多个部门负责人都是曾经留洋的“海归派”，市政建设注重学习西洋城市经验，使汉口一度成为当时全国市政模范城市。

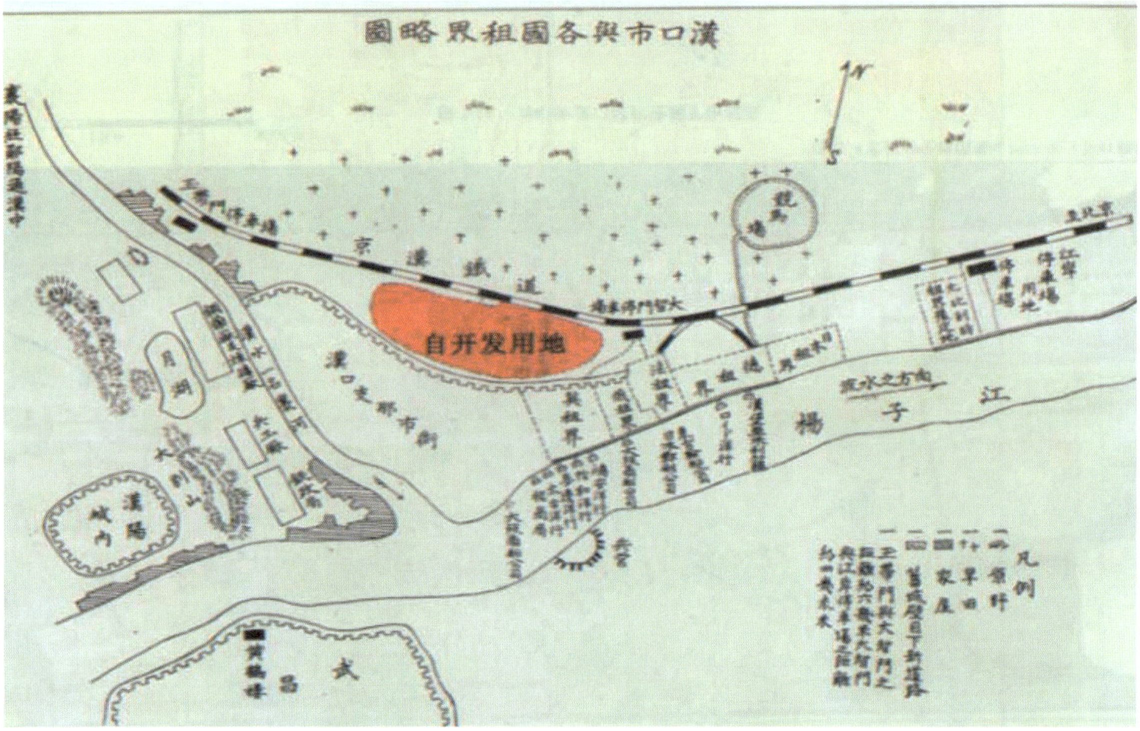

1908 年汉口街道与京汉铁路之间扩张状况

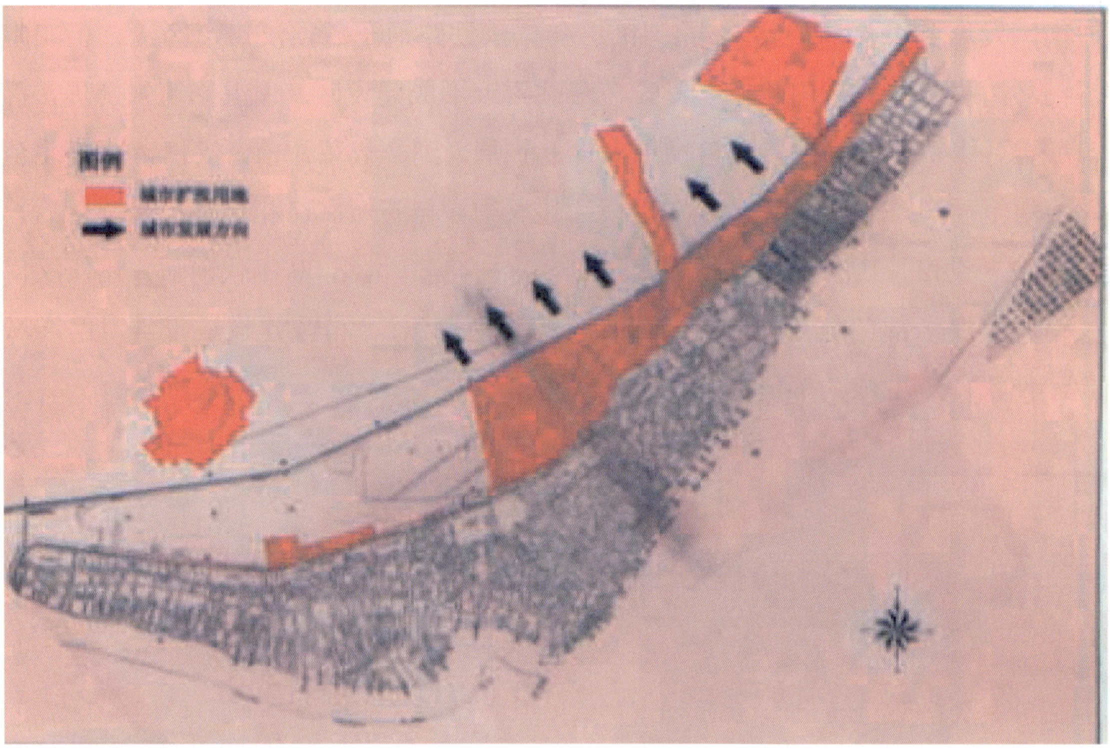

1918 年汉口扩张与铁路关系

1931 年汉口城市空间扩张

2、武昌城市空间形态的变化

武昌在近代前期，即十九世纪九十年代以前，城市空间基本上是延续古代格局，在城墙内发展的同时继续在城墙外东西两个方向扩张。

清末武昌城市鸟瞰图

近代后期，即十九世纪九十年代以后，张之洞先后在武昌修建上自金口下至武泰闸的武泰堤，上自武昌下新河下至青山武丰闸的武丰堤，并在武昌城外滨江相继创办布、纱、丝、麻四局等一批现代化工厂，在武胜门以北至徐家棚划地3万亩作为自开商埠，使武昌城区向南北双向扩展。民国时期，武昌随着粤汉铁路的开工和通车，纱厂等民营工厂的开办，城墙的拆除，在城北的长江与沙湖之间，土地开发面积持续扩大。二十世纪三十年代，武汉大学的兴建则带动了城市空间向东郊跳跃式扩展。

通过下图可以看到，在西临长江的武胜门、望山门和保安门外，存在有一定规模的居住商业街区，在城东宾阳门通往武昌县的道路北侧，标有兴隆巷以及长春观、山川坛、东岳庙、神祇坛、宝通寺等宗教祭祀建筑。

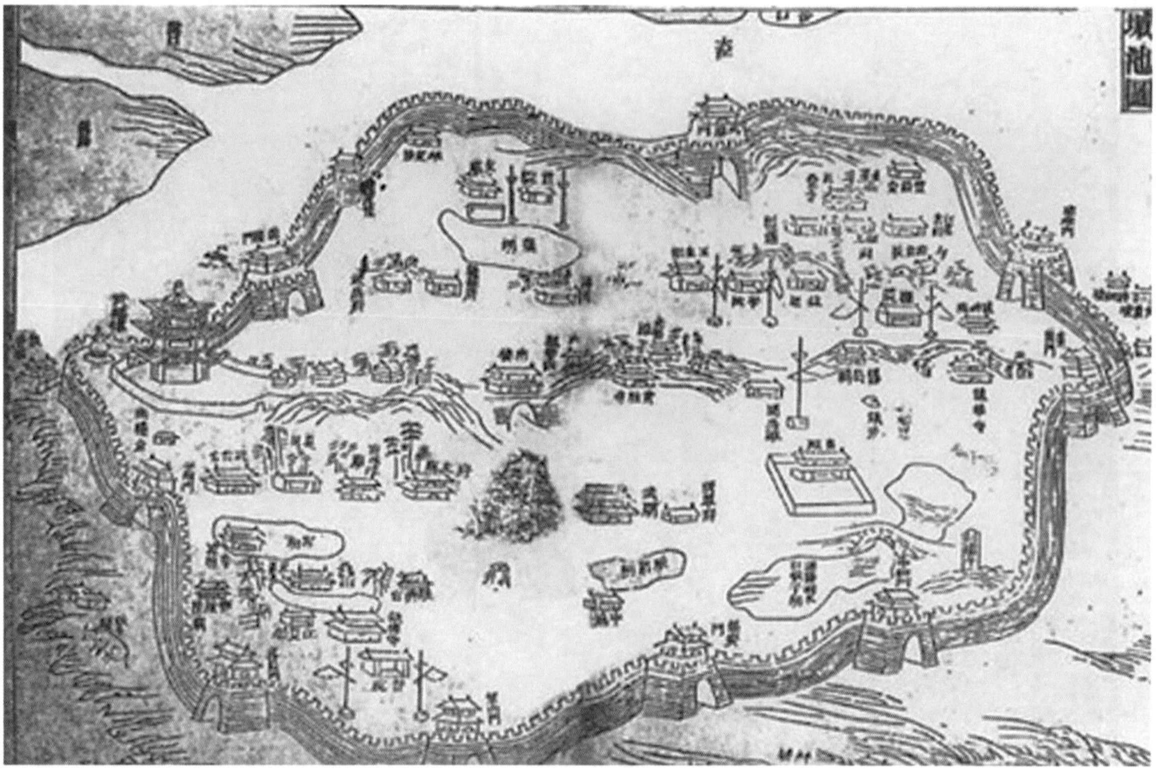

清康熙《武昌府志》武昌城图

武昌在近代前期，即十九世纪九十年代以前，城市空间基本上是延续古代格局，在城墙内发展的同时继续在城墙外东西两个方向扩张。近代后期，即十九世纪九十年代以后，张之洞先后在武昌修建上自金口下至武泰闸的武泰堤，上自武昌下新河下至青山武丰闸的武丰堤，并在武昌城外滨江相继创办布、纱、丝、麻四局等一批现代化工厂，在武胜门以北至徐家棚划地 3 万亩作为自开商埠，使武昌城区向南北双向扩展。民国时期，武昌随着粤汉铁路的开工和通车，纱厂等民营工厂的开办，城墙的拆除，在城北的长江与沙湖之间，土地开发面积持续扩大。二十世纪三十年代，武汉大学的兴建则带动了城市空间向东郊跳跃式扩展。

3、汉阳城市空间形态的变化

汉阳在十九世纪九十年代以前，城市在城墙外的扩张主要体现在沿长江与汉江展开，在汉阳城外长江沿岸及龟山与汉江地带，有鳞次栉比的民居和商业街市。清末张之洞修建汉阳铁厂、湖北枪炮厂及湖北官砖厂等，拉动汉阳城市空间沿着汉江扩展。

下图则显示了清末张之洞在龟山与汉江南岸修建汉阳铁厂、湖北枪炮厂及湖北官砖厂，拉动汉阳城市空间跳跃式扩张，同时牵引汉阳城区沿西门外向汉江方向连续性发展的情景。

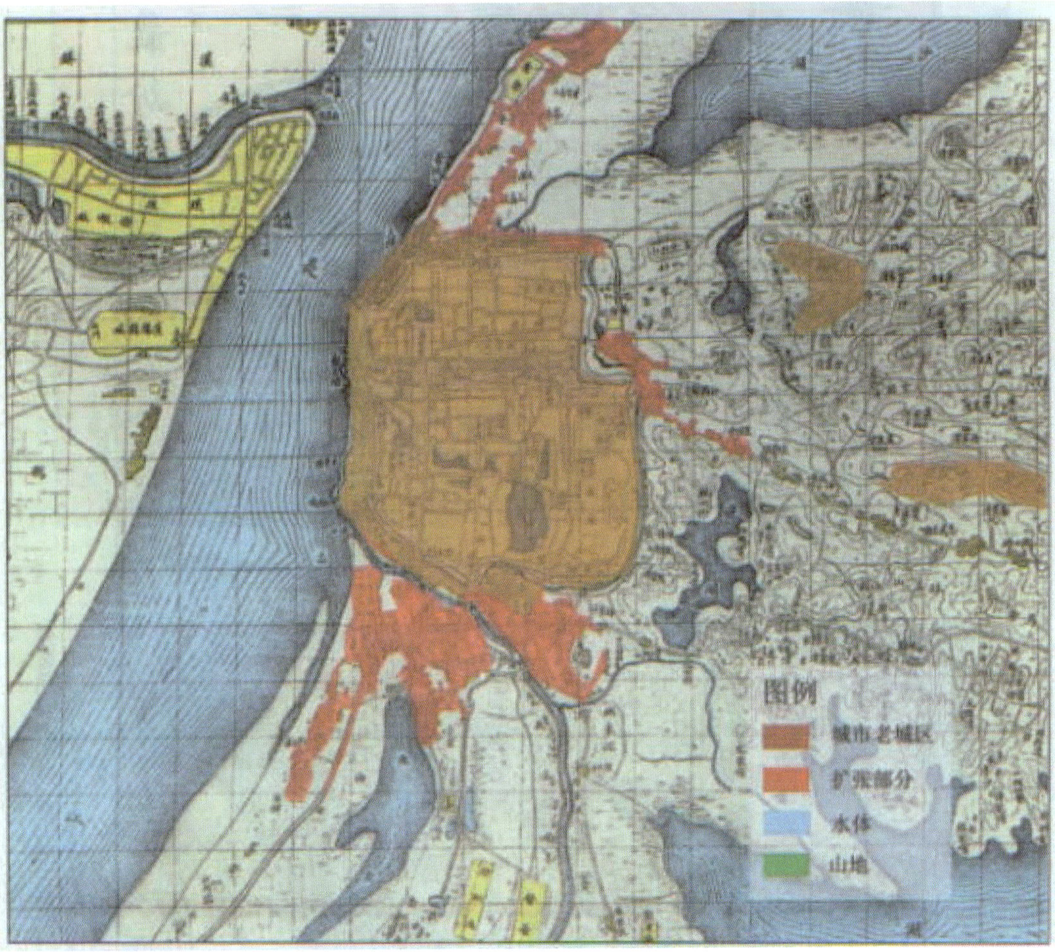

1904 年武昌城市空间扩张

1912 年武昌城市空间扩张

之态。

1909 年汉阳城市空间扩张

进入民国以后，汉阳城市虽有发展，但比较缓慢。清末张之洞时代在汉江南岸形成的钢铁军工重工业区，不但没有带动汉阳城区的进一步扩展，自身反倒显示出萎缩之态。

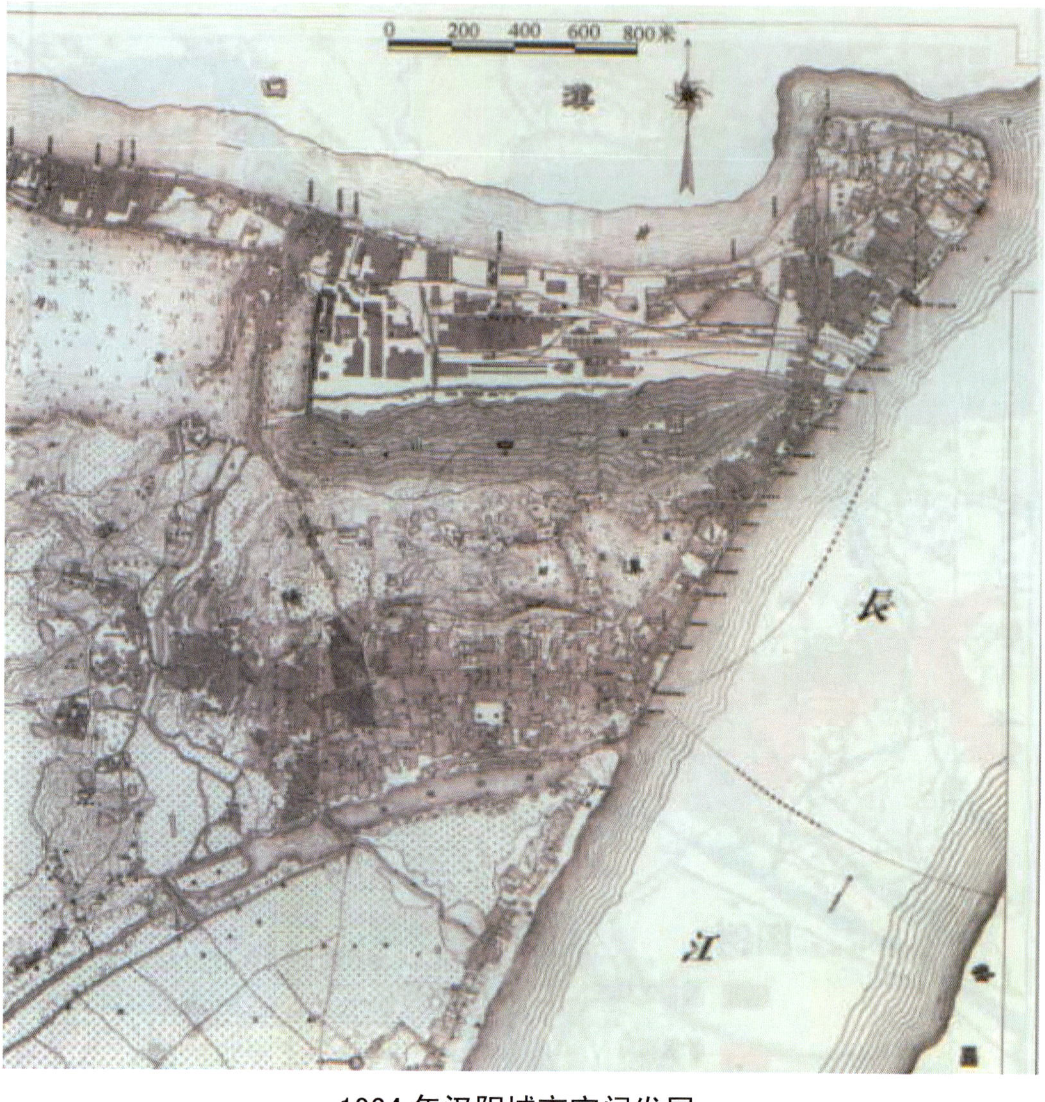

1934年汉阳城市空间发展

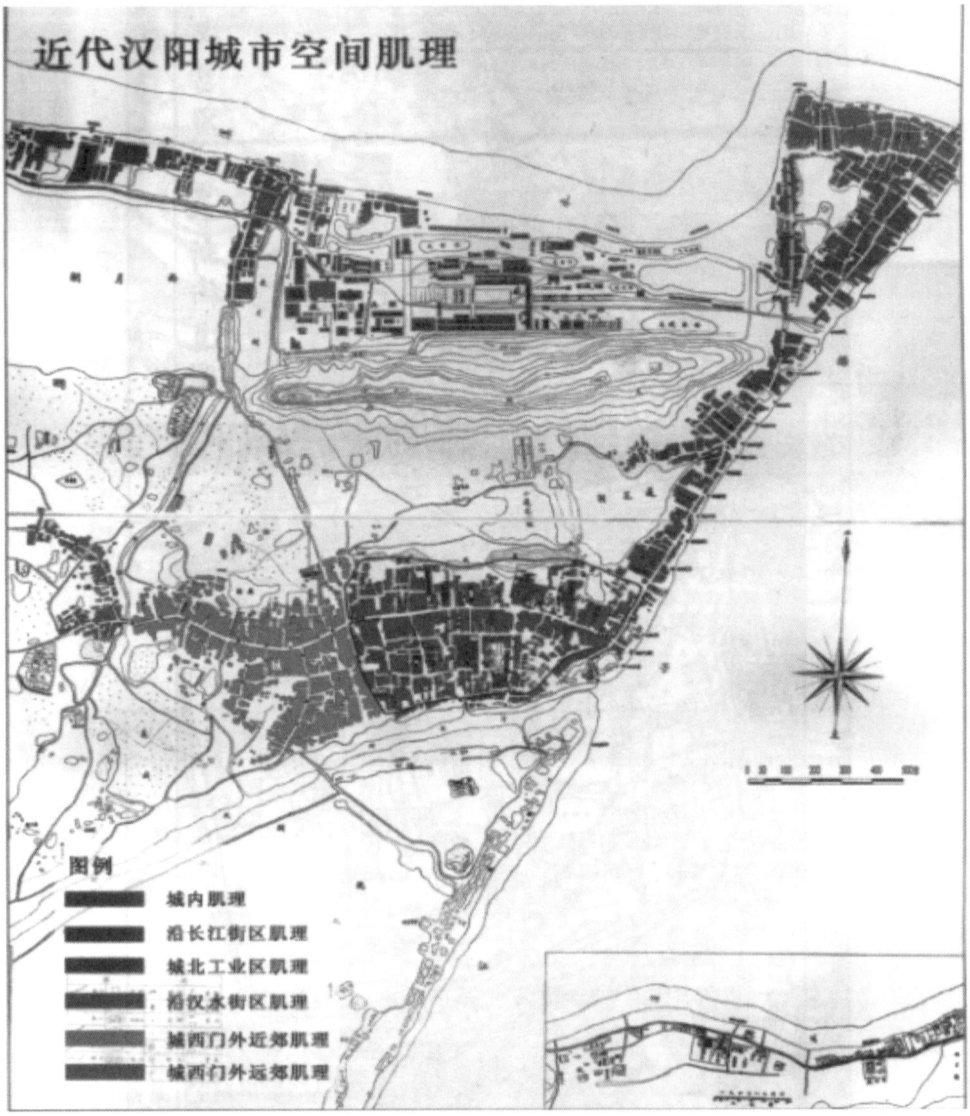

近代汉阳城市空间肌理

近代汉阳城市空间发展演变的总体态势，是沿着三条轴线扩展：一是在城东朝宗门外继续沿长江向东北发展；二是在龟山与汉江之间地带独立发展；三是沿着西门外正街向西连片扩展。

民国汉阳汉江南岸图景

4、近代武汉城市空间演变特征

近代武汉城市空间演变表明，城市发展和城市空间扩张受到各方面的影响，其中包括自然环境、社会制度、生产方式、技术条件、思想观念、人口与产业发展等，城市规划尤其是近现代城市总体规划，对城市空间更有着重要作用，常常决定着城市空间扩张的方向。

与沿江集中、棋盘式布局的古代武汉城市空间形态相比，近代武汉城市空间形态受航运、铁路、公路、新式工业、外国租界和城市规划等现代因素的影响，在沿江扩展的同时开始沿路轴发展，并呈现蛙跳式扩张。

近代汉口虽然一度于 1864 年修筑了城墙，但四十多年后即因街市扩张被拆除，空间形态发展受其限制较小。汉口中心城区先是受轮船码头及外国租界的拉动，由汉江沿岸向长江下游线状延伸，后又受京汉铁路及张公堤的影响向西北方向扩张，扩张速度在三镇中最快。

汉阳在清末受汉阳铁厂、湖北枪炮厂等重工业的影响，城区向龟山、月湖西北至汉江南岸跳跃式发展，同时沿出城道路向西和向北延伸，但城区扩张速度在三镇中最慢。

武昌在清末民初受工业、自开商埠及粤汉铁路的影响，迅速沿长江两翼展开，20世纪30年代受武汉大学建校的拉动，向东跳跃式扩张，其速度低于汉口，高于汉阳。

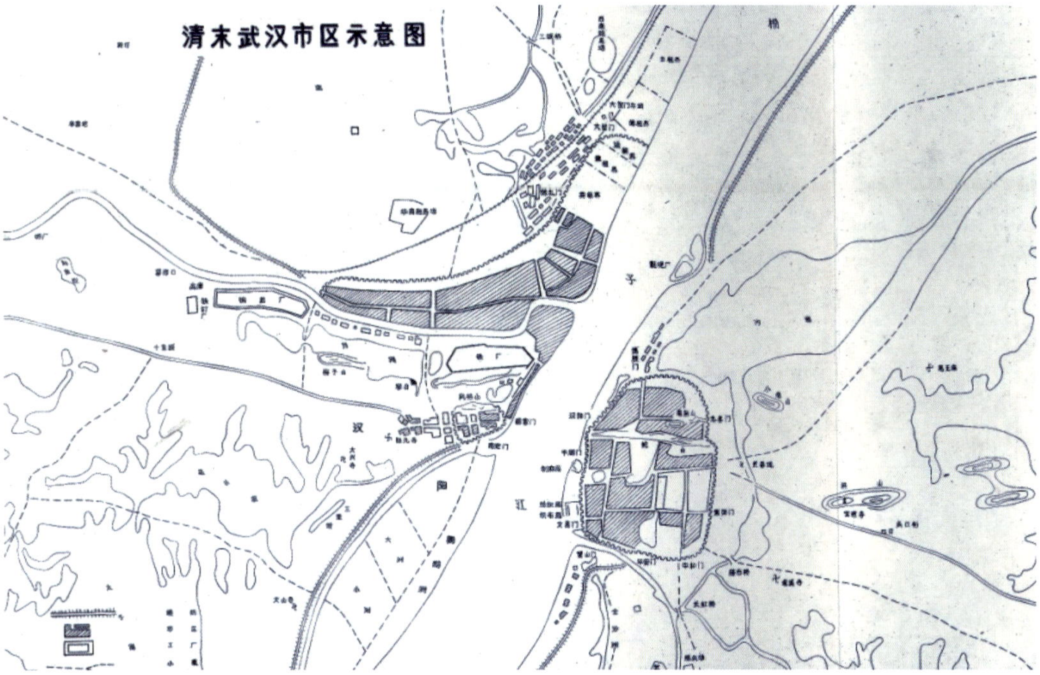

清末武汉三镇市区

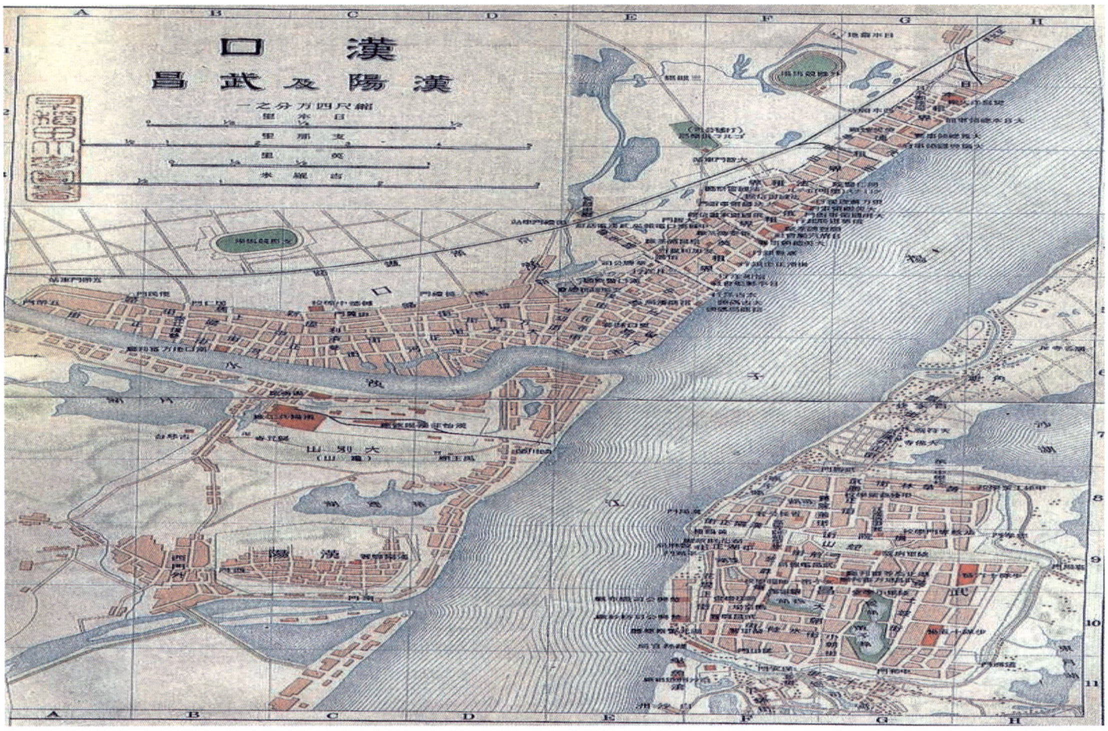

民国中期武汉三镇图

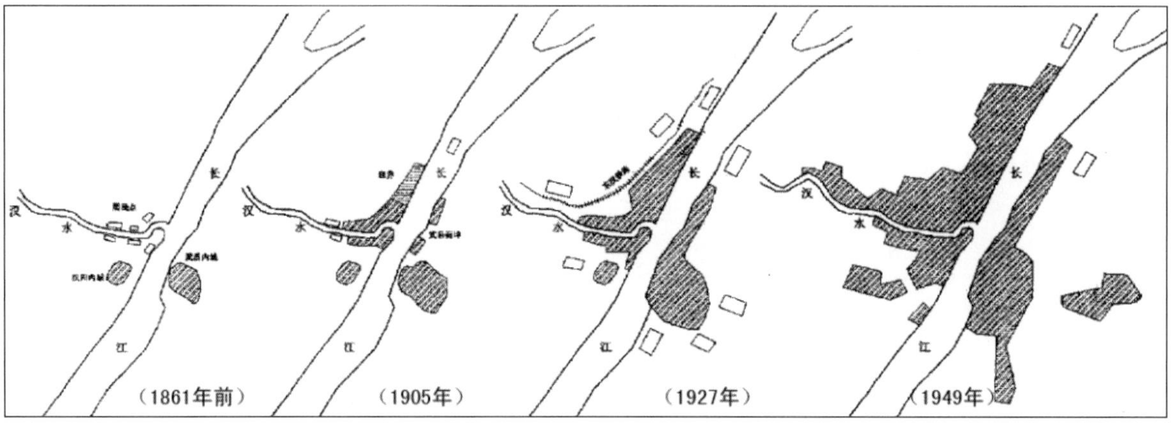

武汉三镇近代城区发展示意

20 世纪 30 年代武汉三镇沿江景观：

汉口沿江景观

武昌沿江景观

汉阳沿江景观

（二）近代武汉城市建筑的演变特征

近代武汉城市建筑变化，从区域看，以汉口租界、汉口市区最为明显，其次是武昌与汉阳；从建筑类别看，交通建筑、工业建筑、商业建筑、金融建筑以及教堂、医院、学校、饭店娱乐等各种公共建筑，变化最为显著，其次是住宅建筑，变化最慢的是官府办公场所，寺院建筑基本没有变化。

武汉近代西式建筑以汉口租界最为集中，而租界隶属五国，各国都把当时本国时兴的建筑式样搬来，于是，不同国家的租界和不同时期的西式建筑，风格又有差异。租界早期建筑，如领事馆、教堂、银行、住宅多为一二层的砖木结构，采用拱券，周围有廊，空间较大，具有殖民地建筑特征。如现在武汉市政府院内的原德国领事馆、现汉口洞庭街 62 号原俄国茶商李凡诺夫别墅，就属于这种样式。

1910 年德国驻汉口领事馆

汉口李凡诺夫别墅

李凡诺夫别墅立面修复图

十九世纪七八十年代以后，随着新建筑材料和新建筑技术发明引进，一批由外国人和华人建筑师设计的公共性建筑，如教堂、银行、工厂、仓库、领事馆等，开始用钢筋水泥材料建筑大体量的房屋，建筑风格也在发生明显变化。从清末到民国中期，汉口租界及其毗邻地区建筑风格概括讲有以下几种：

1、古典主义风格

代表性建筑如英国汇丰银行汉口分行、美国花旗银行、日本横滨正金银行和中国原交通银行、盐业银行、金城银行，此外还有汉口上海路天主教堂、江汉关大楼、湖北咨议局大楼等。

2、巴洛克风格

汉口原美国领事馆，现在武汉人才市场就属于这种风格。

3、和洋风格

这是日本明治时代建筑仿效欧美建筑风格发展起来的一种建筑样式，当年在汉口日租界多有展现，现存建筑有中山大道下首残存的日本公馆。

4、法国四堡式风格

此类建筑有 1917 年改建的京汉铁路汉口大智门火车站。

5、早期现代风格

以汉口原景明洋行大楼为代表

6、中西混合风格

汉口汉正街基督教救世堂，整体为十字架形，砌有半圆拱窗，顶层为中式飞檐翘角的大屋顶。

里弄式住宅更加典型，这将在后面分析里弄建筑特色时详细介绍。

武昌在十九世纪 90 年代开始出现西洋建筑，最初是教堂。《鄂垣竹枝词》：“漫将世变问沧桑，番舶新通万国商。遥指楼台凌绝顶，花园山上起洋房。”所指就是花园山的天主教教堂。20 世纪初在武昌滨江平湖门一带创办的织布局、纺纱局、缫丝局和制麻局，是武昌第一批现代工业建筑，后在民国时期发展成为民营四大纱厂。在昙华林街区至今仍然保留一批清末民初的西式建筑。

在武昌的西式建筑中，如果说花园山天主教堂、湖北咨议局（今辛亥武昌起义纪念馆）是西方古典建筑的代表，那么，抗战前建成的武汉大学早期建筑就是中西混合风格建筑的经典之作。

1908 年建成的湖北咨议局（现武昌起义纪念馆）

创建初期的武汉大学建筑群

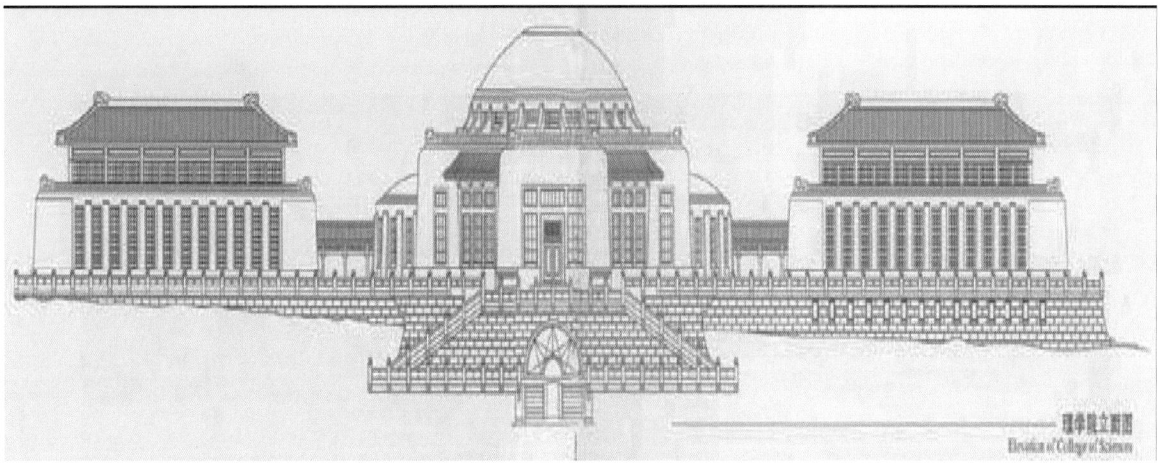

武汉大学理学院立面图

汉阳在19世纪90年代出现现代工业建筑。当时张之洞在武汉大办洋务新政，创办大型机器工厂，为适应设备安装和生产的需要，这些工厂厂房都使用新的建筑材料、建筑技术、建筑布局和建筑造型。如汉阳铁厂及其分厂，全部用钢铁做立柱、横梁、桁架、行车架，并用瓦楞铁皮做屋面，是当时全国第一批采用钢铁结构的工业厂房和首次使用水泥、砂石混凝土的建筑物。随后在汉阳兴建的湖北枪炮厂，在采用砖木结构的同时，都使用了水泥钢筋混凝土，从而使武汉建筑打破了中国建筑数千年来以砖木结构占主流的传统格局。

汉阳铁厂

汉阳兵工厂

在保留至今的近代武汉城市建筑中，有两种形式的建筑数量最多，特色比较鲜明，第一是早期现代建筑，第二是汉口里分住宅。

早期现代建筑，表现为中国传统风格、西洋古典风格以及西方现代建筑风格的共同影响，其特点是不做或少作专门的装饰性构件，强调对建筑结构构件以及构造配件本身的视觉效果的把握与设计。它包含现代建筑风格与西方古典式样和“中国固有式”建筑分别结合而产生的两种折衷形式。

现代建筑风格与西洋古典式结合的建筑，表现为体量组合及立面构图仍追求历史样式的均衡、对称、稳重，建筑局部保留西洋图案装饰，但整体风格简洁具有现代感。这些建筑具有古典的骨架、西洋的装饰及现代的风格，是西洋复古风格向现代主义风格演化过程的中间形态。汉口大陆银行（今王开摄影室）显示出西方古典式与现代风格的共同影响。

上海建筑师陈念慈设计的汉口商业银行（1934）更在同一座建筑上包含欧洲古典柱廊、中国传统大屋顶和现代建筑的简洁立面。

汉口商业银行（现为武汉少儿图书馆）

现代建筑风格与“中国固有式”折衷的建筑，主体建筑采用相对科学、合理的“国际样式”，只在顶层、局部添加一些亭、楼并冠以琉璃瓦屋顶，进而有些建筑师干脆放弃琉璃瓦屋顶，主要从细部处理、比例推敲方面表现民族文化传统。如外国建筑师凯尔斯规划设计并于 1935 年基本建成的武汉大学校园，就是现代建筑与中国传统建筑相结合的代表作。①

①参见王乐《武汉现代建筑研究》；刘先觉《中国近现代建筑艺术》。

建设中的武汉大学

汉口里分建筑时间大体在 20 世纪初期到抗战爆发之前。到 1949 年，三镇共有里分 208 个，房屋 3，294 栋，大多数处在汉口的外国租界和华人主持的模范区内。里分住宅总平面布局多为一条总巷，两侧有相互对称或错开的支巷，有的总巷只有一侧支巷，规模较大的为多条巷综合型，规模较小的则只有一条巷。

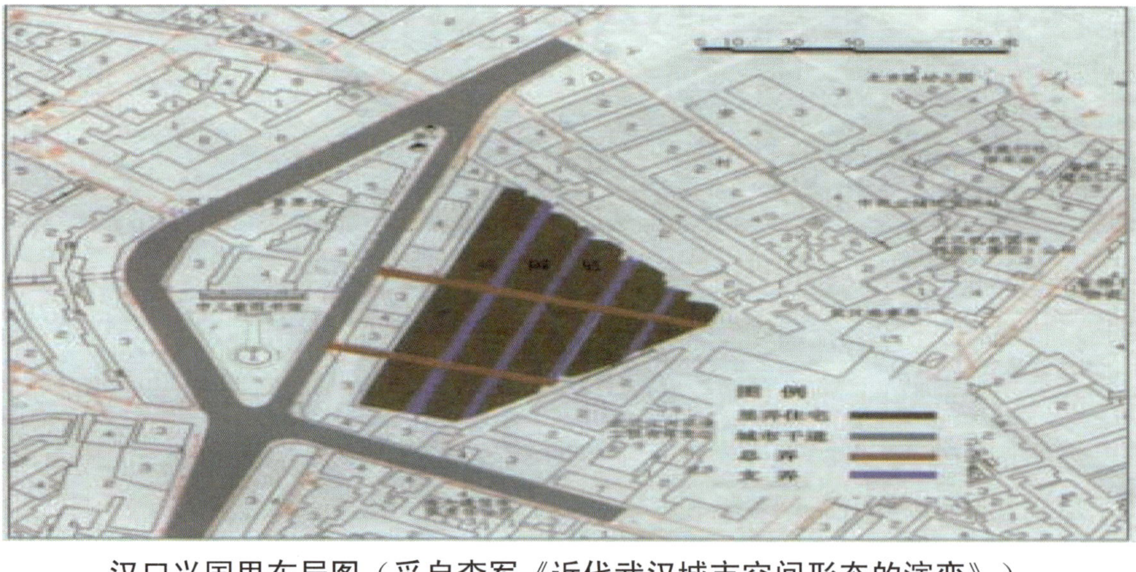

汉口兴国里布局图（采自李军《近代武汉城市空间形态的演变》）

里分住宅一般多为 2-3 层砖木结构，设有小天井，既适应武汉炎夏闷热气候特点，同时又满足了开发商节约土地成本的需要。里分建筑也分不同样式，其中石库门的门头装饰大多采用传统的花鸟虫鱼图案，高雅而不失富贵气派，其内部的局部装饰也比较细致，体现了传统民居精巧、素雅的装修风格。

汉口里分是西方低层联排式住宅和长江流域传统三合院式建筑的结合体，是东西方建筑文化交流融合的样本。这些经历近百年沧桑岁月的特色民居建筑，已成为武汉城市个性魅力的一个重要组成部分。

（三）近代城市规划与武汉空间发展

武汉现代意义上的城市规划起源于晚清时期。1861 年汉口开商埠后，英、俄、法、日、德等 5 国在汉口设租界，租界区的市政设施和建筑均按西洋城市的建设模式进行，此为武汉近代规划与建设的开端。湖广总督张之洞举办洋务新政，筹建汉阳铁厂、汉阳兵工厂，建湖北织布、纺纱、缫丝、制麻四局，奏修京汉铁路，拆汉口城堡，修后城马路，建长江码头，修后湖长堤，并奏准开辟武昌商埠，引进西方近代城市规划中有关工业区、铁路、港口、码头、公共建筑等规划设计与建筑风格，是中国人为武汉城市现代规划、建设开创之举。

中国民主革命先驱孙中山先生一直对武汉的地理区位情有独钟，辛亥革命前后几次主张将武昌选定为中国首都。1919 年，孙中山在其所著《实业计划》中，将武汉发展规划定位成：中国最重要的工商业大城市、中国中部西部的贸易中心、中国海运终点城市和中国本部铁路系统之中心、内地交通唯一之港。与此同时，民国以后武汉商界与市政当局借鉴西方国家的经验，多次制订城市规划。

1923 年《汉口市政建筑计划书》：由湖北督军萧耀南委派主持汉口地亩清丈局的孙武组织编制。该计划书充分考虑到汉口所处区位十分重要，认为规划“宜开放眼光，扩张规模，以夏口全县区域为建筑汉口市政之范围也”，面积 280 平方公里，规划开辟东西三条直线路为经、南北八条横线为纬的道路网络，划分宽 20 丈（66.6 米）的大马路、12 丈（40 米）的中马路、10 丈（33.36 米）的河边马路、6 丈（20 米）的小街道。规划自张公堤外舵落口，开汉水通过径河、滠口汇入长江，以扩大后湖地区发展空间。“以汉阳大别山、武昌黄鹄山为基，架设武汉大铁桥，可收京汉、粤汉、川汉三大铁路连贯一气之完美。”

1936 年的《汉口市都市计划书》：由高凌美编制，针对汉口都市人口过于聚集带来系列都市问题，规划提出除内部改良外，重点考虑将汉口市区以外 11 倍大的区域作为都市计划区域进行超前规划，面积达 119.14 平方公里。把汉口分成两个工业区：一在汉水上游宗关一带，一在长江下游谌家矶附近；一商业区，在江汉路以西老市区及中正路（现称解放大道）沿线；二住宅区：一旧特区、日法租界及模范区一带，一张公堤以南；还有小工商业区、高等教育区、市行政中心区等计划。计划还在汉水的中码头、武圣庙、硚口、宗关、罗家墩等五处，各建桥梁一座。，为使粤汉、平汉、川汉三线在汉口接轨，计划在武昌至汉阳，汉阳至汉口各修铁路桥梁一座，自汉口日租界至武昌徐家棚，建设江底隧道。

1944 年《大武汉市建设计划草案》：1944 年 1 月由湖北省政府编印，为待抗战胜利收复武汉后，先期提出以备应用的建设计划草案。该规划首先提出了构建“大武汉”的计划，并界定为：东至左岭、神塘湖西岸，南至五里界、纸坊、金口，西至大军山、蔡甸、新沟，北至横店、武湖北岸、仓埠，包含鄂州、黄冈、孝感部分地区，面积约 3600 平方公里。假定以 1%面积供建筑用，建筑物平均以 3 层计，并以每人使用约 39 立方米建筑物计算，则大武汉可容纳人口 1000 万人。

抗日战争胜利后，湖北当局又先后于 1945 年和 1947 年分别制订《武汉区域规划》、《新汉口市建设计划》。其中《武汉区域规划》由湖北省主席王东原组织成立了“武汉区域规划委员会”，负责武汉区域规划工作。规划地域范围纵横 60 公里，包括武汉三镇及近郊，以及武昌、黄陂、汉阳、黄冈、鄂城、嘉鱼、大冶、沔阳等 8 县境内沿江沿河地带，简称大武汉市区，类似于今天的武汉城市圈规划。1947 年 8 月，武汉区域规划委员会重新改组后，由该委员会设计处长兼秘书长鲍鼎主持编制了《武汉三镇交通系统土地使用计划纲要》。规划认为，武汉未来不仅是中国境内与东亚的大城，由于其地理和经济上的优越地位，必将发展成为世界性的城市，“纵不能超越芝加哥，亦当与它并驾齐驱，为东西两半球唯一的内地最大都市。”预测依托两江交汇的交通和水电优势，可以加速周边地区工业化进程，在全国发展格局中，树立了非常高的城市地位，是全国的交通枢纽和工商业中心；规划预测，在工业化过程中，农村人口必将大量进入都市，市区周边村落和乡镇可能发展为小型城市，全市人口可增至 500 万，其中汉口 180 万、武昌 160 万、汉阳 100 万、卫星市镇 60 万。为适应水运的城市交通模式和特征，城市的工业、仓储等设施沿江布置，确立了滨水带形的城市空间格局和平行江河的道路网络体系；在江南、江北设计了比较有远见的防洪体系，为武昌、汉口未来的拓展提供了广阔的腹地；有了城市内部的功能分区，基本奠定了三镇的分工协作关系，并加强了三镇紧密的交通联系。

上述民国时期武汉的城市规划，受时代和社会环境的制约，多数未能付诸实施。但由于这些规划大多是在政府当局主持下，由各方面专家开展调查研究而提出的，有一定的科学性和指导性，不少规划思想、原则和功能分区的设想为以后武汉城市规划、建设所吸收。例如王东原主持制定的武汉区域规划初步研究报告，对武汉的城市性质，认为是“近代化工商业大城市”，是“水陆交通的终点城市”，三镇功能分区，武昌为“政治文化城市”，以省政府机关、大专院校为主;汉口为工商业城市，汉阳为“园林住宅城市”； 限制市中心人口规模，将规划区域内的大小市镇作为卫星城镇发展；城市应有绿色地带围绕，防止城市连片盲目扩人。这些都对二十世纪九十年代武汉市总体规划有所启发，其部分观点为当代新规划所借鉴。

1913——1915年武昌洪山宝塔

纵观武汉主城区城市空间的漫长演变历史，从汉末至隋朝，是军事城堡向区域行政中心转化的过程，唐宋时期，武汉城市进入双城并峙的时代，经济、文化功能开始显现。明末清初汉口镇的崛起，形成武汉三镇鼎立的雄壮格局。近代以来，伴随汉口开埠与洋务新政的举办，武汉成为中国具有国际影响的商贸港口，新式交通通讯枢纽与工业重镇，是当时中国仅有的几个中心城市之一。特别是在抗日战争全面爆发，东北、华北沦陷，上海、南京失守以后，武汉一度成为中国最大的工商业城市，中国抗战指挥中心与文化抗战中心。在国家民族危亡之际，大武汉再次显露出了英雄本色。近代武汉城市悲壮而辉煌的历史，丰富而多彩的文化遗存，成为它荣获国家级历史文化名城桂冠的重要依据之一。

（执笔人：张笃勤）

农村劳动力转移情况调查与分析

新型城镇化的本质是人的城镇化，首要问题是解决农民工和农村人口的市民化，因此，处理好劳动力转移问题至为关键。

课题组到武汉市西部一个名叫三屋台的村庄进行调查，该村人均耕地处于全国平均水平，所处的地理位置和产业结构具有典型意义。2012 年底，该村共 354 户，劳动力 750 人，46.7%外出务工，务工人员基本集中在服务业、制造业和个体工商业。劳动力年平均收入为 30033 元，其中，外出劳力年平均收入为 43222 元，住村劳力年平均收入为 19385 元。我们通过 347 个样本问卷调查，并提出了相应建议。分析劳动力转移影响因素，剖析问题。

现状与问题分析

农村劳动力做出转移选择时，对预期收入和生活成本很敏感。

如果不考虑宏观和中观影响因素，对农村劳动力做出转移选择影响较为显著的因素分别为预期收入、生活成本、年龄和婚姻状况。

其中，预期收入影响作用最为显著，预期收入增加则选择转移的概率增加，预期年收入每增加 1000 元，劳动力选择转移的机会比率增加 27.6%。出现这种情况，是因为近年来农村的变化很大，农民收入持续稳定增加，生产生活条件大为改观，基本不会因为家庭负担而做出转移选择。然而城乡差距依然存在，农村劳动力进城务工能够增收这是毋庸置疑的，吸引农村劳动力进城从事二三产业的最大动力是相对较高的工资福利待遇。

其次是生活成本，如果生活支出多花费 1000 元，农民选择转移的机会比率要降低 11.1%。也就是说，随着城市生活成本越来越高，农村劳动力转移的动力逐渐下降。这是因为农民进城务工不是去消费享受的，一年下来能够剩下多少钱是最实在的，如果进城务工多赚了一些钱，都用在生活支出上，将会导致农民做出不转移的选择。农民进城是拉动内需的巨大潜力，但如果生活成本过高，反而会让农民打退堂鼓。

进城女性农民工大多从事服务业甚至是娱乐业，男性农民工普遍存在情感孤寂（包括性需求得不到满足）。

农村女性做出转移选择的概率比男性高，特别是年轻女性，基本选择转移到城市务工，她们从事服务业居多，占全部转移人数的 66.2%，而且基本集中在传统服务业。

这是因为城市服务业发达，女性更容易在服务行业找到工作，而留在农村则没有这么多机会。一个不容忽视的现实情况是，城市的一些娱乐业，从业者大部分都是来自农村的女性。

一些夫妻分居的男性农民工，普遍存在情感孤寂的问题，为了排解寂寞，有的人甚至花钱嫖娼。口头调查很多人都承认了这一点，但是书面调查一般不回答。不过，从娱乐消费方面的支出比例可窥一斑，男性农民工一年的娱乐消费平均为 1032.7 元，而留在村里的男性这方面仅 250.4 元。这说明，男性农民工进城后要比在家里花更多的钱用来娱乐，包括花钱解决性需求。夫妻分居农民工的情感需求（包括性需求）已经成为一个严肃而且严重的社会问题。这个问题产生的原因，主要是因为家庭转移滞后于务工转移，很多已婚男性进城务工，而父母、妻子和小孩则留在农村，造成家庭分离。

一般情况下，农村劳动力年龄超过 45 岁就不会转移，而且很多人都有非农收入。

住在村里的劳动力年龄普遍偏大，平均年龄为 48.7 岁。随着年龄增长，劳动力选择转移的动力下降，每增长 1 岁，选择转移的机会比率下降 18.2%。在其他条件取平均值的情况下，年龄达到 45 岁就不会再选择转移到城市务工，而是留在村里劳动。

不转移的原因主要有以下几种：一是家中有老人和小孩要照顾，45 岁以上的农民工，很多已经有了孙子，为了家人，他们选择返乡兼顾家庭；二是农民工年龄大了在城市难以就业，而且也小有积蓄，不如返乡寻找机会；三是外出务工时夫妻长期分离，年纪大了之后，希望落叶归根，享受家庭温暖。

留在村里的劳动力，很多人已经不局限在农业部门工作，95.3%的人有非农收入，71.9%的人非农收入超过农业收入。住村劳动力年收入平均值为 19385 元，其中农业平均收入为 11033 元，非农平均收入为 8352 元，非农收入占总收入的 43.08%。

农民的非农收入增加，是因为近年来武汉市推进新型城镇化建设取得了明显成效，小城镇的产业发展吸纳了大量的农村劳动力就近就业和创业，对农民增收起到了显著作用。还有一点，就是农村耕地集约度提高，尽管只有 28.9%的人以务农为主业，但是农业收入却占总收入的 56.2%。同时，这也说明，提高农民的非农收入大有潜力可挖。

城乡年收入差距有一个合理值。

农民认为，进城务工比在家劳动收入高一些，是正常的、合理的，城乡收入差距应该缩小，但并不需要两者完全相等。

这是因为城市生活成本较高，进城务工年收入必须比在家劳动所得要高一些才行，不然就得不偿失。如果进城多收入的部分，正好等于多花掉的，那么，最后年收入剩余量就相等，这时候的城乡收入差距，就是一个相对合理的值。

经过测算，2012 年底，对于一个农村劳动力，城乡年收入差距在 8746.19 元，是相对合理的。由此也可以推断，城镇职工年平均工资，比农民年平均收入高出 8746.19 元，也是相对合理的。

农村出现新的“读书无用论”。

当前，很多农村孩子初中毕业就去打工，有的甚至小学毕业就走上社会，很多家长对此抱着无所谓的态度，认为孩子想读就读，不想读就算了，读了也没什么用。有些成绩不太优秀的孩子，家长甚至主动建议孩子中止学业，打工挣钱。在被调查的村中，仅有一人为大专学历，高中及职高文化仅 29.11%，初中 58.79%，还有 11.82%为小学文化。

出现这种问题，其主要原因是受教育程度与收入高低并无必然的联系，也就是说，读书多，并不意味着收入高。经过计算，受教育程度与收入的相关度仅为 0.05，这说明受教育程度对收入的影响极小，现实的农民自然会认为读书无用。这种情况不仅在武汉农村很普遍，在全国各地都很普遍，当然，这个“读书无用论”并不是真正的读书无用，而是很多农民认为，学习不太优秀的孩子接受职业技能培训比理论教育更管用。

对策与建议

千方百计增加农民收入。

农村劳动力增加收入的途径主要可以分为三种。第一种是进城务工或创业，第二种是就近到小城镇就业或创业，第三种是从事适度规模的农业经营。

传统二元经济理论所描述的以高于农业部门工资就能拥有源源不断的转移劳动力的时代已经一去不返，工业部门要快速发展，必须从资本收益中提取一部分来增加农民工工资。要规范企业用工制度,加强对民营及个体私营企业的管理和监督。

小城镇要充分发挥地方特色，打造文化品牌，开发以主题农业为特色的休闲旅游产业，发展劳动密集型产业以及传统服务业，大量吸纳农民就业创业。

农村社区要大力发展家庭农场式的适度规模经营，集约利用土地，大力发展农产品加工业，提高农业附加值。

进一步提升城镇综合功能，加快户籍制度改革，合理有序地推动农村家庭整体转

移

要重点提升城镇的产业功能、居住功能和服务功能，让农民进城后“有住房、有就业、有社保、有公共服务”；小城镇逐步放开落户条件，降低城镇准入门槛；全面放宽夫妻投靠、老人投靠、小孩随父母的入户条件，简化投靠入户手续；逐步淡化户籍的福利属性，建立城乡一体、权利与义务对等的身份认证机制；扩大住房保障对象，将非户籍住房困难家庭纳入保障范围，以公租房、租房补贴解决非户籍人员家庭住房困难。

推进新型城镇化要充分尊重农民意愿。

一些中老年农民由于习惯农村生活、把农村当为避风港、在城镇不容易就业等原因，不容易也不愿意转移到城镇，强行将他们转变为城镇居民可能会很困难，也没必要。而不断提高农村社区质量，逐步实现就地城镇化，不失为一种符合国情和市情的新型城镇化模式。

大力开展实用性培训，实施针对性教育。

针对农村人口的特点，减少单纯的学历教育和理论学习，大力开展职业教育和实用性培训，注重提升农民工的技能。组织农民在农闲时节参加文化水平和技术能力培训，提升农民素质，为城镇工业发展储备优质劳动力，解决结构性失业问题。

（执笔人：朱哲学）

“一键通”为何难通？

——我市社区居家养老“一键通”使用情况调查

编者按：武汉正快速步入老龄化社会[①]。为进一步提升我市社区和居家养老服务功能，今年初，市委市政府将“推进社区居家养老服务信息化建设”纳入“十个突出问题整改”范畴，承诺 11 月底前为全市城镇社区 65 周岁以上老年人，免费发放社区居家养老服务信息系统“一键通”。9 月，国务院出台《关于加快发展养老服务业的若干意见》，进一步明确发展养老服务业的指导思想、基本原则、发展目标、主要任务、政策措施和组织保障。为进一步探寻我市社区居家养老服务的现状和完善路径，国庆长假前夕，我院学者对中心城区的社区居家养老“一键通”运行情况进行了调研。

一、“一键通”发放使用情况

所谓“一键通”，是专为居家养老设计制作的一种简易手机或与固定电话连接的呼叫装置。“一键通”系统主要由三部分组成：一是老人使用的手机或呼叫器；二是受理呼叫信息的服务平台；三是与服务平台对接、提供居家养老基本服务的团队。向老人发放“一键通”主要是为推进社区居家养老信息化，让社区能及时了解、掌握、回应和尽力提供满足老人居家养老服务的多样需求。

根据市里相关政策规定，凡我市中心城区和新城区建制镇社区，孤寡老人、65 岁以上老人、空巢老人、重度残疾人、低保困难老人，均可凭户口本和身份证到长期居住地的社区服务站“养老服务”窗口申领。对“一键通”手机及第一年通讯费采取政府购买服务、免费发放的方式，发放有需求、合条件的老人。同时，通讯商保证通讯服务畅达；服务商负责提供优质低价服务。

通过对中心城区社区居家养老“一键通”实施情况的调研。各区社区居家养老服务主要是“建立机制、摸底调查、投入资金、开展试点、整合资源”的做法。各区面

①据《武汉统计年鉴》数据测算，2008 年，武汉 60 岁以上老人占全市总人口比重为 13.77%，2009 年为 14.58%，2010 年为 15.23%，2011 年为 15.96%。另据长江商报 2013 年 10 月 9 日报道，市民政局介绍武汉市籍人口中现有 137 万 60 周岁以上老人，老龄化率达 16.7%；预计到 2020 年我市老龄化率将增至 21.84%。

上情况如下：江岸区有65岁以上户籍老年人88977人，其中，需求“一键通”者4.3万人，占比46%，现已发放4000多部，占比9.3%；江汉区65岁以上有6万多人，真正需求“一键通”者约2万人，占比33%，现已发放3000多部，占比15%；洪山区共有65岁以上老人46862人，有“一键通”需求意向的老人6893人，现已发放“一键通”774部，占比11.23%；硚口区社区居家养老服务信息平台已经搭建完毕，全区共发放固话“一键通”10994部，受理求救信息4235人次。另据媒体报道，全市现有7.9万老人领取了“一键通”。

从试点社区看。笔者实地调研走访了江岸区百步亭社区、江汉区公园社区、武昌区东亭社区、青山区青宜居社区、硚口区发展社区、洪山区省农科院社区、汉阳区七里一村社区等各区试点社区，其社区居家养老“一键通”发放情况如下表：

中心城区部分社区居家养老“一键通”发放情况

社区名	社区人口（万人）	65岁以上（人）	已发放数（部）	发放占比（%）
江岸百步亭花园	9.82	10665	3000	28.13
江汉万松公园社区	1.8	1976	159	8.05
武昌东亭社区	1.12	1148	334	29.09
青山青宜居社区	1.38	1252	185	14.78
硚口宗关发展社区	0.6	489	205	41.92
洪山省农科院社区	0.29	570	134	23.51
汉阳七里一村社区	0.87	585	30	5.13

注：本表格根据各社区提供资料整理

二、“一键通”为何难通？

随着老年化、市场化、服务专业化和社会化的发展，一个老年消费市场已初步形成。但总体上看，养老服务和产品供给不足、市场发育不健全、城乡区域发展不平衡等问题还比较突出。调研中了解到，当前“一键通”发放使用中主要存在如下问题：

一是发放普及率还不高。各区“一键通”终端的发放率仅10%左右（全市发放率会更低）；从试点社区看，发展也很不平衡，发放率最高为硚口宗关发展社区，达到41.92%；最低为汉阳区七里一村社区，为5.13%。其主要原因是：1）“一键通”优惠政策、使用方法等宣传普及力度还不够；2）老人的需求度不太高。很多65岁以上的老人身体康健灵敏，尚能凭自己双手自理自给；有的老人与子女住在一起，生活起居有子女照应；有的老人人户分离，户口在汉人在外地等等，暂不需要社会提供服务；3）一些老人消费观念滞后，“除非自己不能动了，否则不愿麻烦别人，也不愿多花钱”；

4）不少老人本就有手机，期待能用自己已有手机享受“一键通”政策，从而减少“一键通”终端的无谓浪费。

二是发放后的使用率不高。自试点至9月底，百步亭社区“一键通”平均使用3次；东亭社区平均使用5次。从已有使用量看，咨询服务种类、试用“一键通”是否能通者多，有效需求不高（万松公园社区300个“一键通”电话中，仅21个属需要家政服务、配餐送餐等有效需求）。有部分老人反映，“一键通”手机通话声音小，听不清、不好用。这可能与“一键通”尚属于新生事物，消费者个体存在差异等因素有关，而消费观念的转变、消费习惯的养成、可能还需要一个过程。

三是信息受理服务平台建设模式各异，呈现“一区一策”状况。“一键通”平台建设维护等政策制定，基本上都是由各区自行决定，由于各区的财力和政府投入不同，通讯服务商不同，故在平台建设模式、通讯资费标准、发放“一键通”门槛等方面均呈现 “一区一策”状况。据媒体报道，青山区、江岸区采取预先充值100元话费，作为老人免费领取“一键通”手机的条件；硚口区对免费领取“一键通”手机的老人，每月收取10元服务费，到年底时，再给每部手机减免18元话费；江汉区“开通‘一键通’服务每月除手机话费外，还需另行缴纳10元的平台服务费”[①]。各区信息受理平台建设有的建在社区（如硚口，圆通科技公司），有的建在街道（如武昌），有的建在区级（如江汉，安康通公司）。各通讯服务商的资费标准也不一致，同一通讯服务商对“一键通”网内网外资费标准不同，引起老人的不满。如江汉区有老人反映，中国移动提供给“一键通”的资费标准怎么都不该比市场价还高。

四是后续服务难跟上、发展不平衡。“一键通”终端发放、信息受理平台建设，相对来讲都比较容易，只是需要加大资金投入；但也不平衡，如有的社区服务用房（含养老服务中心）达数千平米，而有的社区仅几百平米，勉强达标。从“一键通”使用看，后续服务提供至为关键，服务商的服务水平直接关系到这一惠民工程惠民的程度、质量和水准。对于“4+1+X”[②]的社区居家养老服务内容，一些条件较好的社区能够高效高质量甚至超额提供，如百步亭除提供“4+1”服务外，还推出物业管理、购物、健康管理、金融咨询等服务；青宜居还推出家电维修、法律咨询、商品代购、代缴费用等服务；发展社区推出法律援助、订票缴费、商品代购等服务。但对一些老旧社区、

① 楚天都市报，2013-05-15

② “4”指家政服务、助餐应急、康复护理、精神慰藉；“1”指社区居家养老服务中心站提供的日间照料服务；“X”指开展以满足老年人个性化需求的多样化服务

城中村改造社区、保障房社区，甚至连 4 项基本服务都难以得到有效提供，有的社区周边没有家政、餐饮等相关服务商，有的社区有餐馆但缺营业执照、卫生许可证，餐饮质量和安全得不到可靠保障；若全区整合资源，又难以满足“10 分钟养老服务圈”的要求，等等。还有的服务商，服务收费偏高，如江汉区永和大王、安仕餐饮的助餐应急收费标准为：20 元起送+7 元服务费、58 元以上免受服务费。不少老人表示，“一份 20 元起送的饭菜光送餐费就得 7 元，超出了我们的预期”。

此外，一些社区表示，“社区工作本就人少事多，要求社区对‘一键通’信息受理平台 24 小时值班不切实际，很难保证”（发展社区则是将 24 小时值班与保安室整合，夜间则由社区保安兼职值班）；还有一些人户分离的情况，造成少数老人在户口所在地和居住地，“都到区里去领‘一键通’终端手机”的重复浪费行为，这也应予以重视；还有社区干部反映，对每社区每一养老窗口，市里补贴 2 万元，区里按 1:1 匹配，但市里下拨资金速度很慢，也有所制约“一键通”工作的推进。

三、几点建议

针对上述存在的问题，笔者提出如下解决思路建议：

一是加大“一键通”使用培训和宣传。要通过政策宣讲、使用指导、资料宣传等多种形式，让 65 岁以上老人对“一键通”政策和终端使用人人皆知，个个会用（有社区介绍，有老人将手机放于枕头下，晚上因为睡觉挤压，反复发出报警声，让社区工作人员担惊受怕又哭笑不得）。建议由市民政局统一编印发放宣传资料（各区也分别印制了宣传资料，但规格大小、内容形式、编校质量等方面都差距较大，一些区编印的资料还存在明显的错误），同时推进“一键通”终端和系统平台的技术改进与开发，尝试开发老人用“自己的手机”嫁接适用于其免费信息平台的技术，尝试开发屏更大、声音可调节范围更宽的手机终端，满足老人多样化、个性化的需求。

二是统一各区信息受理平台建设。参照 110、119 等平台建设经验，应在市级层面统筹建设居家养老统一平台，避免各区自建平台、“一区一策”、自成体系，既无谓花钱，又造成各区老人相互攀比优惠政策而产生新的不必要的矛盾。同时，提升信息受理平台建设层级，建立“区级 24 小时值守→受理需求信息→分派临近社区服务商→服务商提供服务→老人对服务做出评价”的回应流程，避免每个社区派人 24 小时值守信息平台的问题；或是借鉴发展社区的经验，将信息平台与社区保安室联动，确保 24 小时响应承诺得以兑现。

三是统一不同通讯商“一键通”资费标准。尽管有竞争是必要的，但各通讯商应通过服务水平提高来参与竞争，而不是通过资费标准高低实现商业竞争。建议由市民政局牵头统筹协调各区通讯商的套餐或优惠，防止老人之间的横向比较而产生新的不平衡，也防止通讯商利用自身强势，单方制定资费标准，引起老人们反感而削弱政府购买老人公共服务的良好初衷。

四是加大社区居家养老服务商服务能力建设。服务是软件，软件需硬抓。软件决定了硬件作用的发挥与彰显。服务为上、质量为王，建设服务型政府是政府改革的基本趋向，服务不优，“用脚投票”，一切政府经费和人力投入都不会产生良好的经济和社会效益。养老服务业是难盈利、低盈利甚至无盈利的行业，因此，当前要加大服务商服务能力建设，鼓励服务商走规模化经营、品牌化经营、专业化经营之路。政府应进一步整合社区资源，适度出台相关优惠扶持政策，鼓励更多社会资本参与养老服务业发展，对参与提供居家养老服务的社会组织给予适当政策优惠或财税补贴。

五是认真贯彻《国务院关于加快发展养老服务业的若干意见》，探索具有武汉特色的居家养老经验。该意见强调，加快发展养老服务业，要从国情出发，把不断满足老年人日益增长的养老服务需求作为出发点和落脚点，充分发挥政府作用，通过简政放权，创新体制机制，激发社会活力，充分发挥社会力量的主体作用，健全养老服务体系，满足多样化养老服务需求，努力使养老服务业成为积极应对人口老龄化、保障和改善民生的重要举措，成为扩大内需、增加就业、促进服务业发展、推动经济转型升级的重要力量。当前，我们要结合我市实际，认真学习贯彻该意见所提出的“六大任务”（统筹发展城市养老服务设施、完善居家养老服务网络、加强养老机构建设、发展农村养老服务、繁荣养老服务消费市场、积极推进医疗卫生与养老服务相结合）和“六大政策措施”（完善投融资政策、完善土地供应政策、完善税费优惠政策、完善补贴支持政策、完善人才培养和就业政策、鼓励公益慈善组织支持养老服务），出台具体实施细则，创造性地探索具有武汉特色的居家养老经验，为建设国家中心城市、复兴大武汉奠定坚实的社会基础。

（执笔人：田祚雄）

武汉市小学生家庭教育现状调查研究

——基于武昌区小学生家庭教育现状的调查

在现实生活中，影响家庭教育的因素有很多，家长的职业类别、家长的文化程度、家庭的经济状况、家庭的自然结构、出生次第和独生子女问题、家庭的气氛以及家长的期望水平都在不同程度上影响着受教育者。

一、研究的基本分析

本课题于2013年4—6月在武汉市武昌区的学校中选取水果湖二小、何家垅小学、红岭小学三所学校的四、五年级学生为样本对象，对他们进行家庭教育状况调查。共发放问卷350份，收到有效问卷337份，回收率为96、29%；同时在网上发放问卷100份，收到有效问卷74份，回收率为74%。

本课题的调查研究从家庭结构、家长文化素质、家庭成员关系、家长教育期望、家庭教养方式五个维度揭示目前孩子向往的家庭教育模式、家庭教育存在的主要问题以及家庭教育满意度状况。

1. 家庭结构功能

随着社会的发展，特别是独生子女政策的实施，我国的家庭结构发生了很大的变化，三代同堂的大家庭逐渐减少，核心家庭成为家庭主体。而近几年来，随着经济发展和全球化影响，有调查显示离异家庭、重组家庭逐年增多。在此次调查中双亲与孩子组成的核心家庭占58.4%，单亲家庭占6.1%，再婚家庭占2.3%，多成员家庭占34.2%。核心家庭是由父母及一个或几个孩子构成，家庭最大的特点是人口少，关系简单。这种家庭对子女教育的优势主要体现在三个方面：父母愿意下工夫、和子女容易建立感情、矛盾少。但核心家庭对儿童成长也有不利因素。主要表现在三个方面：教育力量少、父母忙于工作容易放任自流、独生子女家庭孩子比较孤独。多成员家庭由祖辈、父辈和孩子组成。多成员家庭对儿童成长的有利因素是：教育力量大、老人直接参与教育。多成员家庭对儿童成长的不利因素表现为家庭矛盾较多、有的家庭存在隔代人溺爱严重的状况、容易形成“代沟”。单亲家庭和重组家庭对儿童的精神、心理、思想和个性等方面易造成不利影响。

2. 家长的文化素质

本次调研究中家长的文化程度父亲大专以上学历居多，占比为53.8%，高中学历占23.5%，初中及以下学历占22.7%。母亲大专以上学历占49.5%，高中、中专学历占24.3%，初中以下学历占26.2%。我们特别将示范小学水果湖二小学生家长的文化素质抽出来单独统计，发现父亲大专以上学历占比高达64.4%，母亲大专以上学历占比也高达62.2%，而以进城农民工家长为主的何家垅小学父母大专以上学历占比仅三成多一点。家长文化素质高能主动关心、指导其子女的学习，并具备相对有效的教育方式方法，其子女也能把家长当作文化权威；中等文化程度的家长虽也能指导自己子女的学习，但有时则显得力不从心；而对于那些初等文化的家长，则可能孩子的学习只能听任自便，有时就算想要指导，也因自身的文化程度偏低而受到子女的冷淡或顶撞。当然，家长文化程度的不同，也带来家庭文化生活、学习气氛等方面的差别，从而间接影响其子女的学习。

3.家庭成员关系

家庭成员关系直接影响一个人的身心发展状况。在本次调查研究中，48.4%小学生与父母在一起时感觉到愉快，40.1%感到宽松，9.2%的学生感到紧张，另有2.3%的学生感到害怕。62.4%学生愿意与家长主动讲述学校的事情或自己的心里话，27.8%的学生只是偶尔与父母讲述学校的事情或自己的心里话，还有约9.8%的孩子不愿意或从不与家长主动讲述学校的事情或自己的心里话。

而当孩子们遇到不顺心的事时，57.7%的孩子最想倾诉的对象是同辈人——他们的朋友或同学，只有25.6%的孩子想向他们的父母倾诉，还有16.7%的孩子选择向玩具倾诉或不倾诉。

4.家长教育期望

大多数父母对孩子都有教育的期望，如果是合理的期望，将会有利于孩子的身心发展，但期望并不是越高越好，也不是越强烈越好。期望既可以是动力也可能最后变成压力。动力能激发孩子的创造力，帮助孩子更好地达到自己的目标，而压力只会给孩子带来成长中的负面效应。本次调查结果显示73.6%的家长期望孩子未来的文化程度在本科及以上，水果湖二小此项调研结果中期望孩子未来文化程度在本科及以上的比例高达90%，其中61.1%的家长期望孩子将来的文化程度在硕士及以上。

5.家庭教养方式

此次调查中有关教养方式的结果显示，68.7%的家长在教育子女的过程中都注意采用民主型的教养方式，他们和孩子的交流方式为朋友式聊天，有24.6%的家长比较专制，与孩子在沟通方式上一般是长官式命令；当孩子的成绩不理想或行为出现偏差时，42.4%的家长选择与孩子谈心，14.5%的家长选择责骂，13.7%的家长选择找老师，12.8%的家长选择打罚，10.3%的家长选择由他去，6.3%的家长选择咨询教育机构。

62.4%的子女愿意与家长沟通， 主动讲述学校的事情或自己的心里话。当孩子希望在某件事上自己动手试试时，62.7%的家长尊重孩子的需求，让他自己去实践。但是采取放任型教养方式的家长也不在少数，36.8%的家长不管子女需要什么都会尽量满足，而且从不干涉子女的日常生活。38.2%的孩子描述父母在自己心目中的形象为严师，26.7%的孩子描述的形象为朋友，13.7%的孩子描述的形象为保姆，11.6%的孩子描述父母形象为警察，9.8%的孩子描述的形象为裁判。

调研结果揭示

1.孩子向往的家庭教育模式

在本次调研中，44.8%的孩子觉得在与父母的沟通交流中最大的困难是和父母讲道理讲不清，37.3%的孩子觉得最大的困难是孩子的意见父母不愿意接受，另有17.9%的孩子认为自己的父母总是强迫他们接受一些他们不愿意的事情。有34.2%的孩子认为父母批评孩子最有效的方法是摆事实讲道理，33.6%的孩子认为批评最有效的方法是与孩子讨论，允许申辩，23.5%的孩子认为批评最有效的方法是暗示并提醒，只有9.7%的孩子认为批评最有效的方法是严厉批评直到认错。24.3%的孩子认为理想的父母应该是善解人意，能体谅孩子的感受与做法，能给孩子适当空间；18.5%的孩子理想中的父母是多与他们聊聊天，及时了解他们的想法；16.2%的孩子理想中的父母是能以身作则，做孩子学习和生活上的榜样；15.1%的孩子希望父母不要拿他和别人比；12.6%的孩子希望父母能多回家陪陪他，让他们感受到家的温暖；9.7%的孩子希望父母不要关心他们的学习；另有3.6%的孩子希望父母不要管他，凡事由他自己决定，自己做。

2.家长们认为目前家庭教育上存在的主要问题

在本次调研中，87.9%的家长认为以下三个问题是目前家庭教育上存在的主要问题：（1）家庭教育是一门科学，如何教育好孩子，家长们迫切需要科学的指导。（2）目前多数孩子生活自理能力、解决问题的能力差，需要引起家长重视并帮助他们提高。（3）父母（监护人）与孩子之间缺少共同语言，缺乏有效的沟通。

3.家庭教育现状满意度

在本次调研中，61.8%的家长对于自家的家庭教育现状基本满意，23.1%的家长满意，12.7%的家长不满意，2.4%的家长非常满意。

三、调研结果折射深层次问题的分析

（一）阶层固化趋势已经通过小学家庭教育中家庭学习环境建设呈现出来。学习环境是指支持学习者学习的外部条件和内部条件，与家长的职业类别和家庭经济社会地位高相关。在本次调查问卷中有两题是直接反映家庭学习环境的：一是您为孩子主动购买（不是学校或老师要求）课外书籍或订阅书报了吗？调查显示76.8%的家庭为孩子主动购买了。在水果湖二小，为孩子购买课外书或订阅书报的家庭高达97.8%，而在以农民工为主的何家垅小学，这个比例仅38.6%；二是您家有专门为孩子提供写作业的书桌或地方吗？调查显示比例为80.3%，而来自水果湖二小的比例是百分之百，来自何家垅小学的比例仅53.8%。 家庭学习环境的好坏与家长的职业和家庭年收入密切相关。在家庭年收入方面，三万元以下的家庭占比为20.9%%、3万～10万的为38.1%、10万～20万的为31.3%、20万以上的占比为9.7%（因为家庭收入填写方面人们偏向少填，所以此组数据只具有参考意见）。在家庭年收入这块，我们发现家庭年收入超过20万的家庭，主要集中在水二小，占比高达70.8%，而何家垅小学没有家庭年收入超过20万的家庭，因此可以看到家庭年收入高的家庭有能力将孩子送到条件好的小学，家庭收入低的家庭则有心无力。父母有固定的职业，可以为儿童提供较为稳定的生活环境；而父母的职业往往也决定父母的收入，父母收入的多少决定一个家庭的经济状况的好坏。一般来说，优越的物质生活条件能为儿童的身心发展提供了有力的物质保障，营造一个良好的家庭学习环境。在本次调研中学生家长的父亲为管理人员的占24.2%，为专业技术人员的占27.4%，服务人员占17.6%，工人12.5%，私营老板8.7%，其他为10.6%。母亲为管理人员的占13.8%，为专业技术人员的占28.3%，服务人员占29.7%，工人占10.1%，私营老板占1.5%，其他16.6% 。

（二）社会环境的变化影响着家庭教育功能的良好发挥。转型时期，人们的价值观念发生着深刻的变化，一些传统的美德比如勤劳、踏实、感恩等观点遭遇贫富不均、社会不公、官二代富二代等社会现象的冲击与考验。互联网络高速发展又使很多小学生成为网迷、电子游戏迷，在本次调查中，一些家长和老师坦言有小学生因为网瘾大而逃课、逃学。在问卷调查中，76.8%家长高度关注孩子的课业学习。但是，家长对孩子学习的高期望和孩子的学习现状之间存在较大的差距。从而导致了家长在对孩子的各方面表现进行评价的过程中，对孩子的学科学习方面的满意度明显要低于孩子在品德、身心健康等方面的满意度。

（三）家庭教育缺乏科学的教育观点引领。当前家庭教育中最大的问题是部分家长仍旧守着陈旧、落后、错误的教育观念，用着原始自然的教育方式，重智育轻德育，重生理轻心理，重外显轻内省。重教而不会教的现象相当普遍，家庭教育的研究和家庭教育的实践也存在着脱节现象。家庭教育对孩子非智力因素的开发也存在严重不足，在本次调研中九成家长对孩子的做事效率、独立性、学习习惯、主动认错或自我批评等方面表示不满意，同时也认为目前孩子最需要在学习习惯、学习方法、学习态度和意志力等方面进行教育和培养。由于家庭教育中成才观的异位，再加上教育的功利化的影响，使得在社会经济充分发展，物质文明高度进步的今天，孩子的很多非智力因素的优秀品质的培养被忽略或弱化。

四、思考与建议

（一）应重视家庭教育的作用。目前在我国，家庭教育似乎是单个家庭的事，一个家庭如何教育子女，如何为他们提供最好的家庭教育环境，有哪些科学的方法、有哪些规律、要注意什么问题，许多父母茫然困惑。孩子是国家的未来，我们国家有充足的人力资源，但是要把丰富的人力资源转化成优质的生产力，各种教育的作用都不容轻视。家庭教育作为与学校教育紧密相关的方面，应该引起政府和相应教育部门的高度重视，使之不再成为单个家庭的事。政府一方面要加大对各个学校的投资力度，均衡教育资源的配置，让一座城市、一个地区的各级学校至少在硬件配置大体相当，尽可能避免示范小学与“农民工”小学差距过大；同时应加大对公共教育资源的投入，比如在各个小区或社区尽快建立家长学校，建立小型图书馆；建立大学生志愿者学习辅导班等，帮助弱势家庭的孩子，弥补他们在家庭教育方面的不足和缺位，从源头避免阶层固化的趋势。

（二）家长要注重对教育理论的学习。一个孩子的成长，有其规律，也有前人研究的许多科学方法。当前中国的家长很少把自己的孩子看成是独立的人，在内心深处，他们把孩子看作是自己的财产、所有物，孩子是依附于自己的，认为只有在自己的照顾下，孩子才能长大成人。大多数家长扮演着控制安排子女命运的角色，显然这种亲子关系是不平等的。而西方国家的家长则从孩子出生就把他们看成是个自由独立的个体，把他们摆在与自己平等对话的位置，注重平等相处、平等交流，凡事都尊重子女的意见和需要，在孩子自然成长中，给予适当的指导和帮助。由此可知，国外的家庭教育起步较早，且比之国内家庭更注重家庭各因素对子女的综合影响。在这些因素中，家庭文化背景、经济背景、情感背景均对孩子的成长起到主要作用，且各因素相互影响，具有不可替代作用。许多家长借口工作繁忙，忽视对孩子的家庭教育问题，导致家庭中父母与孩子的关系紧张，家庭不和睦。因此我们建议家长要注重与孩子的沟通，与学校和老师的沟通。为了孩子的健康成长，多读多看一些教育理论方面的书籍，吸取中西方教育精粹，根据孩子性格特征，为自身的家庭教育找到一条科学的最合适的方法和道路。

（三）对孩子的培养，学校和家庭各有侧重，分工不同，要互相合作，形成合力。家长对家庭教育的角色要有正确的认识，家庭不光是学校学业教育的延伸，更多是培养孩子性格，习惯，情操乃至生存能力、社交能力等各方面素质能力培养的场所。家长如果不能意识到这种差别，一味地将课堂学习延伸到家庭中，给孩子报各种各样的课外补习，最终只会拔苗助长，导致孩子的成长与家长期望相反的结果。

（执笔人：张　玉）

关于武汉市生态环境建设的对策思考

进入新世纪以来，生态环境与发展逐步成为全社会普遍关注的重大问题，追求人与自然的协调与和谐，实现可持续发展，正成为人类奋斗的共同目标。也是实现武汉经济、社会、人口、资源、环境协调发展，建设小康社会的重要途经。

一、当前武汉生态建设的进展及其特点

1. 生态环境建设稳步推进。

2012 年全市上下按市委、市政府的统一部署和要求，策划实施绿色通道，林业产业，森林生态，绿色家园，三镇绿岛，湿地水网，江河绿化，山体复绿，生态文化等十大工程，大力弘扬生态文化，促进生态宜居城市建设，凸现水乡林城特色，构筑生态屏障，营造滨江滨湖城市形象，生态建设取得新的进展。长江防护林，主要江河流域生态林保护，治理水土流失，绿色家园建设等着力推进。全市有 159 个村被命名为“市级生态村”，蔡甸、黄陂被命名为省级生态示范区，全市 450 个创建村完成村湾绿化。黄陂木兰山、九峰城市森林公园、东湖风景区、道观河风景区等生态条件不断改善，生态旅游不断丰富，成为生态建设的新的亮点。

2. 环境保护力度加大，环境质量进一步改善。

2012 年，武汉市环境保护工作坚持一控双达标的基本任务，以主要污染物减排为主线，以改善环境质量为目标，以实施碧水蓝天工程、机动车排气污染防治，环保专项行动等工作为重点，开展大气和水环境综合整治，继续抓好锅炉改造和油烟综合整治，加强建设工地防尘降尘，开展饮用水源保护工作，全市环境质量基本保持稳定，提前完成国家、省下达的主要污染物减排任务， 2012 年武汉城区环境质量优良天数为 321 天，空气优良率为 87.7%，空气中二氧化硫平均值、氨氮平均值、化学需氧量比上年分别下降 2.7%；1.6%和 1.8%。中心城区污水处理率达到 92.3%，城市生活垃圾无害化处理率为 95%， 已建成城市烟尘控制区 11 个、生活在 55 分贝以下的人口数量占网格总人口的 47.7%，覆盖面积 109 平方公里。

3. “餐桌污染”，“食品放心工程”治理有效推进。

近年来，市委，市政府将治理“餐桌污染”、建设“食品放心工程”列入为民办实事的重头戏。提出 3 年内在城区基本消除主要食品“餐桌污染”的工作目标，在全市重点抓好 15 个与人民群众生活密切相关的肉菜、水产品、食用油、大米、调味品六大类主要食品的污染治理工作。在取得成效基础上，进一步突出抓好与人民群众生活紧密相关的“五个种类、一个行业”，即畜牧业产品、种植业产品、水产品、饮用水、加工食品和餐饮业的食品污染治理工作，开展“从农田到餐桌”全程质量控制，努力从源头上消除“餐桌污染”。2012年，通过专项检查学校食堂和校园周边餐饮单位食品安全，对472个存在问题单位下达责令整改通知书，对部分硬件设施不达标，加工场所偏小，操作流程不合理地进行改造和完善，通过关停转向、限期整改，重新核发整治行动，使困扰多年的小餐饮经营问题有较大改善。

4.生态环境建设和执法力度加大，公民生态环境意识增强。

生态环境法制建设取得新的进展。制定了一批环境保护地方性法规和规范性文件。市人民政府颁布实施了《武汉市“十二五”环境保护专项规划》。起草了《武汉市创建湖北省环境保护模范城市总体规划》等。坚持实行建设项目环评影响制度。排污收费和排污许可证制度，城市环境综合整治定量考核制度，环保执法力度加大，全市累计出动环境执法人员2.7万次，检查企业7000多家，立案查处违法排污企业74个，挂牌督办违法排污企业35个，责令关闭企业4家，同时，在市政府统一组织下，相关部门联合开展声势大，涉及面广的严肃查处环境违法行为的相关行动，有力防止和减少了破坏生态和污染反弹现象的发生。与此同时，开展生态环境保护进社区、进学校、进企业活动，发动群众为生态建设献计献策，积极推进绿色系列创建，发挥新闻媒体作用，完善公民举报，公民的生态环保意识得到了有效提高。

二、武汉生态建设面临的压力

一是生态环境还比较脆弱，土地沙化，地力下降现象较为严重。武汉素有“百湖之市”的美称。但随着经济的发展，城市的快速扩张，加之较少的森林植被，水土流失，湖泊减少，旱涝灾害等加重了环境负荷。“十二五”及今后一个时期，武汉正处在工业化和城市化加速发展阶段，生态屏障承载力不足的矛盾还比较突出，给有限的环境资源开发利用带来较大压力，成为制约经济发展的重要因素。

二是森林资源不足，无法缓解大城市的“热岛效应”。武汉是我国的老工业基地，加之人口的增长和工业污染带来的城市热岛效应越来越严重。近年来，夏季常出现高温持续时间长，昼夜温差小，在全国大中城市中很为罕见。由于城市森林植被不足，城区周边森林资源少，建成区内人均绿地率低，自然城市“热岛效应”无法得到缓解和减轻，使得武汉市以外的人对火炉武汉的夏季望而生畏。从某种意义上看，这种夏季酷热的生态环境，也难以成为良好的投资和人居环境。

三是局部区域环境污染仍然突出。全市江河水域水质较以前有所改善，但局部河段污染仍较严重，城市内河、湖泊（水库）污染有回潮趋势，目前仍有近半数湖库水质为Ⅳ或劣Ⅴ类，城市内河、湖泊（水库）半数以上未能达到功能区划水质标准。塑料包装物和塑料制品造成的“白色污染”问题仍未得到有效遏制，社会生活噪声，施工噪声和油烟扰民问题仍然存在。农村污染仍较突出，生活污水及畜禽养殖废水不经处理随意排放，农药化肥的过量使用，加剧了土壤污染。

四是经济结构还不尽合理，产业结构趋同，高耗能、高耗水、粗放经营，产品附加值不高，竞争力不强，资源的合理重复利用率不高，农业用水有效利用率不足40%，以及加入WTO后所面临“环境污染转移”问题，都将成为生态型经济发展和建设的制约因素。

三、生态建设面临的机遇

“十二五”期间，武汉生态建设形势总体而言，将处在全面推动时期，机遇与挑战并存，机遇大于挑战，关键是因势利导，把环境保护和生态建设向前推进。就目前来看，具有以下几个有利条件：

一是市委、市政府高度重视生态环境建设，一系列与之相配套的地方和部门的规划和实施方案也将相继出台，生态建设上下联动整体推进的工作局面有望形成。

二是生态建设项目的启动和推进将会进一步加大，一批对生态建设具有重要推进意义的生态示范区和重点工程，如筹备举办武汉园博会，“一江两岸”绿化工程，张公堤城市森林公园，大东湖水网构建、汉阳“六湖连通”工程，生态社区建设，机动车尾气治理等将有望加快实施并取得成效。同时，市政府继续加大为民办实事的力度，下力气解决人民群众关心的环境热点、难点问题，对环境整治继续实施问责制，将对我市环境治理和生态建设起到推动作用。

三是随着全市“新三万”活动开展，生态建设和农村环境污染综合整治工作将会得到进一步改善，自然保护区和生态示范区以及生态区、乡、镇、村建设将稳步推进，农村污染防治和村容村貌整洁卫生工作将进一步得到加强，城乡人居环境将得到进一步改善，保护耕地，建设生态屏障，控制水土流失和加强防灾减灾能力，建立生态安全保障体系将有大的改观。

四是经济结构调整和技术创新力度加大，经济增长质量和经济效益开始提高，对外开放向高层次，宽领域，纵深化发展。“两型社会”示范区、武汉科技新城、创建全国文明城市、卫生城市、森林城市继续向前推进。社会事业的不断进步，人民生活水平的进一步提高，将为生态建设提供更为坚实的社会文化基础，从源头控制污染和保护生态环境，建立多元化的生态建设和环境保护机制，推进城乡生态环境面貌的改善提供更为广阔的空间和更为有利的条件。

四、对策与建议

1. 着力抓好城市生态系统构建。森林是城市生态系统的主体。是农业，水利的屏障和调节器，森林在保护生态平衡和自然环境方面起着决定性的作用。国内外生态学家认为：人均绿地达 40m^2或森林绿化占总面积的 30%以上，才能有效改善生态环境，保证人居基本健康与生存要求，要达到这一基本要求，我市生态建设任重而道远。近年来，市委、市政府高度重视生态环境建设，我市每年用于植树造林绿化的投入 8 亿多元，森林植被，水土治理能力明显增强，自然资源利用，道路林带，城乡绿化，生态安全屏障有较大改善。当前，林业生态建设正迎来黄金发展时期，建设资源节约型和环境友好型社会一系列战略决策，为生态建设注入了新的活力，赋予了新使命，我们要紧紧抓住这一历史机遇，统筹谋划，城乡一体，全面推进生态环境建设，加快构建符合我市特色的生态体系。

2. 要继续抓好封山育林、退耕还林和义务造林，实现每年新增造林面积 20 万亩以上目标。并将任务分解到区、乡、镇、村组，层层落实。继续抓好“清水入湖”工程，大东湖水网建设，二江四岸江滩开发及绿化，环湖绿道建设，加快城市中心湖泊改造，扩建一批湿地保护区和湿地公园，扩大湖泊湿地保护规模，充分利用和开发湖泊湿地资源，继续抓好九峰城市森林保护区工程，黄土路绿化工程，三环线绿化工程，重点生态区飞播造林工程。大力发展庭院经济和绿色示范村，按照“一村一景，一品一片，联村经营”的模式，抓好“小果园、小苗圃、小林庄、小丰产林”（“四小”林业）为主体的庭院经济，着力推进山水林自然生态环境建设与保护，彰显城市滨江湖特色，形成山水相互融合，点线面相结合，绿色均衡分布的生态体系。到 2015 年全市森林覆盖率达到 28%，建成区绿化覆盖率达到 40%，人均公共绿化面积达到 10 平方米。

3. 加强环境污染的综合整治，促进人与自然的协调发展。要坚持以人为本，把人与自然和谐共处的思想融入城乡人居环境建设之中，进一步加强环境污染的治理，整体提高城乡环境质量和管理水平，严格执行环境质量控制目标，继续推行污染物总量控制，扎实抓好城市重点区域的环境整治，对全市 36 家重点排污企业治理达标率提高到 95%以上。中心城区和远城区空气自动监测站全面进行 PH 值空气质量监测，酸雨检出率控制在“十一五”末水平。加大城市“三废”整治力度，提高生活污染特别是生活污水的处理能力，着力解决畜禽养殖、化肥、农药、农膜的污染，实现环境整治由分散的点源治理向环境综合治理转变，由浓度控制向浓度控制与总量控制相结合转变，由单纯的污染治理向依靠产业结构调整转变。

4. 继续狠抓小餐饮食品安全，切实解决好油烟扰民问题，巩固城管革命成果，不断创新城管革命手段。进一步加大联合执法检查力度，严厉打击制售假劣食品的涉案人员和单位。控制小餐饮脏、乱、差现象的反弹。大力加强建设工地防尘降尘工作，城建交通、园林等有关部门通力合作，对拆迁工地扬尘、渣土运输实行铁腕治理。同时继续对小炼铁、小造纸、小水泥、小火电、小炼钢、小印刷等“六小”为重点的环保专项治理工作。进一步探索治理雾霾天气的有效途径和措施。尤其对汽车尾气、工业燃煤、城市周围焚烧垃圾要加大管控力度，提高环境治理效果。建设有利于身心健康，布局合理，自然和谐，舒适宜人的生态城市。

5. 努力促进经济增长方式转变，大力发展生态型效益经济。要积极利用我市的森林资源、农业资源、旅游资源等优势，大力发展生态工业、生态农业、生态林业和生态旅游业，构建具有我市特色的生态产业群。要积极调整产业结构，坚决淘汰能耗物耗高，污染重，效益差的落后生产工艺，关闭浪费资源，污染环境，效益低下的企业，利用高新技术，先进适用技术和“绿色技术”改造传统工业，推广节水、节能、降耗新技术，发展新能源和再生能源，以清洁生产提升传统工业发展水平。加快生态工业园区建设，以产业链和高端化带动产业优化升级。积极发展生态旅游，高起点规划，高品位开发，坚持旅游开发和生态环境建设同步发展，保护好自然景观和人文景观，做好精品线路的深度开发，充分体现大江大湖大武汉的特色，使生态旅游逐步成为我市的重要品牌。

6. 夯实建设生态城市的基础，保障生态环境安全。保障生态安全，实现资源与环境的永续利用，这是建设生态城市的重要基础和依托。为此，要进一步贯彻《武汉市环境保护条例》，继续加大自然保护区和生态示范区的建设，加强对各种自然资源的保护力度，形成较为完善的自然生态保护网络。加快林业生态工程建设，提高水土涵养能力，重点抓好江河湖泊（水库），水土涵养林，水土保养林以及城乡生态公益林建设，同时要加快以交通道路沿线绿化工作为重点的绿化通道工程建设。加大水土流失治理力度，恢复和新建植被，提高森林水源涵养能力和水土保护能力，积极推广能源生态模式，废物利用模式，循环经济开发模式，严格实施资源开发管理，提高资源综合利用水平。进一步健全灾害预警预报系统，以洪涝灾害防御、林业生态防护、灾害性天气预警，地质灾害防治工程为重点，继续推进防灾减灾工作，提高防灾减灾能力。

（执笔人：姜竞桥）

2012年武汉市生态文明建设评析报告

党的十七大第一次明确提出了建设生态文明的目标,党的十八大从新的历史起点出发，做出“大力推进生态文明建设”的战略决策，强调:“把生态文明建设放在突出地位，融入经济建设、政治建设、文化建设、社会建设各方面和全过程”,由此可见，生态文明建设不但要做好其本身的生态建设、环境保护、资源节约等，更重要的是要放在突出地位，融入经济建设、政治建设、文化建设、社会建设各方面和全过程，这就意味着生态文明建设既与经济建设、政治建设、文化建设、社会建设相并列从而形成五大建设，又要在经济建设、政治建设、文化建设、社会建设过程中融入生态文明理念、观点、方法。

本项课题研究根据生态文明建设的内涵与外延，从生活生态化、经济生态化、社会生态化、自然生态化等四个方面提出了一套全面概括生态文明城市建设的44项指标，不仅采用了环保部、国务院发展研究中心、中国社会科学院、中国科学院等权威机构的专家对生活方式、经济发展、社会进步、自然环境等方面的目标值，而且还参照国外发达城市目标选用的目标值作为对比标准(评价方法参见附件“构建武汉市生态文明城市评价体系研究报告”)，并以此对武汉市2012年生态文明建设的状态进行分析评估，具体评析如下:

总体状态

生态文明与物质文明、精神文明和政治文明是并列的文明形式，是协调人与自然关系的文明。在生态文明理念下的物质文明,将致力于消除经济活动对大自然自身稳定与和谐构成的威胁，逐步形成与生态相协调的生产生活与消费方式;生态文明下的精神文明,更提倡尊重自然、认知自然价值，建立人自身全面发展的文化与氛围，从而转移人们对物欲的过分强调与关注;生态文明下的政治文明,尊重利益和需求多元化，注重平衡各种关系,避免由于资源分配不公、人或人群的斗争以及权力的滥用而造成对生态的破坏。生态文明是对现有文明的超越，它将引领人类放弃工业文明时期形成的重功利、重物欲的享乐主义，摆脱生态与人类两败俱伤的悲剧。

生态文明涵盖了社会和谐及人与自然和谐的全部内容，是实现人类社会可持续发展所必然要求的社会进步状态。生态文明是一个以人的行为为主导、自然环境系统为依托、资源流动为命脉、社会体制为经络的“社会—经济—自然”的复合系统。生态文明城市建设的本质就是促进人健康发展的城市经济、社会、环境以及人民生活的生态化。

根据上述认识，我们以为生态文明城市建设有着四大内容：

生活生态：生活生态化就是采用地球生态所能承受范围内的生活方式，均衡甚至减少对资源的消耗，注重生活的安全性、丰富性，是具有生命意义和人性的生活方式。

经济生态：经济生态化是指经济发展及运行方式的生态化。以生态经济效益为导向，建立生态化的生产方式，形成合理的产业结构，使城市的经济系统和生态系统协调发展。

社会生态：社会生态化是将生态平衡的理念纳入社会生活的方方面面，公正、公平地提供满足人的全面发展的社会服务，为社会成员创造平等的权利和机会。

自然生态：自然生态化是基于对人和自然的生态平衡的正确认识，反映人与自然环境协调状态，它主要应当包括自然系统自身的和谐及人与自然的和谐，即自然环境与环境保护两个方面的具体指标。

生态文明城市主要由生活生态、经济生态、社会生态、自然生态等组成，生态文明城市的建设水平取决于构成状态水平。

近几年来，武汉市不断加大了生态文明的建设力度，生态文明水平明显提高。

根据的统计指标综合分析，2012 年平均指数为 81.09 分，各系统的状态水平如下：

表 1：各系统指数

指数　指标	2012 年平均指数
生活生态	82.78
经济生态	80.45
社会生态	76.40
自然生态	84.73

从各系统的平均指数来看，生活生态最高，最低是社会生态。

二、生活生态

生活生态化其核心内容是生态消费方式，即以维护自然生态环境的平衡为前提，在满足人的基本生存和发展需要的基础上的适度的、绿色的、全面的、可持续的消费。生态文明观认为，盲目地高消费并不利于人的身体健康，而且浪费资源，污染环境。

因此，人类应改变过去那种高消费、高享受的消费观念和生活方式，提倡生态消费，即提倡一种既符合物质生产的发展水平，又符合生态生产的发展水平，既能满足人的消费需求，又不对生态环境造成危害的消费观念，突出人的精神心理的需要。为此，要求人口数量的发展与生活环境相协调，重视人口素质的普遍提高，合理人口的消费结构和就业结构，使人口的生活消费在保障基本物质消费适度满足后，转向对服务、文化教育和环境享受的有序追求。以适用节约为原则，以适度消费为特征，追求基本生活需要的满足，崇尚精神和文化的享受。

在考虑到相关性大、指标数据采集难等因素后，我们从人口结构优化方面选择了市区人口密度、出生人口性别比、非农业人口所占比重、城乡居民人均收入比四个指标；从物质生活丰裕方面选择了城乡居民人均收入、人均储蓄余额、城镇居民人均居住面积、城乡恩格尔系数等指标，从精神生活丰富方面选择了教育文化娱乐支出比、移动电话普及率、电脑数普及率等指标。

近五年来，武汉市生活生态化变化较大，每年都有不同程度的增长，2012 年平均指数为 82.78。具体指标的目标值及实现值测评如下：

表 2：生活生态化实现率

指标 指数	目标值	2012 实现值	2012 年实现率
1. 市区人口密度	3500	10687.67	32.75%
2. 出生人口性别比	1.07	1.15	93.04%
3. 非农业人口所占比重	60	55	91.67%
4. 城乡居民人均收入比	1.5	2.4	62.50%
5. 城乡居民人均收入	13000	19125.72	100.00%
6. 人均储蓄余额	30000	46725.88	100.00%
7. 城镇居民人均居住面积	30	42.45	100.00%
8. 城乡恩格尔系数	35	39	89.74%
9. 教育文化娱乐支出比	15	12	80.00%
10. 移动电话普及率	70	193.8	100.00%
11. 电脑数普及率	70	111	100.00%

从上表可以看到，与目标值相比，截至到 2012 年，实现程度达 100%以上的有 5 项，主要是：城乡居民人均收入，人均储蓄余额、城镇居民人均居住面积、移动电话普及率、电脑数普及率；实现程度达 90%以上的有：出生人口性别比、非农业人口所占比重；实现程度较低的主要有：市区人口密度、城乡居民人均收入比；其他都在 70%～90%之间。因此，控制城区人口总量，可以进一步降低市区人口密度；在进一步提高城乡居民收入的同时，注重城乡间的收入平衡，是提高生活生态指数的重点指标。

经济生态

经济生态化使城市的经济系统和生态系统协调发展。传统的经济增长只追求增长而缺乏环境观念，仅仅按供求关系来分析经济发展和指导决策。生态文明要求经济观念必须由单纯追求经济目标向追求经济生态双重目标转变；从现代科学技术的整体性出发，以人类与生物圈的共存为价值取向发展生产力，资源的正确配置与综合利用必须在宏观、微观经济活动中落实；必须摆脱为增长而增长的发展模式，走可持续发展的道路，从而建立生态化的生产力和生产方式以及生态经济新秩序。

传统的生产方式对能源和材料的利用是粗放式的，是资源—产品—废物—排放单向度的线性发展模式，通过把资源变成废物来实现经济的增长。这是一种“高投入、高消耗、高排放、不协调”的生产方式。生态文明主张以循环生产模式替代线性增长模式，根据资源输入减量化、延长产品和服务使用寿命、使废物再生资源化等三个原则，把经济活动组织成一个“资源—产品—再生资源—再生产品”的循环流动过程，以最小的资源和环境成本。取得最大的经济社会效益。

因此，我们以为生态文明城市的经济生态化主要反映生态经济效益、生态经济结构以及生产的集约化、生态化。其指标主要有：反映经济效益的人均 GDP、人均财政收入、社会劳动生产率，经济结构的第三产业占 GDP 比例、高新技术产业产值占工业总产值比，生产集约化的万元 GDP 能耗、投资贡献率、经济密度，生产生态化的工业用水重复率、工业固体废物综利用率、化肥施用强度(折纯)等指标。

近几年来，武汉市经济生态化强度增大，具体指标的目标值及实现值测评如下：

表 3：经济生态化实现率

指数 指标	目标值	2012 年实现值	2012 年实现率
12. 人均 GDP	40000	79089.13	100.00%
13. 人均财政收入	8000	20688	100.00%
14. 社会劳动生产率	20	16	80.00%
15. 第三产业占 GDP 比例	55	48	87.27%
16. 高新技术产业产值占工业总产值比	70	59	84.29%
17. 万元 GDP 能耗	0.5	0.97	51.55%
18. 投资贡献率	1	1.73	57.80%
19. 经济密度	70000	94220	100.00%
20. 工业用水重复率	80	88	100.00%
21. 工业固体废物综利用率	90	98	100.00%
22. 化肥施用强度(折纯)	250	750	33.33%

从上表可以看到，与目标值相比，2012 年，实现程度达 100%以上有：人均 GDP 、人均财政收入、经济密度、工业用水重复率工业固体废物综利用率；其他的实现率都在 80%以下，特别是化肥施用强度(折纯)、万元 GDP 能耗、投资贡献率实现率较低，需要加大提升实现值。

社会生态

社会生态化是一个更加复杂的系统，具体表现为：社会事业服务完善，满足人们在物质和精神文化上的各种生理和心理需求，优化身心促进人类健康发展。公共服务设施便捷，舒适便利的服务设施，交通通讯、给排水设施、能源与防灾设施等等便利适用。社会保障体系健全，稳定公平的社会保障，综合服务能力高。社会秩序稳定安全，创造一个保障人人平等、自由、教育、人权和免受暴力的社会环境，人与人及其社会关系和谐发展，形成安全稳定的社会秩序。为此，我们选择了高中阶段入学率、人均图书数、每千人拥有医生、百万人口发明专利授权数、天燃气普及率、城镇人均拥有道路面积、万人拥有公共交通车辆、城镇登记失业率、社会基本保险覆盖率、贫富差距率、社会安全指数等指标来评析。

近几年来，武汉市社会生态化变化大，每年都有不同程度的增长，2012 年具体指标的目标值及实现值测评如下：

表 4：社会生态化实现率

指数 指标	目标值	2012 年实现值	2012 年实现率
23.高中阶段入学率	95	92.77	97.65%
24.人均图书数	1.6	1.24	77.50%
25.每千人拥有医生	3	3.3	100.00%
26.百万人口发明专利授权数	200	797	100.00%
27.天燃气普及率	60	84.5	100.00%
28.城镇人均拥有道路面积	15	9.23	61.53%
29.万人拥有公共交通车辆	20	14.8	74.00%
30.城镇登记失业率	4	3.81	100.00%
31.社会基本保险覆盖率	100	60	60.00%
32.贫富差距率	3	3.4	88.24%
33.社会安全指数	100	48	48.00%

从上表可以看到，与目标值相比，截至到 2012 年，实现程度达 95%以上的主要有：高中阶段入学率、每千人拥有医生、百万人口发明专利授权数、天燃气普及率、城镇登记失业率等指标；实现程度较低的主要是社会安全指数；其他都在 60%～90%

之间。因此，应该针对社会安全等薄弱环节，加强社会治安，不断提高建设平安武汉的水平；另外，扩大道路面积，扩大社会保险的覆盖面等也是改善社会生态的必要举措。

自然生态

生态城市的自然生态目标，就是对生态城市自然环境方面的要求，也就是人们常说的将自然融入城市，将城市融入自然。这包括两个方面，一是合理保护和利用城市中及其周边的自然环境，二是通过改变(建设)城市及其周边的自然环境要素(如气候、地貌、水土、土壤、植被等)改善城市的自然生态环境，使城市的自然生态环境更加适于人类居住。生态环境发展指标要突出环境污染防治与生态保护性开发并重，建设城乡一体化的生态良好的循环系统，从而不断提高环境质量，促进自然资源的可持续利用。

自然环境主要从自然生态要素的质量：气候、土壤、水体、植被、动物等方面选择指标。主要有：森林覆盖率、人均公共绿地面积、建成区绿地率、退化土地恢复率、空气质量优良率、水环境质量、声环境质量（噪声达标区覆盖率）、生态环境质量。

环境保护主要从废水、废气、废渣、废热、垃圾等方面选择指标。主要有：主要污染物排放强度、化学需氧量（COD)、二氧化硫(GDP)、工业废水达标率、工业废渣达标率、城镇生活垃圾无害化处理率、集中式饮用水源水质达标率、城镇生活污水集中处理率。

近几年来，武汉市环境治理投入力度大，每年都有不同程度的增长，自然环境生态化不断提高，2012 年，具体指标的目标值及实现值测评如下：

表 5：自然环境生态化实现率

指数 / 指标	目标值	2012 年实现值	2012 年实现率
34. 森林覆盖率	30	27.11	90.37%
35. 人均公共绿地面积	12	9.91	82.58%
36. 空气质量	95	89.16	89.16%
37. 声环境质量噪声达标区覆盖率	50	55.2	90.58%
38. 生态环境质量	90	52.19	57.99%
39. 主要污染物排放强度	5	3.3	66.00%
40. 工业废水达标率	100	98	98.00%
41. 工业粉尘去除率	100	79.44	79.44%
42. 城镇生活垃圾无害化处理率	100	95	95.00%
43. 集中式饮用水源水质达标率	100	100	100.00%
44. 城镇生活污水集中处理率	100	92.3	92.30%

从上表可以看到，与目标值相比，截至到2012年，实现程度达95%以上的主要有：工业废水达标率、城镇生活垃圾无害化处理率、集中式饮用水源水质达标率；80%以上的是人均公共绿地面积、空气质量、声环境质量噪声达标区覆盖率、工业粉尘去除率、城镇生活污水集中处理率；比较低的是生态环境质量、主要污染物排放强度。因此，应该针对上述指标，制定相应措施，加大改善自然生态的力度。

建设生态文明，是贯彻落实科学发展观的新任务，是党的执政兴国理念的新发展，是生态建设的新目标。提出建设生态文明，不仅是一个发展理念上的创新，更是十分紧迫的现实课题和任务，是建设政治文明、法律完备、社会公平的社会主义和谐社会的战略选择。

作为两型社会建设的试验区，武汉市的生态文明建设有着坚实的基础，也取得了较大的成效，我们以为，从生态文明建设的战略措施来说，武汉市的生态文明建设应该加大生活生态、经济生态的建设力度，不断提高社会生态水平，稳固自然生态的建设水平；从生态文明建设的操作性来说，应该针对实现率较低的指标，加大建设力度，从而提高生态文明城市的建设水平，力争成为中国生态文明的模范城市。

（执笔人：郭　昀）

以农村生态经济为依托，推进农村中心村规划建设

中心村，是指以区域位置和经济社会发展条件较好的农村村庄为中心，聚集周围一些自然村和散居村民，形成具有一定规模和良好生产、生活和生态环境，并对周边一定区域的农村发展起到辐射和带动作用的新型乡村。

中心村处于“乡镇之末，村庄之首”，是连接城镇，带动农村经济社会发展的重要基点，也是改善农村人居环境和生态环境，促进农村居民价值观、生态观转变，推进农村新型社区建设的示范模式。按照《武汉市新农村建设空间规划》，我市于 2013 年起在各新城区全面启动了中心村的规划建设，使之成为新一轮新农村建设的着力点。本课题组通过对黄陂区规划中的中心村调研，认为在生态文明建设已成为我国现代化总体目标之一的今天，农村的经济社会变革必须体现出生态文明建设的成果，中心村建设不仅仅是传统农村生活模式的重新集聚整合，而且应当以新型的生产生活方式和新型的村民意识观念领先于传统农村，特别是生产经营模式、生活环境、社区服务、经济收入等方面都有别于、也高于传统农村，而这种新型的生产生活方式就应集中体现为农村生态经济。

农村生态经济是依据生态经济原理，在合理利用自然资源，同时又保护自然资源、维持自然资源再生的结合中，建立乡村生态种养、乡村清洁加工、乡村宜居服务相结合的农村新型经济模式。它强调按照自然生态规律和社会经济规律的要求，把农、林、牧、渔业与第二、三产业通过生物有机能的使用合理有序地结合起来，多次分层利用自然资源，利用我国传统有机农业的精华和现代科学技术，采用系统工程的方法，协调经济发展、资源利用与环境保护的关系，实现各种生产要素的最佳配置，形成生态环境和经济发展的良性循环，实现农业的可持续发展，最终使农业成长为充满生机和活力、具有较强的自我保护和自我发展能力的产业。

农村生态经济首先是一种经济模式，但与传统经济模式的区别在于，它强调生态发展规律与社会经济规律的融合，是以市场为导向的农村地区的各种生产经营活动与政府主导下的环境治理、生态保护措施和要求的紧密结合，实行既遵循市场规律维护了生态平衡、保护环境，也使村民在生态保护和环境治理中得到效益，把发展农村生态经济作为中心村建设的重要依托和载体，能够使中心村的总体规划更加务实，发展前景更加明晰，目标要求更加领先，对于进一步规划发展我市城乡一体化进程，建立

以城市、乡镇、乡村布局合理的城市空间结构，统筹城乡发展，让城乡居民共同创造平等分享发展成果，都有着重要的示范意义。

1. **规划必须体现农村生态经济发展要求。**

农村生态经济涵盖农村地区一、二、三产业，同时也对村民的居住方式、生活习惯、内外环境、村风民俗有着新的更高要求。因此，中心村从规划开始就应该做到自然形成与人为规划相结合，环境治理与经济发展相结合，节约资源与为民谋利相结合，体现出农村生态经济的要求和要素。

一是从村域规划上，村域规模及村容村貌都要从本地实际出发，充分考虑当地的地形地貌、人文景观、民族风格等因素，形成自己特色，避免单一化。在规划建设中，尽可能避免毁山、毁林、毁地而大拆大建，防止为造村而造村，为集中而集中，不惜破坏生态环境，同时也浪费资源的做法。在村容村貌的设计上，应尽可能做到顺应自然，量力而行，不做违背群众意愿或超越现实条件的硬性规定。如建筑风格既可以保留本地传统民居像黄陂区双泉村（大余湾）这样的本地特色，也可稍加改变做成徽派民居样式，而不必刻意模仿一些城市建筑甚至国外建筑风格。

二是从功能区的设立上，充分考虑环境、人口、从业、习俗的因素，同时以一定的前瞻性进行全面考虑。除了要将农村农业、工业、生活、交通流通等功能区域明确划分出来，同时还应围绕山林、河流设立生态保护区（禁止开发区）。乡村工业园区应主要创办、引进以利用本地劳动力和资源，且低能耗、无污染、占地少的农副产品、旅游纪念品和为大型企业配套的加工企业；农业园区应以现代都市农业为方向，发展观光农业、体验农业；商贸区则发展以旅游、环卫、乡村服务、文化体育等产业，做到区划明晰、功能完善。

2. **以保护环境、合理利用自然资源为核心制定中心村产业规划。**

在制定中心村产业规划中，按照农村生态经济的要求，做到以保护环境为前提，合理地开发、利用自然资源，以生态效益作为中心村产业亮点，让村民在其中获取超过传统经济的差异化收益。

一是减少化石能源消耗，大力推进再生能源和农业废弃物再利用。突出“绿色”、“环保”、“高附加值”、“资源节约”特点，充分发挥中心村的地域位置优势和山水资源优势，重点凸显有机种养、传统手工工艺、乡村劳务服务等低能耗、劳动密集型项目，以此形成一村一品特色。

二是大力建设标准化的生产示范基地，大力支持发展各种名特产品，推动优势产业规模化。以产品开发与创新为重点，鼓励发展“名、特、新、优”产品，如有机蔬菜、有机茶叶、特色畜禽、特色瓜果等产品，整合品牌形成规模经济。同时，要注意把发展名特新产品与体验农业、休闲农业、山水旅游、红色旅游等乡村特色结合起来，扩大生态经济的影响力和吸引力。

三是结合新村建设和村容环境整治发展物业经济，带动乡村二、三产业。根据中心村人口、产业相对集中的特点，在科学规划、合理布局的前提下，兴建一批标准化厂房、外来人员公寓、商铺、市场等场所设施用于出租，组织村民开展技能培训，让脱离农业生产的劳动力成为水电维修、车辆维修、安全保卫、餐饮烹饪、环境卫生、家政服务等方面的从业人员，从而为居民提供规范细致的物业服务，营造良好的生产、经营、居住环境，以良好的生态服务不断聚集“人气”，扩大中心村的辐射力和影响力，由此为村集体和居民个人开辟出新的创业就业、增收致富途径。

四是开发、壮大符合本地特色的生态型休闲文化产业。当前乡村休闲旅游产业的兴起，为农村发展描绘出广阔的前景，观光农业、体验农业、休闲农业不是大资本的专利，每一个村庄、每一户农家都有可能成为一个景点，而且随着度假、养生、养老、避暑等新型市民休闲需求的兴起，中心村应从“傍景区”成长为“创景区”的典范，即村庄自身就应建成为环境优美、生态良好、特色各异、宜居宜游的景区，村民就有可能以庭院经济、家庭宾馆、农家乐、手工制作、导游、安保等多种形式直接分享乡村休闲旅游带来的经济效益。

五是积极引导、鼓励发展本地文化产业。对地方原有的传统戏剧曲艺、工艺美术制品等，可以增加财政补贴予以支持，鼓励其发展壮大。注重开发既适应现代生活需求，也适合在农村地区开展的新型文化体育产业。当前全民健身运动已出现由城市向农村扩展的趋势，游泳、登山、钓鱼、划船、自行车、野营训练等户外文体项目的兴起为农村地区文化产业注入了新的活力，农村居民应参与其中并分享由此产生的经济效益。当地政府在组织举办各种文体节庆活动时，应重点组织当地村民做好相应的配套服务，争取把这些项目既做成地方特色品牌，又成为农村地区服务产业新的增长点。

3. 以“两型”为标准，完善环境基础设施体系。

中心村作为集镇的“副中心”，作为新农村建设的示范样板，在环境基础设施建设方面应当做到节约资源、生态良好，以此增强其吸引力和发展前景。

一是建立农业废弃物回收、利用设施及操作体系。建立以种养废弃物为原料的沼气和秸杆气生产、使用体系，生产的沼气（燃气）供村民日用，沼渣（秸秆渣）成为有机肥料进入农田，形成农业废弃物—新能源—生产生活的循环系统，由此使农业资源得到充分利用，生态环境得到有效治理。

二是以节能、绿色为特点完善乡村基础设施。摒弃依公路建村的做法，中心村的道路规划可设计外环村路和村内循环道路系统，将过境车辆分流于村庄之外，引导入村车辆有序行驶和停放，以保障村内居民的生活安定。新村规划中应统一安排太阳能、燃气设备、生活垃圾处理、给排水和污水处理排放净化设施及管网，有条件的地方还应规划安置光伏、沼气发电设备，以供村民使用。新村建设应尽可能地避免大拆大伐，尽力保存原有地理面貌、水源和植被，新村建成后应尽快补植树木，恢复农村绿化特色，从而保证中心村建成后的环境质量、生活质量要优越于一般农村。

三是以乡村服务为核心完善公共基础设施。从中心村人口集中的因素考虑，积极引导乡村服务业提档升级，以专业化、品牌化、规范化为方向，在地方政府主导下，规划、完善乡村医疗、教育、文化、园林、治安、环卫、养老、托幼等公共服务设施，鼓励企事业单位和个人投资开办超市、金融、通信、家政、物流、娱乐等服务项目，提高中心村的宜居程度。

4. **培育重生态、讲文明的新型村民。**

按照党的十八大提出的加强生态文明建设的要求，中心村不仅应当是经济发达村，还应当率先建成生态文明村。为此，加强环境教育，培养村民生态理念和生态行为，形成生态经济生产生活方式至关重要。乡村基层组织应当通过编写乡土环境教材，张贴生态公益广告，推动生态科技下乡进村，开展“文明家庭”、“五星农户”评选，收集废弃物换日用品、换农资，举办文体娱乐活动等等形式，在广大村民中深入开展以建设“美丽乡村”为主题的生态环境教育宣传，提高村民的环境意识和生态经济理念。在以培育新型职业农民为方向的农村职业培训中，必须把农村生态经济作为重要内容，以农村基层组织负责人、专业合作社管理人员、农村种养大户为重点，培养理念，掌握技术，提高能力，让他们成为农村生态经济的带头人。通过大力宣传和积极组织实施科教兴农战略，增强基层干部和农民依靠科技发展生态高效农业的思想意识。通过科技培训、现场示范，组建各类试验基地和科技示范村、示范户，以生态环境效益与经济效益“双赢”的效应，让村民直接分享生态经济的成果，从而提高参与生态保护，发展生态经济的积极性和自觉性。

（执笔人：丁胜洪、李婵、刘丽丽）

智库研究报告

Think Tank Research Reports

2012-2013科研成果选编(下卷)

《智库研究报告》编委会

武汉出版社

（鄂）新登字08号
图书在版编目（CIP）数据
智库研究报告. 2012～2013科研成果选编 ：全2册 /
《智库研究报告》编委会编. —武汉 ：武汉出版社,2015.11
ISBN 978-7-5430-9629-5
Ⅰ.①智… Ⅱ. ①智… Ⅲ. ①咨询机构－研究报告
－武汉市－2012～2013 Ⅳ. ①C932.82
中国版本图书馆CIP数据核字(2015)第254173号

编　　者：《智库研究报告》编委会
责任编辑：张葆珺
封面设计：杨　敏
出　　版：武汉出版社
社　　址：武汉市江汉区新华路490号　　邮　编：430015
电　　话：（027）85606403　85600625
http://www.whcbs.com　　E-mail:zbs@whcbs.com
印　　刷：武汉梅苑彩印有限公司　　经　销：新华书店
开　　本：880mm×1230mm　1/16
印　　张：43.75　　　字　数：784千字
版　　次：2015年11月第1版　　2015年11月第1次印刷
定　　价：136.00元(全2册)

《智库研究报告》编委会

目　录

经　济

政　治

文　化

社　会

地方融资平台风险控制的整合路径研究

一、地方融资平台整合的理论意义及现实必要性

地方融资平台的整合，作为公司整合的范畴，其根本是实现资源、管理和财务的协同效应。这种协同效应既体现在整合的微观治理机制层面，也体现在宏观管理和制度设计的层面。推进地方融资平台整合，既是现行制度框架体系的必然要求，同时也具有极强的现实必要性。

（一）地方融资平台整合符合现行制度框架体系的要求

从制度体系而言，地方融资平台具有其内在的合理性。财政分权、政绩考核、行政委托代理关系以及国有产权联系纽带，共同形成了融资平台制度均衡的影响因素。这些影响因素是地方融资平台问题的根源，既有的制度框架既造就了危机时期的高投资和经济复苏，但同时也形成了复苏时期的进一步高投资以及对经济发展的巨大扰动和对经济过热的推波助澜，尤其是如何有效消除危机时期形成的大量平台负债，由于长期体制惯性而产生的路径依赖特征，使得平台风险放大、延伸。

但总的来看，融资平台具有现行体制框架下的合理性，这种中央集权下的行政体制机制和投融资体制，相对于西方政府控制力较弱的经济体制，在投融资平台层面对于经济发展形成了一种次优的制度安排，具有相对比较优势。在我国的经济制度框架下，地方融资平台作为企业主体与政府特征的双重融合，由于制度框架及相关制约因素的影响，呈现出不合寻常的逆经济周期运作规律。而正是在此制度框架下形成的各方主体的行为机制，使得融资平台具有次优特征，即使非最优，也属于现有制度框架下的最优选择，符合更大的制度框架的需求。危机时期扩大投资实现短期经济增长，不仅符合短期效用最大化，从我国经济发展阶段以及长期经济增长角度而言，也是较优的政策安排。虽然对金融危机后期社会福利产生了影响，但危机关键时期的投资拉动不仅拯救了短期社会福利，也是长期社会福利的保证。欧美等国家过度相信市场力量而缺乏足够的国家干预手段，造成了较为惨痛的经济衰退后果，还带来了当前的美国、欧洲债务危机。从这个角度而言，融资平台发挥了积极作用，其功能具有不可替代的地位。因而在现有制度框架下，融资平台具有其他既有制度不具备的优势，不能

通过一刀切的方式来全盘否定，从而使得整合路径具有了强烈的必要性和理论基础。实施整合既能实现对既有风险的化解，同时也符合现有制度框架体系下的社会收益最大化，符合我国宏观制度框架体系和渐进式制度改革的要求。

（二）实施整合是提升融资平台价值并控制风险的有效路径

1. 融资平台的整合能够提升融资平台的整体价值，进而促使银行信贷风险降低。从财务理论来看，地方融资平台整合具有一般公司整合的协同效应。即并购可以实现协同效应，提高公司经营效率，使资源得到最充分和最有效的利用，从而增加股东的财富（Jensen,1984 年）。而目前的融资平台种类的多样化和复杂性，为体现整合价值创造了基础。从融资平台的债务类型来看，既有因承担公益性项目建设举借、主要依靠财政性资金偿还的债务，也有因承担公益性项目建设举借、项目本身有稳定经营性收入并主要依靠自身收益偿还的债务，还有因承担非公益性项目建设举借的债务。从公司类型来看，包含了城市基础设施建设类、经济发展类、环境保护和治理类等多种类型。从债务负担率情况来看，也分别有各类的层级。各类公司面临的资产负债率不同，还款方式不同，担保机制不同，面临的债务违约风险也不同，因而更易实现整合价值。

2. 整合将促进各种信息的公开透明，有助于推进政府债务显性化和债务风险主体的明晰化，进而使得政府债务风险和信用风险降低。整合的过程，也是各类主体参与、各类信息进一步公开的过程。通过管理机制以及管理制度、管理方式的整合，尤其是伴随着借壳上市、公开发债等资本市场行为，中介机构的参与将显著提高地方融资平台的透明度，推动当前地方政府通过投融资平台所形成的隐性负债向及时公开披露的合规的显性负债转变，改变当前信息披露严重不透明的状况。

3. **整合有利于实现融资路径的多元化，强化政府投资的监督机制，减少融资平台行为偏差带来的经营风险。**目前地方融资平台的资金来源路径主要源于财政预算投资、土地批租费、土地滚动开发、市政维护费，依托政府信用的银行贷款一直是融资平台的主要融资方式，融资渠道还较为单一。可以说，国有体系仍是融资平台的主要资金来源路径，不利于强化体制外的监督。通过实施整合，实现资金渠道、投资主体的多元化，有利于加强融资平台运作过程中的投融资行为监督，减少投资方向和投资规模上的偏差带来的风险。

4. **整合有利于完善公司治理机制，提升融资平台的自身造血能力，缓解过度依赖传统输血渠道而对房地产市场等构成的隐形风险。**由于项目缺少市场化投资经营机制，建设项目资金来源中的财政收入、土地批租费、城市维护费等属于无偿拨款性质，企业在经营思想上已经习惯于“等、靠、要”，对政府的依赖心理比较严重，在经营管理上重投资融资，轻运营管理，没有形成有效的经营性资产管理运作模式，因此在市政设施建成后，其管理也是非市场化的行为，运营效率低下。通过整合完善公司治理机制和资产运营方式，将有利于提升融资平台的自身造血能力，使得以房地产、土地为依托的输血机制不再成为唯一路径，进而对于缓解当前突出的房地产市场风险起到显著作用。

目前融资平台已经积聚了较大风险，但我国政府债务违约的总体风险仍然有限，仍在可控范围之内。然而由于地方政府资产负债规模的扩张不对称地加大了地方政府的债务偿还风险，尤其是作为债务抵押的房地产、股票等相关资产的缩水，使得地方政府融资平台清理整合势在必行。因此，在当前情况下，既要严格规范融资平台运作方式，防止地方政府债务规模进一步扩大，防范潜在的地方政府债务风险及连带金融风险爆发，另一方面要防止举措不当致使地方政府融资平台的资金链条断裂，从而产生新的风险。因而，非常有必要创新整合路径和发展思路，通过整合化解融资平台的风险因素并建立融资平台发展的长效机制。

二、地方融资平台整合的路径设计

地方融资平台的整合，要充分考虑到未来国内外经济、金融发展走势，以及在建投资项目的后续投资等现实问题，需明确融资平台整合的原则和方向，不能一刀切或者清理过激，要分类管理、区别对待，避免在整合过程中形成新的风险。

（一）实施微观主体层面的资产、项目和公司整合

1. **摸清融资平台公司的资产运营状况，加强平台公司兼并重组。**取消多级公司体制，形成原则上最多两级的架构，避免形成互相担保的状况。公司的兼并重组应当在项目合理分类的基础上，实施公司的整体兼并重组或者仅进行同类项目的聚合，并以此对公司进行拆分重组。在整合的过程中，根据公司资本实际情况，适时推进融资平台公司重心下移，尤其是对于地市级的平台公司，加强与市辖区平台公司的整合联动。同时，还应本着做大做强的原则，加强优质的经营性平台公司的跨区兼并重组，变甩包袱为抢机遇，实现跨越发展。

2. **整合政府投资建设资金，充实平台公司实力。**整合地方政府所拥有的用于投资建设的三类资源，即基础设施建设预算支出、基础设施建设行政性收费收入以及政府土地出让金净收益，充实平台公司实力。从国内主要城市情况看，目前除城建领域

外，其他各政府部门管理的资金基本上没有进行放大，政府支持平台公司做大的能力并没有充分发挥。可以以这些资金中用于经营性和准经营性项目的资金为基础，按照政府主导、企业运作，集中管理、有偿使用的原则，将财政性资金中安排经营性和准经营性项目的资金作为项目资本金注入融资平台，由融资平台按照下达的融资目标和投资计划，组织开展融资、与项目单位签订用款合同并按合同拨付项目资金、按期收回本金或投资收益、偿还融资本息，以实现政府投资的集聚效应和放大效应，扶植优势产业跨越式发展，扶持龙头企业做大做强，更好地支持经济与社会协调发展。

3. **创新资产运营路径，提升资产整合效率。**推动有关基础设施企业进行股份制改造，将原有的基础设施资产打包上市，同时将国有股权向国内外投资者转让，实现资产变现用于再投资。推进投融资平台资产证券化，增强资产的流动变现能力。在开辟资产所有权转让渠道的同时，拓展存量资产的经营权转让形式，如拿出一批公交线路出售特许经营权。对于一些非经营性的基础设施项目，如公园、景点等基础设施，允许从事广告经营等多种经营，实现项目维护的收支平衡。在盘活资产的过程中应始终坚持市场化运作方向，最大限度地实现资产价值，防范产权交易过程中的腐败现象。通过采取多种方式，积极盘活存量资产，有效改善基础设施较低的投资回报和运营效率，提升投融资平台融资能力。

4. **加大政府注资力度，做大、做实投融资平台主体。**注资主要包括以下几个方面。一是规费注入，将部分城维费等作为财政专项分别归口注入各平台公司。二是土地储备收益权注入，赋予更多平台公司土地储备职能，将土地增值部分作为对平台公司的资本金注入。三是存量资产注入，将过去几十年形成的存量资产，比如路桥、隧道、水厂等等，划拨给各有关平台公司，成为平台公司的固定资产。四是税收返还，通过对基础设施、公共设施投资实施施工营业税等方面的优惠，作为资本金返还给平台公司。

（二）加强市场机制层面的融资方式整合

1. **广泛吸引民间资本进入城市基础设施投资领域。**引进民间资本进入基础设施建设领域，应重点解决几个问题。一是营造国有资本与民间平等的生态环境。进一步解放思想、更新观念，努力营造国有资本与民间资本之间的公平竞争环境，消除对民营经济的歧视，在政府管理、土地使用、税费缴纳、优惠政策等一系列方面，尽可能对民间资金和国有资金实行同等待遇。二是解决价格机制问题。部分公用事业如自来水、天然气、污水处理费等，应着力推动这部分产品价格的市场化改革，增强对民间资本的吸引力。三是市场准入问题。目前的市场准入玻璃门对民营资本是一个很大的阻碍，应出台鼓励民间投资的产业指导目录。对于允许民营企业进入的行业，在目录中予以详细说明，并对民营资本在行业、企业中能够占据的资本比率进行具体规定，对民营资本进入的程序以及民营资本进入后在投资补贴、贷款贴息、财税、土地、政府采购等方面的待遇进行明确，如适当延长土地出让金支付期限等。同时，探索土地开发与公益性项目建设相结合，严格制定规划建设条件，给予一定的优惠政策，采取公开招标或挂牌方式吸引社会资金投资建设。

2. **积极拓展非经营性项目的资金筹集方式。**由于非经营性项目不直接产生经济效益，一般对社会投资者没有吸引能力，主要由政府组织和实施项目的投融资建设和运营活动，向金融机构贷款融通建设资金，但渠道过于单一，容易受到国家金融政策调整的制约，资金到位与项目实施进度往往不能较好衔接，在资金不到位情况下，增加融资成本。为保障政府投资为主体的重点项目资金需求，应根据项目的资金需求特点，由单一向银行借贷方式转向多样化的融通方式，优化负债结构，提高资金保障率，降低融资成本。一是向各类商业银行、政策银行的借贷，主要争取中长期贷款用于投资巨大的基础设施项目，降低短期还本付息压力。二是采取 BT 方式向企业融通资金，主要应用于投资规模小，建设周期短的项目，特别适合新区城市道路及能带动周边土地开发的项目，期限一般为 5—10 年。三是通过信托方式将个人储蓄资金转投到公共基础设施项目，依托信托投资公司发行信托计划，吸引民间闲散资金用于城市基础设施建设，期限一般在 3—5 年。由于这些融资方式属于以政府财政信用为基础的举债，最终要由政府承担归还，因此应综合考虑财政实力与需求，切实控制负债规模。

3. **推广使用 BOT 项目融资等多种融资方式。**对有收费机制、收益稳定的城市基础设施项目，应充分放开投资领域，采取 BOT 项目融资方式，吸引社会各界直接投资建设；对一些有收费机制但效益难以做到投资收益平衡的城市基础设施项目，采用有补贴的 BOT 及其衍生方式，吸引社会资金规范、有序地进入；充分利用国外政府和金融机构优惠贷款，由国有投资公司作为承贷和还贷主体，财政担保方式进行融资。同时，积极探索其他融资方式，综合运用政府的财力、政策支持，搞活资产运作，通过买壳上市、发行企业债券、项目租赁等方式解决资金筹措。

（三）推进管理监控层面的制度措施整合

1. **整合管理部门，提高管理效率。**投融资平台的高效管理运营，需要各部门紧密协作，加强合作，建立健全协同配合的投融资平台监管体系。国土资源、环境保护、城市规划、质量监督、银行监管、证券监管、外汇管理、工商管理、安全生产监管等部门，要依法加强对企业投融资活动的监管，凡不符合法律法规和国家政策规定的，不得办理相关许可手续。财政部门应加强对投融资平台在财政资金使用投向上的财务监督和检查，对于资金使用不符合规定的或不遵守有关法律法规的，财政部门要责令其及时改正，并依法严肃处理。审计机关依法对国有企业的投资进行审计监督，促进国有资产保值增值。建立企业投资诚信制度，对于在项目申报和建设过程中提供虚假信息、违反法律法规的，要予以惩处，并公开披露，在一定时间内限制其投资建设活动。各级政府投资主管部门要从自身职能出发，加强对企业投资项目的事中和事后监督检查，强化投融资全过程管理，对投融资平台的管理形成合力，最终形成一套完善的管理体系。

2. **整合举债机制，加强债务控制。**一方面，加强融资平台债务控制。参考相关城市经验做法，对融资平台实施“三不政策”和“三个平衡”原则：在任何情况下，政府都不为投融资平台提供担保；投融资平台之间相互不得提供担保；投融资平台应建立专门基金管理风险，该基金不能用于抵押或其他经营活动。同时股本与债务之间保持资产负债表平衡，要保持约 50%的长期债务股本比率及 50%的资产负债率；现金流入与流出之间确保动态和静态的资金链平衡；投入与产出之间实现成本收益平衡。强化银行授信与资产的比例管理，严格规定总资产不超过总授信，实际用信不高于总授信的 1/2。另一方面，健全政府投融资责任制度。无论是地方政府通过投融资平台的贷款行为，还是不同形式的发展行为，都应要求地方政府的债务规模必须与财力相匹配，期限必须尽可能与政府任期相一致。因此要建立健全政府投融资责任制度，严格控制管理各级政府担保行为。同时在融资平台严重资不抵债、不能有效清偿的情况下，在严格按照市场规律和法律法规规定实施破产的同时，追究投融资平台及政府相关领导人的责任。否则一个软的预算约束加上一个宽松的信贷投放环境，必然会鼓励一些缺乏自我约束能力的地方政府对信贷资金的低效滥用。

3. **整合绩效考核机制，实现激励相容。**对投融资平台的绩效考评，不仅仅考核资产规模投资增长量，还应把投资效率、融资完成率、企业资产负债率、盈利能力、偿债率等纳入综合考核指标体系。通过责任状确定目标值，将完成情况与融资平台管理者的个人薪酬、业绩评价紧密挂钩。完善投融资主体内部自主的收入分配制度，实行管理和技术等生产要素参与分配的实现形式。建立与市场机制相适应的收入分配制度，通过股权激励、期权激励、政府奖励等形式，将要素分配纳入制度化轨道，进一步强化融资主体的责任感，增强武汉投融资平台建设的人才驱动力。

三、地方融资平台整合的宏观制度支撑体系

融资平台问题的存在，既与当前的宏观经济环境相关，同时也与国家层面的制度框架体系紧密关联。与当前我国改革的实施阶段步骤相适应，应努力通过制度完善，避免制度均衡调整对经济所形成的巨大伤害，化解融资平台风险，减少福利损失。

1. 合理控制地方政府的投资冲动。一是适应当前两型社会建设、可持续发展的要求，全面转变唯 GDP 的政府官员考核模式，加强相关决策的离任考核和长期追踪考核，改变地方政府官员的政绩观。二是推进财政体制改革，扩充地方财权，将地方政府财权、事权相匹配，消除政策性负担，减少寻租动机。三是切实转变投资方式，将地方经济发展的资金来源由隐性化转变为公开化，如采用发行地方债券而非单纯卖地、银行贷款的方式筹措融资平台资本金，将所有地方政府全部纳入预算管理，使得风险可控，减少隐性风险。

2. 消除国有产权纽带下的体制性、资金性依赖。地方融资平台与地方政府脱钩，将地方融资平台纳入市场化、公开化运行轨道，资金筹措完全实行市场化，减少行政干预，进一步解决其自身经营体制机制带来的债务偿还等各种问题。继续深化银行经营体制改革，扭转银行与驻地政府实际上存在的上下级关系，理顺银行等金融机构与地方政府的关系，割断银行与地方融资平台的紧密联系。这种割断联系并不是简单的停贷，而是构建一整套影子银行体系。改革当前的集体土地制度和国有土地出让制度，消除模糊产权资源作为地方融资平台的基础性资源。

3. 改变中央在地方债务问题上的最后贷款人角色，从而改变各方相关主体的预期、行为。中央与地方财政尽管实现了分权，但由于财权事权的不匹配，地方政府不得不依托中央财政，通过转移支付、基金等形式来维持预算平衡。这一点，既是由于我国中央与地方之间的特殊关系决定的，地方作为中央的代理人，并不是西方意义上的完全独立的经济主体，存在向中央要钱的客观理由，同时信息不对称也使得地方通过政策性负担等理由来发展融资平台，最终都由中央财政兜底（如广国投等）。这种中央兜底的历史现实与未来预期，造就了地方政府行为的非理性化以及受托人行为与委托人（中央政府）的激励不相容，导致了地方政府和中央政府行为的异化。因此需要改变中央在地方债务问题上的最后贷款人角色，从而改变各方相关主体的预期、行为。

（执笔人：刘海虹 陈进）

武汉战略性新兴产业技术支撑政策研究

一、武汉战略性新兴产业的产业基础状况及其面临的一般问题分析

依据我们对战略性新兴产业的内涵、特征与产业体系的界定，战略性新兴产业本质上应归属于当代高新技术产业，因而，武汉高新技术产业发展的总体状况自然构成武汉战略性新兴产业发展的产业基础，武汉高新技术产业发展面临的一般问题自然构成武汉战略性新兴产业发展的一般问题。

（一）武汉高新技术产业发展的总体状况

武汉市高新技术产业兴起于上世纪80年代中期，以东湖智力密集区的诞生为标志，经过近三十年的发展，初步形成了以电子信息、现代加工与装备制造、新材料、生物（生命）、环境、新能源（与高效节能）等产业体系。

近年来，武汉高新技术产业发展迅速，高新技术产业产值在2006年突破1000亿元，2009年突破2000亿元，2011年又突破3000亿元达到3448.9亿元，占规模以上工业总产值的46.7%。高新技术产业已跃升为武汉最具活力和增长潜力的产业。其产业发展总体状况展现为以下三个特点。

第一，产业构成相对集中。依据2011年统计，产业构成主要集中在现代加工与装备制造业、电子信息产业与新材料产业三个领域（参见表2—1）。这3个领域产业的产值总和为2958.9亿元，占全市高新技术产业产值的85.8%。其中，电子信息产业1021.7亿元，占29.6%；先进制造1295.0亿元，占37.5%；新材料642.2亿元，占18.6%。增加值达到895.65亿元，占全市高新技术产业增加值的83.39%。其中，电子信息产业346.28亿元，占32.24%；先进制造389.13亿元，占36.23%；新材料160.24亿元，占14.92%。

表1　武汉高新技术产业体系结构状况（2011）

产业领域	产值分布			增加值分布		
	总额（亿元）	占比（%）	同比增幅（%）	增加值（亿元）	占比（%）	同比增幅（%）
电子信息	1021.71	29.62	29.86	346.28	32.24	27.73
现代加工与装备制造	1295.01	37.55	37.92	389.13	36.23	36.58

新材料	642.24	18.62	36.29	160.24	14.92	3.31
新能源与高效节能	105.62	3.06	-1.52	44.45	4.14	34.29
生物医药与医疗器械	103.36	3.00	19.88	34.47	3.21	7.95
环保、农业和其他等	280.97	8.15	61.28	99.54	9.27	-6.91
合　　计	3448.91	100.00	34.48	1074.11	100.00	21.63

第二，产业集成度相对较高。截至 2011 年底，武汉市规模以上高新技术产业纳入统计企业 513 家，其中，大型企业 23 家，占全部高新技术产业统计企业的 4.48%；中型企业 112 家，占全部高新技术产业统计企业的 21.83%，小型企业 378 家，占全部高新技术产业统计企业数的 73.68%。其中，产值过亿元的 264 家，产值过 10 亿元的 40 家，产值过百亿元的 8 家。但高新技术产业产值主要集中在产值超过 10 亿元的 40 家企业，这 40 家企业共完成高新技术产值 2609.8 亿元，占全市高新技术产业产值的 75.7%。而高新技术产值超过 100 亿元企业 8 家，分别是武钢（439.6 亿元）、神龙汽车（426.0 亿元）、富士康（307.2 亿元）、东风本田（221.9 亿元）、邮科院（128.4 亿元）、凯迪电力（110.8 亿元）、冠捷科技（104.1 亿元）和武船（100.1 亿元），这 8 家企业产值占全部高新技术产业产值达到 52.3%，占据半壁江山。

表 2　武汉高新技术产业体系的规模结构（2011）

	产值过亿元企业数（家）	企业数占比（%）	产值过 10 亿元企业数（家）	企业数占比（%）
现代加工与装备制造	101	38.2	13	32.5
电子信息	67	25.4	14	35.0
新材料	38	14.4	6	15.0
生物（医药、农业）	34	12.9	3	7.5
环境	11	4.2	3	5.0
新能源（与高效节能）	13	4.9	2	5.0
合计	264	100	40	100

第三，产业布局相对集中。产业企业主要布局在东湖开发区、武汉开发区和青山钢铁基地。其中，东湖开发区主要集中了电子信息、先进制造、生物医药、绿色环保等高新技术产业，武汉开发区主要集中了先进制造和电子信息产业，青山以武钢集团

为核心集中了硅钢片和汽车用钢等材料生产基地和以废渣、废弃利用为主的环保基地。

（二）武汉战略性新兴产业发展面临的一般问题

武汉近三十年高新技术产业的发展，为其战略性新兴产业奠定了一定的产业基础。但总体而言，武汉战略性新兴产业发展还面临着一系列问题与挑战。这些问题与挑战集中表现在以下方面。

1. 产业规模不足，产业发展不平衡

就产业规模而言，总体规模处于国内同类城市较低水平。依据 2010 年十五个城市高新技术产业统计，武汉市高新技术产业产值排在第 9 位，处于中等偏下水平，总体规模与排在前 4 位的深圳、青岛、广州和大连四城市存在很大差距，与南京和沈阳也有较大差距。增加值则在相同统计口径的八城市中排名第 5 位。高新技术产业产值占工业总产值比重，则排名第 10 位。

表 3　十五个副省级和计划单列城市高新技术产业产值比较（2010 年）

城市	产值（亿元）	产值排序	增长率（%）	排序
深圳	10176.19	1	19.61	12
青岛	5537.00	2	25.06	5
广州	5474.23	3	23.77	8
大连	5178.00	4	29.13	4
南京	4098.90	5	15.50	13
沈阳	3890.00	6	20.95	11
宁波	2702.40	7	60.11	2
厦门	2591.00	8	84.41	1
武汉	**2564.63**	**9**	**24.80**	**7**
长春	2421.00	10	24.98	6
杭州	2328.70	11	3.02	14
成都	2070.40	12	-10.97	15
济南	2063.96	13	30.06	3
哈尔滨	2042.00	14	22.79	10
西安	1365.00	15	22.97	9

表 4　八城市高新技术产业增加值比较（2010 年）

城市	增加值（亿元）	排序	增长率（%）	排序
深圳	3058.85	1	17.15	7
广州	1594.37	2	40.06	2
大连	1378.00	3	87.23	1
沈阳	1006	4	19.46	6
武汉	**883.10**	**5**	**24.20**	**3**
成都	733.80	6	-5	8
哈尔滨	491.00	7	20.64	5
西安	361.92	8	22.27	4

产业发展不平衡表现在两方面：一是产业之间发展不平衡。排在前三位的现代制造、电子信息与新材料产业占据产值 85.8%；而具有一定技术基础的生物医药、环境产业、新能源产业合起来产值不足 15%。二是产业内部发展不平衡。以电子信息产业为例，产业发展以基础产业（投资类产品）为主，主要优势产品为光纤、系统设备及元器件类产品，这类产品的市场特点是需求弹性小，市场竞争度低，受宏观市场环境、政策环境的影响大。特别是在市场竞争度较强的消费类光电子产品领域，产业发展相对滞后，在一定程度上影响了“光谷”的整体竞争力。

2. 产业聚集效应不强，产业生态链条脆弱

武汉高新技术产业，总体表现为“二八”结构特征，即少数大企业（40 家）占据 80%的产值份额；多数小企业占据 20%产值份额，中等规模企业偏少，产业聚集效应不强、产业配套环境差、产业生态链条极其脆弱。根据武汉市统计口径，纳入高新技术产业统计范围内的企业包括产值超过 2000 万元以上的高新技术企业和生产高新技术产品的非高新技术企业。根据 2010 年的统计，武汉市共认定高新技术企业 533 家，纳入统计范围内的高新技术企业有 148 家，占 27.77%，余下的 385 家未纳入统计范围内的高新技术企业其产值总计不足 40 亿元。在现代加工与装备制造领域，目前武汉船舶配套产品的装船率只有 30%，而全国船用设备平均装船率是 40%。船用关键设备 80%需要进口，而日本、韩国的自给率在 90%以上。武重集团国内外供应商多达 300 余家，但为其直接或间接供货的武汉本地供应商却不到 5 家。在电子信息产业领域，从表象上看，该产业几乎涵盖所有领域，但仔细分析，各领域普遍缺乏核心大企业做支撑，同时，各企业产品之间的关联度低，上下游之间缺乏紧密联系。除了在基础产业领域有长飞、邮科院、长江通讯等企业形成较强集中度外，其他领域都还处于产业培育阶段。投资类电子产品本地配套率不足 10% ，消费类电子产品核心部件基本依赖进口。除瀚宇彩晶和恒生光电等少数企业外,大多数本地企业只能在附加值较低的注塑 、印刷、包装等方面给予配套 ,而附加值高、占配套比重高达 85%的液晶材料、玻璃材料和偏光片等都需要从上海、宁波、南京等地采购。

3. 产业层次低，产品技术含量低

从表象上看，近年来，武汉高新技术产业产值取得突破性增长，但仔细分析，这些增长只是基于统计口径的变动。占高新技术产业产值绝对量的龙头企业中，除了由邮科院转制而来的烽火科技、背靠华科大创办的华工科技等少数依靠本土科技资源优势成长起来的企业外，其他如神龙汽车、长飞光纤、武汉新芯国际、武汉海尔等企业都是外部引进的生产加工型企业；另外所谓的现代加工与装备制造业如武重、武锅、武船、青船、武锅、长动等企业，以及加上新材料元素的武钢等材料企业都是基于传统企业技术改造而来。这些企业尽管披上了“高新技术企业”的外衣，并将其纳入高新技术产业统计范围，但本根上仍属于传统产业，总体上产业层次较低，产品的技术含量低，缺乏国际市场竞争力。剔除这些依靠生产能力注入的企业，武汉依靠自主创新、创业发展起来的具有一定规模的高新技术企业相当匮乏。这使得武汉高新技术产业总体竞争力偏弱、原创性产品稀缺、核心技术受制于人的状况难以呈现明显改观。以显示产业为例,龙头企业冠捷、唯冠多年来一直处于显示产业链的低端 ,基本靠赚取组装加工费维持生产经营,产业核心技术、产品定价权完全掌握在跨国公司之手。以 TFT 薄膜晶体管液晶显示器产品为例，由于玻璃基板的生产技术难度很高，核心技术被美国康宁等跨国公司垄断，国内企业只能依靠低端生产加工赚取微薄的加工费。2008 年武汉投资 40 亿元引进的 4.5 代 TFT 薄膜晶体管液晶显示器，与同期引进的 6 代(合肥)、8 代（北京)、乃至国际先进的 10 代生产线存在着明显差距，该 4.5 代 TFT 生产线已脱离国家政策扶持之列。

4. 产业的创新能力薄弱、创新动力不足

近年来，武汉高新技术产业发展尽管取得了突飞猛进地发展，但这种发展的动力主要依赖于产业技术引进和产业终端技术的应用。大多数企业缺乏研发机构(据统计，设有研发机构的高新技术企业只占全部高新技术企业的 16.7%，研究与发展经费支出仅占销售收入的 1.8%)，实际上只是产品生产基地。基础研究投入不足，原始性创新动力不足是制约武汉战略性新兴产业可持续发展的最主要因素。具体表现在以下几方面：

其一，后续创新成果来源不足。高新区经过十多年的建设和发展，科技成果的存量已经消化、稀释、沉淀，目前我们面临着后续成果来源不足的状况。

其二，科技成果的产业生成能力不强。虽然武汉地区科技资源优势从总体上看居全国前列，在某些领域的原创性成果还比较突出，但产业生成能力不强，在某些领域的创新优势尚未完全形成产业优势，如在生物技术领域，武汉虽具有较强的研究队伍和成果资源，但还缺乏优势企业和优势产品品牌。企业工程化开发、成套技术开发的能力比较差，不能快速产业化。如烽火科技提出的 IP 网络的国际标准，拥有十多项专利，但围绕标准、专利的产品二次开发没有跟上，未及时形成产业、产品优势。

其三，创新资源分散，缺乏有效整合。虽然武汉地区研究门类齐全、学科完善，但课题小型化、重复开发、重复研究的现象非常严重，比如在激光产业领域，众多的企业都生产同类产品，创新层次不高，缺乏核心技术和高端产品，这种现象造成了创新资源的极大浪费。创新创业的公共服务平台建设也相对薄弱，各种优势资源未得到充分、有效、合理的配置。

5. 科技投入总体不足，产业的人才与成果吸纳力不强

2011 年武汉 R&D 经费支出 165 亿元，占 GDP 的 2.44%。根据 2010 年全国 R&D 资源普查数据，武汉 R&D 经费支出（118.3 亿元）远低于北京（668.6 亿元）、上海（423.4 亿元）、深圳（279.7 亿元）等发达城市，排在天津（178.5 亿元）、广州（171.0 亿元）、西安（165.0 亿元）、杭州（139.2 亿元）、南京（120.6 亿元）之后。

表 5　2009 年 R&D 投入居前九位城市主要指标表

城市	R&D 人员（人）	R&D 经费（亿元）	R&D 经费投入强度 （%）
武汉	72109	118.3	2.56
北京	253000	668.6	5.50
上海	170500	423.4	2.81
天津	72600	178.5	2.37
广州	90667	171.0	1.87
南京	68648	120.6	2.89
深圳	145900	279.7	3.41
杭州	69500	139.2	2.74
西安	72287	165.0	6.06

武汉拥有十分雄厚的科技资源（包括成果资源和人才资源），但在总体分布结构分布上却远离产业、远离企业：科技力量的绝对优势主要集中在在汉中央部属、省属科研院所以及高等院校，武汉大中型企业科技力量相对薄弱，特别是高能级人才十分匮乏。根据 2010 年武汉市第二次 R&D 资源清查结果，2009 年全地区 R&D 人员全时当量为 46437 人年，而企业 R&D 人员全时当量 20709 人年，仅占 44.5%；就高层次人才分布而言，全市研发机构中，博士和硕士 8542 人，而企业只有 2863 人，仅占 33.5%；2009 年全市 R&D 总经费 118.26 亿元，工业企业 R&D 经费为 63.99 亿元，占 56.7%；全市各类单位共开展 R&D 项目 28696 项，项目经费 86.68 亿元，工业企业共开展 R&D 项目 3091 项，项目经费 43.91 亿元，分别占 10.77%、50.6%。这些数据表明：产业对人才与成果的吸纳力还十分有限，企业技术创新主体地位的确立还有待时日。

二、武汉战略性新兴产业的产业技术基础分析及其目标定位

武汉高新技术产业的总体发展状况决定了武汉战略性新兴产业的优势产业应以电子信息产业为主导，以现代加工与装备制造业为主体，这两大产业的共同特征是有一批大企业作支撑、产业集中度较高、产业技术支撑能力较强、产业创新实力较雄厚，构成武汉战略性新兴产业的的先导与核心产业。针对其产业层次低、产业生态链条脆弱以及产品技术含量低、附加价值不高的弱点，其基本战略应是提升产业层级，推动产业技术优化升级，完善产业集群，引导产业向价值链、技术链和产业链的高端发展，培育一批领军创新团队，形成一批具有自主知识产权的原创产品，培育若干家具有较强国际竞争力的跨国企业。新材料产业尽管有一定的产业规模，但主要是由于武钢的计入。如果剔除武钢，武汉新材料产业总体规模与生物产业、环境产业与新能源产业基本属于同一个层级。这几个产业的共同特征是产品附加价值高、产业发展潜力大、市场扩张能力强、产业技术支撑能力较弱，容易引发集群效应，劣势在于产业集中度不高、产业规模不足，故可将这几个产业纳入武汉战略性新兴产业的潜在产业或拓张产业，加以重点扶持。其基本战略是充分发挥科技资源优势，加速促进科技成果转化，推动科技创新、创业，培育战略性高技术企业，激发产业成长活力，提升产业总体规模和竞争能力。各产业的产业技术基础状况及其产业技术目标定位可大致作如下描述：

（一）电子信息产业

电子信息产业已成为武汉市重要的支柱产业，也是产业技术基础比较雄厚的产

业。

1. **产业技术基础状况**

（1）产业与企业状况。截至2011年，该产业领域企业数已超过2000家。龙头企业包括烽火科技、长飞光纤、长江通信、武汉新芯国际、冠捷科技等。其中，烽火科技是我国光通信领域综合实力和创新能力最强的企业集团之一，其光传输设备国内市场占有率已达10%；光电器件的国内市场占有率已高达60%，国际市场占有率达12%；长飞集团是全球第二大光纤光缆制造企业，光纤光缆国内市场占有率已达55%，国际市场占有率达25%；冠捷科技是终端LCD液晶显示器的第一制造商，其LCD液晶显示产品已经占领全球32.8%的市场；武汉新芯是国内最先进的12英寸65nm NOR/NAND Flash存储器的生产企业。此外，在光存储、数字影像、半导体照明及集成电路等领域已呈现较好的发展势头。

（2）产品及其技术水平状况。该产业产品涵盖光通信、光显示、光存储、数字影像、半导体照明、集成电路、新一代移动通信等众多领域。在光通信系统、光纤光缆、光电器件、半导体材料、集成电路设计、高速接口与数据转换技术等领域形成了一系列具有自主知识产权产品。其中，光通信领域的光传输网、接入网、家庭网络以及光通信器件等技术处于国际领先地位；新一代移动通信领域的直放站、室内分布系统和天线等产品市场占有率稳居国内行业前列；光显示领域的下一代光显示技术LCOS显示芯片、光引擎等核心技术达到国际先进水平；光传感领域拥有国际先进水平的光纤传感技术、电子式互感器核心技术及产品、国内首创的无源无线温度传感器核心技术及产品。

（3）产业技术支撑状况。武汉光电国家实验室、下一代互联网接入系统国家工程实验室、光纤通信技术和网络国家重点实验室、光纤光缆制备技术国家重点实验室、光通信器件国家工程实验室等各类国家级的实验室和研究中心，构筑起强大的研发平台。组建了一批代表性产业创新联盟，如光纤接入（FTTx）产业创新联盟、集成电路产业技术创新联盟、光谷3G产业创新联盟、武汉中国光谷物联网产业技术创新联盟、武汉智能电网产业技术创新战略联盟等。

2. **产业技术目标定位**

紧紧围绕电子信息技术领域发展战略需求和国际科学前沿，聚焦光通信设备与器件、移动通信设备与器件、光电显示设备与器件、计算机及网络终端设备与器件等四大领域的前沿技术，以华中科技大学、武汉大学、武汉理工大学、武汉邮电科学院等研发机构为技术依托，以烽火通讯、长江通讯、冠捷科技等龙头企业为载体，组建产业创新联盟，推动联合攻关，力争用三至五年时间形成一批具有国际领先水平和自主知识产权的专利技术成果和关键技术产品，并通过其产业化，实现产业的整体升级。依托武汉大学、华中科技大学的技术优势，推动相关软件支持系统的研发，有计划地发展云计算、传感网和物联网等关键技术。依托武汉大学、中国地质大学等院团的研发实力，开发空间通讯、空间导航、空间遥感技术及产品，争夺空间信息领域话语权。在 IP 网络、通信、数字电视、空间定位技术等优势行业领域，鼓励企业以企业组群模式，积极参与行业标准的制定，并通过标准的制定，掌握一批具有自主知识产权的专利技术，形成技术壁垒，占领产业技术竞争的制高点。

（二）现代加工与装备制造业

武汉市是我国重要的加工与装备制造业基地。近十年来，通过现代高新技术的引入，加工与装备制造业总体技术水平快速提升，现代加工与装备制造业发展迅速，跃升为工业经济的重要支柱产业。

1. 产业技术基础状况

（1）产业与企业状况。武重、武船、青船、武锅、长动等一批武字头企业经过总体改造（搬迁或技改），产业竞争力快速提升；华工科技、楚天激光、团结激光、凯迪电力等一批产业新秀快速发展。基本形成了包括数控机床、激光设备、轨道交通装备、冶金设备、海洋工程装备、电力设备等优势制造业的产业格局。2011 年全市先进装备制造产业实现产值过千亿元。其中，海洋工程装备、电力设备等两大制造业占比较大，分别占机械装备制造业 25.15%和 21.81%。数控机床、轨道交通装备、激光设备、冶金设备等四大制造业快速发展，比上年分别增长 17.53%、30.74%、35.41%、26.01%。激光加工装备及其应用相关产品已经占领全国 50%以上市场；华工科技成为我国激光行业的领军企业。

（2）产品与产业技术状况。在全市工业投资和技改 100 项亿元以上项目中，现代加工与装备制造业有 24 项，总投资额 296.99 亿元，其中，南车武汉基地项目、武重整体搬迁改造等项目完工投产。武锅股份搬迁新基地、武船双柳生产基地、中冶连铸重工装备年产优质轧辊 2 万吨项目、701 所的船舶产业研发基地等项目顺利推进。在国家确定的加快振兴装备制造业的 16 项重点突破领域中，武汉在大型数控机床、轨道交通装备、电力设备、冶金设备、大型施工机械等方面具有一定的优势和发展潜力。其中，武船、青船的特种船舶、船用机械，武锅的碱回收锅炉，长动的热电联产机组，凯迪电力的电厂脱硫等产品及其技术居于国内领先水平；武重的重型超重型数控机床、华中数控的五轴及以上联动数控系统打破了国外的垄断；华工科技、楚天、团结激光在光学器件、光电器件等核心器件研发方面具备国内领先水平，其大功率半导体激光器、大功率工业 $CO2$ 激光器、光纤激光器、紫外激光器等产品技术，部分已达到国际先进水平。

（3）产业技术支撑状况。以华科大为首的新型电机国家实验室、塑性成形模拟及模具技术国家重点实验室、激光技术国家重点实验室、激光加工国家工程研究中心、国家数控系统工程技术研究中心、CAD 中心等一批国家级实验室及工程研发中心为产业技术发展提供了强大的智力后盾。

2. 产业技术目标定位

跟踪国际技术前沿，重点研发超精密加工技术、精密成型技术、超微加工技术。积极探索计算机集成制造系统（CIMS）、精益生产（LP）、智能制造系统（IMS）、敏捷制造系统（AMS）、生物制造系统（BMS）、虚拟制造系统（VMS）等先进制造理念与制造模式。推动现代信息技术与新材料、新能源技术与现代装备制造技术及产品的高位嫁接。跟踪国家空间、海洋战略，在空间与海洋关键设备制造前沿技术领域取得突破。结合武汉产业技术基础及现代加工与装备制造业的发展趋势，集中打造数控机床及智能装备、海洋工程装备、轨道交通装备、电力设备、冶金设备、以及激光加工设备等六大重点产业领域。以华中科技大学、武汉理工大学为技术依托，以武重和华中数控为龙头企业，组建创新联盟，开发高档数控机床及智能装备系统；以华科大、武汉理工大及相关研发机构为技术依托，以武船、青船等龙头企业为核心，组建产业创新联盟，开发大型民用船舶、舰船装备、海洋工程装备、港口机械装备系统；以东方武核、国测诺德、武锅集团和长动集团为龙头，开发风电成套设备、核电设备、电力环保装备制造、大型清洁高效电站锅炉、大型循环流化床锅炉、热电联产汽轮发电机组等装备系统；以南车长江公司、中铁科工和山推楚天等企业为龙头，推动轨道交通装备研发及其产业化；打造以中冶南方、中冶连铸和武汉重冶等企业为龙头的大型冶金装备及大型模具产业集群；以华工科大为技术依托，以华工科技、楚天激光和团结激光等企业为龙头，重点开发大型激光器加工设备和大功率激光器，支持中小激光企业集群化发展，重点发展系列化固体、气体激光标记设备，金属、非金属材料激光打孔、切割、焊接设备，激光三维快速成型设备等产品。

（三）新材料产业

武汉新材料产业发展起步较早，研发实力雄厚，已经达到了一定的规模水平。与国内其它地区相比，也具有明显的比较优势。

1. 产业技术基础状况

（1）产业与企业状况。新材料领域已涵盖金属新材料、工程塑料、新型陶瓷、微粉材料、微孔材料、高性能结构材料、金刚石材料、复合材料、光电子功能材料、纳米材料、生物材料等十多个新材料领域，涌现出武汉钢铁公司、湖北鼎龙化学、武汉迪源光电、湖北国创等一批有影响的企业。初步形成了以光电功能材料为核心的武汉光谷新材料集聚区、以高性能钢铁材料为核心的青山新材料集聚区、和以化工新材料为核心的化工新区新材料集聚区。

（2）产品与产业技术状况。通过多学科、多方位的广泛合作研究，部分科研成果在国内居领先地位，在特种钢材、部分精细化工材料、氮化碳超硬材料、建筑用复合材料等方面已实现产业化。武钢的高品质耐蚀钢，鼎龙化学的新型防腐材料、特种聚氯乙烯树脂、高效能车用工程塑料等产品，湖北国创的特种路面用新材料等产品已形成较强的产品竞争力和较高的市场占有率。

（3）产业技术支撑状况。武汉理工大学拥有材料复合新技术国家重点实验室、光纤传感技术国家工业性试验基地、硅酸盐材料工程教育部重点实验室、生物材料工程技术研究中心等一批国家及省部级材料实验室和研发团队，在复合材料、光电子材料、环境材料、生物材料及玻璃陶瓷材料等方面具有较强的科研竞争力，形成一批在国内有影响的科研成果。武汉科技大学的高温陶瓷与耐火材料、功能钢铁材料；中国地质大学的耐磨合金材料等也具有一定的优势和竞争力。

2. 产业技术目标定位

跟踪国际材料技术发展趋势，聚焦新型功能材料、高性能结构材料、生物医用材料、环境与生态材料、纳米材料的研发与产业化。充分发挥武汉理工大学、武汉科技大学及相关研发机构的技术资源优势，加强材料表面改性技术、薄层制备技术、智能合成技术、仿生技术、以及原子尺度上的设计与布排技术的研发。以武钢研究院、国家硅钢工程技术中心、武汉科技大学、华中科技大学等为技术依托，开发高性能结构钢材料，着力解决新一代硅钢生产技术、高洁净度冶炼及成分偏析控制技术、精确轧制及组织控制技术、高品质钢材深加工关键技术、金属材料的循环再生技术；以武汉国家光电实验室、华中科技大学、武汉大学、武汉理工大学、华中师范大学、武汉工程大学等院团为技术依托，以华灿光电、迪源光电、元茂光电、珈伟太阳能科技、日新科技等企业为载体，组建产业创新联盟，开发新型光电功能材料，重点加强高性能薄膜太阳能电池关键材料、高性能电极材料及其构件设计与制备技术的研发；以华中科技大学、武汉理工大学、交通部第二公路勘察设计院、铁道第四勘察设计院、中南建筑设计院、武汉建筑设计院、湖北省建材科研院等院团为技术依托，以湖北国创高新材料有限公司、武汉长利玻璃公司、湖北弘毅钢结构工程有限公司等企业为载体，组建产业创新联盟，开发绿色建筑新材料，重点发展资源循环型钢结构住宅集成技术、建筑环保节能复合墙板技术、重载沥青路面铺装新材料技术、建材再生利用技术、光催化薄板材料制备技术、新型玻璃与陶瓷产品技术；以湖北省化学所、湖北省化工设计研究院、武汉大学、湖北大学、武汉工程大学等院团为依托，以中石化武汉分公司、葛化集团、武大有机硅公司、湖北鼎龙化学公司、武汉有机实业公司、武汉市银冠化工有限公司、湖北联合天诚防伪技术股份有限等企业为载体，组建产业创新联盟，开发化工新材料，重点开发防腐涂料、特种聚氯乙烯树脂、优质专用塑料、密封包装材料、高性能汽车用塑料、有机硅等特色化工新材料产品。

（四）生物（生命）产业

武汉市生物（生命）产业主要分布在生物医药、生物农业、清洁生物技术等领域，经过二十多年发展，形成了一定的产业技术基础。

1. 产业技术基础状况

（1）产业与企业状况。2011 年全市规模以上生物企业 60 余家，总产值达到 150 亿元，其中产值过亿元企业达到 30 家。在生物医疗（生命）领域，武汉市原有武汉健民、马应龙药业、人福科技、维奥制药、国药控股等 5 家生物上市企业，近两年来通过发挥光谷生物城的产业集聚效应，又引进了辉瑞制药、药明康德、永安药业、万全药业等 5 家上市企业，总数达到 10 家。初步形成东湖新技术开发区、汉阳地区（包括武汉经济技术开发区、汉阳区、蔡甸区）、东西湖区三个生物医药企业聚集区。目前已聚集生物企业 400 多家，已经形成以生物医药、医疗器械、清洁生物技术产业板块。在生物农业领域，以市级农业龙头企业为主体，农业科技型企业有 107 家，其中经认定的国家农业高新技术企业 18 家。初步形成了生物农业、农产品精深加工、优良动植物品种三大现代农业产业集群。

（2）产品与产业技术状况。在医药领域，全市有药品生产批文 2586 个，进入临床和生产阶段的国家一类新药有 8 个，其中体外培育牛黄是我国首个中药一类新药，注射用鼠神经细胞生长因子是我国首个具有自主知识产权创新生物药。武汉生物制品所是我国最大的疫苗生产基地，年产疫苗 1.5 亿枝；武汉马应龙是全国最大的肛肠用药生产基地，年产麝香痔疮膏 6000 万支，占国内 40%以上的市场份额；武汉健民是全国儿科用药基地，颗粒年产 5000 吨、片剂 40 亿片、胶囊 30 亿粒，生产能力居行业前列；人福医药集团企业生产的麻醉药占有全国 70％的市场份额；科益药业是国内生产销售抗病毒处方药最大的厂家，年产冻干针剂 3 千万支、固体制剂 8 千万片。在清洁生物技术领域，武汉市已具有一定产业基础。中兴能源公司、凯迪技术研究院在生物柴油、生物质汽化生成液体燃料等方面已具备较好的技术基础。武汉华丽环保科技有限公司年产 8 万吨生物降解新材料，是亚洲最大的生物降解新材料生产基地。中油所、华农等研究开发的生物质原料高效高产作物、植物新品种为清洁生物技术的发展奠定了良好的基础。在生物农业领域，新华扬的饲料酶制剂、中博生物的兽用生物制品、武大绿洲的生物农药等在全国处于领先地位；在优良动植物品种方面，国英种业的红莲型优质杂交稻育种技术居世界先进地位，武汉如意的“如意情”瓜菜获中国名牌农产品称号。

（3）产业技术支撑状况。武汉拥有国内外一流的生物（生命）研究开发机构 30 多家；生物领域两院院士 15 人，国家重点实验室 6 个，部委重点实验室 26 个，重点学科 15 个、重点工程（技术）中心 4 个和博士后流动站 8 个、国家临床研究基地 9 个，有国家植物基因研究中心（武汉）、农业微生物国家重点实验室、病毒学国家重点实验室、生物安全三级（P3）实验室、生物安全四级（P4）实验室等共性技术研发平台，以及凯迪电力的生物质热化学技术国家重点实验室，武汉马应龙药业集团国家企业技术中心、武汉科诺生物农药有限公司的国家级生物农药研发中心等三个企业研发中心。在动植物功能基因、高致病性病原微生物、人畜用生物制剂等方面研究已进入世界先进行列，其中中国科学院与武汉市联合共建的生物安全四级（P4）实验室为亚洲首座生物安全实验室。

2. 产业技术目标定位

结合武汉经济社会需求及生物科技资源优势，重点推动生物医药与疫苗、环保生物技术、生物信息技术、生物农业综合技术的研发与产业化，力争在基因诊断与治疗、组织再生工程、生物芯片、转基因动植物培育与商业应用等方面取得突破。依托武汉新药创制综合大平台、武汉生物技术研究院以及国家纳米药物工程技术研究中心等平台的辐射作用，大力发展具有自主知识产权和广阔市场前景的医药产品；突破性发展清洁生物技术产业，加快生物能源产品的规模化生产及生物质发电，大力开发环保生物新技术、新工艺、新设备；建设全国淡水生态治理和生物质气化生成液体燃料的创新中心和产业示范基地；重点发展以新型生物饲料添加剂、动物疫苗、多功能生物肥料、绿色微生物农药、植物源生物农药、新型生物兽药为主的生物农业；开展品质、产量、抗性等性状关键基因定位、克隆与鉴定，以常规育种技术、杂种优势利用技术为基础，并与诱变育种技术、聚合育种技术、分子标记辅助选育技术等相结合，培育优质、高产、抗病虫、抗逆性强的优良动植物新品种。

（五）环境产业

近年来，在两型社会建设推动下，武汉加大对节能环保产业的投入，推动节能环保产业这一新兴产业的跨跃发展，并初步形成了一定的产业技术基础。

1. 产业技术基础状况

（1）产业与企业聚集状况。“十五”以来，武汉市节能环保产业一直保持 20% 以上的速度增长。全市从事节能环保产业的企、事业单位 400 多家，从业人员 6 万人。拥有武汉凯迪、中冶南方、都市环保、天澄环保、天虹仪表、科梦公司、远东绿世界、华丽环保等一批骨干企业。目前，青山节能环保产业基地和武汉东西湖循环经济工业园初具产业特色和优势。

（2）产品与产业技术状况。武汉节能环保产业门类齐全，拥有一批领先于全国同类水平的先进技术，特别是在节能关键技术、水污染防治、大气环境污染防治、固体废弃物处置与资源化、土壤污染修复，节能环保设备制造等领域积累了较强的技术基础。在钢渣、矿渣等综合利用技术，氨氮废水处理技术、大型电站烟气脱硫、脱硝和除尘技术、环境监测技术、噪声振动与控制技术、油烟治理技术等形成了较强的产业竞争力。

（3）产业技术支撑状况。武汉拥有武汉大学、华中科技大学、中国地质大学等 7 所“211”重点高校，武汉市环境保护科学研究院、武汉市环境卫生科学研究设计院，中钢武汉安全环保研究院等科研院所，武汉大学等环评单位 18 家，冶金部武汉钢铁设计研究院等设计单位 15 家，拥有华中科技大学煤燃烧国家重点实验室、岩土力学与工程国家重点实验室、中科院水生所淡水生态与生物技术国家重点实验室、武汉大学水资源与水电工程国家重点实验室等一批国家级研发平台。为节能环保产业的发展、关键技术突破及占领核心技术制高点等提供了有利的支撑。

2. 产业技术目标定位

紧紧围绕自然资源的开发与保护、洁净生产、污染控制、污染治理，开展环境保护与治理设备的研发与产业化。力争在治理“三废”污染的微生物菌剂及配套技术、新兴重组微生物脱硫技术、基因工程微生物净化水污染技术、生物降解技术等环境产业的前沿技术上取得重大突破，形成一批具有国际领先水平的科技成果。以中科院水生生物研究所、华中科技大学、武汉大学、武汉纺织大学、中钢集团武汉安全环保研究院，武汉市环境科学研究院等院团为技术依托，以武汉凯迪水务有限公司、武汉市水务集团有限公司等企业为载体，组建武汉市污水处理技术产业创新联盟，推动污水处理技术及装备制造技术的研发及产业化，实施 “大东湖”生态水网构建的关键技术与示范工程、城市污水资源化技术产业化及示范工程，工业废水资源化与装备产业化示范工程。以华中科技大学、武汉大学、武汉理工大学等院团为技术依托，以中钢集团天澄环保科技股份有限公司、武汉都市环保工程技术股份有限公司、武汉凯迪电力环保有限公司等企业为载体，推动工业烟气多污染物控制关键技术研发及产业化，CO_2减排及资源化利用关键技术研发及产业化，研究燃煤烟气高效除尘技术、燃煤电站锅炉低NOx排放技术以及低成本燃煤烟气脱硝技术，促进其技术及装备在相关行业的推广应用。以武汉大学、华中科技大学、中国地质大学、中国科学院武汉岩土力学研究所等科研院团为依托，以武汉凯迪电力环保有限公司，武汉都市环保工程技术股份有限公司，武汉格林美资源循环有限公司等企业为载体，组建武汉市固体废物安全处置与资源化利用的产业创新联盟，推进武汉市固体废弃物产业化技术的发展，重点实施污泥安全处置与资源化利用的关键技术及产业化、工业与电子固体废弃物安全处置与高值化利用的关键技术与装备产业化、餐厨垃圾资源化利用关键技术与设备产业化，生物质固体废物的能源转化技术及示范工程。推动污染源环境污染物过程监测技术与仪器设备产业化，研究环境监测信息化集成与资源共享技术、无线传感网络在环境监测中的应用技术；天地一体化环境监测新技术，实现环境质量自动监测系统、环境应急监测系统现代化和环境监测信息系统的现代化。

（六）新能源产业

近年来，武汉市新能源产业发展较快，光伏、风电设备研发和制造已经具有一定规模和市场优势，生物质能、其他新能源产业快速发展并初具特色，形成了较好的产业发展基础。

1. 产业技术基础状况

（1）产业与企业聚集状况。目前我市珈伟科技、日新科技、华灿光电、兴隆源等光伏企业具有国内领先的研发实力和一定市场占有率；国测诺德、中船 6803、解放军 3303 厂等在风电产业链发展方面具有较好的基础；凯迪控股是我国第一家以绿色生物能源为核心投资业务的高技术投资公司；钧生生物、爱瑞生物在生物柴油方面具有一定实力。近年来，在东湖高新区一批新能源企业逐渐发展壮大，已有近 100

家企业涉足该产业，其中规模以上企业 46 家，2010 年产业总收入约 100 亿元，近 3 年年均增速为 36.5%。

（2）产品与产业技术状况。武汉已建成一批光伏发电照明示范工程，总装机规模约 25Mw。风光互补绿色照明市场已形成一定规模；武汉市太阳能热水器安装使用量达 18 万余台；目前兴建的 5 个垃圾焚烧发电项目，全部投入运营后可以处理武汉市 95%的生活垃圾。新能源市场的不断深入拓展和逐渐成熟，为新能源产业的快速做大和跨越式发展提供了基础条件。

（3）产业技术支撑状况。武汉理工大学、武汉大学、华中科技大学、武汉核动力运行研究所、中南电力设计院、国家电网武汉高压研究所等研究机构及相关企业都具有相当的研发实力和技术储备。其中武汉理工大学研制出国际上第一台太阳能热电—光电复合发电的实验系统；中科凌云研发的完全拥有自主知识产权的全永磁悬浮风力发电机为国际首创；迪源光电的 LED 芯片技术处于国际先进水平。

2. 产业技术目标定位

跟踪国际新能源技术前沿，重点开发可再生能源（太阳能、风能、生物质能等）技术系统、高效能大容量的燃料电池以及太阳能电池。以武汉理工大学、武汉大学、华中科技大学、湖北省光伏工程技术研究中心等科研院团为技术依托，以银泰科技、日新科技等为产业发展载体，以三工科技、银泰科技、长光电源、普天电源等企业为产业配套支撑，打造从硅材料、硅片、太阳能电池（组件）到太阳能建筑一体化系统、太阳能离网或并网发电系统的完整产业链，促进光伏产业的集聚发展。发挥武汉风电设备研发和制造在全国具有的优势，依托国测诺德、云鹤风电、中科凌云、汽发、中船 6803、461、471 厂、解放军 3303 厂等企业，拓展风机设备市场和风场资源，加快风电装备相关核心技术的突破和规模化、产业化发展，延伸武汉风电产业链，建设全国重要的风电装备制造基地。以凯迪、武锅、长动、都市环保、中核武汉核电运行技术股份有限公司等企业为龙头，重点进行生物质锅炉发电机组、烟气处理和关键部件、特高压成套输变电设备的研发与制造，加大产品应用推广力度，建设核动力运行技术研究和服务基地，加快生物质能、核能等产业的培育与发展。以东风集团公司为龙头，以 BSG 混合动力乘用车、全新结构小型纯电动乘用车、插电式混合动力乘用车产业化为重点，集中武汉市全行业科技资源，共同开展系统集成、动力总成、电磁兼容、高压安全等关键共性技术研究，加快建立先进的乘用车整车设计与开发流程，全面提升我市节能与新能源乘用车整体水平，建设全国重要的节能与新能源乘用车研发及生产基地。以突破动力电池核心技术、提高电池性能和寿命、降低成本为目标，以中原电子、国通青扬、武汉大学等电池生产企业和研究院所为依托，联合东风汽车公司等新动力整车企业，打造车用动力电池生产制造基地。

三、武汉战略性新兴产业的产业技术支撑政策建议

战略性产业有赖于战略性高技术作支撑。发展战略性新兴产业，关键是培育一批充满活力和竞争力、引领高技术前沿的战略性高技术企业。针对武汉战略新兴新产业存在的问题，及产业技术目标定位，提出如下政策建议。

（一）立足于当代科技革命的纵深化，高起点规划部署战略性新兴产业

当前在发展战略性新兴产业中一个突出的认识问题是，把我们发展多年的高新技术产业等同于或部分等同于战略性新兴产业。许多地方的产业规划、产业政策设计、乃至统计体系都是围绕着既定高新技术产业框框进行的。或者说，旧瓶装新酒，把高新技术产业的一套东西摇身一变就成了战略性新兴产业的一套东西。果真如此，又有何必要用战略性新兴产业去替代我们倡导并发展多年的高新技术产业呢？所以说，必须提高对战略性新兴产业内涵与意义的认识。战略性新兴产业归属于当代高新技术产业，但又不同于一般的高新技术产业，而是当代科技革命催生的技术及技术群的纵深化发展及其产业化与大规模推广应用而产生的有可能引发国家乃至全球生产技术基础变革与支柱产业更替的新兴产业或产业群，战略性新兴产业的基础是战略性高技术。这一界定决定了发展战略性新兴产业不能在既有的产业框架下打转转，而是必须根据战略性新兴产业之颠覆性、抗争性、引领性等本质特征，根据国家战略需求和国际技术前沿动态，进行高起点谋划。在规划部署战略性新兴产业时，必须思考如下几个问题：

第一，相关领域的国家战略需求以及国际科技前沿是什么？这些战略需求及科技前沿是否具备战略性新兴产业之本质特征？

第二，武汉在相关领域的科技资源特别是人才资源优势是什么？这些资源优势有可能在哪些领域取得重大技术突破？

第三，这些重大技术突破是否与武汉现有产业技术基础相适应？是否具有转化为相关产业的潜在优势？

笔者注意到最近市委市政府出台的“武汉市高新技术产业发展行动计划”对此有所涉及，但由于该计划偏重于技术层面，而且立于“武汉高新技术产业”的既有框架，因此其对武汉战略性新兴产业发展的影响效力是有限的。因此，建议由市发改委牵头，联合市科技局、经信委等部门，围绕以上思路对武汉的科技资源优势、产业技术优势进行一次全面梳理，确定一批有可能形成重大原创性成果并具有潜在产业前景的前沿技术项目，进行重点投入，集中攻关。并从技术源头到产业终端，从实施责任主体到资本投入，从成果转化到市场培育，基于技术创新过程的各个环节进行系统地规划，力争用 5 到 10 年时间培育一批具有国际竞争优势的战略性高技术产品及战略性高技术企业。

（二）牢牢抓住产品创新不动摇，坚持以产品创新带动工艺创新

当代科学技术相互交叉、渗透，产品是技术的综合载体，是各项技术的综合集成。各类工艺（专项）技术的深度开发固然重要，但其最终目的必须是落实到现实的产品上。“皮之不存，毛将焉附”。没有“新产品”这个载体，再好的工艺技术也只能束之高阁。是产品最终带来利润，也是产品决定着一地区核心竞争力。以工艺性技术开发为主线来推动产品发明创新，还是以产品发明创新为主线带动工艺技术的深度开发，思路不同，出发点不同，效果也大不一样。前者可能事倍功半，后者可能事半功倍。计算机的发明和创新是以产品发明为主线带动技术深度开发的典型例子。由于计算机的发明，使得其芯片技术经历了从电子管、晶体管、集成电路、大规模集成电路等不断的工艺技术革新，进而推动了信息、通讯技术领域的革命。美国新一代汽车伙伴关系计划（PNCV）、高性能计算与通讯计划（HPCC），都是以产品为轴心的计划。我国航天工程的发展，也是以产品带动工艺技术不断创新的成功案例。因此，武汉要实现经济发展的新跨越，必须要确立大思路、大战略，必须牢牢抓住产品创新这一发展主线。为此，建议调动全地区科技经济资源，组织以新产品开发为轴心的“科技创新工程”。具体地说，就是根据当前科技发展的趋势与武汉地区的科技资源优势，在新能源、现代通讯、激光、生物、医药、新材料、电动汽车、环保新设备、现代装备制造等重点领域超前谋划一批技术集成度高、产业带动性强、具有战略前景的重大产品创新工程。在发展模式上，可以广泛采用大科学模式，即以产品系统设计开发及其产业化为目标，以大院大所为技术依托，以大企业为载体，以政府投入为牵引，构筑多元投资体系，组成若干个产业（品）创新战略联盟。与此同时，在市级层面抓好产品攻关项目的统筹运作，即按照科技创新的过程（研发—工程化试验—产业化），确定产品系统开发目标及产业化规划，并进行分阶段跟踪投入，直至完成产业化过程。

（三）从全局的战略高度重视科技创业企业的发展问题，确立科技创业企业在武汉战略性新兴产业发展中的主导地位

战略性新兴产业一般基于战略性高技术的重大突破及其产业化应用。而战略性高技术成果的产业化却主要依赖于高科技创业企业。这是因为，对于成熟的大企业而言，其现有产业结构、产品结构、物质技术装备、员工文化素质乃至市场经营模式一般难以与现代高技术成果的产业化模式相适应、相匹配。而新生创业企业一般是以科技创新为先导、以新兴科技成果的产业化、商业化为目标的全新经济实体，往往具有机制灵活、人员素质高、创新活力强的优势。应该说，制约武汉战略性新兴产业发展的一个突出问题还在于科技创业企业发展不足。由于我们在 “八五”、“九五”期间对知识经济、新经济以及科技创业经济的趋势认识和把握不够，致使工业投资的重点没能及时向代表知识经济、新经济的高新技术产业转型，科技创业企业的发展没有得到应有的扶持，以至于现今代表战略性新兴产业前端技术水平的高技术企业数量奇缺、规模效应不突出、集群效应不明显、产业技术基础比较薄弱。

毋庸置疑，当前在观念、政策、行动上，政府还是把目光聚焦在那些短期内能够带来规模效益的大企业、大项目上。对于科技创业企业虽然提倡、号召、鼓励，但在政策扶持、经费投入、特别是环境资源的投入上，却显得十分苍白（只要比较一下每年的政府投资预算就清楚了）。必须认识到，“大”是立足当前，对于在短期内提升城市经济规模和水平确实有帮助；但“小”则是立足于长远，对于城市经济的可持续发展、保持城市经济的旺盛活力有着重要的不可替代的作用。引进国内外成熟的大企业，确实可以在短期内提高城市经济规模，推动 GDP 上一个新台阶，解决一些城市发展面临的紧迫问题，但它终究形成不了城市核心竞争力。相反，由于以低廉土地作代价，以牺牲环境资源作代价，产业低水平重复，还会给城市可持续发展带来一系列问题。但发展科技创业企业不同，科技创业企业是经济增长的源泉和发动机，是先进生产力的开拓者。就其发展模式而言，它是以知识投入为核心，其发展是集约性的，可以最大限度地减少城市资源的消耗和对环境的破坏。同时，由于创业企业扎根于城市本土文化，属于内生性的企业，也容易形成城市核心竞争力。因此，在战略性新兴产业的发展战略定位上，必须确立科技创业企业的主导地位。只有这样，才能构筑未来产业高地，培育出城市未来核心竞争力。

应该看到，我们今天崭露头角的科技创业企业，都不是一夜之间诞生的，都是经过十多年的锻造才有今天的规模和水平，联想如此，华为如此，武汉的“凯迪电力”也如此。在发展科技创业企业这个问题上，要有立足于10年、20年的胸怀，要有一种卧薪尝胆精神，必须要克服浮躁和急于求成心理，并扎扎实实地在资本投入、政策环境构造上下一番功夫。如果未来5到10年，能够再造10家、20家烽火通讯、凯迪电力这样的以科技为先导的企业，那就远比花巨资引进若干家“中芯国际”之类的加工型企业所形成的城市竞争力要大得多、强得多。

（四）创造资本流向科技、流向人才、流向创业企业的政策机制，特别是调动国有大资本的力量推动科技创业企业发展

资本运动的链条，即资本在社会生产、流通与消费领域及其各个环节的分布，存在一定的内在规律。违背了这一规律，资本的效率，资本对社会财富增值的拉动作用就会降低。当前资本运动及其流向存在的突出问题是资本过度倾向于社会生产的终端环节，而在社会生产的基础环节，如科技创新与新产品开发及其产业化环节资本投入严重短缺。资本过度地流向资本、流向房地产、流向传统企业，看到的是眼前的繁荣。而资本流向科技、流向人才，流向创业企业，创造的则是长远的经济增长效果，是可持续的经济发展。确立科技创业企业在武汉战略性新兴产业发展中的主导地位，极为关键的是要创造资本流向科技、流向人才、流向创业企业的政策机制。对于一个城市政府来说，在国家金融政策容许范围内，以下几点是可以有所作为、有所创新的：

第一，调动国有大资本的力量推动科技创业企业发展。计划经济时期，区域经济与产业发展主要靠政府拿财政资金，创办“国营企业”。进入市场经济时代，政府不再直接创办企业、创办产业。那么，区域经济增长点主要靠什么？就是靠科技创业企业的发展壮大。而科技创业企业的创设、发展、壮大是与现代高科技成果的转化相伴而生的，科技成果转化又是一个高风险、高投入的事业，特别是一些原创性高科技产品的研发与产业化，动辄是以数亿元计的资本投入。这对于一个民间资本欠发达的地区来说，仅仅依靠政策激励、仅仅依靠民间资本“散兵游勇、自生自灭”式的发展，必将是一个艰难而漫长的历史过程。这就要求动用国有大资本的力量介入创业企业的发展。具体措施上，建议政府借国有经济结构战略性调整之际，转变国有资本经营方式和投资方向，有目的、有计划地使国有资本从传统产业中战略性退出，然后把这些资本集中起来，投资参股科技创业企业。在运营管理上，可以由现有国资经营机构直接运营，也可设立一个“武汉市战略性新兴产业（国有）投资公司”专门运营。如果每年能拿出 200 亿左右（这与动辄上千亿的城市建设投入来说并不过分），投资 100 家民营科技创业企业，那么经过 5 年的投入，就有可能积累一批具有一定规模和竞争力的新兴企业。

第二，鼓励大型上市公司发展“公司风险资本”，投资科技创业企业，发展公司“内企业”。设立公司风险资本，发展创业企业或公司“内企业”是发达国家普遍的做法。公司风险资本（Corporate Venture Capital，简称 CVC）是指有明确主营业务的非金融企业在其内部和外部所进行的风险投资。与风险投资纯粹追求财务回报不同的是，公司风险投资的最主要动机是通过风险投资使母公司获得和维持技术上的竞争优势。以 Cisco（思科）公司为例，为了维持网络技术的优势，以及在光纤行业与 Nortel（北电）一争高下，曾连续斥巨资投资或并购相关的创业公司。其结果是：思科这个年轻的公司通过投资并购成长为跨国巨型网络公司，而具有上百年历史的北电到 2009 年几近倒闭边缘。武汉市这些年培育了一批不错的上市公司，如烽火通讯、华工科技、武汉高科等，鼓励这些上市公司发展公司风险资本，一方面，对于上市公司而言，可以利用其所注资的创业公司的技术领先优势，强化其 R&D，弥补产业技术上的不足，促进公司的产业战略转型；另一方面，对创业公司来说，可以立足于“巨人的肩膀”，依托母公司的财务资源、销售渠道、品牌优势甚至企业家精神，借助母公司的技术开发和管理优势、生产制造经验、乃至全球销售网络以及行业关系等，加速其产业规模化，实现高速增长。同时，借助于武汉“新三版”以及 IPO，也可以实现财务回报。以上市公司为主体，发展“公司风险资本”，核心是在上市公司内部建立风险投资体系和内企业家机制。建议市政府从宏观政策角度制定“公司风险资本”的运作规范，推动公司风险资本的发展。

其三，推动民间资本投资参股科技创业企业。在市场经济体制完备国家，相当部分创业企业在创业初始，都是靠家门自己、亲朋好友、周围邻里等集资兴办的。在企业成长过程中，还可以根据企业资金需求向原始股东或其他投资者进行增资扩股。我国目前在企业创立时，注册资本依靠民间集资参股的路基本是畅通的（受公司法调整），但由于会计、审机制度不健全，普遍存在虚拟股东和虚拟注册资本现象，其结果，公司在治理结构上普遍存在着名实不符问题，如创业者主权、“内部人控制”等，使小股东的权益基本缺乏保障。这个问题也进一步影响到企业的进一步增资扩股。在法律政策上，往往正常的增资扩股与乱集资、乱“圈钱”的界限不明。其结果，企业正当的“增资扩股”或私募行为，一概被视为“违法行为”遭到禁止，致使企业创立后增资扩股的路基本是封闭的，影响了企业的发展壮大。建议市政府加快制定“武汉市民间资本投资参股科技创业企业管理办法”，规范民间融资，促进民间资本直接投资参股创业企业合法化、规范化，保障投资者的合法权益，使更多社会资本愿意投资科技创业企业，支持科技成果转化。

（五）创造一流人才、一流成果流向企业的体制、制度环境

在西方发达国家，一个科研专家，一旦有了重大发现或发明，接下来要做的事情就是如何转化为现实应用：或者创立企业、或者深入企业进行技术传播。当然，其所得的回报也不菲。而我国不同，科研专家们更倾向于高校、科研院所等深宅大院。因为，在现行体制环境下，那里有更稳定的项目来源、更稳定的收入、更自由的空间、更体面的生活。当一个社会缺乏人才流向企业的公平机制时，有谁愿意舍弃深院大所里的舒适生活甘冒创办企业的风险，或者到企业去从事艰苦而又低回报的成果转化工作呢？因此，促进创新创业事业的发展，极为重要的是要创造一种有利于科技人才流向企业、参与科技成果转化的政策新机制。

应该说，这些年我们想了许多办法，促进人才流动和成果转化，但效果不太理想。究其原因，就在于这些政策多半停留在表面的、形式的方面（如单纯解决“个人待遇”或简单关注学历文凭等），并且往往是间断的、缺乏可持续的（如重奖科技人才），而没有与人才之赖以凭借的事业结合起来。同时，许多政策设计的立足点放在高校、科研单位一方，而非企业一方，比如技术转移政策，是典型的卖方激励而非买方（受让方）激励（这就意味着，当武汉的科研机构把技术转移到外地时，武汉市为激励买单，外地受益）。我认为，提高武汉产业、企业对于科技人才、科技成果的吸纳力和承载力的根本举措在于按照“产业（事业）导向”的思维重新构建我们的人才政策。具体地说，就是按照产业、事业先导的原则，把人才政策与他在武汉本土所从事的事业、产业结合起来，切切实实地为人才所赖以依托的产业（事业）创造条件、给予政策扶持。其着力点可以放在以下几方面：第一，对携带科技成果在本土创业者给予场地、资金扶持，并在企业创立不同阶段引入国有战略投资；第二，制定改善企业科研人员工作生活环境（包括待遇）的政策；第三，科技奖励向企业倾斜，重奖企业有突出贡献科研人员；第四，建立一套创业失败保障机制，对创业失败的科研人员的工作、生活以及再创业给予基本保障；第五，对科研人员兼职从事产业化、参与企业经营等制度加以完善，保障科研人员离开大学或科研院所后能够保持同等以上的待遇。

（六）转变财政政策激励机制，推动财政激励政策的科学化、规范化

由于税收政策受制于国家管控，地方政府的调控空间十分有限，所以财政政策激励对于地方政府就显得十分重要。近些年来，市政府及相关部门为了促进新兴产业的发展，加大了财政政策创新力度，出台了一系列财政激励政策。这些政策概括起来，有以下几个特点：一是在激励方式上，主要采取财政直接无偿投入、财政补贴、财政奖励等方式，如对 13 个战略性新兴产业提供投资贴息补助资金（见武汉市新兴产业投资贴息补助实施办法），对标准、知识产权实施奖励（见武汉市标准研制资助奖励实施办法等），等等；二是在激励对象上，涉及科技人才、研发机构、创业企业、企业孵化器（加速器）、产业园区、上市企业、投融资机构，等等方方面面；三是在激励内容上，有针对具体项目、产品的激励（如武政规〔2010〕16 号关于自主创新产品政府采购政策），有针对某个具体企业的激励（东湖开发区促进“领军企业”快速发展的实施意见提出的“一企一策”政策），有针对某个具体产业的激励（如对地球空间信息及应用服务产业、服务外包产业等单项产业制定的具体激励措施等），还有针对某个特别区域的激励，等等；四是政策执行主体几乎涵盖政府各个职能部门（如发改委、经信委、人社局、质监局、科技局、知识产权局等等数十个部门）。这些政策虽然对新兴企业及产业发展能起到一定的激励作用，但不可忽视的问题是：行政色彩过于浓厚（存在以权设事、因权造事问题）、实施手续繁琐、资金投入分散、政策执行力差、协同共振性差。政府如同保姆，无所不包、无所不及，必然加剧企业对政府的过度依赖，甚至产生一些企业完全依靠政策过日子的惰性，不能从根本上焕发起企业的独立生存能力和竞争力，也无法创造公平、公正的市场竞争环境。同时过泛过乱的政策，也导致行政效率低下、企业疲于奔命，并最终影响了企业的发展。因此，建议有关部门对财政政策进行一次全面梳理。总体原则是遵循新兴产业发展规律，遵循市场经济公平竞争秩序，推动财政激励政策的科学化、规范化。具体建议财政政策实行“三个转移一个整合”：一是投资方向由产业链低端向产业链高端转移，明确政府、企业、社会的投资界限，政府的归政府，企业的归企业，社会的归社会。政府投入主要面向产业发展的基础领域，包括研究与开发资助、公共研发平台建设、产业环境（孵化器、园区基础设施等）建设等方面；二是投资方式由直接投资为主向间接投资为主转移，减少投入环节，简化投入手续（比如能够通过减免税费方式的就不采取税费补贴方式）；三是投资手段由行政运作为主向市场化运作转移，尽可能减少政府部门直接操纵投入（如前述建议的支持科技创业企业发展的“国有大资本”就可以由国有资产投资经营部门按照资本经营方式进行运作）；四是对性质相同或相近、联系密切的政策进行整合归并（比如有关人才政策可以纳入创新、创业政策体系之内，与具体项目、企业创设等进行捆绑），提高政策执行效率。

（执笔人：石峰）

2011 年武汉创新能力评析报告

创新是一个古老而宽泛的概念，早在 15 世纪，人们就开始使用创新一词。从一般意义上说，所谓创新就是推陈出新，即抛开旧事物，创造新事物。

创新型城市是创新型国家的下位概念。创新型国家是上世纪 50—60 年代许多国家实施的国家战略概念。半个多世纪以前，在努力寻求实现工业化和现代化的道路上，有着三种类型的国家战略：资源型，主要依靠自身丰富的自然资源增加国民财富，如中东产油国家；依附型，主要依附于发达国家的资本、市场和技术，如一些拉美国家；创新型，把科技创新作为基本战略，大幅度提高科技创新能力，形成日益强大地竞争优势，国际学术界把这一类国家称之为创新型国家。目前，世界上公认的创新型国家有 20 个左右，包括美国、日本、芬兰、韩国等。创新型国家有着四个明显的特征：创新投入高，国家的研发投入占 GDP 的比例一般在 2%以上；科技进步贡献率高达 70%以上；自主创新能力强，国家的对外技术依存度指标通常在 30%以下；创新产出高，所获得的三方专利（美国、欧洲和日本授权的专利）数占世界数量的绝大多数。根据中国特定的国情和需求，我国在全面建设小康社会步入关键阶段之际，提出了建设创新型国家的发展战略。国家主席胡锦涛于 2006 年 1 月 9 日在全国科技大会上宣布中国要在 2020 年建成创新型国家，使科技发展成为经济社会发展的有力支撑。其基本目标是：到 2020 年，经济增长的科技进步贡献率要从 39%提高到 60%以上，全社会的研发投入占 GDP 比重要从 1.35%提高到 2.5%；基础科学和前沿技术研究综合实力显著增强，取得一批在世界具有重大影响的科学技术成果；自主创新能力显著增强，把提高自主创新能力作为调整经济结构、转变增长方式、提高国家竞争力的中心环节；把科技进步和创新作为经济社会发展的首要推动力量，

在建设创新型国家战略的指导下，国内许多城市相继提出了创新城市，建设创新型城市的战略。创新型城市是特指，主要是依靠创新特别且科技创新驱动发展的城市，有着明确的量化指标，即：创新投入高，研究与发展资金投入占国民生产总值的比重在 3％以上，企业研发投入占企业销售收入的 4％以上；科技进步贡献率高，科技进步贡献率一般都已达到 70%以上；技术的依存度低，对引进技术的依存度均在 30%以下；创新产出高，拥有一大批技术创新成果，尤其是拥有一批核心发明专利，发明专

利申请量占全部专利申请量超过 70%以上，企业专利申请量占全社会申请量超过70%以上。

虽然创新型城市有着特定的量化的科技指标，但科技创新是一个把知识性的科学技术构想转化成有新产品和新的生产方式的活动，是一个新设想、新发明走向产业化和市场化的系统性活动和过程，是一个包含技术、经济、社会等要素的系统。它是一个输入输出的动态开放系统，需要不断地输入人财物力和技术资源，同时也不断地从系统内部向系统外部输出新产品、新技术、新效益。因此，科技创新就与经济、金融、文化、教育、城市建设、城市管理、城市生态、社会服务等等密切相关。建设创新型城市就是一个系统工程，必须有浓郁的思想基础、强大的财力、充满创造力的人才作支撑，必须有适宜创新的社会环境和生态环境。创新型城市的本质就是以科技创新为核心，兼及以此相关的经济创新、文化创新、教育创新、城市建设创新、城市管理创新、城市生态创新、社会服务创新等社会创新，并促进城市经济发展的城市形态。为此，必须开展城市创新，但需要说明的是创新城市与创新型城市是两个相互联系又相互区别的概念。创新城市是泛指，强调的是创新的过程，是一个动态概念。创新城市与创新型城市，前者强调的是过程；后者强调的是结果，包括更高水平上的继续创新。从前者到后者是一个较长、较复杂的过程，一旦从前者转变为后者，城市的发展就实现了质的飞跃，步入了良性协调快速发展的轨道。因此，建设创新型城市不仅要大力提升科技创新力，而且要提高经济发展、城市文化、教育、城市建设、城市管理、城市生态等等的社会创新力。建设创新型城市的关键是形成持续的城市创新力。

根据上述城市创新的系统性的分析，我们以为城市创新力由核心创新力（科技创新力）、支撑力（经济发展，文教实力）、支持力（社会环境、生态环境）等二级指标所构成，二级指标又由若干关键性三级指标所构成，为此，我们建立了动态的创新城市评析模型，如图：

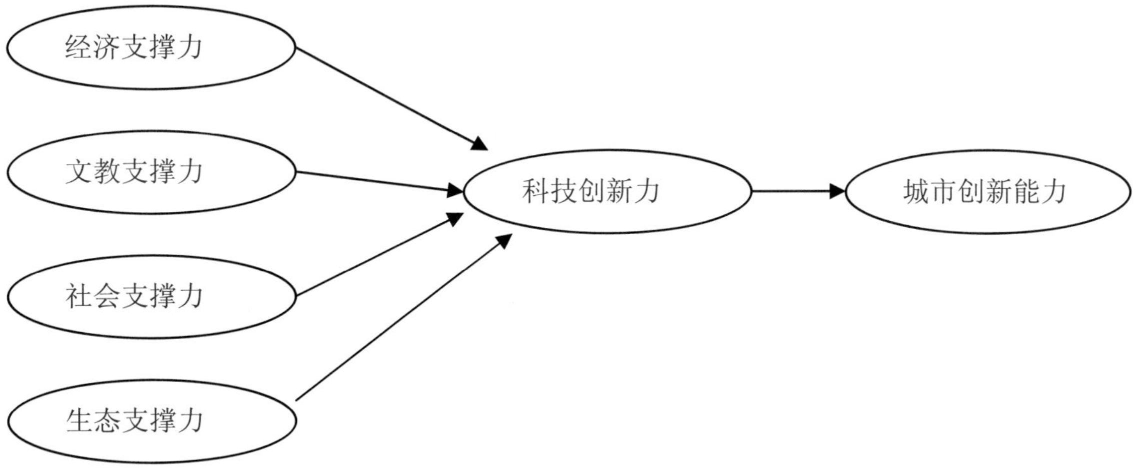

在此基础上，我们参照2020年创新型国家的目标值、2020年全面小康社会目标值及国外创新型城市的经验值确定了相关指标的目标值，并对武汉市2011年的创新力进行了评析。

2011年，武汉市以东湖国家自主创新示范区建设为引擎，健全创新机制，集聚创新资源，完善创新体系，建设“创新武汉”，使创新成为武汉发展的主要驱动力。根据创新力评价指标统计评价：

2011年，武汉市创新力综合指数为77.84%，比去年的74.44%提高了3.4个百分点，离2020年的目标还有22.16个百分点的差距。具体评析如下：

一、科技创新力评析

2011年，武汉市大力推进国家创新型城市建设。加强企业、高校、科研院所联合互动、协同创新；强化科技合作，跨国、跨地区组建产学研联盟和成果中试基地；形成一批原始创新成果，突破一批重大关键技术，建设一批一流研发机构，培育一批具有全球影响力的创新型企业。投入不断增加，产出成效明显。2011年科技创新力指数为69.26，比去年的60.98提高了8.28个百分点。

（一）投入

投入创新的基础条件，投入不仅是资金，更重要的是人的投入，由于数据采集及处理等多方面因素的局限，我们选择了体现投入的每万人拥有R&D专业人员、每万人中科学家和工程师的比重、规模以上工业研发人员占从业人员比重、全社会R&D经费支出占GDP比重、规模以上工业企业R&D投入占销售收入比、基础研究经费支出占R&D经费支出比等指标。与2020年的目标相比，2011年武汉市科技投入实现值为66.70，比上年的57.01提高了9.69个百分点，具体图表1：

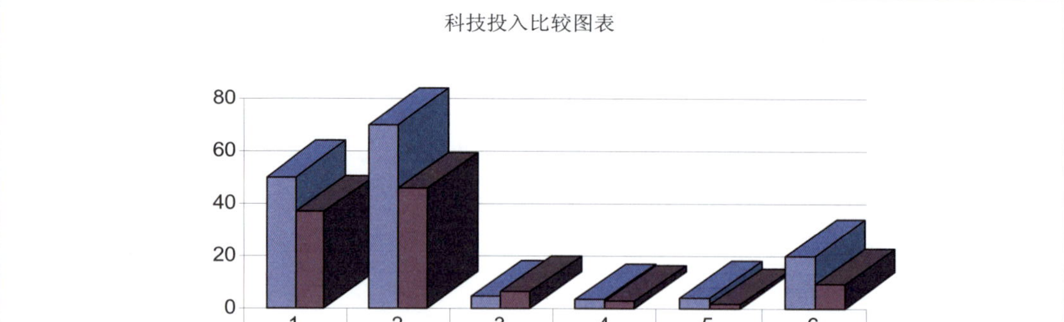

	1	2	3	4	5	6
目标值	50	70	4.5	3	4	20
实现值	36.78	45.51	6.03	2.59	1.19	9.12

图表 1 显示：

1——-每万人拥有 R&D 专业人员。2011 年武汉市的实现值为 2020 年目标值的 73.56%，比 2010 年的 67.32%提高了 6.14 个百分点，一步一步向 2020 年目标值迈进。

2——每万人中科学家和工程师的比重。武汉市 2011 的实现值为 2020 年目标值的 65.01%，比上年 62.03 %提高了 2.98 个百分点，还应该加大投入比重，才能进一步提高科技创新能力。

3——规模以上工业研发人员占从业人员比重。武汉市 2011 年的实现值已经超过 2020 年目标值，大大高于上年的实现值。

4---全社会 R&D 经费支出占 GDP 比重。武汉市 2011 年的实现值为目标值的 86.33%，比上年 86.00%提高了 0.33 个百分点，有缓慢增长。

5——规模以上工业企业 R&D 投入占销售收入比。实现值为目标值的 29.75%，比上年 27.25%提高了 2.5 个百分点，但离目标值还有较大距离，应该引起注意，加大投入，增大增长率。

6——基础研究经费支出占 R&D 经费支出比。实现值为目标值的 45.6%，比上年 21.65%提高了 23.95 个百分点，虽然增幅加大，但离目标值还有一定距离，应该进一步提高投入比。

总体而言，2011 年，武汉市科技创新的投入力度加大，特别是人员投入增幅大，规模以上工业研发人员占从业人员比已经超过目标值，资金投入也有所提高，企业投入的积极性也增高，但离目标值尚有一定距离。

（二）成效

科技投入的成效既表现为理论性的研究论文著作，更需要表现为应用性的发明专利。因受数据采集及处理等多方面因素的局限，我们选择了体现为成果的发明专利申请量占全部专利申请量比、重点企业专利申请量占全社会申请量比等指标，体现市场实现的高新技术产业产值占工业总产值比、高新技术产品出口增长率等指标来评析科技成效。2011 年武汉市科技产出成效实现值为 71.8%，比去年的 64.93%增长了 6.87 个百分点，比较分析如图标 2：

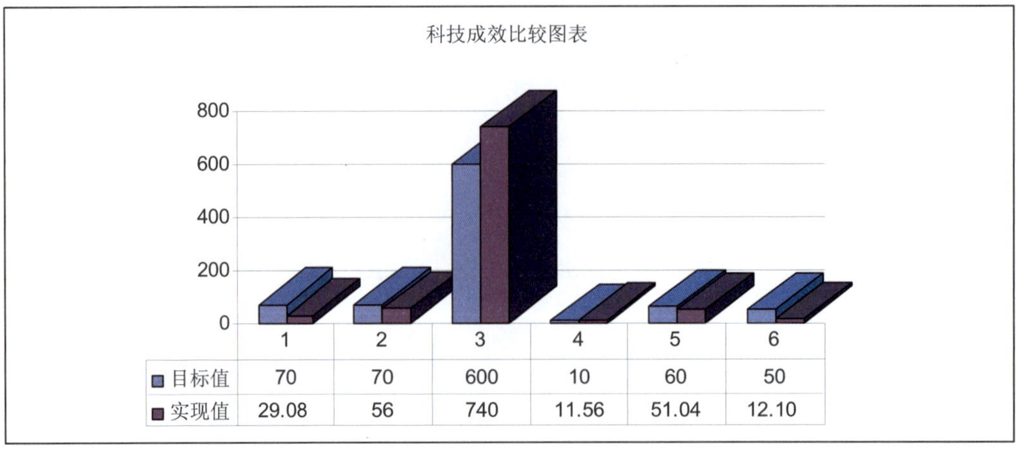

图表 2 显示：

1——发明专利申请量占全部专利申请量比。武汉市 2011 年的实现值为 2020 年目标值的 41.54%，比上年的 44.24%下降 2.70 个百分点，值得注意的是已经连续两年都在下降。

2——重点企业专利申请量占全社会申请量比。武汉市 2011 年的实现值为 2020 年目标值的 80%，比上年的 74.29%提高了 5.71 个百分点。

3——每百万人发明专利授权数。武汉市 2011 年的实现值为 2020 年目标值的 123%，超过了目标值，比上年的 92.67%提高了 30.33 个百分点，大幅提升。

4——万人授权专利数。武汉市 2011 年的实现值为 2020 年目标值的 116%，已经连续两年超过目标值，但上去年的 121.50%下降了 5.5 个百分点。

5——高新技术产业产值占工业总产值比。武汉市 2011 年的实现值为 2020 年目标值的 85.06%，比上年的 75.82%提高了 9.24 个百分点。

6——高新技术产品出口增长率。武汉市 2011 年的实现值为 2020 年目标值的 24.2%，与上年的 190.20%相比下降极大。

从上述指标分析来看，2011 年武汉市创新成效有着较大的提高，但受国际经济形势的影响，高新技术产品出口增长率下降比较大，值得注意。

二、支撑力评析

科技创新不是孤立的系统，而是与经济发展、城市产业、城市金融、城市文化、城市教育等等密切相关，这些既对科技创新起到支撑作用，又受科技创新的影响。2011 年，武汉市创新支撑力指数为 87.63%，比去年的 87.88%下降了 0.25 个百分点。

（一）经济支撑力

经济发展是科技创新的基础条件，经济的增长水平和经济结构的优化程度，不仅为科技创新提供了投入资源，而且为科技成果的转化提供了良好条件。经济发展与科技创新密切相关。2011 年，武汉市创新的经济支撑力指数为 83.92%，比去年 84.25% 下降了 0.33 个百分点。

测量评估经济支撑力的指标有很多，如反映经济发展的人均 GDP、人均财政收入、人均居民收入、外贸依存度、国家级名牌产品数、社会劳动生产率增长率、民营经济增加值占 GDP 比等；反映产业创新的工业十大产业产值占规模以上工业产值比重、现代服务业增加值占第三产业增加值比重、工业增加值占 GDP 比重、高新技术企业增加值占 GDP 比重；反映金融发展的人均金融机构存款余额、人均地方创新基金、风险投资额、大中型企业获得贷款率、中小企业融资率，但受一定条件限制，我们选择了：人均 GDP、城市居民人均可支配收入、外贸依存度、人均储蓄存款余额等指标则反映经济支撑能力。测评结果见图表 3：

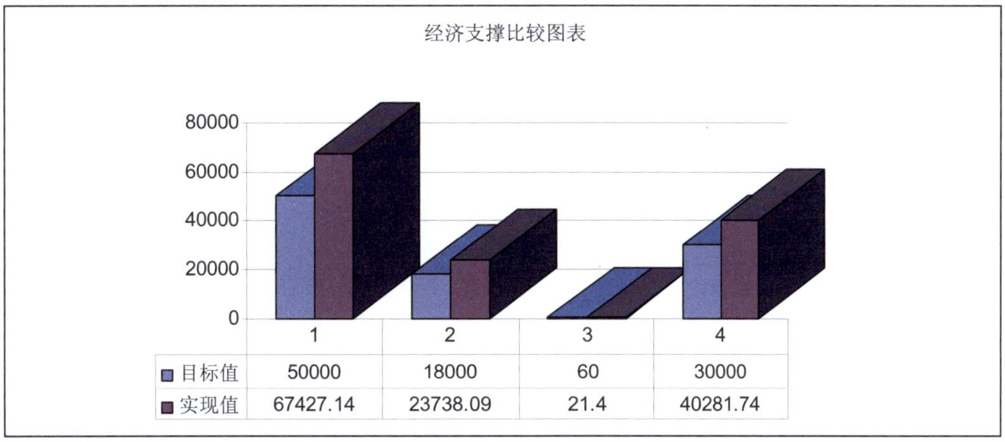

图表 3 显示：

1——人均 GDP。2011 年，武汉市人均 GDP 大大超过 2020 年目标值，为 67427.14，比上年 65920 元高出 1507.14。

2——城市居民人均可支配收入。2011 年，武汉市城市居民人均可支配收入也已经超过 2020 年的目标值，已达 23738.09，比上年 20806.32 高出 2931.77 元 。

3——外贸依存度。2011 年武汉市年实现值为目标值的 35.56%，比上年的 37.00% 下降了 1.44 个百分点。已经连续几年都是下降。

4——人均储蓄存款余额。2011 年，武汉市人均储蓄存款余额已经超过了目标值，达到 40281.7，但上去年 442912 下降了 2630.26 元。

由此可见，武汉市经济支撑力较强，比较弱仍然是外贸依存度。

（二）文教支撑力

创新离不开鼓励创新、勇于尝试的创新文化氛围。良好的文化氛围，可以使得城市内部形成行为主体的创新精神，彼此信任的协作关系，开放的思想交流氛围等，开放的信息交流环境有利于新思想、新技术在区域内的传播、学习；相互信任和开放的心态，使得人们之间交流和互动频繁，加快了新思想、信息和创新扩散的速度；同时，只有开放的创新文化才能提高对创新失败的容纳程度。只有全社会经济、社会和文化协调发展，形成愿意创新、敢于创新、乐于创新的文化土壤和气候，技术革新、技术进步才会在整个社会中不断迸发出来。在城市创新体系建设中，鼓励文化创新，营造一个有利于创新的文化氛围，在全社会形成崇尚知识、尊重人才、鼓励创新、敢于创新的新风尚是创新文化发展的必须和必然。由此可见，文化创新是城市创新的思想基础。

监测评估文化、教育的指标有很多，如反映文化方面的每万人中文化艺术从业人员比重、文化投资占 GDP 比、占财政支出的比、每万人拥有的文化娱乐场所数、人均图书馆书库和阅览室面积平方米、文化产业增加值比重、人均文化产业增加值、人均公共图书馆藏书量、人均报纸总印数（发行率）增长率、电视综合覆盖率等等，反映教育的教师占全市人口比、每万中小学生中专任教师比、全社会教育经费投入、教育经费占ＧＤＰ的比重、教育经费占财政支出的比重、人均教育经费、市民平均受教育年限、高中阶段教育毛入学率、十万人中大专以上人口占总人口比重等，但受一定条件限制，我们选择了每百人公共图书馆藏书量（册）、市民平均受教育年限、义务教育完成率、城市居民家庭每百户拥有的计算机数量（台）等指标进行评析。2011 年，武汉市创新的文教支撑力指数为 91.35%，比去年的 91.52%下降了 0.17 个百分点。具体如图表 4：

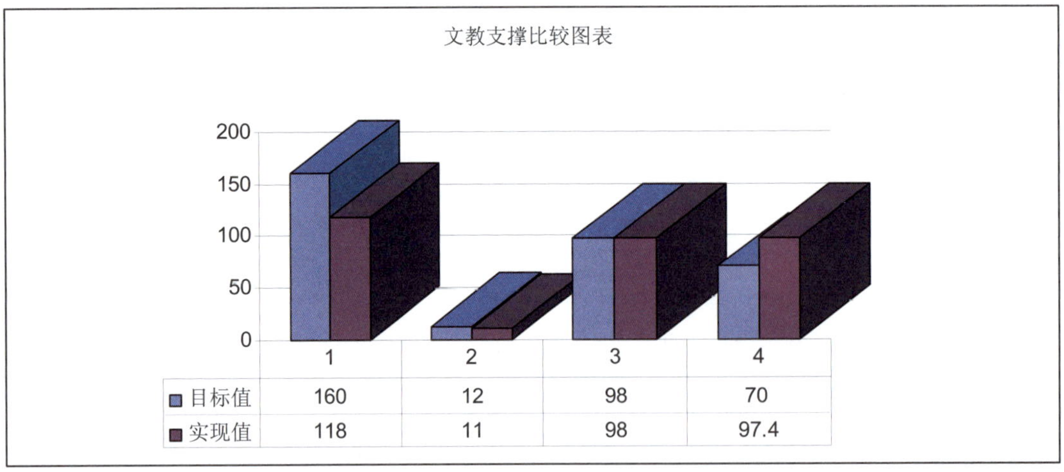

图表 4 显示：

1——每百人公共图书馆藏书量（册）。武汉市 2011 年该项指标的实现值为目标值的 73.75%，比上年的 75.00 下降了 1.25 个百分点，尽管藏书量每年都在增长，但常住人口突破了 1000 万，因此，还需加大投入，增大增长率。

2——市民平均受教育年限。该指标的实现值为目标值的 91.66%，比上年的 91.08%略有提高。

3——义务教育完成率。该指标的实现值为目标值的 100.00%，与上年相同。

4——城市居民家庭每百户拥有的计算机数量（台）。该指标的实现值已经超过目标值，比上年提高了 38.35 个百分点。

上述数据说明，武汉的文教支撑力很强，除了公共图书馆藏书量需要提高外，其他指标都达到或者接近目标值。

三、支持力评析

科技创新不仅需要经济、文教等因素的支撑，还需要社会环境的支持。支持性指标是与科技创新相关，更多的是对支撑性指标直接影响，并且通过其影响科技创新的因素指标，主要有城市建设、城市管理、城市生态、社会服务等等内容，2011 年，武汉市创新支持力指数为 75.19%，比去年的 75.06%增加了 0.13 个百分点。支持力可以分为社会环境和生态环境支持。具体如下：

（一）社会环境支持力评析

社会环境主要体现为城市建设、城市管理、社会服务等等状况，其监测评价指标有：反映公共服务的每万人拥有医生数、每万人拥有医院床位数、每万人拥有商业、饮食、服务业网点数、每万人口拥有社会福利床位数（张）、每万人口拥有社区服务中心数（张）、人均拥有公共体育设施（㎡）、平均期望寿命、婴儿及 5 岁以下儿童死亡率、孕产妇死亡率、《国家体育锻炼标准》达标人数等等；反映城市管理的每万人警察数、每万人中律师数、每万人口刑事案件立案率（逆）、每万人口治安案件发生率 （逆）、交通事故死亡人数（逆）、城镇登记失业率、社会保险基金征缴率（%）、城市登记失业人口再就业率（%）、社会保险综合参保率、财政供养系数、土地利用率、城镇化率、食品安全检测合格率、财政收入增长率等等；反映城市建设的城市建设投入占 GDP 比、基本设施建设投资增长率、城市基础设施投资增长率、人均道路面积、万人拥有公共交通车辆、每百人拥有的计算机数量、每百人平均国际互联网络用户、每百人拥有的电话、移动电话数量、客货换算周转量等等指标，我们根据相关、重要、独立、可操作等原则选择了每千人拥有医生数（人）、人均拥有公共体育设施（㎡）、人均道路面积（㎡）、每万人口刑事案件发案率（逆）、城镇登记失业率（逆）等指标进行评析。2011 年，武汉市社会环境支持力实现率为 66.59%，比去年的 68.61%下降了 2.02 个百分点。具体见图表 5。

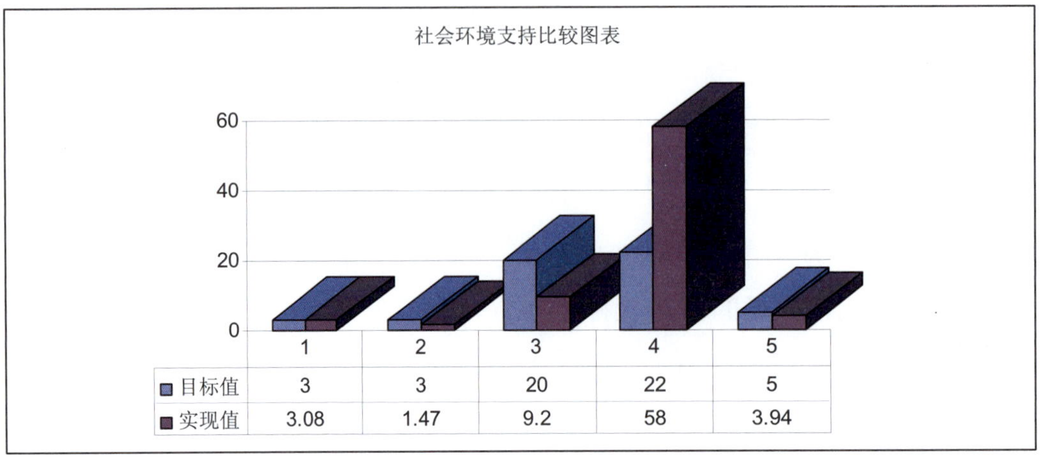

图表 5 显示：

1——每千人拥有医生数（人）。连续两年的实现值已经达到目标值，2011 年与上年相比提高了 2.67 个百分点。

2——人均拥有公共体育设施（m²）。该指标的实现值为目标值的 49%，比上年的 47%提高了 4.26 个百分点。应该着力关注，增加投入建设，否则，达到目标值就有一定难度。

3——人均道路面积（m²）。该指标的实现值为目标值的 46%， 比上年的 60%下降了 14 个百分点，若按三年平均增长率 2.26 %推算，在 2020 年达到目标值有一定难度。

4——每万人口刑事案件发案率(逆)。该指标 2011 年的实现值为目标值的 37.93%，比去年的 36.07%提高了 1.86 个百分点，若按三年平均下降率 1.90%推算，在 2020 年达到目标值有相当的难度。

5——城镇登记失业率（逆）。该指标的实现值已经连续三年达到了目标值，2011 年的实现值高于上年的 5.25 个百分点。

上述数据表明：社会环境支持力与去年相比有一定提高，城镇登记失业率（逆）、每千人拥有医生数（人）指标已经提前达标；其他指标都有一定难度，甚至出现负增长，因此，应该增大投入，加快人均拥有公共体育设施（m²）等指标的增长率；加强管理，降低每万人口刑事案件发案率。

（二）生态环境支持力评析

现代城市生态环境是以人的集聚为中心，在开发和利用各类型的自然和人文景观资源的基础上形成的生态系统。城市生态管理一方面要防治污染，不让自然环境变坏；另一方面要通过绿化和美化，力求自然环境更好，创造一个健康、优美的高质量环境。因此，城市生态环境既成为城市创新的系统因子，又影响着城市创新环境。

监测评价生态环境的指标有：反映投入的环卫人员占全市人口比、环保与治理投资占 GDP 比；反映绩效的万元 GDP 综合能耗、建成区绿化覆盖率（%）、人均公共绿地（m²）、生活垃圾无害化处理率（%）、城市污水处理率（%）、空气污染指数（全年 API 指数＜100 的天数）（%）、烟尘控制区覆盖率（%）、环境噪声达标区覆盖率（%）、城市水域功能区水质达标率（%）、万人拥有公共厕所、城区环境空气质量优良率，但受一定条件限制，我们选择了：万元 GDP 综合能耗（逆）、人均公共绿地（m²）、城市污水处理率、城区环境空气质量优良率等指标进行评析。2011 年，武汉市生态环境支持力实现率为 84.25%，比去年的 79.63%提高了 1.88 个百分点。具体情况如图标 6：

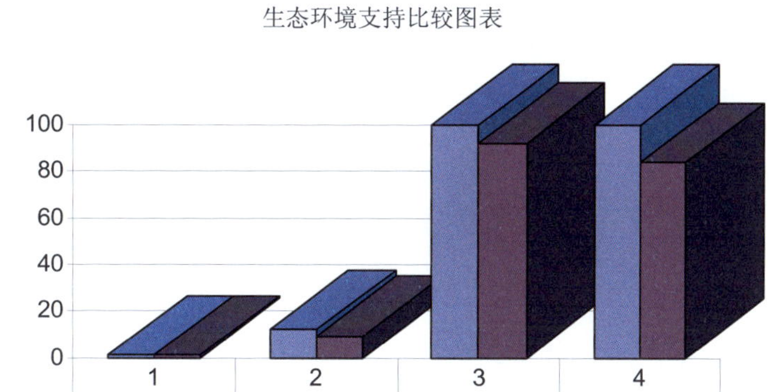

	1	2	3	4
目标值	0.84	12	100	100
实现值	1.018	9.42	92.2	83.8

图表 6 显示：

1——万元 GDP 综合能耗（逆）。2011 年实现值为目标值的 82.51%，比上年的 79.25%提高了 3.26 个百分点，涨幅较大，可以达到目标值有一定难度。

2——人均公共绿地（m²）。该指标的实现值为目标值的 78.5%，比上年的 77.00%提高了 1.5 个百分点，应该进一步提高增长率。

3——城市污水处理率。该指标的实现值为目标值的 92.2%，比上年的 92.00%略微提高。只需保持 5%的平均增长率，就可以在 2020 年达到目标值。

4——城区环境空气质量优良率。该指标的实现值为目标值的 83.8%，比上年的 77.80%提高了 6 个百分点，应该进一步加强环境监测和管理。

因此，生态环境支持力较强，除了城区环境空气质量优良率有所下降外，其他指标都有所提高。

综上所述，2011 年，武汉创新力有了新的提高，最为明显的是科技投入有很大提高，科技成效有增有降。受国际经济危机的影响，经济支撑力有所减弱；随着常住人口突破 1000 万人，人均文教资源匹配也略有降低，比如公共图书馆的藏书的增长速度比不上人口的增长速度；伴随着市委、市政府加强环境治理，环境支持力略有增强，特别是生态环境进一步改善。因此，按照 2020 年建成创新型国家的要求，武汉市离创新型城市的目标越来越近。我们将每个单项三级指标实现值与目标值进行了比较性分析，发现大部分指标的实现率都已经过半，并按照平均增长率估算，都有提前实现的可能性。从二级指标的统计分析可以看到：科技创新力，科技成果多，但转化力度还需提高；其次是社会环境支持力较弱，主要表现在刑事案件发案率、人均拥有公共体育设施；最强的为文教支撑力，许多指标的目标值可以提前实现，但在每百人公共图书馆藏书量指标的实现值上还得下功夫；因此，我们以为，应该以针对薄弱环节加大投入，强化管理，促使一些较弱的指标转弱为强，一些较强的指标保持强劲增长势头，不断优化条件，力争成为中国最早的创新型城市之一。

附：说明

创新力是建设创新型城市的基本能力，它是以科技创新为核心，以丰裕的经济、深厚的文教为作支撑，以适宜的社会环境和生态环境为支持，是包含了科技创新、经济创新、文化创新、教育创新、城市建设创新、城市管理创新、城市生态创新、社会服务创新等丰富内容的社会整体创新。因此，建设创新型城市不仅要大力提升科技创新力，而且要提高经济发展、城市文化、教育、城市建设、城市管理、城市生态等等的社会创新力。建设创新型城市的关键是形成持续的城市创新力。

因此，我们构建了以创新力为一级指标，核心创新力（科技创新力）、支撑力（经济发展，文教实力）、支持力（社会环境、生态环境）等为二级指标，二级指标又由若干关键性三级指标所构成的创新力评价指标体系。在此基础上，我们参照 2020 年创新型国家的目标值、2020 年全面小康社会目标值及国外创新型城市的经验值确定了相关指标的目标值，并对武汉市 2011 年的创新力进行了评析。

评价方法：我们按照主管构权法，将三级指标予以等权重，二级指标予以相对对半权重，即三级指标的权重值都一样，但二级指标的权重按其重要性分别为：科技创新力 40%，支撑力的权重为科技创新力的一半，即经济支撑力 20%，文教支撑力 20%；

支持力为支撑力的一半，即社会环境支持力 10%，生态环境支持力 10%。

大部分数据都依据 2011 年的统计公报，少数数据依据三年平均增长率推算。

（执笔人：郭昀）

中国五大国家中心城市发展战略比较

2006年建设部制定的《全国城镇体系规划》确定了中国五大国家中心城市，分别是北京、天津、上海、广州和重庆。国家中心城市是一国城市体系中位于最高层次，经济规模大，经济实力强，文化教育、科技、创新、开放等方面居于一国或大区域内所有城市前列，组织、聚集、辐射功能强，对一国或大区域经济社会发展具有引领、示范作用，承担较多国家重大发展战略的城市。城市发展战略所涉及的问题都是城市发展与管理过程中带有方向性、全局性和长远性的问题，包括发展目标及实现目标的模式、方针、政策和途径等。城市发展战略的选择对城市未来的发展具有重要的影响作用。研究和比较国家中心城市发展战略，对武汉制定发展战略、建设国家中心城市具有重要的借鉴意义。

一、国家中心城市发展战略

（一）城市发展战略的基本内涵

城市发展战略（strategy for urban developent）是对城市经济、社会、环境的发展所作的全局性、长远性和纲领性的谋划，具有全局性、长远性和根本性三大特征（见国标《城市规划基本述评标准》）。全局性是指制定和研究城市发展战略，要求把城市作为一个系统和整体来认识、对待。长远性是指城市发展战略是对城市未来的根本谋划，提出城市发展的愿景。根本性是指城市发展战略是对关系城市发展全局的重大问题、根本性问题的策划。城市发展战略主要由战略愿景、战略目标、战略措施三个部分构成。战略愿景是指关于城市未来发展方向的诱人的、可信的、作为行动指南的概念性描述，相当于一般的战略指导思想、战略指导方针，也包含描述性的战略目标。比如，上海市曾提出“一个龙头、三个中心”战略目标，三个中心即国际经济中心、国际金融中心、国际贸易中心，武汉市提出“三个中心、三个武汉”建设，这些描述性战略目标就是城市发展的战略愿景。城市发展战略愿景总是关于城市的某一方面的性质、特征的规定性的概念性描述。一般而言，城市发展战略愿景主要描述的是城市性质(城市主导产业)、城市的区域中心地位、城市的形象及特色等。城市性质一般是指一个城市的主导产业所反映的城市职能，即一个城市是工业城市、商贸城市、旅游城市、港口城市、行政性城市，还是综合性城市，等等。城市的区域中心地位问题可分为三个方面，一是区域的大小、范围，包括省域、跨省域、流域、全国性、国际性、全球性等，比如西部中心城市、东北中心城市、国际中心城市等；二是中心的性质，包括制造业中心、行政中心、旅游中心、信息中心、文化中心等；三是中心的级别，包括主中心、副中心、次中心等。城市的形象及特色主要是指城市的空间结构特征、外观特色以及文化特色。如“宜居城市”、“花园城市”等。战略目标是城市发展战略的核心部分，是城市在较长时期内所要达到的具有定性定量要求的具体目的。一般而言，城市发展战略目标是指城市在较长时期内所追求达到的具有定性定量的具体目的。定性的战略目标也可称之为战略愿景。战略目标主要是指定量的目标，即关于城市发展的规模、速度、效益的规定。主要有经济目标（经济总量指标、经济效益指标、经济结构指标）、社会目标（人口总量指标、人口构成指标、居民物质生活水平指标、精神文化生活水平指标）、城市建设目标（建设规模指标、空间结构指标、基础设施供应水平指标）和环境质量指标等。战略措施是为了实现战略愿景和战略目标而设计和谋划的根本途径和主要办法。战略愿景支配战略目标，战略目标是战略措施的向导，也是战略措施所产生的预期效应。为了保证战略愿景和战略目标的实现，必须有一套战略措施。战略措施通常包括基本产业政策、产业结构调整、空间布局的改变、空间开发的顺序、重大工程项目的安排等。

（二）城市发展战略的分析框架

影响城市发展战略的相关因素纷繁复杂，千头万绪，从中国城市发展的实际出发，归纳、概括、分类为五个方面，即城市发展的政府愿景、市民愿景、物质条件、管理条件、最佳效益。它们的涵义分别是:①政府愿景，是指城市政府依据其对城市性质功能的判定，所设想的城市整体长期发展方向的意向概念及其描述;②市民愿景，是指与城市发展相关的市民的需要以及基于其自身利益的有关未来的愿望、期盼、想象等;③物质条件，主要是指城市的区位状况与环境特点，城市发展的生产要素的特征、规模、结构以及生产要素的开发与供给的能力，它体现城市发展的现有优势与劣势，表明城市发展的潜力;④管理条件，主要是指与城市发展相关的法律、法规、政策、习惯、道德、风尚等以及管理主体和管理对象的素质;⑤最佳效益，就是指城市的经济、社会、环境综合效益的最大化。

（三）国家中心城市发展战略的特点

国家中心城市是指在一国城市体系中位于最高层次，经济规模大，经济实力强，文化教育、科技、创新、开放等方面居于一国或大区域内所有城市前列，组织、聚集、辐射功能强，对一国或大区域经济社会发展具有引领、示范作用，承担较多国家重大发展战略的城市。

国家中心城市是国家及大区域的经济、文化、教育、科技、信息、综合交通、对外交往和中介服务的中心。主要表现在以下几个方面：第一，强大的集聚功能。国家中心城市是区域经济社会网络的集结点和中间枢纽，具有自身区位特点和政治、经济等资源优势，通过支配效应、乘数效应、极化效应吸引区域内的各种商品要素和经济活动，实现强大的集聚功能。第二，强大的辐射功能。与集聚功能相对应，国家中心城市随着生产要素集聚发展，通过涓滴效应，向城市群及周边地区进行要素和经济能量输出，将商品、技术、信息、人才等经济要素，以及技术创新和先进的管理经验传递辐射到其他地区，促进区域经济与社会发展。第三，强大的带动功能。国家中心城市由于其在政治、经济、科技、文化等方面的优势，在科技进步、区域创新、经济增长、产业结构升级转型等方面具有巨大的示范带动作用，会引起区域在经济和社会等方面的仿效，全方位、多层次影响着区域经济活动，最终带领整个区域经济发展。第四，强大的综合服务功能。国家中心城市是工业和服务业的聚集地，第三产业高度发达，生产、金融、交换、旅游、科技、教育、文化、交通、信息等城市职能优势突出，并通过中心城市与区域之间的产业投入产出关系、产业分工合作关系，服务和带动区域发展。

国家中心城市发展战略的特点有三个方面：

第一，国家中心城市发展战略定位代表了一个国家或大区域内城市发展的最高目标。一是政治地位：国家中心城市一般是主要的政治权力中心，是国家权力机关和各类政府机构的所在地，有的还是国际组织的所在地。如北京市全国政治中心。二是经济地位：国家中心城市一般是一国或大区域的经济中心、金融中心、贸易中心和物流中心，是主要银行的所在地，拥有大的港口、铁路和公路枢纽以及大型国际机场等。三是文化科技教育中心：国家中心城市一般是创新中心，集聚了各类专业人才；信息汇集和传播中心，有发达的出版业、新闻业；文化娱乐业成为重要的产业部门。因此，国家中心城市的层级定位一般都是国际城市或者世界城市。如北京、纽约、伦敦、巴黎和东京都是本国的国家中心城市，也是世界城市。

第二，国家中心城市发展战略方向代表了城市未来发展的走向。城市发展战略的方向是不断发展和动态演变的，但是，国家中心城市总是站在城市发展方向的最前端，如田园城市、低碳城市、创新型城市、幸福城市、宜居城市等，这些城市发展的方向仍然是当前城市发展战略中重点追求的方面。如田园城市是 19 世纪末英国社会活动家霍华德提出的关于城市规划的设想。 霍华德在他的著作《明日，一条通向真正改革的和平道路》中认为，应该建设一种兼有城市和乡村优点的理想城市，他称之为

“田园城市”。田园城市实质上是城和乡的结合体，田园城市是为健康、生活以及产业而设计的城市，它的规模能足以提供丰富的社会生活，但不应超过这一程度。花园城市的设计思想在西方产生了很大影响，此后美国，加拿大，阿根廷，德国建立了一批花园城市。二战之后，英国的新城镇法案拉开了大量建设花园城市的序幕。田园城市代表市民追求美丽人居环境的美好愿景，与田园城市类似的理念有生态城市、绿色城市、环保城市等，这些概念是城市发展追求的永恒目标。创新型城市是在全球经济一体化、科学技术迅猛发展的背景下，区域竞争日趋激烈，创新成为获取城市竞争优势的决定性因素，国家中心城市均提出了建设创新型城市的发展战略。创新型城市是指主要依靠科技、知识、人力、文化、体制等创新要素驱动发展的城市，对其他区域具有高端辐射与引领作用。创新型城市的内涵一般体现在思想观念创新、发展模式创新、机制体制创新、对外开放创新、企业管理创新和城市管理创新等方面。国家中心城市创新能力较强，区域内聚集了大量的创新要素。创新要素由四个方面组成：创新资源构成了创新活动的基础，包括人才、信息、知识、经费；创新机构构成创新活动的行为主体，包括企业、大学、研究机构、中介机构、政府等；创新机制保证了创新体系有效运转，包括激励、竞争、评价和监督机制；创新环境维系和促进创新的保障，包括创新政策、法律法规、文化等软环境、信息网络、科研设施等硬环境以及参与国际竞争与合作的外部环境。低碳城市Low-carbon City，指以低碳经济为发展模式及方向、市民以低碳生活为理念和行为特征、政府公务管理层以低碳社会为建设标本和蓝图的城市。低碳城市目前已成为世界各地的共同追求，很多国际大都市以建设发展低碳城市为荣，关注和重视在经济发展过程中的代价最小化以及人与自然和谐相处、人性的舒缓包容。中央低碳型经济发展的战略规划，提出培育包括新能源、新材料等战略性新兴产业的发展，转变经济发展模式，增强可持续发展的不竭动力。低碳城市的内容包括：在城市化进程中以低排放、高能效、高效率为特征来进行低碳城市的规划设计与建设；通过产业结构调整和发展模式转变，使低碳经济最低限度地影响经济增长，平衡经济增长，增加就业机会；制定生态城市建设战略规划，推动地方政府、金融企业通过政策激励和融资支持，驱动技术创新和资本流动，在城市中推广能有效节能减排的低碳技术。不仅北京、上海等大城市要建设低碳城市，中国的二、三级新兴城市建设低碳城市空间更加巨大。

第三，是所在城市群的核心城市，积极承担辐射、带动和服务区域的功能。区域城市群的蓬勃兴起和共同发展，有利于国家中心城市在更大范围配置资源，拓展发展腹地，为增强城市经济的辐射带动能力形成了新的支撑。依托城市群，推动区域互动发展，已经成为国家中心城市发展战略的一个重要方面。如北京依托京津冀城市圈，提出北京需要立足于国家首都的职能定位，在更大区域发挥功能、配置资源和拓展服务，从注重功能集聚为主向集聚、疏解与辐射并重转变，从注重单方保障为主向双向服务共赢发展转变，更积极地发挥好辐射带动作用，推动区域合作向纵深发展，要更深入广泛地开展与津冀晋蒙及环渤海地区合作，充分发挥首都优势，显著增强服务区域、服务全国的功能，共同推动区域一体化进程和首都经济圈形成，实现整体发展水平的跃升。

二、国家中心城市发展战略案例分析

一个城市的发展战略一般在城市五年规划和城市总体规划中得以明确，本文基于上述两个来源从战略愿景、战略目标和战略措施等三个方面，对五大国家中心城市发展战略进行分析比较。

（一）战略愿景比较

五大国家中心城市提出的发展愿景，既有软实力如文化、制度和环境生态等角度，也包括经济、城市建设硬实力和区域定位等方面，根据发展基础和发展特点的不同，各有特色。北京更多地强调文化的实力，上海更强调制度创新，天津强调区域经济定位，广州强调商贸和文化，重庆强调统筹城乡发展。

北京市提出要建设人文北京、科技北京、绿色北京。“人文北京”就是要以人为本，真正实现发展惠及人民，人民共享发展成果。“科技北京”是指在北京城市发展中必须紧紧依靠科技，通过自主创新来增强北京竞争力，为国家软实力提高作出贡献。“绿色北京”是要发展循环经济、环境友好型经济，实现绿色消费，绿色经济不是无限制地消耗资源，而是使资源能够循环使用。“三大北京”的发展愿景，体现了北京在进入服务业优先发展阶段，城市应该追求的最高愿景。

上海市作为全国中心城市，更多地承担了全国经济社会发展领头羊的责任。上海提出要实现“四个率先”，即率先转变经济发展方式、率先提高自主创新能力、率先推进改革开放、率先构建社会主义和谐社会。“四个率先”是2006年胡锦涛总书记在参加十届全国人大四次会议上海代表团的审议时，对上海提出的要求和期望。具体内容是：希望上海率先转变经济增长方式，把经济社会发展切实转入科学发展轨道；率先提高自主创新能力，为全面建设小康社会提供强有力的科技支撑；率先推进改革开放，继续当好全国改革开放的排头兵；率先构建社会主义和谐社会，切实保证社会主义现代化建设顺利进行。

天津市侧重于经济、生态的目标，与北京实现错位、互补发展。天津提出推动转变经济发展方式取得实质性进展，实现科学发展、和谐发展、率先发展，努力建设国际港口城市、北方经济中心和生态城市。天津的发展战略源于2006年国务院常务会议对天津的定位，明确天津为“环渤海地区经济中心，国际港口城市，北方经济中心，生态城市”。

广州市作为对外开放的窗口城市，承担国内外文化经济交融的重要枢纽。广州“十二五”规划提出建设国家中心城市、国际商贸中心、世界文化名城、首善之区，推进基本公共服务均等化，努力建设幸福广州。规划明确以全面建设国家中心城市为目标，以建设国际商贸中心和世界文化名城为战略重点，以深化改革开放为动力，以切实保障和改善民生为根本出发点和落脚点，充分发挥亚运后续积极效应，按照“科学发展、先行先试”的要求，率先加快转型升级、建设幸福广州，全面提升城市核心竞争力、文化软实力和国际影响力，推动现代化国际大都市建设迈向新阶段。

重庆市作为西部的直辖市和中心城市，努力探索新型城镇化的模式。在重庆“十二五规划”中，提出把重庆建成西部地区的重要增长极、长江上游地区的经济中心和城乡统筹发展的直辖市，基本建成长江上游地区的金融中心、商贸物流中心和科教文化信息中心，在西部地区率先实现全面建设小康社会目标，使重庆成为特色鲜明的国家中心城市和居民幸福感最强的地区之一。

（二）战略目标比较

战略目标是战略愿景在一定时期内的体现，相对于战略愿景，更加具体到一定时期内可以实现的目标。

北京的战略目标是努力打造国际活动聚集之都、世界高端企业总部聚集之都、世界高端人才聚集之都、中国特色社会主义先进文化之都、和谐宜居之都，建设中国特色世界城市。一是经济平稳较快发展。地区生产总值年均增长8%，地方财政一般预算收入年均增长9%，价格总水平保持基本稳定。中关村国家自主创新示范区初步建成具有全球影响力的科技创新中心，战略性新兴产业的支柱地位初步形成，服务业占比达到78%以上，“北京服务”、“北京创造”品牌和影响力明显增强。二是居民收入较快增加。城镇居民人均可支配收入、农村居民人均纯收入扣除价格因素年均增长8%。三是城乡环境更加宜居。率先形成城乡经济社会发展一体化新格局。林木绿化率提高到57%。交通拥堵现象得到有效治理，中心城公共交通出行比例达到50%。万元GDP能耗、万元GDP二氧化碳和主要污染物排放持续下降，空气质量二级和好于二级天数的比例达到80%。四是社会发展和谐稳定。公共服务体系更加完善，基本公共服务均等化程度明显提高，城镇登记失业率控制在3.5%以内。五是文化大发展大繁荣。

文化创意产业和文化事业迅速发展，全国文化中心功能显著增强。六是改革开放深入推进。重点领域和关键环节改革取得明显进展，市场在资源配置中的基础性作用得到充分发挥。对外开放的深度和广度进一步拓展，成为国际社会重大活动的重要目标地和国际一流的旅游中心城市。

上海提出到2020年，要基本建成与我国经济实力和国际地位相适应、具有全球资源配置能力的国际经济、金融、贸易、航运中心，基本建成经济繁荣、社会和谐、环境优美的社会主义现代化国际大都市。1991年，邓小平同志到上海视察时提出："中国在金融方面取得国际地位，首先要靠上海"。1992年，党的十四大报告明确提出："尽快把上海建成国际经济、金融、贸易中心之一，带动长江三角洲和整个长江流域地区经济的新飞跃"。2001年国务院批复《上海城市总体规划》，明确上海要建设国际经济、金融、贸易、航运中心之一。2009年4月，国务院正式发布了《国务院关于推进上海加快发展现代服务业和先进制造业建设国际金融中心和国际航运中心的意见》，从国家战略和全局的高度，进一步明确了加快上海国际金融中心和国际航运中心建设的总体目标、主要任务和政策措施。由此对上海形成了"四个中心"的战略目标。

天津提出，"十二五"目标是北方经济中心的地位和服务区域发展的能力明显提升，自主创新能力和经济增长的科技含量明显提高，创新型城市建设全面加快，独具特色的国际性、现代化宜居城市格局基本形成。

广州积极推进实施六大目标：一是国际商贸中心，大力推进产业高端化、集群化、融合化发展，全面实施品牌战略，建设质量强市，加快建立以服务经济为主体、现代服务业为主导，现代服务业、战略性新兴产业与先进制造业有机融合、互动发展的现代产业体系。二是国家创新型城市，大力实施提升自主创新能力行动计划，加快构建区域创新体系，积极推进智慧广州建设，到2015年初步建成国家创新型城市。三是资源节约型、环境友好型城市，以绿色发展为导向，推动经济社会切实走节约发展、清洁发展、安全发展、可持续发展的道路，加快建设低碳广州。四是宜居城乡"首善之区"，优化城市空间结构，统筹城乡经济社会一体化发展，提高城市建设管理现代化水平，加快建成全省宜居城乡的"首善之区"。五是世界文化名城，积极实施《广州建设文化强市培育世界文化名城规划纲要》，发挥教育在文化建设中的基础作用，深化文化体制机制改革创新，加快建设具有高度包容性、多元化和竞争力的文化强市和世界文化名城，不断增强国家中心城市文化软实力。六是幸福广州，坚持以人为本，着力保障和改善民生，创新社会管理服务体制，形成持续改善民生、促进社会和谐长效机制，加快建立和完善覆盖城乡、功能完善、分布合理、管理有效、水平适度的基本公共服务体系，使改革发展成果惠及全体市民。

重庆积极建设六大战略目标：一是西部增长极逐步形成，建成西部地区现代产业高地；二是“三大中心”基本建成。基本建成长江上游地区的金融中心、商贸物流中心和科教文化信息中心；三是“三个差距”逐步缩小。贫富、城乡、区域差距缩小，逐步实现共同富裕。居民收入增长和经济发展同步、劳动报酬增长和劳动生产率提高同步，低收入者收入明显增加，中等收入群体持续扩大，贫困人口显著减少。；四是“五个重庆”基本建成。“宜居重庆”，生活舒适、环境优美、功能完善、繁荣和谐，成为西部最宜居城市之一。“畅通重庆”，铁路营运里程、高速公路通车里程分别新增近 1000 公里，基本建成长江上游地区综合交通枢纽。“森林重庆”，森林覆盖率达到 45%，城市绿地增量提质，林业综合效益明显。“平安重庆”，社会治安秩序良好，人民安居乐业，投资者安全放心。“健康重庆”，市民健康指标高于全国平均水平，卫生资源指标达到全国平均水平。五是人民生活全面改善。“民生十条”得到全面贯彻落实，财政一般预算支出继续保持一半以上用于改善民生。实现更充分就业，城镇登记失业率控制在 4%以内。六是社会建设明显加强。覆盖城乡居民的基本公共服务体系逐步完善。七是内陆开放高地建成。两江新区开发建设取得重大阶段性成效，两路寸滩保税港区、西永综合保税区及国家级开发区建设取得重大进展。八是综合改革重大突破。建立健全统筹城乡发展的体制机制，户籍、住房、收入分配等重要领域和关键环节改革取得明显进展，逐步建立起城乡人口和资源要素自由流动和优化配置的制度体系，基本形成适应科学发展的制度环境。九是可持续发展能力明显提升。单位地区生产总值能耗减少 15%，主要污染物排放总量持续减少，单位地区生产总值二氧化碳排放减少 17%。

（三）战略措施比较

为了实现国家中心城市提出的战略愿景和战略目标，各市分别制定了战略措施。

北京为了实现战略愿景和战略目标，提出了五大举措。一是强化创新驱动。坚持高端引领、创新驱动、绿色发展，不断创新发展理念、发展模式，把推动发展的动力加快转移到更多依靠科技进步、劳动者素质提高和管理创新上来。二是增强服务功能。把不断完善和提升首都服务功能作为发展的主要着力点，走增强服务功能与发展服务产业有机融合之路，在服务区域和国家发展的过程中，实现自身的新发展和服务的新提升。三是优化空间布局。坚持分区域功能定位发展，把优化区域功能配置、完善空间布局形态作为重要支撑，切实提高城乡一体化和区域协调发展水平。四是提升城市管理。坚持统筹城市规划、建设与管理，把提高城市治理效能摆在更加突出的位置，全面提升城市运行管理和服务水平,促进城市的规划、建设与经济社会发展更加协调。五是推动成果共享。坚持以人为本，把保障和改善民生作为根本出发点和落脚点，使发展成果更好地惠及全体人民。着力完善各项制度和政策安排，深入推进基本公共服务均等化，为市民高质量生活提供更好的服务。

天津市围绕经济发展、城市功能、社会民生建设和改革开放先行等方面提出了八大战略举措。一是实施国家发展战略，全力推进滨海新区开发开放；二是统筹城乡发展，不断壮大区县经济实力；三是大力发展高端产业，促进产业结构全面优化升级；四是增强自主创新能力，着力建设创新型城市；五是提高规划建设管理水平，着力建设生态宜居城市；六是加强社会建设，切实保障和改善民计民生；七是推动文化大发展大繁荣，全面提升文化软实力；八是深化改革开放，为加快转变经济发展方式提供制度保障和动力源泉。

上海提出了十二大举措。一是构建服务经济时代的产业体系，二是建设充满活力的创新型城市，三是构筑城乡协调的发展格局，四是创建面向未来的智慧城市，五是建设管理一流的现代都市，六是营造生态宜居的绿色家园，七是创造安居乐业的人民生活，八是促进和谐有序的社会管理，九是塑造时尚魅力的国际文化大都市，十是建设创新开放的新浦东，十一是争当改革攻坚的排头兵，十二是形成海纳百川的开放格局。

广州市提出了六个方面的要求。一是更加注重转型发展、优化提升。调整需求结构、产业结构、要素投入结构，促进内外需相协调、速度效益质量相协调，推动经济增长向依靠消费、投资、出口协调拉动转变，进一步强化 服务经济主体地位和现代服务业主导功能，实现经济转型发展、结构优化升级。二是更加注重科教引领、创新驱动。深入实施科教兴市、人才强市战略，提高教育现代化水平，增强自主创新能力，壮大创新人才队伍，强化科教对经济结构优化升级的支撑能力，加快建设国家创新型城市，推动经济增长动力向创新驱动、内生增长转变。三是更加注重城乡统筹、区域联动。坚持以规划为龙头，优化城市功能布局，加快农村城镇化步伐，改善城乡人居环境，促进城乡、区域协调互动发展，加快形成城乡经济社会发展一体化新格局。推进广佛同城化、广佛肇经济圈建设，加快珠三角一体化进程，强化国家中心城市集聚辐射功能。四是更加注重生态环保、绿色发展。立足生态优先，坚持开发和节约并举，加强源头治理和长效机制建设，发展循环经济，推广低碳技术和清洁生产技术，促进绿色发展，提升“花园城市” 建设水平，推进工业化、城市化与生态文明建设有机统一，实现经济社会发展与人口资源环境相协调，走符合广州实际的可持续发展之路。五是更加注重深化改革、扩大开放。坚持先行先试，注重制度创新，深化重点领域和关键环节改革攻坚，建立有利于科学发展的体制机制；着力提高对外开放水平，构建充满活力、富有效率、安全稳定的开放发展新格局，全面提升城市国际化水平。六是更加注重改善民生、富民惠民。坚持“富民优先、民生为重”，完善保障和改善民生的制度安排，推进基本公共服务均等化，创新社会管理与服务，使发展成果真正惠及全体人民，不断提高城市和谐度和市民幸福感。

三、国家中心城市发展战略的总体特征

国家中心城市一般是国家及大区域的经济、文化、教育、科技、信息、综合交通、对外交往和中介服务的中心，具有很强的要素集聚、科技创新、文化引领和综合服务功能，在国家或区域经济社会发展中具有很强的集聚、辐射、带动和综合性服务功能，国家中心城市发展战略具有三个方面的特征：

（一）国家中心城市发展战略定位代表了一个国家或大区域内城市发展的最高目标

一是政治地位：国家中心城市一般是主要的政治权力中心，是国家权力机关和各类政府机构的所在地，有的还是国际组织的所在地。如北京市全国政治中心。二是经济地位：国家中心城市一般是一国或大区域的经济中心、金融中心、贸易中心和物流中心，是主要银行的所在地，拥有大的港口、铁路和公路枢纽以及大型国际机场等。三是文化科技教育中心：国家中心城市一般是创新中心，集聚了各类专业人才；信息汇集和传播中心，有发达的出版业、新闻业；文化娱乐业成为重要的产业部门。因此，国家中心城市的层级定位一般都是国际城市或者世界城市。如北京、纽约、伦敦、巴黎和东京都是本国的国家中心城市，也是世界城市。

（二）国家中心城市发展战略方向代表了城市未来发展的走向

城市发展战略的方向是不断发展和动态演变的，但是，国家中心城市总是站在城市发展方向的最前端，如田园城市、低碳城市、创新型城市、幸福城市、宜居城市等，这些城市发展的方向仍然是当前城市发展战略中重点追求的方面。如田园城市是 19 世纪末英国社会活动家霍华德提出的关于城市规划的设想。 霍华德在他的著作《明日，一条通向真正改革的和平道路》中认为，应该建设一种兼有城市和乡村优点的理想城市，他称之为“田园城市”。田园城市实质上是城和乡的结合体，田园城市是为健康、生活以及产业而设计的城市，它的规模能足以提供丰富的社会生活，但不应超过这一程度。花园城市的设计思想在西方产生了很大影响，此后美国，加拿大，阿

根廷，德国建立了一批花园城市。二战之后，英国的新城镇法案拉开了大量建设花园城市的序幕。田园城市代表市民追求美丽人居环境的美好愿景，与田园城市类似的理念有生态城市、绿色城市、环保城市等，这些概念是城市发展追求的永恒目标。创新型城市是在全球经济一体化、科学技术迅猛发展的背景下，区域竞争日趋激烈，创新成为获取城市竞争优势的决定性因素，国家中心城市均提出了建设创新型城市的发展战略。创新型城市是指主要依靠科技、知识、人力、文化、体制等创新要素驱动发展的城市，对其他区域具有高端辐射与引领作用。创新型城市的内涵一般体现在思想观念创新、发展模式创新、机制体制创新、对外开放创新、企业管理创新和城市管理创新等方面。国家中心城市创新能力较强，区域内聚集了大量的创新要素。创新要素由四个方面组成：创新资源构成了创新活动的基础，包括人才、信息、知识、经费；创新机构构成创新活动的行为主体，包括企业、大学、研究机构、中介机构、政府等；创新机制保证了创新体系有效运转，包括激励、竞争、评价和监督机制；创新环境维系和促进创新的保障，包括创新政策、法律法规、文化等软环境、信息网络、科研设施等硬环境、以及参与国际竞争与合作的外部环境。低碳城市Low-carbon City，指以低碳经济为发展模式及方向、市民以低碳生活为理念和行为特征、政府公务管理层以低碳社会为建设标本和蓝图的城市。低碳城市目前已成为世界各地的共同追求，很多国际大都市以建设发展低碳城市为荣，关注和重视在经济发展过程中的代价最小化以及人与自然和谐相处、人性的舒缓包容。中央低碳型经济发展的战略规划，提出培育包括新能源、新材料等战略性新兴产业的发展，转变经济发展模式，增强可持续发展的不竭动力。低碳城市的内容包括：在城市化进程中以低排放、高能效、高效率为特征来进行低碳城市的规划设计与建设；通过产业结构调整和发展模式转变，使低碳经济最低限度地影响经济增长，平衡经济增长，增加就业机会；制定生态城市建设战略规划，推动地方政府、金融企业通过政策激励和融资支持，驱动技术创新和资本流动，在城市中推广能有效节能减排的低碳技术。不仅北京、上海等大城市要建设低碳城市，中国的二、三级新兴城市建设低碳城市空间更加巨大。

（三）国家中心城市发展战略注重承担面向城市群的辐射、带动和服务功能

区域城市群的蓬勃兴起和共同发展，有利于国家中心城市在更大范围配置资源，拓展发展腹地，为增强城市经济的辐射带动能力形成了新的支撑。依托城市群，推动区域互动发展，已经成为国家中心城市发展战略的一个重要方面。如北京依托京津冀城市圈，提出北京需要立足于国家首都的职能定位，在更大区域发挥功能、配置资源和拓展服务，从注重功能集聚为主向集聚、疏解与辐射并重转变，从注重单方保障为

主向双向服务共赢发展转变，更积极地发挥好辐射带动作用，推动区域合作向纵深发展，要更深入广泛地开展与津冀晋蒙及环渤海地区合作，充分发挥首都优势，显著增强服务区域、服务全国的功能，共同推动区域一体化进程和首都经济圈形成，实现整体发展水平的跃升。

（执笔人：李春洋）

武汉工业局部爆炸性增长和全局跨越式发展研究

从宏观视角看，武汉工业具备了局部爆炸性增长和全局跨越式发展的很大可能，但要将这种可能完全转化为现实，在微观层面上还存在着较多的问题和障碍。解决这些困难和障碍，目前主要依靠的是行政手段：即“工业倍增计划”指引下的市区各级政府分阶段、有计划地强力推进。现行体制背景下，行政手段是必不可少的，很多时候也能取得较好的效果；但另一方面，光有行政手段又是不够的，经济问题的解决归根结底还是要落实到经济手段上来，要利用好各种各样的经济规律。正如“苦干”应和“巧干”有机结合起来那样。这样最后的结果才往往会比较理想。

本文所设想的经济手段，也即“巧干”的关键性谋划就是：逐一选择潜在条件成熟的远城区，按照中等城市的发展远景和规划，充分吸纳社会各方财力，实行城市建设、房地产开发、工业化发展“三同步”，通过城市建设、房地产开发、工业化发展三方良性互动、良性循环，以“大推进”的爆发性方式在较短时间内形成城市基础设施完备、生活条件良好、工业兴旺发达、人们乐于居住就业的产业新城。一方面，形成了对外来投资者更有吸引力的城市综合环境，另一方面也可以改善远城区政府的财政状况，使之有条件为外来工业投资提供不同数额的“补贴”。通过提供在中西部地区乃至整个中国都最具“性价比”的投资环境，促成该区域工业化的爆发性增长。进而形成全市工业投资有面有点，以点带面的兴旺局面，促成全市工业的跨越式发展。

一、武汉工业局部爆炸性增长和全局跨越式发展的可能与现实

从宏观视角看，武汉工业具备了局部爆炸性增长和全局跨越式发展的很大可能。

——**时代背景**。当前我国的工业化发展还有很大的成长空间，其主要动力即来源于城市化发展的推动。从世界城市化发展的历史经验看，一国城市化发展通常呈现为一条向上倾斜的诺瑟姆 S 型曲线，据此曲线，可将一国城市化划分为三个阶段：初始阶段，城市化率低于 30%，城市化水平缓慢提升；加速阶段，城市化率介于 30%到 70%之间，城市化水平快速提高；稳定阶段，城市化率高于 70%，城市化水平基本保持不变。2011 年，我国的城市化率为 51.3%。显然，我国当前正处于城市化快速发展时期。

按现有城市化速率估算，我国城市化快速发展的趋势至少还将持续20年。工业化与城市化是一枚硬币的两个不同侧面，两者相互依存，相互促进，共同推进国民经济的发展。我国当前尚处于工业化发展中期，城市化的持续快速发展必将为工业化的进一步推进创造广阔的空间。以改革开放30年所创造的物质财富、精神财富为基础，未来中国经济必将迎来一个更加光明的未来。

——**国家战略**。改革开放30年，我国一直实行的是以东部沿海地区优先发展为基础的出口导向战略，国家的扶持政策也一直向这个方向倾斜。以美国次贷危机爆发为标志，出口导向战略发展所依存的外部环境开始发生重大改变。欧债危机使这种改变的程度进一步加大。更为关键的是，出口导向战略本质上就只能是一个中、短期发展战略。著名经济学家吴敬琏就曾指出："“出口导向”战略的实施，必须以本币低估的汇率政策作为支撑。这在短期内操作是毫无问题的。但是长期成功的“出口导向”战略，必然导致巨额的贸易赢余，反过来会促使本币升值，进而危及到“出口导向”战略自身。为了继续实施“出口导向”战略，中央银行就不得不大量购买外币，以此来保持本币的低汇率。这样长期做的后果就是基础货币超发，流动性泛滥，最终反映为资产泡沫和通货膨胀，严重时就会出现金融危机。这正是日本金融危机和亚洲金融危机的主因。今天的中国也面临着同样的问题"。有此两者，国家战略由单一的出口导向转为出口导向与扩大内需并重也就成为必然。相应地，中国的扶持政策必将更多地向扩大内需方面转移，从空间角度看，政策的重心必将逐渐由东南沿海地区向包括中部在内的内陆区域发展方向转移。

——**市场需求**。经过改革开放三十多年的发展，国家的综合实力显著增强，国富民强，我国已发展成为一个巨大的消费市场。2011年，我国国内生产总值达47.16万亿元，居世界第二。国际货币基金组织的一份统计表明：2010年，中国大陆地区（不包括港澳台在内）的GDP总量，以国际汇率计算约为5.75万亿美元，相当于美国的39.3%，占世界GDP总量的9.27%；以购买力平价计算约为10.08万亿美元，相当于美国的69%，占世界GDP总量的13.63%。更重要的是，这个市场的规模随着中国经济的发展，仍然处于高速发展与不断地膨胀中，这种状况与美国、日本在金融危机之后复苏乏力，步履蹒跚；欧洲深陷危机泥潭，欧盟各国自顾不暇的困难景象形成鲜明的对比。大市场的需求必然需要大产业、大企业的供给来满足，这是产业、企业发展最好的空间和土壤。

——**产业转移**。改革开放30年，东部沿海地区积极参与经济全球化进程，抓住全球产业转移的机遇，引进了数以十万计的现代化工厂，促进了区域经济的快速发展。目前，东南沿海地区的加工业已在品牌建设、企业管理、资本运作、人才培育、产业配套等方面积累了明显优势。但同时，人工成本、土地资源等方面的比较优势正在不断消失。中西部在人力资源、土地资源等方面的成本优势不断凸显。发达国家的经验表明，经济发展到一定阶段之后，产业转移是很自然的态势。有效配置资源、开拓市场，将对土地、资源、劳动力、运输等成本高度敏感的生产加工环节有选择地迁移到成本相对较低或靠近终端市场的地区，是企业发展的必然过程。正如30年前，部分劳动密集型产业从日韩、港澳台转移到我国东部沿海地区那样，今天。类似的过程又必将在东部沿海地区与我国中西部内陆地区间重演。

——**系统优势**。就武汉而言，中部崛起战略、两型社会综合配套改革试点、东湖国家自主创新示范区建设三大国家战略在武汉叠加，使武汉成为中部经济发展的“政策洼地”。加之武汉传统的各种要素资源优势，包括：居中独优的地理区位与综合交通枢纽地位带来的物流成本优势；良好的基础设施条件与相对低廉的土地价格带来的固定成本优势；受教育程度较高，工资要求相对较低而又供应充裕的人力资源优势；科技实力较为雄厚，便于展开科技研发攻关的科技优势；工业基础较为雄厚，配套较为齐全与成本相对合理带来的配套优势；得水独优带来的水资源优势等。使武汉具有其他城市、其他地区难以比拟的系统优势。单独看，或许这里的每一项优势都不是特别显著，难以拉开与竞争者的距离，但这些优势集中起来的系统优势、综合优势，却是难能可贵的。对吸引企业投资的威力不容低估。

宏观上看，武汉工业经济发展前景一片光明。然而，从微观层面上看，武汉工业要真正实现局部爆炸性增长和全局跨越式发展也还存在着较多的问题和障碍，不确定性很大。

——**中西部城市在招商引资中竞争十分激烈**。各大中城市竞相为外来投资提供有吸引力的优惠条件，不惜“血拼”。以最近（2012年3月）三星电子闪存芯片项目落户西安为例。该项目一期第一阶段投资将达70亿美元，若三期投资顺利完成，总投资约为300亿美元——显然，这对于国内任何一座城市，都具有不言而喻的吸引力。在这之前，北京、重庆等城市，都曾经与三星方面沟通，希望项目落地。而西安为何最后得以胜出呢？据《经济观察报》报道：“为了赢得投资方的青睐，西安高新区对此项目表现出极大的诚意——相比其他城市而言“更多的财政和行政支持”，这可能是西安高新区获得此项目的关键因素”。“据西安当地官员透露，其主要内容包括：

地方财政对投资额进行30%的补贴；项目所需130万平米厂房由西安方面代建并和土地同时免费提供；每年补贴水、电、绿化、物流费用5亿元；所得税征收前十年全免后十年半额征收。同时，西安市还承诺，将为项目修建高速公路和地铁等交通基础设施。”“西安高新区方面已开始着手进行项目所在地土地准备工作，其一期项目初步征地在5000亩左右规模。目前，该项目用地区域地价每亩约400万—600万元，以地价估算，仅土地方面就将付出约250亿规模的支持。在财政补贴方面，如以70亿美元的一期投资额估算，西安高新区付出的财政补贴应在100亿元以上；如以300亿美元总投资额估算，当地为此付出的财政补贴，可能在500亿元规模。“10免10减半”式所得税优惠政策，也意味着整个项目运行的前10年内，西安市财政无法从项目本身获得所得税回报。按照项目一期公布的660亿元的年产值、外资企业15%税率保守估算，将至少减免税费1485亿元。如此计算下来，西安为三星项目付出至少2000亿元。”

投资者都是很现实的，他们当然看重宏观优势、长远系统优势，但对微观的考量、中短期盈利的考虑始终是其核心目标，放在首位。在如此激烈地竞争环境中，以武汉的财力基础和各方面条件，在“短兵相接”、“刺刀见红”的近距离“格斗”中并不占很大优势。就在最近，武汉争取到了上海通用项目，而东风日产的豪华车英菲尼迪项目却选择了襄阳，并没有落户在东风汽车公司总部所在地的武汉经济技术开发区。

——**武汉在工业招商引资的落地方面也的确存在一些软肋**。一是工业用地供应不足。2011年，江夏区仅庙山园区建设用地缺口就达1900亩，黄陂区净工业用地缺口超出2400亩，汉南开发区仅有0.889平方公里签约待建，蔡甸区由于空间不够，在谈的20多个通讯电子、机械汽配项目不能落户。黄陂汉口北与商贸市场配套的工业园区规划面积仅800亩，有70多家企业想进入而无法落地。化工区虽然名义上托管面积超过71平方公里，除去30平方公里城市绿楔后，工业用地只有41平方公里，再扣除北湖组团规划面积20平方公里，及滩涂、基础设施和园区公用工程用地，真正可使用的产业用地不足10平方公里。二是部分工业园基础设施配套薄弱。或电力供应不足。蔡甸区姚家山工业园现有裕大华、精功棉纺等40多家企业，园区供电量1.6KVA仅能满足裕大华公司一家满负荷生产，由于电力不足，现有一些企业只能部分设备生产。江夏区庙山、藏龙岛、大桥、郑店等园区重点项目临时施工电源报装进度缓慢，断电现象时有发生。或排污设施与市政管网不匹配。蔡甸区常福工业园区污水只能与武汉经济技术开发区管网相接，但由于根据城乡标准使用的排污管道大小不匹配，园区污水根本无法排放，直接影响园区项目引进，或道路交通设施不健全。洪山区青菱都市工业园除丽水路和在建的南郊路、青菱湖北路外，整个园区内只有几条村级道路。东西湖部分园区联通主城区的道路不便捷。个别工业园管网设施落后影响供水。一些示范园区与中心城区对接的快速路建设、轨道交通建设或者规划滞后，或者只有规划，没有实质性推进。三是工业区生活设施建设普遍较为滞后。如蔡甸区常福工业园没有配套生活设施，晚上成为一座孤城，由于医疗、教育配套不足，冠捷等公司高管及技术人员安家困难。东西湖部分园区公共服务设施不完善，企业职工出行难、就医难、子女入校难。远城区医疗、住房公积金等一直未能与中心城区联网，园区从业人员无法用医保卡到市区医院看病；在购买住房时，也不能用住房公积金办理银行划拨还贷。由于生活条件方面的原因，很多远城区工业园难以吸引到高端人才。很多人不愿意到园区就业，去了也待不久、留不住。

——宏观经济波动对城市经济发展可能造成较大的冲击。自2007年末宏观经济景气“见顶”后，我国经济发展的调整态势已较为显著，中期看经济增速下滑是大概率事件。考虑到：本轮经济周期的景气阶段从1999年一直持续到2007年，将近九年，这在新中国成立以来的经济周期波动史上还从未有过，加之2008 年以后四万亿投资+十万亿信贷的反危机刺激措施，使整个实体经济领域的生产过剩程度相当严重；同时，我国当前正处于重化工业阶段，资本有机构成高，产业链条长，乘数原理和加速原理一旦开始发挥作用，不论是正向波动或是反向波动，波幅都将特别大。综合这多方面的因素，未来产生的宏观经济波动在时间上不会太短、波幅不会太小。

武汉城市经济的发展，带有十分典型的投资拉动特征。这样一种外延式发展模式，在宏观经济下行期，由于投资者（机构或个人）对前景预期普遍悲观，普遍性地收缩投资，发展速度往往会“掉”的比较厉害，波动较为剧烈。进而可能会对武汉实现“工业倍增计划”带来很大的负面冲击。

二、“三同步、大推进”，构建“实现武汉工业局部爆炸性增长和全局跨越式发展”的远城区发展新机制

在日益激烈的城市发展竞争中，招商引资已经逐渐演变为“争商抢资”，各地纷纷开出优惠条件竞争大项目；而项目投资方的“要价”也不断加码，“零地价”、“基础设施建设配套”、“生活设施配套”、“厂房代建、无偿使用”、“税收返还”、“高额资金补贴”等不断考验地方政府承受能力的底线。如前所述的“三星——西安”

投资案例即十分典型。当前，这种状况已大致成为“明规则”。武汉要想实现工业局部爆炸性增长和全局跨越式发展，关键是要想办法适应这套游戏规则，构建一套适应这种规则的远城区发展新机制。客观上，并无太多其他的选择。

本文所设想的适应这种规则的远城区发展新机制、新办法即是篇首所提出的关于“巧干”的关键性谋划。

之所以提出前述构想，有三个基本的思想出发点。首先是对招商引资本质的认识。招商引资从本质上也可以看作是一种利益交换或者说交易：地方政府类似于一种环境综合服务的提供方，企业则类似于环境综合服务的需求方。而综合服务环境是一个涵盖宏观要素、微观要素的巨系统，决定这个巨系统效能也即服务水平和档次的往往是这个系统最薄弱的环节，类似于木桶效应——决定木桶容量的不是木桶的长板而是木桶的短板。从经济理性角度考虑，把系统的薄弱环节加强，使构成系统的各个部分大体均衡，是发挥系统整体优势的基本原则。其次是对城市本质的认识。城市的本质就是规模（经济效应）——集聚（经济效应）：城市里的人们、企业、社会共同构成了对城市建设各项投入的分摊机制。正是因为有了这种分摊机制的存在，城市才有可能投入巨资，建设各类基础设施，开展各类社会服务。显然，城市规模越大，聚集的人群、企业越多，则相应落实到每个单位（人群、企业）的建设成本就越低，其可能建设的城市设施才会越巨大、越高级，开展的服务才会越庞杂、越周全。第三是对城市建设筹资机制的认识。在现行财政体制下，地方政府城市建设资金主要来源于住宅建设用途的土地批租，对房地产业的发展依赖性极强，工业贡献的利税大头上缴给了国家。从总量上看，城市政府搞城市建设的投入产出是有可能平衡甚至盈余的，但资金需求与回流在时间上是严重不平衡的，前期投入很大，后期基本上就是回收。中间的周期很长，变数很多，不确定性巨大。这些风险不是政府所适宜承担、愿意承担的。综合考虑，大规模的工业园区建设必须与房地产业发展结合起来，与引入社会资金分摊风险结合起来。

在此三方面思想基础上产生了“三同步、大推进”的构想。这一构想是否有效，最终需要通过实践来检验。而就目前进行的抽象分析、事前论证而言，其理论依据、事实依据还是相当坚实的。

理论分析依据主要有：

——**增长极理论**。“增长极”的概念和理论最早由法国经济学家弗朗索瓦.佩鲁于 1955 年提出。后来，其弟子法国经济学家布代维尔、瑞典经济学家缪尔达尔以及美国经济学家赫希曼等学者在不同程度上丰富和发展了该理论。增长极理论认为：一个国家（区域）实施平衡发展在现实上是不可能的，经济增长通常是从一个或数个增长中心逐步向其他部门或地区传导，政府应通过倾斜投资政策有意识地培养某个产业（支配企业）或城市（地区）作为经济增长极，带动相关产业和地区经济的发展。这种理论主张尽可能地把有限资源集中投入到发展潜力大、规模经济和投资效益明显的少数地区和行业，使主导部门或有创新能力的企业或行业在一些地区或大城市集聚，形成一种资本与技术高度集中、具有规模经济效应，自身增长迅速并能对邻近地区产生强大辐射作用的“增长极”，通过具有“增长极”的地区的优先增长，可以带动周边地区的共同发展。

增长极理论强调区域发展中的“极化作用”，主张依靠政府的力量及外来企业的牵引和外部技术的投入进行重点投资从而出现增长极。增长极的发展对周围地区产生两方面的影响：一是极化效应。表现为增长极对周围地区的资源产生吸引力而使周围地区的劳动力、资金等要素资源流向增长极，迅速扩大极点的经济实力，形成极点的规模效应。二是扩散效应。指增长极地区发展到一定程度后，规模经济开始弱化，为了获得进一步发展，增长极地区的生产要素向周边地区回流，表现为增长极发挥辐射带动作用，推动周围地区经济发展。

——**城市化与工业化发展关系理论**。这一理论主要包括两方面的内容：其一，工业化是城市化的根本动力。工业化是城市化的经济内涵，城市化是工业化的空间表现形式，工业化是因，城市化是果。世界各国的实践均表明，城市化是随着工业化的出现而大力发展的，工业化是城市化的发动机。

其二，城市化发展所伴生的聚集经济效应又是工业化发展的必要支撑。城市之所以成为区域聚集中心，其根本原因在于城市具有农村难以比拟的聚集经济效应。聚集效应使城市成为一个区域的社会活动中心、经济发展中心和资源整合中心，这反过来又有助于城市实现更大程度上的集聚，形成一种有很强互动性质的良性循环。

——**大城市优先发展规律**。与城市化发展阶段性规律相对应，在城市化发展的一定阶段内，城市人口的规模结构变动具有大城市优先增长的客观必然性。大量资料显示，大城市优先增长规律对不同国家不同地区来说都是存在的，只是由于所处城市化阶段不同，强度有所区别而已。20 世纪 50 年代以来这一趋势表现得越来越明显。据统计，1900 年—1980 年，全世界 50 万人以下城市的人口只增长了 5 倍，50 万人—

100 万人城市的人口增长了 6 倍，100 万人—250 万人城市的人口增长了 19 倍，250 万人—500 万人城市的人口增长了 16 倍，500 万人—1000 万人城市的人口增长了 20 倍。

一般认为，经济因素和市场机制的相互作用促成了大城市的优先发展。这是 20 世纪世界城市化进程的特点。城市的规模扩展效应和集聚整合效应，促使大量生产要素流入大城市，其结果是大城市的经济结构不断优化，分工体系不断强化，市场发育不断完善，从而使就业机会增加和新的人口不断地流入。进而使“强者越强”的马太效应演绎得越来越显著。

理论之外的事实论证依据主要有：

——从城市建设、城市发展角度看，“三同步”，“大推进”有多方面的必要性。首先，武汉城市近期本来就有扩大规模的需求。武汉市“十二五”规划要求，基本完成城市空间布局调整，主城区基本控制在三环线以内，重点沿两江四岸开发建设，二环线以内城中村、中心城区危旧房和棚户区改造全面完成。远城区各集中规划建设一座中等城市规模的新城，重点沿轨道交通、快速路开发建设，基本形成“1+6”（主城+新城组群）和“主城区为核、多轴多心”的城市空间总体构架。

其次，也是顺应了时代潮流。由于土地有限、人口众多的基本国情，以及城市集聚效应、大城市优先发展规律的共同作用，在未来二三十年城市化高速发展的浪潮中，中国必然涌现出若干巨型城市，并在国家经济社会发展中发挥更为重大的作用。这些巨型城市与当前人们所热议的国家中心城市基本上也应该是一回事，可以说是一枚硬币的不同侧面。武汉抓紧造城，争取成为巨型城市之一，既是顺应时代之举，同时也是武汉建设国家中心城市的迫切需要。

第三，这也有利于武汉成为名副其实的中部中心城市与中部崛起战略支点。虽然在国家层面已经明确武汉是中部地区的中心城市，但在现实层面上，武汉中心城市地位地位并不稳固。从辐射范围考虑、武汉的优势恰恰在于辐射中部地区，仅仅只是辐射湖北就失去了武汉作为“大武汉”的基本意义。这其实也是国家对武汉的要求。随着高铁、高速的建设，改变了城市之间的空间距离，使城市之间集聚与扩散的矛盾越来越激烈、越来越表面化。武汉有必要在城市发展竞争中先发制人，通过包括造城在内的各种举措，强化自身的集聚能力。

——通过这种方式，可以将武汉实现工业倍增计划的三大软肋一次性彻底解决。如前所述，武汉实现工业倍增计划有三大软肋，通过“三同步”、“大推进”，其中的基础设施配套薄弱的问题、生活设施建设普遍较为滞后的问题显然就会被彻底解决。至于“三同步”、“大推进”也能够很好地解决“工业用地供应不足”问题。其机理则相对要复杂一些。

从根本上讲，形成工业用地供应紧缺的深层次原因，是土地利用效率较低。这两者大致可以划等号。据市规划土地局对全市远城区2006年—2009年土地利用情况的一份调查汇总资料显示，全市远城区土地空闲情况相当严重。具体有两种类型：一是用地批准后供地不足。由于征地补偿和缴纳土地出让金的进度较慢，截至2009年底远城区共有批而未供土地5088.34公顷，占获批准用地面积的50.5%，由于未获得土地使用权，依规这部分土地不能开工建设。二是供地后开工不足。因建设单位在取得土地使用权后，后续资金未跟上或开发意愿不足，截至2009年底远城区共有供而未用土地3600.52公顷，占供地面积的72.3%。在空闲用地结构中工业用地批而未供和供而未用的情况比较突出，分别为2450.35公顷和1918.43公顷，占批准和供应的工业用地比例分别为47.2%和69.9%。考虑到已批准但未供应已提前开工用地，截至2009年底远城区仍有空闲土地7766.02公顷，其中工业用地4015.76公顷，相当于四年年均批准规模的3.1倍。在具体的用地空间形式上，各远城区均采取相对均衡式的发展方式，未突出空间上的节约，土地集约效应普遍较差。虽然批准和供应土地多位于都市发展区内，但各区考虑乡镇发展意愿，往往以乡镇为单位分配用地计划，人为造成分散建设；在乡（镇、街）范围内又往往依托现状四面扩张，街内没有明确的发展方向，呈现了“摊大饼”蔓延式发展态势；结果是工业用地布局较为分散，工业园区管理面积大，但建成规模小，缺少整体性和系统性。进而增加基础设施配套难度和开发成本。从逻辑上看，土地利用效率低下必然会降低相应区域城市化的质量；而区域城市化质量不高，加之土地管理不严则必然会导致土地利用效率低下。因此，工业用地供应不足与相应区域城市化发展质量不高大体上构成了一种互为因果的伴生关系，很大程度上类似于一种恶性循环。通过“三同步”、“大推进”实质上就能打破这种恶性循环存在的基础，辅之以严格规范的土地管理，在很大程度上就能够解决好“工业用地供应不足”的问题。

——通过“三同步”、“大推进”，有望从根本上解决远城区工业发展的资金来源问题。远城区工业发展，有两大资金缺口，其一，工业园建设资金缺口。根据市里的有关文件要求，六大远城区均需建设面积在20平方公里左右的示范工业园，且需在两年内完成全部“七通一平”任务。按最保守的估计，一年的建设资金也得300

亿元，主要的筹资办法有： 1.市里的基础设施建设资金统一安排；2.远城区集中各自区属优质企业统一打包，建立融资平台，向银行申请融资；3.允许各远城区设立为示范园区发展服务的配套企业，承接配套园区的生产性服务业务，如周边物流等；4.市财政每年安排2—3亿，用于工业园建设融资的贴息。显然，这些办法不足以覆盖建设资金缺口，差距相当大。其二，工业项目落地的补贴资金缺口。如前所述，地方政府在招商引资中对落地的工业项目给予各类资金补贴已成“明规则”。武汉市也无法例外。据市经济和信息化委员会介绍：远城区工业用地的成本：仅农民的补偿安置及上交国家的规费即达到30—40万/亩，再加上武汉属丘陵地带，水面较多，“七通一平”下来，每平方公里的成本可能达到6—10亿元，换算到亩，则亩均成本为40—67万元。而招商过程中，好的工业项目落地，地价一般按8—10万/亩计；一般工业项目落地，地价按20—30万/亩计。其中的差额大都需要地方政府来补贴，这个资金缺口显然也非同小可。

如前所述，城市政府搞城市建设、社会经济发展的投入产出是有可能平衡甚至盈余的，但资金需求与回流在时间上是严重不平衡的，周期很长。所以，从本质上讲，前述的两个缺口并不是资金缺口，而是时间缺口。而且这个过程中变数很多，不确定性巨大。这些都不是政府所适宜承担、愿意承担的。通过“三同步”、“大推进”，大规模引入房地产资金、引入社会资金，可以提前把土地增值收益发掘出来，帮助政府填补掉前述两大资金缺口，并将后期可能有的风险化解于无形。只要投资者对武汉产业新城建设的远景预期是明确而坚定的，就应该会有工业企业、房地产企业愿意进行这方面的投资，承担适当的风险谋取较大的利益。

——**国内外有较为类似的先例可循**。如，上世纪90年代初，市统建办在武汉经济技术开发区管委会领导下，全面负责沌口地区内的农地征用、农民的拆迁安置，区域内基础设施建设，重要建筑建设等，为神龙项目落地做好各方面的准备。又如，华南开发商合生创展2003年在天津宝坻区拿地2.5万亩建设京津新城。8年时间里，合生已经开发完成其中1万亩土地，累积投资62亿元，当初的盐碱地已经焕然一新成为一片优雅新城。除了最主要的别墅产品外，合生所打造的这座新城尚有高尔夫球场、酒店及旅游景点等。预计未来还将在此投资150亿元左右。

放眼至香港上世纪70—80年代，由于港九地区的饱和，港府开始大力开发广袤的新界，实施居者有其屋计划。习惯了港九繁华的香港人对乡村一般的新界讥讽有加，然而时过境迁，沧海桑田，如今的新界众多地铁交汇，大型居住社区和购物中心林立。

未开发前，在新界居住的人口仅占香港总人口的17%现在已占50%。顶着巨大压力和无数口水开发新界的主要地产商新鸿基则一跃成为亚洲地产界龙头。1981年，英国政府将伦敦码头区划为城市开发区，尽管为时15年的开发中几经波折，但最终仍然按原规划完成了所有的开发项目，曾经荒芜破败的伦敦码头区成为了伦敦外汇交易、证券交易方面的中心，租金水平是全球最高的区域之一。作为私人开发商和投资者，加拿大开发商Olympia & York公司主导投资并建设了通往该区域的轻轨、地铁Jubilie线、快速干道等基础设施以及金丝雀码头150万平方米的金融中心建设。金丝雀码头设计时聘用了全球顶尖的十数家设计公司（诸如：KPF，Foster ，SOM，西萨佩利，贝聿铭等等），成为了现代开发项目中价值整合的典范。

——此外，武汉远城区“三同步”、“大推进”，快速城市化还有一些特殊的有利条件。其一，武汉与全国其他城市相比，最主要的优势之一就是大，主要的潜在优势之一就是有更大的潜力。相对于中国70%的城市，水资源是武汉最大的优势之一。这正是武汉在全世界大城市中所独有的条件。也正是1999年，美国未来学家麦金利·康韦（Mckinley Conway）锁定武汉成为未来超级城市的基本依据。客观讲，麦金利·康韦的结论或许有所夸张，但随着近年来资源环境矛盾的加剧以及我们对城市化发展规律从实践到理论认识的加深，我们认为麦金利·康韦结论正确的概率是越来越大了。

其二，当前，我国汽车消费正在进入普及期。由于汽车消费的普及以及轨道交通等公共交通形式的改变，极大地改变了大城市“大”的数量规定性及其城市内部的空间格局，为新的卫星城建设做好了主要技术条件方面的准备。

三、将抽象思考转化为现实操作的实施要点

从理论上讲，“三同步”，“大推进”只不过是把过去土地开发（城市基础设施建设）、房地产开发、工业园区建设，原本三阶段做的事情浓缩、合并到一个时间段进行。形式上变化很大，而本质是完全一样的。但从操作角度看，实施难度陡然增大，可能出问题的环节陡然增多，任何一个关键环节出问题，都有可能引起多米诺骨牌效应，导致全部进程的瘫痪。如果说过去政府管理还可以在一定程度上粗放一点，那现在就必须进行全流程的精细化管理，有些像日本丰田的精益化生产：一环套一环，环环相扣，有条不紊，一气呵成。

其中的关键性环节和实施要点主要有：

1. 规划。要制定好6个卫星城的城市总体规划与分区建设规划，以此作为招商与建设的基本依据。尤其是要做好卫星城核心发展区域的规划。一般而言，“三同步”、“大推进”可能首先还是要从核心区域的建设起步。

2. 选点。六个远城区的“三同步”、“大推进”显然只能逐一进行。就现状而言，江夏、东西湖、阳逻的条件似乎要优越一些，但最后结果如何，还得看社会资金的想法，也就是招商引资的进展。需要政府意志、工业资金、房地产资金三方面的统一。

3. 招商引资。招商能否成功，是新城建设是否启动的关键。招商成功具体包含两方面的含义，其一，能招到类似于上海通用这样的大型工业项目，作为产业发展龙头，带动相关产业、企业集聚，形成较大规模产业集群的基本轮廓；其二，能招到大的房地产商或房地产商联盟作为新城土地成片开发的主要承包商，支撑新城建设。

4. 进度管理。时间进度管理是“三同步”、“大推进”的核心与成败关键。在招商引资的合同中，必须特别强化对这方面的要求以及相应的制约手段，以确保工业投资商、房地产商都能按约定推进各自的工程建设。政府自己负责的城市基础设施项目，也必须按计划（及对外来投资者的承诺）按时完成。

5. 支援与支持。市政府从财政与城市基础设施建设等方面对新城建设予以大力支持，尤其是注重改善中心城区与新城的交通联系。并考虑给新城建设所在区的政府以更大的管理权限，允许其进行必要的改革试点，以适应新城迅速建设、发展的需要。

6. 管理与协调。“三同步”、“大推进”对地方政府的管理与协调能力提出了很高的要求，责任十分重大。市委、市政府应考虑在干部配备、配置上做出相应安排，选调精兵强将，职级适当高配，奖励提拔优先。

7. 农民安置。推广东湖新技术开发区、武汉经济技术开发区托管—征地—转制—安置的经验，在新城建设过程中试行农地征用制度改革，试行农村征地、征地农民安置、农民城市化三位一体，同步进行。

8. 宏观经济情况监控。加强对宏观经济波动情况的监测，选择一个比较好的启动点启动新城建设，力争在新城建设的头2—3年间，不致受到宏观方面太大的冲击。

9. 计划安排。各方面的计划安排周密，不留漏洞。同时尽可能地争取在各方面安排时预留有一定的余地，以防意外发生时措手不及。

（执笔人：辜小勇）

创新要素动员机制与自主创新示范区建设

前 言

增强自主创新能力是经济结构调整和经济增长方式转变的中心环节。通过自主创新，可以改变过度依赖劳动力成本优势的局面，培育经济增长的内生动力，使经济走上创新驱动、内生增长的发展道路。未来十年，是我国加快经济转型和产业结构调整的关键时期，也是建设创新型国家承上启下的重要时期。国家高新技术开发区是建设创新型国家的战略基点，是自主创新的战略高地，是培育和发展战略性新兴产业的核心载体，是转变发展方式和调整经济结构的引擎。

2009 年，国家先后批复同意支持北京中关村和武汉东湖 2 个国家高新区建设国家自主创新示范区。国家自主创新示范区位列国家高新区第一方阵，是国家寄予厚望的、探索体制机制创新的排头兵。东湖示范区要学习借鉴国际高新区发展经验，盯住中关村，加快探索“创新驱动、绿色发展、内生增长”的发展模式与路径，创新体制机制，成为依靠创新驱动发展，推动“两型社会”建设的典范，支撑武汉市、湖北省发展，并带动影响中部地区。

国家继批复中关村、东湖高新为国家自主创新示范区之后，2011 年和 2012 年又先后批复了上海张江高科技园、合芜蚌自主创新综合试验区（原合肥、蚌埠、芜湖三个国家高新区）为国家自主创新示范区。东湖示范区本来在经济规模上就较上海张江有较大差距，现在上海张江获批成为第 3 个自主创新示范区后，相对于张江科技园的改革试验政策体制优势也将不复存在。此外，2012 年 9 月 21 日科技部又公布了 17 家省级高新区升级为国家高新区。至此，中国国家高新区达 105 家，国家自主创新示范区 4 家。随着越来越多的国家自主创新示范区批复，特别是上海张江及同样位于中部的合芜蚌试验区的批复，东湖高新将面对更激烈的竞争，同时已享有的国家自主创新示范区政策边际效应递减。当前，建设东湖示范区形势逼人、任务紧迫，需要以更大气力集聚动员创新要素，打造内生增长的典型区域。

一、创新要素动员机制理论基础及内涵

（一）创新理论、新增长理论及其评价

1.创新理论

熊彼特（J.Schumpeter）在其著作《经济发展概论》(1912)中首次提出并使用了“创新”的概念。熊彼特认为，所谓创新就是要“建立一种新的生产函数”，即“生产要素的重新组合”， 包括生产的新产品、新技术或新方法、原材料新来源、新市场和新生产组织形式。熊彼特还指出，创新的动力是企业家和企业家精神(追逐利润)。其后，熊彼特的追随者对创新进行了规范和实证研究，形成了两条研究路线：一是技术创新论，二是制度创新论。

技术创新理论认为技术进步和创新是经济增长的决定因素，技术创新包括新产品和新工艺，以及原有产品和工艺的显著的技术变化。无论是认为技术外生的新古典学派（索洛模型），还是认为技术内生的新增长学派（新增长模型），都用不同的模型证明了技术对经济增长的巨大贡献。

制度创新理论的提出者是美国经济学家诺斯(Douglass.North)，他认为科技进步在经济发展中发挥着重要作用，但真正起关键作用的是制度。制度是能够约束人们行为的一系列规则。制度的含义非常广泛，它既包括规则和秩序，也包括组织本身；既有政治、经济、文化、技术等方面的制度，也有道德、意识形态等方面的制度。

2.新增长理论

20世纪80年代中后期，经济学家罗默（P.Romer）和卢卡斯（R.Lucas）等人，在对新古典增长模型反思的基础上，形成了新增长理论，也称内生增长理论。新增长理论的核心思想是：经济能够不依赖外力推动实现持续增长，内生的技术进步是保证经济持续增长的决定因素。新增长学派认为，知识或技术是经济体系“内生”的生产要素，知识与技术的产生源于厂商利润极大化的投资决策与行为；知识和人力资本规模收益递增，可实现经济持续增长；对外开放和知识的国际流动也有助于实现持续增长；政府促进知识与技术创新的政策、服务等公共物品对经济增长有非常重要的作用，是“增长的催化剂”。

新增长理论强调了技术进步是经济持续增长的源泉和动力，为区域经济发展提供了新思路，也为政府制定科技公共政策提供了理论依据。我国当前已进入经济增长驱

动力转型的重大历史时刻，作为国家自主创新战略基点的国家高新区，特别是自主创新示范区应该转变以招商引资、土地开发、优惠政策为主的外延式发展思路，积极探索以追求知识创新、技术进步和人力资本积累的内生式增长模式，发挥其在推进创新型国家建设、探索中国特色自主创新道路中的示范作用。同时，高新区科技资源最密集、产业发展基础好，本身也最有条件探索“新经济”模式和道路，建设成内生式增长的典型区域。

3. 区域创新系统理论

英国学者弗里曼（C. Freeman）1987 年在《技术和经济运行：来自日本的经验》一书中首先提出了国家创新系统的概念。1992 年，英国学者库克(P. Cooke)首先提出了区域创新系统的概念。区域创新系统理论指出技术创新不是一个孤立的行为，“要依赖许多其他相关活动，如教育、培训、设计、质量控制等”。区域创新系统是由区域生产中的合作者组成的互动的、动态的结构，“公私部门的机构组成的网络，他们相互作用，促进、扩散了各种新技术”。区域创新系统理论揭示了创新主体及要素在区域集聚与相互作用机制，为高新区建设提供了系统化的建设思路，指出要在高新区形成以创新性企业为主体，大学、科研机构、中介服务机构、政府交互作用形成的网络，通过网络内知识、信息、人才等要素的流动，形成结构完整、功能完善的创新系统，提升高新区的创新效率和创新能力。

（二）创新要素动员机制的内涵

1. 创新要素概念的界定

十七大报告中首次出现“引导和支持创新要素向企业集聚”的提法。有学者在对报告的解读中，指出①：“‘创新要素’是指和创新相关的资源和能力的组合，通俗地讲，就是支持创新的人、财、物，以及将人、财、物组合的机制”。创新要素被认为是“各种与创新相关的资源和能力的组合”，显然，这个概念借鉴了熊彼特的创新理论，而且在这个组合中，不仅包括知识、技术、机制等非传统的生产要素，还包括土地、人力资源、资产等传统生产要素。因为知识、技术虽然本身就有“创造实用价值”的含义，但必须与土地、资金、人力资源等生产要素相结合才能产生效益。我们可以

① 《用科技创新占领未来制高点——胡锦涛总书记在全国科技创新大会上的重要讲话引发科技界热烈反响》，. 光明日报，.2012，7，10。

把这种资源和能力的组合理解为比较广义的创新要素。广义的创新要素概念说明，在目前高新区“二次创业”阶段主要依靠内生驱动（创新驱动）的同时，资本、土地等传统要素的投入依然不可忽视，同时，所谓“机制”即制度创新也是创新的重要内容。

本报告对创新要素的界定。按照在创新过程中重要性程度的不同、发挥的作用不同，我们把“各种与创新相关的资源和能力的组合”分为两大类，一类是创新的核心要素，即对创新起决定性作用的高技术、尖端科技、高素质人才、科技金融资本等能产生规模递增收益的要素；一类是创新的辅助要素，如土地、资本、自然资源、普通劳动力等生产要素。在本报告中，创新要素指创新的核心要素，即高技术、高素质人才、科技金融资本等要素，可以理解为狭义的创新要素。

2. 创新要素动员机制的内涵

创新要素动员机制指系列促进创新要素集聚及工程化、产业化的政府公共产品及服务，如支持基础研发、加强科技金融创新、促进产学研结合、营造创新文化等政策，主要功能是弥补市场机制供给创新要素失灵（主要是供给不足），提升创新要素的供给规模，促进创新要素集聚、集成并转化为现实生产力。创新要素动员机制的实质是政府公共品与公共服务的政策制度创新，是通过制度创新促进技术创新，属于制度创新的范畴。

政府对创新过程提供公共品和公共服务的理论依据。在解释创新要素的产生和创新动力的来源时，创新理论和新增长理论指出，企业家和企业家精神导致了知识与技术等创新要素的产生，也是创新的根本动力，这说明创新是市场经济下的企业主体在追求利润过程中的自发行为。也就是说，创新要素、创新行为是可以在市场经济中自发实现的。但是由于高技术等创新要素具有很强的正外部性[①]，一旦在某一领域实现突破，会对一个行业乃至社会经济生活产生重大影响，如美国近十年实现了页岩气开采技术的工程化产业化，引发了“页岩气革命”，对世界的能源格局乃至政治、经济

发展都产生深刻影响[②]。根据外部性理论，在市场机制下，正外部性越强的创新要素，供给越是不足的，因此需要政府介入，通过相应政策措施，将创新要素的外部收益内部化，从而提高创新要素的供给数量，这就为政府干预创新要素供给、介入创新过程提供了理论基础。此外，高科技企业也是高风险企业，根据统计经验数据，种

① 科技活动的正外部性指科技创新活动带来的社会整体收益远大于市场经济下创新主体的个体收益。
② 《用科技创新占领未来制高点——胡锦涛总书记在全国科技创新大会上的重要讲话引发科技界热烈反响》，.光明日报，.2012，7，10。

子期高科技中小企业成功率不到10%。因此，即使是市场经济成熟的发达国家，对新创办高技术企业也给予一定程度的扶持，降低高技术企业生产经营风险。而且，新增长理论学派的研究发现，知识、技术、人力资本等经济增长的内生变量对政府政策非常敏感，说明国家提供的知识产权保护、科技金融扶持等公共产品和服务的政策对这些创新要素的产生有重要的作用。

创新要素动员机制按照发挥作用阶段与功能不同，包含两个层次：第一个层次是促进创新要素的产生和在特定空间的集聚。这就需要提供各种有利于创新资源集聚的软硬件公共服务与公共设施，包括建设基础设施、创新金融科技、提升基础研究能力等，打造集聚高端人才、高技术、知识、信息等创新要素的“洼地”；第二个层次是实现创新要素的工程化和产业化。在创新要素集聚的基础上，通过创新网络建设、创新主体间相互作用，如提供科技中介服务、促进产学研结合、打造孵化器等创新平台，实现创新要素的商品化和产业化，使创新成为现实生产力。

二、国外高新区集聚动员创新要素的政策举措借鉴

（一）发达国家高新区集聚动员创新要素的经验及借鉴

1.美国硅谷

硅谷是世界上第一个也是当今最具创新活力的高科技园区。20世纪60年代早期，硅谷以芯片为核心的系列产品开创了世界信息时代。硅谷人均GDP全美第一，GDP总量一直都占到美国总GDP的5%左右，是全球高科技园区学习和效仿的榜样，2011年硅谷GDP达7310亿美元。

硅谷集聚动员创新要素的经验做法有：

以市场为主导、政府辅助服务的管理体制。基于美国完善的市场制度与成熟的市场经济，硅谷的经济活动完全以市场为主导。政府极少对园区经济直接干涉介入，赋予投资者最大的经济活动自由度，园区在初创阶段就吸引集聚了大量的创业资金和新技术。与此同时，由于初创企业存在与市场、研发机构协调能力差等问题，政府通过国家科技战略规划、政府采购（尤其是国防采购）、产权保护、财税支持等手段对企业进行支持，如出台“中小企业技术创新法案”，设立研发基金，实施研发抵税优惠并允许企业拥有使用联邦资助产生的知识产权。

金融创新是高新产业的催化剂。通过金融创新形成的天使投资、风险投资、股份

期权等，是推动硅谷科技企业发展的重要力量。美国风险投资规模占世界风险投资的一半以上，其中近一半的风险投资基金设立在硅谷，达到300多亿美元。风险投资对创业公司投入首期资金后，拥有了公司股权，从而投入更多精力对公司进行增值服务。最后，风投公司通过促成公司上市或收购兼并，出售股权收回投资。天使投资较风投更加高风险高收益，投资门槛较低，捕捉更加高风险、高收益的投资机会，是普通风险投资的先锋。天使投资有助于培育最初萌芽阶段的新兴企业。

门类齐全、专业化的创新服务。硅谷服务型企业数量庞大，门类齐全，提供包括金融服务、中介服务、商业服务在内的多种公共服务。最具代表性的创新服务企业，能够在1—2周内做出商品化的样机，并提供全套的生产工艺、质量检测和成本核算资料，大大缩短了新技术产业化的周期。硅谷还有专门从事线路设计、器件选择或外观创意等某一个专业环节的公司，这些公司提供的专业化的服务能够有效帮助创新企业降低成本、加快研发速度，最快速度地捕获商机。

汇集世界高端人才的优质研发创业环境。硅谷是美国高科技人才的集中地，更是信息产业人才的集中地，高技术从业人员密度居全美之首。硅谷周边分布着斯坦福大学和加州大学伯克利分校等国际知名的研究型大学，大学还实施了鼓励教授、学生等科技人员技术创新、创办企业的政策，如允许教授一至两年脱离教学岗位，专门从事研究工作或创办高科技公司，同意学生每周有一天到企业兼职。斯坦福大学还热衷通过制定产业联盟计划，促进大学院系、研究人员与企业合作。据统计，硅谷许多公司的创办者就是斯坦福大学的师生，创建了惠普、康柏等知名企业，这些高校成为硅谷创新的摇篮。硅谷还专门为吸引技术性移民放宽了准入条件限制，推出了高薪聘用国外专家学者、搭建国际合作平台等政策。

形成创新文化氛围与环境。硅谷在发展过程中形成了开放、宽松、激励创新的“硅谷文化”，一是形成鼓励创新和冒险并宽容失败的文化精神，包括灵活的机制、敢冒风险的价值观；二是形成平等竞争的开放型学习型社会氛围，崇尚公平竞争，并相互交流学习，知识共享；三是形成合作的团队，以诚信为核心，以人为本追求共同目标。这种开放、宽容、鼓励创新的硅谷文化吸引、凝聚了全球各方优秀人才进入硅谷。

2. 欧洲科技园

英国剑桥科技园是世界重要的科技创新中心之一，是英国新经济中枢的重要组成部分，赢得了“硅沼”的声誉。法国安蒂波利斯科技园集中了多家跨国公司的研发中心和地区总部，是法国信息技术、生命科学、环境科学等高科技产业发展的重要基地。

欧洲科技园集聚动员创新要素有一些共同经验：

发挥大学集聚科技成果的优势。英国剑桥高科技园的技术创新源泉来自剑桥大学。剑桥大学具有优势的应用科学技术奠定了剑桥高科技园的发展基础。电光学、计算机辅助技术等剑桥大学走在前沿的学科，为科技园高技术产业中心的形成创造了条件。剑桥高科技园高科技公司的大学生雇员有70%来自剑桥大学，一半以上高科技公司与剑桥大学保持着密切的联系。

政策倾斜和孵化器增强了工业园区对国际国内资源的吸引力。剑桥高科技园为高科技中小企业提供资金、税收、法律等方面的优惠政策，外资公司可享受国民待遇等。剑桥地方政府还建立了开发署，专门从中央政府各部门获取资助支持本地区科技创新。安蒂波利斯科技城建立了基础研究和管理兼备的中小企业孵化中心，通过交流和项目开发，培养和创立大批企业。

提供多种专业服务。一是专业化的法律、市场信息、产品开发、企业发展等服务；二是帮助企业与大学建立合作关系、建立企业网络，如剑桥科技园建立的剑桥企业和技术俱乐部、剑桥高技术企业协会等，安蒂波利斯科技城构筑了完善的服务机构，包括接待中心、新兴企业培植中心、技术开发中心、国际智密区俱乐部等；三是以灵活的方式向企业提供办公、研发、生产场所等生产服务、商业服务，加速高科技企业的创建与发展。

非官方管理体制，保证科技园区的充分自主权。欧洲高科技园主要以建立高科技公司的产业组合体为主，最大程度发挥高科技带动作用。剑桥高科技园由剑桥大学圣三一学院领导，德国高科技园主要采取公司管理模式，而法国科技园采取协会管理体制，这种非官方体制没有政府的直接参与，充分保证了园区企业的自主权与创新性。

3. 日本筑波科学城

筑波科学城完全由日本中央政府资助成立，是以基础研究为主的国家级研究中心。筑波科技城聚集了全国30%的国家级研究机构与40%的研究人员，但由于筑波的科研投资以财政拨款为主，与工业界联系不够紧密，筑波科学城科研成果转化率和产业化产值不高，私人研究机构和民间企业发展比较缓慢。

筑波科学城的主要特点是政府主导的运营与管理模式。日本政府专门设立了“科学城推进本部”机构进行管理协调，部门人员由科技厅、文部省等机构官员构成。政府对筑波科学城深度介入，一是强调规划，国家设计、建设并进行控制的科学规划来制造新的产业空间；二是国家对科学城投入庞大的资金支持；三是为创新活动提供了世界上最完善的法制保障体系和各种优惠政策，大力促进高科技企业的创立和发展。由于政府主导带来的稳定资金、安逸氛围和详尽的政府计划，筑波科技工作者的个人积极性未被调动起来，科技园创新动力略显不足。此外，筑波科学城人才主要靠政府配备，吸引的国际人才不足，日本的文化因素使得科技人员流动与交流较少，人才培养和成长相对封闭，影响了整个科学城的发展潜力。

此外，美、日、英等国家都十分重视大学科技成果转化。美国是促进大学的科技成果向产业转移的先行者，美国大学开展技术转移已近百年。①搭建高校企业合作平台。自 70 年代初期开始，为了促使企业对大学科学研究的支持以及解决企业科研与开发能力不足的问题，美国国家科学基金会确立了组建大学与企业协作研究中心(University / Industry Cooperative Research Centers)的实施计划。美国最早在高等学校建立工程研究中心。1984 年，美国国家科学基金会(NFS)提出了建立 225 个“工程研究中心(ERC)”的计划。ERC 的主要任务是针对工业技术需求开展联合研究，同时着力于培养工业生产所需的工程技术人员。通过 ERC 平台，大学与企业在科学研究的开始就进行合作，科研成果直接被企业应用到生产中。ERC 的经费开始主要由国家资助，参与合作的企业也给予相当的资助，随着 ERC 运作的正常化，国家资助逐年减少，企业的支持则逐年增加，ERC 自身也逐渐从市场上争取经费支持。②鼓励研究成果的商业应用。自 1980 年美国国会颁布《拜杜法案》以来，以麻省理工大学（MIT）和斯坦福大学为代表的美国绝大多数大学都设立了技术许可办公室，专利技术许可成为美国大学技术转移的主要方式。加州大学 2004 年实施了“概念验证基金资助计划（PCF，“Proof of Concept Funding”)”，通过对知识创造提供资助和商业指导，确保知识发明能够商业应用。该基金一般都设立在实验室，通过引入商业导师（business mentors）来促进大学创新者和产业经营者之间的概念交换，实现技术创新的商业价值。这种资助从一开始就把技术和商业结合起来，因此 PCF 项目一经启动，便很快在美国得到推广。③以法律等形式扫除校企合作障碍。日本政府颁布了《产业教育振兴法》，对高校与企业间的合作形式、税收、拨款、管理等都有明确规定，同时还对产学合作的优惠措施予以法律保障。英国政府采取“推”“拉”两种方式鼓励科技成果转化。“推”是在所有的大专院校中都专门设立了技术转移机构。“拉”是政府通过市场来“拉”技术。政府鼓励企业技术创新，通过税收、财政补贴等方式对高科技企业给予大力资助，鼓励企业开发新技术新产品，推动企业积极进行产业升级。

（二）新兴经济体高新区集聚动员创新要素的做法及特点

1.印度班加罗尔软件技术园

班加罗尔是南部印度的工业城市和商业中心，也是印度的教育中心和科学研究之都。印度政府通过免除进口关税、允许外商独资经营及10年免征所得税等优惠政策集聚外来资本。目前，班加罗尔集聚了印度本土三大软件企业及世界最著名的软件跨国公司微软、IBM、思科等。众多软件企业的集中，使班加罗尔产生了区域空间的产业集群效应，人才、资金、技术在集群效应中得到优化配置，提高了整个软件产业的创新能力和综合竞争力，号称印度“硅谷”。

2.台湾新竹科学园

台湾新竹科学园是台湾工业转型升级、实现信息技术等高技术产业突破的典范。新竹科学工业园在20年左右的时间里，实现了产业链从以代工为主的低端向以研发为主的高端跃进，半导体产业逐步成长为全球产业龙头，集成电路产业形成了完整的产业链条，仅次于美、日、韩。

3.新兴经济体高新区建设发展的特色

新兴经济体高新区建设中，明显吸纳了发达国家高新区建设的先进经验，如靠近大学及科研机构等知识创新源、政府优惠政策、金融创新风险投资、园区服务环境建设等，同时也独具一些特色。

政府主导，企业为主的管理模式。与发达国家相比，新兴经济体高新区需要政府更大力度的政策支持力度。政府的角色更加微妙，既要作为园区管理的主角，又要合理定位为公平、公正的市场引导者和市场秩序维护者，将市场主体的角色完全交还企业。如新竹科学园内，政府提供了土地、基础设施等大量公共资源，并对园区基础设施注入大量资金，还提供了一站式服务、在职培训、信息与科技网络的建构等基础设施，但园区内没有设立一家国有企业，确保企业是真正的市场主体。印度政府对班加罗尔IT也给予大力度的政策扶持，印度企业发展服务外包基本“零税赋”，政府还以优惠价格提供厂房、办公楼、水电气等基础设施。

重视吸纳留学人员并发挥其与发达国家在产业对接、产业协调上的优势。班加罗尔的成功，在很大程度上来自与硅谷接轨的产业协作机制。印度海外庞大的留学生队伍是印度和美国之间建立科技产业的“桥梁”和“纽带”。在硅谷工作过的印度留学生归国后，不仅为班加罗尔带来了投资和技术，还把与硅谷接轨的产业协作机制等先进理念带回班加罗尔，使得印度和欧美在高技术产业方面的市场联系非常紧密。政府还注重信息基础设施与美国的对接。1992 年，印度政府在班加罗尔和美国间架设了第一座卫星通讯设备。台湾新竹科技园也十分重视留学生与华侨科学家的回流，制定了积极的人才政策，吸引了大量从美国返台的海外学子。这些返台学者不仅为新竹带来了技术、市场和国际运作经验，还在硅谷与新竹间架起了社会和经济的桥梁。

三、东湖国家自主创新示范区创新要素集聚现状及评价

武汉东湖高新区 1988 年成立，1991 年成为首批国家高新区，2009 年 12 月，经国务院批准成为继中关村之后的全国第 2 个国家自主创新示范区。2011 年东湖示范区[①]完成企业总收入 3810 亿元，较上年增长 30. 58%。下表 1 为东湖示范区 2011 年指标及 2012 年目标。

表 1　东湖示范区 2011 年经济指标及 2012 年经济目标

指标	2011 增长率(%)	2011 年完成(亿元)	2012 年目标(亿元)
企业总收入	30. 58	3810	5000
工业总产值	27. 18	3191	4100
全口径财政收入	37. 10	133. 87	191
一般预算收入	50	38. 53	55
固定资产投资	13	355	426

根据 2011 年指标完成情况与 2012 年目标的对比，可以计算出：要达到 2012 年的奋斗目标，年企业总收入增长率要在 31%以上，工业总产值需增长 28%，固定资产投资需增长 20%，全口径财政收入需增长 42%，作为发展重头的工业投资要达到 231

[①] 武汉东湖 1985 年由原国家科委批准为新技术产业开发区，1991 年经国务院批准为首批国家新技术产业开发区，2001 年经国家计委批复开始建设“武汉 · 中国光谷”，一般称为“东湖高新区”，2009 年获批成为全国第 2 家自主创新示范区后，**为突出自主创新示范区，本文中将其称为“东湖示范区”**。

亿，增长率达 54%。2012 年 1—7 月东湖示范区完成工业总产值 760.48 亿元，基本保持了年 30%的增长率。按照这个增长速度，近期可以实现 2012 年增长目标；远期看，2015 年企业总收入可以实现过万亿目标，2020 年过 3 万亿。

2012 年，根据国家科技部按照产业规模、创新能力等 10 多项指标，对 2011 年全国 88 家国家级高新区综合评比，东湖示范区在全国排名第 4，紧随北京中关村、上海张江、深圳高新区之后。

（一）东湖示范区创新要素集聚情况

1. 科教及高端人才要素集聚情况

东湖示范区是我国第 2 大智力资源密集区，区内聚集了华中科技大学、武汉大学等 79 所高校，在校本专科学生 92.04 万人，在校研究生 10.28 万人。通过“3551”人才计划等系列人才措施，区内有“两院”院士 59 位，专业技术人员 20 多万。东湖示范区拥有中科院病毒所、水生所、709 所等 56 家中央和省属科研院所，有武汉光电国家实验室等 33 个国家重点实验室和工程技术研究中心，37 个省级重点实验室和工程研究中心，8 个国家级企业技术中心。

2. 科技成果要素集聚情况

东湖示范区获批国家第一个“知识产权示范园区”，涌现出在国内外有重大影响的 10 大技术成果。东湖示范区拥有国内最大的光通信技术研发基地，拥有唯一的国家地球空间信息产业基地，在光通信领域提出的 7 项标准，被国际电联确定为国际标准，实现了我国在光通信领域国际标准零的突破。示范区内企业自主研发的“五轴联动”数控系统打破了美国封锁，提升了我国装备制造业水平；开发的移动道路测量系统为青藏铁路信息化建设做出了贡献；成功封装出目前世界上最大功率的人工光源—1500 瓦超大功率 LED 光源，成为我国 LED 领域集研发、芯片制造和封装应用为一体的产业链最完备的区域。东湖示范区内企业还开发出了我国第一台具有自主知识产权、拥有 49 项专利的红光高清视盘机（NVD），并实现了产业化。示范区内企业研制的“光纤激光器”、“烟气脱硫”等技术和双低油菜、超级水稻等生物农业成果，在国内外具有领先优势；开发的高效短流程嵌入式复合纺纱技术获得国家科技进步一等奖。

3. 科技金融要素集聚情况

目前在高新区注册的股权投资机构超过 20 家，注册资本超过 50 亿元；区内外股权投资机构投资区内企业超过 45 亿元。新设担保机构 6 家，担保公司总量达 8 家，注册资本累计 15.56 亿元。小额贷款公司累计注册资本超过 10 亿元。示范区还制定了《打造东湖资本特区行动方案》，建立了首期 2 亿元资本特区专项资金。金融超市、汉口银行武汉光谷科技金融服务中心正式启动运营，引导商业银行开展信用贷款、应收账款质押贷款、知识产权和股权质押贷款、投贷联动、中小企业集合贷款等融资创新，为 39 家科技型中小企业争取专利质押贷款 3.33 亿元。

东湖示范区上市企业总数达 29 家，占武汉市的一半以上，占全省上市公司的 1/3 以上。近 5 年来，示范区区政府平台和中小企业共实现融资超过 1500 亿元，新增资本市场融资 258.51 亿元，融资额超过前 10 年的两倍。示范区区资本市场累计融资突破 350 亿元，带动社会投资超过 600 亿元。

4. 创新要素集聚平台建设情况

东湖示范区全区孵化器、大学科技园等孵化面积 135 平方米，在孵企业 1500 家，正加紧推进激光等产业加速器建设。在原有高校国家重点实验室的基础上，新增武汉邮科院、长飞光纤光缆和凯迪控股组建的 3 家企业国家重点实验室，新建全国唯一的光电子信息产品质量监督检验中心——国家光电子信息产品质量监督检验中心，新建 17 家国家级技术创新平台和 44 家省级技术创新平台。已有 16 家产业技术创新联盟，其中光纤接入产业联盟、地理信息系统产业技术创新战略联盟、中国高清光盘产业推进联盟被认定为国家级产业联盟。

5. 高技术产业集聚情况

东湖示范区主要集中了电子信息、先进制造、生物医药、绿色环保等高新技术产业，高新技术产业产值 1245.4 亿元。2011 年东湖示范区经认定高新技术企业 304 家，13 家技术先进型服务企业，2011 年百亿企业达到 3 家，其中，富士康武汉园区全年产值达 303.17 亿元，同比增长 88.07%，成为东湖示范区首家产值过 300 亿元企业；武汉邮科院全年产值 128.42 亿元；凯迪控股全年产值 106.63 亿元。富士康项目、中芯国际项目、武汉天马项目、藤仓烽火光电材料项目及山推楚天混凝土机械生产基地等重大项目推进顺利，已形成产能。

（二）东湖示范区与北京中关村示范区的共同点

2009 年，中关村科技园与东湖高新区先后被批准为国家自主创新示范区。两大国家级自主创新示范区在集聚动员创新要素方面有相似之处。

两个园区在开放初期都得到政府在基础设施、项目支持，并拓展了“一区多园”的管理模式，在创新要素集聚与动员上有以下共同点。

1. 打造“人才特区”，集聚高端创业人才

中关村提出了建立国家级人才特区的建设目标，重点实施“中关村高端领军人才聚集工程”，提出用 2 年至 3 年的时间，聚集 3 至 5 个由战略科学家领衔的研发团队，分别建成具有国际一流水平的科学研究所。中关村有多名人才通过了中央“千人计划”海外高层次创业人才评审。在中组部的支持和关心下，神华集团等多家央企在中关村集中建设“未来科技城”。武汉东湖示范区发挥“海外高层次人才创新创业基地”的示范作用，突出对海外高层次人才的引进，启动“3551 人才计划”，引进和培养特色支柱产业领域的领军人才。对引进的人才提供“三个五”的资金支持，并提供工商注册、项目融资、居住就医等全面的“保姆式”服务。已实施 3 年的“3551 光谷人才计划”已显现成效，成为招才引智的响亮品牌，共引进了海内外 1000 多个团队，引进 4300 多位博士在光谷企业创新创业，这一数字是开发区前 20 年博士人数总和。东湖示范区还出台《关于推进科技人员创业的实施意见》，推出期股、期权分红等政策，吸引高层次人才就业。

2. 注重产学研合作，实践中探索发展了各具特色的合作模式

中关村形成了三支创新大军，分别是以北大清华等为代表高校、以中科院中国工程院为代表的科研院所、以联想等高技术企业为代表的高技术企业，是全国最大、最强的产学研合作区域。东湖示范区是我国第 2 大科技资源密集区，已形成科技成果转化“四级跳“模式，即技术在大学实验室开发—在大学周边孵化—到大学科技园发展—到高新区专业园规模化发展，形成完整的科技成果转化链条。

3. 加强投融资服务，形成了多层次、多元化的服务体系

由于高技术产业高风险、高收益的特殊产业特性，美国硅谷进行的风险投资、天使投资等金融创新被认为是推动科技企业发展的“催化剂”。各国家高新区在学习硅

谷模式时，都十分重视科技投融资的作用，大力建设科技投融资服务体系。中关村形成了以企业信用体系建设为基础，创业投资、天使投资、境内外上市、代办股份转让、并购重组、技术产权交易、担保贷款、信用贷款、企业债券和信托计划9条投融资渠道。东湖示范区着力构建多层次、多元化的投融资服务体系，支持代办股份转让系统、支持区域产权交易市场发展、创新融资服务模式、大力发展风险投资、探索创新融资方式支持高新企业发展，完善技术与资本的高效对接。

（三）东湖示范区与中关村的比较

两大国家级自主创新示范区在集聚动员创新要素方面有各自特色。

中关村国家自主创新示范区是我国第一个国家级高新区，第一个国家自主创新示范区，第一个“国家级”人才特区，被誉为“中国硅谷”。由于地处首都北京，中关村无论是在区域环境还是政策体制方面，都具有其他高新区无法比拟的优势。

1. 东湖示范区规模不够大，但经济增速快，与中关村的差距逐渐减小

经济规模不仅能反映生产要素集聚的规模更是实际检验创新要素产出效果的重要指标。我们选取2009、2010及2011年3年的数据进行动态分析。具体数据见后附表1和附表2。

2009年，东湖示范区从业人数29.6万，全国位列第3，仅次于北京中关村和上海张江科技园，但企业总收入2261亿元，在全国排名第10，落后于北京中关村、上海张江、西安、深圳、广州、无锡、南京、天津、成都等 9 个国家级高新区。2009年，经济规模最大的北京中关村企业总收入是12995亿元，是武汉东湖示范区的5.75倍。

2010年，东湖示范区经批准成为国家第2个自主创新示范区后，年增长速度30%，企业总收入达到2926.24亿元，超过了成都国家高新区和南京国家高新区。2010年，北京中关村企业总收入为15938.67亿元，是武汉东湖示范区的5.45倍。

2011年，东湖示范区企业总收入3810亿元，北京中关村企业总收入已达19278亿元，是武汉东湖示范区的5.06亿元。从企业实力看，中关村过百亿企业约23家，还有联想等年收入过千亿企业，而东湖示范区去年仅3家过百亿企业。

从三年的动态分析可以得出结论，虽然东湖示范区经济规模较小，但近两年保持30%的高增长速度，高于中关村 20%左右的增速，两大自主创新示范区的差距逐渐减

少。

2. 东湖示范区企业 R&D 活动与科技活动位居前列，但与中关村相比仍有较大差距

企业 R&D 活动与科技活动说明企业内部创新要素的规模，直接反映科技创新能力与成果转化状况。下表 2 为部分国家高新区企业 R&D 活动与科技活动的基本情况，北京中关村具有其他省市无法比例的科技人员及科技经费优势，即使是位居第 2 的上海张江科技园也与中关村有很大差距。武汉东湖示范区在全国科技活动指标排名第 3，但与北京中关村相比，科技活动人员数量、R&D 经费不及中关村 1/3，科技经费内部支出不及中关村 1/4，尤其是科技经费外部支出不到中关村的 1/10，说明武汉东湖企业委托外单位研究的经费少，与研究机构、高校等科研机构的联系不够紧密。

表 2　部分国家高新区企业 R&D 活动与科技活动情况比较

地区	科技活动人员（万人）	科技活动经费内部支出（亿）	科技活动经费外部支出（亿）	R&D 经费内部支出（亿元）
北京中关村	30.7	554.43	68.5	260.43
上海张江	9.18	258.14	15．2	134.78
武汉东湖	8.38	131.95	4.47	78.73
广州高新区	7.32	139.6	2.46	90.66
深圳高新区	7.41	186.09	2.18	61.73
苏州工业园	4.12	71.78	73.87	23.57
天津新技术园	3.2	97.12	5.18	52.71

资料来源：中国火炬统计年鉴 2011

3. 东湖示范区融资环境与中关村相比尚有较大差距

中关村地处首都北京，融资环境具有得天独厚的优势。北京法人金融机构数量居全国第一，金融资产总量全国第一。在强大的金融资源支撑下，中关村创业投资十分发达，活跃着上百家国内外创投机构，在全球范围内管理着超过 250 亿美元的创业资本，集中了全国 40%以上的风险投资项目和风险投资资金。2011 年中关村新增上市公司26 家，上市公司总数达到 206 家，其中境内创业板44 家，在创业板形成了“中关村板块”，新增“新三板”24 家，累计挂牌及通过备案企业 104 家。此外，中关村创业引导资金与创业投资机构合作设立了 17 支子基金，合作规模累计 64 亿元。2011

年，已披露的中关村创业投资案例300多个，投资金额约300亿元，投资案例和投资金额占全国三分之一。而目前东湖示范区注册风险投资机构仅20家左右，注册资本不足50亿。北京市财政出资8亿元作为中关村高新技术融资引导基金，影响和带动中心企业资本规模近100亿元；而武汉市产业引导资金设立晚，规模小，影响和带动社会资本投资的能力有限。

4. 东湖示范区与中关村科技资源集聚差距

中关村在研究机构、国家级重大项目、科技活动经费及创新要素集聚平台等方面均拥有明显的科技资源优势。

研究机构方面，中关村有2000家研发机构，而东湖示范区只有600余家。中关村研究机构更加多元化，除国家部委、高校和国内知名企业的研发机构外，跨国公司在中关村设立研发机构的有IBM、微软、壳牌、英特尔、朗讯等，跨国研发中心达70家，外籍技术人员超过4000人。而东湖示范区研发机构主要来自政府部门、高校、和华为、中兴等国内知名企业，跨国公司研发机构仅美国辉瑞和拟订中的斯坦福大学光谷研究院。这说明，东湖示范区在吸引、集聚、动员国际创新资源上的能力与中关村有较大差距。

重大研究项目方面，2010年国家火炬计划项目在国家高新区内的有1280个，其中北京中关村有141个，占全国总额的11.02%；而武汉东湖示范区仅22个，占全国总额不到2%。

科技活动经费及专利授权量方面，2011年中关村示范区企业研发及科技活动经费总额超过750亿元，增长近20%。专利申请量达到1.9万件，专利授权量超过1万件，增长约30%。而武汉发明专利授权量为2585件，企业研发及科技活动经费总额175亿元，均与中关村有着较大差距。

创新要素集聚平台方面，中关村还拥有发达的产业技术组织，成为集聚创新要素的重要平台。中关村有企业、大学、科研院所联合建立的各类产业技术联盟达到60多个，有代表战略新兴产业发展方向的TD-SCDMA、移动多媒体产业联盟、清新空气联盟、软件企业出口联盟、医疗器械行业联盟、新能源技术应用联盟、下一代互联网产业联盟、新材料产业联盟、创业产业联盟、生物医药研发外包联盟等。东湖示范区产业技术联盟尚处于起步阶段，数量上尚无法与中关村相比，但新成立的智能电网产业联盟、物联网产业联盟、三网融合产业联盟都代表着战略新兴产业的最新技术方向。

5. 东湖示范区与中关村科技服务平台差距

科技创新服务平台包括国家大学科技园、企业孵化器、生产力促进中心、技术转移示范机构等。

国家大学科技园、是以大学为依托，为高等学校科技成果转化提供支撑的平台和服务的机构，表 3 为北京中关村与武汉东湖国家大学科技园基本情况指标。

表 3　北京中关村与武汉东湖国家大学科技园情况

	国家大学科技园个数	资金总额（亿元）	创业公共服务机构（个）	孵化基金总额（亿元）	年末固定资产净值（万元）
北京中关村	14	31.24	280	14.4	5205
武汉东湖	3	4.79	19	0.9192	7820

注：根据 2011 年《中国火炬年鉴》数据资料整理

根据表 3 数据可以看出，北京中关村国家大学科技园的数量是武汉东湖的 5 倍左右，资金总额是武汉东湖的 8 倍左右，创业公共服务机构个数和孵化基金总额大约是武汉东湖的 15 倍。

表 4 是北京中关村和武汉东湖孵化器的情况。从表 4 可以看出，武汉东湖与北京中关村在孵化器方面差距最大的指标在“在孵企业从业人员”及从业人员的学历构成上，根据 2011 年《中国火炬年鉴》数据，武汉三家国家级孵化器在孵企业从业人员共 4136 人，其中博士 84 人，留学归国人员 75 人，但中关村大学科技园中，仅清华大学科技园一个孵化器的“在孵企业从业人员”即达到 7320 人，其中博士 182 人。

表 4　北京中关村与武汉东湖孵化器情况

	在孵企业个数	在孵企业总收入（亿元）	在孵企业总产值（亿元）
北京中关村	31.24	280	14.4
武汉东湖	4.79	19	0.9192

注：根据 2011 年《中国火炬年鉴》数据资料整理

表 5 是是北京中关村和武汉东湖国家技术转移示范机构的情况。从表 5 可以看出，北京中关村的国家技术转移示范机构个数及技术经济人个数，均是武汉东湖的 2-3 倍。

表 5　武汉东湖示范区与北京中关村示范区国家技术转移示范机构情况

	机构个数（家）	总人数	技术经济人（人）

北京中关村	19	952	130
武汉东湖	7	450	68

注：根据 2011 年《中国火炬年鉴》数据资料整理

科技创新服务平台的差距，直接导致了技术交易规模的大小，表 6 为北京与武汉技术交易情况比较。从表 6 数据可以看出，在同级别的副省级城市中，武汉输出技术与吸纳技术均在前 1 或 2 名，但是与首都北京相比，无论合同数还是成交金额，都有较大差距。

表 6　北京、武汉技术交易情况比较

地区	输出技术			吸纳技术		
	合同数（项）	成交金额（亿元）	名次	合同数（项）	成交金额（亿元）	名次
北京	50847	1579.5	全国第 1	33370	498	全国城市第 1
武汉	5310	74.1	副省级城市第 1；全国城市第 5	3789	48.6	副省级城市中第 2；全国城市第 6
广州	5289	68.3	副省级城市第 2；全国城市第 6	5252	74.3	副省级城市中第 1；全国城市第 5

6. 东湖示范区独特优势

东湖示范区光通信支柱产业位于全球产业链上游。目前，东湖示范区的支柱产业光通信掌握了行业核心技术，激光、数控系统、生物质能源、环保节能等与全球技术水平同步。华工科技研制的高精度等离子切割机和高性能激光切割机、专版定位镭射烫金膜，烽火科技的长波长半导体激光器组件，全真科技的 MD 微显技术等，在全球产业分工中居于产业链的上游。而中关村规模最大的计算机产业，尚未掌握核心技术，联想、方正、紫光等龙头企业的产品大部分是沿海富士康工厂生产的，核心部件如 CPU、存储器、主板芯片等严重依赖上游供货商，整个产业处于全球产业链中下游。

产学研结合、科技成果产业化的条件优越。东湖高新有国家级制造业基地 4 个即国家光电子产业基地、国家生物产业基地、国家地理空间信息产业基地和国家综合高技术产业基地，拥有更多科技成果产业化的载体，产学研结合基础好。中关村仅有国家新媒体产业基地和国家地理信息产业园，先进制造业缺乏，科技成果产业化载体不足，导致目前规模最大的计算机产业未掌握核心技术，整个产业处于全球产业链中下游；通信研发机构以三星等外资企业为主导，本土企业无力与跨国公司抗衡。此外，东湖示范区工业用地价格、人类资源薪酬均较中关村低，较低的商务成本也成为集聚创新创业要素的有利条件。

四、集聚动员国际国内创新要素，建设东湖示范区的建议

建设东湖示范区形势逼人、任务紧迫。国家继批复中关村、东湖高新为国家自主创新示范区（2009 年）之后，在 2011 年和 2012 年又先后批复了上海张江高科技园、合芜蚌自主创新综合试验区（原合肥、蚌埠、芜湖三个国家高新区）为国家自主创新示范区。东湖示范区本来在经济规模上就较上海张江有较大差距，现在上海张江获批成为第 3 个自主创新示范区后，较张江科技园的改革试验政策体制优势也将不复存在。此外，2012 年 9 月 21 日科技部又公布了 17 家省级高新区升级为国家高新区。至此，中国国家高新区达 105 家，国家自主创新示范区 4 家。随着越来越多的国家自主创新示范区批复，特别是上海张江及同样位于中部的合芜蚌试验区的批复，东湖高新将面对更激烈的竞争，同时已享有的国家自主创新示范区政策边际效应递减。当前，需要以更大气力集聚动员创新要素，打造内生增长的典型区域。

（一）建设世界级科学城，打造创新要素集聚的载体

按世界一流科技园区建设标准，加快建设武汉未来科技城、中华科技产业园，加快推进光谷生物城、光谷金融港、新能源环保产业园、地区空间信息等新兴产业基地建设，加快实施产业竞争力提升工程。营造一流园区环境，增强东湖示范区集聚全球要素的能力，大力吸引世界知名企业和产业巨头，在高新区建立国际化的研发中心、产品采购中心及区域总部，提升园区对创新要素的集聚能力，增强全球化资源配置能力。

推广“一区多园”、中外园区合作等模式。借鉴中新苏州工业园、中新生态城建设的国际合作模式，建立与国际一流科技园如美国硅谷、韩国大德谷、法国激光走廊、莫斯科友谊科技园等科技园区的交流与合作机制，积极探索内陆地区高新区与国外科技园国际合作、技术开发、产业集群、投资融资、城市建设等方面的机制，打造汇集全球创新要素的创新创业平台。

打造“中国光谷”园区品牌。把“中国光谷”品牌同东湖示范区的产业品牌、企

业品牌建设有机结合起来。在“中国光谷”品牌内涵中注入“世界一流高科技园区”、“国家自主创新示范区”的重要元素，扩大光谷光通信、激光、生物、软件及服务外包产业在国内外影响，提升光谷品牌影响力与美誉度，吸引国内外创新要素在东湖示范区集聚。

加快建设科技孵化平台。探索科技企业孵化器多元化投资和市场化运行机制，鼓励各方面力量建设科技企业孵化器、加速器。重点建设地球空间信息、云计算、移动互联网、生物、节能环保、新能源等一批与东湖示范区产业发展密切结合的科技企业孵化器、加速器。设立孵化器建设与发展专项资金，引导孵化器建设，加强孵化器公共服务能力提升，支持在孵企业创新发展。

积极构建协同创新平台。动员和支持高校围绕东湖示范区产业经济发展重大需求，联合科研院所、企业等各方面创新力量，有效整合创新资源，构建协同创新的新模式与新机制，积极向国家申报建设一批国家“协同创新中心”，加快中国科学院湖北产业科学技术创新与育成中心建设发展，建设一批服务于东湖示范区建设的“协同创新中心”，集聚和培养一批拔尖创新人才，取得一批重大标志性成果，成为具有重大影响的学术高地和行业产业共性技术的研发基地。

（二）创新体制机制，促进创新高端要素集聚

利用部际协调小组平台，积极主动与国家部委对接，进一步推进部省联动，建立健全跨层级联合工作机制，统筹政府资金投入和土地、人才、技术等创新资源配置，推进政策先行先试、重大科技成果产业化、科技金融改革、创新型人才服务、新技术应用推广和新产品政府采购等工作，最大限度地争取国家支持。同时密切关注中关村的发展动态，争取中关村享有的所有优惠政策。

1. 实施“研发机构引进工程”，促进知识型创新机构集聚

进一步支持光电国家实验室、国家重点实验室建设，加快建设武汉光电工业技术研究所、生物技术研究院、中美清洁能源联合研究中心等，新组建物联网工研院、智慧城市工研院等一批国际化、高水平的新型研究机构，重点发展跨国公司研究机构。

引进国内外知名大企业、科研设计机构在高新区设立总部和研发中心。结合东湖示范区战略产业发展需求进行重大目标锁定，主要引进：1)与示范区战略产业发展吻合度高的重大实验室、工程技术中心、测试中心、研究开发平台等；2）引入从事高

技术开发的应用性科研机构；3）引入国内外大公司的地区总部、研究开发中心、地区营销中心等。

探索知识型创新机构虚拟化集聚模式。建立虚拟大学科技园、产学研合作园等，通过示范区产业主体与大学、研发机构、培训机构、技术转移中心、重点实验室、标准检测认证机构等建立创新合作关系，如共建大学科技园、科研单位创新园、企业创新园、专业孵化器以及共建研发中心、技术转移中心等方式形成异地知识型创新机构在东湖示范区的虚拟化集聚。

2. 打造“知识产权”特区，促进创新技术成果集聚

打造“知识产权”特区。根据《东湖高新技术知识产权战略实施纲要》，尽快出台《知识产权特区实施方案》，积极支持企业申请国内外专利和版权保护。围绕国家高技术产业标准化战略，选择具有核心技术能力的企业进行标准化示范及推广，推动核心企业、研发机构的科技攻关、产品研发与标准化工作紧密结合。

积极参与国家科技重大专项。积极探索企业联合大学、科研所的合作研发机制，鼓励企业联合高校、科研院所和新型产业组织，承担或参与核心电子器件高端通用芯片级基础软件产品、极大规模集成电路制造装备及成套工艺、新一代宽带无线移动通信网、高档数控机床与机床制造装备、水体污染控制与治理、转基因生物新品种培育、重大新药创制等国家科技重大专项。

引入创新技术成果。重点应关注与东湖高新重大产业与战略产业相关的、列入国家科技攻关计划、国家 863 计划、重点新产品计划、国家重大科技专项、国家科技支撑计划中可以产业化的应用型科技成果。

鼓励以企业为主体产业技术创新联盟建设，新组建碳捕捉、光纤材料、多语信息处理等一批产业技术联盟，支持产业技术联盟承担国家重大专项，开展关键共性技术的合作研发，协同开拓市场。

3. 加快构筑人才高地，促进创新创业人才集聚

继续加大实施“3551 光谷人才计划”力度，在光电子信息、生物、清洁技术、现代装备制造、研发及信息服务等重点产业领域，引进一批从事国际前沿科学技术研究、带动新兴学科发展的杰出科学家和研究团队，培养引进一批熟悉国际市场、具有广泛国际联系的产业领军人才和创业团队。加大高端人才创业资金补助、个人所得税

奖励等政策优惠力度。进一步完善人才居留和出入境、住房、子女教育、医疗等方面的政策，支持海内外高层次人才到东湖示范区创新创业。

建立顺畅高效的组织保障机制。成立由武汉市、东湖示范区及组织部、人社局等组成的工作协调小组，负责对人才的引进、培养、使用进行统筹规划、协调指导和决策重大事项。完善“3551”人才引进工作目标责任制、“人才特区”建设工作信息通报制度、重点高层次人才定期回访制度等，把人才引进工作落实情况纳入责任单位年度考核范围。

建立科学规范的人才评价机制。以业绩和能力为导向，注重靠实践和贡献评价人才，建立完善科学的人才评价机制。对于政府资助的人才项目，要“科学规范、公开透明、公平公正”，严格选才标准，规范评审程序。

建立充满活力的人才激励机制。进一步加大东湖示范区“人才特区”建设专项资金扶持力度，加强高层次人才引进和培养。制定促进科技人员、大学生到光谷创新创业的优惠政策，加大留学生项目资助力度，积极推行期权、期股或技术分红。落实比照中关村执行研究开发费用加计扣除、职工教育经费税前扣除、股权激励个人所得税分期缴纳、科研项目经费分配管理改革等试点政策。加快推进部属高校下属企业、中央在汉企业开展职务科技成果股权和分红激励试点。学习借鉴硅谷创新体制机制，凝练、提升东湖示范区创新创业政策，研究制定出台在全国范围内具有影响力的鼓励创业创新政策举措。

4. 强化资本特区建设，促进创新创业资本集聚

建议在东湖示范区上市办的基础上组建金融服务局，负责示范区的科技金融创新的规划和建设；组织、推动示范区科技金融创新；为示范区金融机构服务，科技企业服务。

建立健全资金统筹机制，统筹政府各类资金使用，采取股权投资、贴息、补助等方式，重点支持示范区内的重大科技研发、成果转化项目。加大政府购买自主创新产品试点力度。设立示范区发展专项资金、支持在示范区内创新创业，建设创新环境、促进产业发展。运用科技产业投资基金和绿色产业投资紧等，支持科技成果在示范区转化。实施自主创新成果产业化专项工程，设立技术转移与科技成果转化专项引导资金，通过跟进投资和引导银行信贷、股权投资机构投资等方式，加强对东湖示范区自主创新成果产业化项目落地发展提供金融支持。

引导企业充分利用多层次资本市场。紧抓东湖高新“新三板”试点获批机遇，加快制定产业政策导向及目标，整合高新技术导向作用于地方优势产业，通过重点扶持高新企业，对接“新三板”主体与创业板，实现区域产业升级。进一步完善企业上市协调机制，对园区科技企业在国内外证券市场上市融资、发行债券、上市后再融资给予奖励。加强中心科技企业征信评级体系建设，鼓励科技型中心企业通过联合打包的方式，开展中小企业集合债券融资。完善代办股份转让系统工作。积极支持风险投资机构的发展，设立创投引导资金，以政府补贴、奖励、贴息等方式，引导境内外资本集聚参与高技术项目投资。以光谷联合产权交易所为载体，设立知识产权质押贷款贴息专项资金和专项担保基金，开展面向中部乃至全国的未上市股份公司股权交易、知识产权交易、无形资产质押融资等试点。

探索设立地方资本市场交易平台，培育发展光谷资本市场。积极培育和推动各类科技企业改制上市。扩大示范区创投引导基金规模，综合运用阶段参股、跟进投资等多种方式，吸引境内外股权投资、风险投资、创业投资机构到示范区集聚和落户，推动股权机构投资向中小成长型企业倾斜。

大力推进科技金融改革创新。支持商业银行在高新区设立面向科技型中小企业的科技支行，探索建立专门面向科技型中心企业的金融服务机构。建立专家参与的风险评估、授信尽职和奖惩制度，开展知识产权等无形资产质押贷款试点。深入开展小额贷款公司试点，建立风险投资引导、融资租赁、贷款担保风险的补偿机制。支持保险机构为科技型企业提供多层次的风险保障服务，鼓励科技型企业投保科技保险。支持科技支行及担保机构在示范区实施中小企业融资新业务。

积极推进股权激励工作。积极做好邮科院、中冶南方、华工科技等企业股权激励试点工作，积极总结科技成果入股、科技成果折股、股权奖励、股权出售、科技成果权益分成、分配权激励和股份期权激励等做法的经验，探索在东湖示范区范围内高等院校、科研院所、国有高新技术企业中推广。

5. 提升开放合作水平，集聚国际国内创新要素

推进科研活动国际化。鼓励东湖示范区高校、科研院所与“硅谷”及世界一流科研机构合作建立联合实验室或研发中心，支持国家学术组织、跨国公司和国外研发机构在东湖示范区设立总部和分支机构。支持在东湖示范区建设国际技术转移中心、国际创新园、示范型国际科技合作基地。

推进企业发展国际化。支持东湖示范区有资质企业承接国际工程项目和服务外包项目，扩大高新技术产品和服务出口。鼓励企业在海外设立研发、销售、生产网络，增强专利技术储备，参与国际标准制定，提升国际技术竞争力和话语权。鼓励企业开展跨国并购，帮助企业在跨国并购中实现技术和资本的成功整合，提高在国际市场中的地位。

着力发挥示范区辐射带动作用。积极支持东湖示范区与洪山区、江夏区进一步加强联动发展，建设大光谷板块。支持各地与东湖示范区建立战略合作关系，鼓励东湖示范区与省内其他高新区合作共建产业园，开展技术创新、人才交流、项目合作。发挥东湖示范区在“中三角”区域自主创新龙头作用，建立健全东湖示范区与“中三角”区域主要城市间的创新发展合作机制，促进东湖示范区技术、产品、服务、品牌和模式输出。进一步探索推广东湖示范区大学科技园和孵化器等对全国辐射作用，支持推动东湖示范区科技创新成果向全国转移和产业化。

（三）推进公共服务，形成要素集聚动员的良好环境

加强东湖示范区技术转移服务体系建设，深化科技成果转化信息数据平台建设，健全创新成果的发现、跟踪和筛选机制，搭建科技成果信息的供需对接平台。

加快公共技术服务和信息情报平台建设。加快建设国家光电子产品检测中心、软件开发与测试、光电子企业信息协作、集成电路设计、大型仪器共享等平台建设，为企业自主创新、产品研发及交流合作提供开放式服务，为创新要素集聚动员提供良好的平台资源。支持示范区内的企业高等院校、科研院所等创新创业主体开展标准创新，参与创制地方标准、行业标准、国家标准和国际标准，成立标准联盟，加强与国内外标准化组织的战略合作，推动技术标准的产业化应用，促进创新产品开发。将符合条件的示范区创新创业主体的创新产品纳入本市自主创新产品目录，并推荐纳入国家自主创新产品目录。

加快创新中介服务体系建设。制度出台支持中介服务机构发展的优惠政策，积极发展技术专利代理机构、鉴定机构、风险投资机构、信息与咨询公司、会计师事务所、法律事务所等专业中介服务机构，构建完善的中介服务体系，促进创新要素的集聚、互动、对接。

全面开展信用评级及服务体系建设，建设完备的社会信用体系。建立以道德为支撑、产权为基础、法律为保障的社会信用制度，形成示范区区诚实守信、平等有序竞争合作的良好氛围。

建议编制发布“东湖指数”和《东湖示范区自主创新年鉴》。借鉴美国硅谷指数、中关村指数的编制思想和方法，结合东湖示范区实际，编制包括创新创业企业、产业发展、创新能力、创新创业环境等方面指标体系的“东湖指数”，一方面监测东湖示范区发展状态和趋势，一方面向国际国内展示东湖示范区创新能力，引导全球高端要素资源集聚。学习中关村编制《东湖示范区自主创新年鉴》，总结展示东湖示范区发展中的好做法、好经验，便于其他园区学习借鉴，同时增进国际国内对东湖示范区的认识、了解。

附件1：新增长理论及创新理论

20世纪80年代中后期，经济学家罗默（P.Romer）和卢卡斯（R.Lucas）等人，在对新古典增长模型反思的基础上，形成了新增长理论，也称内生增长理论。新增长理论的核心思想是：经济能够不依赖外力推动实现持续增长，内生的技术进步是保证经济持续增长的决定因素。新增长理论的主要观点包括：1）技术进步内生化。所谓“内生化”指知识或技术不是来自经济体系外部的、某种随机、偶然的东西，而是如同资本、劳动一样是一种生产要素，是经济体系“内生”的，源于厂商利润极大化的投资决策与行为。新知识、新技术一方面应用于中间产品，通过提高中间产品数量和质量提高最终产品产出，另一方面会通过外溢效应提高人力资本生产率，实现经济长期增长。“干中学”、分工提高劳动效率，都说明了技术“内生”；2）知识和人力资本规模收益递增。由于知识具有正外部性，这种外溢效应不仅使知识本身形成递增收益，而且使物质资本、劳动等其他要素也具有递增收益，从而导致经济持续增长；3）一国的经济增长主要取决于知识积累、技术进步和人力资本水平。由于资本、土地、劳动等要素受收益递减规律的制约，决定一国经济增长的主要因素是内生化的知识积累和专业化的人力资本水平，知识存量越大，投资与资本收益率越高，经济增长率越大；4）对外开放和知识的国际流动是一国实现持续增长的重要途径。参与国际贸易可以加速先进技术、知识和人力资本在全球范围内的传递与积累，从而提高贸易双方的总产出和经济增长率，尤其对于发展中国家，可以学习吸收发达国家先进技术，加快科技、知识和人力资本积累，形成“后发优势”；5）政府政策、服务等公共物品对经济增长有非常重要的作用，是“增长的催化剂”。知识、技术、人力资本等经济增长的内生变量对政府政策非常敏感，因此，国家提供公共产品和服务的政策对经济增长有重要的作用，政府应着力出台促进知识与技术创新的各种政策或组合，如基础设施建设、产权保护、教育投入、基础研发投入等。

评价：新增长理论强调了技术进步是经济持续增长的源泉和动力，为区域经济发展提供了新思路，也为政府制定公共政策提供了理论依据。我国当前已进入经济增长驱动力转型的重大历史时刻，作为国家自主创新战略基点的国家高新区的发展，应该转变以招商引资、土地开发、优惠政策为主的外延式发展思路，积极探索以追求知识创新、技术进步和人力资本积累的内生式增长模式，发挥其在推进创新型国家建设、探索中国特色自主创新道路中的示范作用。同时，高新区科技资源最密集、产业发展基础好，本身也最有条件建设成内生式增长的典型区域，探索“新经济”模式和道路。

熊彼特（1912 年）在其著作《经济发展概论》中首次提出并使用了“创新”的概念。熊彼特提出创新是经济增长最重要的驱动力。所谓创新就是要“建立一种新的生产函数”，即“生产要素的重新组合”，就是要把一种从来没有的关于生产要素和生产条件的“新组合”引进生产体系中去，以实现对生产要素或生产条件的“新组合”。熊彼特进一步明确指出“创新”的 5 种情况：1）采用一种新的产品，也就是消费者还不熟悉的全新产品或产品具有新特性；2）采用一种新的生产方法，也就是在制造部门中尚未通过经验检定的方法；3）开辟一个新的市场，就是有关国家的某一制造部门以前不曾进入的市场，不管这个市场以前是否存在过；4）掠取或控制原材料或半制成品的一种新的供应来源；5）实现任何一种工业新的组织形式，比如造成一种垄断地位（如“托拉斯”）或打破一种垄断地位。后人将其归纳为产品创新、技术创新、市场创新、资源配置创新、组织创新5 种创新形式。其后，熊彼特的追随者对创新进行了规范和实证研究，形成了两条研究路线：一是技术创新论，二是制度创新论。

区域创新系统理论指出技术创新不是一个孤立的行为，“要依赖许多其他相关活动，如教育、培训、设计、质量控制等”。区域创新系统是由区域生产中的合作者组成的互动的、动态的结构，“公私部门的机构组成的网络，他们相互作用，促进、扩散了各种新技术”。区域创新系统理论的基本思想：1)创新包括技术创新和制度创新，他们的互动决定区域经济增长；2）区域生产企业、研发机构形成创新网络，知识在以生产企业为中心的网络系统中得到运用和融合；3）区域社会人文环境影响创新主体和要素在地域空间上的集聚。

评价：区域创新系统理论揭示了创新要素在区域集聚与相互作用机制。在某一区域内，知识、信息、人才等要素在以创新型企业为主体，大学、科研机构、中介服务机构、政府交互作用形成的网络中流动，形成结构完整、功能完善的创新系统，可极大提升高区域的创新效率和创新能力。高新区创新主体与创新要素密集，本身是一个区域创新系统。以区域创新系统理论指导高新区建设，可以有力促进高新区创新要素集聚能力、创新资源配置能力、创新主体互动能力、创新网络构建能力、创新成果产出能力，全面提升高新区的自主创新能力。

附件 2：东湖示范区与其他高新区相关指标比较

附表 1　全国 12 家国家高新区指标比较（2009 年数据）

高新区	企业数	从业人员（万）	企业总收入（亿）	净利润（亿）	工业总产值（亿）	工业增加值（亿）
北京	16948	109.7	12995	957	4193	751
上海	1403	30.9	4867	299	3374	638
西安	3471	27.5	3137	147	2016	642
深圳	399	27.3	2669	148	2551	599
广州	1751	29.2	2666	120	1882	467
无锡	1075	26.3	2509	129	2506	579
南京	253	14.9	2390	113	2256	451
天津	2779	24.8	2322	182	1568	407
成都	1398	22.7	2271	147	2090	606
武汉	2194	29.6	2261	132	1975	667
苏州	1022	25	2002	94	1859	469
长春	885	10.7	1947	174	1900	469
全国合计	53692	810.5	78706.9	4465.4	61151.4	15416.7

资料来源：中国火炬统计年鉴 2010

附表 2　全国 12 家国家高新区指标比较（2010 年数据）

高新区	企业数	从业人员（万）	企业总收入（亿）	工业总产值（亿）	工业增加值（亿）
北京	15720	115.8	15938.67	4988	863.2
上海	1108	33.05	5805.54	3772.19	798.68
西安	2129	24.62	3505.97	2530.03	804.97
广州	1929	33.46	3413.8	2689.45	665.28
苏州	1565	27.49	3141.5	2954.5	739.63
深圳	505	29.85	3117.07	3021.13	801.23
无锡	1021	28.12	3039.24	3020.08	677.09

天津	3463	28.56	3016.42	1845.07	404.74
武汉	2468	32.88	2926.14	2508.78	860.33
成都	1420	26.06	2860.63	2682.79	791.94
长春	884	12.16	2802.62	2732.42	660.49
南京	260	15.28	2776.88	2682.01	492.97
全国合计	51764	859	97180.9	75750.27	19271.73

资料来源：中国火炬统计年鉴2011

附表3　北京及武汉国家技术转移示范机构名单

北京	清华大学国家技术转移中心、北京大学科技开发部、北京科大恒兴高技术有限公司、中科院自动化所技术转移中心、先进制造北京技术转移中心、科威国际技术转移公司、中科院北京国家技术转移中心、中国钢研科技集团公司市场部、中材集团研发中心、机械科学研究总院先进制造技术研究中心、中国兵器工业集团技术推广研究所、中国航天系统工程公司、北京华创中国医药科技成果转化中心、中国中医药科技开发交流中心、中国农科院技术转移中心、北京中农博乐、北京中科前方科技、北京产权交易所、北京技术交易促进中心、
武汉	武汉大学技术转移中心、华中科技大学国家技术转移中心、中钢安环院技术推广中心、湖北中科博策新材料研究院、武汉光谷联合产权交易所、湖北技术交易所、武汉科技成果转化服务中心

附表4　北京中关村及武汉东湖国家大学科技园名单

北京	清华大学国家大学科技园、北京大学国家大学科技园、北京航空航天大学国家大学科技园、北京理工大学国家大学科技园、北京邮电大学国家大学科技园、北师大-北中医国家大学科技园、北京化工大学国家大学科技园、北京科技大学国家大学科技园、北京工业大学国家大学科技园、人大文化科技园、农大国家大学科技园、北京交通大学国家大学科技园、华北电力大学国家大学科技园、中国矿业大学国家大学科技园
武汉	东湖高新国家大学科技园、华中科技大学国家科技园、武汉大学国家大学科技园

附件 3：部分文件政策

武汉东湖示范区建设“人才特区”、“资本特区”及促进科技成果转化的部分文件见下表

时间	文件名	主要内容
2009 年 12 月 8 日	《国务院关于同意支持东湖新技术产业开发区建设国家自主创新示范区的批复》（国函[2009]144 号）	适用中关村的有关政策，如股权激励试点、科技金融改革创新、新型产业组织参与国家重大科技项目、研究支持东湖示范区的税收政策；支持省市对东湖高新的政府采购政策；成立部际协调小组解决开发区建设中的重大问题。
2009 年 12 月	《省人民政府转发国务院关于同意支持东湖新技术产业开发区建设国家自主创新示范区批复的通知》（鄂政发[2009]62 号）	省直部门全力支持，进一步推进部省联动，在政策、资金、项目安排上向东湖高新倾斜。
2009 年 12 月	《中共武汉市委、市政府关于全力推进武汉东湖国家自主创新示范区建设的决定》（武发〔2009〕14 号）	
2009 年 2 月	《中共武汉市委、武汉市人民政府关于在武汉东湖新技术产业开发区建设“人才特区”的若干意见》（武发[2009]3 号）	实施“3551 人才计划”，在光电子信息产业、生物产业、清洁技术产业、现代装备制造业、研发及信息服务业 5 大产业，引进和培养 50 名左右掌握国际领先技术、引领产业发展的科技领军人才，1000 名左右在新兴产业领域内从事科技创新、成果转化的高层次人才

2010 年 6 月 17 日	《东湖国家自主创新示范区企业股权和分红激励实施办法》及《工作细则》	“东湖版”企业激励方案 明确股权奖励和股权出售的激励对象；规定了股权激励、分红激励、绩效奖励和增值权奖励 4 种激励方式；明确了试点企业标准。
2011 年 6 月	《武汉市人民政府关于支持武汉东湖新技术开发区打造资本特区的意见》武政办[2011]44 号	引进金融机构总部；鼓励金融机构向资本特区中小高新企业贷款、投资、融资担保、科技保险等业务。
2011 年 6 月	《武汉市人民政府关于促进资本特区股权投资产业发展实施办法》武政办[2011]110 号	
2011 年 6 月	《武汉市人民政府关于促进资本特区融资租赁业务发展实施办法》武政办[2011]111 号	
2012 年 6 月	《关于加快构筑国际性人才高地的若干意见》武发[2012]12 号	形成“1+9”人才工作系列文件
2012 年 3 月	《国务院关于东湖国家自主创新示范区发展规划（2011-2020 年）的批复》（国函〔2012〕21 号）	
2012 年 9 月	《促进东湖国家自主创新示范区科技成果转化体制机制创新若干意见》	黄金十条

（执笔人：顾晓焱）

武汉农村资源资本化研究

内容提要：根据发展经济学的观点，欠发达国家或地区的发展过程，其实质是资源资本化的过程。那么可以说农村地区的发展过程，实质上是农村资源资本化的过程。资本化是任何把资产凭其收益转换成资产的现期市场交换价值的过程，或者说通过对资源、资产进行运作能够给产权所有者带来收入的方式都是资本化。

从现有的研究文献看，关于农村资源资本化的研究并不多，对农村资源的界定笼统、宽泛，缺乏系统性。笔者认为，作为资本化对象的农村资源，应该是隶属于农村的内部资源，并从形态上和产权归属上进行了划分。笔者强调国家及地方政府对农业的支持政策是农村资源资本化的桥梁和加速器。农业科技和信息资源是农村资源资本化的配合性和辅助性资源。外部社会资本进入农村实施投资开发和管理，则已经是农村资源资本化的实施。农村资源资本化按照农村资源所有者的收益程度和外部资本的参与程度可分为初级、中级和高级三个阶段。

推进农村资源资本化是进一步完善社会主义市场经济体制的必然选择，它有利于农村市场主体的完整性、有利于农村商品经济的发展和完善社会主义市场经济法规法律、有利于打破城乡“二元”结构，形成城乡一体化的市场经济体制格局。推进农村资源资本化是破解当前农村发展难题的战略性举措，它有利于破解新形势下农村发展投入乏力的难题、新形势下农民持续增收的难题和农村集体经济组织运行机制不活的难题。

国外农村资源资本化最具代表性的是美国联邦土地银行。国内则存在农村土地股份合作制模式、农村土地信用合作社模式、农村土地资金互助合作社模式、农村“土地合作社+土地产权交易所+金融机构融资”模式。武汉的以农村综合产权交易为纽带的农村资源资本化模式相对而言，在整体上范围更广、更规范。一是拥有完备的服务网络体系和相对广泛的交易种类；二是拥有规范的农村产权交易管理和相对全面的服务；三是拥有定期的产权交易价格发布机制，有效缓解了农村产权交易市场价格信息不对称问题；四是拥有规范的可持续性的抵押贷款管理制度，且融资抵押物的范围也在不断扩展。

国家农村改革试验区落户武汉对推进农村资源资本化意义重大。以全市这样一个大的范围为试验区，反映了中央对武汉自2009年探索农村土地产权交易经验的肯定，以及对武汉在控制农村产权交易及相关的金融风险控制能力的认可。从国家层面而言，武汉农村综合产权交易中心及以此为基础的农村金融创新、农村资源资本化探索是相对比较规范和先进的阶段，国家对武汉在农村产权制度改革、农村资源资本化推进方面抱有很大的期许。

武汉应拓宽农村资源资本化的思路，在现有基础上发展资源或资产股份化、合作化等多元途径，推进农村资源与资本市场的结合，提高农户的股权收益，增加其财产性收入。第一，要立足实际与未来发展趋势，归纳出农业资源资本化的类别或形式，明确农业资源资本化进程的方向。包括以产权为纽带，通过产权资本化，实现农业资源资本化；以资金为纽带，通过与金融平台的结合，实现农业资源资本化；以产品为纽带，通过农业要素市场，实现农业资源资本化；以人才智力为纽带，通过无形资产经营，实现农业资源资本化。第二，根据农村城镇化、工业化、产业化、新农村建设同步推进的战略，制定农村资源资本化推进的方略。包括全面开展农村产权确权登记颁证工作；，建立农村资产资源评估体系，对农村资源、资产形成科学合理的价值评估；健全农村产权交易市场，建立农村产权登记查询信息库；扩大农村产权抵押贷款业务，加强农业资源资本化的金融支持和风险控制；加快建立农业要素交易市场，强化农业投融资平台对农村资源资本化的引导作用，等等。

随着中国经济体制改革不断深入，如何深化农村经济体制改革，突破农村经济发展瓶颈，打破城乡“二元”结构，促进城乡和谐发展已成为中国经济体制改革的重点和难点。党的第十七届三中全会通过了《中共中央关于推进农村改革发展若干重大问题的决定》，为中国今后一段时期的农村经济体制改革指明了方向，武汉市作为“两型”社会综合改革试验区和全国农村改革试验区，各个方面都被赋予更多的先行先试空间，尤其是全国农村改革试验区赋予了武汉探索农村产权制度改革试验的重大使命，武汉应紧抓改革试验机遇，以实现好、维护好、发展好农民的根本利益为目标，以农村土地产权制度改革为核心，加快全市农村产权改革步伐，以农村资源资本化，帮助农民增加财产性收入，推动农村经济又快又好发展。

农村资源资本化改革就是用现代资本市场理念，实现农村资源转变为农村资本的过程。农村资源资本化问题是当前深化农村改革，推进现代农业发展重大课题，加快农村资源资本化进程对发展现代农业，增加农民财产性收入，扩大内需，拉动消费，构建和谐社会都具有重要的现实意义。

（一）对农村资源资本化的理解和界定

帮助农民认识自身所拥有的资源，对存在于农村地区所拥有的和可开发利用的各类资源进行重组协调、挖掘开发、优化激活，并将之转化为资本，是实现资源效益的最大化、有效推动农村经济发展的持续动力，是建设社会主义新农村的重要手段和方式。

1. 农村资源分类的相关研究

一般意义上的农村资源仅指特定的农村范围内蕴藏的各种类型的资源，即农村的自然资源、人力资源和加工资源。在 2005 年国家提出“新农村建设”前后，学术界掀起了一股关于农村资源整合、农村资源资本化相关研究的热潮，对“农村资源”内涵的界定则根据其研究的侧重点不同也存在着明显的差异。一是从新农村建设的外哺力和内发力的视角把农村资源划分为内部资源和外部资源，农村内部资源即本土资源，是立足农村本土基础之上的内生力量、内在机制以及乡村社会资本等；农村外部资源包括政府治理手段及各种政策支持。二是从新农村建设的载体出发，把农村资源界定为党和政府领导农民群众进行社会主义新农村建设中所拥有或能够为其所用的资源，包括自然和社会的资源，现实和潜在的资源，硬的和软的资源。

上述两种表述有点过于抽象，也有一些研究将农村资源进行了具体直观的分类：一是从经济资源的角度来划分农村的资源，可分为劳动力资源、劳动手段（劳动工具）资源、劳动对象（土地）、资本、技术等。二是按照资源的形态分类，可分为有形资源和无形资源。有形资源即实体性资源或物质性资源，包括各种农村自然资源和生产性资源，如土地、水、水利等；无形资源包括既有的和潜在的知识性和文化性资源，比如劳动者的智力素质技能、技术、传统风俗文化、治理经验等。三是从农村社会结构的视角分类，可分为农村政治资源、经济资源、社会资源、文化资源。四是按资源的来源分类，可分为外部资源和内部资源。内部资源主要包括人力资源、土地资源、信息资源、文化资源、闲置的农村资金等，外部资源主要是企业的投入和政府的支持，包括资金的投入和政策的优惠。

从现有的研究文献看，关于农村资源资本化的研究并不多，对农村资源的界定笼统、宽泛，缺乏系统性。有的学者，如马华和王守智（2007 年）、吕小莉和文亚西（2011 年）等等，把政府对农业的政策、支农投入，以及外部社会资本对农村的投入、农业科技、信息等都囊括到农村资源中，甚至将其作为农村资源资本化的对象，笔者认为是有失偏颇的。在下文对农村资源资本化的内涵进行分析后，笔者将对可资本化的农村资源进行分类总结。

2.农村资源资本化的涵义

马克思在《资本论》中提出：资本是能够带来剩余价值的价值，包括货币资本和实物资本。资本化的生产在一定程度上可以带来收益的最大化。在此，我们将资源或资产资本化带来的收入是不是剩余价值的问题搁置，而是强调资本化(Capitalization)是任何把资产凭其收益转换成资产的现期市场交换价值的过程，或者说通过对资源、资产进行运作能够给产权所有者带来收入的方式都是资本化。根据发展经济学的观点，欠发达国家或地区的发展过程，其实质是资源资本化的过程。那么可以说农村地区的发展过程，实质上是农村资源资本化的过程。

从一般意义上来讲，资源资本化有一个从资源资产化再到资产资本化的过程。农村资源资本化也应该是先有农村资源资产化，再有农村资产资本化。资产，是所权有人（自然人和法人）拥有和控制的能够用货币计量，并能够给所有权人带来收益的经济资源。农村资产可分为有形资产和无形资产，如房屋、土地以及附属在土地上的各种生产资料（山林、农场、农作物以及饲养物等）为有形资产，承包权、经营权、专利权等为无形资产。资本，是指所有权明确，其所有权人在一定时期内对它们持有、使用或者处置，可以从中获得经济利益的那部分资产。从现代经济学的角度来讲，资本是能够带来增值的价值，泛指一切投入再生产过程的有形资本、无形资本、金融资本和人力资本。资源、资产、资本三者的关系简而言之，“资源”强调的是自然属性，是实物量；“资产”强调的是经济属性，是资源的价值，即资源的货币化；“资本”是流动的资产，其实质是所有权、使用权的资本化。

综上所述，作为资本化对象的农村资源，应该是隶属于农村的内部资源。从形态上讲，包括土地（承包地、集体建设用地、集体未利用土地等）、湖泊、林地、山地、人力资源、集体闲置的资产或资金、甚至农户家庭闲置的资金，从产权归属上讲，包括属于农户家庭的资产（土地承包经营权、房屋、固定资产、货币资产等），属于农村集体的资产（土地所有权、公共生产设备、村办企业等），以及为村民、村庄共同所有农业生态资源，以及历史文化、风俗、治理经验等无形资源。国家及地方政府对农业的支持政策对农村资源资本化能够起到促进作用，是农村资源资本化的桥梁和加速器。农业科技和信息资源是农村资源资本化的配合性和辅助性资源，能够提高农村资源资产化的效率。外部社会资本进入农村实施投资开发和管理，则已经是农村资源资本化的实施。一般的投资进行农业产业化经营或资源的开发，是农村资源资本化的初级阶段；以农村资源为基础进行产权划分、股份化合作经营，是农村资源资本化的中级阶段；以农村资源开发经营为基础对外融资（包括抵押、担保等间接融资融资，发行股票、债券等直接融资），实行集团化经营或金融性资本运营，是农村资源资本化的高级阶段。

3. 我国农村资源资本化的阶段性分析

我国农村资源资本化改革经历了农村资源资产化、农村资产资本化两个阶段。第一阶段是通过农村家庭联产承包责任制改革，“包产到户”，把农村资源转化为农村资产。始于1978年的农村家庭联产承包责任经营制度实施，使农民拥有了种植自主权，将以粮食种植业为主，逐步调整为增加各种地方特色经济作物的、多样化的农业种植。20世纪90年代以后，土地经营权自主流转逐步放开，农民通过承包地经营权出租，外出务工、经商等方式获取收入。这阶段主要特点表现为：土地条块分割、农田水利等基础设施建设相对滞后，农业经营业主不愿意进行根本性的长期投入，农户收益虽相对稳定，但收益率低，纯粹依靠土地增收的难度大，农村资源资本化程度很低。

第二阶段是通过政府引导或主导，转变农村经营合作方式，逐渐把农村资产转化为农村资本。在上世纪90年代中后期，全国农村区域各种形式的生产经营组织创新不断涌现，包括以生产、加工、销售为纽带的各类专业合作社，“公司+农户”、“公司+生产基地+农户”、“公司+专业合作社+农户”、大户带小户、“经纪人+农户”等合作经营模式，使得农村地区农业资源得到了加速开发，推进了农业资源资本化进程和农业产业化进程，对农村经济的发展、农业结构的调整和农民生活的改善产生了多方面的影响。

然而，无论是农民自发经营阶段，还是现代农村经济合作组织运营下的农村资源运作阶段，都存在农村资源资产产权不明晰问题，这在很大程度上阻碍了农村资源资本化的深化发展。目前农村资源资本化的重点在于农村资产资本化，即在农村资产在产权明晰的基础上，通过适当的金融中介或产权交易中介，进行抵押融资或转换为各种经济组织股权的过程。其经济学本质在于将处于固化的、无收益或低收益的资产，转换为有收益或高收益的股权资本。农村资产资本化的目的是盘活农村资产，终极目标是经过融资功能使资产转化为货币资本，自由进入投资市场。如何在现有土地制度和农业经营体制下，进一步推动农村资源资本化，帮助农民增加财产性收入，需要进一步试验、探索和改革。在本文的第三部分，笔者将对目前国内的关于农村资源资本化的经典模式进行总结归纳。

（二）推进农村资源资本化是完善社会主义市场经济、破解农村发展难题的必然举措

1. 农村资源资本化是进一步完善社会主义市场经济体制的必然选择

中国30多年的主体化、市场化取向改革成效显著，社会主义市场经济体制基本建立，农村也基本上实现了由生存型向发展型、由计划型向市场型、由封闭型向开放型的历史性跨越。但农村资源资本化程度不高，在一定程度上使得农村市场主体的不完整，也导致社会主义市场经济在农村地区尚存在一定的缺陷。

第一，推进农村资源资本化有利于农村市场主体的完整性。一个健全的市场经济体制，必定有一个完整的市场主体。一个完整的市场主体，必须在权利与义务对等的前提下具备3个基本条件：一是对市场供求具有认知能力，从而能够以“理性经济人”的态度做出合理的经营决策；二是具有参与市场的资本，包括物质资本（如土地等资源性生产要素）或非物质资本（如知识、技术等生产要素）；三是具有对自己所拥有的参与市场经济活动的资本进行处置的权利。这三个条件决定着市场主体参与市场活动的规模与成效。前两个条件是通过市场主体自己的努力或自身禀赋来实现的。第三个条件则是完全取决于制度的供给与否。在当前的社会主义市场经济体制下，农村市场主体被赋予了一定的资产处置权，但不完整。农村土地是最为典型的代表。农村集体经济组织作为集体土地的所有者，但却没有依法处置土地的权利，甚至在符合土地利用规划的情况下，也被剥夺了对自己土地的开发利用与经营权，近年来所谓的“小产权房”就是这种制度缺陷的恶果。推进农村资源资本化，加快农村资源的产权明晰和资产化、市场化，将有利于农村市场主体的完整性，从而完善社会主义市场经济体制。

第二，推进农村资源资本化有利于农村商品经济的发展和完善社会主义市场经济法规法律。市场经济是以商品经济为前提的，而商品经济的发展则以资源的商品化、生产要素或资产的商品化以及这些商品的流通和交换为基础。因此，没有商品化就没有商品经济，没有成熟的商品经济，就没有完善的市场经济。改革开放30多年，市场经济改革进程也已有20多年，为推进社会主义市场经济体制的完善，对许多法规法律进行了修改，甚至颁布实施了《物权法》。但是在促进农村资源资本化方面却没有实质性的进展，特别是土地管理法和有关农村财产的法律规定，把农村土地仅仅作为一种资源，而不是商品，基本上不允许流动；农民的资产——如房产、宅基地以及

其他一些设施，也仅仅是作为一种资产，而不是商品，也基本上不允许流动；把农民的劳动能力也仅仅作为资源，虽然允许流动，甚至是鼓励流动，但却是以一套非商品化、非市场化的制度组合——流动的廉价劳动力与固化的土地制度、户籍制度、居住制度、财产制度（尤其是固化的农民房产制度）等“把根留住”了，形成了又一个中国特色——农民工。可以认为农村的资源资本化程度低，是源于计划经济时代的法规法律限制农村发展商品经济的结果。

第三，推进农村资源资本化有利于打破城乡“二元”结构，形成城乡一体化的市场经济体制格局。市场经济是人类文明的共同成果，市场经济的一般原理适合于任何一种社会制度的国家。纵观世界市场经济发展的历史，经济发展区域化、全球化是一个基本趋势。之所以有这样的趋势，正是市场经济理论的普适性原则的作用。而在我国，长期存在着城乡分割的市场机制，表现之一是，同一市场主体由于其户籍不同，对其所拥有的资产处置权的不同，城市居民的房产连同其土地使用权可以有产权证，可以抵押而获得金融机构的贷款，可以在房地产市场上自由交易；而农村居民相对应的则是三个不可以；表现之二是，同一市场主体由于其所有制不同，城市国有企业或国有部门可以将自己所拥有的国有土地使用权抵押以获得金融机构的贷款或融资，可以在自己所拥有的国有土地上进行非农产业的开发甚至是房地产业的开发，可以在土地交易市场上处置其所拥有的土地，并获得收入；而农村集体土地的所有者相对应的则也是三个不可以。类似这样的制度安排还有很多。

残缺的市场主体、非商品经济的法规制度取向、不平等的市场主体地位是当前农村乃至整个国家市场经济体制的重大缺陷。近年来，中央虽然提出了“多予少取放活”的方针、“城乡统筹发展”的方略、“工业反哺农业，城市支持农村”的举措，加大了对农村的投入、农民的扶持、农业的补贴，取得了一些成效，但是并没有从根本上遏制城乡差别的扩大。关键在于没有动摇造成城乡差别的上述制度基础。这也是中国社会主义市场经济体制完善的方向，而最迫切的就是从理论上、法律法规上、制度上消除对农村资源资本化的限制。

2. 农村资源资本化，是破解当前农村发展难题的战略性举措

人力资本、科技资本和金融资本三大要素是推进农村发展的动力。中国农村的第一次改革就是从解决劳动者的积极性入手，对经营方式、分配方式进行政策性调整，促进了农村生产力的发展。在新的发展阶段，推进农村的发展，在制度层面上就是加快农村资源资本化进程，激活内部资本，引入外部资本，为农村发展提供更多的货币资本支持。

第一，推进农村资源资本化有利于破解新形势下农村发展投入乏力的难题。目前我国农村的发展已经进入了一个新阶段，突出的标志就是正在从生存型向发展型过渡。而在这个新的发展阶段，需要大量的金融资本投入来实现农村经济社会发展蜕变。但目前农村金融资本的投入远远不能满足发展的需要。其原因，一是农村金融机构的商业化使其对农村的资金投放大量减少；二是政策性银行信贷支持范围有限；三是外资基本上投在大中城市，乡镇、村很少有外资进入；四是国家财政对农村的投入从规模上看有很大增长，但是从比重上看仍然不高，并且大部分投在农业产业化发展上。最为关键的是，目前的制度不允许集体建设用地以及农民的宅基地、房产、土地经营权等进行抵押以获取金融机构的贷款。从农村内部讲，农村的集体土地资源只有变为国家资源才能资本化、市场化，而这个过程中农民、农村集体经济组织被排除在外，土地变为资本的收入大部分被政府和开发商拿走了。这样，外部资金难以进入，内部资本难以激活，造成了农村发展的资金瓶颈。解决办法，除了从政策上加大财政投入、引导商业银行扩大信贷规模外，最有效、最直接的办法就是推进农村资源资本化，向资源要投入。从法律法规上破冰，赋予农民、农村集体经济组织土地开发权、资产经营权，将会给农村的发展注入不可估量的投入，从而促进农村更快发展。

第二，推进农村资源资本化有利于破解新形势下农民持续增收的难题。当前中国“三农”问题的核心是农民问题，而农民问题的核心是收入问题。无论是后金融危机背景下的扩大内需的现实问题，还是实现全面小康社会的战略目标，农村、农民既是潜在的空间，也是难点和关键点。占全国人口70%左右的农民的收入水平上不去，扩大内需就是一句空话。在当前城乡居民收入差距3.13∶1的情况下，全面小康社会的目标还很难达到。怎样提高农民收入？从收入来源看，一是家庭经营性收入，这需要大幅度提高农民的创业能力，而缺乏创业资金是一个难题；二是工资性收入，这需要将农业领域里大量的剩余劳动力转移出去，并且逐步提高工资标准；三是转移性收入，这需要公共财政对农村更多地投入；四是财产性收入，这需要将农村资源资本化，建立农村产权市场。在这四个来源中，创业性的家庭经营收入和财产性收入是农民自主性的收入。分析农民人均纯收入排在全国前列省市的结构，这两项收入的比重都比较高，而且增长速度比较快。其意义在于这些地区，农村的市场化程度比较高，农村资源资本化程度也相对较高。这说明农村资源资本化促进了农民自主创业，增加了农民收入，加速了农村工业化、城市化进程，也加速改变了农民的生活方式，对于构建平等的公民社会也起到了推动作用。

第三，推进农村资源资本化有利于破解农村集体经济组织运行机制不活的难题。我国农村集体经济诞生在计划经济体制下，改革之初的乡镇企业发展使农村集体经济繁荣一时。在计划经济向市场经济转轨的过程中，大部分集体性质的乡镇企业转制为个体私营或民营企业，但仍有相当一部分集体性质的乡镇企业保留了下来，其中部分企业得到了很大发展，有的进行了股份化、公司化改革，但绝大多数乡镇企业逐渐没落。总体上看，集体土地资源、房产资源、企业资源乃至货币资本等被固化，商品化、市场化的程度低，集体经济组织成员与集体资产联系不紧密，农村集体经济目前存在的产权主体模糊或不到位、运行机制不适应市场经济体制要求、资产收益率低甚至流失等问题仍然严重存在。加快农村资源资本化进程，就可以从体制上促进集体经济组织建立现代产权制度和现代企业制度，从而更好地推进集体经济的发展，并确保和扩大农民与集体经济组织的合法权益。

（三）农村资源资本化的模式以及武汉农村资源资本化的探索创新

从现有关于农村资源资本化的研究文献来看，主要分为这样几类，一是土地资源，包括农用地和建设用地；二是人力资源，主要是农村劳动力，这类研究往往和农村劳动力转移混为一谈；三是文化旅游资源，以案例介绍为主；四是绿色生态资源，还处于概念的探讨阶段。国内关于农村资源资本化的研究、实践与创新的主要对象是农村土地，因为土地是一切其他资源的基础，土地资源对于农村而言具有必然性，而其他资源可能是具有选择性。农村资源或资产以土地和土地上的附属物为主，尤其是在我国现行的法律制度框架下，农村资源或资产资本化的基础是土地（使用权）资本化。本文也将以土地资源资产为讨论对象，探讨农村资源资本化问题。

1.国内外农村资源资本化的模式探索

美欧国家在扶持农业发展的过程中，主要以“土地银行”的模式实现土地的资本化。如，世界最早的土地银行——德国的“土地抵押信用合作社”，法国的“土地信贷银行”，美国的联邦土地银行、瑞典土地银行、韩国的“土地开发社”等，经过多年的资本化发作，它们已经形成了较为完备的资本化市场体系，规范的资本化运营方式，发达的资本化中介组织。其中，土地资本化最具代表性的是美国和瑞士。以美国联邦土地银行为例，美国 12 个农业信用区都设有联邦土地银行，是土地金融体系的主体。主要任务是发行农地抵押债券并负责偿本付息，发放土地抵押的长期贷款，清理与接受债务人抵押的土地，接受农民在基层合作社的存款，买卖联邦政府债券等。

农业贷款合作社是由借款农民所组成的团体，也是联邦土地银行的基层组织，在农民与联邦土地银行之间起到桥梁作用，直接面向农户办理各项贷款。借款人为筹措购买土地、水利建设等项目资金申请贷款时，首先向合作社提交贷款申请，并附交借款抵押品所有权状，经合作社审核同意后上报联邦土地银行,认可后方能放贷。借款额不能超过抵押土地价格的65%，还款期限为3年—40年。美国土地资本化最显著的特征是农地抵押贷款。银行体制与合作社体制的结合有利于资金的筹集和业务的开展，其延伸到乡镇的众多分支机构，比较适用于我国农村人口比例大，分布广泛的国情。

但我国的土地制度与美欧私有化的土地制度有着本质区别，我国的农村土地资本化围绕土地所有权展开，主要有以下几种：

一是农村土地股份合作制模式。典型代表是广州佛山。20世纪90年代初期，佛山市南海区有几个村开始尝试用集体土地股份制来替代原来的农户分户承包制。基本做法：一是把全村土地集中起来，实施统一规划，把土地划分为农田保护区、经济发展区和商住区，由行政村或村民小组为主体进行管理和经营，以土地或厂房出租给企业；二是将集体土地、财产和农民承包经营权折算成股份，再分配给村民，村民按股权比例分红。这样的创新举措，在不改变土地所有权性质的前提下，打破了国家统一征地垄断农地非农化的格局，将农民的土地承包权变成股份分红权，既保留了家庭承包制的本质，又将农民的土地收益权延伸到了土地非农化过程。农民不仅获得土地使用权的收益，而且还获得土地增值的级差收益。到1993年，在佛山市委、市政府的总结和推动下，土地股份制已遍及全市农村。同时，地方政府通过国有征地建设城市，配套工业发展的整体环境，吸引大的投资；集体、农民用租地方式吸引中小企业，形成上下游相关的产业链，以增强产业和地区的竞争优势，带来土地不断增值的财富效应。

成都后来的“两股一改”模式其实也是股份合作模式。“两股一改”是指实施集体资产股份化，集体土地股权化和改造农村集体经济组织，即以原农村集体经济组织为基本单位，对集体经营性净资产进行股份量化，集体土地收益权进行股权量化，其股份、股权分别称为“资产股”、“土地股”，按照股份合作制的原则，改造组建新的股份经济合作社，成员持有资产股和土地股，享有明晰的集体资产、集体土地按股分配的权利，形成适合市场经济发展要求的自主经营、民主管理、资源共享、风险共担的新型合作经济组织与运作机制。2007年，成都温江区开始推行了以实现“明晰产权、搭建平台、法人治理、政经分离”为目标的“两股一改”试点工作，成功的实现了农村集体建设用地资本化。

二是农村土地信用合作社模式。典型代表是宁夏平罗。2006年，宁夏平罗开始了土地信用合作社试点。土地信用合作社的组织形式，可分为集体所有制、股份制、社团法人制三种，以乡镇或村为单位成立注册。经营范围主要是土地，有条件的可兼营农机租赁、职业中介等。基本做法：农民自愿把自己的承包地存入合作社，由合作社向存地农民支付“存地费”。合作社再把土地“贷”给经营大户或企业，并收取“贷地费”，存贷差即为合作社的收入。扶持措施：县政府为每个农村“土地信用合作社”安排3—5万元启动资金，作为县政府股金，在农村“土地信用合作社”盈利后转让或者退出。

三是农村土地资金互助合作社模式。典型代表是河北东光。2008年，由河北东光县古树于村的村民自发组织的农村土地资金互助合作社，推动了当地土地流转和农村土地资本化进程。土地资金互助社由村民王杰华联合6户村民于2008年创办，共有205人入社，每人入互助金500元。互助社按每亩500元租赁土地，搞规模经营。不到两年时间，流转集中村内的980亩土地，使全村85%的劳动力离开了土地。村民既获得了土地经营权的收益，又通过务工增加了工资性收入。此后，河北东光县码头村又开创了另外一种以土地证作抵押为纽带的土地资金互助形式。村委会成立土地资金互助协会，互助资金由村民入股、政府配股组成，其中国家扶持的互助发展资金15万元，村民入股每股500元，每个成员最多认购2股，三年内不得退股。入股社员可以土地证作抵押，其他社员联户担保，向互助协会获得信贷资金投资农业生产。

四是农村“土地合作社+土地产权交易所+金融机构融资”模式。典型代表是山东枣庄。2008年，山东枣庄市山亭区徐庄镇土山村会计张凯华，联合7户农民，以土地经营权作价的方式，分别出资5000元，共计4万元作为注册资金，成立了徐庄土地合作社，并在短时间内就跨徐庄镇的4个行政村，发展了280户农民入社。同时，在当地政府的推动下，成立了徐庄镇农村土地使用产权交易所，为徐庄土地合作社的280户农民颁发土地使用产权证。徐庄土地合作社以300多亩土地的使用权作抵押，从农村信用社获得了30万元贷款，解决了秋耕的燃眉之急。此后，枣庄市政府在全市建立了市、区（市）、乡镇三级农村土地使用产权有形市场交易网络。山东枣庄的“土地合作社+土地产权交易所”模式是以土地入股合作社为基点，以土地产权交易所为载体，以土地使用产权证为融资基础，以金融机构提供担保贷款为依托，地方司法机关出台规范性文件为保障，通过政府积极引导推动，实现了土地的规模化经营和资本化运作，为农村资产资本化改革提供了一个较为规范的蓝本。

从上述国内的土地资本化模式看，广州佛山和成都温江的农村土地股份合作制模式比较适合都市区域周边的农村，主要是配合城市化、工业化进程的需要，实现农村集体建设用地的资本化。后面的三种模式有着相似之处，即都是以农村土地产权交易为纽带，只不过是交易范围、规范化程度、资本化程度有所不同。宁夏平罗的“土地信用合作社”模式，相当于一个单纯的盈利性的土地交易所，但存在“存地”和“贷地”的期限结构衔接问题，强化了土地信用合作社的主体作用，而弱化了供、需双方之间的契约关系，缺乏一定的规范性。河北东光的“农村土地资金互助合作社”模式，前期相当于一个村落内部土地产权交易平台，互助合作社的主要目的在于集中土地规模经营，而规模经营的主体正是互助合作社，农户作为社员从规模经营中提高收益。后期相当于土地抵押银行，股本金来自农户，一方面银行的利息收入作为红利分红给农户社员，另一方面农户社员向银行抵押贷款投资农业经营获取更高的经营收益。山东枣庄的“土地合作社+土地产权交易所+金融机构融资”模式中，土地合作社的主要功能是组织功能，把农户的土地地组织在一起，解决单户融资难的问题。该模式明显区别于两种的地方在于，一是明确为合作社社员颁发了土地使用产权证，二是有相对规范的土地产权交易中介，三是引入了外部金融机构的融资。该模式为我国的农村资源和资产资本化改革提供了一个相对规范的蓝本，具有明显的借鉴，不失为我国发展农村资源资本化运营的方向。

2.武汉以农村综合产权交易为纽带的农村资源资本化创新

武汉市于 2009 年 4 月组建了武汉农村综合产权交易所，以促进农村资产有序流转，进一步发现农村资产价值，实现农民财产的财富化、资本化，增加农民财产性收入，提升城乡居民综合发展能力。武汉农村综合产权交易所（下简称武汉农交所）自运营以来，在各方的重视支持下，锐意改革，勇于创新，在一些领域进行了积极探索，尤其是在农村土地经营权抵押贷款方面取得创新突破，较好地实现了农村资源资本化。

武汉农交所定位为非营利性公司制企业法人，为农村各类产权流转交易提供场所、设施、发布信息、组织交易等服务，履行产权交易鉴证职能；提供信息咨询、交易策划、产权经纪、培训辅导、委托管理、投融资等相关配套服务。相对于上述几种国内的以农村土地产权交易为纽带的资本化，武汉的做法在整体上范围更广、更规范。

一是拥有完备的服务网络体系和相对广泛的交易种类。武汉农交所在设计之初就明确了市、区、乡三级平台架构和乡镇农村产权交易服务站的前期布点。这样全市的农村土地进入了一个综合的交易平台，能够实现农村土地产权的跨区交易，可以在更大程度上实现社会资本、金融资本进入农村的可能性。同时，武汉农交所从全国范围来讲，交易品种最多。包括九大类，分别为：农村土地承包经营权；村集体经济组织“四荒地”使用权；农村集体经济组织养殖水面承包经营权；农村集体林地使用权和林木所有权；农业类知识产权；农村集体经济组织股权；农村房屋所有权；农村闲置宅基地使用权；农业生产性设施使用权。这些种类中，虽然目前只有前5类实现了交易，但后4类也符合农业农村发展实际，必然是未来农村资源资本化的主要内容。

二是拥有规范的农村产权交易管理和相对全面的服务。武汉农交所采取了“六统一”管理模式，即统一监督管理、统一交易规则、统一信息发布、统一交易鉴证、统一收费标准、统一平台建设。明确要求本市所辖农村集体产权依法转让、出租、入股、抵押或其他方式流转交易的，必须在农交所进行，鼓励农民个人产权进场流转交易。同时，为配合产权交易，武汉农交所为交易各方提供价格指导、信息发布、组织交易、成交鉴证、项目包装、登记托管、担保融资等一条龙服务，特别是招投标平台使农村产权价值实现最大化。目前看来，武汉农交所在全国的农村产权交易所中拥有最长、最规范的服务链条。

三是拥有定期的产权交易价格发布机制，有效缓解了农村产权交易市场价格信息不对称问题。在公布交易价格的同时，还结合宏观经济环境及微观经济动态，分析交易价格的特点和趋势。尤其是对各个区域也进行分类的交易价格分析，对后期的产权交易市场价格形成了现实的参考意义。以2012年上半年为例，2012年1—6月份，武汉农交所进场交易项目215宗，与去年同期相比增长14%；交易额10.77亿元，与去年同期相比增长2%；涉及土地面积9.38万亩，同比增长10%。武汉市2012年上半年农村土地承包经营权平均交易价格为418元/亩/年，农村集体经济组织“四荒地”使用权平均交易价格为88元/亩/年，农村集体经济组织养殖水面承包经营权平均交易价格为341元/亩/年，各区域交易价格具体如下表：

表 1　武汉农交所 2012 年 1-6 月份各区产权交易价格

区域	土地类别	2012 年上半年价格（元/亩/年）
汉南区	耕地	629
	四荒地	450
	养殖水面	500
新洲区	耕地	496
	四荒地	84
	养殖水面	453
江夏区	耕地	422
	四荒地	151
黄陂区	耕地	378
	四荒地	68
	养殖水面	167
蔡甸区	耕地	323
	四荒地	378
洪山区	耕地	312
	养殖水面	400
盘龙经济开发区	四荒地	600

四是拥有规范的可持续性的抵押贷款管理制度，且融资抵押物的范围也在不断扩展。武汉以农村综合产权交易所为产权交易和产权抵押融资操作的中介，以获得流转经营权的农业企业法人、农村合作经济组织、农业专业大户为对象，进行农地经营权抵押贷款的模式，极大地激发了市场需求，是实现武汉农村资源资本化的主要形式。通过制度设计和完善，武汉农地经营权抵押贷款模式具有了规范性、稳定性和风险可控性。**一是武汉农交所强调了农地经营权交易再流转的机制设计。**表现为将农地承包经营权细化为土地承包权和土地经营权，明确抵押的是农地经营权，做到合法化；建立“专业评估公司+农业专家”开放式的价值评估体系；在契约设计上，明确农地经营权再流转（或者多次交易）的条款①，增强抵押农地经营权的流动性和变现能力。这三点为金融机构实施抵押贷款操作奠定了最为关键的基础，即抵押物具备合法性、价值合理性和公允性，抵押物具备流动性和变现性。**二是武汉农村金融机构在农地经营权抵押贷款上进行了规范的操作设计。**具体表现为强调农村土地经营权抵押贷款的“政策性、合规性、效益性、操作性、风险性”；对贷

① 不仅要求试点企业在农交所办理土地经营权登记托管之前，与转出方签订合同，注明转出方同意将该土地经营权进行二次流转，而且明确了再流转的条件。

款对象进行界定，并明确其准入条件；对贷款期限、利率、贷款额度及还款方式进行限定和说明；制定了规范的操作管理流程；对抵押物价值认定、登记和处置的界定和说明；制定了风险控制规则和对应罚则，等等，其中，尤其强调了农地经营权抵押前交易的合法有效性和抵押后的可再流转性。金融产品的出现激发了市场积极性，进一步促进了农地产权资本化的进程。

此外，融资抵押物的范围呈现扩展趋势。就目前而言，武汉农村产权抵押贷款的抵押物主要是土地承包经营权、林权。根据笔者的调查，2011 年，武汉农交所和武汉农商行就扩大抵押物展开了研讨，主要是受到当前农村土地制度的约束，创新面临着制度风险。近期，武汉市农交所与市金融办、人民银行武汉分行、市农业局多次调研和召开专题会，台了《关于印发<武汉市水域滩涂养殖权抵押贷款操作指引>的通知》，使农村水域滩涂养殖权成为新的融资抵押物，丰富了农村产权融资的品种。目前，武汉市多家水产企业、合作社提交了水域滩涂养殖权抵押贷款申请。水域滩涂养殖权抵押贷款这一新融资品种的创新，活跃了养殖水面承包经营权交易，再次推动了农地产权资本化的进程。

（四）国家农村改革试验区机遇下武汉农村资源资本化的思路与措施

1. 国家农村改革试验区落户武汉对推进农村资源资本化意义重大

改革是推动发展的强大动力和不竭源泉。国家农村改革试验区是从 1987 年开始建立的，从 1987 年到 2012 年新一轮国家农村改革试验区启动期间，全国陆续建立了 30 多个试验区，围绕农村改革的重点领域和关键环节，提出了 20 多个试验主题和上百个试验项目，取得了丰硕的成果，很多相关试验内容对全国农村深化改革发挥了积极的指导作用。例如，新乡围绕粮食购销的改革试验，贵州湄潭的土地制度改革试验，安徽的阜阳的乡镇企业产权制度改革试验，河北玉田的社区性合作经济组织试验，贵州毕节地的“生态建设、扶贫开发、人口控制”试验等，为我国深化农村改革作出了重要贡献。

经过 25 年的运行，农村改革试验区的发展成效显著：一是为实验区当地经济的发展注入活力。有很多试验区就是通过改革促发展，使得这个地区的经济在本地区，本省，甚至全国进入前列，改革试验通过新活力的注入促进了当地经济的繁荣发展。二是通过地方和局部的探索试验，积累了一些经验，为全局的改革探索了路子。如，安徽阜阳太和县在 90 年代中期进行的农村税费改革试验，为 2000 年制定全国农村税费改革试点方案提供了借鉴；贵州湄潭农村土地承包“增人不增地、减人不减地”的试验经验写进了1993年的中央农村工作文件，在全国予以提倡，对于稳定和完善农村土地承包关系起到了重要作用。三是为新改革实验区的设定积累了经验。包括坚持改革与发展相结合，“发展出题，改革求解”；坚持理论与实践相结合，“思维超前，试验务实”；坚持多样化和规范化结合，“多方试验，总结规范”；坚持面上的改革和点上的试验相结合，“点上试验，面上推广”等。这些经验是25年来农村改革试验区富有成效的关键，正是在这样经验总结的基础上，2012年初启动了新一轮的农村改革试验区建设，首批包括24个农村改革试验区和试验项目（见表2）。

表2　农业部新一轮农村改革试验区和试验项目（2012年）

农村改革试验任务（项目）	农村改革试验区
农村金融改革试验	北京市大兴区、河北省玉田县、吉林省九台市、福建省沙县、湖南省沅陵县、广西壮族自治区田东县
农村产权制度改革试验	上海市闵行区、浙江省温州市、湖北省武汉市、大连市甘井子区
创新现代农业经营体制机制改革试验	黑龙江省克山县、安徽省宿州市、山东省枣庄市、广东省云浮市、西藏自治区曲水县、宁夏回族自治区平罗县
城乡发展一体化改革试验	山西省朔州市、江苏省苏州市、江西省南昌县、河南省新乡市
城乡公共服务均等化改革试验	云南省开远市、陕西省吴起县
创新支农资金管理体制机制改革试验	贵州省毕节试验区
新垦地合作发展模式改革试验	安徽龙亢农场

启动新一轮农村改革试验区是新任务下的新安排。同时，农村改革试验区也是探索化解实践中反映出来的体制机制性矛盾的方法。包括农村土地问题、农村金融与保险、农村公共产品供给、城乡一体化改革、农村产权制度改革等方面都有一些需要破解的难题。

武汉市与上海闵行区、浙江温州市、大连甘井子区等共同承担农村产权制度改革试验任务，是全国唯一入围的省会城市试验区。以全市这样一个大的范围为试验区，反映了中央对武汉自2009年探索农村土地产权交易经验的肯定，以及对武汉在控制农村产权交易及相关的金融风险控制能力的认可，这是对武汉的极大鼓励。此外，从新一轮农村改革试验区的任务分布来看，山东省枣庄市、宁夏回族自治区平罗县，同为农村土地产权交易探索的典型区域，但其任务是“创新现代农业经营体制机制改革试验。这说明，从国家层面而言，武汉农村综合产权交易中心及以此为基础的农村金融创新、农村资源资本化是相对比较规范和先进的阶段，国家对武汉在农村产权制度改革、农村资源资本化推进方面抱有很大的期许。武汉农村产权制度改革试验区将成为武汉现代都市农业跨越发展、加速农村资源资本化的源策动力。

2.武汉农村资源资本化的开拓思路与措施

根据本文第一部分农村资源资本化的“阶段论”的分析，目前武汉虽然通过农村土地等产权交易，引导农村内、外部资金、技术等多种资源聚集农村发展规模经营、产业化经营，但实际上对于农村产权转出方而言，只是获取了产权的转让或出租收益，即使参与农业生产，也只是作为农业产业工人的身份获取工资收益。作为资源的供给方，这种资源资本化的程度是不够的。武汉应该拓宽农村资源资本化的思路，在现有基础上发展资源或资产股份化、合作化等多元途径，推进农村资源与资本市场的结合，提高农户的股权收益，增加其财产性收入。

①立足实际与未来发展趋势，归纳出农业资源资本化的类别或形式，明确农业资源资本化进程的方向

首先，以产权为纽带，通过产权资本化，实现农业资源资本化。将农业资源作为资本，通过资源入股、股份合作和抵押贷款等方式，实现资源资本化。可以通过以下几种途径实现：一是开展农村产权抵押融资。即把农村土地经营权、林权、水面经营权等农村产权抵押给金融机构进行融资，进行规模化生产；二是建立农村集体资产股份合作社。把农村集体资产折股量化到所有集体经济组织成员，实行资产变资本，农民变股民；三是通过合资方式组建股份制企业。即将土地、水面、林木、农业生产设施等农业资源评估作价入股与他人成立股份制企业，农业资源所有人成为企业股东，参与企业决策，分享企业收益。

其次，以资金为纽带，通过与金融平台的结合，实现农业资源资本化。按照资本化程度由低到高的顺序，可以有以下几种形式：一是将农户手上闲置货币资产整合起来，建立农民资金互助合作社或股份合作社，进行合作生产经营；二是建立农业产业投资基金，引导各类投资基金对农村资源开发进行直接投资；三是对于根植于农村的（与农户存在股份合作关系的）农业产业化企业，扶持其发行债券融资或上市融资，将更多的社会资本引入农业发展。通过各类金融市场和金融组织进行融资，是农村资源资本化的高级阶段。

再次，以产品为纽带，通过农业要素市场，实现农业资源资本化。将农业资源确权登记，作为产品在公共交易平台进行交易，通过交易实现资源价格发现和所有权转移，实现资源资本化。一是做大做强农村综合产权交易所。二是建立大宗农产品交易中心，如农畜产品交易所、粮食交易所等等。

最后，以人才智力为纽带，通过无形资产经营，实现农业资源资本化。发挥农业劳动技能、农产品品牌、农业专利、农业新品种等无形资源的作用，通过资本化经营，实现农业资源资本化。一是推进农业品牌资本化；二是推进人力资源资本化；三是推进科技资源资本化；四是推进农业专利资本化；五是探索开展植物新品种和农业遗传资源资本化，等等。

②根据农村城镇化、工业化、产业化、新农村建设同步推进的战略，制定农村资源资本化推进的方略

推进农村资源资本化改革的方略是：按照武汉都市农业发展战略，在严格保护耕地、稳定农村基本经营制度、切实维护农民利益、尊重农民意愿等基本原则基础上，积极稳妥推进以产权制度改革为核心的农村综合配套改革，逐步建立产权归属清晰、权责明确、保护严格、流转顺畅的现代农村产权制度，构建农村市场经济的微观基础，建立现代农村资本市场，完善农村金融服务体系，依托专业合作组织，扶优做强现代农业产业化龙头企业，引进社会资本，整合农村资源，加快现代农业集中区（农业产业化示范区）的建设，大力发展现代都市农业，提升农业服务业的附加值，通过市场化手段促进农村资源的资本化。

以实现农村资产资源资本化为落脚点，以武汉农村综合产权交易所为依托，以农村产权制度改革为载体，按照“超前探索，创新制度；重点突破，配套推进；统一指导，市区配合；先行先试，封闭运行”的原则，全面启动国家农村改革试验区建设。有步骤、有计划的推行以下几个方面的工作：

首先，全面开展农村产权确权登记颁证工作。归属清晰，权责明确，是产权交易的前提。根据2012年5月制定的《武汉市农村产权制度改革试验实施方案》，2012年，武汉市将完成对蔡甸区、江夏区、黄陂区、新洲区及汉南区纱帽街、邓南街（以下简称“四区两街”）的农村集体土地所有权、农村集体建设用地使用权、农村宅基地使用权确权、登记和颁证工作。力争于2013年底之前完成对“四区两街”农村土地承包经营权、农村集体经济组织养殖水面使用权、农村集体经济股权、农业生产设施所有权、农村集体林地使用权和林木所有权、农村房屋和生产用房所有权、农村集体经济组织水权及农田水利设施所有权等农村资产资源的确权、登记和颁证工作。确权登记是一项极为复杂的系统工程，尤其是农村集体土地所有权、农村集体建设用地使用权、农村宅基地使用权、农村集体经济股权、农村集体经济组织水权、农田水利设施所有权等，其确权十分重要也具有挑战性，要做到尊重历史、四至明确、和谐确权。

其次，建立农村资产资源评估体系，对农村资源、资产形成科学合理的价值评估。合理估价是资源或资产交易、转让、入股、抵押等的基础和参考。建立农村资产资源评估体系，一是要建立市、区两级农村资产评估体系及机构，健全评估人员的资质认证和管理体系。根据《湖北省农村集体资产管理条例》有关规定，市农村经济经营管理局是全市农村集体资产评估机构的主管部门。农村资源评估主管部门应进一步完善农村集体资产评估行业监督管理制度，加强对此项工作的指导和监管。二是要明确农村资产资源评估的方法，分类制定农村资产和资源评估办法与操作细则，科学评估农村各类资源资产的价值，为资源资产的转让、入股、抵押、财产保险等提供依据。

第三，健全农村产权交易市场，建立农村产权登记查询信息库。虽然武汉农交所在设计之初就明确了市、区、乡三级平台架构体系，但目前，区级以下的交易网络体系还不尽完善。要加快以武汉农村综合产权交易所为龙头，在蔡甸、江夏、黄陂、新洲、汉南区建立区级农村综 合产权交易所，并以农村产权交易经纪人的形式将体系建设延伸到街（乡、镇）。此外，要进一步开展交易价格统计发布、农村产权信息查询、法律顾问、农业项目包装策划、农村产权融资等服务。要实现这一系列农村产权交易的高端服务形式，首先要建立全市统一的农村产权登记查询信息库，内容包括农村资源和资产类产权证编号、产权所有人、产权使用人、产权性质、产权名称、权属年限、坐落测绘图等。同时，建立信息共享机制，实现各部门信息互通互用。开放农村产权信息查询功能，产权持有人利用产权证编号和密码可通过网络查询到所属产权所有信息。待时机成熟，可建立农村产权交易电子商务平台，实现远程交易与网上结算。新增订单农业、农业企业股权等三大交易新品种，探索集体股权交易方式。

第四，扩大农村产权抵押贷款业务，加强农业资源资本化的金融支持和风险控

制。在对农村产权确权和科学评估的基础上，稳妥开展农村土地经营权、农村房屋所有权、农村集体林地使用权和林木所有权、农村集体经济组织养殖水面使用权及水权、农业生产设施所有权、农业知识产权、甚至农业生态及生物资源的抵押贷款业务，引导外部金融资本更大程度地深入农村资源资本化。金融机构要加强与农业资源资本化运营的对接，创设更多的信贷支农新产品。同时，要探索农业资源资本化的风险控制机制，一是大力推进农村信用工程建设，科学评定农户和农民专业合作经济组织的信用等级，颁发“信用证”，农户和合作经济组织凭证贷款；二是设立农村产权抵押融资风险补偿金，建立农村信贷与农业保险相结合的银保互动机制；三是加快发展政策性农业保险，探索和创新各种形式的融资担保机制，降低金融机构贷款风险。

第五，加快建立农业要素交易市场，强化农业投融资平台对农村资源资本化的引导作用。除了现有的武汉农村综合产权交易市场，要进一步筹划搭建更多的农业要素交易市场，如农畜牧产品、水产品等大宗农产品交易市场，农产品期货市场，促进农业资源的市场交易，推进农业资源要素科学有序流动和有效合理配置，以达到农业产出和农民收入的最大化。要进一步做大作强武汉农业投融资平台，拓宽农业资金来源，引导社会资本对农业资源高效开发和合理利用，不断提高农业资源资本化、资本证券化水平。一是要加快推进武汉都市农业产业发展基金的建立工作；二是要创新农业融资方式，大力发展农业企业集合债券、集合贷款信托、集合票据、短期债券、私募债、融资租赁等融资创新产品；三是加快培育农业企业上市，推进农业资源的资本化运营进入高级阶段。

（执笔人：谢琼）

武汉要素市场与中介组织研究

突破性发展要素市场和市场中介组织，是转变经济发展方式和提升城市服务功能的重要途径，也是进一步激活土地、资本、劳动力、技术等生产要素增长潜能，促进我市经济社会创新发展、跨越发展的重大举措。按照唐市长的指示，近期课题组就武汉市要素市场和中介组织的总体特征、突出问题以及解决这些突出问题的对策，进行了调查、讨论和研究。

一、要素市场的总体特征

改革开放以来，随着经济社会转型和体制转轨，我市要素市场逐步发展起来，现已基本形成有形与无形市场相结合、全国性与地方性市场相补充、综合性与专业性市场相融合，以股票、期货、债券、外汇、产权、技术、人才、土地市场为主体的，较为完备、活跃的市场体系，并呈现如下特征。

（一）跌宕起伏的土地市场

2011 年，我市土地市场成交金额436.96 亿元，在19 个副省级及以上城市中排名第5 位，房地产开发用地面积600.64 万平方米，排名第4 位，跻身全国影响力较大的土地市场之一。下表反映了2004年—2011年我市土地市场的总体特征。供求曲线大幅波动。2004 年以来，武汉土地市场呈现跌宕起伏的总体特征。特别是2008 年国际金融危机以来，土地供求曲线大幅波动，成交量虽有所增长，但成交面积和成交金额大幅下挫。以房地产开发用地为例，从近三年情况看：2009 年，中心城区房地产开发用地成交74 宗，总面积749 万方；2010 年，成交88 宗，面积701.41 万平方米，成交金额659.16 亿元；2011 年，成交数量增长到99 宗，但成交面积下降到600.64 万平方米，成交金额只有436.96 亿元，与2010 年相比锐减32%。市场主体日趋多元化。近年来，瑞典宜家、上海绿地等外资、外埠房地产开发企业进入我市土地市场，摘牌土地分别占全市房地产用地的39%和47%。外资、外埠企业的踊跃参与，促进了我市土地市场的有效竞争。

2004—2011年武汉中心城区房地产开发用地成交面积

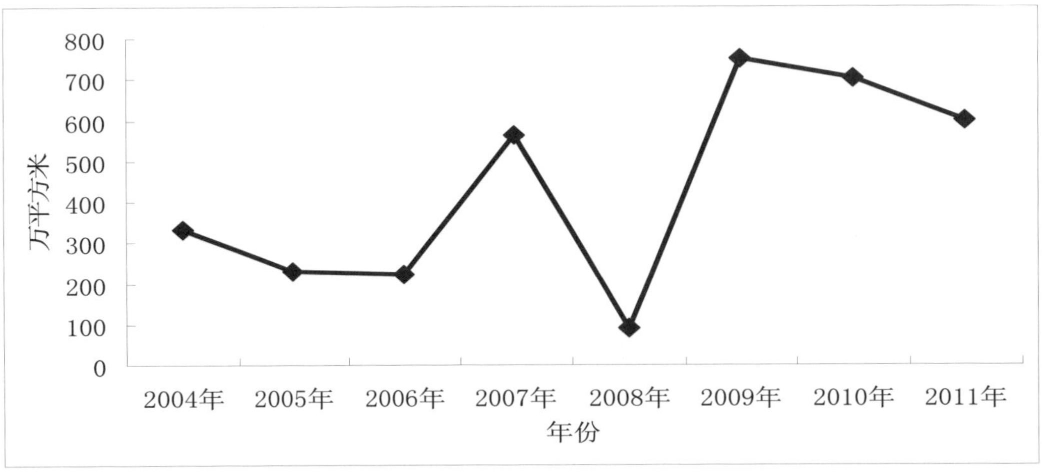

资料来源：《武汉市统计年鉴2004年—2010年》、2011年武汉市房地产发展报告。

（二）稳步发展的金融市场

目前我市已形成银行、证券、保险、期货、信托、租赁、基金等各业并举，中外机构并存、功能较为完备、运行较为稳健的多元化金融服务体系。

2006年-2011年武汉金融业增加值及其增长速度

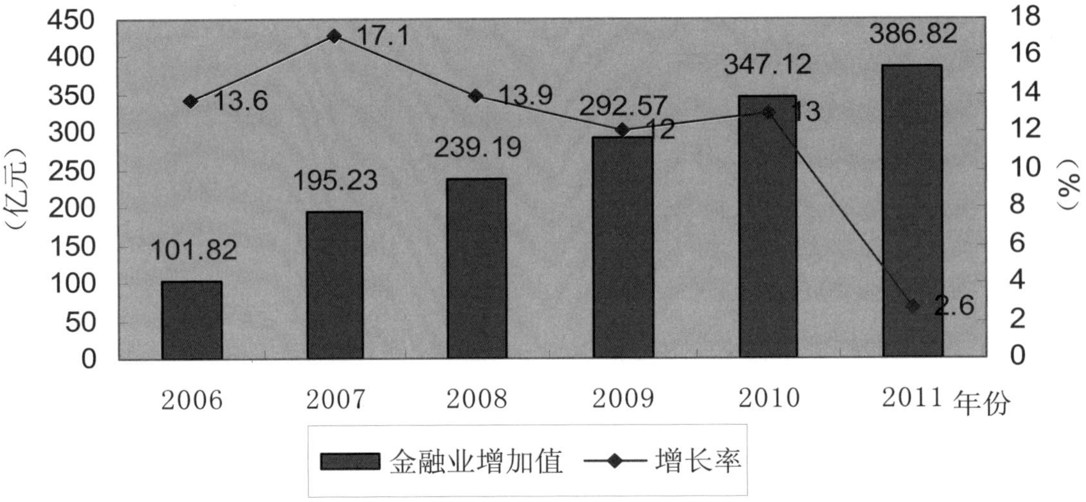

资料来源：2006年-2011年《武汉统计年鉴》以及2011年《武汉市国民经济和社会发展统计公报》相关数据整理。

金融市场融资功能进一步扩大，银行业主导作用突出，保险业平稳发展，证券业势头较强。银行业保持良好运行态势。从“十一五”期间平均情况看，GDP年均增长14.8%，第三产业年均增长13.1%，而金融业年均增长17.9%，比前者分别高出3.1个和

4.8个百分点。存贷规模迅速扩大，截至2011年末，全市金融机构本外币各项存款余额11519.58亿元，比上年末增长8.7%；本外币各项贷款余额10157.53亿元，增长16.0%。保险业平稳健康发展。2011年，全市保险业累计实现保费收入187.24亿元，同比增长12.64%，保费收入在全省排名第一，占全省保费收入总额的34.04%。2006年—2011年保费收入年均增长24%，呈现扩张态势。证券业发展势头较强。2011年，全市共90 家证券营业部，资产总额136.23亿元，部均资产1.53亿元，与行业平均水平1.54 亿元大体相当。同年，营业部累计实现营业收入15.67亿元，其中手续费及佣金收入13.58亿元；部均营业收入、手续费及佣金收入分别为1760.7万元、1525.8万元，分别高于行业平均水平1689.96 万元和1489.06万元；累计证券交易量1.72万亿元，占湖北185家证券营业部累计交易量（2.34万亿元）的73.4%；部均累计交易量192.9亿元，高于湖北省的平均累计交易量128.52亿元，也高于行业平均水平174.09亿元。

2006年-2011年武汉保险业保费收入及其增长速度

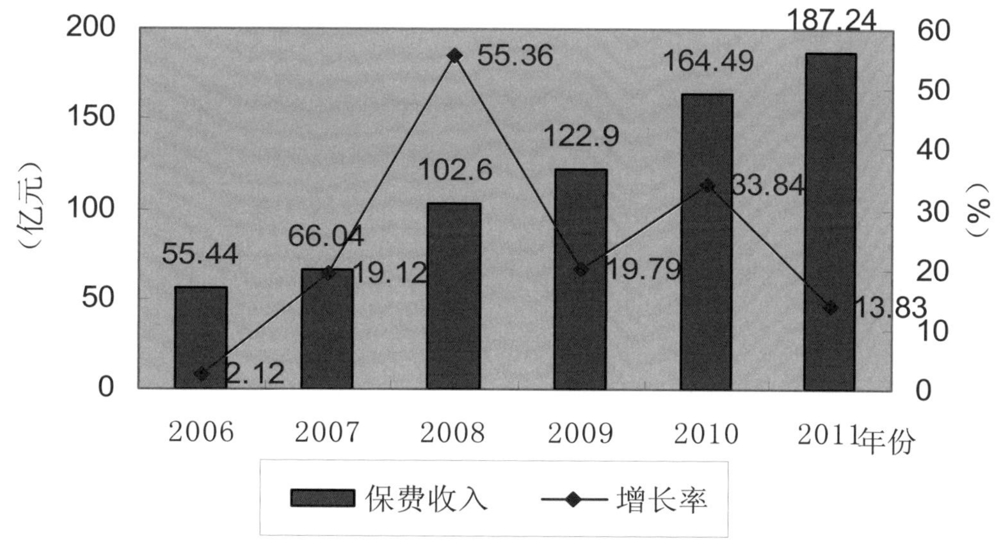

资料来源：2006年-2011年《武汉市国民经济和社会发展统计公报》相关数据整理。

（三）持续拓展的产权市场

1988 年，我市建立“产权事务所”。2006 年，建立武汉光谷联交所，在全国率先形成了统一的区域性产权交易市场。经过20 多年的发展，目前已成为多层次资本市场体系中的一个基础性平台。主营业务稳步发展。通过不断创新交易品种，开拓新的业务领域，国有企业产权交易成为产权市场的主营业务。湖北省属出资企业国有产权基本上做到了100%进场交易。非国有资产产权交易快速发展，中央、省、市属行政事业单位各类资产交易项目逐步进场交易。2010年10月，湖北华中文化产权交易所挂牌，文化物权、债券、股权、知识产权交易对象渐趋活跃。市场网络逐步形成。截至2011年底，武汉市产权交易市场基本形成“八所一会”的格局，由企业国有产权交易、文化产权交易、行政事业资产交易、金融资产交易、知识产权与排污权交易、法院涉讼资产交易、城市矿产资源交易、非上市公司股权托管与交易平台构成的市场网络体系。与金融市场逐步对接。武汉产权市场大力开展对上市公司的股权质押融资业务，并与银行金融机构合作开展并购贷款业务。产权市场与金融市场的互动、对接和融合，促进了资本市场的发展，缓解了企业融资难题，推动了企业并购重组。

（四）日趋活跃的人力资源市场

供求总量渐趋平衡。2011年我市劳动力供求总量基本平衡，劳动力需求的增长速度高于求职人数的增长速度，岗位空缺与求职人数的比约为1.06。第二产业用人需求比重稳步上升，第三产业用人需求比重稳步下降。制造业用人需求旺盛，呈现不断上升的态势，批发零售业、住宿餐饮业、社会服务业的需求比重趋于下降。劳动力供需集中在初、中级技术等级，高级技能人才短缺。人才结构逐步调整。2010年，我市各类人才总量156.07万人，高科技产业人才队伍占全市各类专业人才队伍的比重为30%，第三产业人才由34万人增加到90.42万人，人才结构正在逐步调整。以先进制造业、现代服务业和高新技术产业为代表的二、三产业人才比重逐年上升，非公经济人才数量较快增长。关联服务快速增长。2011年，武汉市整个人力资源服务业的营业额66亿元，2012年有望突破100亿元，发展潜力巨大。与上海、深圳一年600亿元的营业额相比，武汉市人力资源服务业还有很大的发展空间。

（五）逐步壮大的技术市场

科研成果逐年增加。武汉拥有国家级实验室24个，工程(技术)研究中心167个(其中国家级32个)，企业研发机构71个(其中国家级企业技术中心14个)，甲级资质的勘察设计机构6个。据不完全统计，这些科研机构拥有授权发明专利960 余项。近5年中，这些科研机构承担完成了8518项重大科技项目，其中国家级3752项；共获得各类科技奖励970项，其中国际奖项9项，国家自然科学奖、国家科技进步奖、国家国际科学技术合作奖等国家级奖励130项。市场规模不断扩大。2011年，全市共认定登记技术合同6393项，技术合同成交额达107.51亿元，同比增长20.97%。全市24个登记站实现认定登记技术合同项目数、合同成交额均有较高增长。我市技术合同成交额在全国15个副省级城市中排名第四；技术吸纳成交额120.01亿元，居全国第二；技术输出成交额 89.34亿元，居全国第三。

（六）快速成长的中介组织

组织数量快速增长。初步形成了门类齐全、层次不同、覆盖广泛的中介组织体系。至2012 年3 月武汉赢利性中介组织涉及43 个行业，包含了自律性行业组织，法律、财务服务机构，信息、咨询服务机构，

武汉中介机构注册资本情况（单位：万元、户数）

序号	中介行业	注册资本规模					小计
		≤50	50～100	100～200	200～300	＞300	
1	会计	258	28	13	0	1	300
2	税务师事务所	108	13	2		4	128
3	技术检测检疫	29	12	8	2	22	73
5	质量认证	3					3
6	信用服务	2	2				4
7	资产评估	95	23	13	2		133
8	房屋及土地评估	59	31	23	5	6	124
9	保险评估	431	8	26	4	21	489
10	贸易代理	6	1	2			9
11	货物运输代理	116	28	25	12	74	244
12	船舶代理	28	7	3	2	24	64
13	报关	71	7	16	9	59	162
14	会展服务	1879	291	123	43	122	2458
15	广告代理	251	68	26	6	19	370
16	专利代理	13	2				15
17	版权代理	13	3	1	1		18
18	商标代理	63	57	7			63
19	登记代理	285	16	13	2	8	324
20	招投标代理	30	17	16	4	10	77
21	票务代理	262	31	18	5	15	331
22	担保	145	29	30	6	303	516
23	科技咨询	64	11	6	2	26	109
24	人才中介	37	4	3	2	26	50

25	职业中介	17	3				20
26	产权经纪	2	1	4			7
27	租凭	5705	1310	866	358	2378	10617
28	航运经纪						
29	证券	255	25	11	1	43	335
30	期货	780	159	58	21	170	1188
31	文化咨询	54	7	6	1	1	69
32	体育	3	2				5
33	二手车	430	82	87	9	129	737
34	房地产中介	695	68	61	3	79	906
35	基金管理	3	12				15
36	出国中介	8					8
37	留学中介	688	85	33	8	29	843
38	婚姻中介	213	2	1			216
39	认证咨询	43	3	4	2		52
40	工程咨询	478	194	146	43	228	1089
41	黄金交易	1	1				2
42	外汇交易						
43	产权交易	14	7	3	1	11	36
44	典当拍卖	7	25	32	8	96	168
45	小额贷款	5	31				36
	总计	13654	2635	1731	571	3954	22524

资料来源：武汉市工商局相关资料整理（除在工商行政管理部门登记外，还有在民政部门登记的非营利性中介组织）。

市场交易中介组织，市场监督机构等五大类。机构数量从2005 年的1.22 万家增加到2012 年3 月的2.25 万家，增长了近一倍。截至2011 年，非营利性的中介组织4229个，比2005年增长66.7%。组织源流复杂多变。一是先官办，后脱钩，我市营利性中介组织和非营利性中介组织户数由政府机构改革转化或产生的市场中介组织，如会计师事务所、律师事务所等；二是作为一些部门的事业单位，目前还未脱钩的带有中介性质的机构，如部分人才交流中心、土地房屋评估中心、质量技术检测机构等；三是完全按照市场需求发展起来的中介机构，如房屋租赁、家政家教、婚姻介绍、劳务介绍等中介组织。

我市营利性中介组织和非营利性中介组织户数

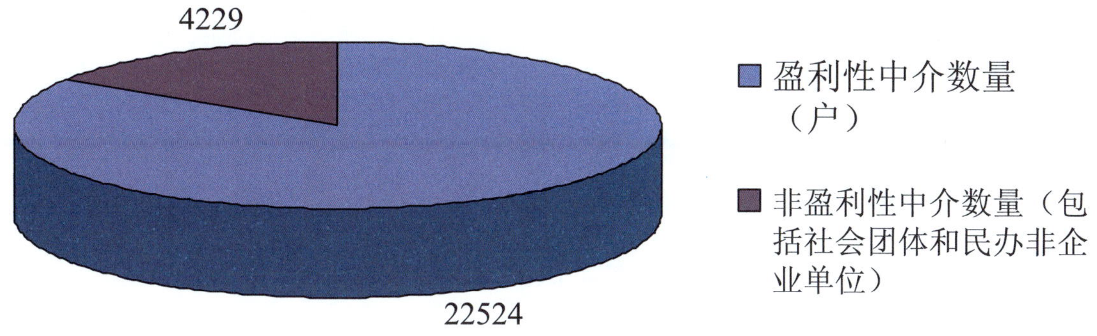

二、要素市场的主要问题

总体上审视，我市要素市场规模不大、市场化程度较低，生产要素动员功能尚未得到充分发挥。集中体现在以下方面。

（一）严重分割的土地市场。

土地储备主体不统一。中心城区土地实行垂直管理体制，新城区和开发区实行区级土地部门储备转让制。区级土地储备主体为控制更多的土地资源相互竞争，导致了土地储备供应计划超标、土地补偿标准不一等派生问题，严重影响土地储备的效率，加大土地储备成本。增值收益流失严重。由于储备主体多元化，各主体为尽快回笼资金，常引致储备土地集中上市，供过于求，进而导致土地低价出让，开发商大量囤积土地，加之房地产开发的滞后效应，造成土地增殖收益大量流失。

（二）有待深化的金融市场

经济金融化程度低。以金融机构存款与GDP 之比衡量的经济金融化程度，2011 年武汉的经济金融化程度为1.71，不仅与金融业影响力最大的北京、上海、深圳三个城市比差距明显（北京4.69，上海3.03，深圳2.18），而且与其他副省级城市相比也存在一定差距（广州2.16，成都2.52，南京2.32，杭州2.62），甚至低于全国平均水平1.75。金融市场规模偏小。2011 年武汉金融机构10各项存贷款在全国 19 个副省级及以上城市中处于中间位次，北京、上海、深圳的存款余额分别是武汉的6.5 倍、5.1 倍、2.2 倍；三个城市贷款余额分别是武汉的3.9、3.7 和2.2 倍。武汉金融机构人

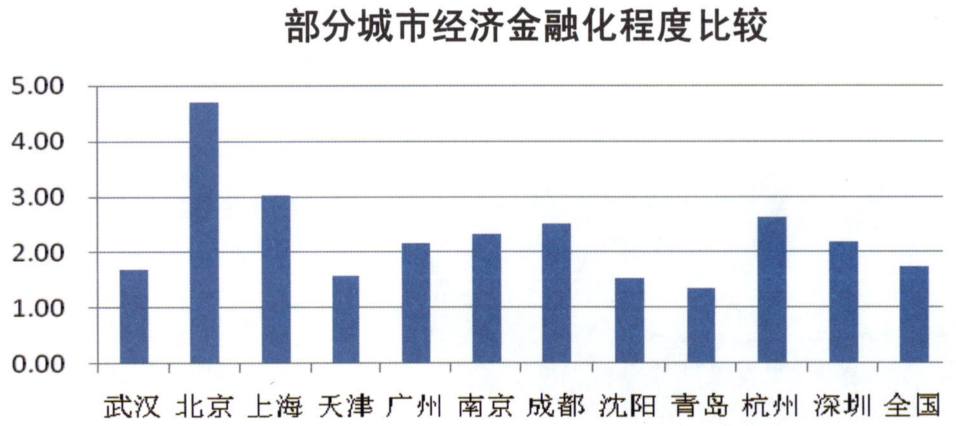

资料来源：根据2011 年各城市《国民经济和社会发展统计公报》相关数据整理。

均存款额等也远小于其他城市，如北京的人均存款是武汉的3.23 倍，上海是2.16 倍，深圳是2.11 倍，天津、广州、南京、成都、杭州的人均存款也都高于武汉。武汉的储蓄水平明显偏低，较低的储蓄率导致资本积累不足，影响投资和经济发展。证券市场发展不充分。从证券市场发展状况看，武汉市证券营业部某些部均指标甚至远远低于全国的平均水平。2011 年，武汉市90 家证券营业部部均资产净值1157.3 万元、

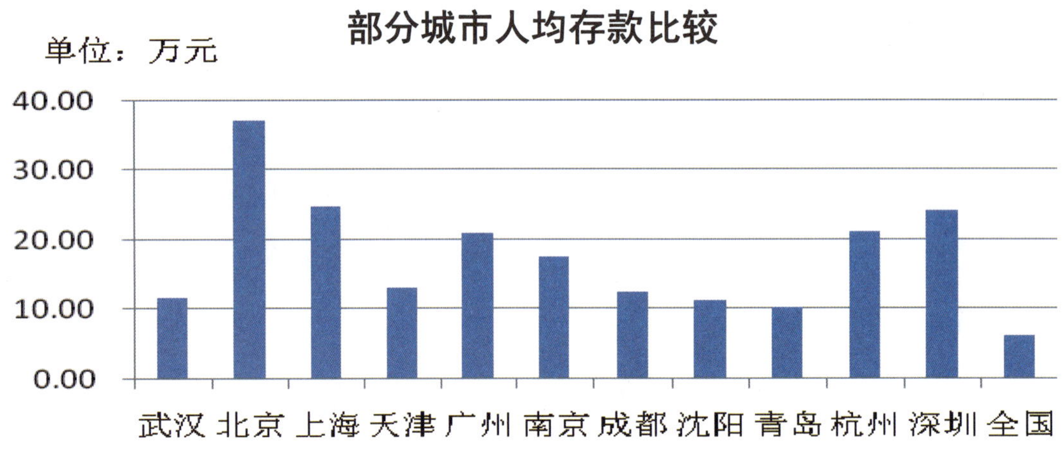

资料来源：2011年各城市《国民经济和社会发展统计公报》相关数据整理。

利润总额为487.6 万元、客户总资产16.92 亿元、客户交易结算资金1.38 亿元、指定与托管证券市值15.55 亿元，均低于行业平均水平。长江证券四年来该公司的资产和资本规模排名在15 位左右，净利润排名在20 位左右，与全国性综合类、创新类券商仍存在较大的差距。天风证券的资产规模、业务范围、业务规模都在行业排名靠后的位置，在全国109 家券商中位居95 位左右。保险市场发育不足。保险密度（人均

保费收入数量）和保险深度（保费收入与GDP 之比）是反映保险市场的发达程度的重要指标。2011 年武汉的保险密度指标高于全国平均水平，但远低于北京、上海等发达地区；而保险深度指标不仅低于经济发达省份，而且低于全国平均水平。

2011 年武汉及相关城市保险密度及深度比较

	武汉	北京	上海	天津	南京	青岛	全国
保险密度(元/人)	1900	4100	3200	1600	2100	1700	1100
保险深度（%）	2.77	5.13	3.92	1.89	2.83	2.20	3.04

资料来源：2011年各城市《国民经济和社会发展统计公报》相关数据整理。

金融机构层次较低。金融机构层次较低，武汉市金融机构体系中大部分是分支机构，全国性、区域性总部机构较少，外资金融机构数量非常有限。2011 年，武汉银行除了3 家地方银行外，没有一家全国性银行总部，保险公司总部仅有合众人寿1 家，证券机构总部仅有长江证券、天风证券、长江期货公司、美尔雅期货公司、湘财祈年期货公司等5 家。上市公司并购重组力度不足，一批企业上市后，经营业绩恶化，失去了再融资资格。

（三）证券化不足的产权市场

交易品种非证券化。总体上看，产权市场不断扩大产权领域，如排污权、知识产权、文化产权的交易等，但是占主体地位的交易对象仍然是实物型资产。受企业股份制改造、产权市场发育程度以及与资本市场发展有关的法规政策制约，减弱了产权市场的资源配置功能，生产要素的不可分性和企业存量资产要求可流动性之间的矛盾十分突出。交易方式比较落后。在交易方式上，产权交易还是以协议转让、拍卖、招投标等传统模式为主。尽管目前已引入电子竞价交易方式，但实践中具有电子网络交易系统的只是少数几家有实力的产权交易所，这种交易方式只能在有限的局域网内进行。电子化要约交易模式、会员代理模式、创新竞价方式等新型交易模式，还需进一步探索发展。

（四）过剩与短缺并存的人力资源市场

结构性过剩与短缺并存。近年来，经济、管理和法律类专业的毕业生供过于求，工程、机械、化工等工科类专业供不应求。在用人主体层面，党政机关、事业单位、外资企业以及国有垄断企业最具吸引力，民营企业、中小企业等市场化主体引进人才难度较大。在专业技能方面，突出的表现为具有一定职称的高级技师，包括职高、技校、中专文化程度岗位的技能人才需求量较大，而大学生、大专和硕士等学历较高却暂无技能的人才供给大于需求。人才资源分布不合理。我市现有人才总量为156 万人，但人才资源分布结构矛盾突出：在全民所有制的事业、企业单位里聚集了全部人才资源的90%以上，而在非公系统里的人才存量不足10%；传统企业人才多，高新企业人才少；教育、科研部门人才多，产业部门人才少。同时，高级技能人才、高新技术产业急需人才、现代制造业熟练工人存在着严重的流出趋势，人才资源内部流动呈现向管理岗位转移的趋势。服务体系欠发达。我市公共就业服务在管理制度、基础建设、覆盖范围、服务内容和服务水平等方面还很不完善，普遍存在着经费投入少、人员编制少、专业人员缺乏的问题，难于满足社会对公共就业服务需求。市场化就业服务机构小而散、缺乏品牌效应，人力资源咨询、人力资源建设等高端业务发育不足；服务不规范、不合理的行为，制约了关联服务产业的发展。制度性壁垒严重。人力资源市场化进程中的制度性壁垒主要表现为城乡分割、区域封闭的户籍制度，以及附着在户籍制度之上的就业政策、社会保障等方面“二元”政策。人事制度改革尚未完全到位，公务员和事业单位专业技术人员流动不畅，导致了人才市场供需主体难以完全到位，市场价格、机制对人才资源配置的基础性作用不能充分发挥。

不同文化程度岗位空缺与求职人数的比值

文化程度	初中及以下	高中	职高、技校、中专	大专	大学	硕士及以上
岗位空缺与求职人数的比率	1.12	1.14	1.36	0.94	0.85	0.98

（五）激励不足的买方技术市场

买方激励相对不足。对技术成果供给者激励有余，需求者激励不足。如市科技局推进的“十项支撑工程”中，创新型企业培育工程、高端人才培养工程、创新平台建设工程，对科技创新和技术研发进行了重点支持，推动技术成果股份化、资产化，实施技术交易的税收减免和成果研发补贴，促进了科技创新能力的提升，但是对于技术市场中成果需求方的支持政策较少，特别是产业政策、金融和财税政策对于企业采用新技术、新成果的激励不够。成果转化率不高。2010 年，我市专利申请量、专利授权量均低于广州、南京、杭州、成都，其中，杭州、成都的数量均在武汉的一倍以上。据市知识产权局对在汉五所部属高校2360 项发明专利申请的实施情况调查分析，只有297 项发明专利得以实施，在武汉本地转化率还不到3%，远远低于全国平均水平9.3%。

（六）亟待规范的中介组织

管理亟待规范。目前我市仅有房地产中介、行业协会等管理规定，中介组织管理法规还不健全和完善，没有建立统一的中介机构管理办法和统一的中介组织资信平台，管理乏力导致中介组织布局不合理，发展不平衡。行政色彩浓厚。部分中介组织隶属于政府行政职能部门，其管理职能、组织结构带有明显的官办色彩，难以通过公平竞争实现优胜劣汰，导致社会中介组织在经营管理上缺少动力和活力，不能够真正独立面向市场、服务社会。组织规模偏小。武汉中介机构注册资本在50 万元以下的13654 家，占总数的60.6%；50—100 万元的2635 家，占总数的11.7%；两项总共占注册资金的72.3%，100 万元以上的只占到总数的27.7%。同期广州、深圳、上海注册资本100 万元以上的中介机构数量都占总数的 50%以上。社会公信度不高。中介组织内部自律性较差、从业人员素质较低，

我市营利性中介组织资本规模分布

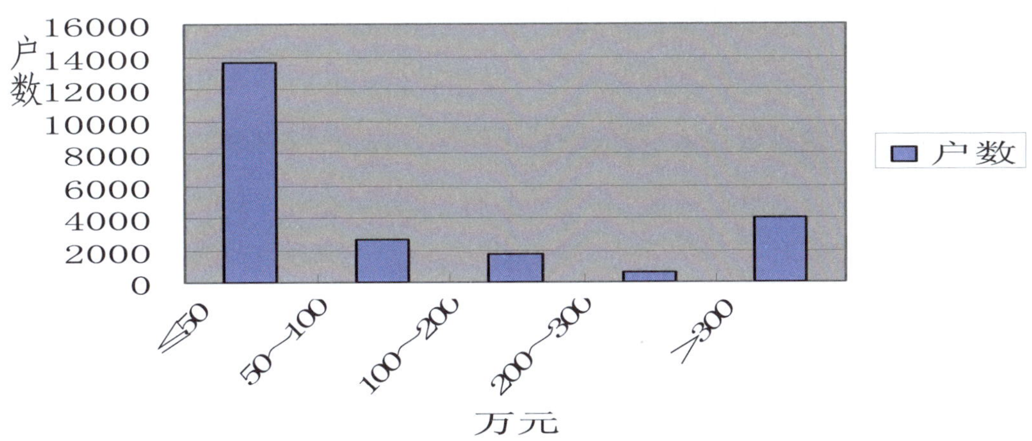

资料来源：工商局2012年提供的数据整理。

缺乏权威信息平台，社会公信度不高。部分中介组织提供虚假信息，收费标准混乱，服务质量低下，违规、违法操作的现象时有发生。中介信息和服务不透明，与规范的中介组织标准相去甚远。

三、加快要素市场建设的若干建议

（一）统一一级市场，放大二级市场

统一土地一级市场。统一土地一级市场主体，实行全市统一的土地管理制度，建立覆盖全市的土地供应价格机制和交易规则，逐步将远城区、开发区经营性用地纳入全市统一土地平台。科学编制全市年度土地供应计划，合理确定供应规模和节奏，适当增加计划弹性；适度调整供应结构，处理好保障性住房与商品房开发的关系，保障重点区域、重点项目的土地供应；落实“工业倍增”计划的用地需求。放大二级市场。建立有形的二级土地服务平台，完善二级土地交易市场。制定和完善建设用地的交易程序，规范市场交易。创新交易方式，完善挂牌交易，推行交易鉴证。

（二）发展开发性金融，推进金融深化

金融是要素市场体系的枢纽，也是武汉区域金融中心建设的核心。加快推进武汉区域金融中心的建设，必须加强金融市场主体、结构和功能建设，全面推动金融深化。加快发展新型金融组织和专业资产管理机构。鼓励和支持民间资金参与地方金融机构改革，依法发起设立或参股村镇银行、贷款公司、农村资金互助社等新型金融组织。大力推进各类金融机构集聚武汉，积极引进和培育具有国际竞争力的综合性金融控股集团。发展专业资产管理机构，引导民间资金依法设立创业投资企业、股权投资企业及相关投资管理机构，推动投资银行、基金管理公司、资产管理公司、货币经纪公司、融资租赁公司、企业集团财务公司、汽车金融公司等各类新型金融机构发展。鼓励国有银行和股份制银行在符合条件的前提下设立小企业信贷专营机构。创新发展多元化金融产品与多层次金融服务体系。鼓励武汉辖区内各银行机构加大对小微企业的信贷支持。支持发展面向小微企业和“三农”的融资租赁企业。建立小微企业融资综合服务中心。积极发展各类债券产品，扩大企业（公司）债券发行规模，探索发展市政项目收益债券、外币债券等其他类型债券。壮大资本市场参与主体，做大做强证券公司。推动更多企业尤其是小微企业通过债券市场融资。建立健全小微企业再担保体系。加大上市公司市场化并购重组支持力度，推进企业通过主板、创业板等多渠道上市。重点打造东湖资本特区。鼓励金融机构进行体制、产品、工具、管理和服务创新，将东湖打造成金融创新的试验区。积极引进国际金融机构后台中心进驻东湖，发挥金融后台服务中心的辐射功能，提升我市全国性金融后台服务中心发展水平。大力引进国内外高素质金融人才，完善金融人才培养、引进、使用和管理机制，着力打造金融教育中心中心和科技金融的创新基地。组建科技金融机构、建立三板市场，打造融资渠道畅通、融资手段多样、资源配置高效的资本资金汇集区。

（三）推进资产证券化，激活产权市场

资产证券化能有效解决生产要素的不可分性与存量资产的量化流动性之间的矛盾，提高资源配置效率。必须尽快实现产权市场从实物型向证券化的方向转化，促进武汉产权交易市场创新发展。推进国资和公共资源证券化。结合股权、物权、股权附带债权、增资等不同交易标的类型，充分运用产权与证券两个市场联动、非上市公司与上市公司两种资源联动的方式，推进国有资产和社会公共资源交易，支持引导国资、公共资源和非国有企业资源跨区域并购重组。丰富和发展交易品种。发展私募股权交易市场，为非上市公司股权、私募股权投资基金份额交易提供市场平台；发展环境资源交易市场，扩大碳排放交易、排放权有偿权交易；发展农村产权交易市场，促进资本要素与农业生产要素的有效对接；发展文化产权和技术产权交易市场，开展文化创意产业物权、股权、知识产权等交易；发展技术产权交易，促进技术发明创造转化为现实的生产力，加大知识产权保护力度；发展林权交易市场，盘活森林资源。加快推进业务创新。支持产权交易机构探索和开展企业托管、股权登记托管、股权融资、做市商交易制度、保荐人制度、知识产权质押融资、知识产权资产证券化、科技型中小企业上市前孵育等产权市场创新业务。以交易所化理念创新发展大宗商品、航运物流等专业交易市场，为实体经济发展提供专业的第三方交易、信息咨询、物流配送等服务，形成若干交易品种的“武汉指数”，提升产业层次。

（四）增加人力资本投资，优化人力资源结构

加大人力资本投入。加大财政资金投入，引导社会资金投资人力资源开发，培养造就一批产业领军人才、项目带头人和技术骨干。创办产学研联合体，建立人才与产业互促机制。加强劳动力的专业技能和职业技能培训，投资建立一批面向社会提供专业技能和职业技能培训以及技能鉴定服务的实训基地，发展职业培训市场。发展人力资源服务业。深化行政体制改革，促进人力资源市场服务和公共就业服务并行发展，建立完善公开、平等、规范的人力资源服务业准入制度，为民营人力资源服务机构提供平等竞争机会，鼓励和引导外资、民营资本投资人力资源服务业领域。加快人力资源服务企业品牌化战略，引进国内外知名人力资源服务机构，推动资产重组和资源整合，培育集团化、规模化、品牌化运作的人力资源服务企业集团。消解制度性壁垒。分步骤地消除户籍制度带来城乡分割、区域封闭、就业政策等方面的劳动力市场化的制度性壁垒。实施平等、健全的社会保障制度，实施强制性的社会保障制度，健全劳

动力市场的发展。深化人事制度改革，使人力资源能够由市场供求、价格、竞争机制等市场因素进行资源配置和调节。

（五）实行买方激励政策，不断扩展技术市场

实行买方激励政策。扬弃片面的卖方激励办法，尽快制定并实施科技成果买方激励措施。充分运用相关金融工具和政府投入撬动金融资本、创新资本和社会资本向买方倾斜。建立技术成果应用投资风险补偿金制度，支持应用创新技术成果的种子期、初创期的企业发展。完善技术市场服务体系。实施技术转移体系培育工程，构建以技术转移示范机构、示范企业、示范基地为基础的技术转移服务体系。大力发展科技企业孵化器、生产力促进中心、技术转移机构等综合性技术中介服务机构，培育技术中介服务市场，促进企业和中介服务机构的交流和合作。

（六）推进市场化法制化，发展壮大中介组织

规范市场，健全管理有序的组织体系。打破部门所有、部门管理、地区封锁、业务割裂的现状，建立统一对外的中介管理机构。建立分类管理制度，为中介组织创造一个宽松的社会环境和执业环境。建立统一行业规范，编制市中介组织设立导向目录，建立相关管理制度。扶持品牌，带动中介组织发展壮大。对规模较大、行业领先的中介组织，支持其形成自身企业品牌，通过品牌龙头企业引领全市中介组织发展壮大。加大扶持力度，充分发挥中介组织在政府公共政策制定中的重要咨询作用，不断拓展中介组织的发展空间。加强自律，提高中介组织公信度。中介组织行业协会要制定“行规”，协调本行业事务，实行同行业自律。构建市场中介组织资信动态情况记录、社会评价、诚信公示和失信惩戒等信用管理制度以及诚信守约的行业管理制度。开展社会中介组织的专业化培训，加强会员自律意识、技能习得，提高中介组织自身素质。

（武汉市社会科学院课题组）

武汉珠宝首饰行业发展对策研究

随着中国经济的高速增长，人民消费水平不断提高，珠宝首饰业获得了飞速发展，国际一线品牌如CARTIER、TIFFANY,香港品牌周大福、周生生、六福等纷纷进入中国内地市场，与众多本土珠宝品牌相竞争。武汉要建成“国家商贸物流中心”，面对巨大的国际国内奢侈品市场，武汉珠宝首饰行业如何发展壮大是一个紧迫而长远的问题。今年6月，香港珠宝巨头周大福把生产基地内迁的橄榄枝抛向武汉，在武汉投资建立周大福珠宝文化产业园，给了武汉承接香港等地珠宝产业转移的机遇，武汉如何继续筑巢引凤，吸引更多的珠宝巨头投产武汉，形成规模化的产业集群效应，值得研究。

一、武汉珠宝首饰行业发展现状与问题

武汉珠宝首饰行业生产企业少，规模小；销售额不大，外来品牌占主要份额。与深圳比块头，武汉难以企及。

（一）生产加工企业太少、规模小

国内珠宝首饰加工主要在三地，分别是深圳、武汉和绍兴（明牌首饰），深圳的珠宝加工占了全国的90%份额。虽然武汉的首饰加工在全国具有比较重要的位置，但与深圳比块头，武汉不能企及。

深圳珠宝首饰产业形成了完整的产业链和产业集群。2009 年，深圳市注册珠宝企业约2300家，自有品牌约2200个，其中，珠宝生产加工企业约占41%；珠宝批发贸易企业约占31%；珠宝零售企业约占10.5%；珠宝包装用品批零约占5.7%；珠宝及其用品设计企业约占 4.3%；其他珠宝相关业务企业（包括珠宝设备生产、珠宝维修企业、专业市场、珠宝鉴定检测机构等）约占7.5%。2008年深圳珠宝生产加工总值超过600亿元人民币，从业人员约12万。

武汉有珠宝企业300家，有珠宝首饰批发企业8家，零售企业200多家，而生产加工企业只有3家，且是武汉珠宝首饰行业仅存的硕果——珠宝三剑客，分别是武汉新世界珠宝金号有限公司、湖北金兰首饰集团有限公司、武汉金凰珠宝股份有限公司，珠宝行业从业人员3000人。武汉三大珠宝首饰加工企业年黄金加工能力30吨左右，年生产总值 50 亿元，三大品牌均获得了“中国名牌”称号，各自的年产值也在 20

亿元左右，具有一定的规模。但是武汉珠宝首饰加工的整体情况与深圳相比，差距非常大：一是加工企业非常少，没有形成产业规模，没有形成产业集聚；二是国内市场占有份额很小，无法与深圳相比；再次，加工品种单一，武汉新世界珠宝金号有限公司以黄金饰品加工为主，湖北金兰首饰集团有限公司以黄金饰品、铂金饰品和白银饰品加工为主，武汉金凰珠宝股份有限公司以黄金饰品加工为主。

（二）销售额小，外来品牌占主要份额

武汉有珠宝首饰批发企业8家，零售企业200多家，绝大部分是代理销售外来品牌，年零售总额60亿元以上，其中，本地企业的零售公司的销售大致占到18%，外来品牌的销售份额占到80%。据了解，外来品牌对本地品牌的竞争和冲击，主要原因不是本地产品不如别人，而是几种综合因素的结果：本地企业少，没有完整的产业链，相对成本高；本地税费偏高，成本就高，容易输在价格战上；本地品牌少，市场占有份额小；本地购买力还有待提高。

（三）珠宝首饰鉴定单位有三家

湖北及武汉有资质的珠宝玉石、金银饰品质检、鉴定单位仅有三家：湖北省金银饰品质量监督检验站（武汉金银珠宝检测中心），位于湖北省地矿局地质博物馆六楼；中国地质大学（武汉）珠宝检测中心，位于湖北武昌鲁磨路388号珠宝学院4楼；武汉产品质检所。

（四）发展滞后的原因分析

1.政策扶持、引导不够

在体制转轨、黄金珠宝市场发生重大变化的转折关头，我们没有相应的政策措施，去鼓励扶持珠宝首饰行业的发展，去规范珠宝市场竞争秩序，去制止和打击恶性竞争，去促进珠宝行业持续、稳定、健康地发展。

2.税费过重，本地企业发展困难

武汉新世界珠宝股份有限公司董事长孟汉华坦言，就目前武汉市场黄金珠宝的价格而言，已经是定到很低水平，即使是与港台企业相比也应该有竞争力，但为什么体现不出来呢？原因在于相关的政策还不配套，尤其是税费过重，企业难以承受，使商品的成本就比别人高出那么一截。而香港的首饰业税收负担很轻，发展起来就有很大的空间。，在这样一种恶性环境下，武汉珠宝企业规模难以壮大，所占的市场份额就少。

3.外地品牌进入，竞争激烈

市场经济放开后，具有外资背景的知名珠宝品牌，如周大福、谢瑞麟、意大利欧罗普等首饰入鄂，国内知名的百泰、周大生等品牌更是行销荆楚大地。外来珠宝饰品生产过程中产业链更优，在竞争中更具优势。外来品牌和外来企业对本地市场的冲击、对本地企业的竞争和改变起到很大的作用。

4.生产企业规模小，没有形成产业链

武汉金饰珠宝行业协会秘书长李尤斌说，武汉以黄金珠宝销售为主，生产企业只有 3 家，黄金珠宝生产设备、模具等配套产业基本空白。

5.珠宝人才流失问题严重

一方面，武汉珠宝生产加工没有形成产业链，行业规模小，名气小，珠宝人才和技术容易流向更具有价值取向的地方；另一方面，珠宝加工人才的培养没有专门的部门，仅靠企业来培养，培养成才最短也需要 2—3 年，往往培育出来的人才又流向了深圳等地。

二、武汉珠宝首饰行业发展的机遇与优势

中国地质大学珠宝学院院长、湖北省珠宝玉石首饰行业协会副会长杨明星认为，周大福珠宝生产基地迁址武汉是给武汉一次很好的机遇，武汉可借这样的机会，吸引更多的珠宝巨头搬迁武汉，吸引更多地配套产业逐步打造珠宝产业集群，未来可望把武汉珠宝打造成又一个千亿元产业。

（一）机遇

1.国内购买力增强，珠宝消费强劲

改革开放以来，我国经济保持了持续、稳定、高速的增长，国民人均 GDP、人均可支配收入实现了大幅度的增长。2011 年北京人均 GDP 达到 80394 元（12447 美元），武汉人均 GDP 为 75066 元（11720 美元），均达到中上等国家水平。居民的购买力也大幅度的上升。在金融危机的影响下，全球对金饰的需求明显下降，而中国市场对金饰的需求却在增加，2009 年中国的珠宝首饰产品的销售仍然保持快速增长，尤其是黄金饰品产销两旺。

2.中国内地珠宝市场的发展空间非常广阔

巨大的国内消费市场成为国内黄金珠宝企业发展的基础。一是中国黄金珠宝首饰市场的消费增长将主要靠婚庆、钻饰消费和境外来华游客消费等三个需求来拉动，而这三个方面都正处于上升的空间中。二是根据国际现有的统计方法，在世界国家和地

区人均黄金拥有量排名中，台湾以人均 8.6 克高居第一，美国、香港为人均 6.6 克，中国大陆人均尚不到 0.25 克，市场潜力不言而喻。三是中国珠宝玉石首饰行业协会常务副会长兼秘书长孙凤民预计，到 2015 年中国内地珠宝年销售额将达到 3000 亿元人民币，中国的珠宝业正由“全球最有潜力的市场”向“全球最大的市场”演进。

3. 产业转移的机遇降临

一是后危机时代，市场再次洗牌。2009 年以后，国际市场需求低迷，我国珠宝首饰业发展的动力是开辟国内市场、出口转内销，为了降低生产成本，沿海及发达地区的珠宝产业必然要走产业升级和产业转移这条路，这系列的阵痛也给内地珠宝产业的发展带来机遇。二是周大福在武汉建最大的珠宝产业园。周大福把生产基地内迁至武汉，打造大陆最大的珠宝文化产业园。2012 年 6 月，香港珠宝巨头周大福经过反复的考察、洽谈，最后把生产基地内迁的橄榄枝抛向武汉，在武汉投资建立周大福珠宝文化产业园，将成为中国大陆最大的珠宝文化产业园，将来周大福 70%的珠宝首饰生产加工都出自武汉，预计投产后可实现年产 30 吨黄金饰品，年销售额 150 亿元，税金 2 亿元，新增 5000 个就业岗位！

（二）优势与核心竞争力

1. 区位、交通枢纽、商贸物流、科技人才优势

武汉区位与综合交通枢纽优势使其成为重要的人流、物流、商流和信息流等重要资源中心和市场中心，是承接产业转移和构建区域共同市场的理想区域。武汉自古是商贸重镇，当下建设国家中心城市，商贸物流中心的功能已逐步完善和突出体现。武汉近几年的发展，自主创新能力大幅提升，科技成果商品化、资本化、产业化步伐进一步加快。这些浑然而成、得天独厚的优势为武汉珠宝明天的蓬勃发展奠定了良好的基础和平台。

2. 潜在的资源优势

湖北省的珠宝玉石自然资源主要有鄂西竹山的绿松石、黄石的孔雀石和郧县的米黄玉等；人工资源有鄂州等地的淡水养殖珍珠。竹山的绿松石当前产量约为 30 吨，占全国的 70%，占世界的 50%，具有潜在的资源优势。

3. 珠宝人才优势是核心竞争力

中国地质大学（武汉）是国内唯一一所有珠宝学院的大学。 珠宝学院从 1994 年起承担宝石学方向本科生教育任务，2000 年经国家教育部正式批准，设立了面向市场、面向未来的宝石及材料工艺学本科专业，现招收宝石及材料工艺学方向和珠宝首饰设计方向本科生，同时还培养更高层次的宝石学硕士生和博士生，每年都有硕士生毕业。多年来珠宝学院努力开展宝石学领域的科学研究和国内外学术交流，在钻石、翡翠、有色宝石、有机宝石如珍珠的研究方面都取得了重要成果。其每年向社会输送珠宝专业人才数百名。

三、武汉珠宝首饰行业发展的建议

（一）加强市场执法，规范和维护良好的市场环境

市场管理部门要严格执法程度，严厉打击和处罚假冒伪劣产品的贩卖者，阻止假冒伪劣产品进入市场，阻止假冒伪劣产品对市场价格的破坏，使珠宝市场在一个良性的环境下发展。完善珠宝玉石协会组织，使其更好地服务政府、服务社会、服务会员。完善监督检测工作，提高质量检测站和质量监督检验中心的服务，对每一款珠宝做到认真检测，不弄虚作假。珠宝厂家也需要保证产品质量，从原料采集到设计、加工、检测都要符合标准，精益求精，在现有的有利条件下更好保证消费者的权益，增加消费者的信任度，提高企业信誉和知名度。

（二）加强政策推动，承接产业转移，引进更多优秀珠宝生产企业

一是，针对像周大福这样的转移企业，根据其需要，给予适当的政策，如适当的税收优惠等，让其愿意到武汉来投产。二是，全力配合和跟踪服务引进的企业，为企业建好配套设施，方便企业安家。三是，用心维护、推进与现有引进企业的合作，促进更多的投资跟进，实现双赢的目的，同时也可以产生筑巢引凤的效果，让更多的海内外珠宝巨头和新兴企业亲睐武汉、投资武汉、聚集武汉。

（三）着力培育一批上规模的龙头企业，注重培植珠宝产业链

行业龙头企业具有人才、资金、品牌等优势，通过对此类企业的扶持，将会带动武汉珠宝行业的壮大发展。培养武汉珠宝龙头企业要从三个方面着手：一是对本地生产企业，借鉴香港、深圳的经验，出台一些政策大力扶持，改掉和调整不合理的税收，使其在市场竞争中具有可参与性。二是将武汉珠宝企业分类分层次、突出重点、扶持重点，采取或制定相应的扶持政策和措施，着力培育一批上规模的龙头企业。三是依靠龙头企业做大做强，发展完善武汉珠宝产业链。把生产、加工、销售有机联结起来考量，坚持谁有能力谁发展，谁有本事谁牵头，谁当龙头推动谁的思路。只有壮大了产业集群，才能发展相关的配套产业，开发相关上下游的产品的生产。

（四）重视人才的培养与引进

一是着重培养创新型人才。建立珠宝设计创意中心，完善人才培训机构。通过行业协会的努力，每年拿出一定数额的经费用于培育及奖励“武汉珠宝设计师”。对获得国内外各类型珠宝设计大奖的珠宝设计师，给予现金奖励。同时，面向全球定期招聘国内外、特别是国际上的优秀珠宝设计大师到武汉就业发展，并制定政策创造优惠条件吸引国内外的顶级珠宝设计师到武汉开设专业的珠宝设计工作室。二是全面提高从业人员素质，培养与吸引珠宝专业人才。通过行业协会牵头和协调，促进武汉珠宝企业与中国地质大学珠宝学院的深度合作，为珠宝企业定制、培养、培训一批紧缺的中高级人才，培养一批适应技术进步需要，熟练掌握专业技能，能解决高难工艺问题的高级技工。

（五）促进珠宝行业与旅游、文化产业的融合发展

珠宝旅游业是把珠宝首饰文化、宝玉石科普知识教育与旅游、休闲、商贸融于一体，形成特色鲜明、文化深厚、商业繁荣的商业文化特色旅游。有分析认为珠宝旅游业的发展前景十分看好，其既普及珠宝文化知识，又把旅游、休闲、商贸结合起来，提升珠宝行业的品位和亮点，同时也可拉动城市商贸业、旅游休闲经济的发展。珠宝的灵魂在于设计和创新，珠宝产业的发展在于珠宝的生产制造，发展武汉珠宝旅游业几乎是和武汉建设国家中心城市（国家创新中心、国家先进制造业中心、国家商贸物流中心）的努力方向是不谋而合的。

（六）珠宝企业要注重品牌效益的提高

品牌效益是品牌产出和投入的比值，是消费者对产品的肯定和赞誉。首先，别具一格的品牌特征是企业要寻求的真正的价值。企业要想在市场竞争中保持优势地位，不是靠打价格战来维持的，而是首先了解竞争对手，做到知己知彼，要从竞争对手那里吸取精华，在不断地吸收借鉴创新中提升维护企业的核心竞争力。其次，品牌不仅需要优质的产品，还需要优质的服务来确保在消费者心中的地位。正确的分析市场动向，把握市场行情，了解消费者需求，正确分析消费者的心理，提高消费者消费理念，用品牌文化把品牌理念传递给消费者，让消费者感受到品牌的力量。再次，要注重知识产权的注册与保护，彰显独具一格的品牌魅力，在耳濡目染中让消费者见证品牌的成长。

（执笔人：李翠军、熊莉）

集聚动员创新要素 促进东湖自主创新示范区建设

美国硅谷等科技园区发展的实践经验表明，高技术、高素质人才、科技金融资本等创新要素的集聚水平与规模，直接决定科技园区的发展水平，同时，政府公共服务有助于促进创新要素集聚、集成并转化为现实生产力。

一、建设东湖国家自主创新示范区任务紧迫

2009 年，国家先后批复同意支持北京中关村和武汉东湖 2 个国家高新区建设国家自主创新示范区。国家自主创新示范区位列国家高新区第一方阵，是国家寄予厚望、探索体制机制创新的排头兵。2012 年，我国国家高新区达 105 家，国家自主创新示范区 4 家①。随着越来越多的国家自主创新示范区批复，特别是上海张江及同样位于中部的合芜蚌试验区的批复，东湖自主创新示范区将面对更激烈的竞争，已享有的国家自主创新示范区政策边际效应递减。当前，建设东湖示范区形势逼人、任务紧迫，需要以更大气力集聚动员创新要素，打造内生增长的典型区域。

二、东湖与中关村等国家示范区创新要素集聚情况比较

东湖示范区近几年发展势头良好。2012 年，国家科技部按照产业规模、创新能力等 10 多项指标，对 2011 年全国 88 家国家级高新区综合评比，东湖示范区在全国排名第 4，紧随北京中关村、上海张江、深圳高新区之后。东湖示范区与中关村、上海张江等示范区的差距主要体现在创新要素的集聚规模与经济产出规模上。

（一）东湖示范区经济规模不够大，但经济增速快

经济规模不仅反映生产要素集聚的规模更是实际检验创新要素产出效果的重要指标。我们选取 2010 及 2011 年的数据进行动态分析。见表 1。

2010 年，东湖示范区年增长速度 30%，企业总收入达到 2926.24 亿元，在全国高新区中排名第 9。位居第一的北京中关村企业总收入为 15938.67 亿元，是武汉东湖示范区的 5.45 倍。

①继 2009 年批复北京中关村和武汉东湖 2 个国家自主创新示范区后，2011、2012 年国家又先后批复了上海张江高科技园、合芜蚌自主创新综合试验区（原合肥、蚌埠、芜湖三个国家高新区）为国家自主创新示范区。

表 1　全国 12 家国家高新区指标比较（2010 年数据）

高新区	企业数	从业人员（万）	企业总收入（亿）	工业总产值（亿）	工业增加值（亿）
北京	15720	115.8	15938.67	4988	863.2
上海	1108	33.05	5805.54	3772.19	798.68
西安	2129	24.62	3505.97	2530.03	804.97
广州	1929	33.46	3413.8	2689.45	665.28
苏州	1565	27.49	3141.5	2954.5	739.63
深圳	505	29.85	3117.07	3021.13	801.23
无锡	1021	28.12	3039.24	3020.08	677.09
天津	3463	28.56	3016.42	1845.07	404.74
武汉	2468	32.88	2926.14	2508.78	860.33
成都	1420	26.06	2860.63	2682.79	791.94
长春	884	12.16	2802.62	2732.42	660.49
南京	260	15.28	2776.88	2682.01	492.97
全国合计	51764	859	97180.9	75750.27	19271.73

资料来源：中国火炬统计年鉴 2011 年

2011 年，东湖示范区企业总收入 3810 亿元，北京中关村企业总收入已达 19278 亿元，是武汉东湖示范区的 5.06 亿元。从企业实力看，中关村过百亿企业约 23 家，还有联想等年收入过千亿企业，而东湖示范区去年仅 3 家过百亿企业。虽然东湖示范区经济规模较小，但近两年保持 30%的高增长速度，高于中关村 20%左右的增速，两大自主创新示范区的差距逐年减少。

（二）东湖示范区企业 R&D 活动与科技活动位居前列，但与中关村相比仍有较大差距

企业 R&D 活动与科技活动说明企业内部创新要素的规模，直接反映企业科技创新能力与科技成果转化状况。下表 2 说明北京中关村具有其他省市无法比拟的科技人员及科技经费优势，即使是位居第 2 的上海张江科技园也与中关村有很大差距。武汉东湖示范区在全国科技活动指标排名第 3，但与北京中关村相比，科技活动人员数量、R&D 经费不及中关村 1/3，科技经费内部支出不及中关村 1/4，尤其是科技经费外部支出不到中关村的 1/10，说明武汉东湖企业委托外单位研究的经费少，与研究机构、高校等科研机构的联系不够紧密。

表 2　部分国家高新区企业 R&D 活动与科技活动情况比较

地区	科技活动人员（万人）	科技活动经费内部支出（亿）	科技活动经费外部支出（亿）	R&D 经费内部支出（亿元）
北京中关村	30.7	554.43	68.5	260.43
上海张江	9.18	258.14	15. 2	134.78
武汉东湖	8.38	131.95	4.47	78.73
广州高新区	7.32	139.6	2.46	90.66
深圳高新区	7.41	186.09	2.18	61.73
苏州工业园	4.12	71.78	73.87	23.57
天津新技术园	3.2	97.12	5.18	52.71

资料来源：中国火炬统计年鉴 2011 年

（三）东湖示范区融资环境与中关村相比尚有较大差距

中关村地处首都北京，融资环境具有得天独厚的优势。北京法人金融机构数量居全国第一，金融资产总量全国第一。在强大的金融资源支撑下，中关村创业投资十分发达，活跃着上百家国内外创投机构，在全球范围内管理着超过 250 亿美元的创业资本，集中了全国 40%以上的风险投资项目和风险投资资金。2011 年中关村新增上市公司26 家，上市公司总数达到 206 家，其中境内创业板44 家，在创业板形成了“中关村板块”，新增“新三板”24 家，累计挂牌及通过备案企业 104 家。此外，中关村创业引导资金与创业投资机构合作设立了 17 支子基金，合作规模累计 64 亿元。2011 年，已披露的中关村创业投资案例 300 多个，投资金额约 300 亿元，投资案例和投资金额占全国三分之一。而目前东湖示范区注册风险投资机构仅 20 家左右，注册资本不足 50 亿。北京市财政出资 8 亿元作为中关村高新技术融资引导基金，影响和带动中心企业资本规模近 100 亿元；而武汉市产业引导资金设立晚，规模小，影响和带动社会资本投资的能力有限。

（四）东湖示范区与中关村科技资源集聚差距

中关村在研究机构、国家级重大项目、科技经费及创新要素集聚平台等方面均拥有明显的优势。

研究机构方面，中关村有 2000 家研发机构，而东湖示范区只有 600 余家。中关村研究机构更加多元化，除国家部委、高校和国内知名企业的研发机构外，跨国公司在中关村设立研发机构的有 IBM、微软、壳牌、英特尔、朗讯等，跨国研发中心达 70

家，外籍技术人员超过 4000 人。而东湖示范区研发机构主要来自政府部门、高校、和华为、中兴等国内知名企业，跨国公司研发机构仅美国辉瑞和拟订中的斯坦福大学光谷研究院。这说明，东湖示范区在吸引、集聚、动员国际创新资源上的能力与中关村有较大差距。

重大研究项目方面，2010 年国家火炬计划项目在国家高新区内的有 1280 个，其中北京中关村有 141 个，占全国总额的 11.02%；而武汉东湖示范区仅 22 个，占全国总额不到 2%。

科技活动经费及专利授权量方面，2011 年中关村示范区企业研发及科技活动经费总额超过 750 亿元，增长近 20%。专利申请量达到 1.9 万件，专利授权量超过 1 万件，增长约 30%。而武汉发明专利授权量为 2585 件，企业研发及科技活动经费总额 175 亿元，均与中关村有着较大差距。

创新要素集聚平台方面，中关村还拥有发达的产业技术组织，成为集聚创新要素的重要平台。中关村有企业、大学、科研院所联合建立的各类产业技术联盟达到 60 多个，有代表战略新兴产业发展方向的 TD-SCDMA、移动多媒体产业联盟、清新空气联盟、软件企业出口联盟、医疗器械行业联盟、新能源技术应用联盟、下一代互联网产业联盟、新材料产业联盟、创业产业联盟、生物医药研发外包联盟等。东湖示范区产业技术联盟尚处于起步阶段，数量上无法与中关村相比，但新成立的智能电网产业联盟、物联网产业联盟、三网融合产业联盟都代表着战略新兴产业的最新技术方向。

（五）东湖示范区与中关村科技服务平台差距

科技创新服务平台包括国家大学科技园、企业孵化器、生产力促进中心、技术转移示范机构等。

表 3　北京中关村与武汉东湖国家大学科技园情况

	国家大学科技园个数	资金总额（亿元）	创业公共服务机构（个）	孵化基金总额（亿元）	年末固定资产净值（万元）
北京中关村	14	31.24	280	14.4	5205
武汉东湖	3	4.79	19	0.9192	7820

注：2011 年《中国火炬年鉴》数据资料整理

表 3 数据表明，北京中关村国家大学科技园的数量是武汉东湖的 5 倍左右，资金总额是武汉东湖的 8 倍左右，创业公共服务机构个数和孵化基金总额大约是武汉东湖的 15 倍。

表 4　北京中关村与武汉东湖孵化器情况

	在孵企业个数	在孵企业总收入（亿元）	在孵企业总产值（亿元）
北京中关村	31.24	280	14.4
武汉东湖	4.79	19	0.9192

注：2011 年《中国火炬年鉴》数据资料整理

表 4 数据表明，武汉东湖与北京中关村在孵化器方面差距最大的指标在“在孵企业从业人员”及从业人员的学历构成上，根据 2011 年《中国火炬年鉴》数据，武汉三家国家级孵化器在孵企业从业人员共 4136 人，其中博士 84 人，留学归国人员 75 人，但中关村大学科技园中，仅清华大学科技园一个孵化器的“在孵企业从业人员”即达到 7320 人，其中博士 182 人。

表 5　武汉东湖示范区与北京中关村示范区国家技术转移示范机构情况

	机构个数（家）	总人数	技术经济人（人）
北京中关村	19	952	130
武汉东湖	7	450	68

注：2011 年《中国火炬年鉴》数据资料整理

表 5 数据表明，北京中关村的国家技术转移示范机构个数及技术经济人个数，均是武汉东湖的 2—3 倍。

科技创新服务平台的差距，直接导致了技术交易规模的大小，表 6 为北京与武汉技术交易情况比较。

表 6　北京、武汉技术交易情况比较

地区	输出技术			吸纳技术		
	合同数（项）	成交金额（亿元）	名次	合同数（项）	成交金额（亿元）	名次
北京	50847	1579.5	全国第 1	33370	498	全国城市第 1
武汉	5310	74.1	副省级城市第 1；全国城市第 5	3789	48.6	副省级城市中第 2；全国城市第 6
广州	5289	68.3	副省级城市第 2；全国城市第 6	5252	74.3	副省级城市中第 1；全国城市第 5

表 6 数据表明，在同级别的副省级城市中，武汉输出技术与吸纳技术均在前 1 或 2 名，但是与首都北京相比，无论合同数还是成交金额，都有较大差距。

三、集聚动员国际国内创新要素，建设东湖示范区的建议

当前，要利用部际协调小组平台，积极主动与国家部委对接，进一步推进部省联

动，建立健全跨层级联合工作机制，统筹政府资金投入和土地、人才、技术等创新资源配置，推进政策先行先试、重大科技成果产业化、科技金融改革、创新型人才服务、新技术应用推广和新产品政府采购等工作，最大限度地争取国家支持。同时密切关注中关村的发展动态，争取中关村享有的所有优惠政策。

（一）实施“研发机构引进工程”，促进知识型创新机构集聚

建议新组建物联网工研院、智慧城市工研院等一批国际化、高水平的新型研究机构，重点发展跨国公司研究机构。引进国内外知名大企业、科研设计机构在东湖示范区设立总部和研发中心。进一步支持光电国家实验室、国家重点实验室建设，加快建设武汉光电工业技术研究所、生物技术研究院、中美清洁能源联合研究中心等，促进建设虚拟大学科技园、产学研合作园等，探索知识型创新机构虚拟化集聚模式。

（二）强化资本特区建设，促进创新创业资本集聚

建议在东湖示范区上市办的基础上组建金融服务局，负责示范区的科技金融创新的规划和建设；组织、推动示范区科技金融创新；为示范区金融机构服务，科技企业服务。

培育发展光谷资本市场。以光谷联合产权交易所为载体，设立知识产权质押贷款贴息专项资金和专项担保基金，开展面向未上市股份公司股权交易、知识产权交易、无形资产质押融资等试点。紧抓东湖高新“新三板”试点获批机遇，制定产业政策导向及目录，重点扶持高新企业，对接“新三板”主体与创业板。积极培育和推动各类科技企业改制上市。扩大示范区创投引导基金规模，吸引境内外股权投资、风险投资、创业投资机构到示范区集聚和落户。支持科技支行及担保机构在示范区实施中小企业融资新业务。深入开展小额贷款公司试点，建立风险投资引导、融资租赁、贷款担保风险的补偿机制。支持保险机构为科技型企业提供多层次的风险保障服务，鼓励科技型企业投保科技保险。积极推进股权激励工作，总结邮科院、中冶南方、华工科技等企业股权激励经验，探索在示范区范围内高等院校、科研院所、国有高新技术企业中推广。

（三）打造“知识产权”特区，促进创新技术成果集聚

建议尽快出台《知识产权特区实施方案》，积极支持企业申请国内外专利和版权保护。围绕国家高技术产业标准化战略，选择具有核心技术能力的企业进行标准化示范及推广，推动核心企业、研发机构合作进行科技攻关、产品研发与标准设立。积极探索企业联合大学、科研所的合作研发机制，鼓励企业联合高校、科研院所和新型产业组织，承担或参与核心电子器件高端通用芯片级基础软件产品、大规模集成电路制造装备及成套工艺、新一代宽带无线移动通信网、高档数控机床与机床制造装备、水体污染控制与治理、转基因生物新品种培育、重大新药创制等国家科技重大专项。鼓励以企业为主体的产业技术创新联盟建设，新组建碳捕捉、光纤材料、多语信息处理等一批产业技术联盟。支持产业技术联盟承担国家重大专项，开展关键共性技术的合作研发，协同开拓市场。

（四）加快构筑人才高地，促进创新创业人才集聚

加大实施“3551 光谷人才计划”力度，在光电子信息、生物、清洁技术、高端装备制造、研发及信息服务等重点产业领域，引进一批从事国际前沿科学技术研究、带动新兴学科发展的杰出科学家和研究团队，培养引进一批熟悉国际市场、具有广泛国际联系的产业领军人才和创业团队。

进一步加大东湖示范区“人才特区”建设专项资金扶持力度，加强高层次人才引进和培养。加大留学生项目资助力度，积极推行期权、期股或技术分红。落实比照中关村执行研究开发费用加计扣除、职工教育经费税前扣除、股权激励个人所得税分期缴纳、科研项目经费分配管理改革等试点政策。加快推进部属高校下属企业、中央在汉企业开展职务科技成果股权和分红激励试点。学习借鉴硅谷创新体制机制，凝练、提升东湖示范区创新创业政策，研究制定出台在全国范围内具有影响力的鼓励创业创新政策举措。

（五）提升开放合作水平，集聚国际国内创新要素

推进科研活动国际化。鼓励东湖示范区高校、科研院所与“硅谷”及世界一流科研机构合作建立联合实验室或研发中心，支持国家学术组织、跨国公司和国外研发机构在东湖示范区设立总部和分支机构。支持在东湖示范区建设国际技术转移中心、国际创新园、示范型国际科技合作基地。

推进企业发展国际化。支持东湖示范区有资质企业承接国际工程项目和服务外包项目，扩大高新技术产品和服务出口。鼓励企业在海外设立研发、销售、生产网络，增强专利技术储备，参与国际标准制定，提升国际技术竞争力和话语权。鼓励企业开展跨国并购，帮助企业在跨国并购中实现技术、资本成功整合，提高国际市场地位。

着力发挥示范区辐射带动作用。积极支持东湖示范区与洪山区、江夏区进一步加强联动发展，建设大光谷板块。支持各地与东湖示范区建立战略合作关系，鼓励东湖示范区与省内其他高新区合作共建产业园，开展技术创新、人才交流、项目合作。发挥东湖示范区在“中三角”区域自主创新龙头作用，建立健全东湖示范区与“中三角”区域主要城市间的创新发展合作机制，促进东湖示范区技术、产品、服务、品牌和模式输出。进一步探索推广东湖示范区大学科技园和孵化器等对全国辐射作用，支持推动东湖示范区科技创新成果向全国转移和产业化。

（六）推进公共服务，形成要素集聚动员的良好环境

建议编制发布“东湖指数”和《东湖示范区自主创新年鉴》。借鉴美国硅谷指数、中关村指数的编制思想和方法，结合东湖示范区实际，编制包括创新创业企业、产业发展、创新能力、创新创业环境等方面指标体系的“东湖指数”，监测东湖示范区发展状态和趋势，向国际国内展示东湖示范区创新能力，引导全球高端要素资源集聚。学习中关村编制《东湖示范区自主创新年鉴》，总结展示东湖示范区发展中的好做法、好经验，便于其他园区学习借鉴，同时增进国际国内对东湖示范区的认识、了解。

加强东湖示范区技术转移服务体系建设，深化科技成果转化信息数据平台建设。加快建设国家光电子产品检测中心、软件开发与测试、光电子企业信息协作、集成电路设计、大型仪器共享等平台建设。出台支持中介服务机构发展的优惠政策，积极发展技术专利代理机构、鉴定机构、风险投资机构、信息与咨询公司、会计师事务所、法律事务所等专业中介服务机构，构建完善的中介服务体系，促进创新要素的集聚、互动、对接。

（武汉社会科学院课题组 执笔人：顾晓焱）

我市建立水权交易制度可行性研究

武汉建设国家中心城市，走新型工业化道路是其必然的选择，对水环境的保护和水资源的合理利用无疑是其中重要的基础环节。淡水资源丰富是我市重要的比较优势和发展潜力，开展水权制度改革，是把优势和潜力转化为现实生产力的根本途径。为此，课题组围绕我市建立水权交易制度的必要性和可行性，以及基本思路和方案等问题，进行了深入调查研究。

一、我市建立水权交易制度的必要性

（一）水资源稀缺日益严峻

我市一直享有“百湖之市”和“秀丽江城”的美誉，然而，在经济快速发展的今天，武汉正面临着一种“优于水而忧于水”的尴尬境地，主客水量相差悬殊，本地自产水与可利用水资源总量有限，且时空分布不均，水资源稀缺性日益体现。长江多年平均过境客水占到我市水资源总量的99%以上。从长远规划来看本地水资源远不足以支持武汉市生活、生产以及环境需水的要求，本市经济社会的可持续发展很大程度上依赖于过境客水。同时，我市过境客水的年内分布极为不均，降水量和径流量都主要集中在主汛期，汛期降水、径流占年总量的70%以上，且30%左右是以洪水形式出现，无法有效拦截利用。另一方面，武汉市客水资源虽相对丰富，但客水资源往往无法缓解区域性的缺水问题。全市海拔 50 米高程以上的丘陵地区占 27.8%，这些地区蓄滞水能力不足，径流多以雨洪的形式出现，利用条件差，全市“沿江及平原地带水多，山区和丘陵岗地水少”的基本格局显而易见。

（二）水生态环境持续恶化

我市湖泊众多，原本为重要的水源地，但由于排水体系历史格局的缺陷，市政排污口大部分都顺地势设在湖泊岸线，再通过渠道通江达海。污水集中处理厂也大多建设在湖边，即使污水处理厂 100%达标运行，其尾水水质仍然是劣Ⅴ类标准，且尾水直接入湖，故近年来湖泊水质恶化现象并没有较好地改善。随着“湖改江”工程的逐步实施，江河已取代湖泊成为全市最重要的水源地，但目前江河水质也已不容乐观。根据近几年的水质监测结果，市内的中小河流水质较差，长江、汉江虽然来水量较大，却也只能勉强维持在Ⅲ类水质。考虑到市内水质现状、污水处理水平和水环境承受能力，若一味增大取水量则势必造成市内江湖水体的污染更为严重，对供水安全的威胁和水质性缺水将更加严峻。

（三）水资源管理方式较为粗放

我市目前的水资源管理仍处于一个分散、没有形成统一权威的体制模式；水资源管理仍以行政管理方式为主，没有真正建立起符合市场经济体制要求的水资源管理机制。长期以来沿用这种体制暴露出很大的弊端，如在管理上难以统一、政策上无法协调；水资源利用与水污染治理两者之间缺乏明确的结合机制，难以贯彻“水量与水质并重”的原则；地区间划地而治，部门间难以协调，使得水资源保护在流域范围内失衡，最终导致整体上的水资源浪费巨大污染严重。

（四）水资源利用效率不高

在生产和生活领域存在严重的结构型、生产性和消费型浪费，用水效率不高。在水资源开发利用过程中存在一些比较突出的问题，还存在违背自然规律对水资源无节制开发利用的现象。同时，无论是农业用水或工业用水，都存在很大的浪费。农业用水是用水中的最大户，但我市农业用水利用方法还比较落后，灌溉基本上还是一种浪费型的漫灌，大部分水量被蒸发掉。农田灌溉水有效利用系数目前为 0.4～0.5，而发达国家为 0.7～0.8。同时，农业灌溉用水和农村生活用水仍存在供需矛盾，自产水资源开发利用程度低。而在工业方面，尽管我市近年来的节水改造取得了一定成效，用水效率有了一定提升，但距离国内外先进水平仍有一定差距，如我市万元工业增加值用水量 2005 年—2010 年年均 249.5 立方米，是全国工业万元增加值用水量的两倍，是发达国家的 5～10 倍。

二、我市建立水权交易制度的可行性

（一）阶梯式水价制度的推行

我市从 2006 年 5 月起开始执行阶梯水价，城市供水实行容量水价和计量水价相结合的阶梯式计量水价，并明确了阶梯式计量水价的分级、级差和计算公式。供水价格遵循“补偿成本、合理盈利、节约用水、公平负担”的原则进行合理调整。水价改革充分体现了水资源价值，有利于优化配置水资源、提高用水效率，并促进水资源可持续利用的水价机制形成，从而推动全社会形成人人珍惜水资源、节约水资源的良好局面。

（二）农业供水产权制度改革

为完善农业供水机制，降低农业供水的中间交易成本，我市推行了农业供水产权制度改革，逐步建立多形式的农民用水合作组织(协会)，让农民自己参与管水，负责末级渠系的水量分配、水费收取和渠道维修等工作，实行民主管理。同时积极推行小型水利产权制度改革，对乡村小型泵站、塘堰、输水渠道等小型水利设施进行公开租赁、承包或拍卖，将农业灌溉管理经营权移交给农民，水利、物价等部门对供水单位的收费情况予以监督，从机制上完善农业供水体系。

（三）取水许可制度的建立

取水许可制度是我国水资源产权制度体系的核心内容之一，实行严格的取水许可管理是实现用水总量控制及用水效率控制的基本手段。我市严格按照《取水许可和水资源费征收管理条例》开展了取水许可证的管理工作，规范取水许可程序和建设项目水资源论证制度。以各行政区域内取水大户、排污大户、重点地区地下水取水户以及典型行业的典型企业为重点，规范日常监督管理，并对取水大户实现实时在线监测，监测的总取水量占全市总取水量的90%以上。至2010年末，全市有效取水许可证217套，其中地表水源取水许可证105套，地下水源取水许可证112套；按用途划分，工业取水许可证110套，生活取水许可证107套。

（四）水权交易的萌芽

2011年，武汉遭遇近60年来最大旱，为了“治旱”，我市蔡甸、汉南、江夏和新洲等区向周边地区买客水，买水地包括麻城、汉川、阳新、仙桃，其中最远的水源地距汉100公里。累计花费320万元，购买客水5500万立方，按照东湖库容1.1亿立方米计算，相当于半个东湖，这些水解决了25万亩农田保苗抗旱用水。

（五）可借鉴的成功经验

水权市场在美国和澳大利亚等地运作比较成功，在国内一些地区也进行了交易实践，比较有影响的案例包括：1.东阳—义乌“水权交易”。依据资源共享、优势互补、共同发展的思路，2000年11月24日，东阳、义乌两市人民政府签订了有偿转让横锦水库部分用水权的协议，尽管此案例引发了很多争论，但对形成和培育水权市场具有一定的积极作用和示范功能。2.黄河流域的水权转换。在宁夏、内蒙等地区出现了工业投资为农业砌渠道，节余之水为工业利用，这种工、农业部门之间的水权转换目前较为活跃。3.张掖水票制。张掖市对农户用水实行总量控制，定额管理并颁发“水权证”，农民用水完全实行“水票制”。水票成为控制各用水户年度用水总量的手段，也是进行水权交易的载体。如果超额用水，须通过市场交易从有水票节余者手中购买，农户节约的水票可以进行转让。国内外实践表明，通过市场重新配置水权是提高水资源利用效率的有效途径。武汉可以借鉴其发展经验，并结合武汉本地的发展实际，有步骤、有计划地构建武汉水权交易市场。

三、武汉市建立水权交易制度的基本构想

水权交易可分为水权的初始分配和水权的交易两个基本步骤，水权交易的整个运作过程都应在政府的宏观调控和监督下进行，并由政府牵头组建相关的中介机构提供供需信息，同时出台相关的政策法规对水市场进行规范化管理。

（一）水权的初始分配

初始水权的界定是水权分配的基础和先决条件，是确定水资源的使用权及相关权利归属的过程。目前我市水资源管理正处在从取水许可制度向水权制度过渡的阶段。取水许可以行政管理为主，并没有明确的水权界定。

1. 初始水权量的界定：建立健全用水总量控制制度

总量控制，即约束条件中的分配的水量不应超过总的水权量。根据水资源承载能力，按照各行业的性质和要求，合理确定各种用水标准，确定水资源的宏观控制指标和微观定额指标，明确各区、各行业、各部门乃至各单位的用水指标，确定产品生产或服务的科学用水定额，规定社会每一项工作或产品的具体用水量要求，通过控制用水指标实现节水。为了实现总量控制，可从两方面着手：一是节水，通过节水促进经济社会可持续发展；二是进行经济结构调整，即科学规划经济社会的发展布局，根据水资源充裕程度发展不同的产业，量水而行，以水定发展。其次是微观用水定额管理，即制定各行业生产用水定额和各区生活用水定额。通过制定各行业生产用水定额和生活用水定额，才能在已知全市可利用水资源、各流域水资源的基础上，科学分配水量。

2. 初始水权质的界定

初始水权的质的界定，是实现水资源水量水质统一管理的标志，也是明晰水权所必不可少的一项内容。不同水质的水，其使用价值不同，水权的质量与其财产价值密切相关，必须加以明确界定。因此，要结合区域内水质联合评价的结果实行排污总量控制，从而对区域内的水环境状况起到宏观层面的控制作用。

3. 水权优先权的界定

一是水权主体的分级。在确定了区域内的水权总量之后，需要将其逐级分解，对于有自备供水设施的企事业单位，可由市或区直接分配到这些用水大户，但对于其他

较小的实际用水户则应由市或区分配至相应的最小分配单元，再进而分配至各个具体的用水户。我市水权的初始分配可分三个层次分配至各用水户：由市分配至各区和市水务局直管的规模用水户；各区初始取水权分配至各类最小分配单元和区水务局直管的规模用水户；各类最小分配单元将初始取水权分配至各用水户。城镇生活用水和规模较小的企事业单位主要由水务集团管理或武钢供水公司的供水厂负责供水，即为最小分配单元；至于农业用水户可由村委会或者组织农村用水者协会作为最小分配单元来完成对农业水权的具体分配；生态环境水权一般由各级政府作为其水权主体，其分配单元可以是对生态环境需水直接管理的各级政府或某具体的管理单位。我市水权分配的层次如图 1 所示。

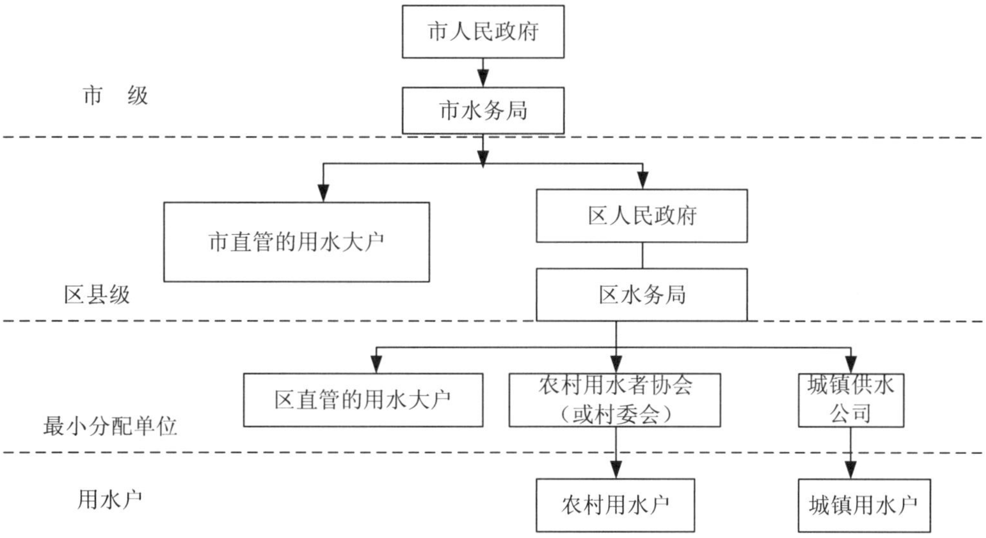

图 1　初始水权分配层次示意图

二是优先次序的分级。初始水权优先权应以占用优先权为主，兼顾河岸权，适当考虑用水目的。人们对水资源的需求大体可分为基本需求、生产需求和生态用水三类。根据需水的重要程度及时间顺序将各类生活、生产、生态用水分别划分为基本用水、发展用水和高发展用水 3 个级别，其优先级依次递减，并结合现状用水、预测用水与总量控制指标拟定分配方案，一般可以公平性、有效性与可持续性作为方案评价的基本原则。

（二）水权交易市场的建立

1. 交易市场建立模式

水资源既具有私人物品的属性，又具有公共物品的属性，因而既需要通过市场机制对水资源进行有效配置，又需要政府的行政手段对其进行监督和管理。目前，由于水权交易尚处于探索阶段，还不具备建立以市场为主导的交易市场的条件，因此还是要建立以政府为主导的水权交易市场。另外，对于像供水、灌溉这些多样化的用水需求必然会受到防旱、生态保护等其他生态用水需求限制，这就说明即使是在私人物品属性领域内，水权交易市场也要受到生态环境因素的制约。所以，在现实转型期的背景下，水权交易市场只能是在保证生态环境用水的前提下而建立的一个“准市场”。市场主体之间的水权交易，只能在政府已对生态环境用水进行预留的基础上进行；政府在这种模式中占主导地位，市场的能动作用都被限制在政府许可的范围之内，且都以保护水资源的环境价值和生态环境用水为前提和条件

2. 交易市场组织体系建设

水权市场的构建，既需要骨骼框架的支撑，也需要相应组织体系的配合。就组织体系的建设方面，具体可以从以下几方面来考虑：

①设立水资源管理委员会。在确定的管理单元内，设立水资源管理委员会，负责水资源的管理和水权的出让。水资源管理委员会主要具有行政和专业技术管理两方面的职能。在专业技术管理职能方面，主要是对水资源的赋存状况进行科学地计量和评估，以确定各单元内总储水量，并在综合分析各因素的基础上确定单元内的可持续出水量和最终可分配水量。在行政职能方面，则要负责制定单元内具体的水权分配方案，并通过水管部门将水权分配给各个供水经营单位。在水权具体分配到各用水户后，它还要负责制定用水户需遵循的交易规则，并监督单元内各用水户之间交易的执行；同时也要负责提供相关的水资源信息以供参考等。

②设立水资源开发经营公司。在水资源的经营管理上，有必要让水管部门与当地政府脱钩，以组建公司的形式实现经营、管理的市场化。具体来说，设立水资源开发经营公司，授予其特许经营权，通过发挥其中介作用，实现经营管理的市场化。水资源开发经营公司的主要职责是，以买方的身份参与一级市场的水权交易，负责开发水资源并经营供水业务，向用水户按照用水合同的约定，按时按量提供用水。

③设立用水者协会。这里主要是借鉴目前已出现的用水者协会。它是一种通过民主选举产生的、由用户自愿组成的专门负责管水用水的，具有民间社团性质的组织。同时，用水者协会还是一种非盈利性的经济组织，其具有法人资格，实行自我管理和独立核算。其具体职能包括：首先，负责在综合各用水户的意愿的基础上，制定本协会内合理的用水、灌溉计划，并负责代表各用水户与供水经营单位签订供水合同和协议；其次，在水权分配的初始阶段，要负责确定本协会内的水权初始分配方案；再者，在水权分配到各用水户后，还要负责制定各用水户所需遵循的交易规则，并提供相关

水资源信息，组织各交易主体之间的谈判，并监督交易的执行。

3. 交易方式

取水许可证无疑是目前最适宜的水权载体，交易双方以各自的取水许可证为水权凭证进行交易，政府建立相应的登记系统在交易发生后及时更新水权持有信息，并对交易的时间、地点、对象、价格和方式等进行全面的记录备案，为政府今后的调控提供必要的数据支持。另外，目前的取水许可制度往往仅限于城区集中式生活供水与企业生产供水，大部分农业供水因较为分散并未被纳入取水许可制度中，《取水许可和水资源费征收管理条例》中明确规定使用“农村集体经济组织及其成员使用本集体经济组织的水塘、水库中的水”无需领取水许可证。未来应一方面重点加强农村地区各种蓄、引、提水工程与输水管线等水利基础设施的建设，一方面逐渐实现水资源的城乡一体化管理，将取水许可制度覆盖到整个农村地区。

4. 交易期限

一般按期限长短的不同可将水权交易分为长期交易与短期（通常指一年及以内）交易。由于目前对第三方影响及各种不确定性因素的评估仍存在许多技术上的困难，永久性的水权交易和跨地区的水权交易受到很大限制。由于短期交易风险较小，对交易程序和相关工程的要求也较低，在澳洲几乎 90%的交易是短期交易，事实证明这种交易模式可能会带来更大效益。国内虽已有若干跨区域、跨行业的水权转换，但并没有形成有效的交易市场，尤其是短期交易不够活跃，而在丰水城市，考虑到区域尺度上水质状况的复杂多变性与排污企业生产条件的变化，未来在交易期限上应允许有更大的灵活性，长、短期的水权交易并存，并鼓励临时性的短期水权交易。

（三）水权交易市场制度建设

1. 水权交易合约制度

水权交易市场是国家设立的产权交易市场的组成部分，应具有其固定的交易程序和交易规则，通过买卖水权交易合约来完成水权交易。水权交易合约是在水权交易市场内达成的标准的、受法律约束的并规定在未来某一时间、某一地点内交收一定数量及质量的水资源商品的合约。这种合约是一个标准化的合约，除了水权交易的成交价格是买卖双方协定的以外，水资源商品的水量、水质、成交方式、结算方式、对冲及交货期等都在水权交易合约中有严格规定，而且一切都要以服从法律、法规为前提。在进行合约化的水权交易时，要预付一定数量的保证金，用于交易双方不能如期履约的情况下，交易中心清算部门对受损方给予保障和补偿，这样可以实现对水权交易市场的风险管理，确保水权交易市场的正常运行。

2. 水权交易登记制度

水权登记制度的作用是对用水进行统筹安排和管理，为防止水权交易对第三方和环境造成的损失，通过交易登记制度可以合理地引导水权的交易，并适时进行监管，从而规范用水，保护水权人的利益。在实施水权交易时应该明确规定哪些水权交易是应该登记在案的。借鉴其他国家的经验，水权交易前后不要改变水的用途，灌区(或农民用水协会)之间或内部的水权交易可以免去登记，由灌区或用水者协会自己监管；而对于跨地区跨部门或流域内部的水权交易应该进行规范的登记和管理。其管理内容是：规定需要进行水权登记的取水范围，授权地方政府，制订各地具体的地表水及地下水的取水量和取水顺序。

3. 水权交易价格机制

交易的价格原则上应由交易双方通过平等协商确定，但由于用水主体需通过缴纳水资源费来获得取水许可，政府所征收的水资源费实际上对水权交易价格有着直接的引导作用。对水质价值的评估是丰水城市水权价值评价最重要的内容之一，政府应给予水质更多的关注，完善水质实时监测系统，在政策上引导加强关于水量水质联合评价与基于水质的水资源价值评估的技术研究，为逐步实现水资源的分质定价与水权分质交易提供数据与技术支撑。

4. 水权交易监管体系

在相应的监管体系上，除了对取水许可的严格审批外，还应逐渐建立起信息披露与公众参与机制、第三方影响评价机制、利益补偿及保险基金机制等辅助机制保障水

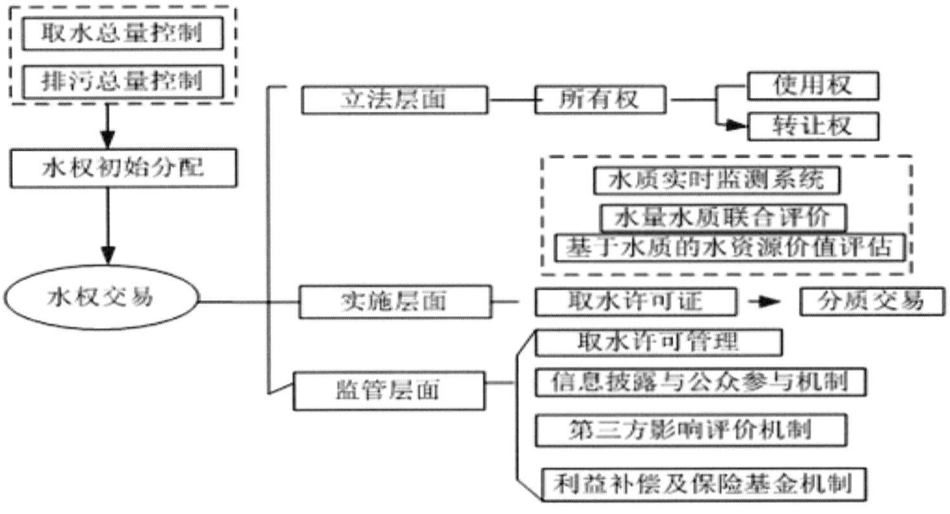

图 2　水权交易制度技术框架

权交易的有效进行。鉴于水权交易中的第三方影响通常是高度复杂的、并具有延时性与隐蔽性，可考虑由水权交易管理机构从交易金额中收取适当比例的费用，政府再进行一定额度的财政补贴，建立起水权交易专项保险基金，以应对可能发生的生态环境危机或对其他利益相关者所造成的损害。

（武汉市社科院课题组 执笔人：姚莲芳　操玲娇）

产业价值链视角下的武汉时尚产业发展研究

内容提要：大力发展时尚产业，是促进二、三产业融合和构建服务型经济体系的有力举措，是武汉建设国家中心城市、提高城市软实力的重要途径。发展时尚产业的关键是紧跟时代潮流、充分发挥武汉文化资源和设计资源的优势，塑造产业价值链，形成武汉品牌力量，提升产业竞争力，从而引领和带动武汉时尚产业迅速壮大。本文旨在启动时尚产业相关理论研究，剖析该产业运作机理，从产业价值链全链接分析其相互影响及作用，形成该产业良性循环网状结构整体，为发展我市现代服务业、先进制造业作出有力支撑。

关键词：产业链　价值链　时尚产业　武汉市　国家中心城市建设

一、时尚产业及时尚产业价值链的内涵

（一）时尚产业的内涵

时尚产业是以消费时代人们的精神及文化等需求为基础的，设计、制造、推广、销售具有时代先进性并装饰、美化人生活的产品或服务的企业组织及其在市场上的相互关系的集合。①作为都市产业的典型表现形式，时尚产业并不是一个独立的产业门类，而是对各类传统产业资源要素，进行整合、提升、组合后形成一种较为独特的产业链，是多产业集群的组合。在产业形式上，时尚产业是跨越高附加值先进制造业与现代服务业产业界限的多产业集群组合；在产品表现上，时尚产业表现为提供体现流行审美情趣和消费理念的中高档消费品或消费服务。

依据时尚产业产品特性，时尚产业行业领域构成可由核心层、拓展层、延伸层来表现。时尚产业核心层主要是指直接对人体本身进行装饰和美化的产业，其中，首屈一指的当然是时装，其他都可以看作是时装的延伸、配套。时装是时尚里最活跃、覆盖面最广的部分，因为时装的流行速度快、变化最繁复多姿，由其带动的流行趋势将直接影响其他的产业。因此，时装行业理所当然被为时尚产业中的“明珠”、价值链中的“龙头”。同时，国际通行的标识中，“时尚”和“时装”都同为Fashion。巴黎、米兰、伦敦、纽约等世界时尚中心，无不以时装“领衔”。①

---

① 高长春，时尚产业经济学导论【M】，经济管理出版社，2011，第3页，第17页

（二）时尚产业价值链

结合价值链、产业价值链的基础理论，时尚产业价值链定义如下：时尚产业价值链是指以人的时尚为根本，以实现时尚产品及其相关产品价值增值最大化为目的，以时尚产品为核心，确保时尚价值、信息、资金等资源在整个价值链上畅通流动，由时尚企业及其相关企业所形成的紧密合作的制作—服务型的企业价值网链结构。②具体包含研发—设计—加工制造—展示、体验—销售—品牌塑造等主体架构环节。时尚产业具有创意设计以及以全球化时尚潮流为导向的天然特性，因此研发、设计是都市时尚产业价值链的关键环节，也是高附加值环节。1992 年，宏基集团创办人施振荣为“再造宏基”提出了有名的“微笑曲线”理论。微笑曲线很好的给出了产业价值链的价值分布特征。时尚产业价值链特征也可按此思路进行解读。（如图）

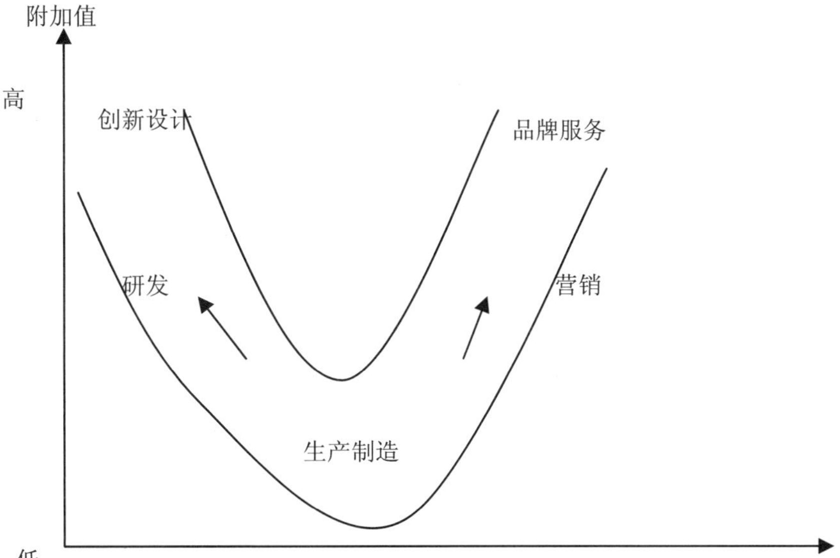

时尚产业价值链特征

我们目前还处在时尚产业价值链的搭建过程中。不完善的时尚产业价值链，无法促进时尚产业的发展，无法创造高附加值及产业集群效应。多数企业现阶段存在时尚产业的价值链认识上的误区，认为由设计人员在产品中适当增加一些传统文化与高科技因素，产品就变成时尚产品了。将产品变成时尚消费品，企业要经历脱胎换骨的变化。企业上下的观念、业务流程和资源分配，都要重新思考。要加大对时尚品牌无形资产的分配、投入和累积，建立健全有利于发展时尚产业的制度，建立时尚品牌的招聘与培训、产品设计与开发、采购与制造、计划与预算、市场研究和广告等业务流程，最

② 高长春，时尚产业经济学导论【M】，经济管理出版社，2011，第 42 页

重要的是要按照发展时尚产业、建立时尚品牌的高标准高要求，来提升企业的价值观、思想境界、精神层次和文化品位。

二、武汉发展时尚产业的意义

从全球四大时尚之都的发展历程来看，发展时尚产业与城市的经济发展水平密切相关，城市人均GDP一般在5000美元以上。按当前汇率和常住人口数计算，武汉人均GDP在2011年成功跨越1万美元③。

在当前武汉市努力建设国家中心城市的进程中，提升武汉都市时尚度成为一项与经济高速发展相适应的高端现实需求。从城市文化形象内涵的建设来看，产业的创意与创新将推动城市的创意与创新，成为城市人文风貌的建设性力量，对城市环境的提升和城市品牌的创建都将发挥重要作用。壮大时尚产业，提高都市时尚程度，打造符合武汉“追求卓越、敢为人先”城市精神的现代时尚产业价值链，有利于武汉展示国际大都市风貌，提升国际化大都市城市形象。

发展武汉时尚产业必须塑造武汉时尚产业价值链。作为时尚产业支柱的现代服装产业早已不是简单的加工制造业，而被赋予了时尚、创意的文化内涵。20世纪90年代，汉派服装曾在国内独领风骚。时至今日，除京沪等时尚产业发达城市外，深圳、杭州、江苏、重庆等省市的服装产业也迅速崛起，汉派服装裹足不前，辉煌不再。面对日益激烈的行业竞争，服装行业产业结构升级和调整迫在眉睫。

服装消费趋向品牌消费，服装的符号意义更加突出。原创设计力量的标榜，品牌精神的彰显，既体现了服装潮流的风向标，更是进一步提升中国品牌、武汉品牌的市场接受度和国际知名度的重要途径。因此，发展以服装产业为主导的武汉时尚产业，壮大武汉服装行业自主品牌力量，实现服装品牌消费、品牌设计到品牌产品产业价值链衔接，是武汉建设国家商贸物流中心的重要内容，是促进武汉市服装产业转型升级的突破口。

三、对武汉时尚产业价值链的总体评价

依据时尚产业价值链构成要素，研发—设计—加工制造—展示、体验—销售—品牌塑造等主体架构环节；以及服装行业是时尚产业的龙头产业这一特性，武汉时尚产业价值链（以服装行业为例）总体评价如下。

武汉具备良好的发展时尚产业的基础和优势，但时尚产业价值链断层问题却相

---

③ 数据来源，武汉市统计局

当突出。应充分发挥优势，从时尚产业全价值链塑造的角度，融通时尚产业的创意、设计、制造、营销、推广、培训等诸多环节，联动文化与时尚、创意与时尚、设计与市场、产业与活动，整合各类资源要素，形成相对完整的产业价值链，寻求产业价值最大化，壮大整个时尚产业发展。

武汉发展时尚产业的基础及优势主要有以下几点：

1. 时尚品牌高度汇聚。国际著名品牌汇聚，高档百货、品牌专卖店、奥特莱斯等业态较全，各类商品和商业服务丰富。外来品牌大量集聚，2011 年 9 月 29 日，武汉国际广场二期开业。LV、GUCCI 等 50 余种国际顶级奢侈品牌进驻，数十家高档餐饮、真冰溜冰场、4D 电影院、高级美容会所陆续开张，可谓集奢华娱乐休闲等时尚消费为一体。2012 年 9 月，武汉第三家奥特莱斯购物广场—罗马春天将在江夏庙山开业。以长江为界，武汉南北都有了真正意义上的奥特莱斯，折扣国际名品大量进入本地市场。国际广场、中心百货、楚河汉街、菱角湖万达等老牌或新兴商圈相继大量引入 H&M、ZARA、优衣库等国际知名快时尚品牌。时尚品牌消费市场空前繁荣，时尚品牌认同度空前提升。

2. 时尚产业基础雄厚。武汉具有发展时尚产业必需的精密制造工业、轻纺工业基础。尤其是武汉作为全国老纺织工业基地之一，轻纺工业面临从过去低价竞争转向品牌竞争，从单纯加工生产转为延伸产业链方向发展的困境，必须转型，这与时尚产业发展的方向一致。武汉作为中国传统的服装生产、销售、贸易中心之一，在生产组织、工艺流程、人员培训等方面，具备良好的发展传统，从而与中部地区的纺织服装产业集群形成有效的协同与配合。

3. 城市文化底蕴深厚。武汉是历史文化名城，拥有历经丰厚文化积淀的传统时尚产品和品牌，需继续挖掘、塑造，重振大武汉文化风采。武汉具有兼容并蓄、海纳百川的文化特色，具有提高城市文化外向度的先天有利条件。开放的武汉国际化程度日益提高，城市的兼容性、宽容性进一步保持和发展，这种多元丰富的文化氛围同样适合时尚产业的丰富内涵。

4. 配套要素基本成熟。武汉具备发展时尚产业的资源优势、产业集聚优势及较成熟的市场优势。2012 年中国超模精英赛、华创会、2012 年华中车展、东湖樱花节等大型活动或赛事是武汉向全国乃至全球推介自己的大好时机，也是加强同国际时尚界交流的良好契机。武汉在交通枢纽、地理区位方面拥有得天独厚的优势，2012 年 4 月 13 日，武汉——巴黎开通直航更为发展时尚产业发挥强劲助推作用。同时，武汉有着较强的媒体传播网络平台，传媒途径多样、即时迅速、受众广泛。另外，相关服务业较为完善（如咨询、展览、设计等）。

5、具备优秀设计力量。武汉具有设计品牌优势，拥有一批有丰富品牌设计运作经验、了解上下游产业链、具有国际化视野的高端人才，奠定了武汉建设“时尚设计中心”的基础。武汉纺织大学、湖北美院、江汉大学、中南民大等高校的时尚设计、原创设计力量仅次于上海、北京。武汉纺织大学服装学院副教授张文辉作为中国新锐设计师的代表，二度凯旋巴黎；以及该校年轻教师朱雯的作品在巴黎时装周“showroom”展示以接受全球时尚买家挑选，都充分展示了武汉学院派的设计力量和武汉人的文化自觉与自信。

着眼于未来，武汉时尚产业价值链断层问题不容忽视，主要有以下几点：

1.研发设计环节：设计环节缺乏真正意义上的领军人物

目前，武汉市现有各类服装企业 6300 余家中仅有 50—60 家品牌服装企业④，它们比较重视产品设计研发环节，大部分拥有设计师团队，并在深圳等地建有自己的产品研发基地。武汉拥有全国最早、中部地区唯一的服装设计师协会。高等纺织服装院校名列国内前茅，武汉纺大服装学院已连续五年居中国服装设计师协会“全国服装设计人才综合评价”积分排名第一，服装设计等各类人才基础雄厚。本地企业的设计师团队包括服装院校毕业生、外地或外籍设计师、企业自身培养的设计师等三类。设计师分类为设计总监、主设计师、设计师、助理设计师四个层次。本地设计师为本地企业服务比重较高，但是主要担任设计师或设计助理，而设计总监、主设计师则通常由外地或外籍设计师担任，并且不仅仅为一家企业服务，同时存在高端设计人才流失严重问题。除品牌企业外，其余 90%服装企业无设计师或以“打版师”（模仿抄袭描摹版型）代替设计师角色⑤。因此，武汉本地服装企业缺乏真正意义上的设计大师。

2.加工制造环节：缺乏具备引领作用的龙头企业

近年来，爱帝、猫人、红人、太和、元田、佐尔美、乔万尼等武汉服装企业品牌成长为区域性强势品牌。以上企业可称为武汉服装行业的骨干企业，但是距离龙头企

④ 数据来源，武汉市经济和信息委员会轻纺处。
⑤ 数据来源，武汉市服装设计师协会。

业尚有一定差距。以乔万尼集团为例，该集团年销售收入 4 亿元，宁波雅戈尔年销售收入 110 亿元，宁波杉杉年销售收入 100 亿元[⑥]。武汉服装行业年产值过亿元的企业屈指可数，大部分企业规模小，处于作坊生产和半机械化生产状态，技术水平不高，自主开发能力弱，产品竞争力不强，重复建设和低水平扩张，造成资金资源浪费及产品积压，制约行业发展。在当前原材料、劳动力、物流等成本大幅上升的多重压力下，劳动密集型服装企业无法把握市场话语权，面临不转型难以生存的状态。

3. 时尚消费环节：武汉作为“时尚消费之都”与建设“时尚创造之都”存在差距

武汉时尚消费市场潜力巨大，时尚产业形态较为单一，主要聚集在销售环节。武汉可称为“时尚消费之都”，但是距离“时尚创造之都”尚有一定差距。目前，武汉形成体现国家中心城市、国际大都市形象的时尚之都，既有一定基础，也存在较大差距。武汉时尚消费市场潜力巨大，2011 年武汉市奢侈品及国际名品销售增幅超过 50%，在中国奢侈品消费市场已暂居第五位[⑦]。武汉目前拥有面向庞大市场的营销型品牌，但仍缺乏体现武汉城市文化内涵、能主导国际国内时尚潮流的自主风格型品牌，时尚热度主要依靠引进的国际一线品牌、港台潮牌、沪穗名牌维系。如果武汉市场以外来品牌为主导，只能称其为国际品牌、国内一线品牌的集散地和国际潮流的跟随者，产业价值链不完整，不能形成品牌力量。

4. 时尚品牌塑造环节：企业发展品牌战略意识有待提升

武汉市服装行业部分骨干企业品牌意识较强，经过多年品牌打造，获得中国名牌的产品有 3 个，分别是“爱帝”“猫人”内衣和“红人”羊绒大衣。中国服装行业协会 2012 年初发布的中国女装品牌 60 强，武汉女装品牌有 9 家上榜，分别是猫人、红人、元田、太和、柏维娅、子岩、福田、合荣和康丽[⑧]。武汉服装行业除骨干企业外，大部分中小企业品牌意识较弱，没有自有品牌及核心技术，创新能力不强，特别是研发、设计和市场拓展能力不够，缺乏核心竞争力和自主知识产权。随着市场细分、服装个性化趋势，部分企业尤其是“创二代”企业正在谋求由批发模式向品牌战略转型，开始将目光投向打造品牌，但囿于资金及风险因素尚未真正成功转型。绝大部分中小服装企业仍陷于低成本抄袭的恶性循环中，品牌战略缺失、风格不清晰，单纯靠走量为生，无法拥有具有高附加值产品。因此，武汉服装行业总体自主品牌意识尚未提升

---

⑥ 数据来源，武汉市经济和信息委员会轻纺处。
⑦ 数据来源，武汉市商务局。
⑧ 数据来源，武汉服装商会。

到相应高度。另外，武汉市服装消费品牌与设计品牌、制造品牌的融合度不高，外来设计力量支撑爱帝等武汉产品品牌，鲜有蕴涵本土文化内涵的产品品牌。“重爆款、轻品牌”现象严重，由此导致武汉服装企业产品主要市场转向国内三线以下城市等低端市场，而未进入高端市场。

5. 时尚平台园区：武汉缺乏集研发设计、展示推广、营销于一体的高端产业园区

武汉服装产业设备一流，是国内外一线品牌贴牌和加工生产的重要基地，其服装产业存量之大居国内第一。但是，在产业载体方面功能单一。武汉目前大型购物商圈建设较为繁荣，但是时尚创意产业园区、时尚休闲娱乐场所的建设，并没有真正遵循时尚产业前端创意向后端发布、推广环节拓展的价值链发展方向。武汉现阶段缺乏集研发设计、展示推广、营销于一体的高端产业园区。营销市场方面除各大商业卖场以外，现有从汉正街搬迁至汉口北品牌服装城，共计已有 3000 家服装品牌经营户进场；制造集聚区有江汉经济开发区、东西湖台商投资区、盘龙城佳海工业园、硚口区长丰、江汉区姑嫂树、江岸区后湖石桥工业园等地；创意产业园方面，汉阳龟北创意产业园以摄影、电子商务、酒吧、家具设计等为主要业态，而洪山创意产业园区以动漫设计、教育培训、电子信息等产业为主，楚天 181 创意产业园则是以现代传媒为主体、秀场为补充的创意产业园。2012 年 9 月，乔万尼时尚创意中心落成并投入使用。这是武汉首个以时尚展示、发布、创意设计、生产制造为主体的时尚创意中心。该中心以乔万尼集团总部为依托，位于江汉经济开发区，总建筑面积 35000 平方米，为武汉时尚产业平台载体建设树立领军作用。武汉需要更多以服装产业为主导，集研发设计、制造、展示推广、营销、产品体验于一体的高端产业园区。

6. 体制机制建设环节：产业扶持政策及相关机构缺乏

在政府层面，推动武汉服装行业发展的责任主体不明确，对武汉服装行业品牌推广、展示、发布及孵化力度不够，在扶持推动时尚产业发展的服务平台和体系建设上有待加强。产业政策引导方向不够明晰，缺乏前沿意识、创新意识及全球意识，且可操作性及与企业对接程度不高，针对性不强。武汉目前发展时尚产业的政策基础有待提升。

另外，武汉缺乏必要的时尚机构以及相关的大型时尚活动。专业时尚机构应具备对外合作交流功能、展示功能、消费体验功能、娱乐功能及服务功能等于一体，是时尚产业发展的巨大推手。目前，武汉缺乏必要的时尚机构和相关的大型时尚活动，例如法新国际机构、亚洲时尚联合会等国际时尚机构尚未将武汉纳入拓展市场对象；

武汉也没有举办有影响的时装周、设计师大赛等相关大型时尚活动。

四、上海打造国际时尚之都的经验借鉴

上海是当前中国经济最活跃的城市之一。作为一个开放的国际大都市，上海具有发展时尚产业极佳的区位优势以及发展时尚产业良好的市场基础和潜力，同时具有发展时尚产业必需的纺织工业和精密制造工业基础。在发展时尚产业方面，上海走在全国前列，较早提出“打造国际时尚之都”以及国际时尚潮流的新领地、策源地，高度重视时尚产业价值链塑造。[⑨]

（一）科学规划制定发展时尚产业的目标定位

围绕“风尚上海”主题，走市场驱动发展模式，加强本土市场与国际时尚的对接，大力发展多样化的时尚产品及相关服务集群，实现传统消费类产业向时尚产业转化。上海发展时尚产业的总体目标是营造国际时尚之都，逐步成为世界时尚展览展示中心、亚太时尚体验消费中心、东方时尚创意设计中心、长三角时尚贸易流通中心和国内时尚产业经营管理人才培养服务中心。

（二）倾力打造上海国际时装周

在时尚产品展示发布环节，时装周被认为是重要平台之一。享有盛誉的上海时装周于 2011 年被列入商务部与上海市部市合作的重点项目。1995 年起，上海每年春天都举办国际服装文化节，2008 年起上海时装周增至与国际接轨的春秋两季发布。作为国家级商贸品牌活动，上海时装周以中国设计、中国服装品牌市场化、国际化为己任，充分挖掘中国时尚价值，搭建展示本土原创设计力量的平台，成为众多海外知名品牌争取加盟以期快速进入中国市场的捷径，实现与纽约、伦敦、米兰、巴黎四大时装周齐名的国际影响力，促进上海时尚产业升级和价值链重塑。

（三）高度重视高端产业园区建设

在时尚产业平台园区建设环节，上海市政府高度重视高端产业园区建设，2012 年初将国棉十七厂改建为上海国际时尚中心，整合现有产业资源，打造集专业秀场、面辅料高端制造、新品研发设计、商务营销、产品体验、人才交流及服务于一体的时尚产业高端综合园区，贯穿服装产业全价值链。上海国际时尚中心、M50、尚街 LOFT、上海国际设计交流中心等现已形成上海时尚产业四大创意园区品牌。

（五）涌现新型产业联盟运作主体

---

⑨ 高骞，上海打造国际时尚之都的探索与实践[M]，上海人民出版社，2010，第 33 页

时尚产业的商业运作模式及行业构成比较复杂，其运作模式的创新是一个系统工程，而不是仅仅就具体运作的某一环节进行改良的产业改革。因此在创新运作模式的过程中，运作主体的角色尤为重要。上海纺织时尚产业发展有限公司依托上海纺织丰富资源，借助创意设计产业，实现了研发提升、产业对接。通过老厂房再造、产业互补、品牌运营与渠道建设等措施，形成了 4 大品牌、6 大平台、涵盖 11 家专业公司的中国时尚产业航母级战略布局。在上海纺织产业完成时尚产业链的打造过程中，上海纺织时尚产业发展有限公司承担了重要推手角色，是新型产业联盟运作主体的成功典型。

五、武汉发展时尚产业的政策建议

以高端化、高附加值化为目标，围绕延伸、优化时尚产业价值链的发展方向，推动商业街区创新发展，充分挖掘时尚元素，大力开展各类时尚活动，在积极引进国际时尚企业总部的同时，促进时尚设计产业的突破发展，不断集聚国际时尚产业的核心要素和关键标准，逐步将武汉建成时尚文化氛围浓厚、时尚消费环境舒适、时尚品牌总部集聚、时尚活动纷呈的中部时尚中心[⑩]。武汉建设时尚之都，是武汉建设国家中心城市体系中建设“国家创新中心”、“国家商贸物流中心”的重要内涵和延伸，有以下方面需要重视。

（一）扶持和孵化武汉设计力量与品牌

在武汉重要历史街区和商业历史文化遗址，建设一批品牌孵化园区，推进本地品牌与时尚潮流的融合与创新，为新兴时尚市场打造一批原创知名品牌。创办武汉服装设计研究中心，把服装创意设计产业作为新的经济增长点来培育，全面打造服装品牌创新体系。服装创新体系的构建关键在于资源整合，包括国内和国际资源，以及业界和各类跨界资源。创建武汉服装创意设计产业园，汇聚国内外高端服装设计团队、时尚创意产业设计精英，助推时尚服装创意设计与文化艺术的跨界融合，成为武汉时尚创意设计的新地标。

（二）把作品转化为产品，塑造武汉产品品牌

武汉服装发展方向是尽快塑造具有武汉气派的产品品牌，走自主品牌设计、展示、运营的模式与路径，瞄准高端市场目标，不能依靠传统的规模经济；既要坚持自主品牌国际化战略，与国际时尚市场接轨，更应加强与本地优秀设计力量的衔接与合作，

⑩资料来源，武汉市发展和改革委员会。

使本地优秀设计力量“墙内开花墙内外均香”，在国际视野下，加快从加工制造思维转换到价值内涵思维。

（三）引进多元发展主体，推动时尚资源的开放性重组

围绕时尚产业价值链的关键环节，组建武汉服装时尚产业联盟，以这种产业组织形式，将企业、传媒、行业协会、设计师协会、相关高校和研究机构等涉及到艺术、设计、展贸、时尚消费和加工制造等资源串联起来。政府构建以扶持培育相关龙头企业、中小企业为抓手，集融资担保服务、成果转化、专项基金、人才培训、法律保障等于一体的时尚产业公共服务平台及体系，完善产业发展规划及优惠政策。

（四）策划“武汉—巴黎国际时装周”，将其塑造成国家级商贸品牌

通过“武汉—巴黎国际时装周”和国际时装交易订货会等项目平台，建立中部时尚权威流行潮流发布和预测平台，建设一批时尚品牌发布平台项目（如时尚品牌展示中心等）。积极引进各类国际著名品牌发布会、国际潮流趋势发布会、新锐设计师作品发布会、国际时尚高峰论坛，建立充分展示东方民族文化元素和汉派文化元素（可称为“汉风唐韵”）的平台。“请进来，走出去”，引入国际国内前沿品牌，推介武汉本土原创品牌，形成武汉时尚品牌风向标。创办由市政府主办、服装设计业和服装企业承办、时尚传媒协办的 “汉派服装风尚创新”论坛，评选“汉派服装十大精品奖”，提高武汉服装品牌形象，推动武汉服装品牌的国际化发展。

（五）对标上海国际时尚中心，建设武汉时尚产业高端园区

利用老厂房或其他闲置的历史建筑存量资源，对标原上海第十七棉纺织总厂变身成的上海国际时尚中心高端园区，在武汉打造国内及中部地区最大，产业功能最齐全，时尚品位最高的集专业秀场、面辅料高端制造、研发设计工作室、商务营销、产品体验、人才交流及服务于一体的时尚产业高端综合园区，贯穿服装产业全价值链，实现行业资源共享，力争形成武汉服装行业百亿创意产业园区。

（六）壮大原创设计力量，提升本土设计师团队国际化水平

加强与国际著名时尚学院的合作，加大对设计师人才的培育和引进，尊重设计师的创意思维，将其真正视为服装产品的重要价值内涵和灵魂，成为主导武汉服装等时尚市场新的价值导向。发挥以武汉纺织大学服装学院张文辉、朱雯等为代表的名师团队的人才优势，以学院派“产学研”模式为范例，将武汉服装设计人才资源进行国际化整合，打造一批武汉服装设计行业领军人物及梯队。实施“中国杰出新锐服装设计师发现计划”，每年由市政府主办一届“设计之都、创意江城”汉派十大服装设计师大赛，主办“武汉创”服装创新设计论坛，发布“汉派风尚服装设计流行趋势”，将创新设计获奖者选送至欧美设计名校深造。学习广州、杭州成功经验，每年由市政府设立专项发展基金500万，扶持和培育行业高端设计人才，使其成为振兴汉派服装产业的引擎。

参考文献:
高长春，时尚产业经济学导论[M]，北京，经济管理出版社，2011。
高骞，上海打造国际时尚之都的探索与实践【M】，上海人民出版社，2010。
资料数据来源:
武汉市发展和改革委员会
武汉市经济和信息化委员会轻纺处
武汉市商务局
武汉市服装设计师协会
武汉服装商会

（执笔人：夏毓婷）

构建多元化地方金融体系，助力民营经济突破性发展

民营经济在党和国家政策的鼓励和引导下，已经成为中国经济高速发展的生力军。统计显示，中国中小微企业有四千多万家，占企业总数的99%，贡献了中国60%的GDP、50%的税收及80%的城镇就业，其间小微企业数量占比最大，是中国经济发展的主力军。然而调研显示，2011年，90%以上的中小微企业无法从银行获得贷款。加快构建民营经济金融支撑体系必将是中国经济可持续增长的关键动力。民营经济的主体是地方性中小企业，因此民营经济金融支撑体系的构建必然要依托地方金融层面的创新。在武汉“十二五”开辟新的经济增长点、建设国家中心城市的背景下，武汉要积极把握好中央金融政策的方向和原则，通过体制机制创新，把中央金融政策用好、用足，构建适合本地区民营经济发展金融支撑体系，助力民营经济突破性发展。

一、武汉民营经济融资现状

近年来，武汉加快民营经济发展，民营经济工作取得显著成效。民营经济规模不断扩张，民营经济的效益逐步提高，民营经济的税收增长速度比较快，就业贡献大，投资活力和产业竞争力不断增强。民营经济的加快发展与我市促进民营企业融资工作的大力推动离不开。据武汉市经信委有关统计，截至2011年年底，武汉市中小企业贷款余额占全部大中小型企业贷款余额的51.24%，同比增长22.85%，增长总额占到全部大中小型企业余额的2/3。以中小企业为主体的民营经济的融资难问题得到了显著改观。但从全国范围以及武汉实际情况来看，民营企业融资难仍然是非常普遍而且十分棘手的问题。调查显示，在问及“武汉民营企业发展环境的突出问题”时，“信贷资金难以获得”列第一位，占比24.1％。在问及企业目前10大困难问题时，“融资难”列第一位，占比19.5％；有57.5%的企业把“资金不足”作为影响企业发展的第一因素，在希望政府进一步改善环境的要求中，“改善金融环境”列为第一位，占比25.5%。这四个“第一位”充分表明民营企业对解决融资难的渴望，对发展资金需求的渴求。总体来看，武汉目前的民营经济融资呈现以下特点。

（一）商业银行民营信贷规模扩大，但融资难、融资贵问题并存

2008年金融危机以后，银监会为了帮助小企业摆脱困境提出对商业银行提出“小

企业贷款增速不低于全部贷款平均增速、增量不低于上年同期增量”的要求。为达到“两个不低于”目标各大商业银行、股份制商业银行和城市中小商业银行纷纷推出了一系列针对中小企业的信贷产品，如“易速贷”、“信用贷”、“供应链融资”、“中长期贷”和“特色贷”五大系列产品，工行银行的“小额便利贷”等。武汉本地的汉口银行和武汉农商行也加大了民营信贷规模，以武汉农商行为例，近两年该行80%以上的贷款惠及中小企业，截至2011年7月，武汉农商行中小企业贷款余额408.8亿元，其中小企业贷款余额240亿元，较年初新增67.9亿元，增幅39.5%，高于全部贷款平均增幅23.6个百分点。农商行在全市金融机构支持中小企业排名中，已连续三年位列第一。但尽管如此，从全市情况来看，中小企业融资难、融资贵问题依然并存。

一是银行对缺乏抵押资产和担保的民营中小企业的金融支持明显弱化。虽然目前几乎所有的商业银行都针对中小企业设计了多样化的金融产品，但大部分银行目前在信贷上十分注重物质抵押和担保。而民营企业大多固定资产少、流动资产变化大、无形资产难以量化，可用作抵押的资产很少，因此，银行较少愿意以信用借款和质押借款的方式给民营企业贷款。同时，在担保贷款上，银行对于民营担保公司担保的贷款几乎处于停滞状态，除非企业把抵押给民营担保公司的抵押物直接抵押给银行。

二是银行信贷融资成本高。2011年，在国家收紧货币政策的背景下，银行贷款额度吃紧，中小企业融资成本快速上升。据人民银行武汉分行营业管理部调查，武汉一半以上的中小企业贷款利率都上浮了10%至30%，有的甚至更高，中小企业贷款利率超过全国企业6%的主营利润率。除了利息成本，其他相关费用也不可小觑，根据对武汉市中小企业融资状况的调查显示，利息支出占总融资成本的比例为85.87%，担保费支出占比6.07%，资产评估费用占比1.78%，平均评估费率为0.26%。除去这些主要费用，中小企业根据自身经营状况和贷款资金用途的不同，还要支付企业年报审计、资信评级、验资、办理他项权证等其他费用，占总融资成本的6.28%，此外，企业在接受银行审查融资项目和办理他项权证的过程中，还存在重复评估、重复收费现象，增加了企业融资成本。根据市经信委统计，由于征信资料缺乏、有效抵押不足，中小企业融资成本约为12%。

（二）小额担保贷款规模和范围不断扩大，支持全民创业和小微企业发展

为大力支持市全民创业，武汉市制定了《武汉市小额担保贷款操作实施办法》，设立市、区两级小额贷款担保基金，通过小额担保贷款解决各类人员自谋职业和创业

过程中资金不足问题。贷款人经政府指定贷款担保机构进行担保，由汉口银行、武汉农商行在规定的额度和期限内发放的小额贷款。按照政策规定，银行应按照基金3—5倍发放小额贷款，2009年武汉市市区两级的小额担保贷款基金已达到2亿元，可贷资金规模在6—10亿元。自2009年来，每年新增发放超过4亿，并扩大申请对象范围，个人单笔小额贷款提高到7万元，劳动密集型小企业提高到400万元。在贷款成本方面，国家对社区服务等20多个微利项目提供贷款贴息，武汉在此基础上更进一步，对国家贴息范围外的项目由市级财政贴息。目前，武汉13个区都成立了担保基金，都可以审核发放小额担保贷款，全市已累计发放超过14亿元，累计发放额居全国85个创业型城市前三名，极大支持了市民创业。按照政策规定的基金倍数和增速计算，2012年，武汉的小额担保贷款额度应在18—22亿元，小额信贷规模还有进一步上升的空间。

（三）民间资本活跃，社会融资增加额甚至超过银行贷款增加额

武汉民间借贷市场主要是民间个人、企业之间的直接借贷以及通过典当行、地下钱庄、贷款公司等进行的借贷行为。活跃在武汉市场上的民间借贷机构，有“银主”自己开办的借贷机构，但更多的是代办中介机构，为提供资金的“银主”和借款人提供借贷平台。民间融资的广泛存在和日益活跃，在一定程度上满足了民营企业的资金需求。根据人民银行武汉分行营业管理部分析，武汉全部融资存量中的73%来自银行贷款，但2011年前三季度武汉的社会融资增加额超过银行贷款增加额。前三个季度该市银行各项贷款余额为9612.43亿元，比年初增加853.43亿元，比去年同期少增210.51亿元，增幅明显下降，而社会融资量却比去年同期增加1076亿元。企业间的委托贷款、债券融资、企业股票上市融资是社会融资额增加的主渠道，非公开的民间借贷还不在此统计范畴，如果加上非公开的民间借贷、典当等，武汉的社会融资额将远远超过银行贷款增加额。社会融资量超过银行贷款，反映民间资本充裕、武汉金融创新活跃。但在货币政策趋紧情况下，民营企业通过民间融资的成本必然会再度拔高，在鼓励拓展社会融资渠道时，也要防范金融风险。

（四）资本市场融资空间有限，中小企业集合债券、集合贷款信托、集合票据等创新型融资方式刚刚起步

近年来，武汉市充分利用资本市场，**一是引导民营企业在中小板、创业板上市融资**。截至目前，全市境内上市公司总数达到40多家。自2009年6月IPO重启以来，全市新上市企业 10 家，其中，光迅科技、南国置业等在中小板上市，中元华电、华中数控等在创业板上市。

二是组织发行中小企业集合债券。中小企业集合债券是为应对金融危机所采取的保护和提振中小企业发展措施之一。它是由一个机构作为牵头人，以多个中小企业所构成的集合为发债主体，发行企业各自确定发行额度分别负债，使用统一的债券名称，统收统付，向投资人发行的约定到期还本付息的一种企业债券形式。这种“捆绑发债”的方式，打破了只有大企业才能发债的惯例，开创了中小企业新的融资模式。2009 年武汉首次发行了中小企业集合债券，以武汉当代科技产业集团股份有限公司等 6 家高成长型中小企业为发债主体，发行 3 年期 2.5 亿元债券，债券利率比银行贷款实际执行利率略低。

三是组织发行中小企业集合贷款信托。中小企业集合贷款信托是为化解中小企业单位融资面临的成本高、风险大等弱点进行的金融创新。它是通过信托机构发起设立信托计划，将需要融资的中小企业捆绑，实行“统一担保、统一命名、分别负债、统一发行”，面向社会融资的一种融资模式。2009 年武汉先后两次组织发行中小企业集合贷款信托，第一期发行规模 2 亿元，发行期限为 2 年，由市政府财政补贴，入选企业只需支付 6.8%的年贷款利息，共有 26 家企业得到 100—2000 万元不等的贷款。第二期发行规模 1.5 亿元，发行期限 1 年，为洪山区内 19 家中小企业提供融资服务。信托贷款发行年成本为 8.8%，企业信托贷款年利率为 6.8%，利差由武汉市及洪山区财政各补贴 1%。

四是组织发行中小企业集合票据。中小企业集合票据是指 2 个以上、10 个以下具有法人资格的企业，在银行间债券市场以统一发行注册方式共同发行的，约定在一定期限还本付息的债务融资工具，有助于解决单一企业因规模较小不能独立发债的矛盾。2011 年武汉发行了首只中小企业集合票据，发行金额 3.8 亿元，期限 3 年，融资成本相对较低，但利率并不固定，大约在 6%。武汉港迪电气有限公司、湖北恒信德龙实业有限公司等四家中小企业从中受益。目前除武汉外，全国只有北京、天津、重庆等少数城市发行了此类集合票据。

此外，2011 年，武汉已经成立了武汉非上市企业股权托管交易中心，该中心主要针对“两非一高”企业，即非上市（没有在沪深证券交易所公开发行上市）、非公众（股东人数在 200 人以下）、具有较高成长性的企业，提供股权流动平台，同时为非上市公司股权形成定价机制和退出通道，为企业提供股权质押融资，为中小板、创业板培养上市资源。非上市企业股权交易在一定程度上也具有融资功能，但融资不是主要目的。

综合上述武汉民营中小企业资本市场利用情况，可以认为通过资本市场直接融资，主要适合于科技型或高成长型的民营企业，加之有严格的考核和资质审查条件，融资空间有限。例如对于武汉首批发行的中小企业集合债券，申请发债有 17 家，拟募集超过 5 亿元的资金，但最终只有 6 家企业募集了 2.5 亿元；发行中小企业集合票据的门槛也较高，要求企业净资产要不低于 2500 万元，成立时间满 3 年，连续 3 年盈利等。而那些在中小板、创业板上市的企业，同样要面临资本市场的波澜与风险。但这并不是说不必重点发展资本市场，相反资本市场的发展会促进民营科技创新企业发展，有利于将社会优质资源配置给成长型企业和新兴产业，有利于转变经济发展方式。因此，今后发展多层次的资本市场是金融改革的重要方向。

二、构建民营经济金融支撑体系的思路

今年“两会”上，如何落实好金融服务实体经济这一本质要求成为代表委员热议的焦点。事实上，关于民营企业、中小企业“融资难”的问题，已经被政府相关部门、学术界、金融界反反复复的讨论过了，形成了各种各样的建议，央行及银监会也陆续出台了一系列政策性、原则性文件。先后出台了“非公经济 36 条”、“中小企业 29 条”、“民间投资 36 条”、“银十条”等政策措施。归结起来主要包括以下金融措施：一是加大对小型微型企业的信贷支持；二是清理纠正金融服务不合理收费，切实降低企业融资的实际成本；三是拓宽小型微型企业融资渠道；四是细化对小型微型企业金融服务的差异化监管政策；五是促进小金融机构改革与发展；六是在规范管理、防范风险的基础上促进民间借贷健康发展，七是构建担保系统、中小企业征信系统，等等。

可见，关于改善民营中小企业融资问题从来就不缺政策建议。目前关键的问题是设计一个贴合实际、具有可行性的执行方案或计划，通过体制机制创新，把中央金融政策用好、用足，构建适合本地区民营经济发展金融支撑体系，并配以可实施、可考核的配套政策。关于如何构建一个高效的民营经济发展金融支撑体系，首先必须明确两个前提：

一是构建民营经济金融支撑体系必须遵循民营企业的融资规律。根据西方国家企业的资本结构，企业合理的融资顺序首先是内源融资，也就是使用留利，只有在留利不够时，才进行外源融资，即向银行借款，或在市场上发行债券，最后的选择是发

行股票。也就是说，民营中小企业在融资是首先是选择内源融资，或者是具有内源性质的融资，包括亲友间的借贷，熟知本企业的低交易成本的民间借贷等；其次是间接融资，以银行借贷为主，也包括民间高利息借贷，如贷款公司、财务公司、地下钱庄、典当甚至高利贷等（这种类型的借贷主要是救急）；再次是在资本市场上发行债券，主要是短期融资券、中小企业集合债券和集合票据等，最后是在资本市场是发行股票，主要是在中小板和创业板。后两者主要是门槛高，限制条件多。此外，对于民营中小企业融资，还要区分长期融资和短期融资，让大型商业银行不断地面对小企业“短、频、急”的融资需求，的确是勉为其难。不同的融资需求要对应不同金融服务和金融产品，这也是在设计民营经济融资体系时必须考虑的问题。

二是民营企业融资问题的解决必须综合发挥商业市场化金融和政策性金融的联合支撑作用。以国有银行、股份制银行为主体的商业性金融体系拥有全国80%以上的金融资源，商业市场化金融必然是民营中小企业融资的主渠道。但事实证明，即使在中央金融政策不断驱动下，商业性金融依然不能很好满足民营中小企业的融资需求。在当前的融资体系和融资环境下，由于民营企业自身的弱质性、商业银行的趋利性、考评体系以及当前信用环境等各项支撑条件的缺失，有必要通过政策性金融来支持民营企业，发挥政策性金融对商业性金融的撬动和“引水”作用。

综上所述，民营经济金融支撑体系，应该是以政策性金融与商业性金融相结合，以财政资金为杠杆，以中小型银行类金融机构为主体，以非银行类金融机构为补充，资本市场不断完善的多元化、多层次的融资体系。

三、金融支持民营经济突破性发展的对策建议

目前全国很多城市和地区都在以中央金融政策为指导，积极探索切合本地区实际的中小民营企业融资解决之道。除了温州设立了金融综合改革试验区，上海、深圳也出台了相对具体的小微企业金融服务工作指引。武汉也要以此次中央金融改革为契机，优化金融体制、创新金融机制，支持民营经济突破性发展。

（一）在金融体制优化方面，建立民营经济发展的政策性融资渠道，大力发展社区银行，推进小额贷款公司向村镇银行转变，鼓励民间资本发展

1. 建立民营经济发展的政策性融资渠道，有效解决民营企业中长期融资问题。我国目前的三家政策性银行基本不面向民营经济和中小企业（开发行已转型为股份制商业银行，但继续承担部分政策性业务）。虽然不断有中央政协委员提议成立全国性政

策性的中小企业银行，但那需要相当长的时间进行人力和资本的筹备。关于建立民营经济发展的政策性融资渠道，我们可以考虑从以下两种切实、有效、快捷的方案：

一是依托现有的政策性银行，建立“民营企业信贷部”，形成独立的民营企业政策性融资渠道。目前，农业发展行已经在民营企业融资方面启动了实践，国开发银行业已经开始从事中小企业的担保，并取得了良好的效果。对于我国现有的政策性银行，可以考虑像世界银行、亚洲开发银行一样，专门成立一个部门，负责给民营部门贷款。因此，我们提出依托现有的政策性银行，组建相应“民营企业信贷部”，对民营企业进行融资支持，有效解决民营企业中长期融资问题。

二是由地方政府部分出资，引导设立武汉民营经济发展银行。关于地方性政策性银行，武汉作为中部地区中心城市，可以在这方面先行先试，成立武汉民营经济发展银行，按照“导向支持、微利经营”的原则，向地方民营经济企业和小微企业，发放低成本中长期政策性贷款。在具体操作上，一是政策性银行要设严格的门槛，这个门槛既包括进的门槛，也包括出去的门槛。比如一个企业到了 5000 万后就不能在这个银行里解决资金问题了。二是政府可以通过给这种政策性银行免税、贴息、资金注入等方式进行支持，并借用国有商业银行的密集网络来降低成本。**三是建立起政策性银行的持续经营机制和风险控制机制。**加强政策性银行与经信委、工商联的合作，在优质企业信息等方面加强合作，共同促进武汉产业经济发展。

2、大力发展以村镇银行、商业银行专业分支行为主体的社区银行，推进条件成熟的小额贷款公司向村镇银行转变，鼓励民间资本组建更多的小额贷款公司，有效解决民营中小企业短期融资问题。

社区银行的概念来自于美国等西方金融发达国家，其中的“社区”并不是一个严格界定的地理概念，既可以指一个省、一个市或一个县，也可以指城市或乡村居民的聚居区域。凡是资产规模较小、主要为经营区域内中小企业和居民家庭服务的地方性小型商业银行都可称为社区银行。在美国的金融条例中对社区银行明确规定了“社区支持计划”，即社区银行所吸收的储蓄存款中必须有 80%用于本地区的发展。这一点在支持民营经济方面很值得借鉴。武汉要形成一定密度的社区银行。一是在七个远城区分别设立村镇银行，支持符合条件的小额贷款公司转为村镇银行。目前武汉地区仅有一家村镇银行设立于江夏区，这与武汉民营经济发展极不相称。我们通过调研中得知武汉地区的村镇银行少，主要是受指标限制。武汉农商行已经咸安、咸宁赤壁、广州增城设立了3家村镇银行，但在武汉本地却没有设立村镇银行。事实上根据银监会2009年至2011年间的计划，全国要设立村镇银行1027家，贷款公司106家，农村资金互助社161家，共计1294家新型农村金融机构。截至2011年底，全国已组建的新型农村金融机构仅786家，与原定目标相距甚远。武汉在设立村镇银行方面应该大有作为。此外，可以大力支持符合条件的小额贷款公司转为村镇银行。温州在改革推动下已经明确要在今年试点将1—2家小额贷款公司转为村镇银行。事实上将小额贷款公司转为村镇银行并非只是针对温州金融改革实验区的政策，2009年银监会已经明确出台了该项政策，武汉完全可以先行先试。二是鼓励商业银行设立专门从事小企业金融服务的专业分支行。对于小企业贷款余额占企业贷款余额达到一定比例的商业银行，支持其在机构规划内筹建多家专营中小企业服务的机构网点，形成一定密度的社区银行网络，支持区域内的民营经济发展。

以村镇银行、商业银行专业分支行为主体的社区银行在规模和信息上都与民营中小企业具有对称性，能够形成更好的匹配效率。但民营中小企业“短、频、急”的融资需求依然离不开小额贷款公司灵活、迅速的机制。因此，要进一步鼓励民间资本组建更多的小额贷款公司，有效解决民营中小企业“短、频、急”的融资需求。截至2010年底，武汉市已有小额贷款公司25家，但只有14家正式营业。小额贷款公司在发展中面临资金来源不足、运营成本高、信息成本高等一系列问题。建议扩大小额贷款公司从金融机构的融入资金的比例（规定比例是不超过其资本净额50%），或者降低其从金融机构批发资金的利率；对小贷公司给予税赋优惠；允许小贷公司共享人民银行中小企业征信管理系统等，降低小额贷款公司的成本和风险。

（二）在金融机制创新方面，明确民营经济金融支持度，提高小企业不良贷款容忍度，推进中小企业私募债、金融租赁等产品创新，完善多层次资本市场体系，探索“投贷联盟”创新模式

1. 继续贯彻“两个不低于”目标，并明确民营经济金融支持度。

在全国金融改革进程加快背景下，尽快出台新的《武汉中小企业金融服务条例》或《武汉银行业金融机构小微企业金融服务工作指引》，继续执行中央关于小企业金融支持的“两个不低于”目标（即小企业贷款增速不低于全部贷款平均增速、增量不低于上年同期增量）。目前，很多银行的数据显示民营中小企业贷款比重在不断提高，但实际上贷款的增量主要集中在中型企业，小微企业受惠并不多。据银监会测算，我国银行贷款主要投放给大中型企业，大企业贷款覆盖率为100%，中型企业为90%，小企业仅为20%，几乎没有微型企业。2010年授信额在500万元以下的小企业贷款占全国企业贷款余额的比重不超过 5%。鉴于此，建议武汉银监部门对辖内银行业金融机构小企业贷款增幅和户数、单户授信总额500万元以下小企业贷款增幅和户数、小企业贷款占企业贷款的比例、单户授信总额500万元以下小企业贷款占企业贷款的比例建立季度监测机制。同时，要进一步明确各类银行对小微企业贷款的占比，如国有商业银行武汉分行不低于10%，全国性股份制商业银行武汉分行不低于20%，汉口银行及其他城市商业银行武汉分行不低于30%，武汉农商行不低于60%；村镇银行不低于75%。通过明确统计口径和贷款占比，切实考核银行对小企业的支持度。

2.提高小企业不良贷款容忍度，改善风险评估及防范技术。

金融机构一直都把风险控制放在首要地位。风险控制固然重要，但不能因噎废食、过犹不及。2012 年初，当温州金融改革实验区获批、改革春风正要惠及民营经济之际，银行业却再次扛起“中小企业贷款成风险重灾区”的大旗。2012年3月底建行、工行、中行、浦发、深发展、兴业、民生7家银行报告显示不良贷款余额和不良贷款率四季度环比均出现“双升”。银监会数据显示，截至2011年四季度末，商业银行不良贷款余额为4279亿元，不良贷款率为1.0%，与三季度末环比，不良贷款余额上升201亿元，不良率上升0.1个百分点。中金公司报告认为中小企业发展最为活跃的中国东部地区，贷款质量恶化最明显，东部地区的不良贷款余额半年环比上升42%。鉴于这种情况，部分商业银行已经明确表示“对中小企业审批总体比去年严格，尤其是对风险缓释措施要求比较严，比如担保、抵押要求高一些”，“对于民营担保公司担保的贷款已经处于停滞状态”，“中小企业风险大……银行可能就考虑一次性贷款在基准利率上上浮35%”等等。事实上，纵观世界宏观经济运行规律，不良贷款的反弹是经济下行过程中的正常现象，目前中国经济处于探底过程，商业银行不良贷款增加是合理的，只要经济不出现所谓的“硬着陆”，银行的信贷风险不会大面积暴露，市场没有必要“谈不良贷款色变”。 其实，不良贷款率的上升，除了经济下行期间中小企业经营困难外，银行方面也有原因，一是银行收缩信贷，造成部分中小企业资金链断裂而出现偿债能力下降；二是2011年四季度以来银行对不良贷款分类评价标准更加严格，导致在风险计量上风险值的增大。根据银行专业人士估计，未来一段时间商业银行不良贷款率将维持在 2%—3%左右。商业银行的内控管理在多年发展中已经得到了强化，即使未来五年商业银行无法盈利，仍不会伤及商业银行的净资产。因此，我们认为，要将民营中小企业与大企业区别开，改善民营中小企业的风险评估及防范技术，提高小企业不良贷款容忍度。

实践中，深圳已明文提出对小微企业不良贷款容忍度放宽至 5%，并明确提出差异化监管指标。上海将科技型中小企业的不良容忍率从一般中小企业的 3%提高至 5%，并在当前信贷资源紧张的时期给予优惠的利率定价。适当提高小企业不良贷款容忍度已经是金融改革背景下的必然趋势，武汉可借鉴上海、深圳的操作办法，将小企业不良贷款容忍度提高至 4%—5%。银监部门对于风险成本计量到位、资本与拨备充足、小企业金融服务良好的商业银行，监管指标可做差异化考核，适用 75%的优惠风险权重，并适当放宽存贷比限制。

3、加快中小企业私募债、短期债券、金融租赁等创新金融产品的推广。

对于代表先进生产力的科技型、创新型、高成长型中小企业而言，通过资本市场融资是未来发展中不可或缺的渠道。因此，加快面向中小企业的资本市场建设、创新资本市场融资产品是金融改革的必然趋势。应该说，武汉在金融产品创新方面跟进的是比较快的，先后组织发行了中小企业集合债券、集合贷款信托、集合票据等融资创新产品，但在这些产品的持续推进上似乎欠缺后劲，开了好头就要克服障碍继续走下去，形成武汉金融创新特色。除了上述融资创新产品，武汉要进一步跟进国内外金融创新动向，并结合本地经济环境及民营企业发展实际情况，在以下几个方面创新推进：

一是发展中小企业私募债。当前，证监会正组织上交所、深交所、证券业协会等部门研究制定中小企业私募债券的一整套监管规则。中小企业私募债具有准入门槛低、募集资金使用灵活（在不违反产业政策的前提下，募集资金用途不做任何限制，如不能投资房地产）、产品自主灵活（债券担保、评级、期限、发行价格、利率等都由相关主体协商确定）、注册审核速度快（从上报到获批的注册时间最长不超过 60 天）等多种优势，是民营中小企业开辟融资渠道的理想选择。当前应积极做好民营中小企业发行中小企业私募债的前期培训、辅导工作，待私募债开闸后能够抢占先机。

二是组织发行中小企业短期债券。目前全国已有部分地区针对高成长型企业进行了中小企业短期债券试点。短期融资券期限较短（1 年），投资者较容易判断和控制风险。与其他金融产品相比，短期融资券具有利率市场化、注册效率高、发行方案灵活等优点，有利于中小企业能够根据自身状况，在较短时间内募集低成本资金，保障正常生产经营，而且短期融资券对发行主体没有担保的要求。武汉的一些大型企业发行过短期债券，但中小企业短期债券尚未试点。建议武汉可以选择一些财务状况较好的高成长型企业，采用集合发行的方式展开试点。

三是大力发展融资租赁业务。扎实推进扩大商业银行设立金融租赁公司试点工作。支持金融租赁公司按照“商业持续”原则，开展中小企业融资租赁业务创新。针对民营中小企业发展融资租赁业务，能够直接促进金融服务实体经济的力度，降低融资风险。建议完善融资租赁公示登记系统，加强融资租赁公示系统宣传，提高租赁物登记公信力和取回效率，为中小企业融资租赁业务创造良好的外部环境。加强对融资租赁业务的指导监督，促进融资租赁行业规范化，管理统一化，合同统一化，在规避风险的同时保证融资租赁有序、规范发展。

4. 稳步推进非上市企业股权交易市场发展，完善多层次资本市场体系，探索“投贷联盟”创新模式。

稳步推进非上市企业股权交易市场发展，加大中小企业上市前期辅导培育力度，支持自主创新和有发展前景的中小企业发行上市。鼓励风险投资和私募股权基金等设立创业投资企业，逐步建立以政府资金为引导、民间资本为主体的创业资本筹集机制和市场化的创业资本运作机制，完善创业投资退出机制，促进风险投资健康发展。此外，针对高新技术成果评估难、创业风险投资市场资金规模有限的实际情况，武汉可以在科技金融服务市场探索“投贷联盟”的业务创新模式，由投资机构与金融机构联手合作，由创投机构给予企业科技成果股权资金，企业以此资产为依托取得银行贷款，从而实现商业银行对民营科技企业的信贷支持。通过股权、信贷方式一揽子解决创业企业的资金问题，提升企业融资能力，拓展融资渠道和空间。

除了上述在金融体制优化、在金融机制创新方面推进，武汉还需要进一步改善民营经济发展的金融生态环境，重构民营企业融资担保平台，完善中小企业征信系统，开展中小企业信用体系试验区建设等。 通过在地方金融组织体系、金融服务体系、民间资本市场体系、金融风险防范体系等方面的先行试验，支持民营经济突破性发展。

（执笔人：谢琼）

上海广州建设国家中心城市考察报告

上海市国土面积6340平方公里，户籍人口1412万人，2011年GDP19196亿，位居全国城市排名第1位、全球城市排名第11位；广州市国土面积7434平方公里，户籍人口806万，2011年GDP12303亿元，位居全国内地城市排名第3位、全球城市排名第27位，可谓富可敌国。2010年2月，住建部《全国城镇体系规划》中北京、天津、上海、广州和重庆列为国家中心城市。

去年，市第十二次党代会提出了用5至10年时间，把武汉建设成国家中心城市的宏伟目标。那么，怎样追赶进入国家中心城市行列，把我市建设成为国家中心城市？带着这个问题，市委宣传部、市社科院调研组于5月3日至8日赴上海、广州进行了考察、座谈和研究。

启示之一：“取法乎上，得其中。”瞄准世界水平，主动参与世界竞争，上海、广州在“十二五”规划中，均提出了建设开放型世界城市的长远目标。

上海大力建设张江高科技园，2011年，园区规划面积从“一区八园”的63平方公里，扩大到“一区十二园”和紫竹高新区的296.4平方公里。广州与新加坡合作建设中新知识城，规划总人口54万人，范围123平方公里，建设用地60平方公里，计划2012年建设初具雏形，实现地区生产总值3,000亿元。广州南沙新区的目标是“打造一个新广州”，规划总面积803平方公里，人口在240万人左右，经济总量达到18000亿元人民币。广州计划打造全球最大空港经济区，涉及4个机场所在区和临近区，覆盖2600平方公里、35%的广州土地面积。

上海打造张江高新区核心园成为代表中国参与国际高新技术产业竞争的特色品牌，核心园围绕IT（信息技术）和BT（生物技术）两大核心技术打造产业体系，2011年经营收入达到3700亿元，同比增长21%，园区企业中经营收入过百亿元的企业4家，过十亿元的37家，过亿元的177家。广州中新知识城目标是，到2020年初步成为世界知识经济高地， 2030年建成具有全球影响力的知识经济高地。广州南沙新区计划用40年左右时间，建设成国际智慧海滨城市，达到香港及其他国际先进城市水平。

武汉2011年GDP达到6756亿元，近几年，每年GDP增加千亿以上。武汉要参照上海、广州制定高标准规划，三大开发区以“再造一个新武汉”为目标，重点发展战略性新兴产业、现代服务业、文化产业等，建设核心园区成为新的增长极；以实施三项国家战略为契机，力争将汽车、光电子、钢铁化工、文化创意等产业发展成为参与全球竞争的核心产业。武汉有基础、有条件在2至3年达到广州当年GDP突破万亿时的水平,成为名副其实的国家中心城市。

启示之二：建设包容性城市、智慧城市，增强硬实力、软实力和巧实力。

经济发展是硬实力，建设国家中心城市首先要做大经济总量。上海的目标是建设国际经济、金融、贸易、航运中心，全面提升国际经济中心城市的地位。上海计划2012年工业投资完成1300亿元，全年确保370个投资亿元以上项目开工，确保265个投资亿元以上续建项目完成计划投资，确保162个投资亿元以上项目投产。文化软实力是建设国家中心城市重要内容。“十一五”期间，上海文化产业增加值年均递增约12.03%，其中2010年文化产业总产出为3335.44亿元，增加值近1000亿元。上海公益性的文艺场馆已实现免费开放，2010年，上海开展群文活动达到47万余场次，参与者逾3608万人次。上海同时还注重综合利用硬实力与软实力形成巧实力，推动智慧城市与包容性城市建设，实现创新驱动，改变城市运行与管理，增强城市控制力和影响力。

广州充分发挥“千年商都”、“岭南文化中心地”的优势，首先打造国际商贸中心和文化中心。同时将传统产业结构进行根本调整，计划到2015年，战略性新兴产业增加值超过2700亿元，占广州市地区生产总值的比重达到15%。计划用5至10年时间建设“智慧城市”缓解城市病，最终目的是释放全民智慧以形成巧实力，推动经济发展从拼“汗水”向拼“智慧”转变。

武汉应该强力推进“工业倍增”计划，突破发展现代服务业。一方面促进工业经济跨越式发展，一方面加快发展现代服务业。同时深入挖掘历史文化资源，大力发展文化产业，复兴汉派文化。综合运用硬实力与软实力形成巧实力，增强城市辐射力和吸引力。

启示之三：集聚全球智力资源，构筑世界性人才高地。

上海针对人才引进，出台了人才引进后居住、医疗、奖励、资助等的新政策。目前，上海已建成人才公寓共约1.77万套，累计服务各类人才5.17万人次。上海创设了“专窗服务”的新方式，可“一口受理、一站办结”引进人才的16大类40项生活安居服务；提供科研攻关、创新创业等方面7大类29个项目的科技事业发展服务；市财政2011年落实了“3个10亿元”，加快建立和形成中小企业融资创新服务体系；浦东新区投入20亿元为人才创新创业提供融资服务，还通过“银政合作”建立风险共担新机制。上海建立市场化的引才机制，部分高级金融人才以及其他特殊专业人才的引进，都是通过人力资源服务机构实现。截至2010年底，上海共有这类机构1229家，世界500强企业中的3家人力资源公司都已进入上海。据上海市委组织部统计，2008年1月至2012年5月，上海已从海外引进人才31713名；留学人才在沪创办企业4300余家，注册资本超过5.7亿美元。

广州把引进高端人才特别是海外高层次人才作为一项长期战略来抓，每年都举办一届中国留学人员广州科技交流会，又专门出台了相关文件形成了完整的政策体系。2011年发布的人才发展规划提出未来10年广州将建成国际人才港，计划到2020年累计再吸引5万名海外人才，以特殊机制创建人才特区，大力发展人才服务业，打造国际人才交流平台，同时注重社科智库和理论大家培育工程，力争到2015年培育20名在全国具有较高知名度的社科专家，到2020年培育10名在全国乃至在国际上具有一定影响力的社科理论大家。

近3年来，武汉通过实施系列引才计划陆续引进海内外高层次人才3000多人，但是相比上海、广州平均每年吸引海外人才5000人以上，我们还有不小的差距。我市应更加重视人才高地建设。不仅要给引进人才提供良好的待遇和服务，还要改善创新创业环境使人才能够快速实现理想；要引入市场机制，一些特殊人才的引进交给专业的人力资源服务机构去实现；要重视本土人才的使用和培养，以免因“重外轻内”而忽视内部人才、吓退外来人才；还应该重视哲学社会科学人才的任用与引进，加强社科研究单位和职能部门之间的交流互动，鼓励社科人才到一线部门挂职锻炼，增加研究课题促进社科人才的成长。

启示之四：重视腹地经济发展，培育区域国际竞争力。

只有战略愿景的区域协同难以推动，而有具体目标则可以引导各区域协同响应。长三角区域以达成人员、商品、服务和资本四大自由流通为目标，结合区域内城市共同关心的问题，设立年度专题项目，签署《城市合作协议》组织实施。并通过人大立法的方式保证区域协作的严肃性、连续性、制度性。上海以整个长三角为依托，发挥腹地经济优势抱团合作，提升上海的功能，使上海在世界城市体系中地位升级，然后又带动长三角区域并辐射影响到泛长三角地区。

从2005年起，广州和佛山双方已建立政府间的合作机制，在空间发展战略上，广州的“西联”战略与佛山的“东承”战略进一步加强了两地对接。广州在各方面带动佛山快速发展，在综合交通体系建设上实现更紧密的对接。以广佛同城化、广佛肇经济圈为突破口形成并逐步完善了区域协调联动机制。

武汉应该借鉴上海、广州的经验，依托武汉城市圈加强城市的腹地建设，积极开展区域合作，建立武汉城市圈区域合作机制，并考虑通过人大立法的方式保证城市圈协作的制度建设。要充分发挥武汉的龙头作用，全面推进城市圈基础设施建设、产业布局、区域市场、城乡发展和环境保护、生态建设“五个一体化”，加快城市圈的融合发展。武汉要发挥国家中心城市的作用，成为中部崛起的核心引擎。推进与长沙、南昌的合作，打造“中三角”，构筑长江中游城市集群，抱团参加全球竞争与合作。

启示之五：拓展城市交通辐射半径，直接通达国际市场。

上海大力发展轨道交通与长三角城际快速交通体系，打造大都市区核心圈、大都市通勤区、大都市外围区，达成上海市域和长三角区域的双重“空间压缩”效应。实现了空间结构升级，培育形成区域性国际竞争力。

广州加快建设和完善以空、海、公、铁和高（快）速道路网络、轨道交通系统为主体的现代交通体系，加强与南宁、贵阳等泛珠三角区域主要城市的合作和交流。打造连通世界、辐射东南亚的区域性交通枢纽，有力地支撑中心城市的集聚辐射功能。

武汉的主要优势是中心区位优势，尤其是交通区位优势。中国经济正在由外向型经济向内需主导型经济逐步转变，武汉正面临难得的机遇，要加快空、铁、公、水、管道、物流等基础设施建设，打造国际国内航空中心、长江航运中心、国内陆路分拨中心，尽快把武汉建设成为国家物流枢纽城市，中西部地区对外开放的门户。

借鉴上海、广州经验，提出我市加快建设国家中心城市的四点建议。

一是科学制定国家中心城市建设规划目标。在3—5年国家中心城市建设目标的基础上，将未来30年、50年武汉打造世界城市的战略目标纳入规划。

二是持续扩大经济总量。具备较大的经济规模是国家中心城市的硬指标。武汉要成为国家中心城市，必须在经济实力上实现跨越发展，成为跻身“国内一线”的经济大市和经济强市。力争实现2至3年内经济总量突破万亿，10年突破2万亿，20年突破4万亿。

三是优化城市空间结构与提升城市功能，使我市的影响力辐射全球。要从产业布局、土地利用、交通发展、城乡统筹等方面对武汉空间结构布局进行优化。上海社科院的专家认为：武汉要提升城市功能，从目前内陆间接开放型区域中心城市成长为内陆直接开放型国家中心城市，实现与国际市场的直接衔接。广州社科院的专家认为：武汉要承担一到两项国家战略层面的重大任务，重点发展一到两项产业代表国家参与国际分工

四是跟踪其他国家中心城市好的做法和经验。北京、上海是中国经济文化最发达的国家中心城市之一，其影响力跨越地界；天津、广州是国家经济增长极，她们的经验值得武汉借鉴；重庆处于西南内陆，与武汉有诸多相似之处。这五大国家中心城市各有特色，武汉应该关注她们的发展思路和具体举措，取长补短。

（执笔人：朱哲学）

如何破解湖北文化企业融资难

一、湖北省金融支持文化产业发展力度加大

（一）信贷投入加大

近年来，全省文化产业共获得工商银行湖北省分行、农业发展银行湖北省分行、中国银行湖北省分行、建设银行湖北省分行、中国进出口银行湖北省分行等授信额度超过 1000 亿元。2011 年，全省金融机构在信贷额度紧张的情况下，将有限的信贷资源向文化企业倾斜，全省 22 家银行业金融机构文化产业的贷款余额为 63.2 亿元，有 242 家文化企业获得信贷支持。为促进文化产业集群的发展，国家开发银行湖北省分行联合湖北省农村信用社联合社、中国进出口银行湖北省分行、广发银行武汉分行、中信银行武汉分行累计为楚天广电二期、武汉国际博览中心、武汉创意天地等项目提供银团贷款 31.1 亿元。全省金融机构尤其是在对“轻资产”的文化创意产业贷款上取得重大突破，以武汉市为例，2011 年以来，武汉市累计发放文化创意产业贷款 38.89 亿元，为 99 家文化创意企业提供了信贷支持。

（二）金融服务和产品不断创新

针对文化产业有形资产抵押不足的特点，湖北省银行业机构通过信用贷款、收费权贷款、专利权贷款、知识产权质抵押贷款、供应链贷款等多种方式，化解文化企业抵押难，取得了明显的成效。建设银行湖北省分行针对文化企业推出“文化悦民”产品，重点支持文化演出、影视制作、新闻出版、文化旅游、文化会展和动漫动画等 6 个领域。交通银行湖北省分行制订了《文化传媒行业信贷投向指引》和《中小文化创意企业贷款操作管理办法》。光大银行武汉分行采取有线电视网络收费权质押方式，对广播电视网络运营商进行授信。工商银行湖北省分行对湖北省楚天数字电视有限公司等广电企业发放收费权质押贷款。汉口银行采取“著作权+收益权”的方式对文化企业给予贷款支持。上海浦发银行武汉分行和交通银行湖北省分行联合承销的“南湖春晓”武汉洪山区中小企业集合贷款信托，为 4 家中小文化企业融资 200 万元。

（三）文化企业在资本市场直接融资获历史性突破

2012 年，湖北长江出版传媒集团成功借壳上市，成为湖北文化产业的第一股；

知音传媒集团已完成前期上市辅导工作，等待过会拟上市，即将成“期刊第一股”；同时，大力推进湖北广电网络、江通动画等文化企业的上市融资工作取得实质性进展。

二、湖北省文化产业融资难仍然突出

（一）文化企业获得的信贷总量明显偏小

文化产业与传统产业明显差别在于其轻资产、无形化、知识化，往往缺乏金融机构认可的抵押品和担保。目前银行业信贷主要是抵押贷款，而不是信用贷款。总体而言，全省文化企业获得的贷款总量明显偏小。以武汉市为例，2010 年，武汉市实现地区生产总值（GDP）5515.76 亿元，全年贷款余额 9093.71 亿元；同期全市文化产业的增加值为 303 亿元，贷款余额为 59.18 亿元。从增加值占比和贷款余额占比看，2010 年全市文化产业增加值在 GDP 中的占比为 5.5%，而文化产业贷款余额在全市贷款余额总量中的占比仅为 0.65%。此外，2010 年武汉市各银行对文化企业的贷款总户数为 571 户（统计口径为合并累计数），同期武汉市文化产业的法人单位超过 1 万户，各银行对文化企业的贷款户数占比仅为 5%。也就是说，95%的文化企业未从银行获得贷款支持。

（二）金融创新受到局限

为破解文化产业融资难，银行业相继推出了版权、专利权质押等多种金融产品，然而在评估、监测、后续管理和流转上缺乏相应地运作平台。市场上既缺乏优质的中介机构和评估人才，又缺乏健全的版权交易市场，导致银行难以将质押的版权变现，从而制约了针对文化企业的产品创新。全省金融机构中，汉口银行对文化企业的金融产品创新和服务创新最为突出，但对文化企业的知识产权等无形资产质押贷款等金融产品的业务量和笔数仍然偏小。2010 年汉口银行对文化企业发放贷款额度为 18.56 亿元，其中专利权质押方式发放知识产权贷款仅 2 笔，金额 700 万元，仅占全部贷款额的 0.38%。

（三）文化产业信贷投放的行业、企业结构及期限不尽合理

从湖北省金融业对文化产业的信贷投放的行业看，主要投向现代传媒、出版发行等传统领域，而文娱演艺、文化旅游、动漫、数字媒体等新兴业态急需资金却得不到满足。从信贷投放对象看，多为大型文化企业集团，只有少数为具有较强品牌优势与市场竞争力的文化企业或项目，一般中小企业贷款难问题十分突出。从贷款期限结构

看，以文化基础设施建设为主的中长期贷款占比较大，而文化企业日常运营急需的短期贷款投放不足。

以汉口银行为例，该行近两年对武汉市文化企业的贷款总额和户数均位列各家银行之首，其贷款投向具有较强的代表性。2010 年，汉口银行对广播、影视、出版等传统领域发放贷款 2.78 亿元，占比 15%；对文化基础设施贷款 14.28 亿元，占比 78%；而对动漫、数字媒体等新兴业态发放贷款 1.11 亿元，占比 7%。

三、推动金融支持湖北省文化产业仍需文化产业自身整合

当前湖北省文化产业集中度不高，企业规模小而分散，成长不确定性大；部分国有龙头文化企业经营理念和机制陈旧，市场竞争力较弱；文化企业核心资产无形化，存在“轻资产”的特性；知识产权评估、交易市场体系不健全，质押担保存在一定风险，是金融支持文化产业发展存在的主要问题。因此，加强文化产业自身的整合和机制改革，是文化产业获得金融支持的重要前提。没有文化产业自身的变革，融资难的问题也难有根本变化。

近年文化企业由事业单位改制为独立经营的企业已成为主要趋势，但与国企改革的整体步伐相比，文化产业往往体现为体制内重组，难以真正摆脱传统体制束缚。文化产业的现代企业制度建设依然滞后，企业法人治理结构不健全，所有者缺位和越位并存，企业内部激励机制和动力机制不足。对于接受融资服务，将文化企业进行股份制改造，目前文化企业管理层依然心存戒备。而金融机构如果采取股权融资方式参股控股文化企业，由于难以参与内容制作，人事任免也受限，经营权、分红权问题难以解决。

发挥金融资本的作用，将文化软实力成功转变为经济利益，推动文化产业成为未来国民经济支柱产业，牵涉到金融服务和文化产业两个部门，是一项长期化、系统性工程。短期来看，可以从以下方面重点突破。

一是加快改造现有存量。积极拓展国有文化实体的重组引资空间，研究以股份制为代表的文化国资体制改革思路。加快经营性文化单位转企改制，推动已转制文化企业建立现代企业制度和股份制改造，培育富有活力的文化市场主体，打造一批有实力、有竞争力、有影响力的文化企业和企业集团。

二是积极吸引外部增量。集聚国际知名和有潜力的文化企业。同时，拓宽社会资本进入文化领域的范围，放宽文化市场准入条件，提供社会资本进入文化领域的公平

机会，积极集聚民营文化企业和中小文化企业。减少社会资本进入文化领域的审批环节和行政性收费，加快由行政审批制向备案制的转变。

此外，从技术层面看，有关文化部门可以设立信息交流服务平台，促进文化与金融机构的融合。建立文化产业信息交流服务中心，重点搭建文化企业信息平台，建设文化企业信息数据库，研究推出优秀文化企业评选标准，提供重点支持的文化企业名录，定期向金融机构推荐文化企业贷款项目，并通过建立咨询专家库，组建专家团队，着手开发适用于文化型中小企业的信用风险评估体系，在文化企业技术前景判断和知识产权评估等方面提供咨询。

（执笔人：管妮娜）

未来五年我市改革发展若干重大问题研究

按照市政府主要领导要求，近期课题组就未来5 年我市改革发展若干重大问题进行了研究。成果如下：

一、未来五年我市改革发展面临的国内外形势

未来五年，国际国内三大趋势值得高度关注。

（一）未来五年，世界主要经济体缓慢复苏，出口导向增长战略将面临重大挑战，转变发展方式面临严峻的“倒逼态势”

各国经济复苏的不均衡特征将充分展现出来，欧美主要经济体经济、金融和债务危机加深，越来越多的国家陷入由经济危机引发的政治危机。新兴经济体普遍面临通胀压力和内需疲软困境，短期内难以填补全球需求缺口。我国经济将更多依赖内需增长，国内市场竞争更为激烈。

但总体上看，虽然我市产品、企业、产业竞争力还不够强，然而我市科教、区位等比较优势突出，增长潜力很大；与全国特大中心城市一样，增长基础好于全国平均水平，继续保持较快增长的预期稳定。因此，只要变压力为动力，充分发挥比较优势，继续加快发展方式转变，强力推进新型工业化和城市化进程，举全市之力培育新的经济增长点和增长极，努力实现局部地区爆炸式增长和整体经济跨越式发展，既是必要的，也是可能的。

（二）未来五年，国内地区和城市之间竞争将进一步加剧，我市完成所承担的“三大国家战略”阶段性任务压力增大，面临着不进则退、慢进亦退的高压态势

从战略看，随着中原经济区规划获国家批复，皖江城市带建设全面提速，长株潭城市群快速发展，我市面临三面“围堵”的局面。去年，长株潭城市群经济总量(6715.91亿）已超出我市（5515.76 亿）一千多亿，中原城市群（13334亿元）已超出武汉城市圈（9586 亿元）近四千亿。在这种情况下，我市要完成两型社会建设综合配套改革、自主创新示范区建设等三大国家战略的阶段性任务，难度将进一步增大。因此，必须用足用活三大国家战略有关政策，强力推进体制机制创新，继续保持高速增长态势，努力实现跨越式发展，确保在中西部地区的领先优势，为建设国家中心城市奠定

基础。

（三）未来五年，我市中低端产业“大而欠强”、高端产业“小而欠优”的局面将继续存在，调整优化产业结构、提升产业整体竞争力，面临着严峻的挤压态势

一方面，随着外需萎缩和沿海产业升级，国内市场竞争日趋白热化，我市企业面临空前的市场压力；另一方面，随着战略性新兴产业的快速发展，新能源、新材料、物联网、云计算等领域的竞争加剧，继续保持我市在战略性新兴产业和高新技术产业领域的领先优势难度更大；第三方面，随着世界主要经济体进入“再工业化”的轨道，通过引进国外、境外资金技术做大主导产业、助推高新产业、实现跨越发展的难度随之增加。因此，必须更加积极地引导和支持企业全面参与市场角逐和要素竞争，强化自主创新，突破性发展战略性新兴产业和高新技术产业，进一步壮大支柱产业和重点企业，努力增强产品、企业、产业的市场竞争力，确保我市优势产业、重点企业和产品在市场竞争中的比较优势地位。

二、未来五年我市改革发展的阶段性特征

未来五年，我市改革发展三大阶段性特征值得重视。

（一）未来五年，我市将向工业化后期阶段过渡，但远城区工业整体上处于起步阶段，加快推进工业化将成为我市经济建设的主战场

2010 年，我市生产总值（GDP）总量为5515 亿元，人均GDP 超过9000 美元，按照钱纳里工业化标准，综合考虑购买力平价指数换算和汇率变动等因素，目前我市处于工业化中后期阶段。但是，从结构上看我市工业化呈现明显的二元结构特征。一方面是产业结构的二元性。按照工业化中后期标准，服务业增加值占GDP 的70%左右，而我市占比为51%；工业化中后期霍夫曼比例应为1:1，而我市重轻工业比例高达3: 1。另一方面是城区结构的二元性。中心城区服务业比重占GDP比重80%左右，远城区工业增加值占GDP 比重（工业化率）为35%左右，全市工业化率为38%。同年，上海工业化率为38.3%，广州工业化率为33.9%。虽然我市工业化率与上海、广州等城市大致相当，但我市规模以上工业总产值只有上海的21%、广州的44%。初步测算，即使到2016 年，我市地区生产总值突破11000 亿元人民币，人均GDP 达到12 万元人民币或1.8 万美元，我市将进入工业化后期阶段（按钱纳里工业化标准）；但从结构上判断，我市工业增加值占GDP 的比重仍在42%左右，与工业化后期标准仍有相当大的距离。因此，未来五年甚至更长一个时期内，我市经济工作的主战场仍然是推进新型工业化。必须

借鉴上海广州在同一发展阶段的成功做法和经验，锲而不舍地调整产业结构，努力实现工业经济超常规发展。即必须把三大国家级开发区、化工新城和6 个远城区作为工业发展主攻方向，强力推进工业倍增计划，实现局部地区的爆炸性增长；必须大力发展战略性新兴产业，推动传统产业转型升级，进一步提高制造业的技术、装备、工艺水平；必须大力发展生产性服务业，实现制造业和服务业融合发展，大力发展金融保险、现代物流、电子商务、文化创意等高端服务业，同时发展珠宝首饰等都市时尚产业。

（二）未来五年，我市城市功能开发将全面展开，构建国家中心城市的基本框架将成为城市建设的着力点

未来五年，我市城市开发建设的大趋势是，巩固和提升中部中心城市地位，为建设国家中心城市奠定扎实基础。建设国家中心城市，除了重视一般中心城市的集聚、辐射等功能开发外，还必须重视作为国家中心城市的经济调控中枢功能、国际国内资源配置功能、区域服务协调功能、知识技术创新功能的开发建设。因此，建设国家中心城市，必须着眼于功能提升，着力打造“四中心一门户”，即国家先进制造业中心、国家商贸中心、国家创新中心以及区域金融中心和区域门户城市。当前，我市道桥隧轨等重大基础设施建设水平已经上升到一个新的台阶，多功能、枢纽型、网络状的基础设施架构基本形成。但与上海、北京、广州、天津等城市相比，我市在经济调控中枢、区域服务协调等功能方面，仍然有较大的差距。因此，未来五年，汉正街搬迁改造、王家墩商务区建设、沿江沿河功能区建设，以及 T3 航站楼、轨道交通、武汉新港等一批基础设施项目和功能开发项目仍然是城市建设的重点。

（三）未来五年，继续深化经济领域改革、重点推进社会文化领域的制度创新，将是我市深化改革的重头戏

未来五年，我市社会转型将进一步加快，社会矛盾多发期将提前到来。因此，必须继续深化经济领域改革，更加重视社会领域、文化领域的改革发展，充分发挥“先行先试”的有利条件，不断创造和集聚“创新”要素和“两型”要素，促进经济社会协调稳定可持续发展。“两型”社会建设综合配套改革和东湖国家自主创新示范区建设，两者的战略、目标重点和激励约束方向是有差异的，但“先行先试”是国家赋予“两区”共同的中心任务。深化收入分配和社会保障制度改革，推进行政体制改革，加快城市管理体制改革，建立有利于新兴产业（包括文化产业）发展的体制机制等是重点领域和关键环节。

基于上述趋势和特征，我们的预判是：未来五年，必须以转型发展、跨越发展为主题，以调整经济结构、转变发展方式为主线，坚持创新驱动，强力推进新型工业化和城市化，追赶进入万亿GDP 俱乐部；必须更加注重发展的质量，努力实现局部地区爆炸式增长和整体经济的跨越式发展；必须更加注重社会文化领域的改革发展，必须更加注重城市功能开发，努力实现由中部中心城市向国家中心城市的跃升。

三、未来五年改革发展若干重点

按照上述三个“更加注重”的预判，未来五年工作的重点应集中在以下几个方面。

（一）实施嵌入式经济增长战略，促进局部爆炸式增长和整体经济跨越式发展

全面构建高端、优质、高效的现代产业体系，做强产业链，做深价值链，促进局部区域爆炸式增长，实现全市经济跨越式发展。大力发展战略性新兴产业，嵌入价值链高端环节。按照建设国家中心城市，加快融入国际价值体系的要求，通过引进先进技术项目，通过市内具有自主知识产权的关键技术项目的产业化，构建高端高效的先进制造业体系。一方面，嵌入一批先进技术项目，促进高端产业发展。在以云计算为代表的新一代信息技术，以光伏、风电、氢能、核能为代表的新能源，以纳米材料、先进复合材料为代表的新材料，以纯电动汽车、燃料电池汽车为代表的新能源汽车等关键领域，策划和引进一批重大项目，加快一批重大科技成果产业化。另一方面，嵌入研发、设计等价值链高端环节，重点引进研发中心、设计中心、跨国公司营运中心、销售公司，发展跨国采购和大宗商品交易平台，发展金融衍生品交易、排污权交易市场、碳排放交易市场等。

大力加强产业配套，嵌入新的经济增长点。在电子信息、装备制造、汽车及零部件、钢铁与深加工、石油化工、生物医药、家电、食品等九大产业，以配套项目策划和项目招商为重点，强力推进产业内外协作配套，形成有竞争优势的产业集群。在电子信息产业领域，大力引进与发展高性能传感器及关键芯片、高速集成电路技术及芯片、大尺寸光纤预制棒及配套材料，以及保障云计算、物联网、新一代信息网络以及三网融合的安全产品项目；在汽车及零部件领域，大力引进和发展发动机、无线变速器、混合动力汽车动力总成、汽车尾气处理系统及控制模块、关键车用传感器等技术项目；在高端装备制造领域，大力引进和发展航空航天相关配套技术产业项目，数控机床功能部件项目，激光加工设备配套材料与技术项目，智能电网配套设备与材料等

项目；在钢铁深加工领域，大力发展非钢产业，带动大型钢结构制造和桥梁产业发展；在石化领域，大力策划引进80 万吨乙烯下游产业项目；在生物医药领域，继续引进国外生物制造巨头，发展生物技术外包产业。

大力培植和引进大企业，嵌入新的大企业和企业集团。以全球500 强、中国500 强企业榜单为目标范围，大力引进跨国制造企业和央企，加快推进东风本田二期、神龙三期、武烟新厂、富士康二期等企业项目，大力扶持民营科技企业成长壮大，组建实业开发投资机构和桥梁实业、临空实业、临港实业等产业拓展机构。推动产业融合发展，嵌入新的地方税源。以培植新税源特别是地税税源为根本出发点，加快经济服务化进程，实现二三产业融合发展。大力发展总部经济、金融保险、房地产业、高端商业业态、服务贸易、文化创意、现代物流、观光旅游等服务业，突破性发展数字内容、环境服务等高技术服务业以及文体用品、医疗器械、装饰家装、印刷包装、珠宝首饰、服装时装等都市时尚产业，努力打造工程设计之都、时尚创意之都和全国性物流枢纽平台。以地方税收贡献作为主要参考指标，形成地方税源聚集效应。抓“三新”促“两大”，嵌入新的经济增长极。强化土地整合能力，拓展产业新城的空间纵深，着力构筑“3+6”工业发展平台，实施区域板块联动、产业互动。重点支持吴家山国家级经济开发区、武汉化工新区和阳逻新城，进一步推进东湖开发区一区多园功能拓展，加快推进沌口军山、黄陵地区开发；实施“走廊式”开发战略，推动汉口后湖——张公堤沿线的开发，同时重点建设临空经济区，实现临空经济区与武汉新港区域联动，从而在西北和东南两个方向，形成拉开产业发展空间的支撑板块，力避沿四环和外环形成闭合式工业带，置中心城区于四面合围之中。

（二）实施组团式城市开发战略，强力推进重大功能性基础设施建设和功能开发

开展“再造”新城运动，基本完成城市空间布局调整，形成“主城+新城组群”、“主城区为核、多轴多心”的城市空间新形态，引领城市全面转型升级。重点建设综合性现代化新城。在沿四环线和外环线之间，重点建设6 大现代化新城，承接中心城区功能重构和溢出，充分发挥新城对优化城市功能布局、促进产业集聚发展、城乡融合发展、公共服务均衡发展的作用；以新城作为武汉实施武汉城市圈同城化的重要功能节点，调整相应交通规划和空间规划。实施区域化新城开发推进机制，加强跨行政区资源整合。加大新城建设财政扶持力度，创新投融资模式，引导社会资本参与新城建设，推进土地整备、土地开发市场化。

加快开发区新城建设步伐。东湖开发区、武汉经济技术开发区、吴家山经济技术开发区和武汉化工区，既要集聚知识创新要素、高端生产要素，也要高度注重服务要素和市场竞争要素的聚集，实现由产业功能区向新型城区转型，实现促进产业发展与居住新城建设的融合，人口分布与社会事业发展的融合，以完备的公共服务设施体系，提高新城的承载力和吸引力，成为与全球经济、技术、信息、文化交流与合作的通道和平台。

推进重点功能区建设。在中心城区培育发展若干基础好、带动能力强的重点领域，通过区域深度开发，集中力量形成一批整体提升城市功能与品质，引领带动其他功能区发展的战略性空间发展载体。一是汉正街区域改造。充分发挥汉正街区域滨水景观、历史文化、土地资源等综合优势，对汉正街区域进行功能开发，将其建设成以高端商贸和高端商务为主导功能，融合高端时尚消费、文化娱乐、商旅互动、滨水休闲、国际交流等多种功能的国际高端中央活动区（CAZ）。二是以“两江四岸”核心区为战略支点，推进沿江沿河地区深度开发和功能再造。构建包括大黄鹤楼风景区、汉口沿江商务区、汉江商务带、“汉阳造”文化创意产业集聚区、武昌滨江商务区、滨江生态商务区、中央文化区等多个相互协调、互为支撑、共同作用的功能承载区，将其建成辐射中部的区域性中心、城市景观中心和旧城风貌特色中心。三是中心城区主要轴、带的深度开发和功能重塑。重点建设由王家墩商务区、新华路金融聚集区、武广商务区、汉正街中央活动区、东沙中央文化区、中南商务区和鲁巷新型商圈构成的串珠状高端商务商业发展轴；注重轨道交通沿线功能节点深度开发，重新规划二七、舵落口、江汉路区域功能配置，丰富与提升解放大道、中山大道功能与品质。四是中心城区地下空间综合开发利用。有序开发利用地下空间，建设完善地下交通、市政设施、综合防灾等公共设施系统。优先考虑在繁华商业区、交通枢纽站场和城市主要公共活动中心等区域，建设功能协调、使用便捷的地下空间体系。

推进城市圈同城化和“一主两副”互动发展。加快武汉城市圈空间、基础设施、产业、城乡发展、环境保护等五个一体化建设，以城际铁路为先导，以产业链延伸和市场拓展为纽带，以武汉 6 人新城为功能节点，促进科教、园区、港口等圈域平台建设。推进九城市规划统筹协调，产业发展合作共赢，基础设施和社会事业共建共享。全面落实省委省政府“一主两副”的战略部署，构建武汉与宜昌、襄阳两市战略合作框架，在产业发展、社会事业、城市建设等方面，建立长效合作机制。

（三）坚持“社改优先”战略，力争在关系经济社会发展全局和人民群众切身利益的重点领域取得新突破

坚持以人为本，更加注重顶层设计和总体规划，聚焦重点领域和关键环节，破解制约武汉跨越式发展的体制机制障碍，为建设国家中心城市提供动力。建立健全社会诉求响应机制。在当前经济和社会转型阶段，不同阶层、界别的社会诉求呈现多元化趋势，社会矛盾进入多发期。充分了解广大人民群众在经济社会政治文化生活中的合理诉求，更加重视研究社会问题发展的新动向、新趋势和新表现，健全信息收集、分析和报送系统，探索建立和完善社会诉求预警和预防机制。建立完善市、区和各级单位、部门组成的预警响应机构，加强应急处置能力。加大投入，加强队伍建设和装备建设，确保各类应急事件得到及时、有效处置。

深化城管革命。进一步深化“城管革命”，适应社会转型的新趋势，探索建立以社区治理为基础，以居民自治为方向的网格化管理新体制。进一步树立服务至上的城市社会管理理念，打破条块分割的管理格局，构建系统协调的管理机制。进一步下放市级管理权限，重心下移，推动街道、乡镇和社区工作重心向社会管理和服务转变。进一步推进管理方式的规范化、科学化，建立市民参与城市社会管理的常态机制。探索建立“虚拟社会”管理机制，构建覆盖“实体社会”和“虚拟社会”的管理体制尤其是公共安全管理体制。进一步完善市容市貌、环境卫生、道路交通管理体制机制。深化分配制度改革。建立完善行业性、区域性工资集体协商制度，建立健全企业工资支付监控和工资保证金制度，形成企业职工工资正常增长机制和支付保障机制。优化居民收入结构，鼓励劳动者以资本、技术、专利和管理等参与分配，增加居民财产性收入。完善最低收入保障制度，健全转移支付功能。加大对农民、低收入者和弱势群体的保护、保障及援助力度，建立低收入群体补贴标准与消费价格指数上涨挂钩的机制和行业收入预警机制。控制垄断行业工资水平，完善公务员工资正常调整机制，深化事业单位收入分配制度改革。广泛开展全民创业，不断完善以创业带动就业的政策体系和工作机制，着力抓好就业这个民生之本。以建立统筹城乡社会保障政策体系为着力点健全与经济发展水平相适应的社会保障体系。

进一步深化经济体制改革。依托江汉区全国服务业综合改革试点，积极争取国家服务业税制改革，突破制约服务经济发展的管制、税制、体制和法制瓶颈，营造有利于服务经济发展的制度环境。建设集聚总部经济的体制机制，建立总部经济工作联席会议制度，探索发展“飞地经济”等合作形式和利益分享机制。在加快科技成果转化、推动科技金融创新、鼓励自主创新、奖励招商引资、强化人才支撑以及商业模式创新等方面深化改革，引领“两型产业”发展，建立有利于战略性新兴产业发展、支柱产业做大做强和工业倍增计划实施的体制机制，突破性发展民营经济或中小微型企业。

（四）实施文化繁荣战略，努力实现由文化大市向文化强市的转变

武汉历史悠久，人文荟萃，是全国历史文化名城。武汉作为文化大市，推进文化大发展大繁荣，是武汉全面建设小康社会，提升城市核心竞争力的重要举措。

一是加强社会科学队伍建设，建设社会科学研究基地。社会科学是文化的基础和核心。认真贯彻落实十七届六中全会精神，把繁荣发展哲学社会科学作为促进我市文化大发展大繁荣的首要任务。充分发挥武汉地区哲学社会科学资源丰富的优势，努力造就一支高水平社科研究队伍；整合地区哲学社会科学研究资源，规划建设哲学社会科学研究基地，深入开展事关武汉改革发展全局的重大战略问题研究。以社会科学的大繁荣促进和带动文化的大发展。

二是构建全覆盖普惠型的公共文化服务体系。建设“读书之城”，建立一批24 小时自助图书馆，引导市民多读书、读好书，让随处可见的读书人成为武汉一道最美风景；建设“博物馆之城”，鼓励多元主体投资，建设各种类型的博物馆，让市民在博物馆中感受历史、受到熏陶；建设“音乐之城”，充分利用世界一流的琴台音乐厅为平台，多举办质优价廉的音乐活动，让音乐陶冶市民情操；建设“设计之城”，整合、提升武汉设计产业；建设“创意之城”，发挥武汉资源优势，大力发展创意产业。

三是大力发展文化产业，推动我市文化主导产业集团化、规模化发展。加强对文化产业发展的规划指导，研究出台支持文化产业大发展大繁荣的政策体系。建立健全文化产权交易制度、文化产业投融资体制，探索建立武汉文化产业发展投资基金。整合各类文化资源，发展壮大媒体传播产业、出版发行产业、文化旅游产业、文化娱乐产业、文博会展产业和体育休闲产业等六大文化主导产业。培育电子出版、数字影视等新型文化业态，运用信息技术促进文化产业升级，形成一批具有较强竞争力的产业集群。

四是全面推进文化体制改革，打造中部文化之都。推进文化行政管理体制改革，加强经营性文化单位转企改制，推动公益性文化单位改革。实施广播电视有线网整合工程，实现“全市一网”；改革市直事业文艺院团体制，分批完成市属非时政类报刊出版单位转企改制任务。努力创作一批文化精品，培养一批文化大家、文化大师，扶持壮大一批知名文化企业，培育一批文化企业家，全面提高公共文化服务能力和文化竞争力。

（五）实施挖潜式投融资战略，为我市跨越式发展提供强有力的资金保障

今后相当长一个时期内，境外投资、政府投资和财政投资渠道将继续收窄，必须实施挖潜式投融资战略，推动投融资重心下移，挖掘境外、埠外资本资源，进一步探索放大土地和财政资本的新策略、新方法，努力突破固定资产投资2 万亿大关，为跨越式发展提供强有力的资金保障。必须结合“治庸问责”、“城管革命”和“审批制度改革”，努力营造“投资成本最低、投资回报最高”的投资软环境。

进一步挖掘境外融资潜力。充分利用国外政府和金融机构优惠贷款，由国有投资公司作为承贷和还贷主体，财政担保方式进行融资。组建内外资相结合的融资租赁公司，积极引入国际金融资本，支持我市制造企业和中小企业融资。对有收费机制、收益稳定的城市基础设施项目，应充分放开投资领域，采取BOT 项目融资方式，吸引外资和社会资金。对于不直接产生经济效益的非经营性项目，积极拓展BT、信托等筹资方式。

进一步挖掘土地融资潜力。土地是地方政府的主要资金来源渠道，也是地方重要的可控资源，必须充分发掘其价值，最大化其功用。目前的土地整理开发手段主要是“招拍挂”，所获土地收益一半被中央政府拿走，刨去拆迁安置等相关费用，地方政府所剩无几。必须转换土地开发思路，破除既有的土地整理开发模式，把土地规划与土地储备结合起来，实行直接储备策略，即将土地储备或基础设施开发增值收益注入国有投融资平台形成资本金，进行资本市场融资；实施资本转换策略，最大化“武汉土地为武汉建设服务”的效用。

进一步挖掘国有资产融资潜力。充分利用光谷联交所产权交易市场，推动国有资产入场交易，提升国有资产流动性，实现国有资产保值增值。推动有关基础设施企业进行股份制改造，将原有的基础设施资产打包上市，同时将国有股权向国内外投资者转让，实现资产变现用于再投资。拓展存量资产的经营权转让形式，推进投融资平台资产证券化，增强资产的流动变现能力。整合市属国有股份公司资源，联合设立产业投资机构，组建桥梁实业、临空实业和临港实业等产业拓展机构。充分发挥地方财政资金的杠杆作用，实施投融资重心下移，以市区财政和政府信用为基础，组建重点区域投融资机构。积极利用央企资源优势，大力引进央企配套项目，充分挖掘央企资金潜力。

进一步挖掘资本市场融资潜力。充分利用国家扩大新三板试点的机遇，依托东湖高新区丰富的高科技企业资源，优选部分民营科技企业，积极开展股权交易流通试点，

力争武汉东湖高新区新三板市场试点取得突破。大力发展风险投资，积极探索“投贷联盟”等业务创新模式，通过股权、信贷方式一揽子解决创业企业的资金问题，提升企业融资能力。大力引入资本市场各类金融服务机构，在金融机构购（租）房补贴、项目用地、建设规费、人才引进等方面研究制订具体的措施，努力拓宽资本市场融资渠道。

（武汉市社会科学院课题组）

关于开展两项试点五项改革的研究报告

按市政府批示精神，课题组分析了深圳等城市的改革动态，研究了当前我市改革的重点领域和关键环节，评估了下一步改革选项的必要性和可行性，召开了武汉地区专家座谈会，形成了开展区级大部制改革和市域水权制度改革两项试点，深化创新要素动员机制、政府投融资体制、国有企事业单位、能源资源价格和城市管理体制五项改革的报告。

两项试点：

一、进行“大部制”改革试点

推进大部制改革，是当前深化行政体制改革的新趋势和新要求。东西湖区自2009年起进行大部制改革探索，精简部分职能部门，组建部分综合管理部门，取得了初步成效。建议借鉴深圳经验，今年在东西湖区进行大部制改革试点，积累经验后逐步推广。

一是按照精简、效能的原则，进一步调整政府机构设置，建立综合职能部门，内部实行“行政三分制”，组建决策、执行和监督机构，实现职责配置科学化，强化监督机制，最大限度地提高行政效能。

二是按重心下移、财随事走的原则，理顺上下级政府机构职能和财权事权关系，进一步下放行政管理权限到区、街，充分发挥社区居委会、村民委员会的作用。

三是按减少行政层级、降低行政成本的要求，探索区级政府和经济开发区管委会合署办公模式，逐步解构街道、办事处经济管理职能，强化社会管理职责，并相应调整绩效管理制度。

二、开展水权制度改革试点

开展水权制度改革，是加快两型社会建设，将我市淡水资源丰富的优势转化为现实生产力，促进转型发展、跨越发展的重要途径。建议今年展开三方面试点。

（一）建立水权登记和分配制度

建立水权登记制度。开展用水权登记工作，界定水权人和用水人权利，切实保护水权。对于登记的水权，因水源水量不足而发生争执时，用水目的顺序在先者有优先权；顺序相同者，先取得水权者有优先权；顺序相同而同时取得水权者，可按水权登记额定用水量比例分配或轮流使用。

构建水权分配制度。水权分配制度国内外一般有“自由取用”、“优先专用水权制度”和“竞争性水权制度”三种不同的规定。我国水资源的所有权属全民，不可处分，个人和用水组织只有使用权。按照“属地原则”和“效益原则”采用“优先专用水权制度”和“竞争性水权制度”相结合的制度设计，合理分配用水权。

（二）建立水权交易制度和水价形成机制

一是构建水权交易市场管理制度。在市域范围内建立以水资源所有权管理为中心，分级管理、关系协调、运行有效的统一管理的水权制度。二是建立水权交易市场，建立水权交易合约制，设定交易程序和交易规则，建立市场化的水价形成机制。

（三）创新水利建设投融资机制

按照“公益性水利工程由政府保障、经营性水利工程推向市场、兼有公益性和经营性的水利工程实行民办公助”的改革思路，创新水利建设投融资机制。

一是建立经济自立灌排区。形成自主经营、独立核算、自负盈亏，建设、管理与服务相结合的、民众参与的、非赢利的水利经济实体。

二是积极拓展水利建设融资平台。在争取中央水利投入的同时，建立市级投融资平台，通过银行贷款、政府债券等多种方式筹措水利建设资金，探索利用水利工程总承包、BT等多种方式引导社会资金投入水利建设。

三是把经营性水利工程推向市场。把自来水厂、污水处理厂等可经营的水利工程，实行市场化开发。

五项改革：

一、开展创新要素动员机制改革

开展创新要素动员机制改革，是加快东湖自主创新示范区发展，建设创新型城市的关键和核心。目前，东湖示范区在创新人才和资源聚集，产业规模和创新能力建设等方面，与其他两个示范区仍有很大差别。为促进创新要素和资源向创新人才集中，分配和激励向创新人才倾斜，把技术链和产业链建立在人才链的基础上，培育一批具有全球影响力的创新型企业和战略性新兴产业，尽快缩小与中关村和张江区的差距，建议开展创新要素动员机制改革，采取更加灵活的制度安排，广泛动员和引进海内外创新要素。

（一）实行高工资高福利制度

对杰出人才、领军人才、高级人才实行政府补贴制度，使东湖自主创新示范区杰出人才的整体薪酬水平高于中关村和张江自主创新区，为东湖自主创新示范区的赶超发展创造条件。一是住房补贴，给予一定的租房和购房货币补贴。二是薪酬补贴，使其收入总水平略高于另外两个自主创新示范区。三是给予项目资助，对原创性研发项目和产业化项目给予经费资助。

(二)建立创业投资风险补偿金制度

设立财政专项，建立创业投资风险补偿金制度，以股权投资、融资担保等方式，推动种子基金、天使基金、风投基金、跟进基金，支持具有较强自主创新能力的种子期、初创期的企业发展。对创业投资企业投资于种子期、初创期的产业化项目和企业，在发生全额损失或所投企业破产清算时，经认定可按创业投资企业投资额的一定比例给予补偿。

（三）改革创新项目评审制度

以是否有利于促进创新项目产业化为标准，设计新的创新项目评审制度，引导科研人员开展技术和产品创新活动。探索委托研发、技术许可、技术转让、技术入股等多种产学研用合作模式，促进信息、生物、新能源和节能环保、新能源汽车、新材料、装备制造等领域自主创新成果产业化。

（四）改革技术股权制度

实行积极的创新要素分配政策，支持各种创新要素参与创新收益分配。实行积极的技术成果入股制度，引导创新人才以技术成果出资设立公司和股份合作企业，对技术成果出资比例实行零限制。

二、深化政府投融资体制改革

投融资平台是地方建设与发展的重要保障。当前投融资平台控债偿债能力弱化问题十分突出。必须整合现有投融资平台，推动债务重组，进一步放大土地资本，下移投融资重心，改革和探索新的政府投融资机制。

（一）改革土地市场化开发制度

突破现有土地“招拍挂”开发模式，改革土地一级市场管理制度，把土地规划与土地储备结合起来，实行直接储备建设用地制度，即将土地储备或基础设施开发增值收益注入国有投融资新平台，通过资产转让、置换等市场运作方式进行大规模融资，在土地资产转化为土地资本的过程中，实现土地收益最大化。

（二）重组现有融资平台

成立政府投融资管理机构，行使国有资产出资人管理权；统筹管理各类政府性资金（基金），全面清理政府投资项目资产负债。对主要依靠财政性资金偿还债务的项目，在完成后对相关项目予以剥离；对经营性项目完成后，将相关债务或通过转让出售的方式，或通过资产证券化产品进行处置，重组现有融资平台。

（三）实行区级项目法人制

充分发挥市区两级政府财政资金和政府信用的杠杆作用，市区共建新的投融资平台。实行市政府投资补贴制和区项目法人制，即由各区组建项目法人，统一进行项目的规划、融资、建设、经营和管理。

三、深化国有企事业单位改革

当前，我市国有企事业改革取得了巨大成就，但国有资本占比仍然较高，占二、三产业资产比重仍然超过50%。建议深化三个方面的改革。

（一）强力推进国资开放性整合

一是纵向收缩国资运行层级。扶持部分有条件的控股公司转型为无行业色彩、以资本运作为主的投资公司，完成二级公司实体化和投资主体多元化改造；实现部分企业经营者持股改革，对三级及三级以下小企业进行清理性改制和多元化改造，实现大、中型企业适度控股、有效减持，小企业基本退出的目标。

二是横向收缩国资管理跨度。按照“形成规模效应、实现错位发展”的原则，加快推进国有资本向优势产业、优势企业和优秀企业家集中；做大做强企业主业，提高企业核心竞争力。

三是点上收缩国有股权比重。适当引入民资以参股、控股和独资的方式投资建设路桥隧轨等基础设施；全面开放国企股权，收缩国有股权比重，优化国有企业产权结构，盘活国有资产。

（二）强化“引进来”与“走出去”结合的资源配置机制

建立优先准入制度。抓住国家支持战略性新兴产业、支持自主创新示范区建设的有利时机，建设一批与央企对接的园区和产业基地，吸引一批大型央企进入我市投资发展，最大限度地分享央企垄断资源。

建立国企“走出去”扶持制度。以技术并购、资源储备、市场拓展和引进外资为重点，提供资金、政策、项目、信息支持，推动国企“走出去”；以资本市场、产品市场为“走出去”的两大主要通道，组建大型对外经贸企业和企业集团，最大限度地利用境内外资源和市场。

（三）全面推进事业单位改革

我市现有各类事业单位6000 多家，职工20 多万人。建议按照分类推进、综合配套的原则，全面推进我市事业单位改革。

一是建立分类管理制度。对承担行政职能的，逐步将其行政职能划归行政机构；对从事生产经营活动的，逐步将其转为企业；对从事公益服务的，继续将其保留在事业单位序列、强化公益属性。

二是改革财政供给政策。收缩战线，优化结构，调整总量，区分公益性和经营性事业单位，将经营性事业单位推向市场；加大公益性事业投入，增强事业单位活力，不断满足人民群众和经济社会发展对公益服务的需求。

三是深化人事制度改革。全面实施绩效工资制度，以健全聘用制度和岗位管理制度为重点，建立权责清晰、分类科学、机制灵活、监管有力的事业单位人事管理制度。加快推进职称制度改革，实行公开招聘、竞聘上岗、按岗聘用、合同管理制度。

四是建立多层次社会保障制度。启动事业单位养老保险制度改革，把所有事业单位和职工全部纳入社会养老保险统筹范围，建立和完善事业单位失业保险制度。

四、推进能源资源价格改革

资源价格改革是两型社会建设的关键环节，也是强力推进工业化和城镇化的重要举措。认真总结“三年计划”经验，深化能源资源价格改革，建立适应两型社会需要的资源能源价格新体系。

（一）推进农村土地使用权和经营权改革

鼓励农民在自愿有偿和不改变农业用地性质前提下，以出让、入股、转包、租赁、土地信托、置换、抵押、股份收购等方式出让土地承包经营权，促进土地规模经营。完善农村建设用地征用制度，推进集体建设用地使用权以多种方式进入市场流转。

（二）开展财产行为税改革

在中央赋予省级的税收管理权限内，积极推进以房地产税、环境税、资源税为主要内容的财产行为税改革试点工作。开展水资源税征收试点，开征环境税，进行排污费“费改税”试点。

（三）全面实行阶梯电价气价制度

绿色电价和气价是指用经济手段来鼓励全社会节约资源，是电气价改革的一个突破口。采取“阶梯式累进价”，把户均用量设置为若干个阶梯，随着户均消费量的增长，电气价格逐级递增。

五、深化城市管理体制改革

推进城市社会管理体制改革，是加快经济社会转型和体制转轨的迫切需要。必须进一步深化“城管革命”，努力构建统一领导、分级管理、以块为主、市场运作、全民参与的城市社会管理新体制，最终实现以社区治理、居民自治为基础，管理顺畅、方法科学、环境优美、市民幸福的城市社会管理目标。

（一）着力构建新型城市社会管理制度体系

当前，以加快推进市容环境管理市场化改革为突破口，稳步推进城市社会管理市场化改革。进一步打破条块分割、各自为政局面。强化部门联动、协调高效地管理格局。进一步下放事权、财权，建立健全“人随事走，费随事转”保障机制。逐步向社会开放公共服务资源，促进社会管理事务和公共服务市场化、专业化，建立完善市场主体参与城市社会管理的体系。

（二）着力加强城市公共安全与应急管理体系建设

完善社会管理综合治理防控体系，实现对动态社会的全覆盖管理。加强自然灾害、事故灾难、公共卫生事件、社会安全事件预警体系建设，增强防灾减灾能力与安全保障水平。

建立健全社会舆情研判、社会风险预警、社会诉求响应机制，健全和完善社会利益协调机制，努力提高政府信访管理水平，及时化解社会矛盾，引导公众依法解决利益纠纷。加强危机应急管理体系建设，不断增强预防和处置突发公共事件的能力。当前，尤其要建立健全虚拟社会监督管理机制，积极研判、回应并正确引导网络舆情，提高对虚拟社会的监管水平。

（三）积极建立社会协同、全民参与的城市管理模式

健全和完善以社区治理为基础、以社区自治为方向的社区自我发展保障机制，提高社区自治水平，不断扩大参与城市管理的广度和深度。依托街道和社区，实现城市社会网格化管理全覆盖，发挥好社区在网格化管理中的主导功能。发挥社区居委会在

培育社区服务性、公益性、互助性社会组织方面的积极作用。

培育完善社会组织体系，积极支持和引导各种社会组织、社会工作者、社会志愿者有序有效参与社会管理和服务，畅通社会组织和市民参与城市社会管理的渠道，建立全民参与城市管理的常态化机制。

（武汉市社会科学院课题组）

“城管革命”：构建新型城市社会管理体制的必由之路

城市社会管理体制改革是中国社会、经济转型和体制转轨进程中一个不可回避的热点难点问题。武汉市以“城管革命”为突破口，积极探索特大中心城市社会管理规律，创新城市社会管理体制，取得了阶段性成果。如何进一步深入推进“城管革命”，构建与市场经济体制和现代市民社会相适应的城市社会管理体制，是一个需要深入研究和探讨的重要课题。

一、武汉城市社会管理体制改革的初步探索

城市社会管理体制是建立在一定的经济基础之上的，与经济发展水平、社会发展阶段、经济体制和政府职能等紧密相连的一组制度安排。新中国成立后，我国逐步形成了一套高度集权、条块分割、以条为主、依托单位、建管合一的传统城市社会管理体制。其主要特点：

一是高度集权、强调管控。服从于计划经济条件下调配资源、组织生产、维护秩序的需要，公共权力资源向上集中，更强调以行政手段对社会进行管制和控制。城市社会管理更多地体现为社会运行行政化。二是条块分割、以条为主。城市社会管理的事权、财权更多地集中于“条条”（城市职能部门），而“块块”（城区政府、街道、居委会）的权力小责任大，基层管理主体缺位。三是依托单位、社会弱化。城市政府通过各种类型的单位对市民进行组织和管理，对社会进行总体控制，单位基本上承担了社会管理职能，街道和居委会在城市社会管理中处于边缘化状态。四是建管合一、重建轻管。城市管理职能与建设职能合一并集中于政府职能部门，造成“建管不分”、“以建代管”、“重建轻管”，表现为严密的层级管理，秩序有余、活力不足。

改革开放以来，随着我国经济的转型和体制的转轨，单位社会逐步向市民社会转型，传统的城市社会管理体制社会活力不足、管理成本偏高、管理效率低下等一系列弊端日益显露出来，城市社会管理体制改革逐步提上了各地政府的议事日程。

上世纪80 年代初，武汉与全国其他城市一样，先后提出和实行简政放权、转变政府职能等一系列改革，开始积极探索与市场经济体制相适应、符合市场经济发展要

求的城市社会管理体制。进入90 年代，武汉改革开放的步伐和社会转型的速度明显加快，市场经济体制逐渐建立起来。与此相对应，单位体制逐渐解构，单位的社会管理职能逐步弱化，“单位人”日益成为“社会人”，社会流动性增强，城市社会管理面临的形势日趋复杂，任务更加繁重。适应这种变化，武汉立足自身实际，学习和借鉴北京、上海、广州等城市管理经验，对城市社会管理体制进行了新的探索，取得了阶段性的成绩。

1. 积极构建城市综合管理格局。在积极整合城市社会管理各方面力量和资源，重点解决城市管理职能交叉、重叠、缺位、错位等问题的基础上，先后组建市容管理委员会、城市管理（执法）局，建立市级高层协调机构，加大资源共享、市区联动、齐抓共管的力度，初步发挥出城市社会管理的综合效能。

2. 探索下放城市综合管理事权。1997 年，市委、市政府进一步简政放权，明确市、区、街职责分工，下放经济调控、项目审批、工商登记、规划管理、土地批租等管理权限，完善“两级政府，三级管理”体制。同时，积极探索加强社区管理和公共服务的有效途径，推动政府基础工作向社区延伸，发挥社区在城市社会管理中的积极作用。

3. 尝试推行城市管理部分领域市场化。90 年代中期，武汉提出环卫作业市场化改革思路，由政府“花钱买服务”，提升环卫作业质量，从而使以环卫作业市场化改革为突破口的城市管理市场化改革开始破题。同时，武汉市先后出台三轮住房制度改革方案，初步建立起商品化、市场化的住房制度。

4. 引导市民参与城市社会管理。在城市规划、市容市貌、文明创建、城市精神、城市形象、市民形象、社区建设、社会治安等城市社会管理的各个领域，相关政府部门通过舆论宣传、公开听证、集中讨论、公开征集、电话网络等各种途径，引导市民聚智出力。广大市民也通过各种方式关注、参与城市社会管理，城市社会管理的社会氛围比较浓厚。经过20 多年的探索，武汉城市社会管理体制有了松动，城市面貌发生很大变化。但总体上看，原有的城市管理观念、管理局面、管理机制、管理模式、管理方法尚未发生根本性的变革，传统的城市社会管理体制仍然在相当大的程度上制约着武汉经济社会发展。因此，适应经济社会转型的新形势、新要求，进一步深化城市社会管理体制改革，成为摆在各级政府面前的一项重要任务。正是在这样的背景下，武汉“城管革命”孕育而生。

二、“城管革命”的初步成效及制约因素

进入新世纪，特别是“十一五”以来，我市持续推进城市社会管理体制改革，适时酝酿并启动“城管革命”。“城管革命”的实施，对传统城市社会管理体制形成了强烈冲击，初步革除一些旧的思想观念、体制机制和行为方式，一个渐趋符合现代城市治理和市民需求的城市社会管理体制逐渐建立，城市面貌焕然一新。

1. 初步革除“管控”的观念，逐步树立服务至上的理念。城市管理离不开一定程度的“管控”，但城市管理的出发点和落脚点不是“管控”，而是为了让市民生产生活更舒适、和谐，共享现代城市文明成果。这种新的城管理念直接影响着“城管”体制架构与“城管”行为模式。“城管革命”坚持“为人民管好城市”的价值取向，努力从“管制型政府”向“服务型政府”转变，从回应市民诉求、满足市民需求、提高公共服务质量入手，着力解决管理中的突出矛盾和问题，实施交通畅通、机制创新等工程，一个日益顺畅、洁净、有序的武汉，逐渐赢得社会的认同和赞许。

2. 初步革除条块分割的局面，逐步构建系统协调的管理格局。整合市政局、环卫局、公用局、市容办等城管资源，组建市城管局，成立城市综合管理委员会和城市管理应急指挥调度中心；按“大部制”理念推进城管体制建设，强化部门联动，理顺市、区与垂直单位城管职责；形成资源共享、市区联动，重心下移、以区为主，部门联动、齐抓共管的管理格局；初步建立了系统整合、运转协调的“大城管”格局。

3. 初步革除单向封闭的模式，探索建立开放互动的机制。传统的城市管理运行机制，往往是管理主体（政府）运用一定的管理手段单向作用于管理对象（市民），忽视市民的感受和需求，对市民的意愿和呼声重视不够、回应不及时，忽略了市民主体地位和能动作用的发挥。“城管革命”通过广泛动员，从解决市民反映强烈的热点难点问题入手，急百姓之所急、想百姓之所想，通过“问计献策”、“电视问政”、城管微博、城市精神大讨论等方式，“知民心、顺民意、汇民智、聚民力”，逐步彰显城市社会管理的开放性、互动性，赢得市民的赞誉。

4. 初步革除包揽式的行政干预，尝试推进部分领域的市场化运作。传统城市管理的主体就是政府，且是一个“全能政府”。全能政府对城市管理的全面干预，抑制了其他城市管理主体能动性的发挥。市场经济条件下，政府是“有限的”，城市管理的主体是多元的，除政府外，市场、非政府组织也是重要的管理主体。政府的主要职责是“掌舵”而不是“划桨”。因此，我市“城管革命”改变大包大揽的管理方式，由“政府独家提供”到鼓励“共建共享”，再到“政府购买服务”，积极推进城市管理部分领域的市场化运作。目前，武汉中心城区31%的街、29%的区管道路面积等环卫作业实行了市场化。

5. 初步革除简单粗放的管理方法，探索实施精细规范的管理方式。城市管理的简单粗放一直为人们所诟病。“城管革命”以创建整洁、靓丽、宜居城市为目标，着力推进精细化管理。出台《武汉市容环境卫生规范》，添置环卫作业设备与城市部件，改进作业时段和方式；加强城市立面环境整治，净化城市公共空间，亮化美化城市景观；加快编制《武汉市城市综合管理手册》、《武汉市容市貌标准》、《武汉市建筑物和构筑物外立面保洁管理规定》等管理标准，努力实现城市管理的精细化、规范化、人性化，逐渐彰显武汉这座特大中心城市的现代韵律和时代气息。

“城管革命”取得了阶段性的明显成效，但与社会转型和体制转轨要求相比，与现代城市治理理念发展和市民多样化、优质化服务需求相比，传统城市管理体制的弊端还没有从根本上被完全打破，适应新形势、新要求的现代城市管理体制还没有完全建立起来。服务至上的理念还未完全树立，必须进一步加快从“管控当先”向“服务优先”转变，从“管制型政府”向“服务型政府”转变；重“条”轻“块”的管理格局尚未理顺，必须进一步深化行政体制改革，减少行政层级，推进事权下放，管理重心下移，强化属地管理；双向互动的管理机制尚未完全建立，必须进一步培育社会自治组织，提高公民参与度，增强管理的开放性、互动性，提高管理绩效；大包大揽的管理模式尚未有效破除，必须进一步转变政府职能，努力加快从“无限政府”向“有限政府”转变，从“一元治理”向“多元治理”转变，从政府“亲历亲为提供服务”到“政府从市场购买服务”转变，努力发挥政府、市场和非政府组织等社会治理主体的协同作用；精细规范的管理方法尚未完全确立，必须进一步提高城市管理的规范化、精细化、人性化。

总之，“城管革命”的任务还没有完成，“以政府为单一主体、以单位管理为主要载体、以行政办法为主要手段、以管控为主要目的”的传统模式还具有较强惯性，城市社会管理体制改革创新的任务依然十分艰巨。

三、进一步深化“城管革命”，构建现代城市社会管理新体制

深化“城管革命”，必须顺应市场经济深入发展、体制转轨和社会转型进程加快的趋势，紧密围绕建设国家中心城市目标，弘扬“敢为人先、追求卓越”的城市精神，按照“党委领导、政府负责、社会协同、公众参与”社会管理的总体要求，充分借鉴吸收国内外城市社会管理的经验，加强“城管革命”顶层设计，努力构建统一领导、

分级管理、以块为主、市场运作、全民参与的城市社会管理新体制，最终实现以社区治理、居民自治为基础，管理顺畅、方法科学、环境优美、市民幸福的城市社会管理目标。

1. 牢固树立以人为本、服务至上的管理理念。“管理就是服务，管理为民服务”的行政理念和“为纳税人服务”的市场契约理念深入人心。政府以对社会和市民提供有效、高质量的服务为价值取向，并以自身的廉洁、高效获得社会和市民信赖。政府遵循现代城市管理规律，科学施政、依法行政，为社会健康发展提供保障。

2. 强化部门联动、协调高效的管理格局。优化管理资源配置，实现部门协作联动、齐抓共管、无缝对接。管理权限和责任范围规范、科学，责任主体明确、清晰。常态管理体系和应急管理体系齐备，管理决策和执行机制健全。管理有序，运转高效，体现公平与效率。

3. 构建政府主导、市场运作的管理机制。政府是社会管理工作的“掌舵人”。政府通过制定规划、法律法规，向社会开放公共服务资源，促进社会管理事务和公共服务市场化、专业化，建立完善市场主体参与城市社会管理的体系。

4. 形成社会协同、全民参与的管理模式。政府要不断加强与社会组织之间的分工、协作，推动不同社会组织之间的相互配合。培育完善社会组织体系，畅通社会组织和市民参与城市社会管理的渠道，建立全民参与城市管理的常态化机制。推动社区治理，健全社会自治机制，提高社区自治水平，实现自我管理、自我服务、自我完善、自我发展，不断扩大参与城市管理的广度和深度。

5. 推行科学人文、精细规范的管理方式。严格按照专业和社会分工进行规范管理。广泛推行科学化、规范化、人性化的管理形式，普遍运用精细、高效、惠民的管理方式方法，并不断提高管理质量。形成简约、精细、环保、亲民的管理气象。

城市社会管理是一项复杂的系统工程，主要包括七个方面：（1）社会管理法规政策体系。主要包括社会管理立法和社会管理政策两方面内容。具体如建立健全社会利益整合机制，公民合法权益维护，集体维权指导，弱势群体权益保护等。（2）社会保障体系。主要包括涵盖全社会所有人群的社会保险、社会救助以及优抚安置，建立公平合理的收入分配制度，构建和谐的劳动关系等内容。（3）社会公共服务体系。主要包括政府为实现基本公共服务均等化、促进公民社会权利平等而向社会提供的公共事业与公共服务，如市政规划与建设、公共交通、城市社会生活供应、市民培育等。（4）社会安全与应急管理体系。为社会成员提供全面的安全保障是社会管理的主要内容。主要包括城市实体社会日常的安全保障、治安防控、安全生产监管，网络虚拟社会的管理，重特大事件的预案管理，突发事件的应急管理等内容。（5）市容环境管理体系。主要包括对市政公共基础设施的维护，市容市貌的整饬、美化、亮化，城市人居环境的创建与保护等内容。（6）社会组织管理与社会工作体系。主要包括对社会组织或民间组织的界定、培育、规范、引导，社会援助，心理辅导，志愿者服务等内容。（7）社区治理体系。主要包括对城乡基层社区的外部网格化管理和社区自治的培育、引导与服务等内容。

“城管革命”是全领域的观念革命和管理革命，必须深入持久推进。当前，要着力推进七个方面的工作：

1. 加大新的社会管理制度体系构建力度。进一步打破条块分割、各自为政，优化配置管理资源，合理分配管理权限。强化法治政府、服务政府建设，深化部门分工，厘清管理关系，明晰管理权责，夯实城市社会管理法规制度基础。进一步下放事权、财权，建立健全“人随事走，费随事转”保障机制。建立健全社会事务与公共服务市场化运作准入与退出机制。优化绩效评估指标体系，加强管理指导和执法监督检查。

2. 进一步完善社会保障体系。进一步健全“五险合一”的全覆盖的社会保障体系。推进社会保障信息化建设，加大社会保障“一卡通”建设力度。大力推动廉租房、公共租赁房建设，实现中低收入家庭住有所居。落实好“米袋子”和“菜篮子”工程。逐步提高基本工资标准，积极拓宽财产性收入渠道，努力提高居民实际收入水平，不断缩小收入差距。努力发展第三产业，不断扩大就业。加快危旧房和棚户区改造。进一步健全社会救助体系。建立健全社会福利服务体系。加强社会捐赠管理，规范慈善资金的使用。

3. 加强公共安全与应急管理体系建设。完善社会管理综合治理防控体系，构建社会治安防控网络，实现对动态社会的全覆盖管理。加强自然灾害、事故灾难、公共卫生事件、社会安全事件预警体系建设，增强防灾减灾能力与安全保障水平。大力发展安全、节能、环保的公共交通，进一步优化道路交通线路，健全和完善交通安全疏导机制，以有效解决道路拥堵，保障出行安全、顺畅。加强危机应急管理体系建设，努力实现突发公共事件应急管理的科学化、系统化、规范化。同时，不断增强预防和处置突发公共事件的能力。

4. 建立健全社会诉求响应机制。建立社会诉求反映、应对处理机制，不断拓宽民众诉求表达渠道。健全和完善社会利益协调机制，及时化解社会矛盾，引导公众依法解决利益纠纷。健全和完善信访体制机制，努力提高政府信访管理水平。进一步推进政府信息公开，完善信息发布制度，建立重特大信息第一时间权威发布机制。建立和完善社会诉求采集系统和回应制度，化解社会矛盾，促进社会和谐。

5. 加快推进市容环境管理市场化。进一步强化市容市貌环境整治力度，实行社会化、专业化、精细化、市场化管理。健全和完善市容环境卫生法规体系，制定市场化准入与退出标准，规范作业标准与作业流程，逐步向社会放开环境卫生部分领域的社会事务和公共服务项目，推进市容环境卫生管理作业市场化。加强监督检查，建立奖惩机制，引导市场主体参与创建宜居城市。

6. 建立健全虚拟社会监督管理机制。树立现代传播理念，提高政府与社会公众沟通能力，积极应用网络平台，加强与社会公众的信息沟通。建立网络虚拟社会管理法规体系，健全网络舆论引导机制，积极研判、回应并正确引导网络舆情，提高对虚拟社会的监管水平。建立健全网络虚拟社会应急管理和防控体系，预防和消除虚拟社会对现实社会的扭曲、误导等负面影响，建设健康、文明的网络生态环境。

7. 建立健全社会组织管理与社区自治保障机制。加强社会组织立法，为社会组织的发育、发展、参与社会管理提供法律和制度保障。积极支持和引导各种社会组织、社会工作者、社会志愿者有序有效参与社会管理和服务。健全和完善以社区治理为基础、以社区自治为方向的社区自我发展保障机制。依托街道和社区，实现城市社会网格化管理全覆盖，发挥好社区在网格化管理中的主导功能。发挥社区居委会在培育社区服务性、公益性、互助性社会组织方面的积极作用。加强文明市民教育，完善市民参政议政体系，不断拓宽参与渠道和参与方式。

附录：

国内外城市社会管理经验借鉴

在城市化快速推进、社会流动加剧的新形势下，如何搞好城市社会管理是国内外城市普遍面临的一项挑战。上海、香港、新加坡、芝加哥、慕尼黑等国内外一些著名城市形成了很多好的经验，值得武汉市学习和借鉴。

1. 如何树立服务至上、科学施政的管理理念

城市社会管理首先要树立一种与现代社会发展相适应的先进管理理念。上海、香港、芝加哥等地特别注意突出和强化服务、科学、法治等现代理念。

上海在新一轮政府职能转变中，坚持新增和加强社会管理、公共服务等职能，要求乡镇、社区（街道）更加侧重社会管理、公共服务等职责，更好地发挥城市管理在服务经济、服务社会、服务基层中的功能作用，突出城市管理的服务功能。

香港崇尚法治，城市管理管得细，罚得重，不仅有高额的罚款，还包括监禁措施，具有很强地威慑效果。在严格管理的基础上，进一步形成了“精细化”、“整体化”、“科学化”的管理理念。

芝加哥城市社会管理中强调科学和法治原则，尤其注重科学设计和严格执行城市规划。

2. 如何构建部门联动、协调高效的管理格局城市社会管理任务繁重，职责分工是否科学合理，决定着管理质量和服务水平

上海、香港、新加坡等地注意科学厘清部门职责，合理进行分工，并加强相互协调配合，很好地实现了“无缝隙管理”。

上海注重理顺城市社会管理的责权利：一是在纵向上合理界定市、区（县）、乡镇（街道、社区）的各自职责，建立市区“两级政府三级管理四级服务”、郊区“三级政府三级管理四级服务”模式，实行管理重心下移，市里负责宏观调控，区县负责具体管理，乡镇（街道、社区）重点搞好社会管理和服务。编制、资金等重点向基层倾斜。二是在横向上进一步理顺各部门职责关系，按照权责一致和一件事情由一个部门负责的原则，重点解决和梳理政府部门之间职责交叉和关系不顺及“多头管理、政出多门”的问题，对确需多个部门管理的事情，分清主办和协办关系，明确牵头部门。在理顺城市社会管理责权利的基础上，积极整合城市管理和执法资源，加强城市社会管理综合协调力度。为此，市政府成立城市管理综合执法工作联席会议办公室，由市政府批准的相关职能部门分管负责人组成，市领导担任第一召集人，日常工作由市城管执法局承担。其主要任务包括：讨论、研究和完善城管执法体制机制等重大问题和重大措施，讨论协调全市城市管理行政执法阶段性工作重点，组织协调全市性重大执法工作等。同时在城市管理重点领域，积极开展综合执法体制改革。探索建立跨部门综合执法、部门内综合执法及理顺专业执法的管理体制。

香港城市社会管理体制健全规范，人员配置充足，政府资金投入大。以食物环境卫生署为例。食环署具有审批发牌、统一管理和处罚收牌权，实现了批、管、控合一。这一机制提高了监管力度，治理成效好。香港城市管理行政执法体系完备统一，实行警署、行政执法、法院一体化协同，提高了管治力度，执法效率极高。概括地讲，“港式社会管理”的突出特点是环环相扣，有条不紊。

新加坡在城市社会管理中坚持“建管分离”原则，城市规划、建设、管理分别由城市重建局、建屋发展局和市政理事会三个不同的相互独立的部门承担。各部门之间除了定期进行交流外，一般相互不干涉各自的职权范围，权责明确，便于城市管理规范化进行。同时，为便于城市社会管理的协调，增加管理合力，成立了“花园城市行动委员会”，这个跨部门的委员会在拟定政策、综合协调有关城市园林绿化建设及管理方面发挥了重要作用。

3. 如何完善政府主导、市场运作的管理机制

现代城市社会管理中，政府不再大包大揽，而是在政府主导下更多地发挥市场作用。新加坡、芝加哥等地在推进城市社会管理市场化方面做了很好的探索。我们这里重点介绍新加坡的主要做法。

新加坡城市道路及公共场所清扫职责划分为三块：第一块为市政理事会之间交界的道路以及城区高速公路，由国家环境局负责，通过公开招标方式确定清扫企业并签订为期5 年的清扫合约；第二块是各个市政理事会管辖范围内公共道路及社区公共区域，由市政理事会负责；第三块是商业、工业区域，由业主自行负责。新加坡道路清扫目前已实行100%市场化。招投标以服务质量、价格等综合选择，企业招标书和合同书内容详尽、操作性强。政府制定科学的清扫作业规范及标准，对屡次达不到要求的中标公司终止合同，并承担一切费用和惩罚，成本相当高。因此，新加坡城市社会管理效率高、成本低、效果好。

4. 如何建立社会协同、全民参与的管理模式

要搞好城市社会管理，不能只靠政府唱“独角戏”，而必须发挥社会、市民等各个方面的积极作用。上海、香港、新加坡、慕尼黑等地有一些好的做法，值得我们学习和借鉴。上海市民在城市管理中的积极作用得到充分发挥。1998 年8月以来，一支由普通市民组成的上海市民巡访团一直活跃在上海街头，他们戴着巡访帽、挂着巡访证，走街穿巷，对城市里发生的有碍交通文明、市容市貌、环境卫生和社区中的种种不良行为进行批评和监督，称作为上海城市管理的“啄木鸟”和“布衣钦差”。市民巡访把社会监督和舆论监督紧密地结合在一起，充分让市民参与城市管理，在参与中让市民自己教育自己。市民巡访、媒体和各级政府部门“三股合力”，解决了许多让市民饱受苦恼的卫生“脏、乱、差”和环境“急、难、愁”等问题，形成了上海城市管理不可或缺的一个社会力量。市民参与成为上海城市管理的一个“特色”和“亮点”。

香港也高度重视公众参与。从规划编制到规划管理都有公众广泛参与。在规划决策层面吸纳非公职人员参加；建立规划申请的公布制度，供公众查阅及发表意见；善用各种咨询机构，听取各方意见。

新加坡社区自治在城市管理中发挥了重要作用。通过将城市划分为5 个社区，并设立社区发展理事会，推动社区自治和参与城市管理。新加坡还特别注意发挥市民作用和提高市民素质。新加坡城市管理的主要负责机构—市政理事会，把居民、城市管理中的承包商、基层领袖和政府部门都看作是自己的合作伙伴，始终保持着有效的沟通。通过宣传海报、布条、教育手册以及主办大型活动等形式对市民进行城市管理方面的宣传教育，使他们从思想上认识到遵守各项法律规章、维护城市环境的重要性。慕尼黑很强调“居民自治”。全市25 个辖区都设有一个政务委员会，负责保障所在辖区居民的利益。每个辖区政务委员会有自己的主席，这个角色对外代表辖区，对内则对委员会进行管理。市政府如有重大决策，各辖区政务委员会主席、代表都会参与到决策中来，他们的职责就是让自己辖区的各种权利不会受到侵犯，但也不要侵犯别的辖区的利益，他们的表决是不会受到任何市议会议员包括市长意志的干扰。在慕尼黑每年至少有一次居民大会，这个大会是让辖区政务委员会、居民与市长直接对话，让大家直接表达个人的诉求申请。慕尼黑还设了一个居民顾问会的机构，每天都对公众开放，任何人可以不受任何限制地进来上访，也可以写信、发电子邮件来投诉。居民顾问会的工作人员将所有投诉整理归类，具体问题找具体部门去解决。重要问题，则定期向市长反映。有了这些市民诉求的回应和权益保障机制，城市社会管理的社会参与机制更加顺畅。

5. 如何形成以人为本、科学规范的管理方式

现代城市社会管理必须坚持以人为本、科学规范、精细法治的管理方式。上海、香港、新加坡等地积累了一些宝贵经验。上海始终坚持不懈地推进城市网格化管理，在完善职能、设立机构、核定编制等方面支持建立健全城市网格化管理方式。目前，上海市网格化管理已经覆盖全部区县和190 个街道乡镇，促进了城市管理的规范有序。香港在城市社会管理方式上有两个方面值得我们认真学习和借鉴。一是坚持严格执法。香港主要通过完备的立法和操作性相当强的相关实施细则的方式引导和规范城市社会管理行为。在规划实施上，香港土地、房屋、城市规划等部门都以法定图则（城市规划）为依据实施行政许可。规划署一经发现违例发展，即予以警告，对此置若罔闻的可能会遭检控，一经定罪，可处重罚。二是重视细节和可操作性。香港城市管理制度完善，注重细节，强调可操作性和执行效果，具有很强的约束力。在这种严格法治意识的长期熏陶之下，市民文明素质自然很快提升。

新加坡以法律严格和精细化管理而著称。以建筑物立面卫生管理为例。相关法律规定，任何建筑物和公共物业的业主必须保证建筑外墙整齐清洁，至少5年涂刷一次。建设局如发现状况不良，就会要求大楼业主进行清洗、粉刷。如未办理，工作人员可以授权他人去做，费用由业主承担。违反规定者，进行严惩。精细化管理是新加坡整个环卫水平高的重要原因。繁忙大街、街市及小贩区每天清洗一次，垃圾黑点每星期至少两次。路边的沟渠每两星期以人手清理一次。高速公路和天桥上的集水沟隔，每六星期清理一次。建立一套完备的、操作性强的考评体系也是新加坡城市管理的一个有效方法。其考评项目非常体系化，对每项指标都有十分具体的评分标准，这就减少了考评中的人为主观评判程度，硬化了考评工作。

（武汉市社会科学院课题组 执笔人：田祚雄 马运杰 陶维兵）

政府运行机制研究

为加快服务型政府建设，构建科学规范的政府运行机制，促进武汉经济社会跨越式发展，按市政府主要领导意见，院课题组对政府运行机制进行了专题研究。

一、政府运行机制理论观点评述

关于政府运行机制，上世纪80 年代以来，学术界展开了富有成果的研究。（1）关于政府运行机制的概念。以汪玉凯为代表的学者认为，政府运行机制指政府行使行政管理权力并保障权力运行过程实现的各种制度和程序；以应松年为代表的学者认为，政府运行机制就是政府依法行政的各种法规和制度；以张成福为代表的学者则认为，政府运行机制就是政府权力运行的过程和应遵循的准则。（2）关于政府运行机制的内涵。学者们认为政府运行机制是一个严密复杂的、有机统一的运作系统，包含一系列环节或多个子系统。但具体包括哪些环节或子机制，学者们有不同理解。以李成言为代表的学者认为，政府运行机制大体包括决策、执行、监督、追责几个环节，相应就有决策机制、执行机制、监督机制、追责机制等几个大的子机制；以汪玉凯为代表的学者认为，政府运行机制体现着政府权力运作整个过程的要求，因而其内容除了一般的决策、执行、监督、问责之外，还应包括协调、信息反馈、评估等内容。（3）关于政府运行机制的外延。以李文良为代表的学者认为，政府运行机制是政党制度、宪政制度、议会制度、行政制度、司法制度等政治上层建筑的各种组织制度规范；以李成言为代表的学者认为，政府运行机制是指拥有行政权的政府及各政府机构依法依规行使行政权的过程；以申智军为代表的学者则认为，政府运行机制就是政府组织内部为保障政府正常有序运转的各种制度。（4）关于政府运行机制的功能和作用。学者们一致认为，政府运行机制的运作效果直接关系政府的行政效能，政府运行机制随着时代的变迁和政府职能的演变而与时俱进。（5）关于政府运行机制的原则。学者们大致都认同这样一些原则：民主决策、权责一致、系统协调、程序规范、以人为本等。

尽管学术界关于政府运行机制的研究尚未形成共识，但上述成果为我们进一步深化政府运行机制研究提供了有益的借鉴。课题组认为，政府运行机制是政府在依法行政过程中，对内保持政府有序有效运转、对外实施行政行为和为实现行政行为所遵循的一系列程序、规范、制度和方法的总和。既包括政府实施外部行为的决策、执行、监督、追责等行政行为过程，也包括政府为实现外部行为目的而进行的诸如机构设置、人员编制、会务组织、公文处理以及督促检查、信息反馈等内部管理行为过程。政府运行机制内在化为理念、操守、价值取向等，外在化为政策、规章、法律和制度等。现实中政府运行机制的内容，主要包括民主决策机制、政务公开机制、行政协调机制、绩效管理机制、行政问责机制、电子政务机制、专家咨询机制、公民参与机制、风险预警机制等。在虚拟社会初现端倪、电子政务逐渐普及的新形势下，以“智慧城市”建设为契机，进一步优化政府组织结构，努力构建科学、法治、协调、高效的政府运行机制，已成为服务型政府建设的内在要求。

二、国内主要城市政府运行机制比较

改革开放以来，各地政府按照中央部署，不断推进政府管理体制改革，探索建立政府运行新机制，取得了明显成效，形成了两种模式。一是以深圳为代表的“行政三分制”，一是以北（京）、上（海）、广（州）、（武）汉为代表的“行政合一制”。

以深圳为代表的“行政三分制”。所谓“行政三分制”，是指政府在管理系统内部，将行政权力的决策、执行、监督职能分离，并在运行过程中使之相辅相成、相互制约、相互协调的一种行政管理体制。简言之就是行政权“三权分立、互相制约”。这种制度是当代欧美国家中央和地方政府行政管理制度改革的主流方向，该制度设计下的政府架构和运行模式已在美国、英国、新西兰等国普遍推开并获得成功。国内改革开放前沿城市之一的深圳率先“试水”。2003 年，国务院批准深圳正式启动“行政三分制”改革。 2009 年，配合“大部制”改革，深圳全面展开“行政三分制”改革，形成“深圳模式”。继深圳之后，珠三角的佛山、珠海等地也都相继启动了“行政三分制”改革。

“行政三分制”打破了传统的行政权力合一的行政运作方式，增强了政府对社会的回应性，对促进权责一致、分工合理、决策科学、执行顺畅、监督有力的行政管理格局的形成有积极意义。与此相适应，深圳市政府运行机制也作了大胆的创新，推出了内部监督体系，着力于健全行政责任体系，构建了行政首长问责机制、行政执行力建设机制、政务督查机制等行之有效的运行机制，提高了行政效能，保障了“行政三分制”的实施。对其他城市政府运行机制的建设而言，深圳“行政三分制”有参考价值，其在监督机制和责任机制方面的建设经验值得关注。不过，深圳“行政三分制”的探索还没有完成，其政府运行机制的普适意义也有待深入研究。

以北上广汉为代表的“行政合一制”。与深圳“行政三分制”不同的是，北京、上海、广州、武汉等地实行的是“行政合一制”。其特点是：决策、执行、监督三权合一，政府部门按照各自任务承担不同职能，并且根据不同时期的实际需要对政府组成部门及其职能进行调整，政府运行中更强调外部监督。

近年来，实行“行政合一制”的地方政府，积极加强政府运行规则的立法工作，逐步出台政府工作规则、重大决策程序规定、政府信息公开办法等法规规章，为政府运行机制提供了重要法律支撑。同时大力推进行政管理体制改革，推进“大部制”和行政审批制度改革，进一步转变政府职能，减少审批环节，精简审批事项，职能越位、错位、缺位等情况逐步减少，决策的科学化、民主化、法治化水平逐步提高，监督机制进一步健全，政府运行更加协调顺畅，并形成了各具特色的运行机制。 北京着力细化行政权力运行的环节，强化流程管理，推出了非常详尽的各类行政权力运行图；上海以深化信息公开内容为核心环节，积极推进政府透明化建设；广州制定重大决策程序规定和开展行政执法评议考核，全力推进政府运行的法治化和绩效评估的科学化；武汉以细化政府工作规则、推进行政审批制度改革为重点，努力优化行政环境，进一步提高行政效能。但总体上审视，无论是“行政三分制”还是“行政合一制”，在实际运行中都还存在许多亟待完善的地方。

一是粗线条规定多，精细化规则少。政府运行质量首先取决于运行规则是否健全和精细。虽然目前的相关法规规章对政府运行的各个环节进行了总体界定和规范，有些已经形成比较成熟的工作规则，但仍有很多运行规则，如绩效评估、风险控制等，没有相应的细化规则，或规定过于粗放，操作性不强。

二是权力集中过度，公开透明不够。在政府运行的理念上，法律的权威不够，管制型理念还有相当影响，服务型理念还没有牢固确立；在政府运行的过程中，重决策、执行，轻监督，政府行政职能过于广泛；在政府运行的方式上，内部运作偏多，公开透明不够 ，缺乏有效的社会参与。

三是重视权力职能，忽视责任义务。在职责配置中，还存在着部门职责模糊、角色定位不清、权责分离等现象，职责配置的科学性与合理性不够。在履行职责时，重权轻责、缺乏监督，容易出现相互推诿、扯皮，对岗位的权力放大运用，而对责任和义务缩小使用，责任落实“走样”，履责不到位，往往造成政府运行中各自为政，部门协同合作不够，机制的合力不能充分发挥。

四是重决策制定与督促实施，轻风险控制与评估修正。虽然出台了或准备出台“重大决策程序规定”，但实际运行中，对运行的行政成本、社会成本、合法性、蕴藏风险、实施结果、运行效能等重视不够；对决策实施过程中的督促、检查、评估比较重视，而忽视对实施结果的事后评估，重过程、轻结果，尤其轻视决策的反馈修正。

三、进一步完善武汉政府运行机制的思路

未来五年，是我市深化改革开放，推进科学发展和跨越发展，建设国家中心城市的关键时期。必须吸收理论界关于政府运行机制研究的最新成果，借鉴北上广深等城市政府运行机制建设的经验，结合我市行政管理体制改革的实际，着力构建以民主决策、责任管理、反馈修正、协调沟通、绩效评估、监督检查、风险控制等七大机制为主要内容的，更加科学、法治、协调、高效的服务型政府运行机制（如下图）。

政府运行机制流程示意图

民主决策机制 责任管理机制 反馈修正机制
风险控制机制
监督检查机制 绩效评估机制 协调沟通机制

（一）完善民主决策机制。现代民主决策机制是以行政决策中枢系统为核心，行政信息系统、行政咨询系统、行政决策审批系统为辅助，既密切合作又相互制约的有机统一整体。必须围绕方案起草（调查研究、社会参与），方案评估（风险评估、专家咨询、合法性审查），方案遴选（集体讨论审议）三个环节，进一步完善科学民主决策机制。

（二）健全责任管理机制。严格明晰的责任管理是政府有效治理和运行的关键所在。从政府对市民的责任、对上级的责任、对人大的责任，到决策、执行、监督中的责任分工，再到决策、执行中过错责任的追究，责任管理贯穿政府运行的全过程。责任管理机制包括三个环节：必须以责任分解、责任履行和责任追究三个环节为基础，进一步健全责任管理机制。

（三）建立反馈修正机制。及时准确的反馈修正是提高政府运行质量的不可或缺的环节。决策事项实施后，必须组织相关部门及独立的专家组进行决策效果的全面评

估，以决定是否停止实施、延期实施、修正实施决策。必须牢牢抓住决策后评估（部门评估、专家评估、市民评议、社会评议、制作和提交决策后评估报告）和决策后修正（决策继续执行、决策停止、决策延期或决策修正）两个环节，进一步健全反馈修正机制。

（四）完善协调沟通机制。高效顺畅地协调沟通是提高政府运行效能的重要手段。在政府运行过程的前、中、后都存在协调沟通的任务。在分工日益细化的背景下，必须积极调整政府系统与其外部环境之间，政府系统内部各组织之间、人员之间、政府运行各环节各阶段之间的关系，使之分工合作，权责清晰，相互配合，有效地实现行政目标。必须着力加强行政内部协调（政府部门沟通，政府工作人员沟通，决策、执行与监督之间的协调沟通）和行政外部沟通（政府与社会、市民沟通），进一步完善协调沟通机制。

（五）优化绩效评估机制。科学公正的绩效评估是现代政府管理的重要激励方式。以科学的方法、合理公正的绩效结果为基础，才能建立起对政府运行质量的考评机制。绩效评估机制必须从强调过程向强调结果转变，公开透明合法，并与激励制度相结合。必须牢牢把握建立绩效标准、绩效监测与评估、绩效公布三个环节，进一步优化绩效评估机制。

（六）强化监督检查机制。合法公平的监督检查是提高政府运行质量的重要保障和动力。行政系统内部、人大、政协、司法机关、社会、新闻媒体、公众等，依法对国家行政机关及其公务员的行政行为进行监察或监督，有利于保证行政活动的廉洁高效。引入考评机制，有利于扩大政府运行的开放性和参与度，强化行政激励。必须加强内部监督（行政监督、专门监督、考核检查），外部监督（立法监督、政协民主监督、司法监督）和社会监督（市民监督、新闻监督、群众评议），进一步强化监督检查机制。

（七）构建风险控制机制。机动灵敏的风险控制机制有利于减少和控制政府运行风险。政府部门需要建立一套有效的风险监测与管理以及内部控制体系，并将之与政策和规划的制定有机整合。必须完善风险预警（社会舆情汇集和分析、公共政策的风险评估）和突发风险处置两大体系，进一步构建风险控制机制。

围绕以上七大政府运行机制，以及实现政府管理高效、灵敏、科学运转，当前必须重点做好以下六个方面的工作：

一是牢固树立服务、责任、法治、廉洁的政府管理理念。以打造“全国发展软环境最优城市”为目标，武汉必须进一步在政府工作部门和公务人员中牢固树立服务、责任、法治、廉洁的政府管理理念，从政府中心向公民中心转变，从凌驾于公民之上的管制型政府向以回应性、责任、合作为核心的服务型政府转变，从试图控制或导航社会向帮助市民、企业表达利益并满足其共享利益转换。以责任、廉洁、透明与开放、诚实正直、公共服务精神、效率和领导力为基本原则，进一步优化政务环境。

二是继续完善政府运行规则的立法工作。根据政府运行的实际需要，进一步增强立法的针对性，强化立法的时效性。尽快启动行政执法评议考核办法、法规规章制定公众参与办法、行政执法协调规定、行政风险预警及应对办法等方面的立法工作，建立健全网络虚拟社会政府管理运行规则，进一步健全电子政务操作规范。系统整合现有运行规则，及时修订补充，使之更科学、规范、精细，更具系统性和可操作性。有针对性地开展涉及重大项目、城市改造、分配调节等专项决策运行规则立法。

三是努力提高行政决策的科学化、民主化水平。根据新的时代背景和经济社会发展需要，进一步从调查研究、社会参与、方案起草、风险评估、专家咨询、合法性审查、方案遴选、集体讨论决定等决策环节上加强规则约束。通过更加精细化和可操作的具体规定，提高决策的预见性、系统性和科学性，扩大市民、社会、新闻媒体参与行政决策的制度化通道。

四是积极扩大政府运行的开放度和透明度。政府运行必须实现从内部运作到公开透明的转变。当前，要进一步完善政务公开、市民参与政府决策、获取政务信息、监督决策执行、评议政府行政行为等方面的法规规章，保障市民的知情权、参与权、监督权，增强政府对市民诉求的回应，促进政府运行社会环境的优化。

五是更加强化政府运行的责任管理与风险控制。强化责任和风险教育，提升责任观念和风险意识。更加科学地分解行政责任，加大行政追责查处力度，着力建设重大行政责任终身追究机制。加强审计监督，完善审计程序，改进审计方式方法。加大人大立法执法检查和政协提案落实监督力度。增强舆论监督广度和深度，拓宽舆论监督渠道。细化责任分解和责任追究规则，加强责任管理的可持续性和可操作性。建立健全政府运行风险的预警、研判、应对的法规体系和工作预案，形成统一指挥、功能齐全、反映灵敏、运转高效的风险控制机制。在决策环节，对财政经济、社会稳定、环境生态或者法律纠纷等方面的风险进行科学评估，并相应提出防范、减缓或者化解措施；在执行环节，对决策实施后存在的问题及其可能引起的延后性后果进行研判，并提出解决办法；在监督环节，对监督缺失可能造成的运行风险及时预警，并采取补救措施。提高对政府运行过程中突发性事件的应急管理水平。

六是加强政府运行主体的统筹协调。政府运行环节众多，主体复杂，必须加强统筹协调以提高整体效能。加强政府部门及其工作人员之间的协调，解决职能承担、责任分解方面的纠纷；加强政府与人大、政协、司法机关之间的沟通，强化监督实效；加强政府与专家、咨询组织、信息系统、市民、社会媒体、社会等参与主体之间的沟通，积极发挥它们在提高政府运行效能上的建设性作用。

（武汉市社会科学院课题组）

武汉文化建设与进一步提升软实力研究

前　言

城市软实力基于国家软实力提出。属于区域软实力范畴的城市软实力，是体现城市文化感召力、环境舒适力、城市凝聚力、科技创新力、区域影响力、参与协调力等的一种特殊力量。其中，由核心价值观、价值导向、价值引力等无形因素构成的文化软实力，则是城市软实力的核心部分，是国家软实力的重要组成部分。在当代中国城市建设严重趋同倾向，不断以硬件设施建设拉近城市“物的差别”，抹杀城市“视觉差别”的情况下，城市之间的竞争，越来越体现为以格局定高下，以文化论输赢。

文化建设是软实力提升的核心。在“文化建设与软实力提升”的命题下，借鉴、吸收国家文化建设与软实力理论，将其基本原理与“城市”相嫁接，形成城市软实力，是坚持科学发展、增强综合实力的基本取向。

本课题承担者以历年积累为基础，深入社会、企业，进行再调查，同时借鉴今年以来所参加的专家座谈会、专题研讨会、方案制订的成果。研究目的，在于以中央关于促进文化大繁荣大发展的精神为背景，以建设国家中心城市、复兴大武汉为目标，综合考察武汉文化振兴、“文化五城”建设、武汉精神弘扬、城市品牌建设、城市形象宣传等现实要素，重点分析武汉文化建设与软实力发展共生演进的总体上升趋势，具体研究武汉软实力建设实践中的非均衡对称问题，从动态互馈的角度为增强武汉文化软实力提出对策建议。

一、趋势考察：武汉文化建设与软实力共生演进总体上升

武汉文化建设与软实力发展的结合初步萌芽于世纪之交，自觉形成于党的十七大将软实力写入大会报告之时，高度提升于市第十二次党代会之后。

（一）武汉文化软实力建设实践的一般状况考察

大规模的武汉文化建设始于2000年前后。主要有以下特征：

——**文化战略和文化规划得到高度重视。**首先是文化战略意识不断增强。历经武

汉文化与文化武汉的多次讨论、武汉文化个性与武汉城市精神的反复研究、文化大市与武汉强市的战略选择。期间，代表这种文化战略的各种文化规划频频出台，先后制定《武汉文化发展规划（2004—2010）》、《武汉市“十一五”文化发展规划》、《武汉市文化产业发展规划》等文化综合规划和专题规划，同时，结合新一轮武汉城市整体规划编修，进行文化规划专项研究，为深化文化规划思想提供了有力的支撑。

——**文化事业和文化产业共同繁荣发展。**从发展文化事业到建立公共文化服务体系，保障公民的文化权益，实行纪念馆、博物馆、图书馆、群艺馆的免费开放、城乡社区的免费电影，以及城市三网融合、农村三通（通网络、通电话、通有线电视）和建立农村书屋、投入流动演出车、开放流动图书馆等，初步实现城乡一体的文化共享。自 2004 年开始实施文化发展规划以来，武汉文化产业迅速发展。文化产业增加值从 2004 年的 102 亿元增长到 2010 年的 303 亿元，年均增长超过 20%，不仅高于 GDP 增长速度，同时也超过第三产业增速，总体规模和增速位居全国大中城市前列。2011 年武汉文化产业增加值 373 亿元，占 GDP 比重保持 5.5%。

——**文化设施和文化活动竞相高潮迭起。**先后掀起三轮文化基础设施建设高潮，拥有琴台大剧院、琴台音乐厅等一流的高档文艺演出团场所，基本形成覆盖武汉三镇的公共文化场馆格局。在传统的中国武汉国际渡江节、中国武汉国际杂技节的基础上，新增了中国武汉国际赛马节、中国武汉国际旅游节，形成武汉四大文化节庆。特别是先后举办 2004 中国武汉国际文化产业博洽会、中国中部（武汉）国际文化产业博览交易会、湖北省国际文化产业招商博览会等重大会展活动，举办“六城会”、“八艺节”、“六京节”等重大国家级盛大文体节会，在国内外产生了重大影响。

——**体制改革和转企改制逐步深化发展。**2003 年起，全市先后经历文化管理体制调整，组建长江日报报业集团、武汉新闻出版集团、武汉广电集团（总台），建立电影院线、实行网络整合、建立银企贷投合作融资平台、推进市属非时政类报刊体制和文艺院团转企改制等重大改革。其中，2011 完成 6 家国有文艺院团改革，长江日报报业集团所属 8 种非时政类报刊出版单位整体转企改制。2012 年武汉市荣获“全国文化体制改革工作先进地区”称号。

这一阶段，无论是武汉文化，还是文化武汉；无论是文化个性，还是文化特色；无论是文化大市，还是文化强市；无论是文化振兴，还是文化中心，软实力构成武汉文化建设的题中之义，成为武汉文化建设追求的新高度。

（二）武汉文化软实力建设实践的价值引力考察

以武汉市第十二次党代会召开为标志，武汉文化软实力建设实践进入了一个新的发展阶段。武汉精神表述语的定位确立、文化五城的首次提出、城市形象的高度重视，是这一新阶段文化软实力建设的重要体现。

——**以武汉精神为激励，提升武汉城市的时代价值。**2011 年 12 月，以全市广泛征集为基础，武汉市第十二次党代会正式确定“敢为人先，追求卓越”的武汉精神表述语。全市迅速形成宣传武汉精神的热潮。市委宣传部组织“武汉精神宣讲团”，深入机关和基层广泛宣讲，使武汉精神家喻户晓，深入人心。同时积极宣传吴天祥、黄来女、王争艳、孙东林、董明等 5 位全国道德模范，推出法网冠军李娜、“中国光纤之父”赵梓森、著名作家刘醒龙等武汉精神代言人，组织“寻找身边的武汉精神践行者”活动，树立了一大批武汉精神的模范践行者。开展“武汉精神征文”，在全市范围引起很大反响。举办“中国地质大学（武汉）登山队先进事迹报告会”，进一步宣传和学习武汉精神旗帜插到世界之巅的壮举，在全市引起了极大的反响。8 月下旬，召开“2012 武汉精神高端研讨会”，邀请国内知名专家学者和企业界人士，进一步深化了对武汉精神的时代价值的认识，掀起弘扬和实践武汉精神的新高潮。

——**以文化五城为基础，加强武汉市民的素质建设。**武汉市委、市政府出台《关于打造“文化五城”建设文化强市的意见》，确定用 5 年时间（2012 年—2016 年）建设“文化五城”，以提升城市文化品位，打造文化强市。一是在全国第一个提出建立读书之城。2016 年，武汉将建成以公共图书服务网络为主体，以 24 小时自助图书馆、流动图书馆和社会图书馆为补充的图书服务网络体系。武汉三镇各建一个中心书城，各区至少建成一座 2000 平方米以上的新华书店。目前已经启动 25 个 24 小时自助图书馆建设。二是全面启动博物馆之城建设。力争到 2016 年，武汉地区博物馆总量达到 100 家。三是建设艺术之城。依托武汉国际杂技节、琴台音乐节、“武汉系列”文艺创作，打造一批国内领先、国际知名的文艺品牌。四是建立设计创意之城。到 2016 年，文化创意产业增加值力争占地区生产总值比重达到 10%，成为全市支柱性产业。五是建立大学之城，彰显大学云集的教育魅力，让 70 多所大学和百万大学生成为武汉最厚重的名片。

——**以文化品牌为重点，促进武汉形象的宣传推广。**建立武汉城市新品牌，大力宣传推广武汉形象。2012 年以来，先后召开多轮武汉形象宣传讨论会，组织多批次人员考察成都等多个城市的文化软实力建设。拟定武汉形象宣传方案，在市委常委会上原则通过。举办“亚洲城市论坛·武汉论坛”，在武汉城市营销上迈出了新的步伐。同时，推出《大江大湖大武汉》（旅游宣传片）、《白云黄鹤大武汉》（武汉形象宣传片，凤凰卫视欧洲台播出），出版《中国武汉》宣传画册，在城市形象宣传上作出新探索。

（三）武汉文化软实力建设实践的价值提升

如上所述，可以得出如下结论：

1．**文化建设始终是武汉城市发展的主旋律。**武汉文化建设与武汉城市发展相伴同行，与经济社会发展共生演进。最能体现这一点的是，在武汉发展过程中，相继出现几组对应性的战略思考，譬如武汉经济与武汉文化，文化经济与文化武汉、科教强市与文化强市、国家中心城市与国家文化中心城市等，文化建设始终是武汉经济社会发展的主旋律。

2．**大规模的文化基础建设为武汉城市发展奠定了强大的硬实力。**武汉文化建设从基本规划制定到基础设施建设不断发展，在武汉三镇和广大城乡得到均衡发展，逐步趋于合理，公共文化服务体系初步建立，群众文化权益日益得到保障，对满足市民日益增长的精神文化需求作出了积极的回应。

3．**文化软实力建设的战略思想实现突破性发展。**作为中华民族精神和时代精神的一部分，武汉精神正成为一种重要的软实力资源，越来越受到武汉的重视，明显体现了武汉文化建设与软实力发展的共生演进、总体上升的发展趋势。武汉文化从基础设施建设向更深层次挺进，深入到城市价值、市民素质、品牌建设、形象推广的层面，越来越触及文化软实力建设的核心部分。

二、问题研究：武汉软实力建设实践中的非均衡对称

文化建设是一个复杂的系统工程，包含诸多辩证矛盾发展过程。武汉文化发展趋势与经济社会发展趋势总体一致，但在现实中存在许多具体差异，存在不平衡性。

（一）软实力与硬实力间的非均衡对称

最大的问题是软实力与硬实力的不对称。文化实力与经济实力、资源实力不对称，文化优势与地理优势、交通地位同样不对称。对比文化总量与经济总量、科教实力与落地引力，有助于增强对这一问题的认识。

——**文化产业增加值与地区生产总值的增长速度不对称。**武汉市地区生产总值连续跨越 3000、4000、5000、6000 亿元台阶，稳居中部省会城市首位，进入副省级城

市第一方阵。目前仍处于强劲增长态势，今年可以超过 8000 亿元，明年可望近万亿元，接近重庆现在的水平。按照上述排序，武汉地区经济总量年增长在 30%以上，而文化产业增加值增长只在 20%左右。特别是文化产业增加值占 GDP 的比重，2009 年—2011 年，基本维持在 5.5%左右。

——**城市吸引力与科教综合实力不对称。**强，即当有引力。但事实中却有反例。武汉科教综合实力全国第三，仅次于北京、上海，拥有两院院士 59 名，科研机构 102 个，高等院校 85 所、其中普通高等学校 79 所，在校大学生 118 万人，居全国城市之首，也是世界城市之首。但是武汉城市却缺乏对优秀大学生的吸引力。优秀人才大多为北上广等一线城市吸引走。这种状况目前还没有得到根本改变。

——**文化战略与城市总体战略选择的不对称。**没有文化的振兴，就没有武汉的复兴。作为国家中心城市，北京战略是进一步提升全国文化中心地位，上海定位为 21 世纪的国际文化中心城市，天津思维是让文化竞争力走在全国前列，广州目标放在加快建设世界文化名城上。“全国”、“世界”、“国际”是北上广津国家中心城市文化建设的核心表述。与重庆谋划建成“长江上游的文化中心”相似，武汉曾经提出建设“中西部文化中心”。建设国家文化中心城市是武汉建设国家中心城市的顺势思维和必然选择，但这一思维似乎还停留在若隐若现的阶段。表现为底气不足，这也是武汉文化软实力建设力量不足、信心不足的表现。譬如文化产业增加值，武汉市只有上海的 19.22%、北京的 19.24%、广州的 52%，存在非常明显的差距。

（二）软实力自身结构中的非平衡对称

文化建设自身结构中同样有软硬之分。文化要构成一种“力量”，固然需要借助于物质载体、财政投入、设施支撑、技术支持等“硬件”，但离不开精神、观念、知识等“软件”建设。目前衡量城市软实力，大多数情况下还是从文化设施、院团建设等文化硬实力实施建设，较少从城市的核心价值观、价值导向、价值引力等方面前瞻发展。武汉精神是在现有社会主义核心价值体系基础上，集思广益，凝练、升华、概括出来的，具有易懂、易记、易传的特点，顺应时代要求、符合武汉市情、贯通历史和未来、熔铸精神与智慧、有利于武汉凝神聚气建设国家中心城市，为实现中华民族伟大复兴共同奋斗。经过 8 个多月的宣传，武汉精神已经家喻户晓。以进一步加大宣传力度为基础，应深入研究和形成武汉精神的时代价值和实践典型，形成一大批具有实践示范意义的时代典型，从更高层次上体现武汉精神的核心内涵，形成武汉软实力建设的文化基础和重要支撑。

（三）软实力城市比较中的非平衡对称

比照目标建设国家中心城市，需将武汉城市软实力同国家五大中心城市进行宏观比较。这里，试选三份案例进行初步比较。

——**城市文化功能及其竞争力比较**（2008 年）。其指标包括城市文化吸引力、社会文化环境、人文国际化水平指数、综合文化竞争力，以及要素指标，如文化艺术人才现状、文化设施优势、市民文化素质、文化资本竞争力等十个指标数据进行阐述和分析。在全国 61 个城市中，武汉与北京、上海、天津、重庆、广州的测评数据如下：

武汉城市文化功能及其竞争力比较

序号	指标		武汉	北京	上海	天津	重庆	广州
1	综合指标	城市文化实力综合排名	14	1	2	9	25	3
2		城市文化吸引力指数	21	10	1	10	21	10
3		社会文化环境评价	8	1	3	8	14	3
4		人文国际化水平评价				20		
5	要素指标	文化艺术人才竞争力	3	1	2	4	6	5
6		城市文化设施优势	3	1	2	5	9	6
7		文化资本竞争力	25	2	1	5	21	3
8		本市文化需求规模排名	15	1	2	38	40	13
9		市民素质评价	8	1	2	23	29	4
10		文化娱乐环境	34	2	5	47	36	25

资料来源：《京、津、沪、穗、渝、汉城市文化软实力的比较及天津城市文化创新》，《天津行政学院学报》，2008，7，（10）—4。

数据显示，具有全国意义的文化软实力强市仅为北京、上海和广州；武汉综合排名第 14 位，其中，除文化艺术人才竞争力、城市文化设施优势同处第 3 名，社会文化环境评价、市民素质评价同处第 8 名外，其余均在第 10 名之外。这说明，武汉城市文化软实力与“北上广”有很大差距，邻近天津（第 9 位）之后，领先重庆（第 25 位）。考虑到全国共有 61 座城市进入排名，武汉在综合排名上处于第二集团层次，所处位置与天津（华北地区和环渤海区域的文化中心）、重庆（西南地区文化中心）相同。尤其是广州以非直辖市晋身国家中心城市，并处于第 3 名，应给我们以深刻的启示。

——**首次中国城市软实力调查比较（2009 年）**。2008 年始，复旦大学国际公共关系研究中心正式在全国范围进行首次中国城市软实力调查，2009 年 6 月公布中国城市软实力总排名和分项排名。此次，广州因故未纳入排名。其中，武汉排名结果如下：①2009 中国城市软实力排名（含直辖市）中，武汉居第 12 位，在北京、上海、天津之后，居重庆之前。②2009 中国城市软实力分项排名中（不含直辖市），武汉商务吸引力居第 5 位、区域影响力居第 7 位、教育发展力居第 8 位、文化号召力居第 9 位，其余城市凝聚力、城市形象力、政府执行力、社会和谐力、科技创新力、信息推动力共 6 项未进入前 10 强。

——**城市生产总值和文化产业增加值比较（2011 年）**。城市生产总值是硬实力，对软实力具有重要支撑作用；文化产业在文化建设中既是硬实力，又是软实力。武汉市第十二次党代会，特别是温家宝总理明确表示大力支持武汉建设国家中心城市后，武汉与五大中心城市的比较，成为政界学界关注的重点。其中的数据阐述与比较，对增强武汉文化软实力具有重要的启示意义。

武汉与五大国家中心城市生产总值比较（2011）

城市	上海	北京	广州	天津	重庆
排位	1	2	3	4	5
地区生产总值（万亿）	1.92	1.6	1.23	1.12	1
占全国比重（%）	4.07	3.39	2.61	2.37	2.12
武汉在上述城市占比（%）	35.2	42.2	47	60.4	61

资料来源：《长江商报》2012，6，20。

武汉与五大国家中心城市文化产业增加值比较（2011）

城市	上海	北京	广州	天津	重庆
排位	1	2	3	4	5
文化产业增加值（亿）	1940	1398.6	714	392.7	320
武汉在上述城市占比（%）	19.22	19.22	52	94.98	116.56

资料来源：据报纸各省公布数；其中广州未见正式公布，此处按武汉媒体报道反

推，如按2010年公布数851.54亿元计算，武汉则应为广州的43.8%。

（四）软实力生成中的非平衡对称

目前武汉文化建设存在一种“次生现象”。所谓“次生”是在“原生”基础上生成的。特点是二次生成、间接形成，具有派生性、复制性特征。作为“中部之中”的移民城市，武汉既得益于“次生文化”，也要跳出“次生文化”，以占据中国第一高度，提高文化建设的首位度，谋求文化强市中的创新发展。

——**武汉大型文化活动缺乏中国第一高度。**从“没什么”而思，武汉没有世博会、奥运会、亚运会、全运会，也没有世界园艺博览会、世界休闲博览会、亚洲艺术节。相比之下，北京、上海、广州、重庆、西安、杭州、昆明、济南、南京都至少举办过一次，或者多次。不仅如此，武汉甚至没有影响较大的上海国际电影节、长沙中国金鹰电视艺术节，也没有一家独创的哈尔滨冰雪节、桂林实景剧《映象·刘三姐》等，因而武汉文化事件（活动）的“首位度”较低，缺乏原创性。从大型文化事件（活动）考察，在大多数副省级城市中，武汉一直没有占据中国第一高度。

——**武汉文化建设大多有失首位度。**从“有什么”而思，亦能说明问题。①从文化事件考察，武汉有中国艺术节、全国城市运动会、中国京剧节，但举办时间较晚。其中，中国艺术节是第八次举办地，全国城市运动会和中国京剧节则均为第六次举办地。②从文化产业考察，武汉有海洋城、华侨城、巴登城、武汉天地，但都不是原生地。如同第二产业一样，实际是在接受转移，建设时间晚于原生地。③从文化创意考察，武汉有“181”（楚天181文化创意产业园）、“824”（龟山824创意工厂）、“1911”（大武汉1911），有武汉天地、花园道等，但都带有北京（798创意产业园）、上海（新天地）、南京（1912）创意的痕迹，时间亦为晚出。武汉举办的大型文化活动、建设的文化设施，乃至人文创意、产业运作都存在一种转移性承接的“次生现象”，其影响力不如“首创首办”。

——**武汉文化亟待克服“二次生成”的仿制性。**在十年前的武汉文化特点大讨论中，曾经有人说过，武汉文化无特点；又有人说，没有特点就是最大的武汉特点。武汉文化有无特点的焦点来源于对次生文化的认识。问题不在“次生焦虑”，关键是如何应对次生文化与核心文化间的顽强挑战和长期对垒，促进原生文化和次生文化的融合和再造，让武汉具有的“文化潜质”显现于城市空间。

（五）国际文化元素吸引中的非平衡对称

一个城市的文化实力表现之一，就是吸引区域性、全国性和国际性文化元素的集聚，进而影响全国，走向世界。因此，必须拥有大批全国性组织、国际组织与机构或跨国公司，经常举办国内外会议和国内外展览。

目前武汉建立外国驻汉总领事馆 3 家，拥有外资银行 6 家、全国性内资银行 19 家，企业总部基地已经拥有跨国公司分支机构和跨区域大企业、大集团总部一百多家，来汉投资的世界 500 强企业达 84 家。武汉常年举办的国内外会议和国内外展览分别为一百多个，其中不乏高层次的国内、国际论坛，也有具有很大影响的机博会、农博会、食博会、医博会、光博会，以及动漫展等。但总体看来，仍然是数量较少、规模较小、层次不高，与五大国家中心城市存在较大的差距。不少冠名“全国”，特别是冠名“国际”会展名不副实，参加的国际团体不多，观众很少，有的还是“以购代会”。

对比全国五大中心城市的总部发展数字，可以明显看到武汉差距所在。①北京。《北京人才发展报告》（2011 年 5 月发布）指出，目前北京市所拥有的世界 500 强企业总部数量为 21 家，超过纽约(18 家)和伦敦(15 家)，总部经济特征明显。早在 2007 年 10 月，投资北京的世界 500 强企业就达 201 家。②上海。至 2010 年 11 月底，累计落户上海的跨国公司地区总部突破 300 家，达到 301 家，财富 500 强企业累计已有 74 家在上海设立地区总部。③广州。2005 年在广州投资的世界 500 强跨国企业已达到 139 家。④天津。2012 年统计，世界 500 强企业已有超过 150 家在天津市落户。⑤重庆。至 2011 年 12 月底，落户这里的世界 500 强企业已超过 200 家，总量居中西部第一。

从国际比较中放开视野，我们更可从下表显示的数字中可感悟一二。

表 2:　　　　国际组织主要集聚城市一览表

排序	城市	国际组织总部数量	排序	城市	国际组织总部数量
1	巴黎	866	15	赫尔辛基	75
2	布鲁塞尔	862	16	内罗毕	75
3	伦敦	495	17	墨西哥城	69
4	罗马	445	18	加拉加斯	68
5	日内瓦	397	19	海牙	67
6	纽约	232	20	东京	65
7	华盛顿	180	21	布宜诺斯艾利斯	59

8	斯德哥尔摩	128	22	阿姆斯特丹	58
9	维也纳	115	23	马尼拉	57
10	哥本哈根	114	24	马德里	56
11	斯特拉斯堡	93	25	达喀尔	54
12	苏黎世	89	26	突尼斯	49
13	奥斯陆	88	27	莫斯科	47
14	曼谷	82	28	卢森堡	47

资料来源：《国际组织主要集聚城市》，载《经济日报》，2005，3，31。

国际组织的存在就是一种高度的开放性文化现象。只有通过大量的国际组织和机构，才能扩大一个城市对域外地区的吸引集聚和扩散辐射能力。据此，武汉的差距是显而易见。因此，必须形成国家文化中心与国家创新中心、先进制造业中心和商贸物流中心的协调性互补互动。

由于历史原因和现实原因的诸多影响，中国大城市包括北京、上海还极少有国际性组织的总部入驻，更没有文化艺术类的国际组织总部和业务中心入驻。相比之下，在全球 30 多万个国际组织（非赢利机构）中，诸多国际化城市集聚了相当多的国际组织总部，成为这些城市的国际辐射力的主要体现。这将有待中国大城市特别是武汉奋起直追。

（六）软实力内外评价中的非平衡对称

评价也是软实力。因为，口碑就是形象，评价也是形象。这方面，武汉同样存在内外不一的非平衡对称。

——**武汉人的内部评价尚未达成共识。**武汉个性特色调查论证是一个明证。早期有“没有个性就是个性”。近年有“大江大湖大武汉”的释读，仍然没有得到较高程度的认可。其中还有“江城”、“东方水城”、“百湖之市”、“山水园林城市”的种种释读。尤其是还难以形成具有高度认同的城市形象宣传口号。没有革命时期的“大革命中心”、“抗战中心”认同度高，没有社会主义建设时期的“新中国工业重镇”认可度高。城市宣传口号还处于征集阶段。

——**武汉城的外部评价仍处误读之中。**外部世界对武汉还存在“一大二热三俗”的误读之中。“大”，中国唯一与上海共同称大的“大武汉”，在改革开放中引出了“大市场、大县城、大工地”的误读；“热”，外地人对天气的认识，还停留在历史评价的

“火炉”之热中，却不知道武汉早已跳出中国“四大火炉”；“俗”，则有对“最市民城市”、“码头文化”、“竹床阵”的反向理解。武汉人的性格也往往被“火爆”、“粗俗”所替代。

——**不可忽略的武汉正能量影响。**在开放时代中，武汉越来越引起中国和世界的关注，正在发挥前所未有的正能量。近几年来，国家级战略密集叠加武汉，国内外500强企业纷纷抢滩武汉，国家重大节会、论坛等落户武汉，就是有力的证明。

国内评价位次前移。2006年6月，武汉被评为“中国最具软实力城市”。在中国经济社会发展研究中心发布的《2011年中国城市综合竞争力100强排行榜》上，武汉文化竞争力位居第12位，这意味着武汉已迈入文化大市。

国际评价越来越高。2006年，美国著名未来学家麦金利.康韦曾预测，武汉将是21世纪世界十大超级城市之一，并将武汉排在第二位，位居中国另一入选城市—上海之前。（转引自《武汉宣传》2007年第6期）2012年，美国麦肯锡咨询公司发布调研成果《2025年全球最具活力城市排行榜》，武汉位列第11位，居东京（第10位）和洛杉矶（第12位）之间。榜单显示，全球75座上榜城市中，有29个大陆城市，武汉位列上海、北京、天津、广州、深圳、重庆之后。（《外交政策》[美]，转引自《长江日报》2012年8月20日）2012年8月7日，美国国家公共电台称赞武汉是中国内陆城市发展范本（《参考消息》2012年8月9日）同年7月，CNN iReport（美国有线电视新闻网公民报道网页）根据读者推荐，黄鹤楼与故宫、鼓浪屿、北京东华门小吃街、北海公园、箭扣长城并称，被评为中国六大景点。（《长江日报》2012年8月9日）

三、对策建议：在动态互馈中增强武汉文化软实力

没有文化的振兴，就没有武汉的复兴。以建设国家中心城市为背景建设国家文化中心城市，已经成为武汉加强文化建设，实施文化强市战略，提升城市软实力的顺势思维和必然选择。国家中心城市综合实力的强盛，有赖于自身内部力量的兴起，它不但是强劲的“经济增长极”，同时也是充满活力的区域性的甚至是国际性的“文化中心城”。建设国家文化中心，武汉必须从地域特征出发，与建设国家中心城市相连接，作出相应的战略决策。

（一）以“两个倍增”的硬实力奠基武汉软实力

城市综合实力由硬实力和软实力共同构成。城市硬实力是城市发展的支撑，是城

市软实力的有形载体和物化；城市软实力以城市硬实力为基础，是城市硬实力的无形延伸。要以“两个倍增”的硬实力为武汉软实力提升创造条件。

——**以工业倍增增强经济硬实力**。“无工不富”。只有企业做大做强，才能带来就业和税收，个人收益提高才会带动消费，政府有钱才能更好地解决文化建设等很多民生问题。事实证明，建立公共文化服务体系，加强文化基础设施建设，实施和扩大文化免费项目，让人民享受更多的文化权益，得益于经济总量和财政总量的同步增长。“文化论输赢”常常是以“实力论输赢”为基础的。要走新型工业化道路，在壮大经济总量中，同步调结构上水平，提升产业核心竞争力，为建设国家中心城市和国际化大都市提供强大支撑。

——**以文化产业倍增增强文化硬实力**。作为经济体系的一部分，文化产业既是一种硬实力资源，又是一国文化软实力的物质基础。要在继续深化研究文化事业和文化产业发展规律的基础上，以战略思维进一步谋划和推动武汉文化产业发展，在全国同类城市中争当排头兵，使文化产业成为推动武汉发展的新的经济增长点。要抓住武汉东湖获批文化与科技融合示范基地的有利时机，以东湖高新区为龙头，实施文化产业倍增。

——**提高文化消费在城乡居民消费结构中的比重**。克服房价膨胀、教育费用和医疗费用持续上涨因素影响，提高城镇居民可支配收入增长预期，引导文化消费投入，以增强文化内需拉动文化消费持续增长，促进武汉文化产业的快速发展。

（二）以文化民生建设武汉市民共有共享的精神家园

市民是最硬的软实力。建设国家中心城市和国际化大都市需要经济和文化发展的硬实力，更缺不了深厚的文化底蕴和文明包容的市民。而个人文化权利的实现与张扬，则是武汉最“重”的软实力。

——**坚持“文化民生”的政策导向**。大力践行“文化民生”政策和举措，倡导把人文关怀与服务大众更加紧密地结合起来。以政策倾斜、资金补贴等方式，加强基层文化设施和项目等硬件建设，将公共文化服务体系扎根于社区群众的日常生活之中，对接文化领域的民生需求，促进武汉基层社区文化工作迈入新一轮的大发展，为全体市民营造共同的精神家园，这将有助于提升一座国际都市的幸福指数，也有助于塑造更加自尊自信、理性平和、积极向上的社会心态。

——**坚持“文化民生”的投入普惠**。近几年来，武汉文化民生投入在大幅度增加，但由于基数小，总量仍然偏低。国家文化部官员解说，我国公共文化服务大概是教育投入的 1/11 或者 1/16，科技投入的 1/11，卫生投入的 1/10 左右，与教育、卫生、科技投入差距巨大。限于资料收集，目前尚无直接比较，但实际感受应该是不相上下。特别是对文化投入与城市基础设施建设之间的巨大差距感受更为明显。迄今，武汉财政投入的最大文化单体项目琴台大剧院为 17 亿多元，但用于城市基础设施建设的投入动辄几十亿，上百亿，甚至更多。文化投入要向基层倾斜，向社区倾斜，解决公共文化服务基础设施、文化产品和服务的供给、基层文化人才队伍建设问题。

——**坚持“文化民生”的宽阔视野。**武汉市民的共有精神家园，是全体“新武汉人”的共有精神家园，是不分阶层、不分地位、不分民族的，只要是在武汉这块土地上生活工作，就是“新武汉人”。他们共同建设这个美好的精神文化家园，同时也充分享受这个美好的精神文化家园。提升武汉文化软实力，大力推进“人文武汉”建设，建设“新武汉人”的共有精神家园，可从以下几个方面着力：首先，发扬“大武汉”的包容意识，努力提高武汉文化的向心力和凝聚力；其次，增强“文化武汉”的自觉意识，大力弘扬武汉文化的“首义、首善、首创”精神；第三，构建“宜居武汉”、“和谐武汉”、“幸福武汉”的文化氛围，打造出全体市民共有共享的精神家园。

（三）以文化优势引领武汉软实力的提升途径

武汉具有 3500 年建城史，文化资源十分丰富，要把优势的文化资源转化为文化软实力、文化生产力，变成更多更好的作品、产品和精品，产生更大的影响力、经济效益和社会效益，以文化的力量助推软实力提升。

——**在城市扩张中坚持武汉文化保护和弘扬的基本立场。**保护是弘扬的基础，弘扬是提升的前提。没有对武汉特色文化的保护，提升文化软实力就成为缘木求鱼；没有对武汉特色文化资源的弘扬，潜在的文化资源就不能转化为显在优势，转化为产业优势和发展动力，提升文化软实力就等同于刻舟求剑。在“保护第一”中弘扬应成为我们的基本立场和重要原则。

——**在文化体制改革中创新创造激发文化发展活力。**加大文化体制改革力度，形成有利于出精品、出人才、出效益的文化发展环境，把文化资源转化为文化力量，提升文化软实力、发展文化生产力、增强文化竞争力，把武汉丰富的文化资源变成文化作品、文化产品、文化精品，变成日益繁荣发展的文化事业、文化产业，变成满足人民群众不断增长的物质文化需求的“文化盛宴”。

（四）以品牌建设提升武汉形象的国内外认同度

武汉城市发展不仅要强调经济、产业、配套设施等“硬实力”的目标定位，而且要关注精神、形象、品牌等“软实力”的不断提升。当前的重点是要在城市精神品牌和核心品牌两个方面进行努力。

——**充分展现武汉精神的时代价值和实践意义。**武汉精神的实质体现在“敢为卓越”，“敢”是勇气，“为”是实践，“卓越”为“先”。武汉精神要走下“神坛”，走出“秀场”，深入社会，贴近百姓，从口号变成行动，化为全体武汉人在重大历史担当面前、在平凡小事中体现它的时代价值和实践意义。

——**在非均衡视角下加强武汉城市核心品牌建设。**非均衡发展是品牌崛起的一般规律。城市品牌均衡发展是对短缺经济时代非均衡发展的突破，是对人民物质文化需求作出的积极回应。当均衡发展格局抵达一定顶点后，城市品牌建设目标，应从内循环型的均衡发展战略转入外向型的非均衡发展战略，以结构效应最大化和最优化为目标实行非均衡发展战略，进一步突出品牌高地建设，迅速形成城市品牌的最亮点，着力打造核心品牌，体现核心品牌的核心价值和核心竞争力。两江交汇、三镇鼎立的核心区域在南岸嘴。从这里出发，最能体现武汉核心品牌建设的最佳选择。

——**精心做好武汉城市形象受损后的修复工作。**城市形象推广是城市“软实力”的重要组成部分。形象主体建设情况比较复杂，自媒体时代某些无序现象的引导难度加大。武汉面积 8000 多平方公里，人口近千万，特别是经济转轨、社会转型给我们带来了极大挑战。人口的流动性和进入这座城市的农民工比重也很大。其中发生负面影响的可能性也在增大。比如，“路扶问题”的道德冲撞、横穿马路的文明对抗、的士拒载的文化烦恼、机场教子的不当示范、灰霾天气的猜测恐慌、交通拥堵的心理烦噪，等等，容易造成城市形象的受损，形成负面影响。因此，必须抓好城市形象受损后的形象修复工作。

针对以上情况，我们应以城市和市民素质树立起自身良好形象，经过有计划地研究和宣传，积极传播正面形象，以有力措施及时消除误读误解，对武汉城市形象进行积极修复。小而言之，例如 2012 年灰霾天气发生后，政府和媒体的应对其实还应更加提前应对、实时跟踪、全程公开，化“危”为“机”，其效果会更好。大而言之，自然现象形成的某些问题，譬如武汉天气的“冷”和“热”，阴冷湿热成为武汉形象的负面词。反而观之，地处中国冷热两极的黑龙江、西沙群岛并没有遭此多责，甚至成为重要的旅游资源。这，也应成为一个有益的启示借以进一步宣传推广武汉城市形象。

（执笔人：方耀强　卢伟）

参考文献

1．中共中央关于深化文化体制改革推动社会主义文化大发展大繁荣若干重大问题的决定，北京人民出版社，2011，10.

2．论文化建设——重要论述摘编，北京学习出版社，中央文献出版社，2012，2.

3．阮成发，在武汉市建设国家中心城市动员大会上的讲话，长江日报，2012，6，19.

4．郭树勇，中国软实力战略，北京，时事出版社，2012，2，第1版.

5．祁述裕，文化体制改革与文化软实力，北京，国家行政学院出版社，2012，5，第1版.

6．张国祚，中国文化软实力研究报告（2010），北京，社会科学文献出版社2011，1，第1版.

7．湖北：把文化资源优势转化为文化软实力生产力，湖北日报2011，12，23.

8．王琳，京、津、沪、穗、渝、汉城市文化软实力的比较及天津城市文化创新，天津行政学院学报，2008，7，第10卷第4期.

9．易中天，读城记，上海，上海文艺出版社，2003,3.

10．湖北日报，长江日报，楚天都市报，武汉晚报，武汉晨报，楚天金报，长江商报等相关报道.

清代汉江流域交通与城镇兴衰

内容摘要：清代康熙以后，随着汉江流域的人口增加，经济开发程度提高，商品交换日趋活跃，从而促成汉江流域水陆交通与城镇经济的空前繁荣。清末新式交通方式出现与新交通格局形成，给汉江流域城镇发展提出新的挑战，除汉口凭借对外开放与轮船、铁路交通迅速崛起外，多数城镇则盛极转衰。

关键词：清代 汉江 交通 城镇

三千里汉江，自古就是西北与东南联系的重要水上通道。清代康熙以后，随着汉江流域人口大幅增加，经济开发程度提高，商品交换日趋活跃，从而促成汉江流域水陆交通与城镇经济的空前繁荣。清末新式交通方式出现与新交通格局形成，导致汉江流域传统交通优势丧失，也让汉江流域城镇发展面临新的挑战。历史发展表明，清末除汉口凭借对外开放与轮船、铁路交通迅速崛起外，汉江流域多数城镇则盛极转衰。

一、清代汉江流域的水陆交通

如果说判断城市存在价值的重要标志是城市中心作用，那么城市中心作用的显现则是以城市交通为前提的。交通作为城市内部循环的经络及对外联系的纽带，不仅决定城市的分布、规模与结构，同时也直接影响城市中心作用的发挥，在城市发展中具有举足轻重的意义。分析汉江流域城镇的空间布局、兴衰变化，考察汉江流域的经济开发，不能不首先研究汉江流域的水陆交通。

（一）以驿道为主干的陆路交通

中国封建社会的驿运制度和驿运路线，经过近两千年的实施和发展，到清朝业已定型。由于自秦汉大一统封建王朝起，中国政治重心始终在北方徘徊，经济重心则逐渐向江南转移，南北间频繁的政治、经济交流，形成了以南北走向为主干的水陆交通路线。清代实行闭关锁国政策，留广州一处为对外通商口岸，使这一趋向更加显著。

汉江流域处中国腹心，是中部地区南来北往、东奔西走的必经之地，其中驿道四通八达，不仅是朝廷官府传送公文、运递粮饷贡物、接送信使官吏的网络，也成为民众出行、商货流通的重要路线。

清代武昌成为湖北省会，驿道运输线由此辐射全省，并联通外省和北京。清代由北京通往各地的道路干线称“官马大道”，由北京通向南方的干线叫“官马南路”。当时有云南几条干线经过湖北省境，由江夏北经孝感、广水、信阳、许昌、郑州、保定至北京的驿路，为“桂林官路”的北段，基本上是今京广铁路武昌至北京的走向。通往邻省的主要路线:由江夏北渡长江，自汉口经安陆、随县、宜城(或由汉口、孝感、京山、钟祥到达宜城)、保康、房县、竹山、竹溪进入陕西安康而达汉中，这条全长960公里的道路，叫汉中大路，比汉江航程稍近。由汉口经云梦、安陆、随县、枣阳到襄阳，北上经河南淅川接秦楚大道到达西安的这条道路，因其从商州翻越秦岭，故称秦岭大道。省境内以江夏为中心，有通向各府、州、县的驿道。以江夏为起点的驿道，西去从江夏10里铺至汉阳县，60里至蔡甸，60里至汉川县，80里至田儿河驿，80里至天门县，90里至潜江县,90里至江陵县丫角庙，90里至江陵县，70里至公安县孱陵驿，60里至公安县，从汉川至应城县120里，又120里至京山县，70里至郢东驿，由此往西北可至襄阳县吕堰驿。此外，各州县辖境内的道路统称铺路，这些铺路大多利用原有的官马大道或驿道相互衔接。由此组成密如蛛网似的陆路运输网络。

襄阳府地处鄂西北，号称南船北马，“为楚北大郡，上通关陇、下连吴会，北控宛洛、南达滇黔，汉晋以来，代为重镇。”①光绪《襄阳府志》卷一《舆地志》称，襄阳“陆则北通河南之新野、唐县、邓州、内乡、淅川，东北通河南桐柏，正西与西北皆通郧阳，南通安陆，东南通随州，其间道河南，自枣阳径通安陆，又邓州入光化径通南漳，由当阳可入蜀。”另据清宣统《湖北通志》记载，交汇襄阳的古驿道除北京经襄阳、荆州至云南，襄阳至西安，襄阳至九江三条干线外，尚有襄阳经钟祥至武昌，经南漳至宜昌，经谷城至均州，经光化至邓川，至保康等驿道。襄阳商路南通沙市、宜昌，西北通房县、郧县，东通枣阳、随州、安陆；省外通川东、关中、豫西、淮北、山东和北京。襄阳府与西安府之间的通道即秦楚大道，具体路线是：由襄阳城溯汉江西北行，经过谷城、光化到均州小江口（今丹江口市），路程280里，由小江口北上过河南内乡至淅川，路程160里，再行105里到达淅川荆子关（民国以后多作荆紫关），再前行115里进入陕西商南县徐家店，前行110里是竹林关，再110里为龙驹寨。此段水路长870里；由龙驹寨弃舟登陆前往西北，路程与站点依次为：100里到商州，90里到秦岭铺，翻越秦岭70里到蓝桥镇，又40里过七盘坡下，在这里

① 《襄阳府志》。

分为两路前往西安城，一路经狄寨原路程 70 里，由蓝田县则为 90 里。以上由龙驹寨到西安府，山路共长 370 里。[①]

南阳府位于河南省西南部，自古为宛襄平原南北交通要冲。明清时期，由南阳通往湖北江陵的宛郢道是“云南官路”中的一段，该段置驿站有瓦店驿、新野驿和黄渠驿，是两湖以及云、贵、川等省往来北京的要道。清末，京汉铁路通车后，南阳交通地位回落，沦为偏僻闭塞的地区。位于南阳府淅川县西北的荆紫关，北负群山，西临丹江，是豫、鄂、陕三省交界处交通门户，素以“一脚踏三省”而闻名遐迩。

郧阳府地处鄂西北，至省城武昌陆路 1200 里。其东 150 里抵河南南阳府淅川县界，南 610 里抵宜昌府兴山县界，西 610 里抵陕西兴安府平利县界，北 170 里抵陕西商州商南县界，东南 60 里抵襄阳府均州界，西南 900 里抵四川大宁县界，西北 200 里抵陕西白河县、洵阳县界，东北 180 里抵淅川县、商南县界。郧阳府与周边各州县之间驿道走向如下：向东经蓼池、黄洋至均州，由均州东南行过浪河、金家店到达谷城;由均州东南行到老河口，可东去南阳与襄阳。自郧西西南行经观音堂、羊尾山店进入陕西省白河县，往南越过界岭，经得胜铺到竹溪县，向南经花果、羊峪到房县，再折向西经军马店、窑淮抵竹山县，折向东过青峰到达保康县；向北经杨溪、梅铺等地前往河南淅川。

商州城地处陕西东南，位于秦岭南坡，丹江上游，历史上曾经是秦楚两国争夺的险要之地，也是鄂北、豫西尤其是襄阳前往关中及西北的必由之路。汉口茶市与俄国恰克图之间巨额的茶叶贸易，往来皆取道于此，清代几次解运两湖漕粮或购买两湖谷米赈济陕西荒歉，都是经过这条路线水陆联运到达西安的。商州所辖四县，“镇安居南山之中，四通八达，山阳、商南与楚之郧西、上津接连，雒南密迩豫州，各邑均山大林深，楚豫流民入山开垦者，多取道于此。”[②]

兴安府在秦岭和汉江之南，明代已经“驿邮四通”，向南有安康路，“由平利可达蜀楚。”[③]。兴安府与汉中府通西安的山路有好多条：“一由安康琉璃沟，经洵阳北境、镇安县、孝义厅而至大峪口，兴安达西安之路也；一由石泉之迎风坝、西乡之子午镇（即午谷）经宁陕厅东江口营夹岭汛而至子午峪（即子峪），石泉、西乡达西安之路也；一由洋县之铁冶河（灙水），经华阳厚畛子而至盩厔之西骆峪，洋县之达西安之路也；一由城固小河口经留坝之西江口，凤县之进口关而至眉县之斜峪关，城固达凤

① 见严如熤《三省边防备览》卷五《水道》。
② 严如熤《三省边防备览》卷十二《策略》。
③ 明 鲁得之《按康桥碑记》，见李启良等《安康碑版钩沉》，陕西人民出版社 1998 年版，第 271 页。

翔转至西安之路也；一由褒城连云栈经留坝、凤县（古池荷）黄牛堡而至宝鸡（古陈仓），汉中达凤翔转至西安之路也；一由略阳（古兴州）经甘肃徽县、两当县出凤县而至宝鸡，利州、兴州达凤翔之路也。”[①]上述兴安府直接北上西安的山路，路程700里，要翻越秦岭，山高岭峻，鸟道羊肠，稍有不慎即有坠崖落涧的危险，因此凡官府押解人犯，仍走汉中大路。这是一条更为古老的道路，由兴安府先西上汉中府，再由汉中北转栈道东去西安，路途曲折遥远，长达一千八百余里。兴安府与西安还有一条通路，其具体路线，据严如熤《三省边防备览》卷十二《策略》：“郧西之甲河，在陕西白河县之上三十里，水注汉江，可通舟楫，泝流过上津至蛮川关，起陆二百四十里至商州，进西安省城，通计由甲河起至咸宁峪口，水陆八百余里，行旅避孝义秦岭之险，多取道于此，兴安之东道也。”

汉中府地处陕西省西南，汉中盆地中部，“东有饶风，南横大巴，北扼大散，西拒仇池，汉江横贯其中，最为形胜，其中南郑、城固、洋县、西乡、褒城、沔县，周围五六百里，一望平原，地美人殷，汉高因之成帝业，而武侯北定中原，亦屯军于此。晋宋以后为梁州，唐更名兴元。”[②]汉中府治所在南郑县，历代均为郡、州、道、路、府等政区治所，同时又是所在区域交通枢纽。从西周、春秋战国直至清朝，历代为连接关中和四川必经之地。于秦岭、巴山间开凿的褒斜道、子午道、金牛道、陈仓道、傥骆道、文川道、米仓道等古道，皆通汉中，且大多被历代王朝辟为官驿大道，构成以汉中为中心，辐射四方的道路网络。

由汉中府进入四川，西南可由宁羌州进入四川广元县，通过剑门关进入成都平原。正南方向尽管有大巴山隔阻，“俗称大巴之险过于连云栈，”①然而，但凡有人的地方总有道路相通。据严如熤《三省边防备览》卷十二《策略》，汉中青石关与四川保宁府两河口哨风楼相通，南郑县的巫山垭经铁炉坝与四川保宁府的城墙岩、七眼洞相通。

清代汉江上游地区的道路，多是汉唐乃至周秦以来的古老驿道。在陕南驿道上，到处有汉高祖刘邦成就帝业、蜀汉丞相诸葛亮率军北伐、唐明皇李隆基巡幸驻跸，以及“一骑红尘妃子笑，无人知是荔枝来”的遗址遗迹与轶闻传说。在长安通襄阳的秦楚大道上，则留下了唐朝诗人李白、杜甫、白居易、孟浩然、刘禹锡等人的田园诗歌，一代文宗韩愈的“云横秦岭家何在，雪拥蓝关马不前”悲沧感怀，晚清湖南籍维新变法志士谭嗣同前往西北夜行晓宿的身影。

---

① 严如熤《三省边防备览》卷十二《策略》。
② 严如熤《三省边防备览》卷十二《策略》。

（二）、以汉江为主干的水上运输

古老的汉江及支流不仅滋润着流域广袤的土地，同时也是历代漕运及信使往返的通道。元、明、清建都北京，江南漕粮经大运河或海运北上，汉水漕运较前代衰退，但每遇关中歉收缺食，朝廷官府便调荆襄仓储或采买市粮，溯汉水入丹江运抵关中赈济灾荒。同时，汉江更是我国南北商旅往来的天然通衢。自楚鄂君启率领经商船队开辟长江、汉水连通航线，进行南北贸易运输以后，历经二千年一直延续未断。直至清末京汉铁路开通之前，汉江水系一直是其流域及其毗邻地区盐粮百货运销的黄金水道。

明末清初八十年间，受战乱和人口锐减的影响，汉江航运一度比较冷清，这种情况随着康熙中期社会秩序的恢复，汉江上游人口的大幅度增长，农业商品化的提高，以及秦巴山区手工工场的兴办，到乾隆年间有了明显变化，嘉庆道光两朝形成汉江航运繁荣时期。与此相应，汉江干支流一批城镇逐渐兴盛起来。

汉中港

清代汉中既是陕南、川北、陇东、鄂西毗邻地区的交通要道，也是该区域物资交易中心。汉中府城附近码头、渡口甚多，较大的有十八里铺、过街楼、下水渡、桃园子四个固定码头。过街楼码头在府城东南五里的过街楼南端，由于过街楼经常有船只装卸物资，商贩运夫不断，旅店、饭铺、茶馆、酒肆林立，因而取名兴隆街。十八里铺，即今铺镇，为清代汉中城东第一大码头。汉中港输入物资有食盐、药材、漆油、日用杂货等，输出有大米、姜黄、橘柑、药材、姜片、木耳及丝织品，转口主要有茶叶、棉花、桐油、食糖、纸张、铜铁等。湖北、河南及江南货物，如布匹、绸缎、成衣、鞋袜、染料、瓷器等，由船载溯汉江而来，在十八里铺装卸转销。陇南货物以秦州为总汇，用骆驼、马、驴、骡等驮运，分三路东趋汉中。一路由秦州东南行，经徽县、两当县至双石铺，沿连云栈道经留坝、出鸡头关至褒城。二路由秦州东至宝鸡，继而南折至褒城。三路自秦州经成县、略阳、沔县从长寨进入汉中。前二路到褒城后开始分销，然后分三路继续向前行。一路经范家坪、马王庙、武乡达城固文川镇与原公镇，销售后换装姜黄原路返回陇南。一路经宗营达汉中东关交易，换回日杂百货返程。还有一路经宗营、拐拐店、留马山、皮家坟达十八里铺。陕南特产如药材、木耳，城固的姜黄、姜片、橘子，紫阳、镇巴的茶叶，以及四川的钢铁、白糖，除在汉中销售外，大部驼运转销西北各地。烟叶则一部分供汉中民众消费，大多数东运襄阳、武汉：“汉中郡城，商贾所集，烟铺十居三四。城固湑水以北，沃土腴田尽植烟苗。盛夏晴霁，弥望野绿，皆此物也。当其收时，连云充栋，大商贾一年之计，夏丝秋烟。……南郑、城固大商重载此物，历金州以抵襄樊、鄂渚者，舳舻相接，岁靡数千万金。”[①]。此外，每年夏秋后，从汉江上游沔县、褒河、濂水均有大量木排至汉中城南关和十八里铺销售。

兴安港

今日安康市在明清时期称为兴安，清乾隆四十八年由兴安州升为兴安府。设府前后，由于人口增加，手工工场兴起，农业商品经济的发展，外地商人前来进行贸易活动日渐增多，汉江的民间航运业随之兴盛起来。据说乾隆时每年进出兴安港的船舶约有一千三百艘左右。

兴安四面山区，以药材为大宗的山货土产名闻遐迩，素有“药材摇篮”、“漆麻耳棓之乡”的誉称。兴安输出之货，主要有生漆、木耳、桐油、蚕丝、苎麻、檀香、皮纸、木椽、药材、槲皮等，嘉庆道光之际的安康学者张鹏翂说：“十年来，山农种谷者皆改艺麻、漆、木耳、烟叶、大蓝等物”。[②]其中“安康人人种落花生，每秋冬舟运两湖、三江，获利以亿万计”。[③]兴安集散货物，除本地各厅县所产外，还有湖北竹溪、四川城口及汉中地区各县运来的药材、山货。甚至甘肃所产的药材也远道而来。由汉口、老河口运来的京广杂货及舶来品，也经由兴安散销于陕南及川北、陇东南各地。大宗、远途货物的出进，带来了兴安城市的繁荣兴旺。[④]各省商人纷纷来兴安经营贸易，在河街建造住宿房屋，至光绪年间，河街面貌已大为改观。西从陈公台，东至魏家台，沿着城堤脚盖起平房和楼房，形成一条单面的正式街道。水西门以西称上河街，小北门以西称为中河街，小北门以东称为下河街。在河街开设商号的有永义成、瑞升恒、陈义和、魁星德、富兴荣等十几家，经营湖南、江西瓷器和陶土窑货。有廖家码头的张金品、蓝金巷开设的竹木行，李、周、刘三家纤担铺。有马必乃、来吉善、胡长江等十多家炭厂，经营大道河、晓道河运来的石炭。有张家火纸行，经销洵阳运来的火纸。还有几家编售油篓的油篓铺，更有几家酒铺和茶馆，供人们来此解乏解渴，洽谈生意。[⑤]兴安城市成为汉江上游最大的物资集散中心。

白河港

白河县城位于汉江与金钱河交汇处，明代成化年间设县时，港口初具规模。乾隆

---

① 严如熤《三省边防备览》卷十八《艺文续》。
② 张鹏翂《来鹿堂文集》，卷二。
③ 张鹏翂《来鹿堂文集》，卷二。
④ 王开主编《陕西航运志》，陕西人民出版社 1996 年版，第 250—251 页。
⑤ 安康市政协文史资料委员会编《安康汉江航运史》，第 28 页。

以后大量客民前来秦巴山区垦殖，地方手工工场及农副业产品得到发展，汉江航运恢复了生机。据仇继恒编《陕西境内汉江流域贸易稽核比较表》，[①]在光绪二十九年十月至三十二年八月（1903 年 11 月—1906 年 9 月）近三年中，由汉江经白河厘金局查验入境的大宗货物就有大布、中布、棉花、洋线、白糖、红糖、青红磁、南磁、南铁、苏木、蓝靛、洋颜料、洋油、洋火、烟草、草帽、明矾、石膏、盐食盐、药材等 20 类之多。其中仅大布、中布两项，每年进口七万余卷，价值白银一百多万两。白河厘金局“为入陕第一门户，上游汉中、石泉、任河、兴安、蜀河各局所经收，至此一切验放而后出境，则考白河一局而陕省南境各地之商务皆在焉。”[②]1908 年，白河征收厘金 60696 两，占当年陕西全省厘金 458224 两的 13.5%，为陕西第二大厘卡。[③]

老河口港

老河口居汉水中游，属于湖北光化县，溯江而上可达陕西兴安、汉中等地，顺流而下可抵襄樊、汉口。老河口清初形成码头农贸市场，四方商贾云集，有鄂、豫、川、陕四省通衢、小汉口之称。老河口建镇之初，沿汉水由望江楼到新街码头兴修一条长街，乾隆年间垒有土堤，由于汉水泛滥，埠岸常遭冲刷。为固定港岸起见，道光元年至咸丰十一年，历 40 年建成上大街至水西门的石砌堤岸，沿岸修建 20 个斜式梯级码头。汉水流域物产丰富，汉江上游下来的棉、漆、棓子、桐油、药材、龙须草，豫鄂边区之淅川、邓县、内乡、南阳所产杂粮、棉麻等土特产，四川经九道梁运出的药材、盐、灯草，都聚集老河口，与长江流域所产物资相交换。雍正三年后，来老河口经商的外籍商人，从行商逐渐变为坐贾，设店成街，相继形成下仁义街、南街、谭家街。伴随商店铺户增多和竞争激烈，老河口因此结成一批同乡同业商帮，如陕西帮、武昌帮、汉阳帮、江浙帮、黄州帮、山西帮、湖南帮、怀庆帮、福建帮、河南帮、杭州帮、四川帮、江西帮，各帮商号在业务上形成自然分工。如山西帮以经营钱庄、当铺、银楼为主；陕西帮以经营布匹、杂货为主；江西帮以经营瓷器、铸铁器为主；湖南帮以经营木材、竹子、陶器为主；江浙帮则经营绸缎、生丝、刺绣；河南帮经营皮革、粮食。在著名店铺中，有布匹商号 12 家，药房 4 家，银楼 6 家，酱制品厂 4 家，各种行栈 374 家。[④]以陕西帮在新码头建立会馆为开端，各帮先后在老河口建立 13 个同乡

---

① 此文最早连载于陕甘留学生 1908 年 2 月在东京创刊的《关陇》杂志第 1—4 号，仅为进口货物部分，编者署名仇徕之。20 世纪 80 年代初，我在兰州大学工作时，曾在甘肃省图书馆西北文献部摘录过此文。全文后署名仇继恒，收入宋联奎等辑《关中丛书》，1936 年陕西通志馆印行。
② 仇徕之编，陕西境内汉江流域贸易稽核比较表，关陇 第 1 号，第 91 页。
③ 杨绳信，清末陕甘概况，三秦出版社，1997 版，203—205。
④ 王继一，襄樊交通志，中国城市经济社会出版社，1990 版，第 24—25 页。

会馆，作为联络乡谊、沟通商情、协商维护本帮利益的场所。20 世纪初为老河口商业鼎盛时期，号称有七十二街、八十二巷，常住人口 2 万余人，商户 520 多家。行业包括猪、木、油、山货、糟坊、匹头、棉花及日用百货等 20 多种，桅如林立，夜若星河，繁华直追府城襄阳。

襄樊港

湖北襄阳，处于汉江南岸，汉唐以来，因扼汉水漕运咽喉，又处四方陆路要冲，舟联三湘吴会，车驰宛洛关陇，一直是全国性战略要地。清代襄阳号称七省通衢，也是鄂陕豫毗邻地区的政治、经济和文化中心。与襄阳隔江遥望的樊城，是清代汉江中游著名的水陆码头，也是襄阳的外港，被商界习称襄樊。襄樊港埠众多，货物集散范围包括四川达县以北，大任河以东，汉中以南，南阳西南，腹地十分广阔。上行可达汉中，贩运大米、盐、纸张、棉布、纸烟、火柴、京广杂货；下行直达汉口，装载芝麻、黄豆、小麦、杂粮、木耳、桐油、棓子、药材、牲猪、牛皮、猪鬃、草绳等。乾隆年间，陕西鼓铸钱币，每年到湖北采备白铅、黑铅、点铅 30 万斤，自汉口运至襄阳，换鳅子船运至龙驹寨雇骡驮运西安。樊城街市依汉水而建，长约 0.25 公里，宽约 0.5 公里，闹市则集中于前街和后街，有 21 条小街巷可直通河岸码头，大小船行 20 多家。码头岸坡有茶馆、饭庄、戏班、杂耍及各类摊点，仿若街市。近代长江对外开放后，汉水商路融入长江轮船运输网络，成为汉口、上海等城市推销洋货、交换农副产品的重要渠道，运输较前更为繁忙。在 19 世纪 60—70 年代，平均每年经汉水运往西北及俄国的茶叶，即达十几万担。清末京汉铁路通车后，襄樊水运优势削弱，但因临近武汉，又有洋行入驻，仍不失为鄂西北商货集散中心。当时襄樊设有粮行 70 多家，棉花行 60 多家，杂货、药材行 30 多家。河南、江西、湖南、江苏、浙江、四川、山西、陕西、福建及省内黄州、武昌、汉阳等地在樊城建立同乡会馆 19 所。①

汉口港

汉口处于江汉交汇之地，自古水运十分畅达，号称九省通衢。顺长江东下，可达皖赣江浙，溯长江西上，可通湖南、四川、贵州、云南，浮汉江西北行，可前往襄阳、南阳、郧阳、兴安、汉中，转丹江可连通关中乃至西北各省。得天独厚的交通优势，使汉口尽管经历明末清初的战乱，仍然“兵燹过后转繁华”。康熙前期，学者刘献廷游历武汉后赞赏说：“汉口不特为楚省咽喉，而云、贵、四川、湖南、广西、陕西、河南、江西之货，皆于此焉转输，虽欲不雄于天下，而不可得也。天下有四聚，北则

①王继一，襄樊交通志，中国城市经济社会出版社，1990，第 16—18 页。

京师，南则佛山，东则苏州，西则汉口。然东海之滨，苏州而外，更有芜湖、扬州、江宁、杭州以分其势，西则唯汉口耳。”[①]不仅介绍了汉口市场商品的来源地，同时也指出了得天独厚的地理位置对汉口崛起的作用。到了乾隆时代，著名历史学者章学诚赞叹当时汉口的繁华情形称：

> 上自硚口，下自接官厅，计一十五里，五方之人杂居，灶突重沓，嘈杂喧呶之声，夜分未靖。其外滨江，舳舻相引数十里，帆樯林立，舟中为市。盖十府一州商贾所需于外部之物，无不取给于汉镇，而外部所需于湖北者，如山陕需武昌之茶，苏湖仰荆襄之米，桐油、墨烟下资江浙，杉木、烟叶远行北直，亦皆于此取给焉。[②]

章学诚同时指出：“国家休养生息，百五十年来，群生休和，品物畅茂。居奇贸化之贾，比廛而居，转输搬运，肩相摩，踵相望者，五都之市，震心眩目，四海九州之物，不踵而走，殊形异物来自远方者，旁溢露积，至于汉镇而繁盛极矣。”[③]这是对清代前期汉口的传神描绘。近代长江沿岸港口城市被迫对外国列强开放，汉口于 1861 年开埠，先后有英、俄、法、德、日五国在汉口开辟租界，15 个国家设立领事馆。外国列强的闯入和西洋经济文化的引进，使汉口迈入现代化转型时期。到清朝末年，汉口的国际轮船航线，可直达英国伦敦，德国汉堡、不来梅，荷兰鹿特丹，埃及塞得港，法国马赛，比利时安特卫普，意大利热诺瓦，俄国黑海敖德萨港，以及日本的神户、大阪、横滨等地。汉口与日本及遥远的欧美市场连通起来，从国内名镇成为国际知名港城。清末贸易货值最高达到白银一亿三千万两，所谓“夙超津门，近凌广东，近将摩上海之垒，”被外国人士称作“东方芝加哥”。 同时，随着城市功能、性质发生重大改变，晚清汉口成为汉江沿岸城市中唯一一座现代化多功能城市。

汉江南北支流众多，如上游有褒河、牧马河、子午河、任河、岚河、黄洋河、乾佑河、洵河、金钱河、堵河、丹江，中游有唐白河、南河、蛮河、滚河等，下游则有涢水，这些河流在清代都能行船载货，只不过航道有长有短、运量有多有少而已。在其中一些支流上也孕育了一批沿河著名港镇。

龙驹寨港

丹江古名丹水，发源于陕西省商州西北秦岭南麓，南流约一千里到达湖北均州小

---

① 广阳杂记，中华书局 1957 年版，第 193 页。
② 章学诚，湖北通志检存稿 卷一《食货考》，湖北教育出版社，2002，第 37 页。
③ 章学诚，湖北通志检存稿 卷一《食货考》，湖北教育出版社，2002，第 34 页。

江口（今丹江口市）汇入汉江。丹江早在汉唐时期就是东南地区漕运关中的水道，清代也是陕西采买滇铜、洋铜、铅等铸钱原料以及湖广米粮接济陕西民食的捷径。位于丹江中游的龙驹寨，清代开始繁荣起来，成为著名水陆码头，内有十大商帮的会馆及与之密切联系的 18 座庙宇。[①]由于物流量大，聚集了很多商业人口，使龙驹寨成为日夜喧闹的不夜港。《直隶商州志》卷六《田赋·税银》记载：“以承平日久，虎盗潜藏，店廛络绎，而龙驹一镇，康衢数里，巨室千家，鸡鸣多未寝之人，午夜有可求之市。是以百艇联樯，千蹄接踵，熙熙攘攘。商税所由渐增，税额所由日益也”。民国《续修商县志稿》记述清末及民国初期龙驹寨水陆交通称：“龙驹寨为水旱码头，商贾水陆转运各货，均在此换载，其堆栈曰过载行。东南各省入陕、甘货物，概自汉口装载帆船运至老河口，换载小鳅子船入小江口(今丹江口市)，至荆子关换载寨河用篙小船运至龙驹寨卸货，再用骡马驮运至西安。其由本港出口各货，概用驴骡驮运而来。自西安来者经蓝田七盘坡、蓝桥至牧护关入本县境，逾秦岭至黑龙口站。由渭南来者，经渭南塬许家庙入流峪(又称刘峪)，逾秦岭入县境至黑龙口站。由黑龙口八十里至县城西关站；县城东六十里至夜村站；又六十里至龙驹寨。本县及洛南各山货，则由人力肩挑至龙驹寨打包装船，运往老河口，递运汉口”。[②]据仇继恒《汉江流域陕西境内商货贸易稽核表》，清末龙驹寨每年征收百货厘金 9 万多两，数额居陕西全省厘卡第一。

南阳港

南阳历史上曾经长期是豫西南地区的军事要隘和政治文化中心。清顺治十八年，北京通往四川、云贵的官马驿道从南阳通过，加上白河自北而南绕城东而过，利于行舟，使南阳再次成为水路交通要津，吸引四方货物前来交易。清朝中叶，南阳市场曾被赊旗店所夺，晚清再度复兴。当时，南阳城关的装卸码头，大寨门是食盐、竹木及笨重货物为主的码头；小寨门是以糖和煤油为主的码头，永庆门是小件百货为主的码头；琉璃桥是粮、煤、柴为主的码头。这些码头逆水北来载运南方杂货、布匹、竹木、茶叶和煤油，下水货运为粮、棉、烟、牲猪等大宗货物。南阳南面的瓦店，清代也是白河沿岸的较大港口，当地的兴合德、兴合仁、兴合义三大商号，承包的木帆船达二百多只。因生意兴隆，市面繁华，瓦店被誉为小长安。新野县城在清末民国之际，港

① 十大帮的会馆为:商於帮会馆、湖北帮会馆、关中帮会馆、河南帮会馆、山西帮会馆、青瓷帮会馆、盐帮会馆、北马帮会馆、西马帮会馆、船帮会馆。其中船帮会馆位于丹江左岸，占地面积 5460 平方米，上部全以彩瓷镶嵌，耀眼夺目，在龙驹寨十大会馆中，独占鳌头。

② 王开，陕西省志·航运志，陕西人民出版社，1996，第 264—265 页。

区在今城南张营村上下，当时称为水府庙码头或南河码头，上起南寨门外，下至穆庙村一段约一华里长的停泊区，经常停船数百只。新野县城南的临河大镇新甸铺，有良好的自然码头，既是往来船只的避风港，也是新野、邓县南部的农贸市场和货物运输的集散点，常有汉口、襄樊等地商贩到此坐庄采购，生意兴隆。[①]

赊旗店港

赊旗店属河南方城县，位于赵河与潘河交汇处，南下入唐河可达湖北襄阳、汉口。赊旗店于康熙年间成集，雍正、乾隆年间形成长三里、宽四里的繁华街市，有较大商铺四百余家，曾与豫东的朱仙镇齐名。嘉庆至同治年间，为赊旗店鼎盛阶段，人口最多时达到14万，形成山货街、木厂街、铜器街、瓷器街、豆腐街、骡店街等号称72道街。行业分为大十行和小十行。大十行包括棉业、粮业、油业、盐业、药业、酒业、杂货业、京货业、木业、纸业；小十行包括银业、铜业、烟业、丝绸业、鞋业、帽业、染坊业、铁业、食品业，以及竹业、皮货业、粉业、山货业、鞭炮业、理发业等，市场网络涉及河南、湖北、陕西、山西、四川、安徽、湖南、广东、广西等十余省。赊旗店沿河有双庙、毛庄、大王庙、河口、相庄、三棵树6个码头，河中停船数百只。赊旗店中心的山陕会馆，从乾隆二十年开建，到光绪十八年落成，历时137年。它座北面南，分照壁、悬鉴楼、大拜殿、春秋楼四个主体建筑，共有殿堂楼阁及各种附属建筑132间，占地面积5467平方米，是清代山陕商帮实力的表现，也是赊旗店繁荣的历史见证。

二、清代汉江流域的农村集镇

在漫长的中国封建社会里，尽管农业与手工业相结合的自然经济占据主导地位，但以互通有无、满足生活需要，贱买贵卖、牟利赚钱为目的的商品经济，一直是自给自足自然经济的补充，或者说就是其中不可缺少的组成部分。“盖年岁歉收，民有艰食之虞，谓之谷荒，年岁丰登，粟谷太贱，民间缺于使用，谓之钱荒。谷荒赖有公私积贮，钱荒则赖山原自出之财用，所以济其穷也。”[②]这里还指山民出售山货以维持日常开支的情景，至于那些城镇集市上的行商坐贾，手工产品专业户，更是以贱买贵卖或出卖自己的产品为生。那位伤心“昨日入城市，归来泪满巾。遍身罗绮者，不是养蚕人”现象的蚕妇，那位不满“陶尽门前土，屋上无片瓦。十指不沾泥，鳞鳞居大厦”

① 张圣城，河南航运史，人民交通出版社，1989，第190—191页。
② 严如熤三省边防备览，卷九，民食。

社会的陶者，还有那个“可怜身上衣正单，心忧炭贱愿天寒”的南山卖炭翁，更有弃官经商、三致千金，与美女西施泛舟五湖的陶朱公范蠡，都是封建社会的商品生产者与商品经济的文学典型。明清两代是中国封建商品经济发展的鼎盛时期，随着人口的增加，农业商品化程度的提高，手工业的发达，货币经济的活跃以及交通运输的便利，城乡之间，各区域之间的交换需求增加，进入流通领域里的商品种类、数量及贩运距离都有明显增长。章学诚说：“国家生齿浩繁，田畴日辟，农桑本业，人馀于地，其不能耕种者，不得不逐末谋生，所谓农末相资，古今一也。”①这是从人多地少角度解释清代商品经济活跃的现象。

清代汉江流域伴随着社会秩序的稳定，人口的迅速增长，秦巴山区的大面积开发，水利工程设施的兴办，耕地及亩产的增加，经济作物的扩种，农业的商品化程度明显提高。商业资本的聚集扩大和商帮的形成，加上畅达的水上交通，促成了大批量、远距离的商货流通，这不但为沿河城镇的繁荣提供了经济支撑，也为农村集镇的活跃增添了助力。而城市繁荣与集镇活跃相互烘托，又反过来为商品流通开浚了源头活水。

陕西安康县“恒口距郡七十里，为县境北山及汉、石往来之冲，其地恒水、月河两川交汇，田畴沃衍，饶粳稻桑柘之利，人烟辐凑，商民杂沓，书院旅馆咸在其中，实为安康首镇。”②陕西紫阳县瓦房店，清末成为“任、渚（楮）两河之通衢，商贾云集之要处，各色山货靡不历其境。”③洵阳县蜀河口，清中叶已经成为当地有名商货码头，“上溯兴汉，下达襄樊，北通商洛，骡马驮运，估客云集，为汉江中小都会”④。即使僻处秦岭巴山之中，商品交换活动依然不可或缺。商州城“东为豫省荆子关，扼秦豫之冲，东南至龙驹寨，小河一道，可通舟楫，直达襄阳之老河口。估客上下觅舟雇骡，人烟稠密，亦小都会也。”⑤宁陕厅的集市有老关口、贾家营、太山庙、汤坪河、太白庙、闻凰坪、皇冠峪、柴家关、梁家庄(四亩地城)、洵阳坝、新场、八斗坪、东江口等二十余处。砖坪厅的集市则有化鲤墟、洋溪河、瓦溪沟、构枰、漆枞街、头道桥、明珠坝、铁炉坝、大道河、铁佛寺、斑鸠关、回水湾、佐龙沟等十多处。

如果说地处汉江上游的陕南，市镇数量尚有如此之多，那么地当汉江中下游的湖北更是市镇密集地带。“湖北地连七部，襟带江汉，号称泽国，民居多濒水，资舟楫

① 章学诚，湖北通志检存稿，卷一，食货考，湖北教育出版社，2002，第 39 页。
② 童兆蓉，请添设汉阴安康各厅县分司以资弹压禀，李厚之，张会鉴，安康金石佚文点校，远方出版社，2006，第 289 页。
③ 李启良等，安康碑版钩沉，陕西人民出版社，1998，第 154 页。
④ 严如熤，三省边防备览，卷九《民食》。
⑤ 严如熤，三省边防备览，卷九《民食》。

之利，通商贾之财，东西上下，绵亘千八百里，随山川形势而成都会，随都会聚落而大小镇市启焉。”[①]章学诚经过考察，指出：“汉水之西，郧县有黄龙镇，郧西有上津堡，房县有九道梁，上接关陕。光化有李官桥，有老河口，下瞰襄阳。襄阳巨镇，有樊城，又有东青湾，宜城有茅草洲。东下钟祥有石牌，荆门有沙阳，京山有宋河、多宝湾，天门有岳家口、黑牛渡，沔阳有仙桃镇，汉阳有蔡店，皆濒汉。由汉水溯山溪而上，有乾镇驿（隶天门）、田儿河、小里潭（隶汉川）。又由汉水溯涢口而上，有刘家隔（隶汉川）、皂市（隶天门），随州有厉山、安居、高城、梅丘等镇，孝感有阳店、小河司、三里城，其最大者莫如汉镇。”[②]张氏在这里只是毛举大概，与当时湖北省实际市镇相差甚远。据宣统《湖北通志·建置志》九《乡镇》所录市镇，属于汉江流域者数目如下：

汉阳县十七，夏口厅七，汉川县三十一，孝感县三十五，黄陂县二十三，沔阳州二十四，安陆县四十二，云梦县十六，应城三十七，随州七十五，应山县五十二，钟祥县六十三，京山县七十三，潜江县五十七，天门县六十七，襄阳县五十四，宜城县二十五，南漳县三十一，枣阳县五十七，谷城县三十二，光化县三十二，均州二十一，郧县二十九，房县三十，竹山县二十二，竹溪县二十四，郧西县十二，保康县四十八，荆门直隶州一百一十六，当阳县五十六，远安县四十九，江陵县二十五。

这一数目即便比章学诚罗列增加数十倍，仍然不能当做湖北市镇的准确统计。[③]

在汉江流域城镇和集市的流通货物品种，除了汉口江汉关占有一定份额的工业产品外，其他基本上都是日常用品。依据清末仇继恒《陕境汉江流域贸易稽核表》看，当时进出陕南的货物有以下特征。输入货物以手工业乃至近代工业品为多，如棉布、棉花、洋线、颜料、瓷器、药材、盐、铁、洋油、洋火、石膏、烟叶等，其中大多数产自湖北、河南、江西、湖南、广东，也有部分货物如洋线、洋油、洋颜料产自外国；

---

①章学诚，湖北通志检存稿，卷一《食货考》，湖北教育出版社，2002，第34页。

②章学诚，湖北通志检存稿，卷一《食货考》，湖北教育出版社，2002，第34页。

③湖北镇市在地方志中记载悬殊，宣统《湖北通志》早已察觉，其在《建置志》九《乡镇》一门，特加按语称：“清一统志不列乡镇一门，嘉庆志、府州县各志，所载或详或略，迄无标准，而市镇尤甚。有大县镇市数不及十，中小县镇市有四五十至八九十者。如应城镇市四十四，襄阳七十三，宜城六十九，枣阳五十三，谷城八十七，江夏、汉阳皆止镇市三，何多寡悬殊，为例不一如此？又郧施二府属县往往不言镇市。山陬僻壤无镇可也，岂得无市？亦太缺略矣。欲求繁简适当、可以依用之书，猝不能得。光绪中会典馆征求舆图，湖北设局从事，以新化人邹代钧董之，分遣测绘学生前往各州县，测量绘图。邹氏自纂《光绪湖北舆地记》一书，于乡镇仍本州县各志汇辑之，较嘉庆志加增，亦未划一其例，特言道里远近颇为详晰，今姑据以斠录焉。”如《同治重修郧阳府志》记载所属各县市镇，郧西县24处，郧县44处，房县110处，竹山县33处，竹溪县52处，保康县51处。另据道光《安陆县志》卷三《疆里》“乡会”，根据省府县志记载的清代不同时期以店会命名的市镇有108 处。

输出货物中则以土特产为大宗，如牛羊皮、桐油、桐油饼、漆油、生漆、生丝、蔴、茶叶、鸦片、木耳、姜黄、纸张、草绳、构皮构瓤、竹簰木簰、煤、药材，以及核桃、柿饼、梨、柑橘等干鲜果品。此外，养猪出售也是一宗大生意：“山民饘粥之外，盐布零星杂用，不能不借资商贾。负粮贸易，道路辽远，故喂畜猪只，多者至数十头，或生驱出山，或腌肉作脯，转卖以资日用。”[①]由于苞谷不能作隔年陈粮保存，价钱又十分低廉，背负肩挑去市镇出粜，价格不足抵偿路费，山民就“取苞谷煮酒，其糟喂猪。一户中喂猪十余口，卖之客贩，或赶赴市集，所得青蚨以为山家盐布庆吊终岁之用，猪至市集，盈千累万，船运至襄阳、汉口售之，亦山中大贸易，与平坝之烟草、姜黄、药材等同济日用。”[②]可能是因为牲猪买卖与其他出口货物相比，仍然难称大宗，所以在仇继恒《陕境汉江流域贸易稽核表》一书里，虽然提到牲猪和猪鬃、猪毛的出口，但未列入二十三种主要出境货物统计表之中。

这些农村集镇按交易货物品种分类，大体有两种：一种是专业性的集镇，其中药市、茶市比较普遍。如陕西兴安的八仙街、洞河口、百家湾、砖坪厅等也是药材和漆的集散之地。紫阳县瓦房店，则以出口茶叶为大宗。洵阳县构元铺，更是因出口造纸原料构穰而得名。这些专业集镇的形成往往依托某种山货特产地而形成。另一种是遍及乡村的综合性集市，它们的名称各异，有的称集称场，有的称店称铺，还有称市称会的，交易日期一般以一四七、二五八、三六九为期。这些定期集市，多数位于水陆交通便畅、人烟稠密之地，也有设在区位适中却无人居住的地方，谓之荒场，估计其市场半径当不会很大。除了以上集市活动外，还有另一种农村常见的交易活动，即是庙会。与全国一样，庙会在汉江流域老少皆知。如安康县就有龙冈庙会、简池紫云宫庙会、恒口麻衣庙会及五里的龙头庙会。[③]由于庙会都是以神庙及其所在集镇为依托，所以，有的商帮或同业会所为了活跃市场，促进贸易，就自行筹款建庙。例如兴安府汉阴县蒲溪铺商人，于道光年间建财神庙，兴场开集，议定每月一、四、七日为集日，提供中介服务，收取佣钱。[④]

清代汉江流域的集镇，按规模与功能来分，可以分成两个级层。第一级层是初级市场，即乡村集市，基本上是满足农户消费及再生产的需要，其交易主要是农民之间、农民与手工业者的互通有无，只有一部分是商贩的逐利行为。因此，不能仅仅以集市

---

① 严如熤，三省边防备览 卷十二《策略》。
② 严如熤，三省边防备览 卷九《民食》。
③ 张会鉴，李厚之，安康经济钩沉，远方出版社，2006，第 34—35 页。
④ 同治元年，蒲溪铺场集记碑，李厚之，张会鉴，安康金石佚文点校，远方出版社，2006，第 119 页。

数量的多少衡量当地的经济发展、商品流通的程度。第二级层是较大集镇，虽然也有乡民买卖农副产品的身影，但主要功能是集散商货，为估客商帮买贱卖贵提供平台，从而形成长距离、大批量的商品流通，为更高一级的流通市场提供货源。它在行政上虽然属于县治管辖，但作为市场，镇与县城没有从属关系，镇的商业渠道往往与许多城镇相连结。如前面介绍的汉口镇，近代以前就是全国四大名镇之首，近代以后更成为国际知名港城，其市场网络与知名度远远超过府治汉阳和省会武昌。

三、交通变革与汉江流域城镇兴衰

考察清代汉江流域交通与城镇的兴衰变化，不可忽视轮船、火车近代交通工具出现带来的深刻影响。

以汉口茶输出俄国路线为例，19 世纪六十年代以前，山西商人贩运湖北羊楼洞茶前往俄国，主要走汉江一路，他们先将茶叶运来汉口，再由汉口溯汉水至樊城，然后舍舟登陆，改用畜驮车运，前往西西伯利亚或恰克图。汉口开埠后，在汉俄国茶商使用轮船运输，更多地是走江海水路，即先由汉口东出上海，然后或直接海运海参崴，再转输俄国内地，或北上天津，溯白河而至通州，再改用驼运，横穿 800 里戈壁沙漠，经张家口前往恰克图。此间，在羊楼洞设庄的山西茶商，在继续利用汉水运输的同时，也走长江一路，他们的帆船东下镇江，北转京杭运河，至通州后起旱，用畜力驮运张家口、恰克图。此外，1861 年俄国废除华茶不得经海路历西欧诸港入俄的禁令，接着，1869 年苏伊士运河通航，为华茶输入欧俄提供了极大便利。90 年代，俄商更开设汉口与敖得萨之间的定期航班，每年茶季，俄国运茶汽船轮船前后踵接，相望于途。1896 年，由汉口直接运往敖德萨的茶达 124,566 担，到 1902 年，增加到 126,889 担，价值银 1,942,588 两。随着海运的扩大，汉水一线输俄茶路逐渐萎缩。1906 年前后，京汉、京绥铁路通车，羊楼洞及汉口所产砖茶，又有一部分装火车北输于俄。往昔十分繁忙的汉水输俄茶路，从此成为历史陈迹。与此同时，汉江流域的城镇也伴随汉江商路萎缩而衰落。如隔汉江相望的襄阳与樊城，“昔为南北通衢，商务繁盛，洎京汉铁路成，而一落千丈矣。”[①]位于汉江支流涢水之畔的湖北安陆县，出产府布向来经山陕来安陆庄客之手，经汉江行销西北陕甘新三省，每年销售价值达一二百万两。京汉铁路通车后，山陕庄客迁驻花园、孝感、汉口车站，收取布匹从铁路装运，安陆府布立现萧条。再如清末民初的丹江名镇龙驹寨，“在昔龙驹寨码头盛时，驮骡船只络绎不绝，今则驮骡绝迹，

① 陈石琴，襄游记事诗草，第 20—21 页。

船只偶或一至豫鄂”[1]与上述城镇衰落恰成对照，作为汉江龙口城市的武汉，不仅没有衰落下去，反而因长江轮船航线与京汉铁路的开通而迅速崛起，清末以后渐次形成中国内地的交通枢纽、工业基地和商贸中心！

交通方式的变革和交通路线的改变，之所以能引起汉江流域城镇发展的两极分化，这是由交通在城镇经济发展中的多重作用决定的。首先，经济地理位置与城镇发展有着普遍的因果联系，而交通地理位置则是经济地理位置最重要的组成部分。城镇无论作为区域的政治中心或经济中心，都必须与外部进行频繁地不间断地联系，都必须是人与物的交往集散地，因此也都离不开方便的运输条件。如果说判断城市存在价值的重要标志是城市中心作用，那么城市中心作用的显现则是以城市交通为前提的。一个城镇占据了优越的交通位置，实际上就等于拥有了较大的人流、物流的支撑，纵然遭战争、洪水、地震等天灾人祸的打击，仍会仆而复起，继续发展。相反，如果一个城镇因交通变化丧失了原来的地理优势，实际上就意味着人流、物流的减少，即使没有发生任何天灾人祸的牵累，仍会衰落乃至湮没无闻。清代汉江流域城镇的兴衰，一个直接的重要原因，就是新的交通线路改变了中国传统交通格局，使汉江流域沦为偏僻之区，城市经济地理相对恶化。其二，城镇与所在区域是相互依存、相互促进的，城镇是区域的核心，区域是城镇的基础。由于腹地不仅为城市提供农副产品原料、矿产品及劳动力，同时又是城市服务的对象，所以，腹地的范围大小、人口多寡、经济发展水平高低，对城镇有多大的政治、经济需求，是决定城镇发展的首要因素。交通则是城镇与腹地联系的纽带和桥梁，直接影响腹地的范围和经济发展程度，从而最终会加速或迟滞城镇的发展步幅。第三，交通方式的变革与交通路线的改变，对城镇人口、产业聚集至关重要，从而对城镇的繁盛衰落产生重大影响。第四，交通方式不仅决定城镇本身的规模与地域结构，也关系城镇的地理分布及中心作用的发挥。清末铁路对旧式运输的挤压，导致传统商路改变与沿线城镇兴衰变化，证明交通方式的先进与落后，对沿线区域内城镇经济的发展至关重要。

（执笔人：张笃勤）

① 张圣城，河南航运史，人民交通出版社，1989，第 192 页。

东湖示范区制度创新与文化环境研究

制度创新与文化环境是二为互动、相互促进的关系。但是，面对不同的主体及其特定主体所处不同发展阶段和不同发展状况，常常出现孰主孰从、谁先谁后的侧重性选择。从总体上看，作为国家自主创新的东湖示范区，其“自主创新”是制度先行、安排在前，与这种制度相适应的文化环境营造在后，示范区建设尚处于过程之中。必须从制度创新和文化环境的交叉视点上研究问题，通过制度创新营造文化环境建设，促进东湖示范区的创新发展。

本课题采取比较研究方法，突出两方面内容。一是以“东湖自主创新示范区”的确定为界，划分为前后两大阶段，对其制度创新与文化环境进行纵向对比。二是以科技部确定的六大高新区，特别是全国“3+1”自主创新试验示范区中的北京中关村、上海张江、安徽合芜蚌为对象，进行横向比较。立意从高站位上评估东湖示范区文化环境创新现状和发展趋势，总结历史经验，为大力构建有利于东湖示范区制度创新的文化环境提供决策参考。

一、东湖示范区制度创新与文化环境的前后比较

东湖国家级自主创新示范区的主体为东湖新技术开发区。为便于研究，我们以2009年12月8日自主创新示范区获批为界，将东湖新技术开发区划分为“东湖高新区”和“东湖示范区”前后两个发展阶段，对其制度创新和文化环境进行对比，以寻找规律性的认识。

（一）东湖高新区阶段的制度创新与文化环境

东湖高新区成立于1988年。至2009年，成为国家自主创新示范区。在220多平方公里的地域内，聚集着40多所高等院校、56个国家级科研院所、1个国家实验室和14个国家重点实验室，拥有50多名院士，20万名专业技术人员和80万名在校大学生；境内外上市公司突破20家，直接融资总额达100亿元以上，成为资本市场上引人注目的“武汉光谷板块”；各类孵化器共孵化毕业企业1000多家、科技项目2000

多项；40 多个国家和地区的 600 多家的外资企业落户在此，世界 500 强企业的身影超过 50 家。形成以通信为重点，以光电子信息、生物工程、新材料、新能源、激光技术为基础的六大产业，成为著名的“中国光谷”，和仅次于北京中关村的中国第二大智力密集区。

1．突出科技制度创新，打造吸引人才、重视人才、保护人才，有利于人才创业的文化环境。东湖高新区是科技创新、科技文化创新的产物。1987 年，中国第一家创业中心——东湖创业中心成立，学、研、产开始在这个平台对接。随后，东湖高新区不断创新孵化器管理和经营模式，至 2009 年，先后建立留学生创业园、大学科技园、软件园和光谷创业街等各类孵化器，共孵化各类企业 1000 多家、科技项目 2000 多项。从开发区的实际需求和高新技术发展趋势出发，独辟一条具有武汉光谷特色的人才吸纳、培养和使用途径，形成独特的人才理念，实现独特竞争优势。取消 100 余项对企业的收费、在企业中推行员工期权制等各种具体措施，使“用事业、感情、待遇、环境留人”落到实处。

2．坚持服务制度创新，建立精干、高效的行政体系和市场化的服务支撑体系。政府就是服务。按照“小政府、大社会”的模式，东湖高新区积极推进制度创新，推动“行政管理”向“公共服务”转变，着力打造服务型政府。在“行政体制改革，关键在于操作”的理念指导下，在 3700 平方米的联合办公中心提供多个行政部门“一条龙”全程服务，实现“阳光下的新政”。在“阳光新政”的监督和激励下，政府是光谷建设的参与者、贡献者，而决非指挥者、训导者，政府行政部门主动为企业服务蔚然成风。东湖高新区先后出台诸如风险投资、产权交易等多项政策，创新服务支撑体系。为鼓励企业在境内外证券市场上市，2007 年出台激励制度，区内企业上市成功，可获政府 600 万元奖励资金支持；实施“科技型中小企业成长路线图计划”；整合相关资源，建立从天使投资、创业抚育、政策性贷款到企业上市的投融资协同机制；开设武汉光谷联合产权交易所，在全国首创非上市公司股权质押融资业务，为企业搭建融资平台，用制度和环境建立与优化，更有效地促进科技成果转化为现实生产力。

3．致力环境制度创新，开创独具特色的“光谷智慧城”人文生态环境。光谷在设计、建设理念上首次提出建设“当代光谷智慧城”的概念，目标就是要建造“适合人们在 21 世纪知识经济时代获得高品质生活与工作条件的理想自然家园”。科学与人文相结合，充分尊重自然，营造一种“天人合一”的自然生态庄园。全国最大的科技书店——光谷书城、光谷音乐中心、体育馆、激光大世界、光谷步行街建立起来。现代文化与传统文化的交融，中西文化的碰撞，在这里得到最好的诠释，这为创业者们“诗意地栖居”，找到家一样的归宿提供了便利。

4．追求文化制度创新，融铸鼓励创业、支持创业、保护创业的理念体系。科学需要创新，创新需要献身精神，也需要保护措施。东湖高新区发展的每一步，都得益于多年培育提炼形成的光谷创新文化。诸如，“智慧之光、财富之谷”、“思想有多远，行动就有多远”、“尊重纳税人、服务创业人”等，特别是“鼓励创新、尊重成功、宽容失败”，以宽容精神推动“要素推动”走向“创新驱动”。“我们在倡导一种文化：冒险、创新、敬业、诚信；我们在营造一种环境：尊重纳税人，保护创业者；我们在追求一种目标：建设一流高科技产业基地”。这是光谷人对光谷文化最直白的表述。

（二）东湖示范区阶段的制度创新与文化环境

2009 年 12 月，东湖高新区成为继北京中关村之后第二个国家自主创新示范区，在制度创新和文化环境上迈出新的步伐。

1．扩大托管区域，加快园区环境布局创新。在非完整形态的行政区域里，以托管形式扩大开发区面积为今后发展贮备土地。在经历第四次扩容后，2010 年 5 月，东湖示范区面积从 221 平方公里扩大到 518 平方公里，并将构造“一心、一轴、五区、多园”的空间布局。光谷每年投入数十亿元用于水、电、气、路、绿化景观、居住区、商业娱乐、文化休闲等基础设施和配套设施建设，甚至有了国际学校、国际医院和宗教活动场所。区域内，有 282 平方公里为生态保护区，其中，137 平方公里为“禁建区”，南北有九峰森林保护区及龙泉山风景区两大生态板块，外围构建东湖、南湖、汤逊湖、梁子湖、鸭儿湖等湖滨生态保护圈。投资 2.4 亿元，新增绿化面积约 120 万平方米，区内主干道隙地上，几十余种鲜花灌木竞相开放，四季皆可见景。污水处理率目标为 100%。园区功能不断提升，创业发展及生活空间越来越受到投资创业者的青睐。科学调整规划面积，合理布局主题园区，城市服务功能不断完善，用有形地发展变化生动诠释了“环境也是生产力”。

2．建立高效政府，深化公共服务制度创新。试点公务员聘任制，对专业性较强的职位和辅助性职位实行聘任制，聘任合同期限为 1 年至 5 年，聘任制公务员实行协议工资制等。在“阳光新政”的基础上，推行开放式、电子化、“一次办结”服务，加速建设高效作为政府。2011 年，出台《进一步优化投资发展环境的八项公开承诺》，减少行政审批程序，审批时间平均缩短 58.5%；企业进入“零收费”，这一政策实施仅半年，东湖示范区财政为1159家新注册企业“免单”260万元，换来超过50亿元的企业投资。推出政府采购试点，起草政府采购自主创新产品实施细则，发布自主创新产品目录，先期对示范区内新能源照明、LCOS新型显示产品进行采购。

3．坚持先行先试，强化体制机制创新。围绕建设企业信用体系、市场主体准入、鼓励创业投资、建立中小企业融资风险补偿机制、实施高级人才奖励、股权激励、科技成果转化奖励等方面，东湖示范区先后系统、全方位地出台了“东湖版” 政策措施16项，为全国创新力度最大的系统政策体系。获财政部、国家税务总局批复，赋予科技企业“三免两减半”税收优惠，允许企业进行股权激励，分期缴纳个人所得税，研发经费税前抵扣提高至200%，职工教育经费按8%予以税前扣除。邮科院、中冶南方、华工科技等30家企业深入开展股权激励试点。设立五大产业发展基金，提出设立光谷、股权投资基金具体方案，启动中小科技企业征信评级体系建设工作。在已经拥有31家上市公司基础上，2012年7月，东湖新技术开发区申请“新三板”扩容试点已获国家批准。同时，出台70万元重奖措施，鼓励企业到“新三板”上市挂牌。

4．实行人才新政，促进人才环境示范创新。能否自主创新，关键在于科技，在于人才。实施“3551”人才计划，建设“人才特区”。三年来，引进和培养掌握国际领先技术、引领产业发展的领军人才53名，新兴产业领域内从事科技创新、成果转化、科技创业的高层次人才3000名。在光谷，创新制度，鼓励和保护科研院所、大专院校的科技人员留职创业，创业所得归个人所有；在武汉高校学生可休学创业，保留学籍；创新者有其股，包括天使投资基金、风险投资基金及金融机构的金融产品创新等等。崇尚成功，先行先试，宽容失败，创新文化成为东湖示范区核心价值观，深入人心。2012年7月中旬，在88个国家级开发区的综合评比中，武汉光谷的创新能力和综合实力优势突出，位居前列。

5．尊重知识产权，保护自主创新成果。三年来，示范区引进海内外一千多个团队、三千多名高层次人才，相当于一天3名。每年以注册企业2000家以上的速度增长，平均每天诞生6家，注册企业已达2万多家。在自主创新旗帜的引领下，2011年，东湖新技术开发区申请专利7198件，平均每天20件，其中发明专利3253件，平均每天10件。1991年企业收入4.2亿元，财政收入388万元。到2011年，企业总收入将达到3810亿元、财政收入134亿元，分别是1991年的900多倍和3453倍，建立体制机制创新的更好文化氛围。

二、“3+1”自主创新试验区情况比较分析

目前，以国务院名义正式批复的国家自主创新示范区实验区共三家，即北京中关村国家自主创新示范区、武汉东湖国家自主创新示范区、上海张江国家自主创新示范区。另有部委批复、国务院同意的国家级自主创新试验区一家，即合芜蚌自主创新综合配套改革试验区。国家同意合芜蚌试验区与北京中关村、武汉东湖、上海张江示范区作为“3+1”试验示范区序列进行重点建设。因此，东湖示范区的制度创新和文化环境建设，首先应以其他三家作为参照系。

（一）其他三个试验示范区的基本情况

1．北京中关村国家自主创新示范区。2009 年 3 月 13 日，国务院批复建设中关村国家自主创新示范区，这是我国首个国家自主创新示范区。这个起源于 1980 年代初“中关村电子一条街”的高科技园区，经过二十多年的发展建设，聚集以联想、百度等为代表的高新技术企业近年。形成了以电子信息、生物医药、能源环保、新材料、先进制造、航空航天为代表，以研发和服务为主要形态的高新技术产业集群，具有“一区多园”各具特色的发展格局，成为首都跨行政区的高端产业功能区。

区内拥有以北京大学、清华大学为代表的高等院校近 40 所，以中国科学院、中国工程院所属院所为代表的国家（市）科研院所 200 多所；拥有国家级重点实验室 67 个，国家工程研究中心 27 个，国家工程技术研究中心 28 个；大学科技园 24 家，留学人员创业园 29 家。是国家首批“海外高层次人才创新创业基地”，留学归国创业人才超过 1.5 万人，累计创办企业超过 5000 家，是国内留学归国人员创办企业数量最多的地区。成长出以柳传志、李彦宏等为代表的一批国内外有影响的新老企业家。涌现出汉卡、汉字激光照排、超级计算机、非典和人用禽流感疫苗等一大批重大科技创新成果。

中关村企业获得国家科技进步一等奖超过 50 项，承接的“863 项目”占全国的四分之一，“973 项目”占全国的三分之一；创制了 TD-SCDMA、McWill、闪联等 86 项重要国际标准，798 项国家、地方和行业标准；中关村技术交易额达到全国的三分之一以上，其中 80%以上输出到北京以外地区。截至 2011 年，上市公司总数达到 218 家，初步形成创业板中的“中关村板块”。每年发生的创业投资案例和投资金额均占全国的三分之一左右。

“十二五”期间，中关村将继续完善“一区多园”各具特色的发展格局，重点建

设“两城两带”，即中关村科学城、未来科技城和由海淀北部、昌平南部和顺义部分地区构成的北部研发服务和高技术产业带，以及由北京经济技术开发区、大兴和通州、房山的部分地区构成的南部高技术制造业和战略性新兴产业带，促进高端产业集群发展。

2．上海张江国家自主创新示范区。2011 年 3 月 22 日，国务院正式批复上海张江高新区建设国家自主创新示范区，面积 42.1 平方公里，呈“一区六园”的格局，聚集各类高新技术企业 5800 余家。“十一五”时期，张江示范区经济总量以年均 30%以上的速度不断攀升，建成区平均每平方公里技工贸收入达 183.85 亿元，成为上海创新驱动和转型发展的主战场和生力军。

张江示范区集中全国集成电路领域 40%的企业，芯片制造业产值占全国的 33%、封装测试占 40%、TD-SCDMA 手机芯片占有率超过 70%，涵盖设计、流片、封装、测试、设备、材料等多个环节。示范区中，生物医药研发、制造单位达到 400 多家，形成了国内最完善的生物医药研发和产业链，建成了中国最大的软件产业基地之一。

从最初的一个园区，到一区八园聚焦于“张江”品牌下，成为全国六个建设世界一流科技园区试点之一。如今总规划面积 290 平方公里，形成“一区十二园加一”的宏伟版图，“大张江”已经成为上海创新实力最雄厚、高新技术产业最集中、最具技术辐射力的区域，成为无数追梦者创新的热土、创造的高地、创业的乐园。示范区建设以来，区内企业就由 1.1 万余家激增至 1.6 万余家，研发机构从 800 余家猛增到 1000 余家，国家“千人计划”高端人才也从 138 名增加到 173 名，引进科技项目 1500 余个。

3．安徽合芜蚌自主创新综合配套改革试验区。2011 年 11 月，国务院批准同意，科技部、财政部联合发文，将合（肥）芜（湖）蚌（埠）试验区与北京中关村、武汉东湖、上海张江示范区作为“3+1”试验示范区实验区序列，列入国家“十二五”科技发展规划和国家自主创新能力建设规划，作为重点建设内容。这标志着这个成立于 2008 年 10 月的试验区建设进入一个新的发展阶段。

合肥、芜湖、蚌埠三市共有 130 多所高等院校和科研院所，6 个国家级工程技术研究中心，集中了安徽省大部分创新资源，是我国中西部地区科技资源较为密集的地区之一。三市都建有高新技术开发区，拥有奇瑞、江淮、讯飞、海螺、丰原等一批创新型企业，产业集群发展良好，具备进行自主创新的基本条件。

国家同意合芜蚌自主创新综合试验区参照中关村自主创新示范区开展企业股权

和分红激励试点，并适用与之相关的政策。重点支持奇瑞公司、海螺公司、江汽集团、合肥京东方公司、丰原集团等骨干企业，提升自主创新能力，建立国家级企业技术（研发）中心或工程（技术）研究中心，承担国家科技计划重大项目，掌握核心技术，形成若干具有国际竞争力、处于行业技术领军地位的大企业、大集团。2010 年，试验区高新技术产业产值达到 3385 亿元，占全省高新技术产业产值的 57%。到 2015 年底，试验区高新技术产值目标定为 1.2 万亿元，其中战略性新兴产业产值目标为 7600 亿元，占全省 76%。

（二）其他三区的政策特色与文化特色

上述三区，均注重发挥自身优势，紧密结合制度创新和文化环境创新，努力走出一条独具特色的发展道路。

北京中关村　从“电子一条街”发展到占地 230 多平方公里的国家级自主创新示范区，除了地处首都的便利，政策环境和人才因素起了很大的作用。在所有四家试验示范区中，中关村综合科研实力、自主创新能力最强，创新活力也最旺盛。由于在国内最早开展科技人才（包括归国留学人员）自主创新示范基地建设，园区内微小企业占比达到近七成。目前区内以高新技术产业为主，高新企业数量庞大，人才密集度更高。其中，微小企业贡献占很大比例。成为首个示范区试点后，国家又给予“1+6”的鼓励科技创新和产业化先行先试政策，这为中关村的体制机制创新和文化环境建设迈上新台阶创造了条件。目前中关村一区多园（10 个园区）的格局，以点状分布为主，呈带状连绵。当然，这种格局以及具体园区发展的不均衡性，在一定程度上影响了文化环境的塑造和制度创新整体功能的发挥。

上海张江历经 20 年的发展，从占地 25 平方公里的高科技园区发展为 40 多平方公里的国家自主创新示范区，上海张江（集团）有限公司发挥了重要作用。与北京中关村和武汉东湖相比，42 平方公里的规模过于局促，一度为张江决策层所纠结。为解决这个难题，建设示范区以来，张江的范围迅速从 42 平方公里扩容至目前的 296 平方公里。同时，上海市又给予张江“三凡”（凡法无禁止又必须实施的政策制度，可在张江先行先试；凡发展所需又必须提供的保障措施，要突破常规优先给予；凡有利于创新发展又势在必行的项目，要大力扶持）的政策，这对张江示范区建设的体制机制创新无疑带来极大利好。

文化环境建设是张江示范区建设的一大特色。至 2012 年，张江科技文化节业已举办了八届，影响巨大。在科技文化节期间，还举办动漫周、电子科技大赛、外语节等文化活动。此外，龙舟赛、篮球联赛、摄影大赛等文化赛事也都举办了数届。不仅如此，园区还组织成立合唱团、管弦乐俱乐部、桥牌俱乐部等文化团体，积极开展文化活动，并利用网络等办公平台及时发布各种资讯，动员园区公众积极参与，不断增强企业的文化凝聚力。

合芜蚌自主创新综合配套改革试验区　注重发挥省会城市合肥、皖江经济带龙头芜湖、淮河经济带龙头蚌埠的科教和产业优势，三市抱团发展，意图联袂探索出一条“产业转移+自主创新=跨越式发展”的全新路径，形成区域竞争格局中的“安徽方程式”。与另外三家不同，合芜蚌试验区跨三大地级行政区，块状分布与带状连绵并存，既合又分且战线较长，特色独具。

2008 年成立后，安徽省很快出台《合芜蚌自主创新综合试验区“十二五”发展规划纲要》，提出将试验区建设成为全省战略性新兴产业的增长极、经济结构调整的主引擎、科技成果转化的主阵地、体制机制创新的先行区。3 年间，试验区高新技术产业产值年均增长 45%。成为“3+1”试验示范区后，获批参照中关村开展企业股权和分红激励试点，以企业为主体推进自主创新，氛围更加浓厚。

在体制机制和文化创新方面，安徽省及时制定《中共安徽省委安徽省人民政府推进合芜蚌自主创新综合配套改革试验区实施意见》、《合芜蚌自主创新综合配套改革试验区若干政策措施》等相关文件。其中，投融资体制改革被列为各项改革的首位。当然，与另外三家相比，制度创新和文化环境建设尚处于探索阶段，差距较大。

（三）东湖示范区与其他三区的比较分析

根据以上分析，我们认为，东湖应确立以制度创新为核心，在不断优化示范区文化环境的基础上推动示范区跨越式发展的策略。只有这样，才能尽快实现示范区发展目标，很好地完成国家赋予的示范重任。

1．在经济水平上，东湖示范区所在城市武汉的发展规模与沿海和五大国家中心城市有差距，政策创新应成为首要选择。地处内陆的武汉示范区建设虽起步较早，但由于地域、政策等原因，和北上广经济水平相比，差距仍较大。2011 年，东湖示范区全年累计完成企业总收入 3810 亿元，而北京中关村企业总收入 1.92 万亿元，约占全国高新区的七分之一。在上海张江，2010 年的技工贸总收入达到 6618.77 亿元，平均每平方公里 183.85 亿元，位列全国高新区前茅。2011 年，上海张江 2.2 万余家企业中，世界500强300多个；1000多个研发机构中，有外资研发机构300多个。在经济实力上直接比拼，东湖示范区不占优势，短期内难以超越，必须以政策创新为突破性的首要选择。

2. 在文化环境上，东湖示范区同样存在一定差距，应以政策创新引领环境创新。沿海很多城市，尤其是北上广深等先进城市，除经济发展令人瞩目外，更重要的是发展理念、开放意识和管理水平上的先进。这些城市和地区发展中的体制机制制约相对较少，并具有专长改善或消除障碍的强大功能。“动作快，决策果断”为其显著特征。这在很大程度上得益于它们身处开放前沿，与外界接触更多，视野更开阔、改革意念更强烈、思想束缚较少。反观内地，由于历史的、地域的、政策的、思想的诸多原因，导致文化环境建设的“欠账”较多，一时还难以实现大地突破和飞跃。观念更新、政策创新应成为环境创新的首要选择。

3. 在价值实现上，东湖示范区的制度创新更具战略性和长远性。一切创新只有走向规范化的制度轨道，才能真正成为推动社会发展的动力。选择以制度创新促进示范区跨越发展，有现实意义。一方面，制度的突破，既能引领示范区建设的发展方向，也能为示范区的科学发展、规范发展提供保障；另一方面，由于制度突破的前瞻性，东湖示范区的政策创新、先行先试，不仅实现自身发展，还能对另三个示范区（实验区），以及其他城市高新区的建设提供样本参考。再者，以制度创新带动文化环境创新契合生产力发展的核心诉求，是东湖示范区创新活力迸发的直接推动力量。

4. 在基础条件上，东湖示范区具备制度文化创新示范的基础。与中关村和张江相比，东湖示范区有独到的特点，一是示范区面积最大，相当于中关村的2.2倍，上海张江的12.57倍。地域大，说明舞台更大，容纳更广。按照简单的数学增长算法，版图区域的扩容，必将带来更广阔的发展空间；二是园区分布更为集中，块区发展的产业布局特征更明显，制度创新的集中度高，更容易产生效益。而园区内众多的高校、科研院所，以及几十万大学生所构成的丰富的科教和人力资源，使得示范区文化环境相对统一，文化意味更为浓厚，文化供给能力和制度创新的活力更强。从示范区近年来制度创新的实际来看，每一次制度的突破都极大地促进了园区各项事业的进步。日前刚刚公布的《促进东湖国家自主创新示范区科技成果转化体制机制创新的若干意见》（又称“黄金十条”） 所体现的诸多制度创新引起热议，即是一例。（参见表1、表2）

建设东湖国家自主创新示范区，除比对北京、上海目标外，应积极做好加快园区建设、产业发展以及扶持骨干企业、建设人才高地等“规范动作”，更主要的是放在政策示范上，即要把重点放在以制度建设为核心的示范区文化环境建设上。这既是建设好示范区文化环境的基础，也是从根本上保障示范区又好又快发展的重要举措。

表 1　三大国家自主创新示范区管理模式和园区布局（按新布局）

名 称	管理模式	园区布局
中关村	地域分散型，分布9个行政区，园区管理与行政管理分离	一区十园，包括：海淀园（核心区）、丰台园、昌平园、电子城、亦庄园、德胜园、雍和园、石景山园、通州园、大兴生物医药基地。
张江	地域分散型，分布5个行政区，园区管理与行政管理分离	一区八园，含张江园（核心区）、漕河泾园、上大园、中纺园、金桥园、嘉定园、紫竹园、杨浦园。
东湖	封闭集中型，园区管理与行政管理由管委会统一管理	构造“一心、一轴、五区、多园”布局。包括：关东光电子产业园、关南生物医药产业园、汤逊湖大学科技园、光谷软件园、佛祖岭产业园、机电产业园等园。

表 2　“3+1”自主创新示范区基本情况一览表（2011 年）

项目／名称	起源/成立	面积（平方公里）	园区结构	优势产业	企业数（家）	总收入（亿元）
中关村	1988/2009. 3	240	一区十园	电子信息、生物医药、能源环保、新材料、先进制造、航空航天。	2 万多	19278
东湖	1988/2009. 12	518	一区九园	光电子信息、能源环保、生物工程与新医药、机电一体化、高科技农业。	2 万多	3810
张江	1991/2011. 3	42	一区六园	生物医药、电子信息、文化创意、航	2．2 万	7400

				空航天、先进装备制造、汽车及零部件。		
合芜蚌	2008/2011.11	1.95 万	两连一飞	电子信息、节能环保产业、新能源、生物、新材料、公共安全等。	——	4500

三、东湖示范区创新文化环境的对策措施

制度创新是文化环境创新的最高形式。东湖示范区要实现创新能量的充分释放，必须在制度创新方面实现新突破，以制度创新带动文化环境创新，进而推动示范区发展环境的整体创新。

1．从制度创新的前沿创新人文精神环境。世界一流高新园区的共同特征是制度创新的前沿模式。作为六大高新区和四大国家自主创新试验示范区之一，东湖示范区肩负开创中国特色自主创新道路的国家使命和示范重任。它的确立和存在，对于湖北、武汉新一轮的改革与发展，具有非凡意义。但与快速发展的要求相比，其人文精神环境还需要进一步创新和提高。例如，光谷软件园，一栋已正式启用，有数家公司、两千多人入驻的办公楼外表华丽气派，但楼道漆黑一片，上下楼梯的企业员工只能靠手机亮光行走。同样是这座楼，突然大面积停电。此例或为非普遍现象，但从中暴露服务问题。

因此，必须进一步营造示范区干事创业的人文精神和制度文化环境。要进一步树立创新为示范区建设的灵魂，企业为创新的主体的观念，进一步提升服务理念和管理能力，不断培育满足示范区自我完善和发展需要的各种有利条件，勇于冲破现有思维、体制、机制的束缚。这样，示范区建设才能真正有所作为，不辱使命。

2．增强制度供给能力，大胆进行文化环境的顶层设计。文化环境创新，要靠制度和保障的推动。长期以来，制度的慢热主要是由于顶层设计滞后。由于过久的人治传统，对于制度的敬畏之心，国人相对缺少很多。现实中的管理（尤其是公共服务，比如园区停电和楼梯照明跟不上），主要还是文件管理和口令管理。在东湖开发区 20 年建设中，开发区以文件管理为主，兼以法律管理，但数量很少，主要还是整体条例、暂行条例，不够精细，操作性不强。文件的好处是随时针对情况出台政策，不足之处

是随意性太强，人治因素突出，而且成本过高。从发展趋势看，法治管理是不可逆转的方向，应从主要以文件管理到实现主要以法律管理为主。

增强制度供给能力，首先体现在制度跟进的及时性。2009 年 3 月获批后，《中关村国家自主创新示范区发展规划纲要（2011 年 2020 年）》2011 年 1 月正式出台；2009 年 12 月获批后，《东湖国家自主创新示范区发展规划纲要(2011 年—2020 年)》，2012 年 3 月才姗姗来迟,4 月正式印发。示范区获批后，北京中关村、上海张江对于园区产业发展、功能布局、优惠政策、激励措施、配套服务的立法立规均走在武汉前面，少则百余件，多达 200 来件，而武汉仅有几十件。

增强制度供给能力，需要不断扩大制度供给范围。目前，东湖示范区已经获得市级经济管理权限。但从示范区在国家、省、市经济发展所处的战略地位，以及开发区自身蜕变发展的现实需要出发，这点供给权限显得捉襟见肘，远不能适应要求。从长远计，要在目前市级经济管理权限基础上，扩大示范区关于用人、就业、社会保障、城市管理等方面的决策自主权。

增强制度供给能力，需要服从和服务于文化环境顶层设计。制度提供保障，也发挥引领作用。制度文化的形成，是对制度设计的理念、动机、目标以及实现方式的考量。在中国国情下，文件管理不可完全取消，但应尽可能实行和扩大法律管理。比如取消审批制，实行登记制；除少数特殊产品，一般应采取普通商品所用的办法，即平时抽查监督，发现问题后严历处罚（即追惩制）；尽量少用审批立项，以最大限度地调动自主创新的积极性。

3．以文化与科技的融合制度创新文化环境。今年 5 月，武汉东湖国家级文化和科技融合示范基地挂牌，位列北京中关村、上海张江之后的第三位。文化与科技融合需要制度层面的保障。

在打破行业鸿沟中实行文化与科技融合。积极加强部署和规划，深入研究制定示范区科技与文化融合和互促联合行动计划，在示范区内建设科技与文化融合龙头企业。同时着力加强资源集成和互动的能动性及其倍增性。积极发挥财政政策和金融市场工具的倾斜杠杆作用，通过实施项目资助和资源配置，科学地开展文化科技基础性研究和高新技术在文化建设领域的应用研究，尽快解决和攻克具有前瞻性、全局性和引领性的重大文化科技问题和难关，实现文化与科技的深度融合。

建立健全文化科技创新服务体系。通过建设双语城市、组织“百万市民看光谷”、举办光谷动漫节等丰富多彩的活动宣传自主创新，宣传创新文化。要加大文化科技成果创新扶持力度，努力完善股权期权激励和奖励、收益分配等政策，促进科技成果转化为民用文化产品，满足人民群众文化追求和文化消费需求。

值得注意的是，为有效解决科技成果转化难题，2012 年 8 月，武汉市出台《促进东湖国家自主创新示范区科技成果转化体制机制创新若干意见》（即“黄金十条”）。这一系列政策较东湖示范区已有政策有较大突破，与北京中关村正在实施的一些政策相比，也有超越之处。东湖示范区的文化制度创新迈出了新一步。

4．从内生性要求创新智态与物态文化环境。智态文化环境的核心要素在于拥有大量创新人才。武汉作为科教大市，拥有十多个国家级实验室、数十位两院院士、几十所高等院校、科研院所和上百万大学生。同时，武汉还有近百世界 500 强企业入驻，他们中也不乏创新人才。这些都是示范区非常重要的人力资源。吸引人才、留住人才，让人才在示范区施展才华，是示范区智态文化环境建设的重头戏。必须进一步创新智态环境，努力形成“到光谷想留下来，留下来不想走，走了还想回”的良好氛围。

以人才引进，创新智态环境。进一步明确企业和人才主体地位，规范建设、管理和服务，以宽松的创业环境、优厚的创业待遇、完善的配套设施和精细的后勤服务吸引人才。要在目前实施的“3551”人才计划和科技人才创业计划等基础上，进一步加大揽才、惜才、用才支撑力度。

以物态文化环境，配合智态文化环境建设。通过各种渠道，以多种有形载体宣传创业政策，推介行业、企业先锋和先进个人，宣传企业精神和企业文化，以及组织创业论坛等形式，在示范区积极营造干事创业的物态文化氛围。为让人才施展才华，既要为他们提供工作室、经营场所等硬环境，也要通过制定优惠政策，为他们提供包括成立企业、化解融资难题、解决户口、进行创业指导等在内的公共服务。同时为他们提供诸如住宿、停车、吃饭、培训、就医、休闲、子女上学、资格评定等社会服务。

5．从外向性趋势创新文化交流环境。迄今为止，示范区还没有统一的文化交流平台、系统的文化交流制度、规范的文化交流体系，也没有专门的文化标识（LOGO），文化交流环境尚需进一步优化。随着东湖示范区自主创新能力不断提升，对外辐射力不断增强，对外文化交流日益增多，必须着力创新文化交流环境，以积极适应发展需要。

具有内外统筹的文化眼光。积极创造条件，鼓励和推动示范区文化（包括品牌和产品）“走出去”，在获得国内国际的影响和声誉中奠定优势文化地位。同时要更新观念创新制度，大力吸引先进文化走进示范区，促进先进的文化观念、经营理念、创新意识等与园区文化深入融合，提升示范区的文化品位，促进示范区的文化环境不断改善。

加快国际文化的交流合作。目前，全国四大国家自主创新试验示范区，除中关村北居首都外，其余三家（上海张江、武汉东湖、安徽合芜蚌）均处长江中下游且相距很近。优越的地理区位、便利的交通、通讯、物流条件，使得这三家联系会更方便、更紧密。以三大试验示范区文化交流机制为基础，面向全国其他高新区、示范区乃至国际化的文化交流合作体系，在共同进步中实现自身跨越式发展。

打破行业壁垒和行政限制。实现武汉与省内、省际间和全国的资源互通，促进企业文化、商贸文化、物流文化、人文科技文化无障碍沟通。对外则以加快双语城市尤其是双语园区建设为重点，积极打造自然、顺畅的中外文化交流渠道，不断提升对外文化交流水平。

6. 用制度保障宽容失败的文化环境。“失败的英雄”同样具有探索价值。他们为后来的成功者进行试验，他们为后来的成功者扫去障碍。失败的英雄仍然是英雄，仍当受到尊重。只有宽容失败，才能更好地创新和创造。只有建立制度化的宽容失败的文化环境，良好的、健康的文化氛围才能真正建立和发展。

东湖示范区 20 年飞速发展的背后，是无数创业者付出的心血和努力，其中，也包括有破产的企业和失败的人物。特别是成为国家自主创新示范区后，更有可能出现创新失败的案例。早在东湖高新区获批国家自主创新示范区时，时任市长阮成发就明确指出：“东湖高新区获批国家级自主创新示范区，不是说东湖高新区已是示范区，而是要我们去创建，这有本质区别”。国家希望武汉建设示范区走在全国前列，但不是说封了就拥有这顶“桂冠”。这需要更大的创新力度、更广的创新视野、更深的创新进展作支撑。总之，需要深入研究失败的典型，总结经验，汲取营养，使我们的创新少走很多弯路。

宽容失败，需要示范区在制度安排结构中，将创新中的失败计入社会成本，实行一定的补偿制度。这既是对失败者的一种补偿和安慰，也是对其他创业者的一种鼓励和鞭策。

宽容失败，不能是让失败者自生自灭。自然科学研究中，失败的例子俯拾皆是，然而，每一次失败之后，研究者都是重振旗鼓，以百倍的信心再战，去迎接可能是下一次的失败，最终反败为胜，获得成功。要仿拟这种做法，以制度性的安排，跟进失败者继续创新的步伐，为他们提供方便，对他们予以鼓励和支持。

由此建议建立创业失败按比例补偿制度。对引进人才、重点项目的创新失败，可以给予较高比例的创业投入补偿；对自主创业人才、一般创新项目的创新失败，可以根据实际情况，给予适当比例的投入补偿。

同时，建议进一步完善包括创业补贴制度、创新奖励制度在内的创业扶持政策，进一步创新投融资体制，让宽容失败的文化环境更实在、更温情。

7. 以社会化的机制保障制度创新环境。一个社会的制度供给能力，是以人文社会知识的研究水平和社会化程度来保障的。简单地说，就是一个社会的制度创新，是依靠一定的人文基础作支撑的，这个人文基础，包含两个层面：一个是所具有的创新能力，另一个是创新实践的现实可能性。制度创新必须以人文社会知识为基础，由社会化机制作保障。

中华文化包含着鼓励创新的丰富内涵。进入“十一五”，新的发展机遇再次眷顾大武汉。在国家四个自主创新示范区、四个未来科技城、四个首批入围新三板的高新区榜单中，全国只有北京中关村和武汉东湖示范区连中三元。这一方面体现了国家对东湖示范区的肯定和重视，另一方面也反映了东湖示范区拥有良好的创新环境基础。示范区应顺势而为，努力建立健全科学完善的社会化机制，为制度创新提供保障。

社会化的机制首先是社会参与的机制。示范区是一个外向型经济区域，是城市社会的一个单元。它的创新和发展，与社会大环境休戚相关。示范区的制度创新环境，既与区内外的社会化因素不可分割，也需要广泛的社会参与机制作保障。比如示范区融资政策的创新，不仅需要国家、省、市金融政策的支持，也需要国内外金融机构的鼎力相助。

社会化的机制是法治、民主、科学的机制。在现代社会，一个成熟的市场经济必然在法治、民主状态下运行的，拥有一套完整、科学的创新体系。这样一个社会化的保障机制，克服了一哄而上，消弭了各自为政，做到了出入有序，保障了制度创新环境的和谐发展。东湖示范区的制度创新要力图避免对制度的关联性、延展性等问题考虑不周的问题出现。

社会化的机制也是系统完善的机制。示范区的制度创新环境是一个特定区域内的特定制度发展环境，有着很高的独立的系统性要求。应结合园区实际和地域特色，不断健全和完善体制机制，保障园区制度创新迈向新台阶。要以封闭集中为背景创新管理文化环境，使示范区的管理文化进一步彰显服务理念和精细、周到。要以荆楚文化为底蕴提升制度创新的文化环境，使荆楚文化、汉派文化成为园区文化的重要内容，并依托各种载体以多种形式有效展现。

参考文献：

1. 张玉琴，以制度创新营造滇池环境文化，【J】，昆明，思想战线，2010，第S1期。

2. 张明，用制度保障宽容失败的文化环境，武汉长江日报，2008，8，19，第11版。

3. 金吾伦科技文化与制度创新【J】，北京，科学中国人，2004，2。

4. 陈勇鸣，陈辉，创新的瓶颈与突破(上海自主创新的体制环境和政策研究)，上海人民出版社，2010，3，第1版。

5. 陈依元，创新文化：自主创新的文化驱动力【J】，福建论坛·人文社会科学版，2007，3。

6. 方本新，张德广，制度变迁和创新文化环境建设的路径选择【J】，未来与发展，2006，5。

7. 蒯大申，以制度变革和制度创新建设文化强国【J】，黑龙江理论网，2011，10，24。

8. 姜晓梅，当前文化环境建设的若干思考【J】，道德与文明，2003，1。

（武汉市社会科学院课题组）

“社会燃点”研究

一、研究背景

社会燃点问题是社会发展中始终存在的问题，既关乎发展的稳定与持续，也关乎发展中每个人的生活和命运，是一个具有颠覆性的主题。当社会学家关注风险社会和社会风险的同时，社会燃点概念开始悄然浮出，并普遍受到重视。在风险社会时期，社会燃点问题甚至关乎整个人类社会的兴衰。

（一）社会燃点低是当代风险社会发展中的全球性议题

全球化使整个社会进入了一个非常不确定的时代，它的影响是全球性的，世界上任何国家和民族都不能将其拒之国门之外。从 1986 年“切尔诺贝利核泄漏事件”到欧洲的“疯牛病危机”，从“克隆技术”带来伦理危机到 SARS 病毒的肆虐，从“金融危机”到“恐怖主义”引发文明危机，全球性风险正冲击着人类社会，使人类正遭受重大威胁和挑战。同时现代化进程也是一个剧烈变动的过程，经济、社会、文化的变迁容易导致政治不稳定，当风险事件与变动的社会经济、文化不稳定交织在一起则使人们实际的满足低于现实的期望值，产生挫折感，从而会滋生人们对社会现实的不满心态，社会稳定受到威胁，处于一触即发的低燃点状态。这些影响普遍存在于经济、社会、文化中，成为潜在的社会燃点，使社会发展处于更深层次的风险之中。

（二）全球化背景激化了社会燃点对中国的冲击

自改革开放以来，中国与世界就紧密地融为一体，改革开放为中国发展带来巨大的机遇和利益，同时也带来了当代社会的全球化风险，正在改革发展中的中国，置身于全球风险的氛围中。由于发展中的中国与发达国家质检权力的不对称性，随着对外开放的深入，我国经济对外依存度加大，金融风险增高，危及整个国家的经济安全，使得中国对风险的敏感性和脆弱性更强，因此面临着比发达国家更大的风险，更低的社会燃点水平。同时，伴随着工业的全球化，一些新型的、人为制造的、难以预测的风险也开始在全球范围内扩张，全球化所具有的风险传递机制和生成机制使中国会遭遇更多的社会风险，同时也带来了多样化的社会燃点问题，比如中国的社会经济燃点、政治燃点、文化燃点与生态燃点。全球化成为新的燃点源，促进了燃点的产生，推动了燃点的传播。

（三）中国正面临着巨大的社会燃点汇流

我国面临着国内外严重的社会风险，引发了社会燃点问题以集群性形式出现。我国正处在改革发展的关键时期，整个社会的利益结构和阶层结构都处急剧的转型时期，这种利益结构和阶层结构的剧烈变革导致了社会阶层多样化和利益主体多元化的特点。伴随着这种变化，社会各阶层之间产生了大量的利益矛盾甚至是利益冲突，社会稳定受到威胁，当前我国群体性事件屡见不鲜并逐年增多，规模不断扩大；参与的人员趋于复杂，行为方式趋于激烈，冲击党政机关的事件逐年递增。很多群体事件的出现并非阶层性的，有直接利益性的群体冲突，但由于人们普遍存在对社会的不满心态，滋生社会燃点较低的环境，结果造成“小事拖大，大事拖炸”群体恶性事件，比如 2008 年贵州的“瓮安事件”、云南的“孟连事件”和 2009 年湖北“石首事件”。所以当前我国呈现一种社会矛盾高发态势，触点多，燃点低。

这种社会燃点汇流的产生不是偶然的，不管天灾还是人祸引发的社会燃烧点，都有其产生的深层原因。社会燃点的汇流往往是与日常治理之道的不公正、不民主、不及时等带来的对社会公民的潜在影响有内在联系。同时历史经验表明，在这种社会发展的转型时期，正确地引导可以使国家进入黄金发展期，顺利实现国家现代化的目标；错误地引导将会引发政局不稳、社会失控，最终断送国家的现代化进程，并使整个国家长时期陷入动荡混乱中，也就是人们说的“拉美陷阱”。因此必须高度重视、积极化解社会燃点问题，务必要在日常的行政管理、制度建设等长效机制构建中，尽可能消除“燃烧物质”的产生，使我国顺利度过风险期，实现国家现代化的发展目标。

二、研究现状

国外研究者从社会风险的角度阐述社会中的燃点问题的重要性。德国社会学家乌尔里希•贝克在《风险社会》中指出“每个社会都经历过危险，但风险社会制度是一种新秩序的功能：它不是一国的，而是全球性的”。他提出：“地球已经变成一架弹射座椅，不分贫富，不分黑白，也不分南北或东西，但是这种效应只有在发生时才存在，而一旦发生，它又不复存在了，因为不再有什么存在了”。罗杰. 卡斯帕森认为“灾难事件与心理、社会、制度、文化交互作用的方式会造成新的社会或经济后果，这些后果远远超过了对人类健康或环境的直接伤害，导致更重要的间接影响，如义务、保险成本、对制度丧失信心、污名化、脱离共同体事务等”。

国内学者更关注社会燃点的现实性和紧迫性。竹立家认为社会“燃点”问题是最大危险：“中国改革发展能不能持续的最大危险，在于以下五个具有颠覆性的社会问题的解决，即：贫富分化问题、三农问题、腐败和特权腐败问题、失业问题、社会诚信问题。这五大问题是未来影响中国社会稳定和持续发展的“燃点”问题”。傅小随教授认为“中国目前已经出现了严重的不和谐，甚至超过了警戒线，之所以现在还没有大爆炸，是因为采取了强有力的控制措施。但是靠强有力的政治手段来维持一个表面上和谐的社会并不是最好的。所以他认为应该把构建和谐社会当作一个策略性的问题，采取技术手段来解决。要利用协调的手段，用利益调整的方法在内部把问题解决好，在不引发国家、民族、党的灾难的前提下推动社会发展” 。

同时中国科学院院士、社会学家牛文元结合物理学与社会心理学的观点提出社会燃烧理论，指出社会燃烧点的产生实际上就是社会系统由有序向无序发展，从初始状态量变到质变，最终爆发突发性危机事件的过程，他形象地把社会系统的无序、失稳、失衡、动乱与暴乱，同自然界的燃烧现象进行类比，并指出危机爆发的内在机理实质是一个量变到质变，系统逐步被破坏的过程。当引发外部干扰和内部矛盾的“人与自然”、“人与人”之间的关系达到充分平衡和完全和谐时，整个社会处于“理论意义上绝对稳定的极限状态”。这时只要发生任何背离上述两大关系的平衡，都会给社会稳定状态以不同程度的“负贡献”，形成社会动乱的“燃烧物质”。当此类“燃烧物质”的量与质积累到一定程度，并在错误的舆论导向推动下，将会形成一定的人口数量密度和地理空间规模。此时，在某一“突发导火线”的激励下，即会发生“社会失衡、社会失序或社会失控直至社会崩溃”的突发性危机事件 。

综合国内外的研究现状，当前研究中还存在一些问题。第一、从研究的视野来看，国外的研究者从社会风险的角度阐述风险社会，但是风险存在不确定性和风险体现危机产生的隐性两大特点，社会风险与危机一触即发的特点还存在差异，因此社会燃点的研究为现代化进程中如何解决突发性危机提供了现实性的参照；第二，从研究的系统性来看，国内研究者仅提出了社会燃点的概念，以及社会燃点的紧迫性，但什么是社会燃点，社会燃点的类型特征、社会燃点的表现形式以及如何预警和防控这些问题仍没有研究者进行系统性的研究；第三、从时代性来看，当前中国经济处于快速发展，社会处于转型时期，社会发展处于一种低燃点，多触点的态势，社会燃点问题以集群性形式表现出来，当前国内对社会燃点的概念理论研究显然无法应对当前中国社会的发展态势。

三、重要概念

社会燃点指社会危机点燃温度，即危机触发阈值。要厘定社会燃点概念的基本内涵，前提是将燃点与触点、危机、风险等相关的概念进行区分比较：

首先要区分社会燃点与触点。“触点”物理学指开关中用于实现电路接通或分断的接触点。生物学意义上，“触点”指人等体表感觉点中的敏感点或触压点，轻轻触碰就能感知，并做出一定程度反应的最低阈限值。社会学引入生物学的触点来分析社会矛盾，借指人们对社会矛盾感知的水平。当人们对社会矛盾感知的水平阈限下降，社会矛盾的敏感性就相应提高，自然导致社会燃点阈限值下降，即危机触发阈值降低。当前，我国正处在社会转型、体制转轨的历史新阶段，随着改革开放的深入发展，社会结构急剧变动，阶层利益格局不断调整，长期积淀的深层次矛盾和问题逐渐显现，人们对现在未来的不安全感却越来越强烈，激发起人们对现实的不满心态，导致人们对社会矛盾的认知水平越趋敏感化，以致经济、政治、思想、文化等各个领域中的矛盾触点相互交错，初步表现出群体性事件时有发生，似有“火星四溅，一触即发”的趋势。所以当人们对矛盾越趋敏感化，非理性化，社会燃点的水平将日趋下降，阈限值降低，那么社会触点也最终会成为点燃危机阈限的突发事件。

其次社会燃点与危机。燃点与危机的本质是同一的。危机则早在古希腊希波拉克底的“医学术”中就存在，并向美学、戏剧领域扩展，并最终成为一个社会主题。社会燃点侧重于预测危机状态在未来时间上发生的可能性，危机更强调社会事实处于一个命运攸关的转折性阶段。正如哈贝马斯所说：“当社会系统结构所能允许解决问题的可能性低于该系统继续生存所必要的限度时，就会产生危机” 。危机和社会燃点具有同质性特点：（1）危机和社会燃点都具有二重性，“危机意味着一种命定过程的转折点”，既可能从危机走向平衡与和谐，也可能导致更严重的冲突与斗争。社会燃点通过社会点火温度突破“危机触发阈限”，从有序社会状态走向无序状态，完成了“原状态”社会系统的退出，同时为“新状态”社会系统的形成（通过社会自修正或自组织行为），提供了必要而充分的条件” 。因此危机和社会燃点都展现了多种选择的可能性；（2）社会燃点和危机都与人的意识活动相关。社会燃点与危机都作为一种客观存在，但是两者都不能脱离人的内心体会：“面对作为客观事实的疾病，病人之所以感到无能为力，只因为他是一个陷于被动的主体，被暂时剥夺了作为一个完全能够控制自己的主体的可能性”。在一定意义上都可以说是立足于感性实践之上的主体性建构的结果 ；（3）从根源上说，社会燃点与危机都是社会失范的结果。在现代化全球化的发展中，工业现代性不受限制地向前推进，人与自然的和谐被打破，人与人之间关系被重建，社会政府内部控制力减弱，就造成制度失范，结构失衡的状态，导致社会燃点低，危机出现的结果。

再次社会燃点与风险。从辞源学上考察，风险最初意为“暗礁”和“巨石”，源自拉丁语 resecum，意味着“危险”、“巨礁”、“海上危机”。在古老的语义中，风险一直被理解为根植于自然现象或类是情境像巨礁和海啸中一种客观危险。自 17 世纪开始，风险已有一种更为不同意思是“一种破坏或损失的机会和危害”。自探险家们前往前所未知的地区时，当西方国家对中国等东方国家通航和发动的战争时，“风险”的概念已从一个客观危害描述的概念转向一个包含主观判断的概念 。乌尔里希•贝克在他的《风险社会》一书中赋予了“风险”社会哲学的涵义：“风险是个指明自然终结和传统终结的概念。换句话说：在自然和传统失去他们的无限效力并依赖于人的决定的地方，才谈得上风险。风险概念表明人们创造了一种文明，以便使自己的决定将会造成的不可预见的后果具备可预见性，从而控制不可控制的事情” 。所以我国学者宋林飞把“风险“概况为三点：“（一）风险是关于不愿发生的不确定之客观体现；（二）风险是“可测定的不确定性”；（三）风险并非只是在实现决策时带来的损失，而且也指偏离决策目标的可能性” 。所以风险体现为危机的隐形状态，多包涵人们对危机的主观判断；而社会燃点则体现为危机的显性状态，多表现为危机引发前的突发客观事件。

最后社会燃点与社会问题。“社会问题”是社会学的一个常用概念与研究视角，它是指偏离了社会公认的正常轨迹的一种社会状态，这种状态影响到社会功能的发挥和社会成员的正常生活，受到人们的普遍关注并需要全社会的努力才可能解决 。也就是说，社会问题是实际条件和应有条件之间的偏差，或者是实际状态与社会期望状态之间的差距，而这种偏差往往会导致社会的紧张状态，它超越了个人的范畴，牵涉到较为广泛和复杂的社会关系 。一般公认的社会问题具有以下四个要素：（1）它们对个人或社会造成物质或精神损害；（2）它们触犯了社会里一些权利集团的价值观或准则；（3）它们持续很长时间（4）由于处于不同社会地位的群体会做出不同评判，对它们的解决方案也往往多种多样，因而在如何解决问题上难以达成一致 。由此可以看出，社会问题围绕一条主线：客观存在—主观认知—社会解决。因此社会问题是一个中性的概念，社会问题不一定会造成对社会的危害。因此从社会问题的定义和要素上来说，社会问题是否成为触发社会危机的社会燃点，还依赖于人们对这种社会问题危害性的认知，以及社会问题是否能获得有效解决。所以，社会问题的存在仅仅可能造成社会失序的社会潜在燃点。

四、研究内容

中国发展中现代化进程加快，社会处于急剧转型时期，社会燃点问题作为一个具有颠覆性的主题，已经引起一些研究者的关注。本研究主要着眼于社会燃点概念解析、成因分析、类型表征、预警与控制等方面系统性探讨社会燃点发生与发展的机制。研究主要涉及五部分主要内容。

第一部分　社会燃点的成因与特征

一、社会燃点的成因

（一）社会公信度缺失。

公信度危机体现在两个方面：第一，公众对有知识的专业人员和专家的信任下降。主要是由于三方面的原因：一是从知识本身的特点来看，知识本身的不确定，一旦知识被后来者或实践证实，知识难以获得信任；二是从公众视角来看，由于受过良好教育的公民在知识和能力上都有所提高，他们会运用其他学科的知识对专家知识进行批评再者，由于人权运动和平等观念普及，公民的怀疑和不信任大幅度增长，这也会影响到专家系统的可信度；三是从专家系统视角来看，专家系统是由各种专家和制度组成结构系统。对于专家系统的信念使人在专业化知识面前拒斥非专业人士的无知，但是意识到无知领域的存在，本身就与作为正在探索的个人的专家和作为知识整体范围一部分的专业知识相对立，还有可能削弱或破坏非专业人士对专家系统的信念。

第二，公众对政府信任期望下降。卞苏徽教授认为，缺乏民主是导致政府公信度降低的主要原因。要建立一个民主的机制，当前的任务就是继续推进政治体制改革。要有一个政策反思与检讨的机制，经常对我们实施的重大方针进行总结和评估，找出不足并进行前瞻性的研究，这样就能更早地发现问题和纠正问题，而不是等到问题非常严重时才去改革 。

“信任危机”不仅是制度乏力或制度缺失所导致的危机，它也破坏了公众、专家与可能性风险之间脆弱的信任感，将内在的深层矛盾与对立通过外部客观风险展现出来。除了知识和政治引发燃点风险外，公信度与燃点之间还存在以下关系：（1）信任与燃点都是针对未来的倾向；（2）信任与燃点都是人的行为所激活和推动的；（3）信任与燃点都意味着存在一个不确定的结果 。

（二）心理失衡

在市场经济迅猛发展的当代中国，社会分层的加速和贫富悬殊的加大将导致相对剥夺感增加。因为改革不仅是一个提高效率增加产出的过程，同时也是一个利益重新分配的过程。在这个时期，新旧规范和新旧分配体制同时在起作用，常常会产生诸多双方互不认可，同时感受到“被剥夺”的情况。而失业弱势群体无论是在纵向或者是在横向的比较中，都有比较强烈的相对剥夺感。从相对剥夺感导致的社会效应来看利益被相对剥夺的群体可能对剥夺他们利益的群体或社会整体怀有敌视或仇恨心理，造成各阶层间的相互敌视、普遍缺乏合作精神等等。当弱势群体将自己的不如意归结为获益群体的剥夺时，就可能对获益群体产生不满情绪当其将自己的相对剥夺归结为社会时，就会产生对社会规范的怀疑、对社会的不满，社会就潜伏着冲突的危险。

（三）社会转型

从传统社会向现代社会的转型是人类历史必经的发展过程，其中，转型的形式既可能是内生的原发型，也可能是外生的推动型，或者是“中学为体，西学为用”的“第三条道路”。但任何一种转型都必会导致社会生活各个层面的动荡、危机甚至是解体，发展与危机实际上是任何社会进程中一个问题的两个方面。社会结构转型是一个相对较长而影响广泛的历史性过程，发端于具体的器物层面，然后扩展到制度与体制领域，而思想文化领域的转型则标示着转型的真正完成，它给社会生活领域带来全面的冲击和变化，是形成和积聚社会燃点温度的重要归因 。

社会结构转型是社会发展的动力与途径，转型的目的是实现可持续发展，但在经受结构转型的过程中必须面对转型的风险，承受转型的代价。社会结构转型的要求是科学认识客观性代价，积极规制与避免人为性代价。风险作为代价的可能性形式，在转型过程中，是由进步与代价之间的矛盾运动所推动而成的 。社会结构转型必然通过承受相应风险和付出相应代价而实现，对代价规制的前提是社会燃点认知与燃点预警，社会燃点控制的实现实际上是实现发展与代价之间的和谐与平衡。

（四）道德失范

道德失范表现为两个方面：一是在社会常态发展中，在道德领域的一些准则或规范，已经不能够通过社会的舆论压力或人们的内心确信来有效地调整和控制人们行为。相当一部分社会成员，在社会活动中不遵守本该遵守的道德准则，丢失了最起码的道德良心；二是在社会转型期，旧有的道德观念和行为规范被普遍否定，逐渐失去对社会成员的约束力，而新的道德观念和行为规范尚未形成，不具有对社会成员的有效约束力，使得社会成员的行为处在一种规范真空的社会状态中。

（五）现代化的冲击

现代化既是一个从传统农业社会向现代工业社会转变的历史过程，也是一种发展状态。现代化引起了社会体制的结构分化，社会结构分化的一种最基本的表现形态是把家庭同工作地点、经济活动不断分离。在现代社会中，社会整合主要建立于功能相互依赖基础之上。功能相互依赖的主要工具是通讯。相互的通讯越来越频繁，整个社会变成了一个信息密集型社会，同时，通过这些信息的联接出现了一个新型的社会结构，产生了一些新的社会组织形式 。在新社会结构下，利益的满足也是有限的和充满差别的，进而权利的享有本质上也是不充分的，权利关系的不平衡和冲突总是难免的。当人们享用现代化技术带来的便利同时，也体验到由现代化造成的社会新结构新关系形式的期待落差和相对剥夺感，因而此时理性和技术的“副作用”及其社会燃点成为社会关注的问题。

二、社会燃点的特征

（一） 社会燃点具有社会性

社会燃点是一个社会公共问题，它涉及到社会大多数成员的共同利益。社会性表现在其产生的根源、涉及的内容、表现的形式、产生的影响、责任的承担以及问题解决的方法等多个方面。社会燃点的形成远非个别人或个体的行为、观念或个别现象造成所致，而是基于一定数量的人或其行为、观念或一定的社会结构之上产生的。社会问题产生的原因决定了其表现形式必然也反映在大多数人的观念、行为上，其后果也必然造成对社会整体结构、社会机能、社会生活的严重影响。社会燃点不是由个人造成的，同样，社会燃点的后果也不应有某个人来承担，而是社会全体成员共同承担。社会燃点问题最终的解决也不是靠个人力量就能实现的，而是需要动员全社会各方力量，齐心协力、协调一致，得以解决 。

（二） 社会燃点的两重性

谈起社会燃点，一般首先想到危机，想到它的危害性和负面影响。社会燃点正如风险一样，一方面让我们看到灾难的可能性，同时也为我们提供了选择自己生活方式和发展道路，从过去的束缚中解放出来的新机遇和机会。因此社会燃点的二重性实际上是一个可能性范畴，无论是社会燃点可能导致的灾难性后果，还是即将带来的选择与机遇，都是面向未来时间的，只有在可能性转化为现实性时，燃点的二重性才以客观事实或现实状态加以具体呈现。社会燃点的二重性反映了现代人的生存悖论，即在实现自我的同时也在否定自我，在创造进步的同时也在酝酿危机，现代性就是在危险与机遇的相互纠葛和转化中不断生成 。

（三） 社会燃点的全球化

社会燃点的全球化主要表现在两个方面：第一，社会燃点普遍地存在于当今世界的各个国家、各个地区，同时也存在于人类生活的各个领域、各个方面。全球化过程是一种空间和时间的转变，是一种远距离的行为，是多个主体在不同的时间和空间为着一个目标而行动的过程。而“科学已造成新的不确定性人造社会燃点—其中许多具有全球性”，可以影响到全球几乎每一个人，甚至整个人类生存。第二，社会燃点问题对社会成员的影响以及社会成员对社会燃点问题的关注也是普遍的。社会燃点问题的普遍出现，并不能说明我国现今社会就是不稳定的、不和谐的，有些社会问题就是发展中的问题，进步中的问题，是能够在发展的过程中解决的问题，是社会前进的催化剂。只有敏锐地发现社会燃点问题，科学地正视社会燃点问题和积极地解决社会燃点问题，才是确保发展的正确策略 。

（四）社会燃点的突发性和扩散性

尽管社会燃点真正发生之前会出现各种触点征兆出现，但是燃点本身的复杂性和多样性，对处于有限理性和社会因素制约的人而言，难以做出准确判断与及时预测，往往只能做出大致的概率性描述与预言。特别是社会燃点在形成中具有瞬间性和流变性特征，燃点预测与燃点后果之间可能会形成较大差异，因而当社会燃点真正来临之际出现措手不及、损失惨重的局面。

社会燃点往往并不被局限于特定地域和特定人群中，在条件和时机成熟的前提下会以相当快的速度传播和扩散。特别现代化的飞速发展，交通工具的变革和现代信息技术的突飞猛进，提供了社会燃点迅速扩散的关键条件。1992 年的英镑危机、1994 年的墨西哥金融危机给西方经济造成了巨大震荡，而 1998 年的东亚金融风暴更是波及世界各主要经济体，直接导致世界经济增速放缓，同时引发了收入水平下降、贫困人口增加、破产风潮、就业危机甚至政治动荡，由此可见社会燃点已变成一种全球性的共同境遇。如果用混沌理论来描述的话，燃点传播具有一种“蝴蝶效应”。此地燃点引发的危机很快能波及到其他地区，形成一种区域性甚至全球性的影响，社会燃点已成为不可逃避的共同境遇。

第二部分 社会燃点的类型与表现形式

燃点分类的标准不同，划分的类别也就无限多样。从社会燃点的内容上，可以划分为贫富分化问题、城乡差距问题、腐败和特权腐败问题、社会保障问题、社会诚信问题等问题。

本研究从社会燃点的表现形式来探讨社会燃点的类型，这种细分形式有助于通过研究具体燃点问题的发作规律，从而提供可操作的应对措施。从社会燃点的表现形式上，可以划分为：行为表征，关系表征和基线表征。

一、行为表征

社会燃点的行为表征通常表现为“越轨”。社会规范是特定群体或社会根据自身需要提出用以调节其成员的社会行为的标准、准则或规则。越轨行为（deviance)，是指违反特定群体或社会中重要社会规范的行为。将某一社会成员的违规行为是否判定为“越轨”，实际上取决于“判定者”的裁量。通常涉及到“越轨者”与“裁定者”之间。

越轨一词常带有负面的涵义，因此，违反何种社会行为规范被看做是越轨行为？由谁来认定某一行为是否越轨？这些是越轨行为研究中的核心问题。在整个世界范围内，由于市场经济的发展和科技的进步，利益主体日趋多元化，贫富差距也越来越大。占社会总人口 20%的精英掌握了全社会 80%的财富（最富有的 5%的精英掌握了全世界 60%左右的财富），不同利益群体在表达自己利益诉求的能力上存在巨大的差距。在社会中拥有更多权力与资源的强势群体的价值观和越轨认识充当了衡量越轨的标准。越轨“裁定者”和“越轨者”之间存在一种不平等的权力关系，前者可以对后者贴上“越轨”标签。

社会学认为，不同性质的越轨行为对社会的作用迥然不同。那些敢于向落后的、保守的、反动的行为挑战的革命者、革新者的行为，对社会发展起推动和促进作用；那些危害人民群众利益、破坏人民的正常生活秩序以及有损于人的身心健康的行为，则对社会发展起阻碍和破坏作用。

社会学者一般运用社会冲突、结构功能、文化传递、社会控制、标签理论等来解释越轨行为。越轨行为的发生与其所处的社会环境是不可分的。社会上存在着不同的种族、民族、集团、阶级、阶层等等，它们常有着不同的、有些甚至是根本对立的行为规范、价值观念。在此情况下，违反规范的行为是不可避免的。在存在着阶级冲突的社会中，统治阶级总是将那些触犯其自身利益与价值观的行为定为越轨行为，并以此作为社会控制的对象。当社会急剧变迁时，旧的行为规范已不适用，或受到怀疑，而新的规范又没有建立起来或还未被人们广泛接受，人们失去了行为规则，更会发生一系列越轨行为。社会急剧变迁还造成社会文化的各个部分发展不平衡，出现差距，这也是导致越轨行为的重要原因。有关阻碍人们采取遵从行为的其他社会因素，也为越轨行为提供了机会或条件。如社会控制力降低、遵从行为未受到鼓励、越轨行为未受到惩罚、制度不健全等，均可导致越轨行为的产生。

越轨行为的作用可以是积极的、消极的和中性的。越轨行为的积极功能包括：①越轨行为的存在有助于明确社会规范，划清行为禁区的界线，指明社会容忍的限度；②越轨可能增进社会（群体）团结；众多的越轨者之间可能形成相互支持的网络群体，如使用盗版信息产品者群体。③越轨行为能带来社会系统所需要的变迁；规范的本质是保守的，有些规则必须打破。越轨行为的消极功能包括：①越轨行为会弱化人们遵从社会规范的动机；②越轨行为会使生活变的不可预知，并导致遵从者与越轨者之间的紧张和冲突；③越轨行为破坏了人们之间相互依赖关系，如信任；④越轨行为浪费了大量的社会资源。越轨行为的中性功能包括：越轨促使人们更愿意遵守规范。

二、关系表征

社会燃点的关系表征主要体现在社会关系联接纽带—公正的缺失，主要体现在三个方面：权力关系的失衡、社会管理失效以及公私利益博弈。

（一）权力关系的失衡要表现为：

第一，少数官员把公共权力据为己有，以手中的权力作为谋取个人利益的筹码，轻者吃拿卡要，重者贪污受贿，有的甚至公开索贿，非法攫取经济利益。第二，有些官员在其位不谋其政，好高骛远，突出表现为失职渎职行为和严重官僚主义，利用手中的权力捞取政治地位和社会资本；第三，个别官员不认真落实民主集中制原则，奉行个人专断、搞“一言堂”，个人说了算；第四，少数官员抵制不住奢靡之风的侵蚀，生活糜烂。一些公职人员和党员领导干部，依仗手中的权势和占据的领导岗位，在生活上迷恋灯红酒绿，动用公款吃喝玩乐，腐化堕落，以权谋色；第五，有的地区和部门搞上有政策、下有对策，形成严重的部门和地方保护主义。

凡此种种，虽发生在个别地区和部门或少数人身上，但败坏了党风和政气，严重妨碍了党的路线方针政策的执行，影响了党群关系、干群关系，使党的执政地位受到严峻挑战，使政府的公信力受到严重质疑。

（二）社会管理失效

随着我国经济飞速发展和社会剧烈变迁，以及现代化、工业化、城市化进程加速带来的影响，社会多元化的趋势日益显著，对社会管理提出了许多新的挑战。

第一，各社会群体对公共服务提出更高要求。在我国，由于处在工业化、城市化和现代化的“赶超”阶段，经济和社会快速发展，一方面使得各社会群体对公共服务的需求领先于政府部门的改进速度;另一方面也使不同阶层、族群间的利益诉求分化程度加快，对政府部门的公共服务能力提出新的要求。此外，我国社会经济飞速发展和渐进式改革过程中出现的一些结构性问题，也可能在一定程度上加剧不同群体间的利益冲突，并使公共决策常常面临“两难”的困境。

第二，多元社会运作形态使社会管理难度增加。改革开放三十多年来，我国社会组织形态发生了巨大的变化。在城市地区，主要表现为，随着国有企业改革，“单位制”逐渐弱化，城市社区成为基本的基层组织;在农村地区，则出现乡村社区的“空心化”问题。由此，传统的熟人和半熟人社会逐渐瓦解，相应的社会规则和社会管理模式也渐渐变得不再适用。同时，城乡之间、区域之间人口流动程度的增加，由此产生的社会治安问题、不同群体间的文化隔阂与利益冲突问题等，也给社会管理者带来新的挑战。另一方面，现代化的加速发展和技术进步带来社会力量的不断壮大，为社会管理提供了新的契机，也使社会管理者需要采取新的管理思路。如果政府部门出于对消极影响的担心，对社会力量采取过度的防范，则很可能适得其反，既限制了社会力量的积极参与，也增加了社会管理的难度。

第三，多元社会思潮和文化结构削弱了社会整合能力。在加速现代化过程中，社会剧烈变迁不断带来文化上的剧烈冲击；在当今全球化程度加深的国际背景下，加上技术进步、互联网等新兴媒体的影响以及居民受教育程度的提高，社会文化的多元化程度进一步提高，各种新的社会思潮在不同程度上影响着社会文化结构的多个方面，并可能弱化传统的社会管理能力。从精神信仰来看，一方面，有关当前我国社会整体“信仰缺失”、“道德败坏”的批评不绝于耳；另一方面，在城市和农村地区都出现了宗教信仰的热潮，以至于引发“信仰流失”的担忧。从文化自觉来看，随着中国国家实力的提升和政府部门对文化建设重视程度的增加，对于中国传统文化的自信在不断提高，出现了“国学热”等现象，但与此同时，出于对当前社会问题的种种不满，历史虚无主义和文化虚无主义也一度盛行。在当前多元化的社会思潮影响下，对权威的质疑在不断增加，权威的公信度下降。

（三）公私博弈

公私博弈，是指公权与私权之间的博弈。公权一般指国家权力，主要是指国家机关及其公务人员基于公共利益而享有或行使的职务上的权力。而私权则指以满足个人需要为目的的个人权力，具有私人性质。在现实社会生活中，在强大的公权面前，私权是天生的弱者。处于转型时期的我国，在多层次上存在着公权侵犯私权的情形。主要体现在：

第一，公权和私权的虚化。所谓公权和私权的虚化，是指在现实生活中政府应当行使的公权没有行使，行政执法漏洞多，而法律规定的公民权利得不到切实的保障。宪法规定公民应该享有的种种权利在现实中却屡屡受阻，比如公民的言论自由、出版、示威游行等政治权利，受教育、劳动、社会福利等社会经济权利；很大程度上还没有从宪法的规定变成公民切实享有的实有权利。

第二，公权和私权的弱化。公权的弱化则主要是指公权对私权保护的漠视和弱视。公权的存在是为了保护私权利的。然而。现实生活中那些本应该受到保护的私权利却没有得到应有的保护。如陕西延安一对夫妻在家看黄碟，民警上门抓人。案件传出后，轰动全国。最后当事人虽未受处罚，但在日常生活中处处受歧视，举步维艰。政府在公共财政、公共卫生、公共教育上的作为有诸多令人质疑之处。

第三，公权和私权的异化。这里异化是指公权的私化和私权的公化。权力具有可交换性，权力可以脱离权力主体、客体而发生异化，以至于发生权力商品化现象。许多本属于领导干部的权力却被其亲信、亲属在行使，在两会上有代表明确提出，要逐步取消“三公”消费。所谓“三公”即是指公款吃喝、公车私用、公费出国，从表面上这些似乎不如贪污受贿、贪赃枉法那么危害深重，但是，“三公消费”更普遍，无论是对干部，还是对社会、对人民所造成的影响很坏，败坏党风政风民风。但这一现象一直没有得到解决，或许相关部门本身就不打算真正解决，这是公权私化的最典型的表现。而私权公化则是指本来应该属于私人本身的、该由公民按自己意志决定的事项却被相关公权力机关强行赋予了公共义务，典型案例是许多地方政府强制农民田里种树，强迫公民捐款等等。这样私权利就变成了公民必须承担的义务和责任，成了公民的负担。

三、基线表征

社会燃点的基线表征表现为社会问题与风险，分别体现在生态燃点问题、社会外部性燃点问题和社会内部性燃点问题三方面。

（一）生态燃点问题

生态风险指在一定区域内，具有不确定性的事故或灾害对生态系统及其成分可能产生的不利作用，包括生态系统结构和功能的损害，从而危及生态系统的安全和健康。由于它的潜伏期长，出现过程缓慢，很容易被忽略和轻视。然而，生态风险一旦从潜能转变为现实压力，就转化为生态燃点问题，极难防范和缓解。

目前人与自然失和破坏的加剧造成的生态危机，已经影响到了社会的安定。表现为洪涝干旱灾害的频繁发生，且范围不断扩大，时间在不断延长。泥石流等地质灾害隐患也在不断加大，严重危胁到人民生命财产安全。江河断流，水资源供需矛盾激化也在不同程度造成了国民恐慌。生物资源的过量消耗，物种的大量消失，陆地生态系统和海洋生态系统遭受前所未有的破坏，更加剧了生态安全危机，导致一些生态脆弱区居民不得不背井离乡，国家也不得不实施生态移民。

（二）社会外部性燃点问题

当今世界正在发生广泛而深刻的变化，国际形势中不稳定、不确定、不安全因素明显增多。霸权主义和强权政治有新的表现，国际战略竞争更趋激烈，地区冲突和热点问题此起彼伏，金融危机、恐怖主义、环境恶化、流行疾病等非传统安全威胁日益突出，各种不确定因素和潜在风险大大增加。目前我国面临的几个主要的社会外部性燃点问题：国家主权与领土安全问题、周边地区军事风险问题、政治风险问题、文化风险问题、能源风险问题和经济风险问题。

（三）社会内部性燃点问题

当代中国正在发生广泛而深刻的变革，经济体制的深刻变革、社会结构的深刻变动、利益格局的深刻调整，思想观念的深刻变化，给中国社会带来了前所未有的风险，它们大致包括以下几个方面：

第一，经济发展的泡沫化。当前，中国呈现出投机狂热的诸多特征：房地产泡沫、固定资产过快增长、宽松的货币政策以及固定的汇率等等。中国政府巨额的刺激计划和创纪录的银行贷款推动了数 10 亿美元的资金投入，重新刺激经济的增长。这些贷款和国外巨额的“投机资本”一起进入到了中国的股市和房地产市场，其结果是价格飙升，中国重新回到 2008 年初的建筑热潮。

第二，执政面临的挑战上升。改革开放 30 年后的今天，全世界都看到了中国取得的非凡成就。中国在很多方面已经是一个超级大国。尽管它还穷困，但无论你身处哪个行业，也无论你在世界哪个角落，都无法忽略中国的经济实力，这是其威力所在。中国不仅在经济上变得更强大，而且它还在施加更负责任的政治影响力。中国共产党表现出了很强的适应性，而且愿意从不同国家、不同政治体制借鉴东西。但中国成就所暴露出的反差与矛盾也同样惊人。中国的经济增长虽然充满活力，但它也是一把双刃剑。经济的突飞猛进使环境付出了巨大代价。在许多领域，每一步改革都滋生了新的问题和挑战。要想继续向前，共产党面临的一大挑战可能是，能否更好地发展国家的公益事业，也就是医疗、教育、环保以及其他社会服务。这是中国面临的期望值不断增加的革命。

第三，经济发展模式的脆弱性。中国目前实施的经济发展模式，依赖加大投资和出口推动经济发展。更关键的问题在于消费和投资之间的内需不平衡，并变得愈发严重。近期的经济政策将大多数政府贷款、投资和政策支持给予与政府关系密切的国有企业和垄断性行业。这种政策却使得能拉动消费、提高效率、促进创新和增加就业的许多产业，如轻工业、服务业以及民营企业处于不利地位。中国的资本支出可能首次超过美国，而消费支出却只有美国的 1 /6，这是中国最主要的经济发展不平衡。

四，中国社会冲突的风险加剧。中国的社会动荡依然存在。2009 年新疆发生的暴乱，再次证明中国存在国家分裂的危险。如果中国不能保障经济增长和人民幸福，社会冲突的风险就会加剧，就会对国家政治安全造成威胁。 中国的发展面临经济领域不可避免的竞争力下降、人口老化等问题的挑战。目前，多数中国人(至少 60%)仍然生活在农村，他们只有基本的食物，但是没有教育、医疗保险和养老等方面的保障。中国人面对环境污染、水资源短缺和经济危机的压力，其中包括亲人进城打工失业后返乡造成的压力。日益加大的贫富差距、腐败问题以及西藏、新疆等地少数民族的不满情绪，是中国“软崛起”计划面临的主要威胁。

第三部分 社会燃点的传导及效应

社会燃点作为危机触发阈值，由燃点转变为危机，是一个由量变到质变的过程。这一转变过程恰恰反映出社会燃点的传导效应。社会燃点的传导经历矛盾的心理累积----偶然事件触发----舆情过度传播放大----社会管理机制弱化----社会矛盾激化五个阶段。

一、矛盾的心理累积

我国正处于发展的战略机遇期，也是社会矛盾凸显期。社会在急剧转型，利益主体日益多元，各种社会矛盾凸显并急剧增加。应当看到，在一些地方，以发展之名无视甚至损害群众利益的事并不鲜见。对于群众的合理利益诉求，一些官员冷淡漠视、无所作为，致使其长期得不到有效解决。加之城乡差距、地区差距、贫富差距、司法不公、为富不仁等现象的客观存在，一些群众心理失衡，积有怨气。由于社会关注不够，救济渠道不畅，心理疏导不力，一些弱势群体更易产生挫败感，催生极端心理，造成局部性的社会温度上升。

二、偶然事件的触发

偶然事件的发生源于冲突。冲突分为显性冲突与隐性冲突。显性冲突是具体已经发生或者正在发生的社会冲突。一次违法、一种犯罪、一回上访、一个群体事件等等，是冲突双方的实际发生短兵相接，一般会由一个具体的事件引起，围绕事件的处理、解决而发展着，有轻缓之分。隐形冲突，是没有具体发生的社会冲突，但是人们在内心已形成强烈的冲突对抗意识，是一种社会心理，这种心理冲突在个人与个人、个人与社会组织、个人与政府之间表现得非常明显，比如社会分配不公、失业、腐败、通货膨胀，都易引起心理上的对抗，并且在不经意的情况下诱发。如瓮安事件、石首事件，都是隐形矛盾演变成为显性冲突的典型事例。绝大多数事件参与者与这些具体事件并无关联，但是他们在心理上已经蓄积了很多冲突因素，一旦控制不好，就会在某种情况下爆发。隐形冲突虽然不会即时爆发，但一旦爆发，可能以群体性事件出现，其损害程度远远大于一般的显性冲突。

三、舆情过度传播放大

舆情传播往往带有标签化特点，人们不会认真推敲事件本身的细节，而习惯于非常主观地做出善恶判断，贴上泛道德化的标签。如“ 官二代” 、“富二代” 等敏感标签，有时被严重妖魔化，这也许是一种“刻板印象”，但聚集时力量却大到惊人。因此舆情过度传播放大导致一些消极的影响。

（1）催生不良社会心态。当前，我国社会舆情中有一些不健康、不理性的因素。由于部分公共利益和公共诉求未能受到足够重视，社会层级之间对话和交流相对缺乏，“仇官”、“仇富”和“社会公正焦虑感”等现象仍然存在；对一些社会突发事件应对不当或不及时，引来各种猜测、怀疑、炒作，致使部分公众情绪消极。这些问题的存在，容易催生不良社会心态。

（2）导致社会道德失范。传播渠道多样、传播时效提升、信息发布准入门槛降低等因素，为网络谣言和网络诽谤的滋生提供了温床。个别商业网站和新闻从业者缺乏职业道德，为了获取“眼球效应”，为网络谣言推波助澜，使公民的名誉权、隐私权、肖像权等无法得到有效保障。这不仅严重破坏健康的网络舆情环境，而且大大冲击人们的道德观念。

（3）影响国家文化安全。网络打破了国家和地域界限，加速了文化和信息的全球传播，给国家文化安全带来一定挑战：在经济全球化条件下，一国的社会舆情往往容易受到其他国家的影响。当前，一些西方发达国家利用信息控制权和影响力，竭力向其他国家特别是发展中国家传输其意识形态和思想观念，进行文化扩张和文化渗透。这对我国主流意识形态造成了一定冲击，对我国文化安全形成了挑战。

（4）影响社会和谐稳定。在社会转型期，面对网络等即时性、开放性互动沟通平台的兴起，社会运行的脆弱性增强，看似不经意的偶然性事件就可能触发潜藏已久的公众情绪，形成始料未及的舆论漩涡，乃至爆发群体性事件，从而影响社会和谐稳定。

四、社会管理弱化

目前社会管理对舆情的管理力度不够，主要体现为：

第一，对舆情工作的重视程度不够。对于网络舆情的巨大威力和影响，很多机关及领导目前仍没有清醒认知，主要体现在三方面：一是很多领导认为舆情工作与日常的业务工作相比微不足道，不会对机构产生重要影响；二是很多领导对网民群体存有偏见，认为每天在网上发表评论的网民是一群乌合之众，其言论不值得重视；三是很多机构对互联网平台一知半解，对一些重要的网络现象，如网络水军、网络炒作等缺乏必要的了解。

第二，固守传统媒体正面宣传，忽视网络舆论阵地。在突发事件应对方面，多数机构仍习惯于采取传统媒体通稿配合网络媒体发布的形式进行应对，而对新型舆论平台的运用较为有限。事实上，很多新型舆论平台在时效性、互动方面更具优势，对传统的宣传形式是一种很好的补充。

第三，舆情应对举措不利，普遍存在简单、粗暴等现象。在形象危机的应对过程中，除应对时效、应对态度外，应对举措同样占有举足重轻的地位。好的举措对危机事件往往起到事半功倍的效果，相反，则会让所在机构陷入新的危机。

五、社会矛盾的激化

社会燃点传导最终引发社会矛盾的激化。目前我国主要存在四个方面易被激发的矛盾：

1. 劳资矛盾。现在随着我国经济的发展与进一步的开放，通过贬低劳动力价值获取发展的方式，越来越不适用，劳方与资方的矛盾加大。

2. 贫富矛盾。当今，我国社会贫富差别加大，基尼系数已达到 0.46，中国社会的贫富差距已经突破了合理的限度并进入社会矛盾突发期。特别是特殊利益集团和富人损害社会利益的行为，导致民间的仇富心理非常强烈，针对富人所引发的冲突可能会进一步加深。

3. 官民矛盾。由于少数官僚腐败滋生、滥施暴力、漠视民生、公信力缺失等等，导致民众与官方的关系恶化，形成了仇官现象，并且在不断加剧，加深了社会的裂痕。“官”与“民”之间关系已经出现了某种紧张状况。

4. 阶层矛盾，整个社会实际上是分为不同阶层，不同的阶层有不同的价值观念、利益诉求和存在形式，如果阶层之间缺乏有效的包容与对话，只会使他们之间的矛盾扩大。目前，中国已经形成了一个精英阶层和庞大的底层社会。这就容易造成社会各个阶层之间缺乏互惠互利，出现上层精英结盟和底层群体弱势化的风险，由此潜伏着社会冲突的隐患。从对我国各种已发生的突发性群体性事件分析来看，社会基础阶层成员较大规模的卷入，特别是以“边缘化”的社会弱势群体参与居多，如下岗失业职工、失地农民、农民工等群体。

第四部分 社会燃点的预警

社会燃点预警包括对社会各个子系统可能发生的危机和突发事件的预警，也就是说，对政治、经济、文化等领域可能发生的危机和突发事件的预警，都可以称为社会燃点预警。

一、社会燃点预警系统的功能

（一）监测功能

社会燃点预警系统能够跟踪社会的运行过程，监控社会燃点事件的孕育及发生发展状况，在危害社会的发展关键因素及风险和危机出现之时，预先发现警情和警讯，从而可以有效地避免社会燃点性事件的发生或事态扩大以至于不可收拾的境地。

（二）诊断功能

社会燃点预警系统可根据跟踪检测，对社会的实际运行状况与标准状况进行对比分析，找出导致社会运行恶化的原因以及社会运行中的弊端及其病根所在，从而使得决策机构能够在第一时间对社会燃点事件的性质、根源及程度做出准确的判断，从而采取针对性的措施，以维护社会燃点预警系统的运行。

（三）控制功能

社会燃点预警系统能够更正社会运行中的偏差或过失，使社会回复到正常的运转轨道上，在发现社会风险和危机时阻止其继续恶化，控制其影响范围。另外社会燃点预警系统还对人的行为进行指引、协调和控制，这样，文化产业政策就具有一定的社会管制功能，即对社会运行过程中的各个环节进行必要的监督和检查，从而及时纠正一些非规范性行为。

（四）联结功能

社会燃点预警系统是专家们影响和参与决策的重要途径。科学的决策应由专家们参与意见，而社会燃点预警系统就是联结众多的专家与决策之间的桥梁。

（五）替代功能

社会燃点预警系统促进了经验决策型模式向科学型决策模式的转变。现代的社会系统更加多样化，社会分工更为专业化，社会活动的规模庞大、结构复杂、功能综合、因素众多。因而它需要发展新型的决策工具来进行科学决策，从这个意义上说，社会燃点预警系统是对过去传统的经验决策模式的替代。

二、社会燃点预警指标体系的建构

（一）社会燃点预警指标设置

应依据社会燃点发生的实际过程把社会燃点发生的过程分为孕育、发展与表现阶段。遵循这一思路，社会燃点预警指标应包含如下因素：

a. 警源：这是社会运行过程中产生社会燃点的根源。

b. 警兆：指社会燃点在孕育与滋生过程中先行暴露出来的现象。

c. 警情：指社会运行过程中社会燃点的外部形态表现。

在综合分析目前学者关于社会风险预警系统的指标设计的基础上，笔者得出社会燃点监测与预警指标体系，分为七大类40个指标：收入稳定性指标；贫富分化指标；失业指标；通货膨胀指标；腐败指标；社会治安指标；突发事件指标。这七类指标，较为全面地反映了社会燃点孕育、发展与外在化表现的过程。为了计量的方便，这七类指标可分别列入社会燃点的不同阶段。其中，收入稳定性、贫富分化与腐败列为警源指标，失业与通货膨胀列为警兆指标，社会治安与突发事件列为警情指标。

（二）社会燃点预警综合的计算方法：

1. 简单综合评分法。各个指标均使用 5 级计分法，根据风险发生的程度设 5 个分值：1，2，3，4，5，每一项指标最高风险分值为 5，最低分值为 1，共有 40 个指标，总分为[40，200]。其中[40，80]为轻警区，[80，120]为中警区，[120，160]为重警区，[160，200]为巨警区。

2. 简单分类评分法。各个指标均使用 5 级计分法，即设 5 个分值：1，2，3，4，5。警源指标 15 项，总分为 15—75，其中[15，30]为轻警区，[30，45]为中警区，[45，60]为重警区，[60，75]为巨警区。警兆指标 11 项，总分为 11—55，其中[11，22]为轻警区，[22，33]为中警区，[33，44]为重警区，[44，55]为巨警区。警情指标 14 项，总分为 14—70，其中[14，28]为轻警区，[28，42]为中警区，[42，56]为重警区，[56，70]为巨警区。

3. 加权综合评分法。各个指标均使用 5 级计分法。警源、警兆、警情指标的权重分别为 40%，30%，30%。总分为[17%，34%]为轻警区，[34%，51%]为中警区，[51%，68%]为重警区，[68%，85%]为巨警区。

三、社会燃点预警系统的应用

社会燃点预警系统的应用主要体现在关注、治理和应急三个方面，以下分述之：

（一）关注

当总警级进入中警区时，政府职能部门应采取关注对策，即对警源、警兆、警情给予关注。一方面要注意主要警情，另一方面应注意主要警情的主要原因。当前社会燃点性事件集中表现为群体性事件。群体事件表现为起因的多样性、主体的多元性、组织的策划性、矛盾的复杂性、表现的激烈性等特征。同时又可分为五种类型，即维权行为、社会泄愤事件、社会骚乱、社会纠纷和有组织犯罪。

（二）治理

当总警级进入重警区时，政府职能部门应采取对策，即采用有效措施遏制警源、警兆与警情的发展势头。治理的措施主要有：一是完善信息网络，建立健全多方位、多层次信息网络和反馈制度；二是建立基层矛盾纠纷调处中心，专门从事矛盾纠纷的排查、调处、调研、督查等工作，履行对社会矛盾纠纷统一受理、统一登记、统一调度、统一管理，建立基层矛盾纠纷信息月报制度等；三是做好信访，及时解决群众的来信来访工作；四是健全社会协商、利益表达机制，发展和完善人民代表大会制度、政治协商制度，建立健全社会协商对话制度，发展协商民主；五是实现社会管理工作创新，建立一种新型社会化融合机制，即政府调控和社会自治有机衔接。社会化组织程度越高，社会就愈稳定；六是加大对刑事犯罪案件的打击力度，增强对犯罪分子的威慑力；七是治本，消除或控制主要警源与警兆。

（三）应急

社会燃点预警系统还要有相应的应急机制。首先，实施应急预案；其次，在应急事件的处置中，集中人力、财力、物力，重点解决最突出的问题，以最有效地缓解矛盾，调节紧张局面，熄灭突发性的社会燃点性事件。目前地方政府在处理社会冲突方面的水平仍十分有限，有许多完全可以化解的矛盾，由于处置不当而产生了严重后果。表现在，当某个事件刚发生时，往往会成为不入政府“法眼”的“存在之无”，由此对事件漠然置之的态度往往会错过最佳处理时机，表现出“体制性迟钝”，即走入“起因都很小——基层反应迟钝——事态升级爆发——基层无法控制——震惊高层——迅速处置——事态平息”的怪圈，从而“小事拖大，大事拖炸”，集中暴露出应急能力的薄弱。因此，必须加强对于政府应急体制和机制，只有这样，才能与社会燃点预警系统形成优势互补，形成犄角之势，促进社会燃点事件的解决。

第五部分 社会燃点的应急机制管理

应急机制就是应对涉及人类生存和公共利益具有重大威胁和灾难性后果的事件的控制系统。它是国家抵御各种社会风险的防御系统的有机组成部分。

一、我国应急管理中的问题

（一）危机预防工作缺乏主动

目前，我们的应急管理还是一种被动的刺激反应模式，没有将应急管理转化为常态化管理，往往是突发事件发生了再临时应对，仅在地震、风灾、水灾等自然灾害领域建立了比较完备的监测预警网络，对社会燃点事件的预警网络还未建立，不仅没有统一高效的信息发布平台，也缺乏对监测点的制度化建设和日常化管理，导致渠道单一，经常出现信息割裂、传输低效的现象。

（二）缺乏统一的应急管理机构

我国政府处理公共危机的惯常思路是在突发事件发生以后，专门针对特定需要由中央政府或省级政府、有关部门设立临时机构，下级政府等着上一级政府指示决定怎么办，这样不仅影响了危机处理的效率，也错过了最佳的危机处理时间。而且突发事件往往猝不及防，这些临时性机构的人员，很难在较短的时间内了解当地的灾情和社情，再加上这些临时人员缺乏公共危机处理专业知识，因此，导致危机处理方案常常达不到预期效果，甚至适得其反。

（三）应急法律法规

目前，虽然我国在应对突发事件方面已经出台了一些相关的法律法规，如《刑法》、《治安管理处罚条例》、《传染病防治法》、《突发公共卫生事件应急条例》、《突发事件应对法》等，但还不尽完善。现行的一些法律也有与突发事件应对法相冲突的地方。由此很容易造成应急管理的方式方法不统一和多标准，这无形中又增加了危机应对的困难。一些法律因内容不够详细，停于表面，使其在施行过程中又难以把握，如处罚权责规定、行政补偿等都规定得不够明确。

（四）缺乏公众参与

无论是什么类型的突发事件，公众都是最先接触到突发事件的主体。因此，让公众一起来应对突发事件，无疑是明智的选择。西方各国在重建政府与公民信任关系方面的一个重要的方面就是扩大公民参与。由于我国曾长期处于计划经济体制下，公众对政府的依赖程度很高，公众参与度很低，因此公众习惯了循规蹈矩，缺乏参与的主动性和热情。

（五）缺乏相应的应急保障

目前应急保障在人、财、物三个方面都比较缺乏。第一，我国在应急管理人力资障方面还远远不足；第二，从财力来说，缺乏专项资金投入保障，有限的应急管理资金在实际的工作中也还存在着挤占、挪用、监管不到位的情况；第三，从物力来说，资源保障体系的缺乏。由于应急管理是非常规管理，因此很多应急管理所需要的物资保障，在常态时期用到的机会很少。

二、我国社会燃点应急机制建设

（一）建立有效的应急预警体系

有效的应急预警体系至少应包括以下四个方面，第一，应建立应急识别系统；第二，要建立统一且覆盖面广的情报收集及整理归类机构；第三，建立应急预警体系要建立广播及通报机制. 通报机制包括对公众的通报机制和对上级应急管理部门的通报机制；最后，建立应急预警体系要在向公众通报确认的危机事件之前制定基本的应急预防措施。

（二）建立应急信息联动系统

我国自古就有以烽火狼烟的信息传递方式以传播突发的战争信息的悠久历史传统。在现代社会，没有可靠、迅捷的信息系统，整个社会应急系统显然无法工作，就会出现莫衷一是，谣言四起的局面。在危机发生时，可迅速地协调全社会各方力量，调动所有的应急有效资源，实施紧急救援。

（三）加强应急资金投入

经济是基础，社会燃点应急管理机制的发展与完善在很大程度上依赖于资金投入的程度。从目前我国现有的财政汲取能力和财政体制来看，集中应对少数突发事件的力量是具备的。但从更深层次的全方位防范的广度和深度的要求看，资金的来源和保证性尤显不足。从一定意义上说，资金制约是当前完善我国社会燃点应急机制的一个最大的“瓶颈”。

（四）加强应急管理的机构和组织建设

为建立一个良好的危机处理决策机制，政府应成立统一的应急管理专门组织机构。依法组建一个应对危机的中枢指挥系统，是整个应急管理机制的灵魂。另外，在发挥政府主体作用的同时，还应充分发挥非政府组织等各种社会力量，并应在相关重点行业和部门中建立起训练有素的志愿者队伍，以期在社会燃点事件的防范和处理中发挥积极的作用。

（五）完善应急管理法律法规

加快制定完善不同类别、不同行业应对重大突发事件的专门法律法规，如救援方面应出台专门的救援法与之配套，还应详细规定重大事件发生时的救济和救助原则，包括政府的支援、财政拨款，灾后恢复重建救济和救助标准等，以便在应对各种突发事件时，增强政府依法行政的合法性和规范性。

（六）提高全社会的危机意识

把危机管理意识灌输到全社会，把危机管理上升到一个国家战略的高度来认识，建立全国性的危机管理教育、训练系统。首先，强化社会危机教育；其次，实施心理辅导；再次，树立现代公民意识。

（七）加强应急管理的科研攻关工作

应急管理有着较为丰富的理论资源。但是我国对应急管理的研究研究十分匾乏，这就需要各级部门要尽快推动有关危机管理研究，其中重要的是各级政府能够和适合的科研部门加强合作，选择实际案例，建立各类危机的案例库，并从理论总结到实践操作全方位寻求符合我国国情、政情的解决方案，尤其对西方国家众多历史实例要深入剖析。

五、研究创新点

第一，视角的创新。从社会引擎角度，本研究关注社会燃点的基线水平、预警指标以及应急机制的建立，为社会危机提供了解决的动力与方法；从当代转型时期的特点来看，转型中问题和矛盾不断涌现，导致社会燃点低，危机一触即发，社会燃点的研究有效地预防和调控危机的产生；从学术化视角，国内外研究更关注危机的缓化形式---风险，而对危机的突发状态社会燃点的研究较少，本研究从社会学的角度研究社会燃点为学术研究者提供了一个新的研究视角。

第二，系统性创新。国内外研究者也对社会燃点进行一些研究，但研究仅局限于社会燃点的意义，而对社会燃点的概念解析、燃点的基线控制水平、预警等一系列过程都没有进行系统的研究。本研究正是弥补了以往研究的不足，系统性、整体性的研究社会燃点问题。

第三，时代性创新。社会燃点问题是一个具有时代性、即时性的主题，社会燃点的研究成果直接迎合了时代发展中的需求。本研究尝试提出社会燃点的应急机制和管控，恰恰有助于解决我国当代发展中危机问题。

参考文献

1. Roger Kasperson.The Social Amplification of Risk: Progress in Developing An Integrative Framework. Social Theories of Risk, Greenwood Press,1992,p.153.

2. Ulrich Beck.Risk society—towards a new modernity， Translated by Mark Ritte.—London， Newbury Park， Calif： Sage Publications.1992， P.37.

3. Ulrich Beck, Risk Society, London: SAGE publication, 1992， 13.

4. Piotr Sztompka， Trust: A Sociological Theory, Cambridge University Press, 1999， 29—31.

5. Taylor,D.M.& Moghaddam,F,M. 1987, Theories of inter group relations, International Social Psychological Perspectives. NY， Praeger.

6. Runciman, W.G. 1966, Relative deprivation and social justice: A study of attitudes to social inequality, in twentieth-century, England， Berkeley: University of California Press.

7. [德]哈贝马斯，合法性危机[M].刘北成，曹卫东译，上海：上海人民出版社，2000，3—5。

8. 牛文元，基于社会物理学的社会和谐方程【J】，科技与社会，2008，23(4).

9. 牛文元，社会物理学与中国社会稳定预警系统【J】，北京中国科学院院刊，2001，(1).

10. 牛文元，基于社会物理学的社会和谐方程【J】，科技与社会，2008，23(4).

11. 苏国勋，张旅平，夏光著，全球化：文化冲突与共生【M】，北京社会科学文献出版社，2006，19.

12. 岳晓，突发事件的社会燃烧理论研究【J】，广东青年干部学院学报，2010，24(79).

13. 谢振才，正确认识和应对社会矛盾,建设社会主义和谐社会【J】，当代中国政治研究通讯，2005，14.

14. 竹立家，社会“燃点”问题是最大危险【J】，北京人民论坛政论双周刊（总第 328 期），2011.

15. 李继琼，中国政治发展与构建社会主义和谐社会学术研讨会会议综述，北京当代中国政治研究通讯，2005，19.

16. 乌尔里希•贝克著，吴英姿，孙淑敏译，世界风险社会[M]，南京大学出版社，2005，4.

17. 戴维•奥斯本，特德•盖布勒，改革政府—企业精神如何改革公营部门 [M]，上海：译文出版社，1996 年，203-207.

18. 郑杭生，社会学概论新编（第三版），中国人民大学出版社，2003，33.

19. 宋林飞，中国社会风险预警系统的设计与运行【J】，东南大学学报（社会科学版），1999，1.

20. 陈思，完善应急机制 构建和谐社会【J】，理论月刊，2006，3.

21. 汝信，陆学艺，李培林，2005：中国社会形势分析与预测——社会蓝皮书，北京：社会科学文献出版社，2004，235.

22. 陈奇，群体性事件的基本特征及预防处置策略【J】，福建：中共福建省委党校学报，2007，9.

23. 于建嵘，当前我国群体性事件的主要类型及其基本特征【J】，北京：中国政法大学学报，2009，6.

24. 黄豁等，“体制性迟钝”的风险【J】，上海，瞭望新闻周刊，2007，4.

25. 乌尔里希・贝克，约翰内斯・威尔姆斯. 自由与资本主义[M]. 浙江：浙江人民出版社，2001，118.

26. 文森特•帕里罗，约翰•史汀森，阿黛思•史汀森，当代社会问题[M]，北京，华夏出版社，2002，6.

27. 雷洪，社会问题—社会学的一个中层理论[M]，北京社会科学文献出版社, 1999，38.

28. 刘小枫，现代性社会绪论—现代性与现代中国【M】，上海三联书店，2000，47.

29. 安东尼•吉登斯，第三条道路—社会主义的复兴【M】，北京大学出版社，2000，66.

30. 伯纳德•巴伯，信任—信任的逻辑和局限【M】，福建人民出版社，1989，6.

31. 伊利亚•普利高津，确定性的终结：时间、混沌与新自然法则[M]，湛敏译.，上海：上海科技教育出版社，1998，5.

32. 朱力，变迁之痛—转型期的社会失范研究【M】，北京社会科学文献出版社，2006.

（执笔人：董实忠）

武汉市农田水利建设长效机制研究

【编者按】为贯彻中央1号文精神，改善农业农村生产生活条件，去年底，省、市启动“万名干部进万村挖万塘”活动。市社科院结合本单位工作实际，将“三万”活动与对策研究紧密结合起来，派出驻村工作组赴新洲区三店街蔡畈村开展工作。在圆满完成“三万”工作任务的同时，推出这篇颇有份量的“武汉市农田水利长效机制研究”课题报告，供市领导参阅。

一、武汉农田水利建设的历程与现状

武汉地貌属鄂东南丘陵经江汉平原东缘向大别山南麓低山丘过渡地区，中间低平，南北丘陵、岗垄环抱，北部低山林立。全市低山、丘陵、垄岗平原与平坦平原的面积分别占土地面积的5.8%、12.3%、42.6%和39.3%。[①]武汉纳江汉（长江、汉水）、接三河（金水河、通顺河、府环河）、汇三水（滠水、倒水、举水），拥有湖泊166个，共有水域面积2117.6KM^2，占全市总面积的25%，居全国省会城市之首；多年平均降水量在1200～1400毫米左右。

（一）农田水利建设历程

武汉特殊的地理状况，决定了筑堤护市、兴修水利的必然性和必要性。早在明清时即开始筑堤保境安民，城区比较大的堤防建设有三次：1635年明崇祯时修袁公堤（上起硚口，下至堤口今王家巷一带）；1864年清同治时修汉口堡（硚口至沙包今一元路）；1905年清光绪时修张公堤（东起堤角，西至舵落口）。①新中国成立前，市郊农田水利只有分散的、小型的灌溉设施。大规模的农田水利建设是在武汉新中国成立后由人民政府组织动员进行的。回顾历史，从新中国成立至今，武汉农田水利建设大致经历了四个阶段：

一是上世纪50—60年代，计划经济体制下的大规模除水患、兴水利阶段。我市贯彻落实周总理提出的“从流域规划入手，治标与治本结合，防洪排涝并重，大力兴修农田水利，开展水土保持”的水利建设方针，通过高度组织化机制和强大的动员能力，使国家、地方部门、社区民众共同成为投入主体，以筑堤防洪、围湖垦田、除涝排渍为水利建设重点，同时修水库、建泵站、挖塘堰，实施了以排涝、防洪、灌溉和治河改田相结合的综合治理，为我市农村经济社会发展奠定了有力基础。

二是80年代初—90年代末，改革开放背景下农田水利建设恢复发展阶段。这一时期，有两种制度选择与安排直接影响了农田水利建设。1）人民公社体制解体，农村家庭联产承包责任制的推行，在挖掘该制度刺激生产力较大提高作用的同时，国家对农业的基建投资在比重和绝对额上都逐年下降，地方政府对农业的基建投资下降更快，而农户在经济实力和组织、体制上尚不足以成为农业基建的投资主体。资料表明，20世纪80年代以后，全国每年减少灌溉面积700多万亩。2）1984年中央与地方实行财政分级承包，1994年实行分税制改革，使得政府特别是中央政府进一步从农村公共服务领域退出，而地方政府因为财权与事权的不对称，也缺乏对农村水利建设的能力和动力。这一时期，武汉市的农村塘堰数量和灌溉能力均呈不升反降的态势。1985年塘堰数量（3380口）比1950年（4795口）下降30%，蓄水量（2320万M3）仅为1950年（9590M3）的24%，灌溉能力（4万亩）只及1950年（8万亩）的1/2（见下表一）。从投入看，“七五”期间共投入水利建设资金2.36亿元，水利劳动积累工1.42亿个；“八五”期间共投入水利资金1.38亿元，劳动积累工1.5亿个。可见，劳动积累工在农村水利建设中发挥了积极作用。

表一：武汉市农村塘堰建设情况一览表（1950年-2010年）

年　份	1950	1951	1957	1985	2003	2006	2009	2010
数量（口）	4795	4986	7400	3380	85947	85100	85947	85130
蓄水量（万m^3）	9590	/	/	2320	42600	33000	45300	45300
灌溉面积（万亩）	8	10.2	/	4	82.78	/	82.78	82.78

（资料来源：武汉地方志编辑出版的《武汉农业志》和武汉市委办公厅编印的《武汉市情库》）

三是90年代末—2010年，市场经济条件下以大江大河治理和城市水环境综合整治为主阶段。这一阶段，有四个因素影响到农村水利建设的投入力度：1）1998年长江流域的特大洪灾影响。洪灾造成巨大生命财产损失，直接影响到其后的水利建设以大江大河为着力点。同时，为了应对城市湖泊水质污染，提升城市形象和城市功能，水利建设的重点更多地放在了大东湖水网、汉阳六湖连通等城市水环境整治上。在财政资源并不丰裕的情况下，投资取向必然影响投资结构，农村水利建设获取的资金十分有限。2）1998年农村税费改革的影响。90年代因农民负担引发的党群、干群矛盾突出，中央政府推进以减少农业金融体系不良资产为实际目标的税费改革，逐渐取消了农村义务工和劳动积累工（俗称“两工”）。但长期以来，“两工”事实上是我国农田水利基础设施建设与维护的重要投入形式，“两工”取消后没有及时建立相应的有效替代机制，造成农村水利建设出现巨大的劳动力投入缺口。3）因为农业比较效益低和“打工经济”的出现，农村富余劳动力的流动加剧，城市化对农村资金、劳动力等要素的抽取作用更加明显，“以劳动富余替代资本短缺”的农村基本建设组织方式已无法继续。4）取消农业税费和乡镇综合配套改革的影响。2004年，武汉取消农业税后，农村大型基础设施建设主要由国家投资，中小型基础设施则以“一事一议”的方式筹资筹劳。由于农田水利建设所需资金量大、投资回报周期长、比较效益低、风险难以预计等，使得单靠农民集资建设难度很大；同时，由于农民分散、流动性大，“一事一议”的筹资筹劳方式组织代价和交易成本很高。乡镇综合配套改革进一步规范乡镇机构设置，精简领导职数、内设机构和工作人员，转变事业单位经费管理方式和用人机制，建立“以钱养事”新机制和公益性服务考评机制。②希望通过市场化的办法来解决乡村的公共品供给，以提高乡镇事业单位的低效乃至无效的问题，但由于农村公共服务所具有的技术性、专业性特征，特别是因为涉及到“七站八所”人员的切身利益，产生很大阻力。有学者通过实证研究认为，“以钱养事”的改革实践，并没有减少政府用于公共服务的支出，但乡镇事业单位的积极性和为农民提供公共服务的能力却大为减弱；推行的乡镇事业单位“以钱养事”的改革，在实践中是不成功的，在理论上是无依据的，在当前中国农村的发展中，是与农民需要背道而驰的，在对乡镇七站八所工作人员的评价上，是不公平的。③而乡镇水利站恰是被改革的对象。

四是2011年至今，以“三万”活动为标志的大规模农田水利建设阶段。2011年中央1号文“关于加快水利改革发展的决定”，坦承农田水利基础设施建设薄弱的现实，强调必须大力加快水利建设。巧合的是2011年长江中下游发生60年以来的最大冬春连旱，给农业生产造成极大损失。为贯彻落实中央1号文精神，应对日益频繁的极端气象灾害，省市决定在“万名干部进万村入万户”活动的基础上，进一步开展“万名干部进万村挖万塘”活动，动员广大党员干部深入基层，帮助开展农田水利建设，大力改善农业生产条件，促进农业农村发展，为实现科学发展、跨越式发展夯实基础。通过政府思想动员和行政指令，整合和发挥体制内各部门资源优势，以全市2185口当家塘标准化建设为骨干，以完成一组一口当家塘口（共1.6万余口）整治为目标，着力开展整治塘堰及小型水利设施。

（二）农田水利建设的现状

武汉市水资源具有两个明显的特点：

一是“先天不足”。境内自产水有限，客水极为丰富，水资源时空分布不均，旱涝灾害频繁。降水量和径流量主要集中在主汛期，且多以暴雨、洪水形式出现，难以开发利用；水资源地区分布不均，沿江及平原地带水多易涝，山区和丘陵岗地水少易旱。据测算，全市水资源总量为47.25亿m^3，人均拥有水资源量为570 m^3，尽管高于北京（接近100 m^3）、上海（145 m^3）等大城市，但低于广州（1375 m^3）、成都（828 m^3），仅为全国平均水平（2163 m^3）的1/4，不到世界平均水平的7%。因此，一旦“天公不作美”，我市农业损失就十分惨重。建国后，全市范围内大旱年有1959、1961、1965、1966、1972、1978、1984、2000、2001、2011等年份，其中1966、1978、2000、2001、2011年为特大干旱年，给农业生产造成很大损失，仅2000、2001年大旱，就给农业生产造成15.21亿损失。

二是水利建设“后天失调”。由于城市化、工业化、市场化的快速推进，围湖垦田、填湖盖楼、毁渠筑路等不仅使湖泊水面迅速减少、造成塘堰淤塞，而且造成严重水体污染、水质状况堪忧。根据武汉市2010年水资源公报显示：由于2010年属丰水年，地表水比上年偏多129.4%，比多年平均偏多65.7%，但全市10条主要江河水质劣于Ⅲ类仍占20%，55个主要湖泊中水质劣于Ⅳ类标准的湖泊有19个，占监测湖泊数的 34.6%。

表二：武汉市农村灌区情况一览表

各区	灌　　区	灌溉方式
洪山区	长江沿线为平原湖区，其余地区为丘陵垄岗地区，灌溉水源集中在湖区和长江沿线。	以中小型提水工程灌溉为主，兼有少量的引水和蓄水灌溉工程。
黄陂区	有大中型灌区 4 个：梅院泥、夏家寺、矿巴和三姑井。其中梅院泥灌区为大型灌区；其他 3 个灌区即滠水东片、滠水西片和北部片。	均为蓄水灌溉为主。滠水东片、滠水西片主要以引水和提水灌溉为主，北部片位于山区，以提水和蓄水灌溉为主。
新洲区	有灌区 5 个：滨江平原灌区、倒水灌区、举水灌区、明山灌区和浮桥河灌区。	滨江平原灌区、倒水灌区、举水灌区以引水和提水灌溉为主，明山灌区和浮桥灌区以蓄水灌溉为主。
蔡甸区	有灌区 8 个：东湖、西湖、小奓湖、朱山湖、官莲湖、新合垸、洪北垸和滞洪区。	以引、提水灌溉为主，辅以井、喷、微灌。
江夏区	有灌区 4 个：梁子湖区、汤逊湖区、金水河鲁湖区和滨江区。	滨江区为引水灌溉，其它灌区主要靠提水和蓄水工程进行灌溉。
汉南区	有灌区 3 个：汉银区、上东城垸区和下东城垸区，属平原湖区。	主要灌溉方式是引水和提水灌溉。
东西湖区	有 3 个灌区：沿汉江至汉渝铁路以南为高灌区，汉渝铁路与 107 国道间为中灌区，107 国道以北地区为低灌区。	高灌区以提水灌溉为主，中灌区以提水灌溉为主、并辅以井灌，低灌区以引水和提水灌溉为主。

经过四个阶段的建设发展，全市农田水利建设有了较好基础（见表二），初步形成了我市农田水利工程体系，为我市农业生产和农民生活提供了基本的水利保障。但显而易见，加大农田水利建设，任务仍然十分紧迫而繁重。据市水务部门数据显示，“十一五”期末，全市有水库 272 座，泵站 5685 处，塘堰 85130 口和灌排渠道 28147 公里，但现有的塘堰灌溉能力为 82.78 万亩，只占全市现有耕地 315.5 万亩的 26%；农业灌溉用水有效利用系数为 0.53，高于全国 0.43 平均水平，但低于 0.65 的规划目标，是“十一五”规划重点监测的 24 个指标中，仅有的两个未完成指标之一。④

二、武汉农田水利建设存在的问题与困难

改革开放 30 多年来，国家在诸多领域进行了重大改革和深度调整，但农田水利建设与管理的体制机制改革明显滞后，导致农田水利建设的组织形式、动员能力、投

入力度、管护机制等与当前农业可持续发展形势很不适应。我市农田水利建设的不足也是同样背景下该问题的地域性个案呈现。尽管新世纪以来，中央连续 9 年以 1 号文的形式关注和推动“三农”问题解决，但从农田水利建设领域看，仍不能满足我市农业可持续发展的需要（见表三）。我市有效灌溉面积、旱涝保收面积、机电排灌面积从 1995 年—2004 年一直呈下降趋势，其后虽在 2005 年—2006 年有小幅回升，但从 2007 年开始，再次呈现明显下降趋势。从统计看，我市 2010 年有效灌溉面积、旱涝保收面积、机电排灌面积分别占耕地总面积的 74.7%、59.0%、59.4%，三者占比分别比 1995 年低 10.1、7.5、10.3 个百分点。显然，我们现有的农田水利基础设施远不能满足农业生产持续发展的现实需要。

表三：新世纪以来武汉农田水利建设情况　单位：千公顷

项目	1995	2000	2002	2003	2004	2005	2006	2007	2008	2009	2010
有效灌溉面积	191.60	167.22	165.14	162.02	158.21	161.1	162.55	162.53	161.2	159	157.16
旱涝保收面积	150.11	136.91	132.83	129.51	128.32	129.46	132.19	132.73	129.57	128.22	124.13
机电排灌面积	157.28	137.46	135.73	134.85	129.29	131.02	133.19	133.2	131.78	127.58	124.84

（资料来源：2003—2011 年《武汉统计年鉴》）

（一）政府投入不足。

农田水利建设与服务属于农村公共产品，而提供公共产品是政府的主要职责。但长期以来，政府对农田水利建设重视不够、投入不足、欠账很多。从城乡二元体制看，政府对基础设施建设的重心更多放在城市，而对农村有所忽视；从制度设计看，政府对农村公共设施建设有“退出”倾向，我国村民组织法规定，由村民委员会组织村民进行农村公共设施建设。同时，由于实行财税体制改革，取消农村“两工”，造成基层政府财权与事权的不匹配，基层政府对农村水利建设也是“有心无力”（见表四）。

表四：我市财政收入与支出状况　　单位：万元

项目	1995	2000	2001	2002	2003	2004	2005
财政收入	596014	1261481	1501818	1965406	2308897	2885963	3893588
地方财政收入	288353	697711	861586	858287	997094	1292067	1704327
财政支出	313718	890360	1126163	1196330	1366427	1663872	2100996
支农生产支出（占比）	7680 2.4%	8044 0.9%	9400 0.8%	9063 0.76%	24358 1.78%	30470 1.8%	38923 1.85%
行政管理费（占比）	29934 9.54%	62795 7.05%	82200 7.3%	99705 8.33%	114119 8.35%	148229 8.9%	216407 10.3%

1995 年，我市财政支农生产支出占财政总支出比例为 2.4%，此后一直呈下降趋势，2003 年以来止跌回升，但到 2005 年也只占 1.85%，尚未恢复到 1995 年水平。据统计，1980 年—2000 年，武汉市财政对小型农田水利和水土保持补助共计仅 15206 万元，⑤非常之低。“十一五”以来，农林水事务财政支出占市级财政总支出的比例有所提高，但比例仍然过低（2009 年为 4.6%）。政府对农田水利的投入只能维持在病险水库加固、配套建设、渠道泵站整修等“修补”工程上，对兴修、新修农田水利基础设施投入乏力。从“十一五”期间看，全市农田水利基本建设累计投入 13 亿元，虽是“十五”期间的 3 倍，为历史之最。但与武汉农业结构调整和可持续发展需求相比，与大东湖水网建设、汉阳六湖连通、两江四岸改造等动辄数十亿、上百亿的城市水利建设投入相比，农村水利建设投入力度还很小，缺口还很大。

（二）社会投资不足。

一是由于农村水利设施建设投入资金量大、收益回报所需周期长、农业比较效益低、面临自然风险大等原因，社会资金投入农田水利设施的动力不足。二是包产到户、税费改革、打工经济等因素的影响，造成大集体时代的组织动员体系瓦解，原子化的农户个人“无力”承担农田水利建设的重任，农民收入结构的改变使得其“无心”投入农田水利建设。三是“两工”取消和“一事一议”的成本过高，造成农村“无人”有投资农田水利建设的积极性。农民和社会资金的“个体理性”最终会造成“集体非理性”，这对农业发展、社会稳定和国家粮食安全都是一个潜在的威胁。

（三）财政投入低效。

据统计，财政支农资金分散于农业、林业、水利、气象、农办、国土、交通、民政、建设、卫生、教育、科技、发改委、民宗委、扶贫开发、劳动和社会保障等16个部门，条块分割、部门利益和公共权力的私人化运作等因素的影响，造成有限资源的分散投入、重复投入，既增加了管理成本和腐败风险，也造成资金的“跑冒滴漏”和效率低下。同时，因为监管不到位，一些财政投入工程建设标准低、质量差、配套不健全，使得一些工程建成后要么“不管用”要么“寿命缩减”，既浪费了宝贵资金，也给农民造成损失，进而影响政府公信力。

（四）用水效率较低。

由于缺乏水权、水资源意识，大水漫灌仍是我国农业灌溉的主要方式。同时，由于水利基础设施建设质量差、维护差，造成水资源的“跑冒滴漏”严重。相比发达国家和地区，我国灌溉技术落后，节水灌溉推广缓慢、推广面积小，农业用水效率很低。欧美发达国家农业灌溉有效利用系数为0.7～0.8，我市只有0.53，存有较大差距。水资源紧缺与浪费并存，水费低廉与水利设施维修资金缺口并存。

（五）制度设计困境。

制度经济学强调“制度是重要的”，制度决定着行为，影响着经济主体行为的绩效。我国农村制度设计，原本是为了让政府有所退出，让农民负担有所减轻、自主性有所增强，但结果却是政府提供公共服务的能力下降，农民的组织、交易成本上升，农村公共产品管护长效机制欠缺，农业发展制约增强。如，取消“两工”，农民负担减轻了，但农村公共设施建设“没人”了，最终还是影响农业发展；“一事一议”貌似给农民更多自主性，但利益分散、程序复杂、成本高昂，反而使得达成共识更难了。所以，有学者认为我国对农村基础设施投资体制改革的制度设计存在“双重两难”。⑥第一重在于，农村基础设施作为一种投资大、周期长且外部性极强的公共产品，并不完全适合私人经营，市场化改制在大多数发展中国家通常不是有效的做法，出于粮食安全和缓解“三农”问题等国家战略的考虑，政府仍然应该对农村基础设施发挥主导作用。第二重在于，无论是提高农民的谈判地位，还是广泛发动社会资源参与，都需要以农民组织化程度提高作为前提，但小农通常难以自发组织化，仍需要“政府主导”。计划与市场的双重失灵和政府主导与农民主体之间的矛盾，成为我国农村基础设施投入和管理的改革面临的困境。

三、加强武汉农田水利长效机制建设的对策与建议

新“三万”活动是一个宣传党的惠民政策、转变干部作风的重要载体，是城市反哺乡村、推进城乡一体化的重要途径，是一项惠及民生的德政工程和重大政治任务。各区各部门贯彻省委主要领导“四个着眼于”要求，思想上高度重视，行动上积极响应，着力在解决“建设资金、建设主体、管护机制”等关键环节上探索创新。

（一）新“三万”活动的主要做法

为完成“一组一口当家塘”的硬任务，各工作组紧紧抓住三个关键环节：**一是千方百计筹集建设资金**。资金不足是塘堰失修淤塞的重要原因，也是此次新“三万”活动的成败的关键。各区各部门认真贯彻省委省政府关于塘堰建设“政府主导、农民参与、社会共建”的总体要求，在具体操作上做到“六个一点”：1）财政以奖代补筹措一点。通过争取上级财政支持和本级财政列支“以奖代补”扶持，截至1月底，市级财政已投入2.06亿元。2）“三农”项目资金整合一点。从国土、财政、发改、水利、扶贫等涉农、涉水项目中筹集资金，支持塘堰建设，确保工程建设符合统一规划和标准要求。3）受益农民出资一点。开展“一事一议”、发动村民投资投劳筹集一点，如汉南区采取“一事一议”，商定每户出一个劳动力投入三个标准工，负责各自田间地头“三沟”的扩挖、除杂、清淤工作。4）企业、社会捐助一点。发动企业、本地“成功人士”为建设家乡进行捐献，如新洲区百余民企老板就为挖塘堰捐资 600 多万元。5）各级工作组帮扶一点，要求各工作组至少筹资 5 万元对口帮扶，多数工作组的帮扶力度都大于市里要求。如市社科院、市贸促会联合工作组就筹资 8 万元开展对口帮扶。6）通过产权制度改革筹集一点。一些村尝试开展塘堰冠名权、经营权拍卖，实行股份制建设管理等筹集资金。通过这些途径，较好解决了各村塘堰整治资金。据“三万办”数据显示，截至 1 月底，全市共投入资金 8 亿元余元，整治塘堰、渠道、改造

小泵站等 1.6 万处，主体工程任务已基本完成。

二是精心组织塘堰建设施工。大规模的农田水利建设，需要多部门的积极参与，更需要各部门的协同配合。为期三个月的新“三万”活动，要完成全市 1929 个行政村“一组一口当家塘”、2185 口万方以上标准塘建设，排除元旦、春节等节假日和雨雪天气，有效工作时间仅 40 多天，可谓时间紧、任务重，若不统筹安排、精心组织，很难按时完成工作任务。一方面，各区各部门勇于担当、各负其责。各部门贯彻省市有关会议精神，各区人民政府担当塘堰建设的政策支持、资金整合责任主体，水务水利部门当好技术责任主体，帮扶工作组负责政策宣传、调查研究和资金筹集，市“三万办”负责总督查协调。另一方面，在组织施工过程中严格规范、统筹协调。在项目设立和建设环节引入竞争机制和规范管理，推行“竞争立项，招标建设，以奖代补”的办法，优先支持群众积极性高的、受益面广的项目。如江夏区采取“统一规划设计、统一合同格式、统一工程价格、统一工程验收、统一结算方式”的“五统一”形式，实现了工程推进快、质量有保证。通过明确责任、统筹协调、精心组织、督导检查、宣传引导等措施，确保了工程进度的顺利进行。

三是积极探索塘堰养护长效机制。农田水利基础设施作为国民经济“基础的基础”，但由于种种原因，逐渐沦为国家管不到、集体搞不了、农民搞不好的老大难问题，原有的农田水利基础设施也呈现出“提不起、流不畅、存不住、灌不上”的困境。这些问题的存在，固然有投入不足的问题，有建设标准较低的问题，但更重要的问题是存在养护长效机制的缺失。为保证建好的塘堰能用得好、用得久，各区各部门都努力探索塘堰养护的长效机制。一方面落实管护经费。如有的村对于集体所有的骨干塘堰，按照受益面积分摊维修养护经费；对外承包经营的塘堰，承包所得全部用作塘堰的维修养护经费；其他小型水利设施还可通过政策性收费（排涝水费返还）、财政专项资金（以钱养事、以奖代补）、“一事一议”筹资、水土资源收益等渠道，落实管护资金，彻底改变“有人用、无人管”的状况。另一方面是建立长效管护机制。或者通过明晰小农水产权，采取向社会拍卖经营权、冠名权，租赁承包，特许经营，以渔养塘、以林养渠等多种形式，实行合同化管理，明确承包人、受益群众的权益和义务；或者采取协会式管理，组建用水者协会，由协会推选管理人员负责工程日常管护；或者按照“谁投资、谁受益、谁管护”的原则，由受益农户或农户联合自主开发、自用自管，或者由村委会安排村组干部或老党员、老干部专人负责管理。

（二）加强武汉农田水利长效机制建设的建议

结合新“三万”活动的有益做法和外地的先进经验，对武汉农田水利建设长效机制建立提出如下建议：

一是从发展战略层面上高度重视农田水利建设。我国仍有近一半人口生活于农村。加强农村水利建设，事关“三农”问题的缓解，事关农民增收和农村社会发展稳定，事关国家粮食安全和国家安全。因此，各级政府必须转变观念，从维护国家长治久安和可持续发展的战略高度，更加重视农田水利建设。

二是各级政府应加大农田水利建设的投入力度。资金不足是农田水利建设面临的最大困难。应该说，长期以来，政府对农田水利建设投入是有所缺失的。因此，各级政府应承担起农田水利建设“主导者”的职责，各级财政均应列支专款用于农田水利建设，应严格落实 2011 年中央 1 号文规定，将土地出让收益金的 10%用于农田水利建设，让农田水利工程的管理、维护工作回归公益性质。如贵州省规定提取土地出让收益的 12%、山东省提取 10%～20%用于农田水利建设，我市应坚决落实并适度提高土地收益金用于农田水利建设的比例。同时，在财政资金的投向上，要尽可能以小型农田水利建设为主，着重解决“最后一公里”毛细渠道的建设、维护和清淤等问题。要进一步加强水利基金和规费的征收管理，发挥有限资金的最大效益。

三是出台政策、鼓励民间资本参与农村公共基础设施建设。资本投入是需要回报的。民间资金富余也需要有恰当的投资途径。因此，在政府主导的投资之外，应出台相关政策，厘清水利设施产权，通过发行政府债券、公益捐赠、信贷融资、承包经营、股份合作等多种方式，鼓励民间资金参与农村基础设施建设，同时利用民间 NGO 的力量来监督工程项目的实施、管理和维护工作，通过加强多渠道的资源动员能力建设，实现农田水利建设的多方合作机制。

四是强化组织动员机制、鼓励农民参与农村基础设施建设与管护。政府主导并不意味着政府包揽。农民是农村水利建设的受益主体，应通过加强基层组织建设，重构农村组织动员机制和合作管理。采取“政府购买服务”的方式，对农村小型水利建设实行“以奖代补”；采用“以工代赈”等补贴方式，鼓励农民修建、维护一些小塘堰、沟渠、蓄水池等微型农田水利设施，储水于民，增加农户的抗灾减灾能力；组建农民用水户协会制度，按照“民办、民管、民受益”的原则，以小流域自然灌溉水系为单位，协调灌区范围内水利设施管护；建立专人直管机制，按照“谁分包、谁建设、谁管护”的原则，对全市存量堰塘明确专人管理，签订管护协议，明确管护责任；建立中心监管机制，将农田水利设施管护纳入乡镇街水利服务中心监管范围，制定农村水利设施管护办法，引导农民建设，指导农民维修和管护。

五是建立和完善农业科技创新保障机制。2012 年中央 1 号文指出，“农业科技是确保国家粮食安全的基础支撑，是突破资源环境约束的必然选择，是加快现代农业建设的决定力量，具有显著的公共性、基础性、社会性。”⑦应进一步加强农业科技创新的研发、推广机制，大力发展农业灌溉新技术，着力发展喷灌、滴管、渠道防渗防冻胀、土壤蓄水补灌等灌溉工程技术，着力发展节水农业、高效农业；大力选育抗旱涝能力强的优质种业，推动“良种创制、成果托管、技术交易、良种产业化”等关键环节的改革创新，探索具有武汉特色的种业体系建设路径。要引导和提高农民的科学用水、安全用水意识，对水利工程安全、水质安全、用水安全等知识进行宣传教育，特别是在“风险家庭”背景下要加强对农村孩童的安全意识教育。

六是建立针对各级政府的绩效考评与行政问责机制。出现大旱大涝等灾害天气，既有气象原因，更暴露出各级政府的责任缺失。与城市渍水一样，灾害天气也是责任事故，与长期以来一些政府对公共服务重视不够、投入不够有关。因此建议将农村水利建设纳入全市绩效管理，对各区政府进行行政问责，从制度上保证各区政府对农田水利建设的重视。

七是建立农业灾害保险机制。引导农民建立灾害保险意识，积极推进农村合作经济组织的发展，推进农业灾害保险试点，增强集体抗御与分散转移自然风险的能力，确保粮食安全。农业部门主要应加强农业生产过程的减灾管理，包括产前预防、产中抗灾和产后补救。加强农业备灾，贮备救灾物资，建立种子、饲草、化肥、农药、柴油、水泵等抗灾物资储备制度。⑧

同时，应建立“自下而上”的农民需求表达机制。要提高农民的组织化程度，提高基层民主自治水平，降低政府与农民之间的交易成本，充分调动农民的积极性和创造性，形成农民自觉参与农业基础设施项目建设与管护的长效机制。

（武汉市社会科学院课题组 执笔人：王铁）

说明：

①文中所引数据，凡未特别注明，皆出自《武汉统计年鉴》、《武汉市情库》及相关职能部门门户网站。

②国家统计局公布数据显示，到 2011 年末我国城镇人口占总人口比重达到了 51.27%，首次超过 50%。
http://finance.sina.com.cn/china/20120130/074511269318.shtml

注释：

①皮明庥等主编，汉口五百年，湖北教育出版社 1999，16，74.

②http://news.163.com/11/0607/05/75U284TF00014AED.html.

③http://www.chinavalue.net/General/Article/2008-8-29/132602.html.

④武汉市发展和改革委员会编印，武汉市国民经济和社会发展第十二个五年规划纲要，武汉，5，2011，3.

⑤武汉市志办编，武汉市志 1980 年—2000 年，第二卷，武汉出版社 2006，330.

⑥郑风田等，农村基础设施投资体制改革的“双重两难”，贵州社会科学，2010，7.

⑦http://nxt.nongmintv.com/show.php?itemid=21024.

⑧郑大玮，从极端天气看农业减灾的紧迫性，光明日报，2010，03，22.

武汉市大学生就业难的调查

摘要：自 1998 年扩招以来，我国目前的高等教育已经从“精英教育”向“大众教育”阶段转变，高校毕业生人数逐年攀升，大学生就业难已经成为一个不争的事实。在此背景下，对武汉大学毕业生的就业意向进行调查，得出了相关数据和结论，并对毕业生在求职中出现的问题进行了总结与分析，对政府、高校部门提出了对策与建议。

一、问题的提出

我国高校自 1998 年以来连年扩招，大学毕业生人数逐年攀升，据教育部 2012 年公布的统计数据显示，我国大学毕业生人数已从 2001 年的 115 万上升至 2012 年的 680 万，涨幅近 5.9 倍，但相比之下，市场的需求量却逐渐饱和，局部供过于求。大学生就业被普遍认为进入 30 年来最艰难的时期。今年武汉地区 2011 届高校毕业生 267703 人，创下历史新高。其中，本科生 114961 人，毕业生总体非失业率达 89.61%，比上届增加 0.5%。面临就业形势的严峻化，调查武汉大学生的就业意向，有着重要的意义。

二、调查的基本情况

本人从多角度出发，认真设计了《关于 2012 武汉市大学生就业意向调查问卷》，问卷全部采用无记名的方法，对武汉大学和武汉理工大学两所高校学生的就业意向进行了较全面的调查，此次调查发放问卷 200 份，文史类、理工类各 100 份，收回有效问卷 192 份，男生 112 人，女生 80 人，有效率达 96%。通过调查问卷统计，并辅之以相关对象的座谈、访谈及相关资料收集整理分析等工作，形成本报告。

三、调查结果与分析

（一）首要前途选择

如图 1 所示：考研是毕业生的首要选择，52.0%的大学生准备考研，32.8%的大学生考虑毕业后找工作，而选择出国留学的仅 9.4%，自主创业的仅 1.6%，其余的 4.2%表示未确定。可见“考研热”持续升温，原因在于：一是知识经济时代的影响和人才素质要求的提高；二是就业竞争激烈，高质量的就业需要高层次的人才；三是心理因素，相当一部分大学生为了缓解就业压力，面对激烈的就业竞争，采取了回避方式。

报考研究生比例的不断提高也就对就业产生了负面影响，主要体现在不急于就业和就业准备不足，错失了很多就业机会；研究生的不断扩招势必会影响到培养质量和给将来的就业带来压力。

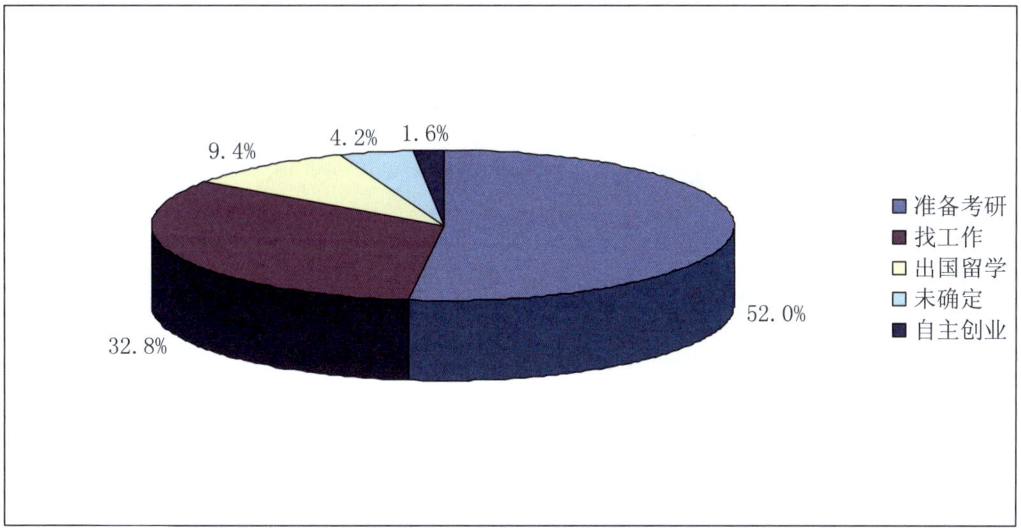

图 1　首要前途选择

（二）就业自信心

在对当前就业形势看法上，如表 1 所示：49.0%的大学生认为当前就业形势不太好，5.7%选择了“很不好”，32.3%的人对就业持乐观态度，认为就业形势比较好，2.1%认为非常好，还有 10.9%的学生选择了“说不清楚”。对毕业前签署就业协议信心，如表 1 所示：50.5%较有信心，11.5%很有信心，22.9%没有信心，还有 15.1%选择“不知道”。调查表明大多数学生对就业前景表示乐观，对就业有一定的心理准备和承受能力，另外一小部分就业压力比较大，忧虑情绪比较明显。在何时关注就业信息方面，如表 1 所示:15.6%的学生大一时就开始关注，28.6%选择“大二”，读大三时关注的占 43.8%，仅有 12.0%的学生是大四，这说明大学生的观念趋于理性，提前关注就业，未雨绸缪。

表 1　就业自信心

就业形势		签署就业协议信心		何时关注就业信息	
不太好	49%	较有信心	50.5%	大三	43.8%
持乐观态度	32.3%	没有信心	22.9%	大二	28.6%
说不清楚	10.9%	不知道	15.1%	大一	15.6%
很不好	5.7%	很有信心	11.5%	大四	12.0%
非常好	2.1%				

（三）就业标准

在就业地的选择方面，如图 2 所示:23.4%的学生选择武汉，71.9%的学生选择外地，仅有 4.7%的学生选择到基层。

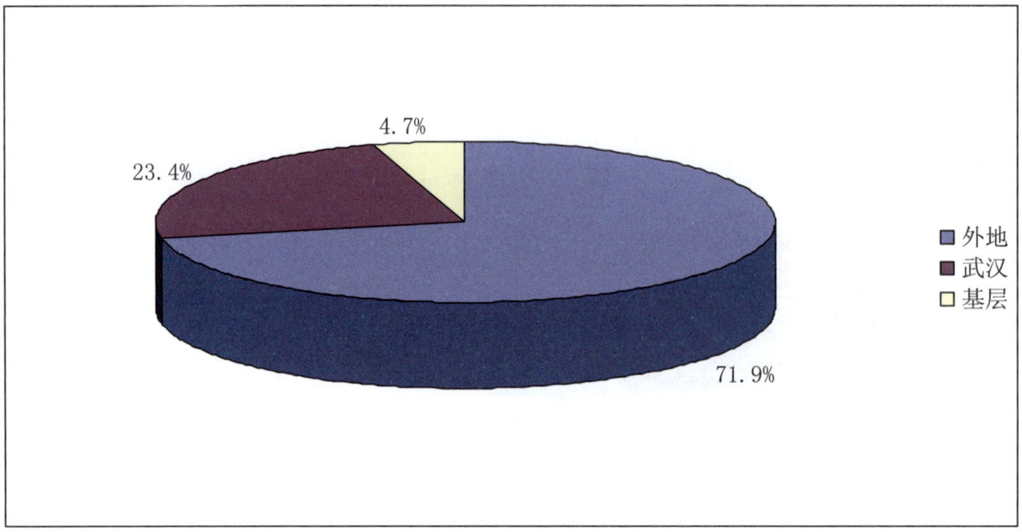

图 2　就业地选择

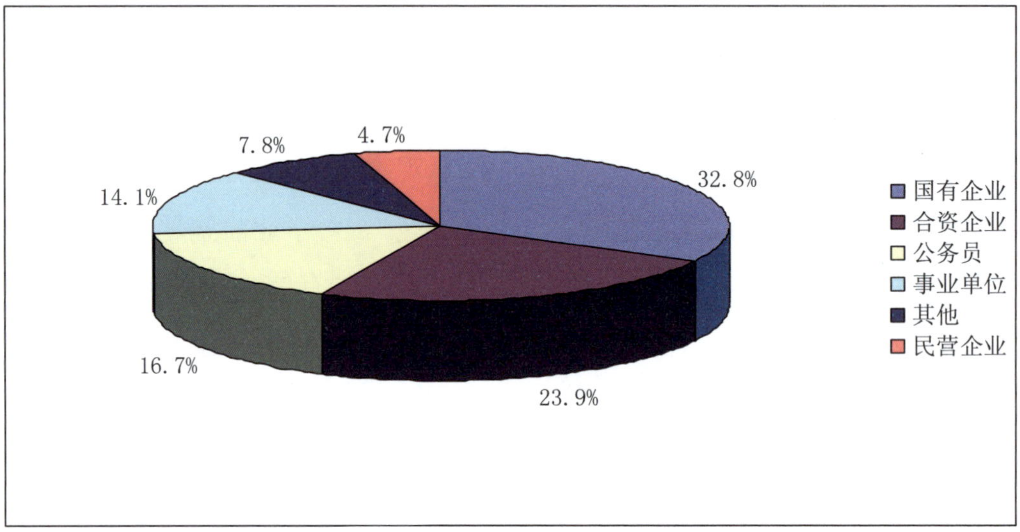

图 3　就业单位选择倾向

就业单位的选择倾向，通过图 3 可以看出，国家机关公务员、事业单位、国有企业仍是学生就业的首选，分别占 16.7%、14.1%、32.8%；说明大学生的“铁饭碗”意识仍然很重，中外合资企业也开始受到普遍青睐，选择比例为 23.9%；大学生普遍认为合资企业工作环境优越，管理方法先进，资金实力雄厚，薪水待遇较高，人际关系简单。仅有 4.7%；7.8%的人选择民营企业和其他。

选择就业时，如图 4 所示：42.2%的学生要求与就读专业相关行业；15.6%要求与就读专业一致；39.1%只求满意职位，求专业对口；有 3.1%的学生选择了“不知道”。

调查表明，绝大多数大学生不再苛求专业对口，愿意从事相关专业，这几年就业市场呈现需方市场，大学生就业难，大多数成为新的“打工一族”，使得大学生在选择就业时表现出现实的心态，遵循了“先就业，再择业”的理念。这也要求学校加强新专业建设和老专业改造，而注重学生的专业思想教育，刻不容缓。

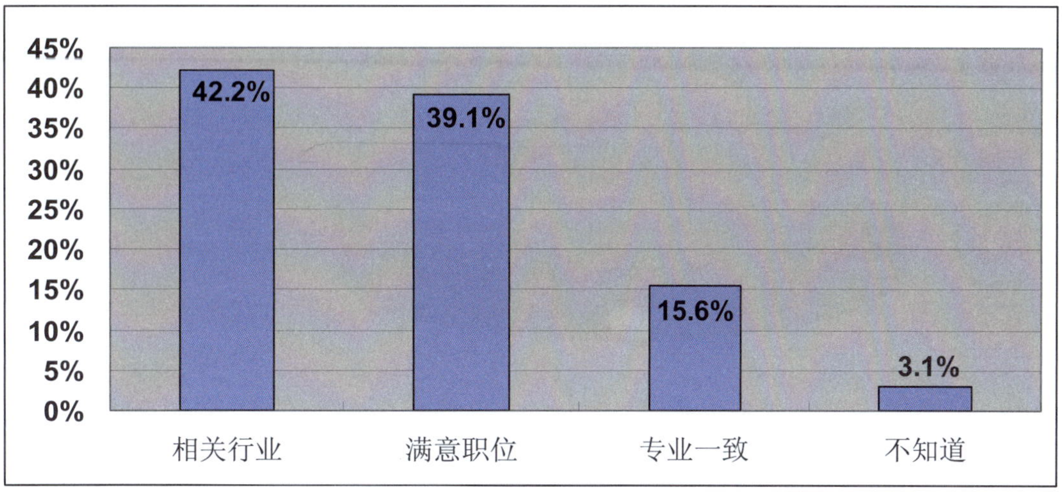

图 4　就业时的专业要求

职业选择影响就业的因素主要考虑的因素。从表 2 上可以看出，呈现出明显的多重性，薪酬福利、发展前景、工作环境、个人兴趣是相对集中的因素，分别占 27.0%、29.8%、15.8%、16.0%；可见，毕业生在找工作时已越来越看重发展前景，薪酬福利的要求则有所下降。现阶段的大学生多是 90 后群体，该群体伴随改革开放的良好形势而成长，一般而言家庭经济较之以前有很大改善，加上生育子女数的减少，大学生的受教育机会大为提高，家庭的供给能力提升，即使是大学生毕业后，有的家庭都可以继续为子女提供经济支持，因此大学生淡化薪金要求。对发展前景、工作环境、个人兴趣的重视；而交通方便、专业对口、创业机会、父母意见、实现自我只占了小部分（合计 11.4%）。

表 2　影响就业的因素主要考虑因素

职业选择主要考虑因素	
发展前景	29.8%
薪酬福利	27.0%
个人兴趣	16.0%
工作环境	15.8%
交通方便、专业对口、创业机会、父母意见、实现自我	11.4%

在薪金的期望值方面，如图 5 所示：有 45.0%的大学生对参加工作后的薪水期望值在 3000～4000 元，24.5%在 2000～3000 元，26.6%在 4000 元以上，3.9%在 1000～

2000 之间。薪酬预期的上涨与今年的经济形势有关，各地最低工资标准有所上调，加薪呼声强烈，武汉地区 2011 届本科毕业生平均月收入为 2983 元，比 2010 届多 56 元。整体看来，大学生对首次工作的期望月薪处于比较为合理的水平。

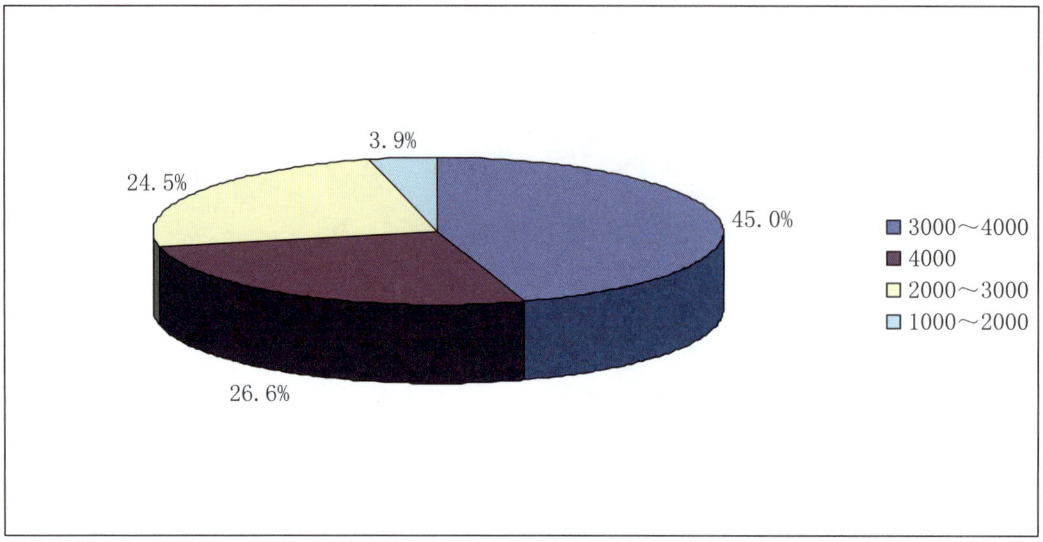

图 5　薪金的期望值

如果就业困难，是否愿意接受地点位于落后地区或工资待遇较差的工作？如图 6 所示：45.3%的学生选择“如果实在没有机会可以接受”；17.2%的学生愿意接受；坚决不接受的占 14.6%；22.9%的学生“没考虑过”。

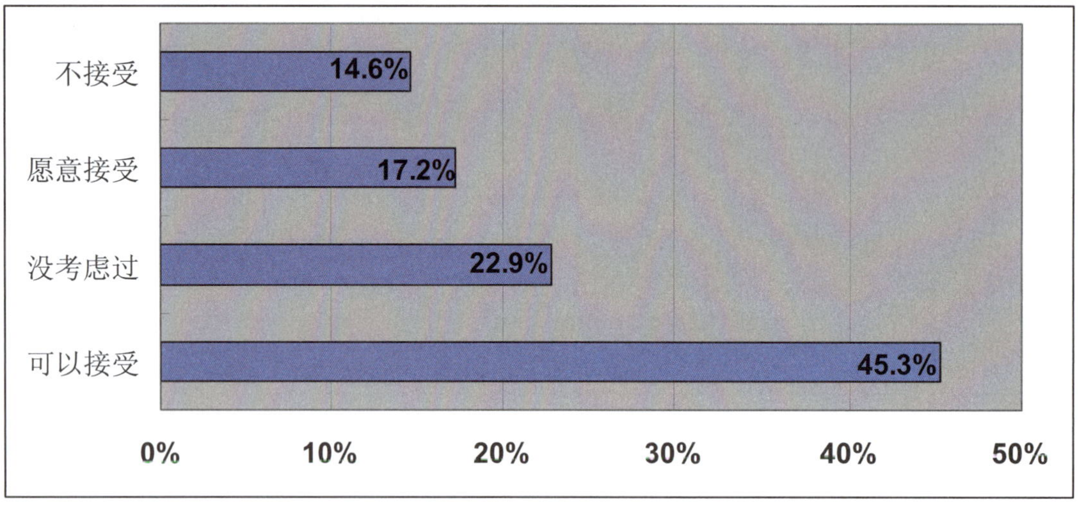

图 6　是否愿意接受地点位于落后地区或工资待遇较差的工作

（四）影响就业的因素。

如图 7 所示：68.2%的学生认为个人能力是影响就业的最主要因素；选择工作经验、所学专业、家庭背景、学习成绩的分别占 12.0%、9.4%、6.8%、3.6%；可见，能力还是职场竞争的法宝，大部分大学生已经意识到能力和实力的重要性了。

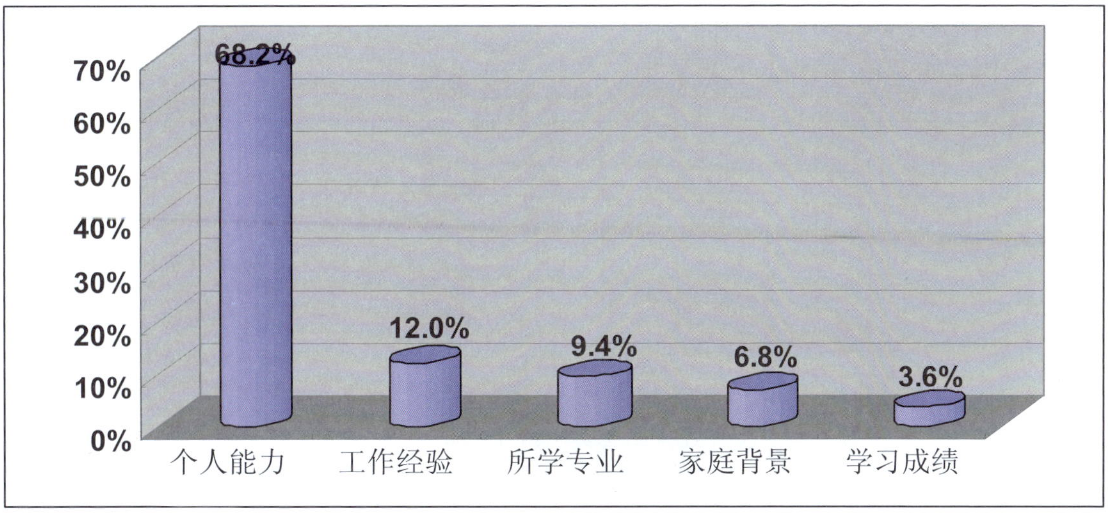

图 7　影响就业的因素

（五）目前发现自己最欠缺是什么呢

如图 8 所示：56.8%的学生认为是相关工作或学习经验；26.6%的人欠缺的是专业知识和技能；沟通协调能力占 11.4%；基本解决问题的能力占 5.2%。

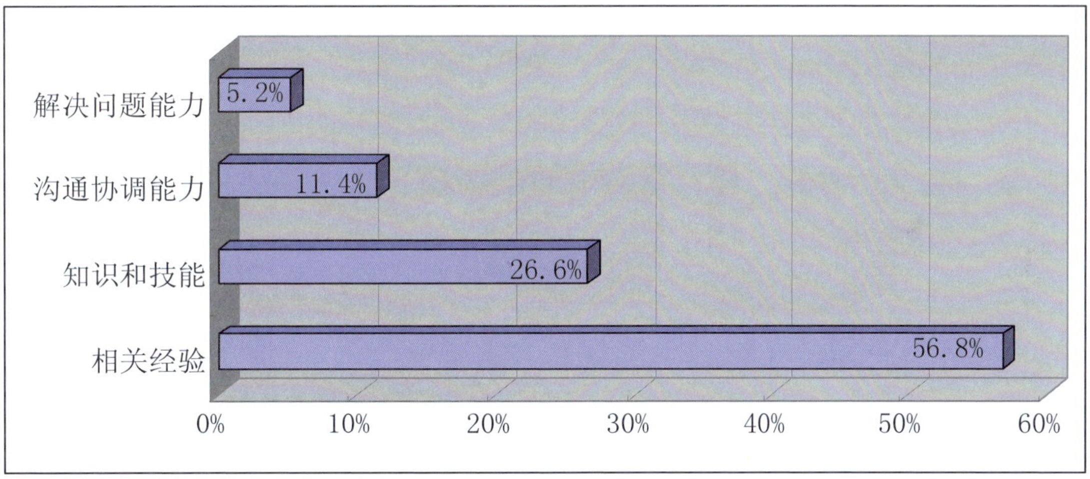

图 8　最欠缺的方面

（六）求职过程中遇到的主要困难。

如图 9 所示：30.9%的学生选择缺乏实践经验；21.6%认为所学知识没有用；16.7%认为是不公平竞争；选择“就业信息太少”和“招聘的职位不理想”的都分别占 6.5%。6.1%的学生认为是用人单位太挑剔；性别歧视占 5.2%；社会未能提供有效帮助占 4.3%；其他占 2.2%。（七）就业难的主要原因。

如图 10 所示：47.9%认为是大学毕业生供过于求；22.9%认为是技能不强；17.7%的学生认为是高校专业设置与社会需求不适应；8.9%的学生选择了“缺乏社会实践经验”；

其他原因仅占 2.6%。这些因素都和学校的教育教学紧密相关，专业设置和课程设置如果不符合社会需要，学生所学知识不及时更新，大学生的就业指导跟不上等，都会导致学生在就业市场中缺少竞争力。

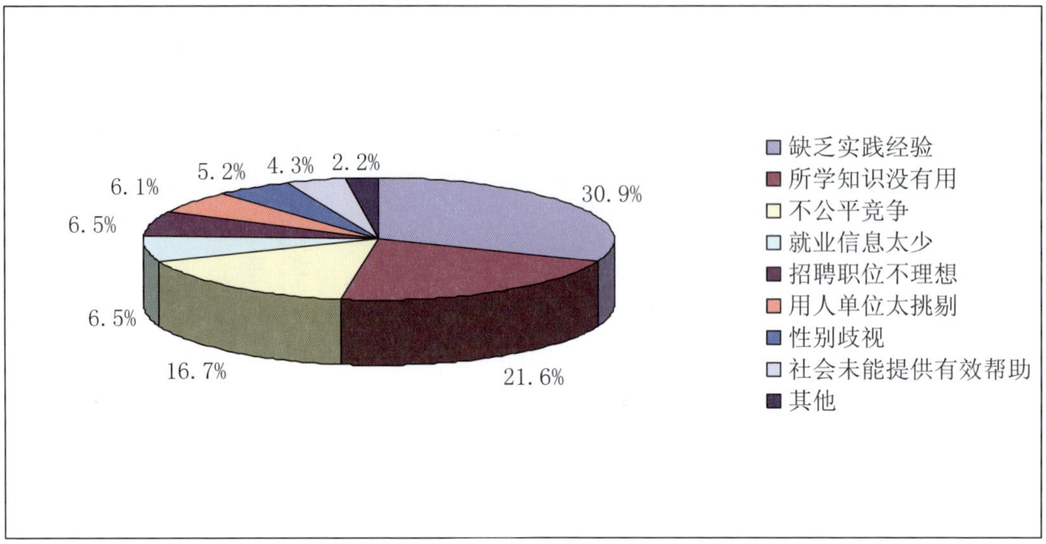

图 9　求职过程中遇到的主要困难

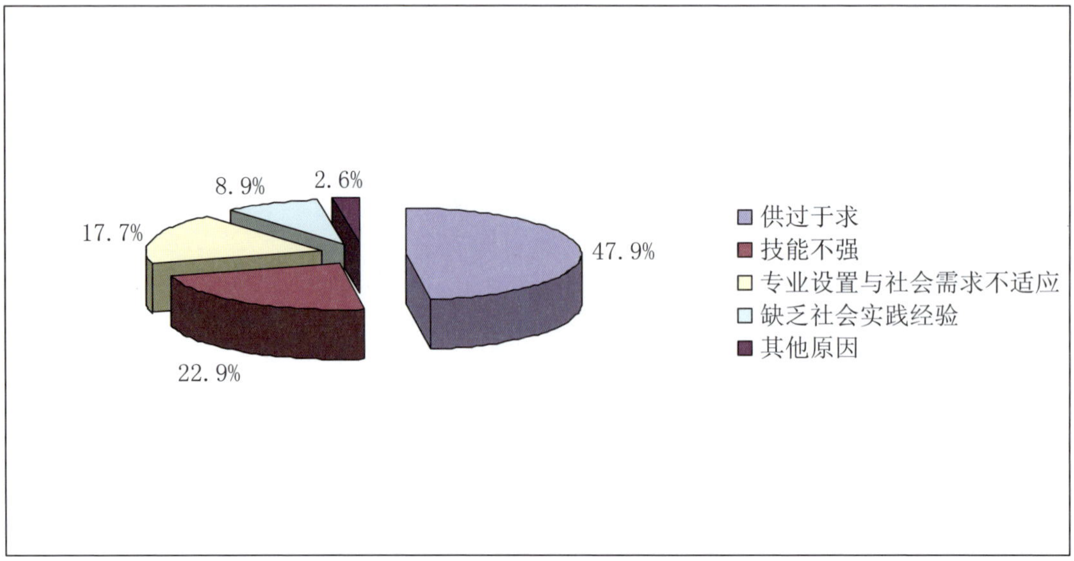

图 10　就业难的主要原因

（八）获取就业信息的主要途径。

如图 11 所示：主要集中于学校就业办和就业网、社会招聘会，占 64.6%和 14.6%；而企业网站、亲友介绍、报刊杂志、老师推荐、其他各占 9.4%、3.1%、2.1%、1.0%、5.2%。可见，学校是学生获取就业信息的重要阵地，在为学生提供就业信息服务方面肩负着重要的责任。

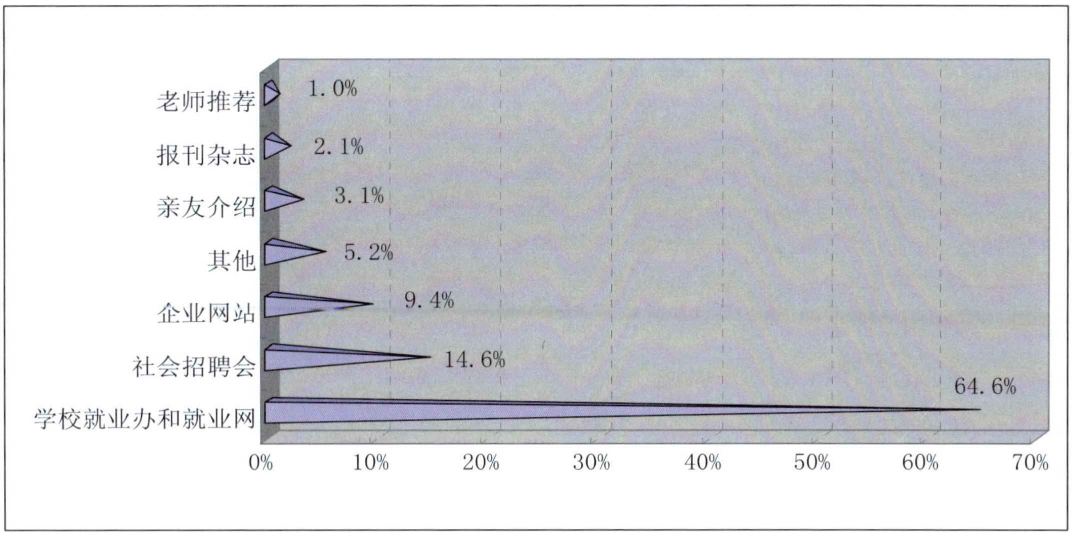

图 11　获取就业信息的主要途径

（九）对国家促进毕业生就业的“三支一扶”，“大学生村官”，“困难学生就业帮扶”等政策的了解程度。

如图 12 所示：46.3%不了解；33.9%的学生了解一项；19.8%的学生了了解两种及两种以上。可见，政府和学校都要加大对政策的宣传力度。毕业后对志愿服务基层或偏远地区建设的看法，在所有被调查对象的大学生中，如图 13 所示：50.5%的学生觉得有必要，但自己不想去；34.9%选择“有机会一定去”；7.4%觉得没有必要；7.2%的学生无所谓，不想去。可以看出，绝大部分大学生没有形成服务偏远地区的意识。这与偏远地区条件艰苦、环境恶劣有关。面目前在校的大学生大都是独生子女，从小娇生惯养，父母亲对其百般呵护，怕在外吃苦受累。

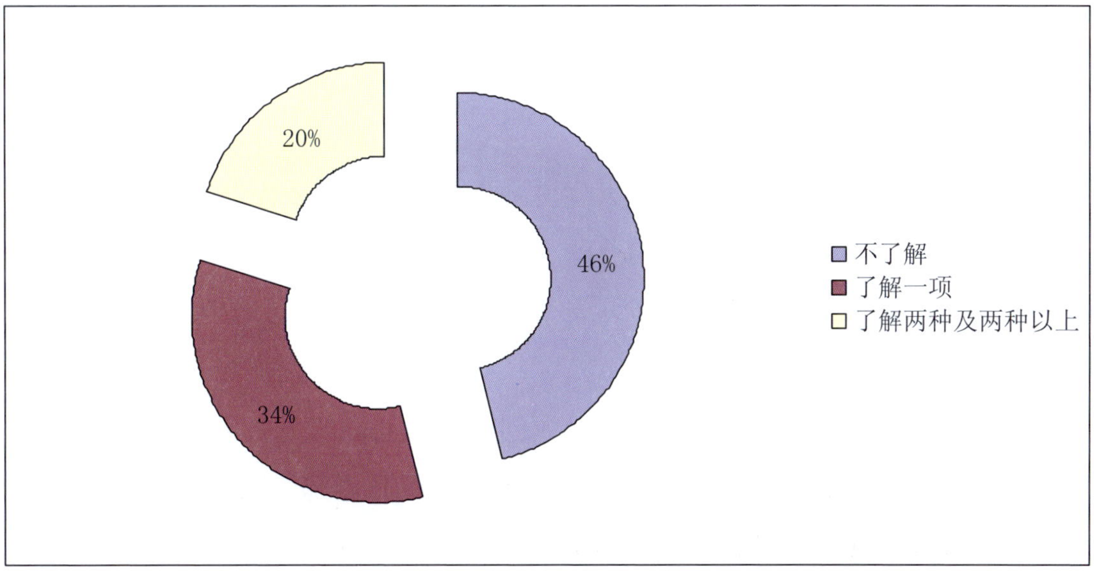

图 12　对国家促进毕业生就业政策的了解程度

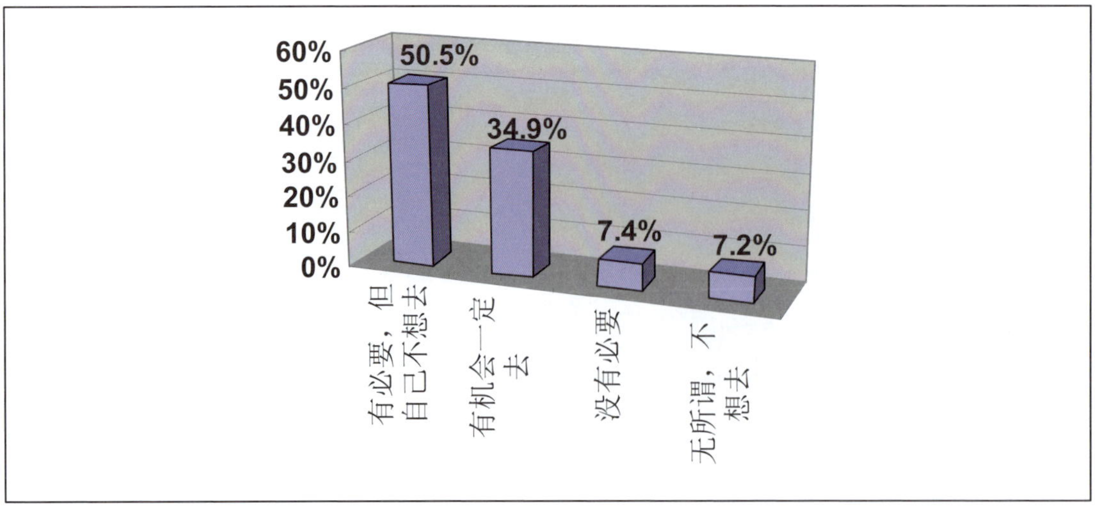

图 13　对志愿服务基层或偏远地区建设的看法

四、对策与建议

大学生就业作为社会就业的一部分，关系到大学生自身成长成才，关系到千家万户的切身利益,关系到各级政府人才战略的实施，同时也关系到整个社会的和谐稳定。促进大学生充分就业、高质量就业需要社会各方共同努力。

（一）、政府方面

1. 加强劳动力市场信息的流动，做好岗位需求的公布。比如说我们每年大概招多少专业的学生，然后毕业多少学生，岗位的空缺数都要及时的公布。举例说明：现在法学的学生比较多，占 3%，只要把数据公布出来，好多大学可能就不招或少招这个专业的学生了。建立毕业生就业状况的统计监测预警系统和对就业市场的预测系统，对我国经济现状及走势，对就业态势做出科学的分析和预测，作为制定就业政策和就业指导的必要依据。

2. 鼓励大学生多渠道就业。鼓励大学生自主创业，并且要提升自主创业的层次和水平，政府相关部门要建立大学生创业的有效扶持体系，如成立大学生创业扶持基金会。在已有扶持政策基础上加大创新发展型创业的支持力度，充分发挥东湖高新自主创新示范区政策优势，围绕自主创新示范区产业重点有针对性的展开创业孵化，形成一批有自主知识产权的创新创业项目，形成创业助力创新的光谷创业模式。鼓励大学生积极参加“西部计划”、“参军”等，要根据市场及时调整自己的就业意向。

3. 建立高校毕业生失业保障和培训机制。毕业生是中国宝贵的人力资源，毕业生失业是一种巨大的人才浪费，将未就业的大学生和失业的大学生纳入到社会失业人员的范畴，并给予相应的指导与援助。要关注高校毕业生就业半年后的离职率，关注高校毕业生的就业状态和生活状态，着力提高毕业生群体生活保障水平。

（二）、学校方面

1. 以就业为导向，合理设置学科专业。要根据经济社会发展的趋势以及经济结构、产业结构和就业市场人才的需求调整和设置学科专业，不断优化学科专业结构，调整人才培养结构和模式，并加强对新设置专业的建设和管理，把拓展专业口径与灵活设置专业有机结合起来，研究人才的需求状况，大力扶持和发展社会各行业急需专业的招生数量，并对教学质量不高、专业设置不合理、社会需求日渐萎缩的传统专业减少招生数量。

2. 主动跟一些优秀的中国企业去合作—“订单式培养”，就是校企双方共同制定教学计划，企业投入教学设备、派出技能老师、设立奖助学金、提供实践岗位，学生毕业后定向到企业就业。这就相当于是把生产线前置放到学校里，大量降低了新员工入厂之后给企业造成的质量损失。这样保障了学生就业岗位，企业拥有了熟练的员工，学校也满足了就业需求，三全其美。在和所有企业的“订单班”合作中，学校要坚持一条，虽然入学时有三方就业协议，但毕业时仍然要保证学生有重新选择的权利。三者利益发生冲突的时候，作为学校来说，首先要保证学生的利益。

（三）、用人单位方面

用人单位要勇于承担社会责任。价值的发挥是要有时间作保证的。毕业生从高校毕业直接进入工作领域，缺乏实际经验，短时间内无法发挥出其真正价值是正常现象。用人单位要从长远和成熟的角度来加以考虑，树立时代使命感和社会责任感，自觉分担社会发展中的责任。一方面，适当调整片面追求短期效益的人才观念，树立科学的人才观，根据自己的实际情况，合理置换冗员，做到人尽其才，不盲目追求人才的“高消费”；另一方面，要建立人才储备机制，超前制定用人规划，形成人才梯队。将接受毕业生作为一种社会责任和义务，接纳和安排相关专业的大学生到本单位实习，通过实习传授给学生实践知识和技能，对大学生在实习期间暴露出来的问题进行分析，并将分析意见反馈给高校。

（四）、大学生方面

1. 培养自身的综合素质，提高就业竞争力。就业竞争力是一种综合能力、综合素质的体现。掌握扎实的专业基础知识，积极参加社会实践。大学生在校期间应该积极参加社会实践尤其是参与所学专业相同或相近的专业性实践，在真正进入职场前亲身体验岗位工作的各个层面，了解胜任专业的基本要求，有针对性地培养现代职场所需的能力，有针对性地培养现代职场所需的能力。

2. 提升创业能力。毕业生应多关注创业政策及创业环境改变，积极参与各类创业计划活动，从创业意识、创业心理品质、创业知识结构等方面提升创业能力。

3. 树立正确的观念。要树立正确的就业观，要有正确的自我评价，对自己的“硬件”和“软件”进行全面客观的评价，把自己从“我想干什么”定位到“我能干什么”。社会发展至今，进入知识时代，高等教育从精英走向大众，大学生只是很普通的群体而已，要学会面对现实，适应市场经济规律，与社会接轨，先就业，再择业。

（执笔人：熊莉）

关于2012年武汉市大学生就业意向调查问卷

尊敬的调查对象:

你好！感谢你抽出宝贵的时间来回答这份问卷。本调查采用匿名的方式，答案没有对错之分，如实回答就是最好的回答。我们保证您的答案仅用于学术研究，不会影响到您的个人利害关系。在此表示衷心感谢!

1. 你的性别( )

A. 男　　B. 女

2. 你所学专业类型( )

A. 理工类　　B. 文史类

3. 毕业后,你打算( )

A. 直接就业　B. 考研究生　C. 出国留学　D. 自主创业

E. 其他

4. 毕业后,你的就业地选择在( )

A. 武汉　B. 外地　C. 基层

5. 你认为当前的就业形势( )

A. 非常好　B. 比较好　C. 不太好　D. 很不好　E. 说不清楚

6. 你是从什么时候开始关注就业信息的( )

A. 大一　B. 大二　C. 大三　D. 大四

7. 你对在毕业前签署就业协议有信心吗?( )

A. 很有信心　B. 较有信心　C. 没有信心　D. 不知道

8. 你期望的就业单位属性是( )

A. 国家机关公务员　B. 事业单位　C. 国有企业　D. 民营企业　E. 中外合资　F. 其他

9. 志愿服务基层或偏远地区的建设, 你认为( )

A. 有机会一定去　B. 觉得有必要, 但自己不想去　C. 觉得没有必要　D. 无所谓, 不想去

10. 如果就业困难, 你是否愿意接受地点位于落后地区或工资待遇较差的工作? ( )

A. 愿意接受　B. 如果实在没有机会可以接受　C. 坚决不接受　D. 没考虑过

11. 你选择就业单位时, 主要考虑(多选, 最多选三项)以下哪些因素( )

A. 薪酬福利　B. 发展前景　C. 工作环境　D. 交通方便　E. 专业对口　F. 创业机会　G. 个人兴趣　H. 父母意见　I. 实现自我

12. 你选择就业时, 要求( )

A. 与就读专业一致　B. 与就读专业相关行业　C. 只求满意职位, 不求专业对口　D. 不知道

13. 对你就业影响最主要的因素方面是( )

A. 个人能力　B. 学习成绩　C. 所学专业　D. 工作经验　E 家庭背景

14. 你目前发现自己最欠缺的是( )

A. 相关工作或学习经验　B. 专业知识和技能　C. 基本解决问题的能力　D. 沟通协调能力

15. 你对国家促进毕业生就业的“三支一扶”, “大学生村官”, “困难学生就业帮扶”等政策, 你了解( )

A. 一项　B. 两种及两种以上　C. 不了解

16. 你认为当前毕业生求职过程中遇到的主要困难是( )(多选, 最多选三项)

A. 用人单位太挑剔　B. 所学知识没有用　C. 就业信息太少 D. 缺乏实践经验　E. 社会未能提供有效帮助　F. 招聘的职位不理想　G. 不公平竞争　H. 学非所有　I. 性别歧视　J. 其他

17. 你认为当前大学生就业难的主要原因是(　)

A. 大学毕业生供大于求　B. 大学生技能不强　C. 高校专业设置与社会需求不适应造成　D. 缺乏社会实践机会　E. 其他原因

18. 第一份工作所能接受的薪酬,你的期望值在(　)

A. 1000 元 ~ 2000 元之间　B. 2000 元 ~ 3000 元之间　C. 3000 元 ~ 4000 元之间　D. 4000 元以上

19. 你获取就业信息的主要途径是(　)

A. 学校就业办和就业网　B. 社会招聘会　C. 企业网站

D. 亲友介绍　E. 老师推荐　F 报刊杂志　G. 其他

20. 你认为,就业意向与社会需求间的主要矛盾是?

----

21. 你认为当前毕业生就业中的主要问题及改革改进建议?

武汉村民自治存在的问题与对策

随着村民自治这种民主政治实践的不断深入，一些新问题不断出现，如宗族势力影响选举、贿选、村委会和村党支部发生矛盾、群众无法参与民主决策、村务公开制度执行不认真、村干部腐败、群众不能有效地监督村干部等一系列问题。本次调研随机抽选了四个村进行访谈，并综合其他调查资料分析村民自治中存在的问题，提出相应的对策建议。

一、存在的问题

民主选举的制度、程序都有法可依，然而在实际推行中，各种各样的问题层出不穷，其复杂程度超出了制度设计者、研究学者、农民本身的想象。由于主观客观的多方面原因，大多数村庄很少或没有召开村民大会，有些村没有依法选出村民代表，大部分村委会实际上从执行机关变成既决策又执行的机构，普通村民对民主决策的过程并没有太深切的感受，导致民主决策在实际运行中得不到充分体现。有的村在村民自治过程中没有充分发挥民主监督的作用，导致各种问题不断出现。总结起来主要有以下几点：

（一）宗族、房族势力影响民主选举

千百年繁衍下来，农村社区的人口跨区域流动较少，家族关系相对稳定，尽管以血缘关系为纽带的封建宗族制度已经解体，制度严密的大家族已经不复存在，但是家族思想和家族观念却因为同姓同宗的亲密关系而保留下来。从人性的角度分析，这种以血缘关系维系的宗族思想观念是永远无法肃清的。选民按照亲疏关系来选择代理人，只要是有感情的人就会如此，于是民主选举给宗族、房族势力发挥影响提供了一个绝佳的机会。宗族，指同宗同族的人，一个宗族通常表现为一个姓氏。所谓房族，就是近支宗亲，是同姓同宗内部按照血缘亲疏区分的家族分支。

在村委会选举过程中，村里大姓一般会获胜。几个姓氏的居民共同居住的村落中，经过宗族势力的组织和运作，选民一般会选择自己同姓同宗的候选人，得票多者获胜，这种情况下，基本上就是人口最多的大姓代理人当选。如蔡甸区的横山村，朱姓为最大的姓氏，90%以上的居民同姓同宗，自从在村里开始实行民主选举以来，每次都是

朱姓居民当选为村委会主要干部，小姓基本上没有机会。一个大姓中又分为若干个房族，村委会主任一般是最大的房族推出的候选人当选。横山村的民主选举既有宗族影响，又有房族影响，非常典型。本次调查的另外3个村，民主选举也受到宗族势力的影响，桃花村、雷段村的村委会主任都是村中的大姓，只有付店村村委会主任是小姓当选，不过该村的村支书是村中的大姓。

总的来说，不管选举的制度和程序设计的多么科学民主，但选民是人，当他们民主意识不强的时候，依然会按照亲疏远近来选择候选人，所有人都希望与自己血缘最近的候选人当选。在农村社区这种特殊的群体中，即使没有任何宗族、房族势力串联拉票，最终选举的结果，很可能还是大姓的代理人当选，民主只是大姓内部的民主，小姓往往是陪衬。

（二）流动人口难以行使选举权

农村的青壮年大部分外出务工，少数人流入附近的小城镇，大部分跨省流动，每个村子户籍上的选民数目与实际上长期居住在村里的选民数目并不一致，而且数目相差不小，外出务工的农民难以参与村委会的选举是当前农村社区换届选举的一个较为突出的问题。

目前，外出农民工参与投票选举，主要是选择直接回村参加选举、委托他人投票、写信函投三种。直接回村选举当然最好，最能体现农民工本人的意愿，最能发挥民主，但是对农民工来说却很不划算，来回路费就是一笔不小的开销，如果丢掉工作更是不值得，只有在附近城镇务工的选民才有可能选择这种方式参加选举。委托他人投票的方式比较普遍，很容易实现，打个电话就可以操作，但是因为是无记名投票，所以代替投票的选民选了谁，只有他自己知道，是否与外出务工农民的委托一致，谁也不知道，谁也无法监督，现行制度下，通过这种方式影响选举比较容易。写信函投的方式，时间周期长，函件来往易丢失，收不到函件耽误事，信息沟通不便，容易出现差错，很多农民工也嫌这样做太麻烦。现实情况是，一些外出的农民工放弃了选举权。本次调查的4个村，在武汉市附近打工的群众在选举年基本上都回村参加民主选举，在外地打工的群众都是委托比较亲近的群众代替投票，也有少数外出务工的村民放弃了投票。

（三）贿选

选举这种制度出现以来，从来就没有摆脱过贿选的影响。贿选在农村民主选举中大量存在，形式多种多样、手法不断创新、行踪隐蔽，经济条件越好的村，贿选越严重，涉案金额越高。至于选举前送礼许诺，选举后请客吃饭，已经成为常态，群众已经见怪不怪了。本次调查的4个村，候选人给村民派烟送礼的情况比较普遍。经济条件较差的村，候选人的运作经费接近万元；而经济条件较好的村，候选人可能要花费数万元甚至更高。这方面的具体金额难以直接调查，只能通过知情人得到估算数据。这些行为，影响到民主选举的公正性，影响到村委会的工作。当然，中国农村是熟人社会、人情社会，候选人当选为村干部之后有利益收获，村民们觉得候选人出点钱是应该的、但还够不上贿选。如何区分处理贿选和人情往来，这是农村民主选举的一大难题。

（四）党支部和村委会之间容易发生矛盾

党的领导核心必须坚持，村民委员会的自治活动必须支持，从法律角度讲，两者并无冲突，但是在农村实际工作中，在村级事务的组织和管理中难免出现党的领导权和村民自治权的重合，特别是一些事务涉及到各自的利益，于是矛盾和冲突就不可避免地发生。

从村党支部的角度分析，如果不管具体事务，不能为群众谋利益，那么就会被边缘化，党支部说出去的话没人听，想做的事做不了，在群众中缺少威信，领导地位无从体现；从村委会角度出发，其权力来自于村民的委托，是村民依法直接选举了他们，他们必须在村里的具体事务中有所作为。这两者之间的矛盾往往为支部书记和村委会主任主导，喜欢揽权的支部书记容易与村委会产生矛盾，而威望高、能力强的村委会主任也容易和支部书记发生冲突。

一些村党支部书记拥有较高的威望，把党的领导权无限放大，越权干涉或者包办属于村民委员会的工作，使村委会主任成为摆设，村党支部越权往往伴随着支部书记集权，大小事务都是支部书记说了算，干扰了村民自治的健康发展。

也有一些村委会主任依仗身后的大家族支持，以民选领导自居，不把上级党委任命的支部书记放在眼里，致使村党支部不能发挥党的领导核心作用，不能依法对村民委员会进行领导和监督，最后村民选出的村委会主任反而成为践踏民主的人，甚至有些家族势力强大的村委会主任逐渐发展成为村霸。

有的地方让支部书记和村委会主任“一肩挑”，如这次调查的4个村，桃花村和雷段村是这种情况，这种措施确实避免了党支部和村委会的矛盾，但又变成一元化的集权领导体制，不利于在农村社区推动村民自治。

（五）村委会职能发生偏差

村委会是群众利益的委托代理人，但是一些村委会行使自治权时，沿袭了以前体制下的官老爷作风，很多时候只是代表自己的利益行事，从村务的执行者变成既是决策者又是执行者。村里的公共事务，基本上靠基层政府提供资金和政策，所以村委会的活动很大程度上以完成基层政府交办的行政事务为主，很多时候是按照乡镇或街道政府干部的命令行事，这本来是应该的，但是如果把政务和村务混为一谈，甚至政务彻底压倒村务，那么村民自治就得不到体现，村委会只不过是换了个名字的村政府。

权力失去监督就会寻租，国家免除农业税之后，村委会成员很难从农民身上获取利益，一般都是在宅基地审批、土地征用补偿、集体企业收益分配等方面谋取私利。土地征用、集体企业经营在操作阶段确实需要保密，很多机密是不宜公开的，于是这给了村干部暗箱操作的机会，尽管这些事务与村民利益有重大关系，但是村民却没机会参与民主决策，由此引发的矛盾基本上是村民自治中非常普遍的问题。

（六）村务公开制度没有认真执行

调查发现，尽管所有的村都实行村务公开制度，但是村里事务多，干部怕麻烦，执行制度不够认真，总结起来存在以下问题。一是公开时间不及时，对一些需要公开的事项不按规定时间要求公开，有的半年多或一年才公开一次，公开时间间隔太长；有的随心所欲，什么时候想公开就公开，不想公开就不公开；有的只在上级检查时才公开，平时无人问津。二是公开内容制作太简单，流于形式，形式单一，不便于让大多数村民群众了解知悉村务。有的把公开栏建在不便于群众光顾的地方，群众难以观看监督；有的村对公开栏缺乏管护，风吹日晒雨淋及人为损坏严重，难以使用；有的还没有公开栏，把村务公开当作捎带事，只是在开会或干其他事时对有关情况作以顺便公布。三是公开内容不完整，只公布数额较小的费用，不公布大额开支，个别村只公开一些不痛不痒的内容，而对群众意见大的“热点”、“重点”等问题遮遮掩掩，不愿公开甚至不公开、半公开，避重就轻。四是公开程序不严谨，公开程序太简单，只公布办事结果，缺少法定的程序，使村务公开缺乏说服力。五是公开制度坚持不够。虽有制度，但缺乏可操作性，与本村实际结合不够紧密，制度上墙后成了摆设。六是公开后不处理，有的地方公开信息后就认为万事大吉，对群众的意见不闻不问，该答复的不答复，该整改的不整改，导致群众积累怨气，认为村务公开走形式。

二、解决问题的思路

（一）加强法规制度建设

国家的相关法规指出，与农民群众利益相关的村集体资源处置事务，必须经民主决策。但是，在实际的工作中，村委会违反民主决策程序签订的合同，在法律上有效，而且，村干部因违反民主决策程序而造成集体经济损失之后，村干部应该承担什么样的法律责任？是否需要赔偿？非法获利的企业以及其他相关单位是否需要退还村集体资产？这些问题都需要在法律法规中进行有效的规定，并且要细化。

要从法规制度上明确，农民群众是民主决策的主体，违反民主决策的重大村务决策无效。很多村没有村民代表会议，村务决策掌握在村干部手中，村民意见很大，要彻底落实村民代表会议制度，村务大事特别是涉及到群众利益的事务必须由村民代表征求村民意见后决定，政府下拨多少钱、征地补偿多少钱、怎么用钱、用了多少钱都要通过民主决策，通过突出群众在民主决策中的主体地位，为村民参与自治活动提供舞台，进一步增强农民的民主意识，切实保障农民的民主权力和自身利益不受到损失，这样能避免很多群体性事件的发生，对于维护农村社区和谐稳定非常有益。

（二）加强党和政府的领导

为了村民自治健康顺利的发展，党和政府绝不能放手不管，必须加强领导，维护村民自治的制度和程序，指导村委会开展工作，与党中央保持高度一致，认真落实各项方针政策，但是却不能过度干预，更不能违法乱纪破坏选举。

村民自治是党领导广大农民在新时期人民当家做主的伟大实践，村委会和其他各种社会组织都必须接受和服从党支部的领导，形成紧密团结协作的工作局面。当然，坚持党的领导核心并不意味着党支部包办一切农村社区事务，而是要发挥领导作用，下放具体事务。

（三）党支部与村委会分工协作

要明确党支部和村委会的分工，党支部的作用是发挥党的领导核心，落实党的路线、方针、政策，维护法律法规，并对村委会实行监督，不干涉村务的民主决策。

村委会要认真推行民主自治活动，明确自身作为执行机构的定位，负责召集和主持村民代表会议，由村民代表收集群众意见，在会上集体讨论决定，在村务议事决策时，坚持民主集中制原则，通过无记名投票表决。

村委会执行的重大事务都是经过村民代表会议决策的，充分代表了农民群众的利益，这样与村党支部之间的矛盾和摩擦必然减少，因为两者都是代表着群众的利益。

（四）建立和完善村务监督委员会制度

农民与干部的矛盾冲突大部分都是因为财务不公开、决策不民主、管理无规章等原因引起的，村务监督委员会制度使农村民主监督落到实处。在实际操作中，要明确监委会的责权利。监委会要规范运行，严肃监督纪律，就必须有各种资源供其调配，如办公场所和工作经费，开展培训和组织活动，明确监委会成员的福利待遇等等。一套班子出现，将会带来很多问题，解决不好会影响监委会的工作效果，达不到预期的目的；过于优待监委会，又会造成党支部和村委会的不满，而且增加村集体的经济负担，因此监委会制度必须规范化运行。

同时要建立和完善村干部的奖惩制度。既然有监督，就必须有相应的激励和约束措施。要大力宣传、奖励表彰积极推进民主建设的村干部，切实维护和保障村干部的合法权益。对违反制度程序、践踏民主、贪污腐化、造成集体财产重大损失、侵犯农民民主权利的村干部，监委会有权提出批评或建议党组织给予处分甚至启动罢免程序，严重的要移交司法机关进行严肃处理。

（五）认真执行村务公开制度

一是要坚持制度，推进村务公开的规范化。规范公开形式，按照相关法律法规，凡是涉及村民利益、村民普遍关心的事项都应该公开，让农民群众清楚；要规范公开的时间，不能由村干部随心所欲，一般事项每季度公开一次，重要事项一月一次；在公开形式上要多听取群众意见，综合考虑到农民群众的文化素质，不得故弄玄虚；公开程序要规范，按照事务推进的先后顺序公开，由村委会提出方案，监督小组进行审查，村党支部和监委会讨论通过后公布施行。二是完善制约监督机制。涉及村民群众切身利益的重要事务，必须由村民会议或者村民代表会议决定后才能执行，在公共事务运行的过程中，必须接受监委会的全程监督。

（六）大力发展经济、加强社会管理，夯实村民自治的基础

离开了一定的经济基础，不可能有高度发达的民主政治。如果农村经济落后，那么很多人就会外出务工忙于生计，留在农村的选民也忙于生产增收，影响了参与村民自治的激情。况且，经济落后导致村集体无钱办事、无事可管，民主政治也无从体现。

农村的社会管理对解决村民自治中出现的问题也至关重要，村垮公路建设、饮水安全、医疗卫生情况、清洁能源、新农村合作医疗、环境卫生、文化建设等等都与农民生活息息相关。只有农村经济发展了、社会管理水平提高了，农民才会积极地参加到农村民主建设中来。

如黄陂区的雷段村，村地貌属于东高西低，1999 年以前，东边为荒坡地无产出，西边时有涝灾发生，村民很苦、很穷，人心涣散。后来街道和村里领导出面，将外出经商的能人请回来当村干部，带领全村发展经济，围堰引水，开挖鱼池发展养殖业，引入油桃种植，形成规模化经营并开发乡村休闲旅游。该村集体收入每年达到 10 万元以上，村民人均纯收入持续增加，村里基础设施完善，村容异常干净整洁，村委会提供资金，雇佣五保户、低保户打扫卫生，安排保安巡逻。该村经济发展较好、社会管理水平较高，为民主政治打下坚实的基础，村民参与自治的热情很高，充分发扬民主精神，村委会主任的姓氏并不是村里人数最多的姓氏，但是因为他放弃城市事业回村带领村民共同致富，所以威望很高，选举得票率超过 93%，村委会倡导的经营计划得到群众的纷纷响应，关于加强社会管理的各项措施也得到群众的广泛支持，村里还成立了村民监督委员会，使民主监督落到实处。

（七）发展农村社会组织参与村务

农村社会组织贴近基层，能够及时有效地表达农民群众的利益诉求，与村委会、基层政府建立对话、协商和沟通机制，形成有效的公共利益汇集和表达机制，减少因沟通不畅而导致的冲突与矛盾。

村民自治要充分发挥农村社会组织的作用，推选社会组织的理事长等干部为村民代表，让社会组织的代言人有更多的机会参与村务决策，同时把社会组织的优秀人才作为后备干部培养，使他们提前接受处理村务的锻炼，也让村干部从一些繁杂琐事中解脱出来。社会组织凝聚群众开展社会活动，同时参与处理一些村务，并推出社会组织的干部作为村民代表，即代表社会组织的利益，也代表全体村民的利益，在村民代表会议中发挥作用，参与民主决策。

本次调查的 4 个村，每个村都有为发展经济而成立的专业合作组织，如莲藕种植合作社、蔬菜种植合作社、养殖协会等等，但基本上只是关注农业生产经营；有的村成立了老年协会、腰鼓队等社会组织，但大多数是留守人员组织娱乐休闲活动。真正参与处理村务、参与农村社区治理的社会组织还不多见。

（执笔人：朱哲学）

我们可以从香港社会养老模式中学什么

今年9月20日至9月24日，应香港中国安老集团邀请，我对香港社会养老状况进行考察，分别参观了中国安老集团下属的安老院两家、香港基督教信义会社会服务部下属的安老院、老年日托中心、一家为安老院服务的药物配送集团等，听取了香港这几家负责人情况的介绍，观看了老年人在养老院的生活情况、以及由牙科医生组成的医疗组织对老人检查与治疗。同时还就香港政府对社会养老的政策支持和具体做法进行了交流。考察达到了预期目的。我们可以从香港社会养老模式中学什么呢？这是我回来后思索的问题。调查表明，武汉公办养老院，一床难求，社区托老所则大多缺失，而社会办养老院普遍存在混住情况、护工短缺、医疗缺位和老人心理孤独等诸多难题。养老已是家庭、社会、政府所共同面临的大问题。近年，内地一些城市也声称要引进“港式养老服务”，我们不妨看看，香港的养老政策哪些值得借鉴。

一、香港社会养老的基本特点

（一）统一的社会福利和服务保障。

在香港，每一个具有香港籍的居民，年满65岁后，都在社会福利保障的范围之内，无论有无工作，无论是否贫穷或富有、无论是否对香港有所贡献，均享受基本统一的社会福利和服务保障。

（二）香港的民间社会一直较为发达，因此养老服务一开始也是由民间社会来提供。

这里有慈善组织、有私人企业、有各种社会组织。但上世纪70和80年代，香港社会、经济结构产生极大的变化，大量的老人无法由有血缘关系的家庭来关照，政府因此成立专门的工作小组，检讨政府在养老服务方面理念和政策的不足。此后，政府推出一系列养老服务，不仅是在财政上支持社区养老，还培养了大量的养老服务团队和民间团体。

以香港基督教信义会社会服务部屯门地区安老中心为例。该机构是由教会的慈善组织和政府的财力共同支持的社会养老机构。他们承担的功能是整合地区内有效社会资源给长者提供及时的帮助和关怀。该中心要联络当地所有养老服务单位、医疗机构及其他地区宗教或文化团体。他们之间建立互动关系、齐心协力为养老服务，包括开展各种教育活动来促进小区内居民关注和尊重长者；对怀疑虐老、老人抑郁和自杀等个案进行长期跟踪；给长者提供营养较好、价格较低的餐饮服务等。这里有收住的老人二百多人。同时他们利用这个中心的资源还开办了一家老人日托中心，为地区内的老人提供日托服务。即早晚接送；白天集中照顾，晚上回家，有专门雇员为老人提供做饭、配打牌、看相册、插花、聊天等，让老人回归家庭，不再孤独;对于无法或者不愿意自己做饭的老人，他们还可以提供送餐上门服务。

（三）既然大多数的养老、安老服务都由民间机构来完成，政府发挥什么作用呢？

政府负责提供大量的财政资金投入养老服务。比如，2010 至 2011 财政年度，香港政府拨给养老服务的金额高达 40 亿元。其中，38 亿多元是拨给民间机构。这种划拨方式也是用市场化的手段实现的，即政府通过严格检查和评审后，再用购买床位的方式实现对企业的支持。据接待我的负责人介绍说，他的一个养老院如果有 50%的床位由政府购买了，那么这个养老院就可以维持运行。他们有一个理念：靠赚老人的钱来维持企业的利益或者发大财是不应该也不现实。事实上，所有为老人服务的机构都是以老人为本，为社会解忧。

（四）政府提供养老人力资源方面的支持。

香港政府资助的公立大学大多开办社会工作专业。这些专业的学生在读期间学费就已经受到政府资助。政府还通过各种方式促进民众对社会工作的认识和尊重。因此，许多香港的年轻人愿意加入社会工作这一行业。这也为可持续的养老服务奠定了良好的基础。总的说来，香港社会的老龄化程度比内地严重许多，他们在养老服务方面先行一步。“港式养老服务”的一个重要经验在于，养老要发动民间力量，但也需要政府投入大量的财政资金。如果只提养老服务“社会化”，而不提养老服务的政府义务，将会走入另一个误区。

二、我们可以从香港养老模式学习什么：

（一）武汉市政府要认真学习和提炼社会化养老工作本身的基本规律和要求，建立科学的福利经费预算、拨付体系。

我们要改革目前主要是基于人头费的大锅饭式的福利机构预算拨款体制，逐步建立基于服务的激励性的福利机构预算拨款体制，加大财政资金投入，要以为老年人提供服务的机构所提供的服务项目以及服务的层次来决定对他们的支持，应该以住在养老院的老年人的满意度为补贴依据。而不是现在的以床位数来补贴，对服务的质量和过程没有实质性的监管。政府的财力应该以激励福利机构由单纯追求粗放式的规模扩张向主动拓展服务项目、提高服务质量的内涵发展转变。

（二）我们要坚持以人为本，引导养老服务特别是民间社会服务跨越发展。

武汉市在全国15个副省级城市中，武汉市人口老龄化程度为15.96%，排在第9位；2011年企业退休人员养老金平均每月1448元，排在第11位。养老服务组织发展不平衡，服务功能薄弱。供给总量不足与结构性矛盾并存。发达国家千名老年人拥有养老床位数平均为50—70张，按其下限来测算，我市目前的养老床位数应达到6.6万张，缺口约2.6万张。近三年，政府举办的机构养老已有较好发展，但社区养老服务网络建设总体上处于起步阶段，服务功能发挥还不充分。区域、城乡之间发展不平衡，尤其是农村养老服务基础差、水准低，留守老人的社会化养老服务处于空缺，面临问题更为突出。我们必须根据当前经济发展水平，突出对困难老人的社会救助和基本生活保障，建立低水平、广覆盖的社会保障和社会福利体系。在市场经济条件下，必须强化政府公共政策和管理的主体责任。香港的实践表明，在市场经济条件下，政府应当从直接介入生产领域和生产环节中退出来，为社会福利事业的发展提供足够的空间，把主要精力放在制定规划和搞好服务上，努力提供有效的公共产品和公共服务，为市场主体创造良好的社会发展环境，积极打造服务性政府。

（三）提升服务功能，完善养老服务体系建设

重点发展居家养老服务。在“十二五”期间，全市要发展为居家养老提供服务的社会组织不少于100个，政府对社会组织提供居家养老服务给予适当补贴，鼓励各类服务实体进入居家养老服务领域。发挥社区养老的依托作用，切实加强社区养老服务。我们要学习香港经验，通过社区，向家庭日间暂时无人或者无力照护的社区老年人提供服务。要把社区养老服务工作与我市城乡“幸福社区”建设紧密结合起来，充分整合资源，加快建设和完善社区养老服务功能。切实增强养老机构的支撑作用，积极发展机构养老服务。机构养老服务以设施建设为重点，通过设施建设，实现其基本养老服务功能。根据老年人口增长对养老床位的需求，今后四年要完成4万余张的建设任务，以实现“十二五”末我市养老床位总数8万张、每千名老年人拥有养老床位50张以上的目标。

（四）加强队伍建设，提高养老服务专业化水平

加强养老服务机构队伍建设。将社区居家养老服务中心（站）纳入政府的公益性岗位开发，按照服务老年人数量的一定比例配备工作人员。提高养老机构护理人员工资标准，将通过资格认证的护理人员纳入特殊工作岗位范畴，落实特岗津贴和有关社会保险补贴，增强岗位吸引力。提高养老服务专业化水平。推行养老服务机构工作人员和居家养老服务护理员持证上岗、定期培训制度，严格执行《养老护理员国家职业标准》，支持社会力量兴办养老护理人员培训基地，规模化培训护理人员。加强各类养老服务机构管理人员、护理人员职业技能培训，将其纳入城乡就业培训体系，提高养老服务专业化水平。大力发展养老服务志愿者、社工队伍。大力发展各类志愿者服务组织，建立健全志愿者服务活动长效机制，开展志愿者与被服务老人的结对服务和有针对性的专业服务，探索建立在养老服务中引入专业社会工作人才的机制，推动养老机构开发社工岗位。

（执笔人：黄红云）